Hinterlegte Botschaften

W0206400

Madeleine Marti

Hinterlegte Botschaften

Die Darstellung lesbischer Frauen in der deutschsprachigen Literatur seit 1945

J. B. METZLERSCHE VERLAGSBUCHHANDLUNG
STUTTGART

METZLER STUDIENAUSGABE

Die Zitate sind aus:
Adrienne Rich: Frauen und Ehre – Einige Gedanken über das Lügen. In:
Dagmar Schultz (Hg.):
Macht und Sinnlichkeit, Orlanda Frauenverlag, Berlin 1983, S. 179

Mary Daly: GYN/ÖKOLOGIE. Frauenoffensive Verlag, München 1981, S. 15

Zugl.: Marburg, Univ. Diss., 1991

Die Deutsche Bibliothek – CIP-Einheitsaufnahme

Marti, Madeleine:
Hinterlegte Botschaften : die Darstellung lesbischer Frauen in der deutschsprachigen Literatur seit 1945 / Madeleine Marti. - Stuttgart : Metzler, 1992
(Metzler-Studienausgaben)
Zugl,: Marburg, Univ., Diss., 1991
ISBN 3-476-00856-8

Gedruckt auf säurefreiem, alterungsbeständigem Papier

ISBN 3 476 00856 8

Dieses Werk einschließlich aller seiner Teile ist urheberrechtlich geschützt. Jede Verwertung außerhalb der engen Grenzen des Urheberrechtsgesetzes ist ohne Zustimmung des Verlages unzulässig und strafbar. Das gilt insbesondere für Vervielfältigungen, Übersetzungen, Mikroverfilmungen und die Einspeicherung und Verarbeitung in elektronischen Systemen.

© 1992 J. B. Metzlersche Verlagsbuchhandlung und Carl Ernst Poeschel Verlag GmbH in Stuttgart
Druck: Druck-Partner Rübelmann,
Printed in Germany

Die Liebe von Frauen zu anderen Frauen wurde fast gänzlich verschwiegen oder durch Lügen entstellt.
Adrienne Rich

Es gehört ja zum Wesen der Frauenbewegung, dass wir ständig in Bewegung sind. Wir finden schliesslich die Botschaften, die wir an den in der Wildnis verstreuten Haltepunkten füreinander hinterlegt haben.
Mary Daly

Dank

Allen, die mir bei meiner Arbeit geholfen haben, gilt mein herzlicher Dank.

Ganz besonders danke ich Prof. Dr. Marie Luise Gansberg für die engagierte Betreuung meiner Arbeit, also für Kritik und Ermutigung, wissenschaftliches Interesse und Diskussionsbereitschaft, freundschaftliche Unterstützung und Förderung.

Kontinuierliche Ermutigung und Diskussion, verbunden mit Beratung am Computer, erhielt ich von Dr. Doris Stump. Gespräche mit Prof. Dr. Ilse Kokula und Dr. Claudia Schoppmann gaben mir Informationen, Denkanstösse und stärkten mir den Rücken. Das Lektorat übernahm Regula Schnurrenberger.

Verschiedene Frauen haben einzelne Teile meiner Arbeit während der Entstehung kommentiert. Ausserdem danke ich allen Frauen, die mit mir in- oder ausserhalb von Arbeitsgruppen diskutierten, mir unpublizierte Arbeiten zur Verfügung stellten, mir Hinweise auf Texte gaben oder mich zu Vorträgen einluden.

In folgenden Bibliotheken fand ich bereits vergriffene Texte und unveröffentlichte Examensarbeiten: Denk(t)räume (Hamburg), Lesbenarchiv Spinnboden (Berlin/W.), Lesbenarchiv im Frauenzentrum (Bielefeld), FFBIZ (Berlin/W.), Frauenarchiv Schwarze Witwe (Münster).

Vom Schweizerischen Nationalfonds erhielt ich auf Antrag der Forschungskommission der SAGW ein Stipendium für 18 Monate. Der Fachbereich 9 der Universität Marburg nahm mich als Doktorandin an, nachdem ich das Studium in Zürich abgeschlossen hatte.

Beiträge an die Druckkosten leisteten meine Eltern und die Stiftung zur Erforschung der Frauenarbeit in Zürich.

Inhalt

1. Einleitung

Erkenntnisinteresse und Vorgehen

Die Literatur trägt wesentlich zur Propagierung von Heterosexualität und zum Verschweigen und zur Entstellung lesbischer Liebe im Patriarchat bei. Gleichwohl hat es immer wieder Autorinnen gegeben, die Frauen dargestellt haben, die sich nicht mehr über Männer definieren, sondern über sich selbst als Frauen.

In der vorliegenden Studie untersuche ich, wie deutschsprachige Autorinnen den schwierigen Prozess zwischen dem Autonomiestreben lesbischer Frauen und der Anpassung an heterosexuelle Normen ästhetisch umsetzen. Da lesbische Frauen mit ihrer Entscheidung für Liebesbeziehungen mit Frauen statt mit Männern fundamental gegen Ideologie und Praxis der patriarchalen Gesellschaft verstossen, geschieht dies auch mit der literarischen Darstellung lesbischer Frauen aus der Sicht von Autorinnen. Die Thematisierung lesbischen Lebens in der Literatur von Frauen bedeutet deshalb auch ein Moment des Widerstands gegen gesellschaftliche Diskriminierung, also gegen Verdrängen, Verschweigen und Stigmatisierung von lesbischen Frauen. Ziel meiner Arbeit ist es aufzuzeigen, wie Autorinnen aus verschiedenen Generationen (geboren zwischen 1911 und 1943), aus den vier deutschsprachigen Ländern und in den vier Jahrzehnten seit Ende des zweiten Weltkrieges die Darstellung lesbischer Protagonistinnen in ihren Texten jeweils unterschiedlich realisierten.

Aus dem Fundus von rund 160 Texten, die ich in Kapitel 9 dokumentiere, habe ich zur exemplarischen Interpretation die Prosa von acht Autorinnen ausgewählt. Da ich der Berücksichtigung des gesamten Zeitraumes und aller vier Länder Priorität zumass, und zudem den wichtigsten Verständigungstext für Lesben - Judith Offenbach, *Sonja* (1981) - in die literaturwissenschaftliche Diskussion einführen wollte, setzte ich mich auch in den achtziger Jahren mit "Anfangstexten" im Hinblick auf die Darstellung von lesbischen Frauen auseinander, wobei ich auf die Auseinandersetzung mit Texten verzichten musste, die inhaltlich oder ästhetisch weiter ausgestaltet sind, wie diejenigen von Monika Sperr, Grete Weil, Annette Berr, Leona Siebenschön etc. (vgl. Kapitel 6).

Mit der chronologischen Einordnung nach Jahrzehnten will ich erfassen, wie in den fünfziger und sechziger Jahren lesbische Wünsche artikuliert werden, wie in den siebziger Jahren die Gestaltung lesbischer Protagonistinnen herausgebildet wird und wie im Wechselspiel mit den gesellschaftlichen Veränderungen durch den politischen Kampf von Lesben in- und ausserhalb der Frauenbewegung diese Darstellung verändert und in den achtziger Jahren ausdifferenziert wird. Für die fünfziger und sechziger Jahre habe ich mit Marlen Haushofer und Ingeborg Bachmann Autorinnen ausgewählt, deren Texte von der feministischen Literaturwissenschaft bereits breit rezipiert wurden und die ich aus lesbischer Sicht nochmals neu betrachte. Für die siebziger Jahre betrachte ich die Texte von Johanna Moosdorf und Marlene Stenten, wobei ich über das Jahrzehnt hinaus auf weitere Texte dieser Autorinnen eingehe.

In den Einleitungen zu jedem Jahrzehnt und in den Einleitungen zur Literatur der DDR und zur Schweizer Literatur (Kapitel 6.3. und 6.4.) umreisse ich die gesellschaftliche Situation in bezug auf lesbische Frauen, skizziere den literarischen Kontext und weise auf weitere Texte von Autorinnen hin. Die Stellung von Autorinnen im patriarchalen Literaturbetrieb und die Veränderung, die sich durch die Schaffung von Frauenverlagen und Frauenmedien seit Mitte der siebziger Jahre ergab, untersuche ich aufgrund der Beispiele der Autorinnen Moosdorf, Stenten und Reinig (Kapitel 4).

Das achte Kapitel steht quer zur Einteilung in Jahrzehnte und beschäftigt sich mit einer einzigen Autorin: Christa Reinig. Der Literatur von Christa Reinig messe ich deshalb zentrale Bedeutung bei, weil ihre Texte sowohl durch die inhaltliche Radikalität wie auch durch die ästhetische Qualität herausragen. Da Christa Reinig zudem im gesamten Zeitraum publiziert hat, wird mit diesem Kapitel nochmals die gesellschaftliche und literarische Entwicklung während dieser 45 Jahre anhand einer bestimmten Autorin beleuchtet. Christa Reinigs persönliche und politische Entwicklung zur lesbischen Feministin, die daraus folgenden Auswirkungen auf ihre literarische Produktion und die Veränderung ihrer Position im Literaturbetrieb ist symptomatisch für den gesellschaftlichen und literarischen Prozess, der auch bei anderen Autorinnen, wie z.B. Johanna Moosdorf und Marlene Stenten, sichtbar wird.

Bei der Auswahl der Texte habe ich mich auf Prosa konzentriert, weil da am meisten Material vorhanden ist und weil darin die Veränderung in der Darstellung lesbischer Frauen am deutlichsten zum Ausdruck kommt. Im Literaturverzeichnis (Kapitel 9) habe ich jedoch auch Lyrik und Dramatik aufgelistet. Die zur Interpretation ausgewählten Prosa-Texte sind inhaltlich und ästhetisch jedoch sehr heterogen.

Texte von Autoren habe ich weder interpretiert noch im Literaturverzeichnis aufgeführt, da die Analyse des männlichen Blicks auf lesbische Frauen ein grundsätzlich anderes Thema ist (vgl. dazu den Abschnitt *Darstellung von Weiblichkeit und Ausgrenzung von Autorinnen* in diesem Kapitel)[1].

Ein wichtiges Ergebnis meiner Arbeit ist bereits die Erkenntnis, wie viele Autorinnen in ihren Texten lesbische Figuren darstellten, wobei die Publikation dieser Texte bis Mitte der siebziger Jahre spärlich war, mit der Entstehung von Frauenverlagen Mitte der siebziger Jahre sprunghaft anstieg und in den achtziger Jahren im gesamten Verlagswesen Verbreitung fand. Die systematische Suche nach solchen Texten konnte ich jedoch nicht in gewohnter Weise durch die Konsultierung von Bibliographien und Stoff/Motiv-Lexika in Angriff nehmen[2], sondern musste eigene Wege suchen, um ans Ziel zu gelangen:

---

1 Vgl. die knappe Gegenüberstellung von literarischen Darstellungen lesbischer Frauen um 1900 durch Autorinnen und Autoren bei:
Hanna Hacker, *Tödlich, humorvoll. Wien und die Wienerin in der lesbischen Literatur.* In: *Das lila Wien um 1900.* Herausgegeben von Neda Bei/Wolfgang Förster/Hanna Hacker/Manfred Lang. edition spuren, promedia, Wien 1986, S.21-35, v.a. S.28 und S.34

2 Die Überprüfung dieses Weges ergab folgende Resultate:
- In der *Bibliographie der deutschen Sprach- und Literaturwissenschaft*, begründet von Hanns W. Eppelsheimer, konsultierte ich die Stichworte *Homosexualität, sapphische Dichtungen, Liebe, Frau, Tabu, Homoerotik.* Gefunden habe ich 1981 unter *Homoerotik* die Dissertation von Sally P. Tubach, die mir schon bekannt war (durch den *Rundbrief Frauen in der Literaturwissenschaft*, Hamburg), 1982 unter *Homosexualität* einen siebenseitigen Aufsatz von Dinah Dodds zu Ingeborg Bachmann und

1) Die Suche in Frauenbuchläden (in Zürich, Hamburg, Berlin, Bremen, Frankfurt) nach Büchern aus Selbst- und Lesbenverlagen, die ausschliesslich über Frauenbuchläden verkauft werden[3].

2) Die Suche in Bibliotheken und Archiven der Frauenbewegung (im Lesbenarchiv *Spinnboden* Berlin/W., in der Frauenforschungsstelle *Schwarze Witwe* Münster, im Lesbenarchiv im Frauenkulturzentrum Bielefeld, in der Bibliothek des Frauenkulturzentrums *Denk(t)räume* Hamburg) und in verschiedenen Antiquariaten nach bereits vergriffenen Texten.

3) Das Durchforsten von Lesben- und Frauenzeitschriften nach Rezensionen[4].

4) Die Lektüre wissenschaftlicher Studien zu deutschsprachigen Autorinnen auf der Suche nach Hinweisen zu Darstellungen lesbischer Frauen.

5) Mündliche und schriftliche Anfragen bei Freundinnen und Bekannten (und Freundinnen und Bekannten von Bekannten und

---

einen Aufsatz von Sally Tubach zu Verena Stefan. (Alle drei Arbeiten in amerikanischer Sprache.)
In bezug auf männliche Homosexualität gab es eine Reihe von Veröffentlichungen zu Thomas Mann, zu Klaus Mann, zu Dramen der Weimarer Republik (Bronnen, Brecht, Jahnn) und zur Literatur der Jahrhundertwende.

- In *Deutsche Bibliographie*, herausgegeben von der Deutschen Bibliothek Frankfurt, sind einerseits wissenschaftliche Sachtexte, andererseits pornographische Bücher aufgeführt, die die Begriffe *lesbisch* oder *Sappho* im Titel haben.
- Im *Lexikon homosexueller Belletristik*, herausgegeben von Wolfgang Popp und Dietrich Molitor, Universität/GH Siegen, sind bisher zu lesbischer Thematik von Autorinnen nur wenige Beiträge zu finden.
- Bei Elisabeth Frenzel, *Stoffe der Weltliteratur* (Kröner, Stuttgart, 6. Auflage, 1983), ist lediglich das Stichwort *Sappho* aufgeführt.

3 Der Frauenbuchladen Lilith (Berlin) gab 1988/89 eine kommentierte Liste lieferbarer Lesbenliteratur in deutscher Sprache heraus, die 16 Seiten umfasst.

4 Im Vordergrund standen die Lesbenzeitschriften:
Lesbenfront (Zürich); *Lesbenpresse*, *UkZ* und *Lesbenpresse* (alle Berlin/W.).
Dazu kamen weitere Frauenzeitschriften, v.a. *Virginia Frauenbuchkritik* und *Liesebuch*, die 2mal bzw. 4mal jährlich herausgegeben werden. Darin sind sowohl in der Bibliographie der Neuerscheinungen wie auch bei den rezensierten Büchern viele Texte zu finden.

Freundinnen) nach Texten, in denen lesbische Frauen Thema sind, ebenso wie Fragen danach bei Diskussionsrunden nach Vorträgen und Lesungen zum Themenbereich *Frauen und Literatur.*

Ein Beispiel soll verdeutlichen, wie ausdauernde Suche und Zufall manchmal zusammenspielen mussten, damit mir ein Text bekannt und zugänglich wurde: Claudia Schoppmann aus Berlin/W., mit der ich seit langem Informationen zu Lesbenkultur und -politik austausche, teilte mir 1986 mit, dass sie von einer Erzählung von Waldtraut Lewin (DDR) mit dem Titel *Dich hat Amor gewiss* gehört habe. Wann, in welchem Verlag und in welchem Erzählband, sei ihr nicht bekannt. Ein Jahr später fragte ich in Hamburg Eva Maria Alves - die beabsichtigt hatte, eine Anthologie mit Texten zu lesbischen Frauen herauszugeben -, welche weiteren Autorinnen ihr bekannt seien, v.a. aus Österreich. Sie gab mir die Adressen zweier Österreicherinnen, mit denen sie korrespondiert hatte. Eine von ihnen, Gabi Reinstadler aus Salzburg, antwortete ausführlich, worauf ein lockerer Briefwechsel zwischen uns entstand, in dessen Verlauf ich erfuhr, dass ihre Freundin in der DDR lebte. Meine Frage, ob sie den Text von Waldtraut Lewin kenne, verneinte sie. Erst wiederum ein Jahr später, also 1988, schickte sie mir aus Salzburg eine Kopie des Textes: Mit ihrer Freundin aus der DDR hatte sie in Berlin/W. den Frauenbuchladen besucht und - durch meine Frage sensibilisiert - nach einem Buch von Waldtraut Lewin Ausschau gehalten und dort den besagten Erzählband gefunden.

Forschungssituation

> "Jede Rezeption eines Textes, jede Entfaltung bisher verborgener Seiten des ästhetischen Gegenstandes ist doch abhängig vom wachen, aufnahmebereiten Blick neuer Menschen, kann sich nur im gesellschaftlichen Bereich, als Niederschlag bestimmter konkreter gesellschaftlicher Bedürfnisse realisieren."
> Marie Luise Gansberg[5]

5 Marie Luise Gansberg: *Zu einigen populären Vorurteilen gegen materialistische Literaturwissenschaft.* In: Marie Luise Gansberg/Paul Gerhard Völker: *Methodenkritik der Germanistik.* Metzler, Stuttgart 1970 (zitiert nach der 4. Auflage von 1973), S.14

Zwischen dem Bedürfnis von Leserinnen und der Scheu von Literaturwissenschaftlerinnen, sich mit Texten mit lesbischer Thematik auseinanderzusetzen, besteht eine Diskrepanz. Während bei meinen Vorträgen Zuhörerinnen nach Aufsätzen und Büchern zu diesem Themenbereich fragten, scheuten deutschsprachige Literaturwissenschaftlerinnen bisher die Auseinandersetzung damit und die entsprechende Forschungsarbeit. Durch die unreflektierte Gleichsetzung von Liebe und Liebesbeziehungen mit heterosexueller Liebe und heterosexuellen Liebesbeziehungen[6] wurde der Blick darauf verstellt, dass Frauen gesellschaftlich zur Heterosexualität gezwungen werden, dass sie sich aber dagegen wehren und für eine lesbische Lebensweise entscheiden könnten. Die vom patriarchalen Literaturbetrieb praktizierte Ausgrenzung von Autorinnen wird somit in bezug auf lesbische Autorinnen und auf Texte mit lesbischer Thematik durch die fehlende Diskussion feministischer Literaturwissenschaftlerinnen verdoppelt.

Meine Arbeit ist in diesem Kontext Feministischer Literaturwissenschaft entstanden. Mit der Erörterung dieses bisher gemiedenen Themas beabsichtige ich, die feministische Diskussion in der deutschsprachigen Literaturwissenschaft zu erweitern und zu weiteren Studien anzuregen. Ich hoffe, dass dadurch eine Veränderung beginnt, wie sie Adrienne Rich bereits für die USA der siebziger Jahre beschrieben hat:

> "Das Wechselspiel zwischen einer politischen Vision und der Forderung nach einer neuen Vision von Literatur ist deutlich: ohne eine zunehmende feministische Bewegung hätten die ersten Eingriffe der feministischen Wissenschaft nicht stattfinden können; ohne das Schärfen eines feministischen Bewusstseins bei den schwarzen Frauen wäre das Werk schwarzer Frauen irgendwo zwischen den misogynen schwarzen Kritikern und den weissen Feministinnen in Vergessenheit geraten, die sich immer noch darum mühen, eine Tradition weisser Frauen ans Tageslicht zu bringen; ohne eine sich energisch zu Wort meldende Bewegung lesbischer Feministinnen läge das Werk von Lesbierinnen immer noch in dem dunklen Kämmerchen, wo viele von

6 Z.B. von Sigrid Weigel: *Liebe - nichts als ein Mythos?* In: *Die Stimme der Medusa*. Tende, Dülmen-Hiddingsel 1987, S.214-266

uns immer sassen und "bei schlechtem Licht" verbotene Bücher lasen."[7]

Die deutschsprachige Feministische Literaturwissenschaft hat sich in den achtziger Jahren in der BRD herausgebildet - mit einiger Verspätung in bezug auf die USA, wo entsprechende Diskussionen bereits in den siebziger Jahren begannen und mit der Etablierung von Women's Studies und Feminist Studies an den Universitäten mehr oder weniger verankert werden konnten.

Initialfunktion für die literaturwissenschaftliche Diskussion im deutschen Sprachraum hatten die Publikationen von Silvia Bovenschen[8], Renate Möhrmann[9], Irmela von der Lühe[10] und Inge Stephan / Sigrid Weigel[11]. Die Hamburger Literaturwissenschaftlerinnen Inge Stephan und Sigrid Weigel initiierten zudem auch die ersten internationalen Tagungen zu *Frauen in der Literaturwissenschaft*, die 1983 in Hamburg, später in Bielefeld, Hamburg und Paderborn stattfanden[12].

---

7 Adrienne Rich: *Wenn wir Toten erwachen. Schreiben als Re-Vision.* In: Sarah Lennox (Hg.): *Auf der Suche nach den Gärten unserer Mütter.* Sammlung Luchterhand, Darmstadt/Neuwied 1982, S.34

8 Silvia Bovenschen: - *Über die Frage: Gibt es eine weibliche Ästhetik?* In: Ästhetik und Kommunikation, Nr.25, Berlin/W. 1976, S.60-75
- *Die imaginierte Weiblichkeit - Exemplarische Untersuchungen zu kulturgeschichtlichen und literarischen Präsentationsformen des Weiblichen.* Edition Suhrkamp, Frankfurt/M. 1979

9 Renate Möhrmann: *Die andere Frau. Emanzipationsansätze deutscher Schriftstellerinnen im Vorfeld der Achtundvierziger-Revolution.* Metzler, Stuttgart 1977

10 Irmela von der Lühe (Hg.): *Entwürfe von Frauen in der Literatur des 20. Jahrhunderts.* Argument Sonderband, Berlin/W. 1982

11 Inge Stephan/Sigrid Weigel: *Die verborgene Frau, Sechs Beiträge zu einer feministischen Literaturwissenschaft.* Argument Sonderband, Berlin/W. 1983

12 Dokumentationen dieser Tagungen:
- Inge Stephan/Sigrid Weigel (Hg.): *Feministische Literaturwissenschaft.* Argument Sonderband, Berlin/W., 1984
- Renate Berger/Monika Hengsbach/Maria Kublitz/Inge Stephan (Hg.): *Frauen - Weiblichkeit - Schrift.* Argument Sonderband, Berlin/W., 1985
- Renate Berger/Inge Stephan (Hg.): *Weiblichkeit und Tod in der Literatur.* Böhlau, Köln und Wien 1987
- Annegret Pelz/Marianne Schuller/Inge Stephan/Sigrid Weigel/Kerstin Wilhelms (Hg.): *Frauen Literatur Politik.* Argument Sonderband, Hamburg 1988

Bereits drei Jahre später wurde von Literaturwissenschaftlerinnen auch innerhalb des VII. Kongresses der Internationalen Vereinigung für Germanistik ein Forum zum Thema *Frauensprache-Frauenliteratur* durchgesetzt, das von Inge Stephan (BRD), Marianne Burkhard (USA) und Sigrid Schmidt-Bortenschläger (A) geleitet wurde[13]. Im April 1989 luden Inge Stephan und Sigrid Weigel zu einem internationalen Symposium ein zum Thema *Frauen und Weiblichkeit im kulturellen und literarischen Prozess*[14].

Die Ergebnisse feministischer Literaturwissenschaft schlugen sich inzwischen in einer grossen Zahl publizierter Untersuchungen nieder, zumeist in Form von Dissertationen und Aufsatzsammlungen. Zur Frauenliteratur der siebziger und achtziger Jahre wurden profunde Studien mit exemplarischen Interpretationen vorgelegt, u.a. von Ricarda Schmidt, Dorothee Schmitz, Christa Gürtler, Christel Hildebrandt, Sonja Hilzinger, Margret Brügmann, Karin Richter-Schröder und Regula Venske[15]. Auf die Darstellung lesbischer Frauen wird da-

---

13 Inge Stephan/Carl Pietzker (Hg.): *Frauensprache - Frauenliteratur? Für und Wider einer Psychoanalyse literarischer Werke*, Band 6 der Akten des VII. Internationalen Germanisten-Kongresses Göttingen 1985, herausgegeben von Albrecht Schöne, Tübingen, 1986.

14 Inge Stephan/Sigrid Weigel/Kerstin Wilhelms (Hg.): "*Wen kümmert's, wer spricht*". *Zur Literatur und Kulturgeschichte von Frauen aus Ost und West*. Böhlau, Köln/Wien 1991

15 - Ricarda Schmidt: *Westdeutsche Frauenliteratur der 70er Jahre*. Rita G. Fischer, Frankfurt/M. 1982
- Dorothee Schmitz: *Weibliche Selbstentwürfe und männliche Bilder, Zur Darstellung der Frau in DDR-Romanen der siebziger Jahre*. 1983
- Christa Gürtler: *Schreiben Frauen anders? Untersuchungen zu Ingeborg Bachmann und Barbara Frischmuth*. Stuttgart 1983
- Christel Hildebrandt: *Zwölf schreibende Frauen in der DDR, Zu den Schreibbedingungen von Schriftstellerinnen in der DDR in den 70er Jahren*. 1984
- Sonja Hilzinger: "*Als ganzer Mensch zu leben...*" *Emanzipatorische Tendenzen in der neueren Frauen-Literatur der DDR*. 1985
- Margret Brügmann: *Amazonen der Literatur, Studien zur deutschsprachigen Frauenliteratur in den 70er Jahren*. Rodopi, Amsterdam 1986
- Karin Richter-Schröder: *Frauenliteratur und weibliche Identität, Theoretische Ansätze zu einer weiblichen Ästhetik und zur Entwicklung der neuen deutschen Frauenliteratur*. Hain bei Athäneum, Frankfurt/M. 1986

rin höchstens am Rande eingegangen, z.B. bei Ricarda Schmidt und Christa Gürtler. Einen Überblick über Schreibweisen und Themen von sehr vielen Schriftstellerinnen gibt Sigrid Weigel in *Die Stimme der Medusa, Schreibweisen in der Gegenwartsliteratur von Frauen* (1988). Die literaturwissenschaftliche Aufarbeitung der fünfziger und sechziger Jahre steht bisher noch weitgehend aus[16].

Bereits sind auch eine einbändige *Frauen Literatur Geschichte*, herausgegeben von Hiltrud Gnüg / Renate Möhrmann (1985) und eine zweibändige *Deutsche Literatur von Frauen*, herausgegeben von Gisela Brinker-Gabler (1988/89), erschienen, die beide das Spektrum deutschsprachiger Autorinnen vom Mittelalter bis zur Gegenwart umfassen. Standardwerk für die Zeit von 1500-1800 ist die Studie von Barbara Becker-Cantarino, *Der lange Weg zur Mündigkeit* (1987). Im weiteren gibt es inzwischen zwei Autorinnenlexika, das *Lexikon deutschsprachiger Schriftstellerinnen von 1800 bis 1945* (1986) von Gisela Brinker-Gabler / Angela Wölffen / Karola Ludwig, und *verbannt, verboten, vergessen - Kleines Lexikon deutschsprachiger Schriftstellerinnen 1933 bis 1945* (1989) von Renate Wall.

Manfred Jurgensen und Heinz Puknus nutzten ihren Zugang zu Strukturen und Verlagen als Männer und fungierten als Herausgeber von Aufsatzsammlungen, bei denen die meisten Beiträge von Frauen verfasst wurden[17]. Sternredakteur Jürgen Serke veröffentlichte eine Porträt-Serie zu 33 deutschsprachigen Schriftstellerinnen der Gegenwart, die anschliessend vom Verlag mit der hochtrabenden Behauptung, es handle sich um "die erste umfassende Geschichte der

---

- Regula Venske: *Mannsbilder - Männerbilder, Konstruktion und Kritik des Männlichen in zeitgenössischer deutschsprachiger Literatur von Frauen*. Georg Olms, Hildesheim/New York/Zürich 1988

16 Inge Stephan, Regula Venske und Sigrid Weigel haben mit ihrer Ausatzsammlung unter dem Titel *Frauenliteratur ohne Tradition?* (Fischer Taschenbuch Frankfurt, 1988) auf dieses Manko aufmerksam gemacht und neun Autorinnen neu in die Diskussion gebracht.

17 - Heinz Puknus (Hg.): *Neue Literatur der Frauen, Deutschsprachige Autorinnen der Gegenwart*. C.H.Beck, München 1980
- Manfred Jurgensen (Hg.): *Frauenliteratur, Autorinnen, Perspektiven*, Konzepte. Paul Haupt, Bern 1983 und dtv München

Frauenliteratur in deutscher Sprache" als Buch herausgebracht wurde[18].

In den erwähnten Standardwerken von Inge Stephan / Sigrid Weigel, Hiltrud Gnüg / Renate Möhrmann, Gisela Brinker-Gabler und Sigrid Weigel (Medusa) werden jedoch lesbische Frauen oder die Möglichkeit lesbischer Beziehungen in den Interpretationen nicht zur Sprache gebracht[19]. Besonders eklatant ist diese Ausklammerung bei Sigrid Weigel, da sie sowohl Zusammenhänge zwischen Frauenbewegung und Frauenliteratur erörtert wie auch eine grosse Anzahl der von mir bibliographierten Autorinnen erwähnt und darüber hinaus auf ein tabuisiertes Thema, nämlich die Krankheitserfahrung aus der Perspektive der Frau, mit grosser Offenheit und Sensibilität eingeht. Sigrid Weigel verschweigt bei den Texten von Margot Schroeder[20], Judith Offenbach[21] und Verena Stefan[22], dass diese Autorinnen sich mit lesbischen Lebensweisen auseinandersetzen. Stattdessen formuliert Weigel Ingeborg Bachmanns Abgrenzung[23] und zitiert diejenige von Ginka Steinwachs[24]. Im achten Kapitel setzt sie unter dem Titel *Liebe - nichts als ein Mythos?* Liebe mit heterosexueller Liebe gleich, ohne diese Gleichsetzung oder deren Problematik zu reflektieren.

Ein Blick Richtung USA zeigt, dass dort Arbeiten zu Darstellungen von lesbischen Frauen oder zum Werk lesbischer Schriftstellerinnen Eingang in die literaturwissenschaftliche Diskussion gefunden haben. So erschien auch die einzige Dissertation dazu zur deutschsprachigen Literatur in Berkeley/USA: Sally Patterson Tubach *Female homoerotism in German Literature and Culture* (1980). Sally Tubach gibt einen Überblick über die Stellung von lesbischen Frauen

---

18 Jürgen Serke: *Frauen schreiben, Ein neues Kapitel deutschsprachiger Literatur.* Stern-Buch Hamburg, 1979

19 Ausnahmen davon sind z.B.: Inge Stephan: *Männliche Ordnung und weibliche Erfahrung: Überlegungen zum autobiographischen Schreiben bei Marie Luise Kaschnitz* (In: Stephan/Venske/Weigel) und Regula Venskes Aufsätze zu Marlen Haushofer.

20 Sigrid Weigel: *Die Stimme der Medusa*, S.61/62

21 Ebenda, S.108

22 Ebenda, S.103-105

23 Ebenda, S.227

24 Ebenda, S.340

in Religion, Recht, Psychoanalyse und Politik, über die Rezeptionsgeschichte von Sappho in der deutschsprachigen Literatur, interpretiert summarisch Texte von Bettina von Arnim, Ingeborg Bachmann und Verena Stefan und geht auch auf eine ganze Reihe weiterer Texte von Autorinnen (z.B. Johanna Moosdorf) und Autoren ein.

In der renommierten interdisziplinären Wissenschaftszeitschrift *Signs - Journal of women in culture and society* erschien 1980 der grundlegende Essay von Adrienne Rich, *Compulsory Heterosexuality and Lesbian Existence*[25]. 1984 wurde eine Sondernummer zu Lesben publiziert, in der auch Aufsätze zu englisch-amerikanischer Literatur enthalten sind. An den Tagungen von *Women in German* fanden Arbeitsgruppen zu Lesben und Literatur statt. Bereits 1982 hatte Margaret Cruikshank den Band *Lesbian Studies - Present and Future* (Feminist Press, New York) herausgegeben, u.a. mit Aufsätzen zu lesbischer Lyrik, Lesbenbildern in Frauenanthologien, Biographien von Lesben, der Perspektive einer Drittweltfrau auf Lesbenliteratur und zu einem Unterrichtsprojekt über jüdische Lesben in der Literatur.

Die erste umfassende Studie zu Lesben in der Literatur war bereits 1956 von Jeannette H. Foster, einer Pionierin ausserhalb der Universität, erarbeitet und im Selbstverlag veröffentlicht worden: *Sex variant women in literature*[26]. Jeannette H. Foster berücksichtigte englische, amerikanische, französische und deutsche Literatur und spannte einen Bogen von der Antike bis ins zwanzigste Jahrhundert. 1967 gab Barbara Grier in der Naiad Press die erste Bibliographie zu *The Lesbian in Literature* heraus, in der sie sämtliche in amerikanischer Sprache erschienenen Bücher auflistet, sowohl Belletristik wie auch Sachliteratur, von Frauen und von Männern. 1975 verfasste die Schriftstellerin und Literaturwissenschaftlerin Jane Rule ihr Buch *Lesbian Images* in Form von Einzelporträts[27].

---

25 Deutsche Übersetzung: *Zwangsheterosexualität und lesbische Existenz.* In: Audre Lorde/Adrienne Rich: *Macht und Sinnlichkeit.* sub rosa/Orlanda, Berlin/W. 1983, S.138-169

26 1985 wieder aufgelegt durch den feministischen Verlag Naiad Press

27 Deutsche Übersetzung 1979 im Amazonen Verlag Berlin/W. unter dem Titel *Bilder und Schatten. Das Bild der lesbischen Frau in der Literatur*

Im deutschsprachigen Raum fehlt eine Zusammenstellung von Grundlagen, wie z.B. eine Bibliographie[28], eine Motivgeschichte, ein Lexikon lesbischer Belletristik oder eine literaturwissenschaftliche Fachzeitschrift[29]. Die einzige literaturwissenschaftliche Untersuchung, die im Deutschen publiziert wurde, ist Claudia Schoppmanns *Der Skorpion - Frauenliebe in der Weimarer Republik* (1985). Eine Reihe unpublizierter Magisterarbeiten zu Texten in der Zeit der Weimarer Republik wurden verfasst von Katharina Vogel (aus soziologischer Sicht, aber mit interessanten Informationen z.B. über Aimée Duc), Doris Claus, Wilma Peters und Inga Baumann[30]. Zu Autor-

---

28 Entsprechend derjenigen für das Amerikanische und das Norwegische:
- Barbara Grier: *The Lesbian in Literature*. The Naiad Press, Tallahassee (1967) 1981
- Gerd Brantenberg/Bodil Espedal/Relsen Lasen/Lisbeth Nilsen/Astrid Torud (Hg.): *Pa sporet av den tapte lyst*. Aschehoug, Oslo 1986

29 Entsprechend dem *Lexikon homosexueller Belletristik* und dem *Forum Homosexualität und Literatur* in bezug auf Männerliteratur, welche von Wolfgang Popp u.a. an der Universität Siegen herausgegeben werden.
Von den beiden bestehenden Zeitschriften zu Feministischer Wissenschaft sind die *Beiträge zu feministischer Theorie und Praxis* herausgegeben vom Verein *Sozialwissenschaftliche Forschung und Praxis* sehr stark sozialwissenschaftlich ausgerichtet.
Die *Feministischen Studien*, herausgegeben von Wissenschaftlerinnen verschiedener Richtungen, beinhalteten immer wieder Aufsätze von Literaturwissenschaftlerinnen, ohne dass jedoch Literaturwissenschaft bisher ein Schwerpunktthema wurde.

30 - Ina Baumann: *Die Figur der weiblichen Homosexuellen in der deutschen Literatur des ersten Drittels des Jahrhunderts*. (Magister-Arbeit) Wuppertal 1982
- Monika Hengsbach: *Bewältigungsversuche des Stigmas weiblicher Homosexualität in literarischen Texten des 20. Jahrhunderts*. (Magister-Arbeit) Bielefeld 1983
- Katharina Vogel: *Die Theorie vom dritten Geschlecht als Grundlage für ein neues Selbstverständnis von Frauen zu Beginn des 20. Jahrhunderts*. (Diplomarbeit) Berlin/W. 1985
- Doris Claus: *Selbstverständlich lesbisch in der Zeit der Weimarer Republik, Eine Analyse der Zeitschrift "Die Freundin"*. (Magistra-Arbeit) Osnabrück 1987
- Wilma Peters: *Das Bild der lesbischen Frau in der Literatur der Weimarer Republik*. (Abschlussarbeit an der Universität) Amsterdam 1988

innen der siebziger und achtziger Jahre von Barbara Hoyer und Margret Fehrer[31].

Im Unterschied dazu gibt es zu männlicher Homosexualität und Literatur bereits eine Reihe von Dissertationen und Aufsätzen[32]. Als erste Möglichkeit, männliche Homosexualität und Literatur zu thematisieren, erschien immer wieder das Werk Thomas Manns, das bereits gesicherter Bestandteil der Literaturgeschichte ist, später dann auch dasjenige Hanns Henny Jahnns, Hubert Fichtes und Klaus Manns. Seit 1987 gibt es eine spezielle Fachzeitschrift, *Forum - Homosexualität und Literatur* und ein *Lexikon homosexueller Literatur*, das als Lose-Blatt-Sammlung erscheint. Im Oktober 1990 fand bereits das *3. Siegener Kolloquium Homosexualität und Literatur* statt, erstmals auch mit grösserer Beteiligung von Referentinnen. Mitbegründer all dieser Aktionen war Wolfgang Popp, der als Professor an der Universität/GH Siegen seinen Schwerpunkt auf das Thema *Homosexualität und Literatur* legt.

Von Psychologinnen, Pädagoginnen, Soziologinnen und Historikerinnen wurden grundlegende Studien vorgelegt, ohne die ich meine Arbeit nicht hätte schreiben können: Charlotte Wolff, Ilse Kokula, Jutta Brauckmann, Susanne v. Paczensky, Brigitte Reinberg / Edith Rossbach, Hanna Hacker, Lesbenprojekt Berlin[33]. Diese Studien wa-

---

31 - Barbara Hoyer: *Die Auseinandersetzung mit den vorgefundenen Geschlechtsnormen und die Suche nach einer neuen Identität in den literarischen Darstellungen der lesbischen Frau in den siebziger Jahren* (Verena Stefan, "Häutungen" und Marlene Stenten, "Puppe Else"). (Magister-Arbeit) Berlin, 1981

- Margret Fehrer: *Literarische Leitbilder - Selbstbilder - Lebensentwürfe lesbischer Autorinnen, Christa Reinig und Marlene Stenten.* (Magister-Arbeit) Frankfurt/M. 1987

32 Vgl. dazu die Literaturlisten in: *Forum Homosexualität und Literatur*, herausgegeben von Wolfgang Popp u.a., Gesamthochschule-Universität Siegen, seit 1987

33 - Charlotte Wolff: *Psychologie der lesbischen Liebe, Eine empirische Studie der weiblichen Homosexualität.* 1971 (Deutsche Übersetzung) rororo, Reinbek bei Hamburg 1973

- Ina Kuckuc (Pseudonym für Ilse Kokula): *Der Kampf gegen Unterdrückung, Materialien aus der deutschen Lesbierinnenbewegung.* Frauenoffensive, München 1975

- Ilse Kokula: *Weibliche Homosexualität um 1900 in zeitgenössischen Dokumenten.* Frauenoffensive, München 1981

ren wichtige Voraussetzungen für meine Arbeit, aus denen ich Anregungen zur Fragestellung entnahm und die mir die Sensibilisierung für das Erkennen von Widersprüchen erleichterten[34].

Zur Verwendung der Begriffe *lesbische Frau* und *Lesbe*

Eine eindeutige Definition des Begriffs *lesbische Frau* läge im patriarchalen Interesse des Ein- und Ausgrenzens der Anderen, die von der Norm des weissen heterosexuellen Mittelschichts-Mannes abweichen. Dies entspricht aber weder weiblicher Lebenspraxis noch feministischer Politik. Von feministischen Soziologinnen und Psychologinnen werden deshalb keine Definitionen des Begriffs *lesbische Frau* geliefert, sondern Frauen interviewt, die bereit sind, über ihre Lebenssituation *als lesbische Frau* Auskunft zu geben (Susanne v. Paczensky, Brigitte Reinberg / Edith Rossbach), oder historische Selbstartikulationen *lesbischer Frauen* und Männerdiskurse über sie analysiert (Ilse Kokula, Hanna Hacker). Stefanie Hetze, die *lesbische Frau-*

- Jutta Brauckmann: *Weiblichkeit, Männlichkeit und Antihomosexualität, Zur Situation der lesbischen Frau.* Rosa Winkel. Berlin/W. 1981
- Susanne v. Paczensky: *Verschwiegene Liebe, Zur Situation lesbischer Frauen in der Gesellschaft.* Bertelsmann, München 1981
- Ilse Kokula: *Formen lesbischer Subkultur. Vergesellschaftung und soziale Bewegung.* Rosa Winkel, Berlin/W. 1983
- Jutta Brauckmann: *Die vergessene Wirklichkeit. Männer und Frauen im weiblichen Leben.* Lit, Münster 1983
- Brigitte Reinberg/Edith Rossbach: *Stichprobe: Lesben. Erfahrungen lesbischer Frauen mit ihrer heterosexuellen Umwelt.* Centaurus, Pfaffenweiler 1985
- Hanna Hacker: *Frauen und Freundinnen. Studien zur "weiblichen Homosexualität" am Beispiel Österreich 1870-1938.* Beltz, Weinheim/Basel 1987

34 Bei Abschluss meiner Arbeit erschienen folgende Studien:
- Antke Akkermann/Sigrid Betzelt/Gabriele Daniel: *Nackte Tatsachen: Ergebnisse eines lesbischen Forschungsprojektes.* Selbstverlag, Berlin/W 1989
- Alexandra Busch: *Ladies of Fashion. Djuna Barnes, Natalie Barney und das Paris der 20er Jahre.* Haux, Bielefeld 1989
- Birgit Palzkill: *Zwischen Turn- und Stöckelschuh. Die Entwicklung lesbischer Identität im Sport.* AJZ, Bielefeld 1990

en im Film untersucht hat[35], definiert den Begriff *lesbische Frauen* ebenfalls nicht. Ich selber betrachte in den Textinterpretationen, wie Frauen lesbische Beziehungen leben oder wünschen und wie lesbische Wünsche verdeckt artikuliert werden (in den Texten von Marlen Haushofer) oder wie das Tabu lesbischer Liebe dargestellt wird (von Ingeborg Bachmann). Ich versuche die Vielgestaltigkeit der dargestellten lesbischen Protagonistinnen zur Sprache zu bringen. Bestand Unklarheit darüber, ob eine literarische Figur als *lesbisch* eingestuft werden kann oder nicht, habe ich mich dafür entschieden.

Der ursprünglich negativ konnotierte Begriff *Lesbe* wurde von den *Lesben* in der Neuen Frauenbewegung als Selbstbezeichnung verwendet und damit positiv umgewertet. Die Bezeichnung *Lesbe* kann deshalb erst für die Zeit seit Mitte der siebziger Jahre verwendet werden. Davor wurden andere Begriffe gebraucht. In der *lesbischen* Zeitschrift *Wir Freundinnen* ist 1951/52 von *Frauenfreundschaft*, *Lesbierin*, *lesbische Frau*, *Tribade* und *gleichempfindenden Seelen* die Rede. Das *Lexikon der Frau* (1953) enthält die Stichworte *lesbische Liebe* und *Homosexualität, weibliche*. In einem Sexualratgeber für Frauen (1970)[36] steht der Begriff *Lesbierin*, und Judith Offenbach erwähnt in ihrem Essay, dass sie vor der Neuen Frauenbewegung "verschämt" das Wort "Lesbierin" als Selbstaussage gebraucht habe[37].

In den literarischen Texten taucht der Begriff *lesbisch* mit unterschiedlicher Bewertung auf, in den fünfziger Jahren zuerst als Aussage über eine andere Frau - seit den siebziger Jahren dann auch als Selbstbezeichnung. Im Folgenden sollen ein paar Beispiele aufgelistet werden:

- Bei Hertha Kräftner in der Angabe zu einer Figur im Dramenfragment *Agathe-Fragmente* (ca. 1950):

---

35 Stefanie Hetze: *Happy-End für wen? Kino und lesbische Frauen.* Tende, Frankfurt/M. 1986

36 Gisela Schmeer: *Die Aufklärung und wir Frauen*, Ullstein Verlag Berlin/W. 1970. Darin: "*Mein Mann hält mich für eine Lesbierin*", S.277/278

37 *Feminismus - Heterosexualität - Homosexualität*, in: Luise F. Pusch (Hg.): *Inspektion der Herrenkultur*. Edition Suhrkamp, Frankfurt/M. 1983, S.212

"Johanna, ihre Untermieterin, Bildhauerin (vielleicht lesbisch?)" (65)[38]

- Bei Johanna Moosdorf als abschätzige Bemerkung aus der Sicht eines Mannes im Roman *Nebenan* (1961):

"Hat vielleicht eine physische Abneigung gegen Männer, eine perverse Abneigung, diese Elena könnte durchaus ein lesbisches Frauenzimmer sein, wohin gerate ich wieder, was geht's mich an, womit sich die beiden Krähen die Zeit vertreiben, die ihnen vielleicht lang wird mit den Jahren." (192)

- Bei Ingeborg Bachmann aus der Perspektive des Ehemannes, der Franza als krank erklärt in *Der Fall Franza* (anfangs der sechziger Jahre geschrieben, publiziert 1978):

"F. bei Telefongespräch beobachtet. F. vermutlich lesbisch. Ich ersticke, nein vor Lachen, nein, es ist überhaupt nichts, kratzende Erinnerungsnadel." (408)

- Bei Ulrike Meinhof als Frage einer jungen Heimbewohnerin an ihre Erzieherin in *Bambule* (1971):

"Sind sie lesbisch?" (50)

- Marie Luise Kaschnitz benennt in *Orte* (1973) in ihrer biographischen Skizze zu Daisy D. diese als "Lesbierin" und verweist zugleich auf die Problematik dieser Kategorisierung:

"Eine Lesbierin, würde man heute sagen und hätte damit nichts gewonnen, eine Sozialistin, hiess es damals, und auch das traf nicht den Kern. Ihre geistige Unabhängigkeit, ihre Sachlichkeit und ruhige Gescheitheit waren männliche Eigenschaften, wenn sie aber ihren Genen nach vielleicht mehr ein Mann als eine Frau war, so wirkte sie doch nicht abseitig, sondern im Sinne einer höheren Möglichkeit der Existenz, völlig normal." (73)

Darstellung von Weiblichkeit und Ausgrenzung von Autorinnen

"Lesbischsein (anders als etwa Jüdisch- oder Katholischsein) heisst, ohne irgendein erreichbares Wissen von einer Tradition, einer Kontinuität und ohne soziales Fundament zu leben. Wir müssen die Zerstörung aller Zeugnisse, Briefe und Dokumente über lesbische Daseinsweisen als Mittel zur Aufrechterhaltung der Zwangsheterosexualität für Frauen bitter ernst nehmen, denn was uns damit vorenthalten wird, ist das Wissen um Freude, Sinnlichkeit, Mut und Erlebnisse der

---

38 Die Zahlen in Klammern geben die Seitenzahl des interpretierten Textes an. Hier also: Hertha Kräftner, *Agatha-Fragmente*. Zitiert nach: Hertha Kräftner, *Das blaue Licht* (Sammlung Luchterhand), S.65

Gemeinschaft - genauso wie das Wissen um Schuldgefühle, Selbstbetrug und Schmerz."

Adrienne Rich[39]

Stigmatisieren und Verschweigen sind die beiden grundlegenden Formen der gesellschaftlichen Diskriminierung von lesbischen Frauen. Gekoppelt wird diese Abwertung und Auslöschung lesbischer Existenz mit der Propagierung und Zelebrierung der Heterosexualität. In Geschichte und Gegenwart wurden und werden richtige Informationen über Lesben verweigert und zwar auch für Frauen, die sich selber als lesbisch erkennen[40]. In der patriarchalischen Gesellschaft werden lesbische Frauen doppelt unterdrückt: Als Frauen gehören sie dem unterdrückten Geschlecht an und als Lesben einer unterdrückten sexuellen Minderheit. Polemisch hat die Schriftstellerin Christa Reinig die lesbische Position innerhalb der weiblichen Hierarchie im Patriarchat formuliert:

> "Und an letztunterster Stelle steht die Lesbe, die Frau, die ihren weiblichen Beruf verfehlt hat, weil sie vom Manne nicht genutzt werden kann. Die absolut unnütze Frau."[41]

Diese gesellschaftliche Situation von Lesben wirkt sich aus auf die Produktion, Vermittlung und Bewertung von literarischen Texten, in denen Autorinnen lesbische Frauen darstellen. Während Weiblichkeit ein zentrales Objekt der Kultur im Patriarchat ist, werden gleichzeitig Frauen als Subjekte der Kulturproduktion ausgeschlossen, wobei dieser Ausschluss von Autorinnen über die Präsenz der von Männern imaginierten Weiblichkeit vollzogen wird[42], wie die Literaturwissenschaftlerin Susanne Kappeler aufzeigt:

> "Männer, als die Autoren der Kultur, ergreifen das Wort, gestalten das Bild, schreiben die Geschichte, für sich selbst und andere Männer - und *über* die Frauen."[43]

---

39 Adrienne Rich: *Zwangsheterosexualität und lesbische Existenz*, S.159

40 Vgl. Reinberg, Rossbach: *Stichprobe Lesben*, S.11 ff.

41 In: Christa Reinig: *"Erkennen, was die Rettung ist." Christa Reinig im Gespräch mit Marie Luise Gansberg*. Frauenoffensive, München 1986, S.144

42 Susanne Kappeler: *Vom Opfer zur Freiheitskämpferin. In: Mittäterschaft und Entdeckungslust*. Hg.: Studienschwerpunkt "Frauenforschung" an der TU Berlin. Orlanda, Berlin/W. 1989, S.21

43 Susanne Kappeler: *Pornographie - Die Macht der Darstellung*. Frauenoffensive, München 1988, S.66

Der Selbstausdruck von Frauen in der Kunstproduktion wurde und wird dagegen im Literaturbetrieb ausgegrenzt durch Nichtpublikation (Verlage, Zeitschriften, Zeitungen), durch Nichtrezension (Zeitungen, Zeitschriften, Radio, TV), durch Nichtaufnahme in Anthologien und Schulbüchern (Literaturbetrieb, Literaturwissenschaft), durch Nichtvergabe von Literaturpreisen/Literaturstipendien, durch falsche Einordnung (Buchhandel[44]) und durch fehlende Neuauflagen von Büchern. Daraus folgt dann die Nichterwähnung in Anthologien und in Literaturgeschichten. Von dieser Ausgrenzungsstrategie besonders betroffen sind Autorinnen, die Bilder lesbischer Frauen entwerfen. Voraussetzung für den kulturellen Ausschluss von Frauen als Autorinnen ist jedoch der Ausschluss von Frauen aus den Schlüsselpositionen des Literatur- und Wissenschaftsbetriebes. Ganz ausgesperrt werden konnten Autorinnen trotz allem nicht.

Männliche Autoren haben lesbische Frauen als Monster (Vampirfilm[45]), als menschlich-tierisches Zwitterwesen (Frank Wedekind, *Die Büchse der Pandora*) und als bucklige Alte (Friedrich Dürrenmatt, *Justiz*) imaginiert. Besonders reizvoll schien das Motiv der uneigentlichen Lesbe, d.h. derjenigen Frau, die sich in eine lesbische Liebesbeziehung verirrt und von einem männlichen Helden bezwungen und damit von den Tiefen lesbischer Liebe in die Höhen der Heterosexualität geführt wird. An dieser Zerr-Bildproduktion hatten die Männermedizin und die Männerpsychiatrie seit Ende des 19. Jahrhunderts[46] und die Pornoproduzenten seit den sechziger Jahren des 20. Jahrhunderts entscheidenderen Anteil als die belletristische Männerliteratur. Besonders in Pornoheften und -filmen werden von Männern für Männer Sexszenen zwischen Frauen gezeigt, bei denen ein Mann teilnimmt, oder das Kameraauge dem Betrachter den

---

44 - Verena Stefans *Häutungen* (1975) wurde bei seinem Erscheinen in einer Frankfurter Grossbuchhandlung einsortiert unter Kochbücher. (Aussage von Verena Stefan im Mai 1988 an den Solothurner Literaturtagen)
- Johanna Moosdorfs *Die Freundinnen* (1977) und Caroline Muhrs *Freundinnen* (1974) wurden in einer Hamburger Buchhandlung in die Pornoecke eingereiht. (Auskunft von Inge Stephan)

45 Dazu: Bonnie Zimmermann: *Töchter der Nacht. Der lesbische Vampirfilm*. In: *Frauen und Film. Nr.28*, Berlin/W. 1981, S.7-14

46 Vgl. dazu Hanna Hacker: *Frauen und Freundinnen*, S.13-92

Platz zwischen den beiden Frauen zuweist. Männer, auch Autoren, sind deshalb gewohnt, als Rezipienten filmischer oder textlicher Darstellungen Sexualität zwischen Frauen zu konsumieren.

Die kulturprägende Darstellung von Frauen durch Männer, der männliche Blick auf Frauen, erzeugt auf doppelte Weise Probleme für die Schriftstellerinnen: Einerseits sind Schriftstellerinnen von Frauenbildern umgeben, die von Männern gemacht wurden, und sie haben sich zwangsläufig an ihnen geschult; andererseits werden ihre Werke auch von Männern beurteilt und re-zensiert. Der Zugang zu den Produktionsmitteln, d.h. die Möglichkeit für Autorinnen (insbesondere auch für lesbische Autorinnen), ihre Texte zu publizieren, ist jedoch die zentrale Voraussetzung dafür, dass in der Literatur Darstellungen von lesbischen Frauen aus weiblicher Sicht zum Ausdruck kommen und den Männerbildern entgegengesetzt werden (vgl. Kapitel 4).

> "Die Tatsache, dass sich Frauen als individuelle Subjekte ins Kulturpublikum gedrängt haben (nicht ohne beträchtlichen Kampf) und sich nun bilden am Männerblick, der Frauen als Objekte und als schöne Kunst begutachtet, ist gerade eine der wesentlichsten Quellen weiblicher Entfremdung: Frauen haben in sich selbst Vorposten des männlichen Geschlechts verinnerlicht."[47]

Dieser Verinnerlichung waren lesbische Autorinnen vor der Neuen Frauenbewegung besonders stark ausgesetzt, da sie eine traditionelle Frauenrolle ablehnten, ohne dass emanzipatorische Alternativen vorstellbar waren. Manchmal erschien daher die Identifikation mit männlichen Figuren und männlichem Ich als einzige Möglichkeit, lesbisches Erleben auszudrücken. In den von mir untersuchten Texten kommt diese Verinnerlichung des Männlichen in unterschiedlicher Weise (implizit oder explizit) zum Ausdruck: Marlen Haushofers Protagonistin betrachtet eine schöne Frau mit den Augen eines Mannes (fünfziger Jahre). Ingeborg Bachmanns Protagonistin imaginiert ihre Verehrerin als unwissendes Geschöpf, dem sie die Welt erklären will (sechziger Jahre). Marlene Stenten schildert eine Männerwelt mit einem schwulen Protagonisten (anfangs siebziger Jahre). Gertrud Wilker stellt ihrer Ich-Erzählerin einen männlichen Kommentator zur Seite (anfangs achtziger Jahre). Die extremste Form der Verinnerli-

---

47 Susanne Kappeler: *Pornographie*, S.66/67

chung des männlichen Blicks ist die Übernahme eines männlichen Ichs und männlicher Protagonisten - auch zur Tarnung -, wie dies viele Autorinnen gemacht haben. Exemplarisch zeige ich dies im Entwicklungsprozess von Christa Reinig (Kapitel 7) auf.

Schriftstellerinnen, die Bilder lesbischer Frauen entwerfen, stehen also vor einer Reihe von Problemen:

1) Die fehlende Tradition von Frauenliteratur.

2) Das Problem der Artikulierung eines weiblichen Ichs und insbesondere eines lesbischen Ichs.

3) Das gesellschaftliche Verschweigen und die Stigmatisierung lesbischer Frauen.

4) Die von Männern phantasierten Bilder von lesbischen Frauen[48].

5) Die Kontrolle von Männern über die Schlüsselpositionen im Kultur- und Wissenschaftsbetrieb und damit über die Publikation, Aufnahme und Beurteilung von Texten mit lesbischer Thematik.

Auf diese Weise zwingen Männer-Gesellschaft und Männer-Kultur die Schriftstellerinnen in eine paradoxe Situation, in der sie vor dem Problem stehen, wie sie lesbische Frauen darstellen können, ohne gleichzeitig männlicher Voyeurslust Vorschub zu leisten. Auf diesem Hintergrund ist danach zu fragen, wie das Totschweigen lesbischer Frauen in der Literatur durchbrochen wird, wie Tabu und Begehren artikuliert werden und welche Klischeebilder dabei perpetuiert oder entlarvt werden. Im Literaturbetrieb ist aufzuzeigen, mit welchen Instrumenten und Strategien Frauenliteratur mit Lesbendarstellungen ausgegrenzt oder in den Literaturbetrieb integriert wird und welche erfolgreichen Gegenstrategien die Frauenbewegung entwickelte.

Patriarchalische Literatur - ebenso wie andere Formen der Kunst - trägt durch die "Idealisierung der heterosexuellen Liebesromantik und Ehe" einerseits und durch die "Auslöschung lesbischer Daseins-

---

48 In der Schweizer Literatur fallen mir z.B. spontan mehr Darstellungen von lesbischen Frauen durch Männer ein (Alexander Ziegler, Friedrich Dürrenmatt, Walter Schenker, Urs Faes, Guido Bachmann) als bei gezielter Suche nach Literatur von Frauen.
Dies hängt mit der Literaturkritik zusammen, die Männerbücher besser berücksichtigt, so dass ich über Rezensionen schneller auf die Inhalte von Männerbüchern stosse.

weisen (ausser in exotischer, perverser Form)"[49] zur Bewusstseinskontrolle bei. Wie patriarchalische Ideologie durch Mythen und Sprache vermittelt wird, hat die nordamerikanische Philosophin und Theologin Mary Daly in *GYN/ÖKOLOGIE - eine Meta-Ethik des radikalen Feminismus* aufgedeckt. Diese Ideologiekritik ist Voraussetzung für den "Sprung in den freien Raum"[50], d.h. für die Entwicklung von frauenidentifiziertem Bewusstsein, das "eine wirkliche Mutation im Denken wie im Verhalten" gleichermassen bedingt und nach sich zieht und wozu ein "neuer Prozess des Wertens"[51] notwendig ist. In der Formulierung von Christina Thürmer-Rohr:

> "Die Geschichte der Frauen ist aber gerade die Geschichte der Verdrängung: Der Verdrängung aller unangemessenen, unerwünschten, raumsprengenden, männerraumsprengenden Gefühle, von Gefühlen der Negation des Bestehenden."[52]

Für feministische Literaturkritikerinnen gilt es deshalb, diese Gefühle der Negation des Bestehenden in Texten von Frauen wahrzunehmen und sie im Zusammenhang mit der Reflexion von Heterosexualität und Mutterschaft als gesellschaftliche Institutionen zu analysieren. Gleichzeitig soll die Bedeutung von Frauenbeziehungen erkannt und die Verhinderungen von Frauenbeziehungen sowie das Aufscheinen erotischer Wünsche wahrgenommen werden. Damit könnten feministische Literaturwissenschaftlerinnen dazu beitragen, die Heterosexualität als Institution zu entlarven, verborgene Formen weiblichen Widerstandes in Texten zu erkennen, und mit der Textanalyse daran mitzuarbeiten, eine "komplexe Sehweise" zu entwikkeln,

> "(...) die nötig ist, um jene Macht aus den Angeln zu heben, die Männer überall über Frauen ausüben - eine Macht, die das Modell für jede andere Form von Ausbeutung und unrechtmässiger Kontrolle ist."[53]

---

49 Adrienne Rich: *Zwangsheterosexualität und lesbische Existenz*, S.148

50 Mary Daly: *GYN/ÖKOLOGY.* (Deutsche Übersetzung) Frauenoffensive, München 1981, S.39

51 Ebenda, S.38

52 Christina Thürmer-Rohr: *Vagabundinnen. Feministische Essays.* Orlanda, Berlin/W. 1987, S.165

53 Adrienne Rich: *Zwangsheterosexualität und lesbische Existenz*, S.168

Paradox meiner Arbeit

Aufgrund der Reduzierung von Frauen auf den untergeordneten Objektstatus in der Kultur einerseits und aufgrund der Stigmatisierung und des Verschweigens von lesbischen Frauen in der Gesellschaft andererseits, befinde ich mich als Literaturwissenschaftlerin in einer ähnlich paradoxen Situation wie die Schriftstellerin. Indem ich bisher übersehene/verschwiegene lesbische Aspekte von Texten zur Sprache bringe, komme ich ungewollt einer voyeuristischen Leseweise entgegen. Weiter laufe ich Gefahr, stigmatisierende Bilder von lesbischen Frauen festzuschreiben und lesbische Frauen nicht in der Vielfalt ihrer unterschiedlichen Lebensweisen zur Sprache zu bringen, sondern sie auf ihre Liebesbeziehungen und auf ihre Sexualität zu reduzieren. Dieses Paradox kann ich nicht auflösen, sondern lediglich mitreflektieren und versuchen, den gesamten lesbischen Lebenszusammenhang zu fassen und den gesellschaftlichen Kontext der literarischen Texte miteinzubeziehen.

Meine Arbeit stellt einen ersten Schritt dar zu einer Diskussion, die in der feministischen Literaturwissenschaft von einer Vielzahl von Forscherinnen und Leserinnen geführt werden müsste. Die Frage nach der literarischen Darstellung von Frauen, die sich nicht primär über Männer definieren, und die Frage, wie mit Autorinnen umgegangen wird, die dasselbe tun, ist relevant für alle Frauen und dürfte aus literaturwissenschaftlichen Diskussionen nicht länger ausgeklammert werden.

Exkurs zu den fundamentalen Unterschieden zwischen Lesben und Schwulen

Fälschlicherweise ist es gängig, Aussagen über schwule Männer und Selbstaussagen von Schwulen auf lesbische Frauen zu übertragen[54]. Selbst in wissenschaftlichen Studien werden *lesbische Frauen* als Un-

---

54 Wenn ich nichtfeministischen Menschen von meiner Arbeit erzählte, so beobachtete ich oftmals dieselbe Reaktion:
Zuerst waren sie erstaunt, dass ich überhaupt Texte zu diesem Thema gefunden hatte, da sie selber keine kannten. Später berichteten sie von irgendeinem Text eines schwulen Autors.

terkategorie zur Oberkategorie *schwule Männer* subsumiert[55]. Häufig vollziehen Männer die Gleichsetzung der Begriffe *Homosexualität*, *gleichgeschlechtliche Liebe* und *Liebe zwischen Männern* und grenzen damit lesbische Frauen vollständig aus[56].

Fundamental verschieden ist jedoch die gesellschaftliche Stellung von Lesben und Schwulen im Patriarchat, und entsprechend unterschiedlich ist ihre soziale und berufliche Lage, ihr Verhalten in bezug auf Liebesbeziehungen und Sexualität und ihr Zugang zu Geld, Macht und Öffentlichkeit. Auch die Formen gesellschaftlicher Diskriminierung sind unterschiedlich. Die Beschreibung der unterschiedlichen Welten, in denen Lesben und Schwule leben, ergäbe eine eigene Studie. Diese Forschungslücke kann an dieser Stelle nicht geschlossen werden. Es erscheint mir jedoch notwendig, grundsätzliche Unterschiede zu skizzieren, um auf den doppelten Ausschluss von lesbischen Frauen aus der patriarchalen Kultur zu verweisen. Im Unterschied zu Lesben gehören Schwule als Männer dem herrschenden Geschlecht an und profitieren von der Unterdrückung der Frauen, werden aber gleichzeitig als Homosexuelle diskriminiert. Das Patriarchat ist eine Männerherrschaft, in der die Männer über die Frauen Macht ausüben und zwar in allen gesellschaftlichen Bereichen. Die nordamerikanische Philosophin Janice Raymond nannte das Patriarchat eine

> "(...) homobezogene Kultur, die auf allen Ebenen auf Männerbeziehungen, Männertransaktionen und Männerbündnissen aufgebaut ist"[57].

Im Gegensatz zur Stigmatisierung schwuler Beziehungen werden die politischen, ökonomischen und sozialen Beziehungen zwischen Männern gesellschaftlich am höchsten bewertet. Männliche Homosexualität bildet somit das ideologische Fundament der patriarchalischen Gesellschaft. Dazu die französische Psychoanalytikerin Luce Irigaray:

---

55 Neues Beispiel dafür war 1987 die aufsehenerregende, da erste, Studie aus der DDR zum Thema *Homosexualität* des Mediziners Reiner Werner im Verlag Volk und Gesundheit, Berlin /DDR

56 1988 erschien in der BRD die Anthologie *Andere Lieben. Homosexualität in der Literatur*, in der der Herausgeber Joachim Campe Texte zu schwulen Männern publizierte.

57 Janice Raymond, S.19

"Durch den Austausch der Frauen reglementieren die Männer alles und verzögern eine unmittelbare homosexuelle Praxis, indem sie sie über die Körper der Frauen spielen lassen."[58]

Homosexualität wird jedoch nicht direkt ausgelebt. Männerbündnisse werden legitimiert, indem ihre erotische Komponente verleugnet wird[59]. Schwule Männer wurden und werden strafrechtlich verfolgt. Unter der nationalsozialistischen Herrschaft wurden viele verhaftet, in Konzentrationslager gebracht und mit dem *Rosa Winkel* gekennzeichnet. Die meisten wurden ermordet. Homosexuelle Männer wurden und werden als solche wahrgenommen, und das Ausleben ihrer Sexualität wurde mit Busse, Gefängnis und Todesstrafe bestraft. Gleichzeitig entzündeten sich an den gegen die Schwulen gerichteten Strafgesetzparagraphen immer wieder öffentliche Diskussionen zur Liberalisierung des Strafrechts und zu Integration oder Toleranz in bezug auf homosexuelle Männer in der Gesellschaft.

Lesbische Frauen werden heute in den deutschsprachigen Ländern, mit Ausnahme von Österreich[60], nicht mehr strafrechtlich verfolgt. Vor 1800 war dies jedoch anders:

"Kokula weist nach, dass lesbische Frauen entgegen der verbreiteten Annahme vom "Mythos lesbischer Straffreiheit" in Mitteleuropa eine Geschichte blutiger Verfolgung von etwa 250 Jahren erleiden mussten. Genitalsexuelle Beziehungen unter Frauen wurden vereinzelt schon im späten 13. Jahrhundert mit Todesstrafe geahndet. Systematisch und staatlich wurden lesbische Frauen vom frühen 16. Jahrhundert bis ins aufgeklärte 18. Jahrhundert hinein mit der Todesstrafe verfolgt. So wurde in Preussen für "Tribadie" bis 1747 die Todesstrafe verhängt, noch bis 1794 eine Freiheitsstrafe."[61]

Monika Barz, Herta Leistner und Ute Wild kommentieren diese Feststellung:

"Es scheint, dass nach 250 Jahren gnadenloser Verfolgung von "Hexen" und weiblicher Sexualität die Stärke und Sexualität von

---

58 Zitiert nach Hanna Hacker: *Frauen und Freundinnen*, S.15

59 Am deutlichsten manifestiert sich diese Doppelstrategie in Ritualen reiner Männerbünde, z.B. in studentischen (Männer)Verbindungen, aber auch in den verschärften Antihomosexuellen-Paragraphen im schweizerischen Militärstrafgesetz.

60 Vgl. Kap.2.1.

61 Monika Barz/Herta Leistner/Ute Wild: *Hättest Du gedacht, dass wir so viele sind? Lesbische Frauen in der Kirche*. Kreuz, Stuttgart/Zürich 1987, S.183

> Frauen soweit gezähmt und unterdrückt worden war, dass sich vorerst eine weitere Verfolgung erübrigte."[62]

Charlotte Wolff stellte bei ihrer Forschungsarbeit über lesbische Frauen fest, "welche falschen Vorstellungen über sie bestanden, etwa die, dass Lesbierinnen für die Gesellschaft akzeptabler seien als männliche Homosexuelle"[63]. Sie selber kam stattdessen zur Erkenntnis:

> "Die Lesbierin ist die gefährlichste Widersacherin des Mannes. Sie bedroht ihn in jeder Hinsicht: emotional, sozial und sexuell. "Normale" Männer können es sich leisten, den homosexuellen Mann zu tolerieren, denn sie fühlen sich ihm überlegen, die homosexuelle Frau jedoch muss ihnen zwangsläufig unerträglich sein. Sie haben einen Horror vor ihr, auch wenn er oft hinter Arroganz oder falscher Toleranz versteckt wird; er ist so tödlich wie der Biss einer Giftschlange."[64]

In öffentlichen Diskussionen sind lesbische Frauen meist kein Thema. Frauen wird generell eine eigene, nicht auf den Mann ausgerichtete, Sexualität abgesprochen.

> "Da Frauen in unserer Gesellschaft nur in Verbindung mit Männern als vollwertig gelten, ist - selbst bei vielen Frauen - das Ansehen der Frauen oft besonders gering, die sich nicht auf Männer, sondern auf Frauen beziehen. Sie werden diskriminiert, weil sie das gesellschaftliche Werteverhältnis auf den Kopf stellen, weil sie den Alleingültigkeitsanspruch der Institution Ehe und der geschlechtsspezifischen Arbeitsteilung in Frage stellen und weil sie die sexuelle Norm dieser Gesellschaft ausser Kraft setzen, derzufolge weibliche Sexualität nur in Verbindung mit Männern zu existieren hat."[65]

Verschärft hatte sich dieses Denken wiederum bei den deutschen Nationalsozialisten gezeigt, die eine Ausdehnung des Verbotes homosexueller Beziehungen auf lesbische Beziehungen erwogen, diese aber verworfen haben, weil sich die Meinung durchsetzte, dass ein solches Verbot überflüssig sei, da lesbische Frauen zur Mutterschaft

---

62 Ebenda, S.183

63 Charlotte Wolff: *Augenblicke verändern uns mehr als die Zeit. Eine Autobiographie.* (London 1980) Beltz, Weinheim/Basel 1982, S.230

64 Ebenda, S.230/231

65 Stichwort *Lesben* von Lising Pagenstecher und Eva Rieger, in: *Frauenhandlexikon. Stichworte zur Selbstbestimmung.* Herausgegeben von Johanna Beyer/Franziska Lamott/Birgit Meyer. C.H.Beck, München 1983, S.167/168

gezwungen werden könnten[66]. Mit patriarchaler Logik zwangen die Nazis lesbische Frauen einerseits zur Mutterschaft und andererseits zur Prostitution in Bordellen und in KZ-Bordellen[67]. Zudem wurden lesbische Frauen auch in Konzentrationslager deportiert und umgebracht[68].

Diskriminiert werden Lesben also nicht aufgrund ihrer Liebesbeziehungen zu Frauen, sondern weil sie Männern sexuell nicht zur Verfügung stehen[69]. Darauf verweist auch die Verwendung von *Männerhasserin* und *Mannweib* als Schimpfworte für Lesben und Feministinnen. Am Beispiel der griechischen Hetären zeigte Janice Raymond auf, wie aus den ursprünglichen Gefährtinnen von Frauen Prostituierte für Männer gemacht wurden[70]. Für Frauen, die nicht an Männer gebunden sind, hat Raymond den Begriff *lose Frauen* geprägt, der dieselbe Gruppe von Frauen bezeichnet, die Christa Reinig *unnütze Frauen* genannt hat[71].

Fundamental unterschiedlich ist das Verhältnis von Lesben und Schwulen zur Öffentlichkeit. Aufgrund ihrer Zugehörigkeit zum herrschenden Geschlecht verfügen schwule Männer - im Unterschied zu lesbischen Frauen - über bedeutend mehr Geld, Macht, Information und Öffentlichkeit, entscheidende Hilfsmittel also sowohl für den

66 Auskunft von Claudia Schoppmann, die in ihrer Dissertation die Haltung der deutschen Nationalsozialisten gegenüber weiblicher Homosexualität erforscht hat.
Claudia Schoppmann: *Nationalsozialistische Sexualpolitik und weibliche Homosexualität*. Centaurus, Pfaffenweiler 1991

67 Aussage eines Schwulen, der im KZ interniert war.
In: Jürgen Lemke: *Ganz normal anders. Auskünfte schwuler Männer.* Aufbau, Berlin/DDR und Weimar 1989 (2. Auflage 1990) S.27

68 als "Asoziale" oder als homosexuelle Frauen
Vgl. dazu: - Ina Kuckuc: *Der Kampf gegen Unterdrückung*. S.127/128
- Claudia Schoppmann: *Nationalsozialistische Sexualpolitik und weibliche Homosexualität*

69 Eine bisexuelle Frau erscheint dagegen für Männer besonders attraktiv.

70 Janice Raymond: *Frauenfreundschaft*, S.91

71 Die Nonnen werden von Janice Raymond dazugerechnet, von Christa Reinig jedoch nicht:
"An siebenter Stelle kommen die Nonnen, die sind nicht die letztuntersten, denn sie sind mit Jesus verlobt und unterstehen einem Beichtvater, sind also nicht Frauen ohne Mann."
In: Reinig/Gansberg: *Erkennen, was die Rettung ist*, S.144

Aufbau einer Subkultur mit künstlerischen und politischen Manifestationen wie auch für das Eindringen in die herrschende Kultur. Schwule Männer besetzen selber Schlüsselstellen oder haben Kontakte zu Inhabern von Machtpositionen in Kultur, Medien, Wissenschaft und Politik[72]. Literarische Texte, die ausschliesslich Beziehungen unter Männern thematisieren, werden rezensiert, ohne auf diese männliche Ausschliesslichkeit zu verweisen[73]. Gleichzeitig werden Texte, die Beziehungen zwischen Frauen thematisieren, scharf kritisiert[74].

Männer nehmen den öffentlichen Raum für sich in Anspruch. Schwule können sich als Männer in der Öffentlichkeit autonom bewegen. Sie machen in Grossstädten nebst kommerziellen Treffpunkten (Bar, Sauna) auch öffentliche Orte zu schwulen Treffpunkten (Park, "Klappe")[75]. Auf die grundsätzlich anders gelebte Sexualität von Schwulen und Lesben will ich nicht eingehen. Wichtig ist mir hier der Unterschied in der Möglichkeit, den öffentlichen Raum als Einzelperson zu betreten. Dieser öffentliche Raum wird für Frauen, die sich ohne Schutz-Mann bewegen, stark eingegrenzt durch die ständige Bedrohung durch sexuelle Gewalt von Männern. Die Soziologinnen Brigitte Reinberg und Edith Rossbach haben in ihrer empirischen Studie aufgezeigt, dass Lesben körperliche Angriffe am meisten von Männern in der Öffentlichkeit erfuhren[76]. Lesben ziehen sich deshalb häufiger in ihre private Häuslichkeit zurück, was eine Kontaktaufnahme mit anderen Lesben erschwert. Doch auch im privaten Bereich und im Arbeitsbereich sind sie massiven Aufforderun-

---

72 Imposant ist z.B. die Patronatsliste zur Basler Ausstellung *Männergeschichten* 1988

73 Ein Kulturredakteur einer grossen Schweizer Tageszeitung, der in einer Besprechung des Jubiläumsbandes zu Golo Manns 80. Geburtstag in einem Nebensatz darauf hinwies, dass Mann eine Welt ohne Frauen darstelle, wurde von seinem Kollegen dazu aufgefordert, diesen Satz zu streichen, da man daraus ablesen könnte, dass Golo Mann schwul sei (Mündliche Aussage des Redaktors, 1989).

74 Christa Reinigs Lyrikband *Müssiggang ist aller Liebe Anfang* (1979) wurde von den männlichen Literaturkritikern scharf verurteilt.

75 Vgl. dazu *Männergeschichten*, S.65-88

76 Brigitte Reinberg/Edith Rossbach: *Stichprobe Lesben*, S.223

gen von Männern zu heterosexuellem Geschlechtsverkehr ausgesetzt[77].

Solidarische Unterstützung von Männern für lesbische Frauen ist dagegen äusserst selten, sowohl im privaten Bereich wie auch im Literatur- und Wissenschaftsbetrieb. Im Gegensatz dazu haben eine Reihe von Frauen wichtige Forschungsarbeiten zum Thema der männlichen Homosexualität, insbesondere auch zu literarischen Darstellungen, geleistet[78]. Von Männern verfasste emanzipatorische Studien zu weiblicher Homosexualität sind mir dagegen nicht bekannt[79].

Aufgrund der fehlenden Teilhabe von Frauen an der gesellschaftlichen Macht und aufgrund der Reduzierung von Frauen zu Sexualobjekten für Männer ergeben sich massive Schwierigkeiten für Lesben, sich öffentlich zu artikulieren. In unserer Kultur, in der Sprechen und Benennen zentrale Funktionen in der zwischenmenschlichen Kommunikation und in der Organisation der gesamten Gesellschaft ha-

---

77 Jede zweite der von Reinberg/Rossbach befragten Lesben musste sich "gegen heterosexuelle Angebote oder Aufforderungen zu heterosexuellen Aktivitäten zur Wehr setzen". (S.179)

78 Gisela Bleibtreu-Ehrenberg hat mit *Homosexualität. Die Geschichte eines Vorurteils* (S.Fischer 1978, Fischer Taschenbuch 1981) ein Standardwerk geschrieben, in dem sie die Situation in bezug auf männliche Homosexualität aufzeigt.
In der Literaturwissenschaft gibt es eine Reihe von Dissertationen und Aufsätzen, in denen Wissenschaftlerinnen über Darstellungen schwuler Männer schrieben. Vgl. dazu z.B. das Programm des *3.Siegener Kolloquium Homosexualität und Literatur* (Oktober 1990), in dem u.a. folgende Vorträge angekündigt sind:
- Therese Hörnigk: *Sexuelle Projektionen in Romanen der literarischen Bohème Ende des 19.Jahrhunderts*
- Marita Keilson-Lauritz: *Autobiographische Tendenzen in schwuler Literatur "nach AIDS"*
- Ulla Link-Heer: *Homosexualität und Weltliteratur: André Gide und Marcel Proust*
- Sabine Röhr: *Das exotische Selbst. Zur Beziehung von Sexualität, Erkenntnis und Reisen in Hubert Fichtes poetischer Wissenschaft*
Im gleichen Programm gibt es keine Vorträge von Männern über Literatur von Frauen.

79 Eine Ausnahme ist der Artikel eines Pädagogen aus der DDR, Kurt Bach, der in der Frauenzeitschrift *Für Dich* (Nr.38/1988) parteilich-aufklärerisch über die Situation von Lesben berichtete, vgl. Kap.6.3.

ben, bedeutet das Verschweigen von Lesben die Zerstörung/ Verhinderung von individueller und kollektiver Identität. Trotz all dieser Behinderungen haben lesbische Frauen immer wieder Gegenstrategien zu ihrer Ausgrenzung entwickelt, indem sie Formen der Selbstartikulation schufen[80]. Diese lesbischen Gegenstrategien wurden mit der nationalsozialistischen Machtübernahme gewaltsam ausgelöscht und konnten erst vierzig Jahre später mit der Neuen Frauenbewegung in den siebziger Jahren eine politische Kraft entwickeln und damit zur Veränderung des gesamten gesellschaftlichen Klimas beitragen. Ein Teil der Frauenbewegung hat aus der Analyse der gesellschaftlichen Situation den Schluss gezogen, dass weibliche Homosexualität eine entscheidende Strategie von Frauen zur Erlangung von Autonomie sei,

> "(...) und zwar insofern sich die Frauen als simple Spieleinsätze der Männer aus dem "Verkehr" ziehen, als Objekte der Transaktion, auf denen ein ganzes ökonomisches System fusst, dem, so behaupte ich, keiner entrinnt".[81]

Was Luce Irigaray hier unter System fasst, ist nach Adrienne Rich die Heterosexualität, die ebenso wie die Mutterschaft eine Institution ist, die gesellschaftlich organisiert und den Frauen mit Gewalt aufgezwungen wird[82]. Von dieser Gewalt sind alle Frauen betroffen, nicht nur Lesben und Mütter.

---

80 Für die Jahrhundertwende und die zwanziger Jahre vgl.: Hanna Hacker: *Frauen und Freundinnen*. Besonders die Kapitel *Auf der Suche nach dem homosexuellen Selbstverständnis* (S.159-171) und *Chiffriertes Selbstbewusstsein: Kommunikationsnetze der lesbischen Kultur* (S.185-266)

81 Luce Irigaray: *Neue Körper, neue Imagination*, S.125

82 Vgl. dazu die Texte von Adrienne Rich:
- *Von Frauen geboren. Mutterschaft als Erfahrung und Institution.* (Deutsche Übersetzung) Frauenoffensive, München 1979
- *Zwangsheterosexualität und lesbische Existenz*

2. Fünfziger Jahre

Gesellschaftliche Situation: Exkurs zur Entwicklung von 1900-1950

Die zunehmende Emanzipation der Frauen, die mit der politischen Organisierung von Frauen in der zweiten Hälfte des 19.Jahrhunderts begann und um die Jahrhundertwende und in der Weimarer Republik Höhepunkte erreichte, wurde durch die Machtergreifung der Nationalsozialisten abgebrochen. Entscheidende Zäsur für das soziale Leben und für die literarische Darstellung lesbischer Frauen, ist deshalb nicht die Beendigung des zweiten Weltkrieges, sondern die nationalsozialistische Machtübernahme 1933[1].

Jahrhundertwende

Seit der Jahrhundertwende meldeten sich in der Frauenbewegung frauenliebende Frauen - wie z.B. Anita Augspurg, Käthe Schirmacher, Toni Schwabe, Sophie Höchstetter[2], Irma von Troll-Barostefani - zu Wort und artikulierten ihre Interessen in Zeitschriften der Frauenbewegung[3]. Die belletristische Umsetzung von lesbischen Lebensentwürfen begann zur selben Zeit. Hanna Hacker schreibt zusammenfassend, dass für die Heldinnen dieser Romane - von Aimée Duc (Pseudonym für Minna Wettstein-Adelt), Frank Donatus (Pseudonym für Luise Peterson), Anna Elisabet Weirauch, Helene von Mühlau (Pseudonym für Hedwig von Mühenfels) - die Notwen-

---

1 Auch für die Periodisierung deutschsprachiger Literatur im 20.Jahrhundert wird inzwischen die Weltwirtschaftskrise um 1930 als wichtiger Einschnitt begriffen und nicht das Ende des Zweiten Weltkrieges 1945.
Frank Trommler: *Auf dem Weg zu einer kleineren Literatur.* In: Thomas Koebner (Hg.): *Tendenzen der deutschen Gegenwartsliteratur.* Kröner, Stuttgart 1984, S.10

2 Die Lebensdaten der lesbischen Schriftstellerin Sophie Höchstetter hat Ilse Kokula recherchiert. Ilse Kokula: *Sophie Höchstetter (1873-1943).* In: *Ariadne, Almanach des Archivs der deutschen Frauenbewegung,* Heft 4, Kassel 1989, S.16-21

3 Vgl. Hanna Hacker: *Frauen und Freundinnen,* S.138

digkeit eines persönlichen Coming Out individuell, privat und isoliert erscheint, während gleichzeitig die "Geliebte, die Clique, der Freundinnenkreis und/oder die Ahnung von der Möglichkeit eigensinniger Lebensformen"[4] schon vorhanden sind. Ab 1920 bildet eine differenzierte lesbische Subkultur für die weitaus meisten Romane den mehr oder weniger explizit gemachten Hintergrund[5].

Weimarer Republik

Nach dem Sturz der Monarchie (1918) eröffneten sich für Frauen in der Weimarer Republik vielfältige Lebensmöglichkeiten. Sie erhielten erstmals im deutschsprachigen Raum die Stimm- und Wahlberechtigung, drangen in neue Berufsfelder ein, studierten (in der Schweiz seit 1870, in Deutschland seit 1908) und dozierten an Universitäten, politisierten in Parlamenten, in Parteien und in den verschiedenen Flügeln der Frauenbewegung. Dies trug dazu bei, dass in Berlin eine hochdifferenzierte lesbische Subkultur entstand:

> "Berlin war neben Paris in den zwanziger Jahren ein Zentrum der lesbischen Welt. Trotz aller Massenarmut pulsierte lesbisches Leben. Die Zeitschriften für lesbische Frauen berichteten in jeder Ausgabe von Veranstaltungen und Festlichkeiten in den Bars und Clubs, von denen es in Berlin zur Weimarer Zeit etwa 50 gab. Diese Lokale und Clubs, die oft auch männliche Besucher zuliessen, bildeten neben den Vereinigungen und Zeitschriften die Kommunikationswege lesbischer Frauen."[6]

Die Berliner Damenklubs waren z.T. schon vor der Weimarer Republik gegründet worden. Einige hatten hohe Mitgliederzahlen, so der Monbijou-Club mit 600 Frauen[7]. In ihnen wurden verschiedene Aktivitäten entwickelt: Im Violetta-Klub, der von 1926-1933 bestand, waren 400 Frauen organisiert, und es gab verschiedene Unternehmungen: eine Bibliothek, eine Sport- und Wandergruppe mit ei-

---

4 Ebenda, S.163

5 Ebenda, S.162

6 Ilse Kokula: - *Freundinnen, Lesbische Frauen in der Weimarer Republik.* In: Kristine von Soden/Maruta Schmidt (Hg.): *Neue Frauen. Die Zwanziger Jahre.* Elefantenpresse, Berlin/W., S.160
Vgl. auch dieselbe: - *Lesbisch leben von Weimar bis zur Nachkriegszeit.* In: *Eldorado*, S.149-161

7 Gudrun Schwarz: *Eine Einleitung.* In: Adele Meyer (Hg.): Lila Nächte: *Die Damenclubs der Zwanziger Jahre.* Zitronenpresse, Köln 1981, S.19

genem Klubheim, einen Korrespondenz-Zirkel - dank dessen Aktivitäten 1930 die Gründung eines Damenclubs in Hamburg möglich wurde -, Unterhaltungsabende mit Lesungen, Gesang und Cabaret, und das jährliche Stiftungsfest, an dem z.B. 1930 auch die berühmten lesbischen Cabaretistinnen Senta Söneland und Claire Waldoff auftraten[8]. In den Lesbenlokalen verkehrten auch prominente Künstlerinnen. Die Sportgruppe des Violetta-Klubs organisierte zudem für alle Frauen Mond- und Sonnenschein-Dampferfahrten, Kremser-Partien (mit Pferdewagen) und Automobilfahrten[9]. Einen Einblick in einige Damenclubs gibt das 1928 erschienene Buch von Ruth Margareta Roellig *Berlins lesbische Frauen*[10]. In ihrer Autobiographie erinnert sich die Psychologin/Ärztin Charlotte Wolff 1980 an diese Zeit:

> "Bars für Schwule und Nightclubs schossen nicht nur im modischen Westberlin, sondern auch in ärmeren Stadtteilen aus dem Boden. Man konnte Mercedeswagen genausogut vor homosexuellen Bars wie vor schicken lesbischen Nightclubs parken sehen. Auch Männer und Frauen, deren eigene Neigung eher heterosexuell waren, betrachteten begierlich die Vorgänge in dieser "Untergrund-Welt", der man inzwischen den scheusslichen Namen "Subkultur" gegeben hat. Einige von denen, die nur als Beobachter gekommen waren, machten sich einen Spass daraus, mit gleichgeschlechtlichen Partnern zu tanzen."[11]

Und:

> "Trotz all der Freiheit - oder der Illusion von Freiheit - in der Weimarer Republik, wurden Lesbierinnen von der Polizei beobachtet, und von Zeit zu Zeit fand eine Razzia in lesbischen Clubs statt. Es war keineswegs klar, ob die Polizei eher gegen Prostituierte oder gegen Lesbierinnen vorgehen wollte, auf alle Fälle fürchteten sich sowohl die Besitzer als auch die Besucher dieser Clubs vor den Razzien. Die Mädchen dachten, sie würden aus beiden Gründen verfolgt. Jedenfalls verlangten die Inhaber der Lokale die Anwesenheit von Männern als Abschreckungsmittel. Die wahren Interessen der Polizei blieben uns allen ein Rätsel. Schliesslich wurden Magnus Hirschfeld und sein Institut vom Staat in Ruhe gelassen. Behandelte man ihn vielleicht deshalb bevorzugt, weil sein Institut zur Touristenattraktion geworden war und ausländische Währung ins Land brachte? Es war alles in allem eine ambivalente Situation."[12]

---

8 Ebenda, S.18-24

9 Ebenda, S.24

10 Neu publiziert in: Adele Meyer, vgl. Anmerkung 7.

11 Charlotte Wolff: *Augenblicke verändern mehr als die Zeit*, S.91

12 Ebenda, S.95

In der Weimarer Republik erschienen auch verschiedene Zeitschriften für lesbische Frauen in hohen Auflagen[13] und in Erscheinungszyklen (vierzehntäglich), wie sie heutige Lesbenzeitschriften nicht mehr erreichen. Die am meisten verbreitete Lesbenzeitschrift war vermutlich *Die Freundin*, die mit Ausnahme des Jahres 1927, als sie verboten war, von 1924-1933 erschien. In ihr wurden zur Hälfte Kurzgeschichten, Gedichte und zur Hälfte Veranstaltungshinweise, Kleinanzeigen, Leserinnenbriefe, Literaturlisten, ein Artikel mit theoretischen Stellungnahmen und ab und zu eine Transvestitenbeilage abgedruckt[14]. Weitere Lesbenzeitschriften waren die *Frauenliebe*, die von 1926 bis 1930 in einer Auflage von 10'000 Stück und die *Garçonne*, die von 1930 bis 1932 zweiwöchentlich erschien[15]. In der *Garçonne* hatte es als feste Seiten *Frauenliebe*, *Der Transvestit*, *Femina* (Schönheitspflege), Romanbeilage[16]. Daneben erschienen überwiegend Belletristisches (Erzählungen, kurze Plaudereien, Anekdoten, Gedichte), Kleinanzeigen, Stimmungsbilder von Veranstaltungen des Klubs Monbijou, ab und zu Reflexionen zur lesbischen Identität und Berichte über die problematische Situation lesbischer Frauen in der Provinz, z.B. aus Zürich[17]. 1931 diskutierten Leserinnen über ein halbes Jahr zum Thema "Traum"[18] und ebenfalls 1931 wurde die *Garçonne* auf die Liste für Schund- und Schmutzschriften gesetzt und damit der Aushang am Kiosk verboten[19]. In beiden Zeitschriften lag ein grosses Gewicht auf den belletristischen Beiträgen, die offensichtlich eine

---

13 Katharina Vogel: *Zum Selbstverständnis lesbischer Frauen in der Weimarer Republik*. In: *Eldorado*, S.162

14 Ebenda, S.162

15 Petra Schlierkamp: *Die Garçonne*. In: *Eldorado*, S.169

16 in der z.B. abgedruckt wurden:
- Ruth Margarete Roellig, *Ich klage an*
- Elsa von Bonin, *Das Leben der Renée von Catte*

17 Unter dem Titel *Leidensgenossinnen aus der Schweiz vereinigt Euch* rief 1931 die Zürcherin Fredy Thoma zur Gründung einer lesbischen Gruppe auf.
Vgl.: Ilse Kokula/Ulrike Böhmer: *Die Welt gehört uns doch! Zusammenschluss lesbischer Frauen in der Schweiz der 30er Jahre*. Schriftenreihe des Verein Feministische Wissenschaft Schweiz, eFeF Verlag, Zürich 1991

18 Petra Schlierkamp: *Die Garçonne*, S.175

19 Ebenda, S.176

wichtige Doppelfunktion von Unterhaltung und Auseinandersetzung mit lesbischen Erfahrungen erfüllte. Die Bedeutung der Literatur mit lesbischer Thematik lässt sich auch daraus ablesen, dass im Klischee männlicher Vorstellung die "autonome und lesbische Frau der gehobenen Stände (...) oft eine Schriftstellerin" war[20].

Eine grosse Anzahl Frauen wurde schriftstellerisch auf verschiedenen Gebieten tätig[21]. Liebesbeziehungen zwischen Frauen standen im Mittelpunkt einer Reihe von Romanen, z.B. von folgenden Autorinnen: Anna Elisabet Weirauch, Helene von Mühlau, Maximiliane Ackers, Grete von Urbanitzky, Christa Winsloe und Annemarie von Nathasius[22].

Zerstörung durch die deutschen Nationalsozialisten

Die deutschen Nationalsozialisten verhafteten und ermordeten oder vertrieben Jüdinnen, Feministinnen, Pazifistinnen, Kommunistinnen: unter ihnen auch viele lesbische Frauen[23]. Viele Frauenorganisatio-

---

20 Ilse Kokula: *Lesbisch leben von Weimar bis heute*, S.152

21 Vgl.: - Renate Wall: *Verboten, verbannt, vergessen. Kleines Lexikon deutschsprachiger Schriftstellerinnen 1933-1945*, Pahl-Rugenstein, Köln 1988
- Heide Soltau: *Trennungsspuren. Frauenliteratur der zwanziger Jahre*. Extrabuch, Frankfurt/M. 1984

22 Vgl. die Interpretationen in den Arbeiten von:
- Claudia Schoppmann: *"Der Skorpion", Frauenliebe in der Weimarer Republik*. Frühlings Erwachen, Kiel 1985
- Doris Claus: *Selbstverständlich lesbisch in der Zeit der Weimarer Republik*
- Wilma Peters: *Das Bild der lesbischen Frau in der Literatur der Weimarer Republik*

23 Vereinzelt sind auch Frauen bekannt, die als Lesben in Konzentrationslager deportiert wurden. Vgl. dazu:
- Ina Kuckuck: *Der Kampf gegen Unterdrückung*. S.127/128
- Claudia Schoppmann: *Nationalsozialistische Sexualpolitik und weibliche Homosexualität*, 1991
Anhaltspunkte dafür, welche Emigrantinnen auch lesbisch waren, gibt es wenige. Oft wurden von prominenten Frauen selbst diesbezügliche Spuren verwischt oder Auskünfte verweigert (z.B. von Erika Mann und Therese Giehse. Ihre Zeitgenossin Marianne Feilchenfeldt-Breslauer bezeichnete sie am 2.1.89 im Gespräch mit Claudia Schoppmann und mir als "ein Paar".) oder von ihren Nachlassverwalterinnen oder ihren

nen verloren dadurch ihre führenden Frauen. Anita Augspurg und Lida Gustava Heymann flüchteten z.B. in die Schweiz, wo sie im Exil starben[24]. Die Frauenverbände und Frauenvereine wurden entweder zerschlagen, oder sie unterwarfen sich der nationalsozialistischen Herrschaft. Die lesbische Subkultur - ebenso wie die schwule Subkultur - wurde zerstört, die ersten Lesbenzeitschriften bereits vor 1933 verboten. Wohin die lesbischen Schriftstellerinnen emigrierten, wurde bisher nicht gefragt. Wie und wo sie lebten und ob sie weiter schrieben, wäre z.B. zu erforschen bei Maximiliane Ackers und Ruth Kempe. Von einigen sind Daten bekannt: Christa Winsloe ging nach Frankreich und wurde dort 1944, zusammen mit ihrer Freundin, der Schweizer Schriftstellerin Simone Gentet, von Franzosen ermordet[25]. Die Österreicherin Grete von Urbanitzky, die vor dem ersten Weltkrieg in Zürich studiert hatte, lebte während des zweiten Weltkrieges in der Schweiz, wo sie 1974 in Genf starb[26]. Anna Elisabet Weirauch war nach der nationalsozialistischen Machtübernahme zusammen mit ihrer Freundin von Berlin nach Gastag/Oberbayern gezogen. Nach dem Krieg wohnten sie zunächst in München und ab 1961 wieder in Berlin[27]. Die Schriftstellerin und Journalistin Annemarie Schwarzenbach konnte als Schweizerin jederzeit in ihr Heimatland zurückkehren. Zudem war sie vermögend und bereiste Afghanistan, USA und Afrika. 1935 heiratete sie in Persien einen französischen Diplomaten und hielt sich weiterhin häufig ausserhalb von Europa auf[28].

überlebenden Freundinnen entschieden bestritten (Auskünfte von Claudia Schoppmann über ihre Recherchen zu Christa Winsloe und Anna Elisabet Weirauch).

24 Vorwort von Margarete Twellmann in: Anita Augspurg und Lida Gustava Heymann: *Erlebtes und Erschautes.* (Neuauflage) Anton Hain, Meisenheim am Glan 1977

25 *Christa Reinig über Christa Winsloe*, in: Christa Winsloe *Mädchen in Uniform*, Neuauflage Frauenoffensive 1983, S.247

26 *Lexikon deutschsprachiger Schriftstellerinnen*, herausgegeben von Brinker-Gabler, Gisela/Ludwig, Karola/Wöffen, Angela. dtv, München 1986, S.314/5

27 Claudia Schoppmann: "*Der Skorpion*", S.14/15

28 Zur Biographie von Annemarie Schwarzenbach, vgl. das Nachwort von Charles Linsmayer zur Neuauflage ihres Romans *Das verborgene Tal*, Huber Verlag 1987

Nach 1945

Der Bruch war 1933 so tiefgreifend, dass nach 1945 kaum an die fortschrittlichen Traditionen der Weimarer Republik angeknüpft werden konnte. 1945 eröffneten Lotte Hahm und Kati Reinhart, die in der Weimarer Republik ein Lesbenlokal geführt hatten, am Spittelmarkt wieder ein Lokal für Lesben. Da dies den Regierenden der sowjetischen Besatzungszone (vor der Gründung der DDR) nicht passte, zogen sie in den Westsektor um und eröffneten das Lokal *Max und Moritz*, das bis in die sechziger Jahre ein beliebter Treffpunkt für lesbische Frauen war[29]. Kati Reinhart organisierte zudem im Hotel Intercontinental in der Wintersaison Bälle "alten Stils", an denen regelmässig etwa 200 Frauen teilnahmen, die von Kati persönlich eingeladen worden waren:

> "Die anwesenden Frauen waren in der Regel schon älter, viele waren Kati noch aus der Vorkriegszeit bekannt. In diesem Kreise informierten sich die Frauen über Belletristik und Sachbücher, die lesbische Liebe oder männliche Homosexualität thematisierten."[30]

In der Zeit von 1933 bis 1945 sind mir fünf Romane - von Ruth Kempe (A), Marie Luise Kaschnitz, Luise Rinser und Annemarie Schwarzenbach (CH) - bekannt, in denen, z.T. sehr verschlüsselt, lesbische Figuren dargestellt sind[31]. Obwohl die Frauen nach

---

29 - Gudrun Schwarz: *Eine Einleitung*, S.21
- Ilse Kokula: *Lesbisch leben in den fünfziger Jahren*. In: *Frauen Untereinander*. Dokumentation der Offenen Frauenhochschule in Wuppertal. Hrsg: Projekt Offene Frauenhochschule. Wuppertal, 1989. S.117

30 Ebenda, S.118

31 - Ruth Kempe, *Paria*, 1933
- Marie Luise Kaschnitz, *Elissa*, 1937
Die märchenhafte Geschichte zweier Halbschwestern, die sich als Kinder sehr lieben. Als Jugendliche und Erwachsene geht die eine mit einem Mann weg. Die andere sucht sie, pflegt sie und zieht später ihr Kind bei sich auf.
- Annemarie Schwarzenbach veröffentlichte 1933 in Berlin (Rowohlt) die *Lyrische Novelle* und 1940 in Zürich (Amalthea) *Das glückliche Tal*, in dem sich die lesbische Ich-Erzählerin in der Maske des männlichen Ich-Erzählers versteckt und eine einseitige Liebe schildert.
- Luise Rinser beschreibt in ihrem ersten Roman *Die gläsernen Ringe* (1940) die Liebe zweier Schülerinnen zu ihrer Lehrerin in der Klosterschule. Die eine Schülerin begeht Selbstmord, während sich die andere innerlich von der Lehrerin losreisst.

Kriegsende das Überleben aller gesichert und den grössten Teil der Enttrümmerungsarbeit geleistet hatten, wurden sie wieder aus den wichtigen gesellschaftlichen Positionen verdrängt, als die Männer aus der Kriegsgefangenschaft zurückkehrten.

> "Von kurzer Dauer nur war die Phase der von radikaldemokratischen und sozialistischen Ideen getragenen Aufbruchstimmung und Zukunftshoffnung gleich nach dem Krieg (..)."[32]

Mit der Währungsreform im Westsektor wurde 1948 die Gründung der BRD vorbereitet und 1949 vollendet. Als Reaktion darauf wurde im Ostsektor die DDR gegründet, womit die Teilung Deutschlands in zwei Staaten besiegelt war.

Die fünfziger Jahre

Das politische Klima der fünfziger Jahre war geprägt durch den "Kalten Krieg" zwischen West und Ost, der in die Wiederbewaffnung und in den Nato-Beitritt der BRD (1955) und in die Gründung des Warschauer Paktes (1956) unter Einschluss der DDR mündete. Gleichzeitig wurde der Wiederaufbau vorangetrieben, und die BRD wurde Ende der fünfziger Jahre zur Wohlstandsgesellschaft. Zum ideologischen Fundament gehörte u.a. ein reaktionäres Frauenbild, das die Familie als einzige dem Wesen der Frau entsprechende Lebensform propagierte. Keine Spur mehr von der modernen Frau der Jahrhundertwende oder der neuen Frau der zwanziger Jahre.

In der Schweiz, die von der Zerstörung im ersten und zweiten Weltkrieg verschont geblieben war, kämpften die Frauenrechtlerinnen (seit den siebziger Jahren des letzten Jahrhunderts), noch immer für das Stimm- und Wahlrecht der Frauen[33], doch die Männer-Volksabstimmung lehnte 1959 erneut ab. Ein Jahr zuvor war mitten im "Kalten Krieg" bereits Iris von Rotens umfassende Analyse zur Situation der Schweizer Frauen in Gesellschaft, Beruf und Familie erschie-

---

32 *Geschichte der deutschen Literatur von 1945 bis zur Gegenwart*: Von Hans-Peter Franke/Ulrich Staehle/Gisela Ullrich/Dietmar Wenzelburger. Klett, Stuttgart 1984, S.13

33 Dazu: - Susanna Woodtli: *Gleichberechtigung*. Huber, Frauenfeld 1975
- Lotti Ruckstuhl: *Frauen sprengen Fesseln. Hindernislauf zum Frauenstimmrecht in der Schweiz*. Interfeminas, Bonstetten 1986

nen: *Frauen im Laufgitter, Offene Worte zur Stellung der Frau* (1958)[34]. Konsequenzen wurden daraus nicht gezogen, stattdessen wurde die Autorin auf übelste Weise beschimpft[35].

Ende der fünfziger Jahre beschrieb Betty Friedan in den USA den *Weiblichkeitswahn* und die Folgen der Kleinfamilienideologie für die Frauen[36]. Im wesentlichen trifft ihre Analyse auch auf die deutschsprachigen Länder zu. Betty Friedan zeigte, wie den nordamerikanischen Mittelschichtsfrauen eingetrichtert wurde, "dass sie sich kein schöneres Los wünschen könnten, als sich ihrer Weiblichkeit zu freuen", denn "wirklich weibliche Frauen [würden, M.M.] nicht nach einem Beruf, höherer Bildung und politischen Rechten"[37] trachten, sondern nur danach, einen Ehemann und Kinder zu kriegen. Die "Vorort-Hausfrau" wurde als Traumbild der jungen Amerikanerinnen propagiert[38]. Die Stimmung der fünfziger Jahre in bezug auf lesbische Frauen widerspiegelte der Artikel im *Lexikon der Frau*[39]:

> "Verkehrung der geschlechtl. Gefühle u. Triebe im Sinne einer Neigung zum gleichen Geschlecht. Es gibt Menschen, deren sexuelles Empfinden einseitig in dieser Richtung liegt, u. andere, bei denen eine gewisse Beiderseitigkeit geschlechtl. Fühlens möglich ist. Beim weibl. Geschlecht ist letzteres als eine Art Zwischenstufe nicht allzuselten. In der Pubertät zeigen sich gelegentlich flüchtige Andeutungen in Gestalt wechselseitiger Jungmädchenliebe od. einer Schwärmerei für weibl. Ideale: Lehrerinnen, Schauspielerinnen u.a. Begünstigt wird diese Neigung durch Pensionats- od. Internatserziehung, auch durch die in dieser Zeit häufige Scheu vor dem anderen Geschlecht."[40]

---

34 Hallwag, Bern 1958, 560 Seiten.
Die Juristin Iris von Roten schrieb von einer radikalfeministischen Position aus, als diese so noch nicht bekannt war. 1959 erschien eine zweite Auflage ihres Buches, seit den sechziger Jahren wurde das Buch nicht mehr aufgelegt. Im Herbst 1991 erschien eine Neuauflage im eFeF-Verlag in Zürich.

35 Vgl. dazu das Vorwort der Autorin zur zweiten Auflage, 1959. Eine Zeitgenossin erinnerte sich 1989 im Gespräch mit mir an die öffentlichen Beschimpfungen von Iris von Roten.

36 Betty Frieden, *Der Weiblichkeitswahn*, USA 1963, Deutsche Übersetzung 1966. Zitiert nach Rowohlt-Taschenbuch 1970.

37 Ebenda, S.13/14

38 Ebenda, S.15

39 Encyclios, Zürich 1953 (2 Bände)

40 Ebenda, S.1422

In der DDR wurde eine grundsätzlich andere Frauen- und Familienpolitik verfolgt. Ziel war es, "den Frauen den Weg in ein lebenslanges Berufsleben zu öffnen, sie dort zu integrieren"[41]. Die Massnahmen zur Frauenförderung im beruflichen Bereich erleichterten im besonderen Masse auch die Situation von lesbischen Frauen. Gesellschaftlich wurden sie jedoch vollständig totgeschwiegen, im Gegensatz zu den schwulen Männern, die im Zusammenhang mit der Strafrechtsreform thematisiert wurden. In der juristischen und medizinischen Fachliteratur wurden Beiträge zur männlichen Homosexualität publiziert, in denen lesbische Frauen weder Subjekt noch Objekt waren. Von den Auswirkungen dieser Diskussion, nämlich der Pathologisierung von Homosexuellen, waren lesbische Frauen aber ebenso betroffen, wie schwule Männer, "da die Definition der Homosexualität in der Regel für beide Geschlechter angewandt wurde"[42].

Im Bereich der westdeutschen Psychologie und Sexualwissenschaft wurden lesbische Frauen (wie schwule Männer) degradiert; als extremes Beispiel sei hier die Studie *Die Kriminalität der lesbischen Frau* von Prof. Dr. Hans von Hentig (1959) erwähnt. Es erstaunt deshalb nicht, dass die Kinsey Reporte über *Das sexuelle Verhalten des Mannes* (amerikan. 1948) und *Das sexuelle Verhalten der Frau* (amerikan. 1953) in der deutschen Fachöffentlichkeit abgelehnt wurden[43]. Wie die gekürzte deutsche Übersetzung von Simone de Beauvoirs *Das andere Geschlecht* (Frankreich 1949, BRD 1951) in der Bundesrepublik Deutschland, der Schweiz und Österreich von Lesben rezipiert wurde, ist bislang nicht untersucht. Ilse Kokula bemerkte, dass dieses Buch in den Niederlanden für den Emanzipationsprozess der lesbischen Frauen sehr wichtig war[44]. Janice Raymond verwies jedoch darauf, dass gerade dieses Buch, "dem ich und viele Frauen viel verdanken und das in unserer feministischen Entwicklung eine entscheiden-

---

41 *Frauen in der DDR. Auf dem Weg zur Gleichberechtigung?* Herausgegeben von der Friedrich-Ebert-Stiftung, Bonn 1987, S.10
42 Gudrun v. Kowalski: *Homosexualität in der DDR*. Marburg 1987, S.27
43 Ilse Kokula: *Lesbisch leben in den fünfziger Jahren*, S.43
44 Ebenda

de Rolle gespielt hat"[45], die "hetero-bezogenen Dogmen" verfestigte[46].

In der Männerliteratur[47] der fünfziger Jahre erschienen Romane, in denen "der Aussenseiter" zur Leitfigur wurde, der "die Tabus einer restaurativ erstarrenden Gesellschaft" verletzte[48]. Als Reaktion auf die "Propaganda der Ordnung"[49] hatten eine Reihe von Schriftstellern - Wolfgang Koeppen, Alfred Andersch, Hanns Henny Jahnn - das Schema der sozialen Ordnung umgekehrt:

> "Und je fragwürdiger ihnen [diesen Schriftstellern, M.M.] die Ideologie der Ordnung vorkam, desto grösser wurde ihre Sympathie für jene, die ausserhalb standen, weil sie anders waren: die Homosexuellen. Daher halten es die Helden in einigen der wichtigsten gesellschaftskritischen Romanen der 50er Jahre mit dem eigenen Geschlecht."[50]

Literarische Darstellungen

In der Frauenliteratur dagegen gab es kaum Darstellungen lesbischer Frauen. Ganz im Gegenteil: Selbst die Frauenfiguren, die in den Texten der Aufbruchsphase zwischen 1945 und 1952 noch im Zentrum gestanden hatten, rückten nun an den Rand und machten den Männerfiguren und Ich-Erzählern Platz[51]. Johanna Moosdorf meinte im Rückblick auf die fünfziger Jahre, dass sie deshalb ihr Erleben auf Protagonisten übertragen habe, weil in den fünfziger Jahren eine Frau, die geistige Probleme hatte, nicht ernstgenommen worden wäre[52]. Zum Problem, eine weibliche Hauptfigur zu erschaffen, sagte Ingeborg Bachmann noch 1971 in bezug auf ihren Roman *Malina*, den sie Ende der sechziger Jahre geschrieben hatte:

---

45 Janice Raymond: *Frauenfreundschaft*, S.21

46 Ebenda

47 Ich verwende den Begriff *Männerliteratur* analog zum Begriff *Frauenliteratur*, nämlich als Literatur, die von Männern verfasst ist.

48 *Geschichte der deutschen Literatur. Von 1945 bis zur Gegenwart*, S.88

49 Joachim Campe (Hg.): *Andere Lieben, Homosexualität in der Literatur*, 1988, S.276

50 Ebenda, S.277

51 Vgl. dazu meine Kapitel zu Johanna Moosdorf und zu Christa Reinig

52 Gespräch mit Johanna Moosdorf, von Madeleine Marti am 4.10.1988 in Berlin/W.

"Dass ich wusste: sie [die Hauptfigur, M.M.] wird männlich sein. Dass ich nur von einer männlichen Position aus erzählen kann. Aber ich habe mich oft gefragt: warum eigentlich? Ich habe es nicht verstanden, auch in den Erzählungen nicht, warum ich so oft das männliche Ich nehmen musste. Es war nun für mich wie das Finden meiner Person, nämlich dieses weibliche Ich nicht zu verleugnen und trotzdem das Gewicht auf das männliche Ich zu legen..."[53]

Aus der DDR ist mir kein literarischer Text bekannt, in dem lesbische Figuren vorkommen, aus der Schweiz und aus der BRD je einer: Gertrud Isolani, *Stadt ohne Männer* (1945)[54], und Thea Sternheim, *Sackgassen* (1952).

Besonders bemerkenswert ist deshalb das Erscheinen der Zeitschrift *Wir Freundinnen, Monatsschrift für Frauenfreundschaft* anfangs der fünfziger Jahre in Hamburg. Verkauft wurde sie auch in der Schweiz[55]. Mit der Herausgabe dieser Zeitschrift wurde bewusst an die Tradition der Weimarer Republik angeknüpft: Im Editorial wurde die Redakteurin Mary Ronald vorgestellt, die bereits in den zwanziger Jahren an den grossen Festen des schwulen Sexualforschers Magnus Hirschfeld teilgenommen hatte. In allen vier mir bekannten Nummern sind jeweils zwei bis vier kurze Geschichten abgedruckt, in denen verschiedene Situationen lesbischen Lebens beleuchtet werden. In der letzten Nummer (März 1952) steht die erste Folge eines Romans, *Das andere Leben* von Corny, und es wird auf die Aufführung einer Komödie *Das Ehefräulein* von Erna Glaesmer im Stadttheater Ulm hingewiesen[56].

---

53 *Gespräch mit Ingeborg Bachmann*, von Toni Kienlechner, am 9.April 1971. In: Ingeborg Bachmann, *Wir müssen wahre Sätze finden*, Gespräche und Interviews. München 1983, S.99/100

54 Auf diesen Roman gehe ich in Kapitel 6.4. ein.

55 Herausgegeben vom Charles Grieger Verlag in Hamburg, der auch die schwulen Zeitschriften *Die Freunde* und *Freund* publizierte.
Von der zweiten Nummer an wurde *Wir Freundinnen* vom Verlag und über den Zeitschriftenhandel auch im Ausland verkauft: in Zürich, Amsterdam, Stockholm, Oslo, Kopenhagen und England (laut Angaben im Impressum).
Dank Kopien von Ilse Kokula (Berlin/W.) liegen mir die ersten vier Nummern vor von Oktober und November 1951, Januar und März 1952.
- Vgl. dazu auch: Katharina Vogel: *Wir Freundinnen - Eine Lesbenzeitung aus den 50er-Jahren*. In: *Lesbenstich*, Berlin-W., Nr.2/1983, S.29-33

56 Mit folgenden Worten:

Zu Thea Sternheim: Sackgassen (1952)

Der Roman *Sackgassen* ist das einzige Buch von Thea Sternheim, das unter ihrem Namen erschien. Es ist die Fortsetzung ihrer Novelle *Anna*, die ihr damaliger Ehemann Carl 1916 unter seinem Namen herausgebracht hatte. Thea Sternheim, Jahrgang 1883, publizierte also als 69-Jährige die Fortführung eines Textes, den sie als 33-Jährige geschrieben hatte.

Zentrale Figuren sind die Deutsche Anna und die Französin Marie. Anna hat in einem belgischen Internat unterrichtet, wo sich die russische Schülerin Nadja in sie verliebte und Anna ihre Liebe mitteilte. Als Anna eine Liebesbeziehung mit Jean begann, nahm sich Nadja das Leben. Danach führte Anna oft innere Zwiesprache mit der toten Nadja. Später lernte Anna Marie kennen als die Frau, mit der Jean einmal ein Verhältnis angefangen hatte. Die Frauen wandeln die Konkurrenzsituation sofort um in eine tiefe Freundschaft, in der Jean - inzwischen mit Anna verheiratet - oft störend wirkt. Anna kann mit Marie sowohl über ihre Liebe zu Nadja und über ihre Schuldgefühle wegen Nadjas Selbstmord reden als auch über ihre Entfremdung von Jean. Während Anna schwanger ist, hofft sie - im Unterschied zu ihrer Schwester, die einen Sohn hat - auf eine Tochter. Gemeinsam erleben Anna und Marie dann die Geburt einer Tochter, welche den Namen der verstorbenen Freundin Nadja erhält. Als Anna stirbt, weist Marie den um sie werbenden Jean zurück. Zu Nadja, der Tochter von Anna, entwickelt sie jedoch eine grosse Zuneigung. Obwohl auch Freundschaft und Liebe zwischen Frauen und Männern und zwischen Männern dargestellt werden, sind die Liebe (Nadja zu Anna) und Freundschaft (Anna und Marie) zwi-

---

"Die Autorin weiss bei guter Zeichnung des Milieus einer Klinik, ohne sich in allzu tiefschürfende Psychoanalysen zu verlieren, ihr "Anliegen" in heiterer Form vorzutragen und es auf die Ebene einer feinen Gesellschaftskomödie zu stellen, die den seelischen Reifungsprozess vom Mädchen zur Frau in einer Reihe bühnenwirksamer Szenen vorführt, weit entfernt von irgendwelcher schwüler Magazinerotik. Gerade diese Tatsache gibt nicht nur der Handlung, sondern auch den Frauen des Stücks eine saubere Haltung: der Lesbierin, einer Charakterfigur von fraulich verständlicher Diktion, der geltungssüchtigen, kalten Kokette, die nur Triumphe sucht."
Aus: *Wir Freundinnen*, März 1952, S.26

schen Frauen entscheidender. Dies wird durch den Romanaufbau verstärkt: Nach dem Tod der Freundin Nadja führt Anna mit ihr oft Zwiegespräche, und als Anna gestorben ist, wird Marie zur zentralen Figur.

Zu Hertha Kräftner: Agatha-Fragmente (ca.1951)

Paradox war die Situation in Österreich: Einerseits war und ist die Propagierung lesbischer Liebe bis heute strafbar, andererseits erschien im literarischen Text der Österreicherin Hertha Kräftner erstmals der Begriff *lesbisch*. In *Agatha-Fragmente* (in *Das blaue Licht*) werden zuerst die "Personen" aufgelistet, die "Handlung" skizziert und drei Überlegungen zum "Hintergrund" angegeben. U.a. wird vorgestellt:

> "Johanna, ihre Untermieterin, Bildhauerin (vielleicht lesbisch?)" (66)

Im Exposé zur Handlung heisst es, dass "Johanna, die Agatha für sich haben möchte", diese irreführe, indem sie John als Vater von Irenes Kind bezeichne. Der letzte Satz zur Handlung lautet:

> "Agatha und John begegnen einander später noch oft, aber während John noch daran leidet, hat Agatha ihn über Johannas Zärtlichkeiten schon vergessen." (65)

Johanna also als bessere Liebhaberin im Vergleich zu John. In der szenischen Erzählung dagegen wird dargestellt, wie Agatha John zurückweist, während Johannas Zärtlichkeiten ausgespart bleiben. Trotzdem kommen Johannas lesbische Wünsche deutlich zum Ausdruck. Als Agatha im Kaffeehaus auftaucht, verlässt Johanna sofort ihren Bekanntenkreis, in dem sie bereits von Agathas Schönheit erzählt hatte, um Agatha ihre Tonköpfe zu zeigen. In ihrem Zimmer setzen sich die beiden Frauen auf Johannas Bett.

> "Eine Hecke stand schwarzgrün vor dem Fenster. Die Gitarre von drüben sang in langschwingenden Tönen. Johannas Tonköpfe standen verloren um das Bett. Agatha schlüpfte leise aus einem Schuh und zog das Bein unter das andere Knie. Draussen wehte der Wind einmal über die Hecke. Johannas Hände wurden unsichtbar verändert, angespannt, hart. Sie bekam die Hände eines Mannes. Aber sie griff nicht hinüber." (70)

Johannas lesbische Lust auf Agatha wird hier zur Sprache gebracht, in dem Johannas Gefühle nicht direkt, sondern über die Beschreibung ihrer Umgebung mitgeteilt werden. Johanna gleicht der festverwurzelten dunklen Hecke, die vom Wind berührt wird. Die Gitarrenklänge drücken Johannas Empfindungen aus. Johannas Werk ("Tonköpfe") und ihre Hände, mit denen sie es erschaffen hat, werden zur Metapher für ihre Sehnsucht ("verloren um das Bett"), die zu Begierde wird: "Sie bekam die Hände eines Mannes." Johanna hält sich zurück, die Grenze zu lesbischer Sexualität wird nicht übersprungen.

Im *Pariser Tagebuch. August 1950* (92/93) wird dagegen ein lesbisches Paar gezeigt, das sich im Spital als Patientinnen kennenlernt, gemeinsam Sexualität auslebt und dann nichts anderes mehr tut, denn: "Sie sind blind, das Geschlecht hat sie verwirrt." (93) Sie haben zwar das Tabu durchbrochen, aber ohne jede gesellschaftliche Perspektive, ohne Bezug zu Mitmenschen, nur noch zusammen allein. Diese beiden Texte von Kräftner handeln also von der gesellschaftlichen Ausgrenzung und Stigmatisierung lesbischer Frauen.

Im Text einer anderen österreichischen Schriftstellerin ist die Zuneigung zwischen Frauen für den Text bestimmend: Marlen Haushofer *Eine Handvoll Leben* (1955). Dieser Text steht im Zentrum meiner folgenden Interpretation.

Warum wird das Tabu lesbischer Liebe in den fünfziger Jahren ausgerechnet als erstes von Österreicherinnen berührt? Und warum wird anfangs der sechziger Jahre wiederum von einer Österreicherin die Auseinandersetzung mit der (Un-)Möglichkeit einer lesbischen Liebesbeziehung ins Zentrum einer Erzählung gestellt: Ingeborg Bachmann *Ein Schritt nach Gomorrha* (1961). Barbara Frischmuth schrieb 1968 die Erzählung *Die Klosterschule* und Elfriede Jelinek brachte 1987 mit *Krankheit oder Moderne Frauen* erstmals lesbische Figuren auf die Theaterbühne - beide ebenfalls Österreicherinnen.

Handelt es sich hier um Zufälle? Hängt dies mit der psychoanalytischen Tradition aus Wien zusammen? Oder war in Österreich das Klima im (Männer-)Literaturbetrieb offener als in den übrigen deutschsprachigen Ländern? Gab es für Frauen eher Zugangsmöglichkeiten zu Zeitschriften, Rundfunk, Verlagen als in der BRD und der Schweiz? Darauf hindeuten könnte die Beobachtung, dass die wenigen Schriftstellerinnen, die nach 1945 zu publizieren anfingen und sich in den fünfziger Jahren im patriarchalischen Literaturbetrieb durchsetzen konnten, alles Österreicherinnen waren: Ilse Aichinger, Ingeborg Bachmann, Friederike Mayröcker[57].

Österreich ist das einzige deutschsprachige Land, in dem sowohl die "Werbung für Unzucht mit Personen des gleichen Geschlechts oder mit Tieren", wie auch eine "Verbindung zur Begünstigung gleichgeschlechtlicher Unzucht" strafbar sind[58]. Literarische Darstellungen von Lesben könnten mit Berufung auf Paragraph 220 auch heute noch eingeklagt werden und wurden 1990 wieder eingeklagt (vgl. Kapitel 6.1.). Ist diese frühe Thematisierung österreichischer Autorinnen eine kämpferische Reaktion auf diese diskriminierenden Gesetze?

---

57 Vgl.: Sigrid Weigel: *Schreibarbeit und Phantasie. Ilse Aichinger.* In: Stephan, Venske, Weigel (Hg.): *Frauenliteratur ohne Tradition?* Frankfurt/M., 1987, S.26

58 Wolfgang Stangl: *Empfiehlt es sich, die Paragraphen 210, 220 und 221 StGB ersatzlos zu streichen? Zugleich ein Beitrag über die Diskriminierung Homosexueller im österreichischen Strafrecht.* In: *Kriminalsoziologische Bibliographie*, Heft 52, 1986, S.52-66

2.1. Frauenfreundschaft in der Hetero-Realität

Marlen Haushofer, *Eine Handvoll Leben*

Auf dem Hintergrund des frauenfeindlichen Klimas der fünfziger Jahre betrachtet, erstaunt es sehr, wie selbstverständlich Marlen Haushofer in ihrem ersten Roman *Eine Handvoll Leben* (1955) Frauen ins Zentrum des Textes stellt[1] und den darin geschilderten Beziehungen der Protagonistin Elisabeth zu Frauen ebenso viel Platz einräumt wie jenen zu Männern. Zudem basiert die Erzählstruktur des Textes auf den Beziehungen von Elisabeth zu ihren Freundinnen Käthe und Margot, auch wenn der Roman mit einem Mann, Elisabeths Sohn Toni, beginnt und endet. Im ersten Roman erscheint auch die einzige lesbische Figur in Marlen Haushofers gesamtem Werk. Zudem erinnert sich die heterosexuelle Protagonistin an ihre eigenen lesbischen Wünsche in der Pubertät, und - im Unterschied zu den späteren Romanen - gelingt der Protagonistin in *Eine Handvoll Leben* der Ausbruch aus ihrer Ehe. Bereits in diesem ersten Roman taucht auch ein Motiv auf, das Haushofer später immer wieder aufnimmt, die Entmystifizierung von Ehe und Mutterschaft.

Marlen Haushofers Werk wurde seit 1983 vom Claasen-Verlag in einer Neuauflage und kurz darauf von verschiedenen Taschenbuchverlagen[2] herausgegeben. Seither wurden Haushofers Texte vor allem von feministischen Literaturwissenschaftlerinnen diskutiert[3], wo-

---

1 Im Unterschied beispielsweise zu den gleichzeitig schreibenden Ingeborg Bachmann, Johanna Moosdorf und Christa Reinig

2 Ich zitiere jeweils aus den Taschenbuchausgaben: *Eine Handvoll Leben* (Knaur Taschenbuch, o.J.), *Die Tapetentür* (Knaur Taschenbuch, o.J.), *Die Wand* (Ullstein Taschenbuch 1985)

3 Z.B.: - Regula Venske: "*..das Alte verloren und das Neue nicht gewonnen...": Marlen Haushofer.* In: Stephan/Venske/Weigel: *Frauenliteratur ohne Tradition?* S.99-132

- Regula Venske: "*Dieses eine Ziel werde ich erreichen..." - Tod und Utopie bei Marlen Haushofer.* In: Renate Berger/Inge Stephan (Hg.): *Weiblichkeit und Tod in der Literatur.* Böhlau, Köln/Wien 1987, S.199-214

bei die aus den Texten hervorscheinenden lesbischen Wünsche bisher - mit Ausnahme von Regula Venske - nicht thematisiert wurden.

Autorin

Marlen Haushofer wurde am 11. April 1920 in Frauenstein (Österreich) geboren. Sie war die Tochter eines Revierförsters und dessen Ehefrau und hatte einen jüngeren Bruder. Von 1930 bis zum Abitur 1939 besuchte sie eine Klosterschule in Linz. Nach einem Arbeitsdienst im nationalsozialistischen Ostpreussen studierte sie von 1940 mit Unterbrechungen bis 1945 Germanistik in Wien und Graz, brach dann das Studium ab und ging zurück nach Frauenstein. Sie schrieb Erzählungen und Kurzgeschichten, die bald in österreichischen Zeitungen und Zeitschriften gedruckt wurden. Haushofer heiratete einen Zahnarzt, zog mit ihm nach Steyr (unweit von Frauenstein), gebar zwei Söhne und schrieb neben ihrer Arbeit als Mutter, Ehefrau und Praxisgehilfin, weiterhin Erzählungen, Romane, Kinderbücher und Hörspiele[4].

Interpretation von *Eine Handvoll Leben*

Inhalt und Form

Der Roman *Eine Handvoll Leben* besteht aus einer Rahmenhandlung und einer Binnenerzählung, die durch die Protagonistin miteinander verwoben sind.

In der Rahmenhandlung wird erzählt, wie der 22-jährige Fabrikantensohn Toni Pfluger und seine Stiefmutter Käthe nach dem Tod von Anton Pfluger senior gezwungen waren, ihr Haus zu verkaufen. Als interessierte Käuferin erscheint die 45-jährige Engländerin Betty. Der Handel kommt zustande. Betty übernachtet in diesem Haus und findet in der Schlafzimmer-Kommode eine Schachtel mit alten Postkarten und Fotos, die sie während der folgenden Nacht betrachtet. Betty

- "*Oder war da manchmal noch etwas anderes?*" *Texte zu Marlen Haushofer*, von verschiedenen AutorInnen
- Lilian Studer: "*Auf dem Weg, eine neue Welt zu finden*": *Marlen Haushofer 1920-1970*. (Lizentiatsarbeit) Bern 1987

4 Zur Biographie und zur Bibliographie siehe: "*Oder war da manchmal noch etwas anderes?*", Frankfurt/M. 1986, S.184/185

entpuppt sich den LeserInnen, nicht aber den anderen Romanfiguren, als Elisabeth, die erste Ehefrau Anton Pflugers, die ihn und ihren Sohn als 22-Jährige verlassen hatte.

Die Binnenerzählung besteht aus den Erinnerungen Elisabeths, die vier Fünftel des gesamten Textes umfassen. Anhand der gefundenen Karten und Fotos erinnert Elisabeth ihr früheres Leben, von der Kindheit in der Familie über die Jugendzeit im Kloster, ihr Leben als junge Erwachsene bis hin zur Ehe und zu ihrer Liebesaffäre. Während der Klosterschule war Elisabeth eng befreundet mit ihren zwei gegensätzlichen Mitschülerinnen Margot und Käthe und zeitweise verliebt in ihre Lehrerin Dr. Elvira. Als Erwachsene hatte sie zuerst eine Affäre mit einem Cousin, ehe sie sich von Anton hatte heiraten lassen und später mit dessen Geschäftspartner Lenart eine Liebesbeziehung eingegangen war.

In der Rahmenerzählung verlässt Elisabeth nach dieser durchwachten Nacht das Haus, ohne sich ihrem Sohn Toni, ihrer Freundin Käthe oder ihrer Mutter zu erkennen gegeben zu haben. Ihre Reise in die eigene Vergangenheit beschliesst sie mit einem Besuch am Grab ihres Vaters. Als sie im Stadtpark nochmals ihrem Sohn begegnet, widersteht sie der Versuchung, ihn formen und bemuttern zu wollen und reist ab.

Das Schlussbild zeigt den 22-jährigen Toni, der sich im Mittelpunkt der Welt fühlt und die Arme zum Himmel reckt. Dieses Bild des Sohnes kontrastiert und komplementiert zugleich jenes der Mutter Elisabeth, die im selben Alter als junge Frau die Erfahrung gemacht hatte, dass sie von ihrem Geliebten nicht geliebt wurde, die sich deshalb nicht mehr im Mittelpunkt der Welt gefühlt hatte und den Geliebten und ihre eigene Familie verlassen hatte, um ihren eigenen Zugang zur Welt zu suchen.

Rahmen- und Binnenerzählung sind aussergewöhnlich eng miteinander verbunden, indem zwischen den Szenen, in denen Elisabeths Erinnerungen dargestellt sind, immer wieder die betrachtende und erinnernde Elisabeth gezeigt wird, die die Bilder kommentiert oder ihre Gefühle zu den Erinnerungen ausdrückt. Zudem werden beide Teile im Präteritum und in personaler Erzählsituation erzählt, wobei Anfang und Schluss der Rahmenhandlung auf Toni ausgerichtet sind

(7-14, 203-205)[5], der innere Teil der Rahmenhandlung und die gesamte Binnenerzählung jedoch auf Elisabeth. Das Handlungsgefüge basiert auf den Beziehungen von Elisabeth, Margot und Käthe, die jeweils ihre Rollen übernehmen: Elisabeth täuscht einen Selbstmord vor in derselben Weise, wie Margot ihn tatsächlich ausgeübt hat. Käthe nimmt Elisabeths Platz ein, indem sie Anton heiratet und Toni eine gute Mutter wird. Eine versteckte Klammer um den Text bildet der Blick Käthes in die Augen ihres Stiefsohnes Toni, in denen sie "die grauen Augen ihrer Freundin aus dem schmalen Bubengesicht" (9) ansahen, bzw. noch deutlicher formuliert "in die Augen Elisabeths, die sie aus seinem Gesicht ansahen" (204).

Frauenbeziehungen

Im Rückblick erscheint Elisabeth ihr vierzehntes Lebensjahr besonders wichtig, weil sie damals zum ersten Mal menstruierte, weil sie entdeckte, dass sie Macht über Menschen besass und weil sie "nach den Dingen endlich den Menschen" (70) entdeckte. Die menschliche Entdeckung war ihre Mitschülerin Margot:

> "Es gab plötzlich eine zweite Seele, frei wie sie, fähig, allein zu denken, und bereit, mit ihr zu reden." (70)
>
> "Margots Anziehungskraft war sehr gross, sie war begabt, einfallsreich und steckte voll bizarrer Phantasien. Elisabeth konnte sich stundenlang mit ihr unterhalten, ohne Müdigkeit oder Langeweile zu spüren.
>
> Sie war mein einziger Partner, dachte Betty, erstaunt über diese Erkenntnis. Jene prickelnde Freude am Spiel der Gedanken, das rasche Begreifen, noch ehe die andere den Satz zu Ende gesagt hatte, das Aufleuchten von Margots dunklen Augen, die Verständigung mit Blicken und einem Zucken der Mundwinkel, nie zuvor hatte es das gegeben, und nie wieder sollte es das geben." (68)

In der Erzählweise wird die grosse Bedeutung von Margot für Elisabeth unterstrichen durch die Verdoppelung von Elisabeths Perspektive. Die Faszination durch Margot wird zuerst in erlebter Rede der vierzehnjährigen Elisabeth und danach im inneren Monolog der 45-jährigen Elisabeth ausgedrückt. Diese Aussagen werden zudem wie-

---

5 Zahlen, die in Klammern angegeben sind, geben die Seite in der zitierten Primärliteratur an. Hier ist also gemeint: Marlen Haushofer, *Eine Handvoll Leben* (zitiert nach Knaur Taschenbuch), S.7-14 und S.203-205

derholt und verstärkt (z.B. 69,70,96). Die Freundinnen waren in einer intensiven seelisch-geistigen Liebesbeziehung verbunden, die jedoch erheblich erschüttert wurde, als sich Margot in Elisabeth verliebte (70).

> "Es war unfassbar und schrecklich, aber sie mochte Margots Körper nicht." (70)

Körperlich fühlte sich Elisabeth dagegen bei andern Mitschülerinnen wohl, insbesondere bei Käthe, die "heiter, hilfsbereit und grosszügig" war, und deren "voller, weisser Mädchenleib" ein Behagen ausströmte, "an dem man sich sanft erwärmen konnte" (67).

In der Folge konkurrierten Margot und Käthe um Elisabeths Liebe und inszenierten auf dem Höhepunkt ihrer Eifersucht ein Ehrengericht (86-89), wonach sich Elisabeth aus dem Chaos menschlicher Liebe "in die wohltätige, saubere Welt der Gleichungen und Vokabeln" (89) zurückzog und für ihre Prüfungen lernte. Diese Beziehungskonstellation zeigt die Protagonistin Elisabeth als Umworbene, die auf die Aktivitäten ihrer Freundinnen reagiert und sich zur einen seelisch-geistig, zur andern sinnlich hingezogen fühlt. (Sinnlich zur heterosexuellen, seelisch zur lesbischen). Sie selbst verliebte sich jedoch erst ein Jahr später in eine - da sie ihre Lehrerin war - unerreichbare Frau, Dr. Elvira.

> "Elisabeth verfiel ihr mit einem Schlag und wusste nicht, was mit ihr geschah." (108)

Die Lehrerin nahm die Gefühle ihrer Schülerin wahr und reagierte mit einer Mischung aus Faszination und Ablehnung. Sie prüfte ihre Schülerin besonders streng, woraus "ein stiller, verbissener Kampf" (108) resultierte, in dessen Folge die Schülerin abmagerte und nachts "mit wildschlagendem Herzen und in tödlicher Angst" (109) erwachte. Nach halbjähriger Leidenszeit begann sich diese Pervertierung von Liebesgefühlen auf Seiten der Schülerin aufzulösen, nachdem sie auf einer Wanderung bei einem Gesteinsrutsch "einen Augenblick lang in Elviras Armen, Brust an Brust und Leib an Leib" (110) gelegen hatte. In der Folge wich sie der Lehrerin aus und erstickte "den letzten Rest von Liebe" (111). Dreissig Jahre später legt Elisabeth ihre damaligen Gefühle zu Dr. Elvira wieder frei:

> "Betty legte den Zeigefinger auf das vertraute und fremde Gesicht, und jede Art von Liebe, die sie jemals gefühlt hatte, quoll in ihr auf:

> Sehnsucht, Zärtlichkeit, Staunen, Scham, Verzweiflung, das Verlangen, zu streicheln und zu töten und gestreichelt und getötet zu werden, alles wild vermischt, die ganze Qual um Verlorenes und Niebesessenes." (109)

Nirgends im ganzen Text wird Liebesmetaphorik so deutlich ausgedrückt wie in dieser Passage. "Die ganze alte Qual um Verlorenes und Niebesessenes" beziehe ich dabei auf das nicht gelebte lesbische Begehren der Protagonistin. "Wild vermischt" waren nicht nur die Gefühle von Elisabeth, sondern sind in der Textkomposition auch Rahmenhandlung und Binnenerzählung, die nicht mit der Kapitelgliederung übereinstimmen, sondern manchmal von einem Absatz zum nächsten wechseln. Die Perspektive der jugendlichen Elisabeth wird durch die Perspektive der in der Mitte des Lebens stehenden Elisabeth, bestätigt oder verändert, wobei auch verdrängte Gefühle der Jugendlichen von der Erwachsenen wieder erinnert werden.

Bereits bei der vierzehnjährigen Elisabeth ist erkennbar, dass sie zu dem Frauentyp gehört, von dem Marlen Haushofer in ihren späteren Romanen erzählt, und die Irmela von der Lühe folgendermassen charakterisiert:

> "[Frauen, M.M.], die schon verloren, die nie wirklich besessen haben und die nur ein Realitätsprinzip kennen, um mit diesem Verlust das Leben aufrechtzuerhalten: das Prinzip der Selbstdisziplinierung, der Abspaltung und der Abtrennung. Die beständige Selbstbegrenzung, die damit einhergeht, findet ihren äusserlichen Ausdruck in der Einrichtung von begrenzenden, disziplinierenden und darüber dann auch befreienden Räumen."[6]

In diesem ersten Roman von Haushofer erfolgt die zeitlich-räumliche Begrenzung auf eine Nacht im Schlafzimmer. Danach geht die Bewegung ins Freie. Die Protagonistin verlässt Ehemann und Sohn und tritt in die Welt hinaus. In diese Richtung wird sie weitergehen, auch wenn sie am Grab ihres Vaters daran denkt,

> "(...) wie die Freiheit, die sie sich genommen hatte, unvergleichlich härter zu ertragen war als die Gefangenschaft" (197).

---

6 Irmela von der Lühe: *Erzählte Räume - leere Welt. Zu den Romanen Marlen Haushofers*. In: *"Oder war da manchmal noch etwas anderes?"*, S.99

Obwohl sie nach dem zweiten Verlassen des Sohnes Schwindel überfällt, sie eine grosse Leere in ihrer Brust spürt und die Welt ihres Glanzes beraubt sieht, setzt sie ihren Weg fort:

"Sie war eine Diebin und trug die geraubte Welt mit sich fort." (203)

Gefühle von Schuld und Verlust in bezug auf ihren Sohn werden ihr bleiben, aber sie trennt sich nicht von der Welt ab, wie die Protagonistinnen in Haushofers späteren Romanen, sondern trägt die geraubte Welt mit sich fort. Diese Stärke korrespondiert mit der erinnerten Vertrautheit der Protagonistin zu ihren Freundinnen. Während die tote Margot in Elisabeths Erinnerung als "der einzige Partner" (69) erscheint, stellt sie bei ihrem Besuch fest, dass Käthe ihrem Sohn eine bessere Mutter ist, als sie selbst es war. Eine mystische Verbindung von Käthe zu Elisabeth manifestiert sich darin, dass Käthe die Fotos und Karten aufbewahrt hat, die Anlass für Elisabeths Erinnerungen sind, und dass sie zum Besuch von Elisabeth, die als fremde Hauskäuferin auftritt, Elisabeths Mutter, einlud (13).

Lesbische Frauen

In der Figur der Schülerin Margot wird eine junge lesbische Frau präsentiert, die geistreich, witzig und spielerisch ist. Margot liebt ihre Mitschülerin Elisabeth und wirbt heftig um sie. Als sie von Elisabeth nicht in gleicher Weise wiedergeliebt, sondern auf eine rein seelisch-geistige Liebesbeziehung verwiesen wird, zieht sich Margot auf sich selbst zurück und beginnt mit Bussritualen und Selbstkasteiungen "das Fleisch" (93) abzutöten. Nach dem Abitur wechseln die Freundinnen ab und zu Briefe, bis Elisabeth nach ihrer Heirat nicht mehr antwortet. Margot ertränkt sich im Fluss.

Ebenso wie die anderen Figuren der Binnenerzählung wird auch die lesbische Margot aus der Sicht der heterosexuellen Elisabeth geschildert, die sich aus dreissigjährigem Abstand an ihre Freundinnen und ihre eigenen intensiven Gefühlsverstrickungen in ihrem vierzehnten/fünfzehnten Lebensjahr erinnert. Der grosse zeitliche Abstand erlaubt ihr dabei eine Bewusstwerdung von verdrängten Gefühlen.

In bezug auf den Handlungsverlauf stellt sich die Frage, warum sich ausgerechnet die einzige lesbische Figur in diesem Roman das Leben nimmt. Hat die Autorin damit eine autobiographische Erfahrung aufgearbeitet? Übernimmt sie damit eine literarische Konvention in bezug auf Lesben? Drückt sie in dieser Weise die Abspaltung und Verdrängung eigener lesbischer Anteile aus?

Die Frage nach autobiographischen Momenten muss offenbleiben, da ich dazu kein Material, z.B. Briefe und Tagebücher der Autorin, zur Verfügung habe. Der Suizid einer lesbischen Figur kommt jedoch in einer ganzen Reihe von literarischen Texten vor, z.B. in den Romanen von Ilse Frapan, Anna Elisabet Weirauch, Christa Winsloe und Luise Rinser[7]. Die Selbsttötung einer lesbischen Frau gehört also auch zur literarischen Konvention.

In *Eine Handvoll Leben* scheint mir der dritte Aspekt besonders entscheidend, nämlich die Abspaltung lesbischer Anteile der Protagonistin. Bereits die jugendliche Elisabeth hatte ihre Gefühle aufgeteilt, indem sie mit der lesbischen Margot eine seelische und mit der heterosexuellen Käthe eine sinnliche Liebe verband. Als diese Aufteilung dadurch ins Wanken zu geraten droht, dass Käthe einmal erregt ist und Elisabeth küssen will, wird sie von Elisabeth zurückgestossen (80), während sie zu einem späteren Zeitpunkt, als Käthe Elisabeth ihre Verlobung mitteilt und sie küsst, Elisabeth "diesen Kuss, der nicht ihr galt, gern zurück" (92) gibt. Elisabeths Abwehr beim ersten Kuss ist doppelt begründet, einerseits lehnt sie jede Vereinnahmung ihrer Person ab, andererseits würde mit einem leidenschaftlichen Kuss die Gesellschaftsgrenze in Richtung lesbischer Liebe überschritten. Der zweite Kuss verletzt dagegen die Konventionen nicht, weil diese Frauen gleichzeitig den Männern zur Verfügung stehen, was mit der Erwähnung der Verlobung signalisiert wird. Starke erotische Gefühle empfindet die Protagonistin nicht in bezug auf ihre Freundinnen, sondern in bezug auf fremde Frauen. Im Text wird dieses Verhalten mit Elisabeths Angst vor Vereinnahmung begründet (z.B. 92). Darüberhinaus scheint mir die Interpretation naheliegend, dass

---

7 - Ilse Frapan: *Wir Frauen haben kein Vaterland. Monologe einer Fledermaus.* (1899) Neuausgabe: Courage, 1983 Berlin/W.
- Anna Elisabet Weirauch: *Der Skorpion*, Bd.1 1919 (und Neuausgabe: LAZ, Berlin/W. 1977), Bd. 2 1921, Bd. 3 1931
- Christa Winsloe: *Das Mädchen Manuela*, Berlin ca. 1931 (und Neuausgabe unter dem Titel *Mädchen in Uniform*, Frauenoffensive, München 1983)
- Luise Rinser: *Die gläsernen Ringe*. Fischer 1940

auch die Autorin durch die Thematisierung lesbischer Wünsche und die Darstellung einer lesbischen Frau in ihrem ersten Roman die Möglichkeit eines lesbischen Lebens erwogen und zugleich verabschiedet hat. In ihren späteren Texten von Marlen Haushofer kommen keine lesbischen Frauen mehr vor, während vereinzelt noch lesbische Wünsche aufscheinen[8].

Bei einer anderen Autorin, Luise Rinser, lässt sich die Abspaltung eigener lesbischer Anteile im Roman aufzeigen anhand von späteren Selbstkommentaren. Luise Rinser hatte 1940 im nationalsozialistischen Deutschland ihren ersten Roman *Die gläsernen Ringe* veröffentlicht. Ähnlich wie Haushofer in *Eine Handvoll Leben* erzählte Rinser darin die Kindheit und Jugendzeit der Ich-Erzählerin. In der Klosterschule war diese mit der Mitschülerin Cornelia befreundet und in die Lehrerin Erinna verliebt. Auf einer Wanderung mit der Schulklasse waren Lehrerin und Ich-Erzählerin einmal allein, worauf die Lehrerin sie in ihre Arme riss und beschwörende Worte flüsterte[9]. Die Mitschülerin Cornelia hatte diese Szene beobachtet und setzte anschliessend ihrem Leben in einem "Altwassertümpel" (125) ein Ende. In ihren autobiographischen Erinnerungen kommentierte Luise Rinser vierzig Jahre später dieses Buch, indem sie sich erinnerte, was sich in der Realität abgespielt hatte und was Fiktion gewesen war. In der Realität hatte ihre Lehrerin sie nicht umarmt und ihre Mitschülerin sich nicht selber getötet. Als real beschreibt sie 1981 folgende Szene, die sich vor mehr als fünfzig Jahren ende der zwanziger Jahre abgespielt haben soll:

> "(...) was wollte ich denn von Erinna, was denn, nichts als dass sie aufblickte und verstand, dass ich sie liebte, aber nein, das durfte sie ja nicht verstehen, das war mein Geheimnis, aber vielleicht verstand sie es doch, einmal blickte sie auf, eines meiner Blätter war ihr in den Schoss gefallen, und sie schaute nach oben, aber ich wandte mich ab, und doch fühlte ich ihren Blick auf mir, ich musste einige Schritte weit weggehen, das Feuer verbrannte mich, und als ich mich der Gruppe

---

8 V.a. im zweiten Roman *Die Tapetentür* (1957)

9 Luise Rinser, *Die gläsernen Ringe*. Fischer Taschenbuch, zitiert nach der Auflage 1972, S.123

wieder näherte, sah ich, dass Cornelia neben Erinna sass, das war ein Messerstich, und doch gönnte ich es ihr, gönnte ich es beiden, denn ich liebte beide." (188)[10]

Im Prozess der Literarisierung machte die Autorin dagegen die Mitschülerin Cornelia zur Eifersüchtigen und liess sie sterben.

Liebe, Lust, Schmerz

Der Begriff *Liebe* wird in *Eine Handvoll Leben* zur Beschreibung der Beziehung von Elisabeth zu Männern nur ein einziges Mal verwendet und an dieser Stelle vorrangig zur Abgrenzung: "Das Wort Liebe hatte nichts" mit ihrer Beziehung zu Lenart zu tun, sondern "es gehörte für immer zu Tonis Gesicht" (147). Elisabeths Beziehungen zu Männern waren partiell und funktionalisiert. Die Verlobung mit Günther hatte dazu gedient, dass sie von ihrer Familie ernst genommen wurde, seinen Zärtlichkeiten aber war sie ausgewichen. Toni war ihr Ehemann und Vater des Kindes geworden und hatte ihr ein angenehmes Zuhause ermöglicht.

Der Geliebte Lenart war dagegen ein "Mensch von so anderer Art", an den sie ausschliesslich ihre sinnliche Leidenschaft und Schmerz banden. Durch die Begegnung mit Lenart, der sie nicht liebte, und von dem sie sich "missbraucht und beleidigt" (156) fühlte, verwandelte sich ihr Lebensgefühl. Sie sah sich nicht mehr im Mittelpunkt der Welt und sie ertrug das behagliche Zusammenleben mit Mann und Kind nicht mehr. Sinnliche, masochistische Leidenschaft trieb sie zu Lenart:

> "Dunkelheit umfing sie, irgendwo lag ihr Körper, von dem sie sich gelöst hatte, auf einem fremden Bett unter dem Gewicht eines fremden Mannes, während sie schwerelos und glückselig in einer grossen Stille dahinstarb." (164)

Lust und Schmerz waren in ihrer Beziehung zu Lenart untrennbar miteinander verbunden. Diese Verknüpfung wurzelte in einer Kindheitserfahrung der vierjährigen Elisabeth. Damals hatte sie einen Fleischer beim Zerlegen einer Kuh beobachtet, hatte seine Schürze berühren, ihn riechen und seine Wärme spüren wollen. Als sie jedoch

---

10 Luise Rinser, *Den Wolf umarmen* (1981). Zitiert Fischer Taschenbuch (1984), S.188

ihrer Entdeckungslust nachging, erfuhr sie Bedrohung. Sie sah das Gesicht des Fleischers,

> "(...) sein seltsam vertrauliches Lächeln, und dann fiel ihr Blick auf das blauschimmernde Messer in seiner Hand, von dem das dunkle Blut tropfte. Irgend etwas in ihrer Brust spannte sich und zersprang, mit einem Schrei stürzte sie aus dem Schuppen, das tiefe Lachen des Schlächters im Ohr." (32)

Als der Schlächter anderntags weg war, empfand sie zugleich "Erleichterung und tiefe Enttäuschung" (33). Sie fühlte sich den ganzen Tag unwohl und konnte auch "die weichen Leiber der Frauen nicht ertragen" (33), wohl deshalb, weil sie in ihnen die potentiellen Opfer potentieller Schlächter spürte[11]. Schmerz und Lust (auf Entdeckungen und auf Sinnlichkeit) sind fortan verknüpft in Elisabeths Erleben der Welt und verbinden Gefühl und Verstand. Diese Verflechtung wird deutlich in der Weise, wie die 45-jährige Elisabeth auf einen Bienenstich reagiert:

> "Einen Augenblick lang schien auch der scharfe, glühende Stich noch Lust zu sein, eine Lust, die in Schmerz überging, der bis in ihr Herz drang.
>
> Ihr Bewusstsein verschärfte sich zu durchsichtiger Klarheit. Während sie atemlos in der grellen Sonne stand, war plötzlich das Rätsel des Lebens gelöst, und die Lösung war so einfach, dass ein Kind sie hätte finden müssen. Dann hob der Atem ihre Brust, der Schmerz verebbte und sie vergass mit einem Schlag, was sie eben noch so deutlich gewusst hatte, und sah in das Gesicht eines kleinen Mädchens, das mit offenem Mund zu ihr aufsah" (192).

Im Augenblick des Schmerzes erkennt sie die Lösung für das Rätsel ihres Lebens, vergisst diese Lösung aber sogleich mit dem Nachlassen des Schmerzes. Was ist das "Rätsel des Lebens"? Was wäre die "Lösung" dafür? Warum "vergisst" die Protagonistin "mit einem Schlag"? Die ersten beiden Fragen umkreisen die Fragen nach dem Sinn des Lebens und des eigenen Lebensentwurfes. Es sind die Fragen, von denen Marlen Haushofers Texte handeln. Hervorstechend ist, dass in vielen ihrer Texte die weibliche Hauptfigur etwas erkennt, das sie sogleich wieder vergisst bzw. vergessen muss, um überleben zu

---

11 Marlen Haushofer vergleicht oft Kühe und Frauen miteinander, z.B.: "Käthe roch nach Veilchenseife und darunter nach jungen Kühen, eine Mischung, die Elisabeth immer in sanftes, träges Behagen versetzte." (97)

können. Dieses Wissen scheint wie in einem Nebel verborgen zu sein, durch den die Figur nur in kurzen Momenten des Schmerzes blitzlichtartig sieht, das Geschehene aber sogleich vergisst und ins Unbewusste verdrängt. Diese Überlebensstrategie hat die Protagonistin Elisabeth bereits als Vierjährige entwickelt, denn am Ende des Schlachter-Kapitels heisst es:

> "Sie hob den Kopf und sah, dass sie allein war. Darüber erschrak sie so sehr, dass sie es auf der Stelle wieder vergass." (34)

Eifersucht

Eifersucht zwischen Frauen und Männern wird in *Eine Handvoll Leben* nicht thematisiert, stattdessen aber zwischen Frauen. Käthe und Margot, die Mitschülerinnen, waren eifersüchtig aufeinander und konkurrierten um die Liebe von Elisabeth.

Mit Margot verband Elisabeth eine tiefe intellektuelle und seelische Gemeinschaft. Als 45-jährige erinnert sich Elisabeth daran, dass Margot in ihrem Leben ihr "einziger Partner" (68) gewesen war, mit der sie sich hatte stundenlang unterhalten können. Während sich Elisabeth von Margot seelisch-geistig angezogen fühlte und die beiden Frauen eine intensive intellektuelle Freundschaft verband, empfand Elisabeth die Anziehung zu Käthe seelisch-körperlich. Bereits die jugendliche Käthe erscheint als archaische Mutterfigur, die Geborgenheit ausstrahlt.

> "Käthe war heiter, hilfsbereit und grosszügig, und ihr voller, weisser Mädchenleib strömte ein Behagen aus, an dem man sich sanft erwärmen konnte." (67)

Zudem ist in "Käthes Banalität und Gesundheit" etwas enthalten, "das Elisabeth manchmal als Überlegenheit empfand" (67). Elisabeths Beziehungen zu Frauen sind also nicht ganzheitlich, Körper und Seele umfassend, sondern entsprechend der patriarchalen Dichotomie in Geist und Körper aufgespalten. Trotzdem sind die Beziehungen der Protagonistin zu Frauen vielschichtiger gezeigt, als diejenigen zu Männern. Elisabeth fühlt sich zwischen Margot und Käthe hin- und hergerissen,

> "So schwankte sie ständig zwischen den beiden entgegengesetzten Welten und fing an, ernstlich darunter zu leiden." (69)

Ihr vierzehntes Lebensjahr, den Beginn ihrer Pubertät, verbrachte Elisabeth daher

> "(...) wie ein Mann zwischen zwei Frauen, unter Vorwürfen, Tränen und Szenen, von einem dunklen Schuldgefühl geplagt, in ständiger Spannung und Angst" (72).

Die Metapher "wie ein Mann zwischen zwei Frauen" bringt die Zerrissenheit Elisabeths zwischen diesen beiden verschiedenartig geliebten Frauen zum Ausdruck. Die Autorin imaginiert ihre Protagonistin darin als Mann, wohl deshalb, weil die beiden Frauen sie so sehr lieben, wie dies von der gesellschaftlichen Konvention her nur von Frauen gegenüber Männern denkbar ist. Im Handlungsverlauf wird die Erfahrung der jugendlichen Elisabeth als Geliebte zwischen zwei Frauen kontrastiert mit der Erfahrung der erwachsenen Elisabeth als Geliebte zwischen zwei Männern. Die Situation ist völlig anders und in bezug auf konventionelle Vorstellungen auf den Kopf gestellt. Während die Frauen miteinander um eine Frau konkurrieren, verhalten sich die Männer passiv und gleichgültig. Lenart liebt sie nicht und Toni merkt nichts von ihrem Ehebruch. Zwischen den beiden Männern gibt es keine Eifersucht, sondern sie sind Geschäftsfreunde. Toni lädt Lenart sogar zu einer Ferienwoche ein und Lenart nimmt dankend an. Nur Elisabeth ist über dieses Männerbündnis entrüstet (158). Thematisiert wird hier ein scheinbares Paradox, das zwanzig Jahre später von Feministinnen theoretisch erörtert wurde. Luce Irigaray schrieb 1976:

> "Die Männer organisieren über den Frauentausch, umfassend und differenziert, eine homosexuelle Praxis, die sie durch den Körper der Frau hindurch verwirklichen."[12]

Janice Raymond prägte den Begriff Hetero-Realität für die gesellschaftliche Situation, in der Männer über den weiteren Bereich affektiver, sozialer, politischer und ökonomischer Beziehungen im Verhältnis von Männern und Frauen verfügen[13]. Hetero-Realität deckt weitgehend dieselbe Bedeutung ab wie der Begriff Patriarchat, lenkt aber den Blick speziell darauf, dass Hetero-Realität die Hetero-Beziehung institutionalisiert durch Propagierung und Reglementierung

---

12 Luce Irigaray: *Neue Körper, neue Imagination*. S.124
13 Janice Raymond: *Frauenfreundschaft*, S.15

in Schule, Kirche, Staat und Familie. Raymond zeigt weiter auf, dass diese Hetero-Beziehungen dazu dienen,

> "(...) die Männer mit jener Fürsorge und Unterstützung zu versorgen, die sie nur von Frauen und nicht von Männern bekommen können"[14].

Während also die patriarchale Kultur scheinbar als hetero-bezogene Kultur institutionalisiert ist und sich als hetero-bezogen präsentiert, ist die patriarchale Kultur jedoch in Wirklichkeit homo-bezogen, d.h. "auf allen Ebenen auf Männerbeziehungen, Männertransaktionen und Männerbündnissen aufgebaut"[15].

Auch Elisabeths Beziehungen zu Männern sind also, ähnlich wie diejenigen zu Frauen, aufgespalten. Während aber die Frauen verschiedene Bereiche von Elisabeths Persönlichkeit ansprechen, verkörpern die Männer verschiedene Welten, zwischen denen sich Elisabeth zerrissen fühlt, zwischen der geordneten Welt der Familie mit Toni und dem Bereich von lust-schmerzvoller Sinnlichkeit und Entgrenzung mit Lenart.

Tod geliebter Menschen

Die Erinnerungen von Elisabeth an ihre verstorbenen Freundinnen und Freunde sind sehr unterschiedlich. Als sie hört, dass Lenart in Frankreich gefallen ist, löst diese Nachricht in ihr "Befriedigung" aus.

> "Es war beruhigend, ihn tot zu wissen, auch Toni war tot und in Sicherheit. Die beiden Männer ihres Lebens waren nun etwas, was man nicht ohne Abscheu hätte sehen können, und über kurz oder lang würde auch sie es sein." (187/188)

Den Tod ihrer beiden früheren Männer empfindet sie als Erleichterung, wogegen der Selbstmord ihrer Freundin Margot auf ihr lastet. Sie empfindet sich als Mörderin von Margot, weil sie ihr auf zwei verzweifelte Briefe nicht geantwortet hatte.

> "Betty gehörte nicht zu den Leuten, die ihre Opfer im Keller verscharren, sie war daran gewöhnt, auf Schritt und Tritt Gespenster zu begegnen; nur auf diese Art verloren sie mit der Zeit ihre Schrecken und man konnte auf einigermassen vertrautem Fuss mit ihnen leben." (102)

---

14 Ebenda, S.19
15 Ebenda, S.19

Nur mit der Erinnerung und dem Eingeständnis ihrer Mitschuld kann sie weiterleben, nicht aber durch Wegschieben und Übersehen des eigenen Anteils an der Zerstörung eines Menschen, wie dies der Mann Richard in Haushofers späterer Novelle *Wir töten Stella* (1958) macht.

Eigenständigkeit und Einsamkeit

Charakteristisch für Elisabeth sind Wissbegierde, die mutige Suche nach einem ihr gemässen Leben, was auch immer wieder den Abbruch von Beziehungen beinhaltet, und das Akzeptieren der Erkenntnis, dass sie "allein und allen Mächten ausgesetzt" (157) ist. Unverzichtbar und lebensnotwendig ist ihr dazu "das notwendige Quantum Einsamkeit" (75). Jegliche Vereinnahmung ihrer Person durch andere Menschen weist Elisabeth zurück, da sie sich von andern langfristig keine Grenzen setzen lassen will, sondern selber ihr Handeln bestimmt. Während ihrer Ehe hatte sie sich in einen Rahmen eingepasst, doch "war es ihre Sehnsucht gewesen, nachts im Freien umherzustreifen" (173). Und vorher, als Käthe sie in der Klosterschule einmal zu küssen versucht hatte, hatte sie dies als "anziehend und abstossend zugleich" (80) empfunden.

> "Aber zugleich wusste sie auch, mit einer Härte, über die sie selbst erstaunt war, dass sie es nicht ertragen konnte, von einem anderen Menschen in Besitz genommen zu werden." (81)

Sexualisierung der Natur

> "Sie hatte einmal Freiheit, Kälte und Selbständigkeit gewählt und sich zeitlebens nach Zärtlichkeit, Wärme und Geborgenheit verzweifelt gesehnt." (129)

Damit wird das typische Dilemma einer heterosexuellen Frau vor der Neuen Frauenbewegung umrissen, die immer nur einen Teil leben kann, entweder Freiheit oder Zärtlichkeit, entweder Selbständigkeit oder Geborgenheit. Im Unterschied dazu durfte sich der heterosexuelle Mann in der Welt frei bewegen und in der Liebesbeziehung geborgen fühlen. Inzwischen sind diese Rollenbilder durch die Frauenbewegung zwar aufgeknackt worden, gesellschaftlich aber weiterhin in hohem Masse wirksam geblieben. Nicht über menschliche Beziehungen, sondern nur über die Begegnung mit der Natur und insbesondere mit Wasser findet die Protagonistin auch einen Weg zu sich selber und zur Selbstliebe. Elisabeths Wunsch nach der Verbindung von Freiheit und Geborgenheit, nach Selbständigkeit und Zärtlichkeit, Kälte und Wärme, wird in ihrem Wunsch nach Alleinsein in der Natur augenfällig, den sie als junge Ehefrau hat, die scheinbar eine glückliche Ehe führt, sich aber "von aller Welt verlassen" und von ihrem Mann im wesentlichen nicht verstanden fühlt.

> "Sie wünschte sich, allein in einer klirrendkalten Winternacht durch einen verschneiten Fichtenwald zu gehen, auf einer sonnendurchglühten Almwiese zu liegen, mit dem Duft des wilden Thymians in der Nase, oder ein Ruderboot mit raschen Schlägen über einen See zu treiben und die Kühle der sprühenden Tropfen auf den Wangen zu spüren." (139)
>
> "Sie knöpfte ihr Kleid auf und spürte die kühle Luft auf der Brust, sie schnitt Grimassen in der Dämmerung und verwirrte ihr Haar." (140)

In dieser Naturphantasie werden klirrendkalte und sonnendurchglühte Temperaturen verbunden, und Elisabeth ist zugleich aktiv (geht und rudert) und passiv (liegt und spürt Tropfen). Greifbar wird das Bedürfnis nach Zärtlichkeit (spürt Tropfen auf dem Mund und Luft auf der Brust) und Selbständigkeit (Grimassen schneiden, Haare verwirren). Mit dieser Sexualisierung der Natur führt Haushofer die patriarchalische Denktradition fort, die spätestens mit Platon begann[16], zeigt aber zugleich ein anderes Verhältnis von Mensch und Natur, indem Elisabeth die Natur nicht erobert, sondern in der Natur ihre eigene lustvolle Sinnlichkeit entdeckt. Als sie sich im Fluss ertränken und dafür den letzten Schritt tun wollte, spürte sie "dass sie niemals den nächsten Schritt tun konnte" (180) und ging ans Ufer zurück.

> "Der Wind presste die nasse Wäsche gegen ihre Schenkel, aber sie lachte berauscht und glückselig. Kleine Wasserperlen glänzten auf ihrer Haut. Sie presste den Mund auf ihre Armbeuge und spürte ihre heissen Lippen. In diesem Augenblick liebte sie sich besinnungslos; alles, was warm, jung und lebendig an ihr war, die glatte Haut, das zarte Fleisch darunter, die Wärme ihres Atems und den Geschmack des Speichels auf der Zunge." (180/181)

---

16 Vgl. Dagmar Heymann: *Wie männlich muss die Naturwissenschaft sein?* In: *Forum Wissenschaft*, Hg: Bund demokratischer Wissenschaftlerinnen und Wissenschaftler: (Marburg) Nr.4, 1989, S.15

Frauenkörper: Schönheit und Zurichtung

In der Klosterschule hatte sie die Zurichtung des Körpers und die Entfremdung der Sinnlichkeit durch die gesellschaftliche Ordnung erlitten. Kratzende und zu enge Kleider und Schuhe, schlechtes Essen und Kälte hatten "die Traurigkeit des Körpers" (53) erzeugt. Nur beim wöchentlichen Bad konnte das Mädchen ihren eigenen Körper geniessen, verstiess damit allerdings gegen die Vorschriften.

> "Ihr dünner Kinderleib lag perlmutterfarben im Wasser, durchzogen von feinem Geäder. Sie betrachtete ihn neugierig und im Wissen, eine Sünde zu begehen, denn dieser Leib war böse und nicht wert, angesehen zu werden.
>
> Dann fühlte sie wohl heimliches Mitleid und Zärtlichkeit für den Verworfenen und Ausgestossenen und strich mit den Fingerspitzen leicht über die Innenfläche des Armes. Dabei war ihr sehr beklommen zumute, aber sie kam nicht darauf, die Unordnung anderswo als in ihrem eigenen Herzen zu suchen." (54/55)

Elisabeth hatte in der Schule "kleine Entzückungen" (74) erlebt beim Anblick eines Mädchens vor der untergehenden Sonne und Momente spontaner sinnlicher Zuneigung.

> " (...) andererseits gab es ein dummes und hässliches Mädchen, dessen Gesicht sie manchmal am liebsten gestreichelt hätte, um der überraschenden Schönheit willen, die es plötzlich von innen her überflutete." (83)

Diese Schönheit wurde nicht künstlich hergestellt, sondern war Ausdruck psychischer Befindlichkeit. Elisabeth war stark genug, um den Widerstand des Kindes gegen die Zurichtung des Körpers auch als Erwachsene weiterzuführen und nicht gegen ihren Körper zu leben. Als sie im Kuss ihres Verlobten erkannte, dass ihre Verlobung ein Fehler war, schrieb sie ihm einen Abschiedsbrief.

> "Und sie war niemals imstande gewesen, gegen ihren Körper zu leben; so oft sie es versucht hatte, war Unheil daraus entstanden. Sie dachte schaudernd an das Elend tausender gegen ihren Willen verheirateter Frauen der vergangenen Jahrhunderte." (121)

Elisabeth war auch verzweifelt, als sie als Vierzehnjährige durch ihre erste Menstruation merkte, dass sie im Begriff war, "eine Frau zu werden" (64), obwohl ihr die "runden Hüften, weisse[n] Busen" und der Geruch von Frauen bei ihren Freundinnen gefielen.

> "Alles das, was ihr an anderen gefiel, was sie anziehend und verwirrend fand, musste sie an sich selber verabscheuen." (64)

In ihrem sichtbar weiblicher werdenden Körper manifestierte sich, "dass jetzt ihr Schicksal ein für allemal beschlossen war" (64), nämlich das Schicksal einer Frau, die ihre Sehnsucht nach Freiheit, Eigenständigkeit und Geborgenheit im zwangsheterosexuellen Patriarchat nicht verwirklichen kann. Diese Diskrepanz zwischen ihren Wünschen und ihren Möglichkeiten bewirkt, dass Elisabeth sich in der Pubertät "elend, ganz und gar uneins mit ihrem Körper" (64/65) fühlte, der sie anekelte. Sie ekelte sich vor ihrem Körper, weil sie spürte, dass sie aufgrund ihres weiblichen Geschlechtes in eine begrenzte soziale Rolle gedrückt würde. Gleichwohl konnte sie die Schönheit der Körper anderer Frauen wahrnehmen.

Männerkörper

Die Körper von Männern betrachtete Elisabeth dagegen erst, als ihr Vetter Günther fragte, ob sie ihn gern hätte und sie, "peinlich berührt von dieser Frage" (119), ja sagte und deshalb als verlobt galt. Darauf begann sie, über ihre Lage nachzudenken und die Männer zu betrachten, die ihr allerdings "alle gleich lächerlich und unbedeutend" (119) erschienen und:

> "(...) sie konnte auch nicht recht begreifen, weshalb es so viel hübsche Frauen und so viel hässliche Männer gab". (119/120)

Erotisches Begehren

Erotisches Begehren spürte Elisabeth weder beim Ehemann, mit dem sie "die üblichen, halb geschwisterlichen Zärtlichkeiten" (154) tauschte, noch bei Lenart, mit dem sie die Sexualität verband:

> "In seinen Armen gelang es ihr, sich selbst vollkommen zu vergessen. Dunkelheit umfing sie, irgendwo lag ihr Körper, von dem sie sich gelöst hatte, auf einem fremden Bett unter dem Gewicht eines fremden Mannes, während sie schwerelos und glückselig in einer grossen Stille dahinstarb." (164)

Geweckt wurde Elisabeths sinnliche Lust jedoch nicht von diesen beiden Männern, sondern vom Anblick einer unbekannten Frau im Bus.

> "Manchmal im Autobus hinter einer fremden Frau sitzend, glaubte sie zu wissen, was in einem Mann vorging beim Anblick eines schmalen Nackens, in dem sich glänzendes Haar ringelte. Er brauchte nur

die Hand auszustrecken nach dieser Lieblichkeit, und die unheilvolle Lawine kam ins Rollen.

Es gab so viel glänzende Wimpern, sanft gerundete Wangen, gewölbte Lippen und Schultern, die dazu geschaffen schienen, von einer Männerhand umschlossen zu werden. Selbst sie, als Frau, konnte nicht ungerührt daran vorübergehen, und ein Mann, den das kalt liess, war kein Mann oder besass keine Spur Phantasie.

Noch immer wurde der winzige Neid, den jetzt der Anblick von Jugend und Schönheit in ihr weckte, von Entzücken erstickt, von dem alten, hilflosen Verlangen, für das es keine Stillung gab." (75)[17]

In dieser Beschreibung treffen zwei sich kontrastierende Elemente aufeinander: Einerseits ist dies diejenige Stelle des ganzen Romans, an der sinnliches Begehren der Protagonistin am deutlichsten spürbar wird. Andererseits wird dieses Begehren in der Darstellungsweise immer wieder durchbrochen durch die Hinweise auf den "Mann" und die "Männerhand", dem allein die Lust zusteht, eine Frau zu berühren. Hier werden die Grenzen weiblicher Begierden ausgemessen, die das Verbot lesbischer Liebe absteckt. Die Protagonistin hat dieses Verbot bereits so stark verinnerlicht, dass aufkommende lesbische Wünsche sogleich unterdrückt und der Hetero-Realität angepasst werden, indem sie schon in Gedanken nur einem Mann zugestanden werden. Durch diese Kontrastierung von Gefühlen aufkeimender Lust mit deren unverzüglicher Brechung durch wiederholte Verweise auf den Mann, macht die Autorin die Auswirkungen der Ideologie der Zwangsheterosexualität sichtbar, ohne sie bewusst zu entlarven. Die Protagonistin Elisabeth empfindet zwar die erotische Anziehung einer fremden Frau, aber sie stellt die gesellschaftlichen Grenzen nicht in Frage, sondern resigniert und findet sich damit ab, dass es für ihr altes hilfloses Verlangen "keine Stillung" gibt.

An dieser Tabu-Grenze bleibt nicht nur die Protagonistin, sondern auch die Autorin Marlen Haushofer stehen: In andern Romanen wiederholt sie die Aussage, dass nur ein Mann eine Frau sinnlich berühren dürfe, ohne dass diese Begrenzung in Frage gestellt oder gar überschritten würde. Auch wenn einmal die gesellschaftliche

---

17 Regula Venske kommentiert diese Stelle: "Der Männerblick ist hier blosse Konvention, eine Schutzmassnahme, um etwas zu benennen, das es noch nicht gibt, eine hilflose Umschreibung des Begehrens der Frau." In: "*Oder war da manchmal noch was anderes?*" S.56

Sanktionierung gegen Lesben im Kloster erwähnt wird[18], so wird das Verbot der Liebe zwischen Frauen ebenso wenig in Frage gestellt wie das Gebot der Liebe der Frauen zu Männern. Den Frauen bleibt lediglich ein hilfloses Verlangen, ein Motiv, das bei Marlen Haushofers Texten immer wieder auftaucht[19].

Die Beziehung Tochter-Mutter

Auch wenn zweimal erwähnt wird, dass Frauen bei der Geburt einer Tochter enttäuscht sind, einmal als allgemeine Feststellung (8), ein andermal als Aussage der eigenen Mutter (18), wird in *Eine Handvoll Leben* der durch patriarchale Zerstörungen verschüttete Zugang von Töchtern zu Müttern freigeschaufelt. Als erwachsene Frau in der Mitte ihres Lebens erkannte Elisabeth, dass ihre Mutter der einzige Mensch war, "der zu ihr gehörte" (193), und dass ihre Mutter stark war.

> "Ihre Mutter, das hatte sie schon als Kind gewusst, war zäh, eigensinnig und ganz unabhängig von anderen Menschen, hart, kühl und stark genug, um Verlust zu ertragen." (197)

Aus diesem Grunde war es ihr möglich gewesen, nicht nur ihre Familie, sondern auch ihre Mutter zu verlassen und sich bei der Wiederbegegnung mit der Mutter nicht wieder in die Tochter-Rolle zu begeben. Die innere Gewissheit der Zugehörigkeit zur Mutter schuf die Voraussetzung dafür, dass Elisabeth frei war, ihren Weg zu gehen und sich dafür auch äusserlich von der Mutter zu trennen. Mary Daly zeigte auf, dass das "Band zwischen Müttern und Töchtern" das "entscheidende verlorene Bündnis" für Frauen ist und eine wichtige Voraussetzung dafür, dass die Töchter sich "selbst annehmen und den Mut haben können, allein zu sein"[20].

In späteren Texten von Haushofer tritt an die Stelle einer realen Mutter eine archaische Mutterfigur. In *Die Wand* überlegt sich die Ich-Erzählerin, mit wem sie am ehesten zusammenleben möchte.

---

18 Elisabeth erinnert sich daran, dass zwei Mitschülerinnen die Klosterschule verlassen mussten, weil sie eine Nacht zu zweit in einem Bett verbracht hatten. (72)

19 Vgl. Irmela von der Lühe: *Erzählte Räume - leere Welt.* S.72

20 Mary Daly: *GYN/ÖKOLOGY*, S.363/364

> "Wenn ich mir heute einen Menschen wünschte, so müsste es eine alte Frau sein, eine gescheite, witzige, mit der ich manchmal lachen könnte. Denn das Lachen fehlt mir noch immer sehr." (66)[21]

Auch in *Die Mansarde* fühlt sich die Ich-Erzählerin am wohlsten in der Nähe ihrer Coiffeuse Lisa. Wenn Lisa ihr die Haare wäscht, scheint eine archaische Mutter-Tochter-Beziehung auf:

> "Ihre Hand ist keine fremde Hand. Manchmal bilde ich mir ein, vor langen Zeiten schon einmal von diesen Händen gehalten worden zu sein, so vertraut sind sie mir." (136)

Als sie später unter der Trockenhaube sitzt, phantasiert sie:

> "Während Wärme meinen Kopf umspülte, sah ich hinter geschlossenen Lidern ein Bild. (...) Etwas war im Begriff, ans Tageslicht zu kommen. (...) Ich wollte nicht sehen, was da heraus kam. Es war noch zu früh, es sollte noch in seiner Hülle bleiben. Mit der graubraunen Puppe konnte ich mich abfinden, das neue Geschöpf hätte mich erschrecken können, und ich will nicht erschreckt werden." (137)

Dieses Bild der Entpuppung, durch das andere Wünsche und Sehnsüchte sichtbar werden, erschien der Ich-Erzählerin, nachdem sie sich den "sanften, kräftigen Fingern" ihrer Coiffeuse Lisa überlassen hatte, die ihr so vertraut waren, wie wenn sie "schon vor langen Zeiten" "einmal von diesen Händen gehalten worden wäre" (136). Wiederum, wie bei Käthe im ersten Roman, ist es in diesem späteren Roman eine Mutterfigur, die bei der Protagonistin sinnliche Lust weckt. Nach dem Besuch bei der Coiffeuse sagt die Erzählerin das einzige Mal im ganzen Text, "Ich mag dich" (147), und zwar zum Wind, der in ihr Haar gefahren ist, in "das kunstvolle Gebäude, das Lisa errichtet hatte" (147). Die Liebeserklärung der Erzählerin an den Wind erweist sich somit als verschobene Liebeserklärung an Lisa.

Begrenzte Aufbrüche

Die patriarchalischen Mythen, dass die Liebe zu einem Mann für eine Frau wichtiger sei als die Liebe zu sich selbst und dass die Verbin-

---

21 Vgl. zu diesem Motiv die Erzählung *Ledwina* (ca. 1820) von Annette von Droste-Hülshoff. Die kränkliche adelige Ledwina fühlt sich nur einmal richtig wohl, nämlich als sie von einer alten Bäuerin umsorgt wird. Die Bäuerin gibt ihr einen Stuhl, Decken und Kissen und Ledwina "lachte ordentlich vor Vergnügen, da es ihr so bequem wurde". Zitiert nach: Annette von Droste-Hülshoff, *Sämtliche Werke*, hg. von Günther Weydt, Winfried Woesler, 1981, S.270

dung zwischen Mutter und Sohn die wichtigste und unauflöslichste sei, wird von der Autorin Marlen Haushofer mitten in den ideologisch auf die Kleinfamilie fixierten fünfziger Jahren radikal entlarvt. Die Hauptfigur Elisabeth verliess ihre Familie, kündigte damit ihre Rolle als Mutter auf und übernahm sie auch später in ihrer zweiten Ehe nicht wieder. Nachdem sie die Rolle der fürsorglichen Mutter eines Sohnes und der Gattin eines Ehemannes abgelegt hatte, wandte sie sich ihren eigenen Interessen zu, nämlich der Arbeit und der Lust nach Entdeckungen und Erkenntnis. Obwohl der Preis für diese Lebensweise nicht gering war, "die Nächte im Keller, Angstschweiss auf der Stirn und den Geschmack des Todes auf den Lippen, und Arbeit, Arbeit, Arbeit" (186), entging sie dadurch doch dem lebendigen Tod, der ihr als Hausfrau/Mutter gedroht hätte, nämlich, eine von den vielen Frauen zu werden, "deren Willen gebrochen ist und die gar nicht mehr wirklich sind." (143)

Die Hauptfigur Elisabeth, die "nie imstande gewesen war, einer Gefahr aus dem Wege zu gehen" (35), hatte den Ausbruch aus der gesellschaftlich anerkannten Ehe in das unbekannte Alleinsein gewagt und sich damit für die Freiheit entschieden, obwohl diese "Freiheit, die sie sich genommen hatte, unvergleichlich härter zu ertragen war als die Gefangenschaft" (197). Am Grab ihres Vaters wird ihr bewusst, "dass sie niemals geflüchtet wäre, hätte ihr Vater damals noch gelebt", weil sie sich niemals "aus dem freiwilligen Gehorsam gegen ihn begeben hätte" (197). Der Tod des Vaters war Voraussetzung gewesen für die Selbstbefreiung der Tochter. Doch die Tochter blieb den väterlichen Wertmassstäben verhaftet und heiratete später wieder.

Schuldgefühle empfand Elisabeth, weil sie ihr Kind verlassen hatte. Das Kind erschien immer wieder in ihren Träumen, und sie erkannte, "dass sie es getötet hatte" (187). Als sie ihrem erwachsenen Sohn wieder begegnete, widerstand Elisabeth trotzdem der "Versuchung", ihm gegenüber wieder die Mutter-Rolle einnehmen zu wollen.

Das Motiv des Weggehens und der Abgrenzung von anderen Menschen, insbesondere vom Ehemann, nimmt Haushofer in ihren späteren Romanen wieder auf. Die radikale Position des ersten Romanes, in dem es keine Rückkehr gibt, wird in den späteren Texten allerdings relativiert. Den Frauenfiguren gelingt der Ausbruch aus ihrer Mutterrolle nicht mehr. In *Die Mansarde* (1969) verlässt die Frau, mit Zustimmung ihres Mannes, für einige Monate ihn und den Sohn und kehrt, nach Wiedererlangung der Hörfähigkeit, in die Familie und ihre Rolle darin zurück. Nur einen inneren Freiraum und Zufluchtsort kann sie sich schaffen. Sie zieht sich ab und zu in die Mansarde zurück, allerdings nur, wenn der Ehemann keine Ansprüche an sie stellt. In *Die Wand* (1963) entschliesst sich die Erzählerin nicht zum Ausbruch, sondern sie wird durch einen Schicksalsschlag von den Menschen abgeschnitten. *Die Wand* ist aber auch der Ausdruck des unbewussten Wunsches der Ich-Erzählerin nach Alleinsein.

> "Vielleicht war die Wand auch nur der letzte verzweifelte Versuch eines gequälten Menschen, der ausbrechen musste, ausbrechen oder wahnsinnig werden." (110)

In dieser Situation entfernt sie sich auch geistig immer mehr von ihrer Familie, überträgt allerdings ihre Mütterlichkeit auf die Tiere, die sie versorgt.

Isoliert von Frauen

Auch in der Figurenkonstellation unterscheidet sich Marlen Haushofers erster Roman von ihren späteren. In den Erinnerungen der Protagonistin sind die Freundschaften zwischen Frauen zentral und auch das Verhältnis von Tochter und Mutter wird thematisiert.

Im zweiten Roman *Die Tapetentür* (1957) kommt eine Freundschaft zwischen erwachsenen Frauen vor, während in den späteren Romanen *Die Mansarde*, *Die Wand* und in der Novelle *Wir töten Stella* die Frauenfiguren allein stehen oder allein zwischen Männern und ohne Zugang zu andern Frauen.

Der Ausbruch aus der Familie in *Die Mansarde* führt die Erzählerin nicht zu Frauen, sondern zu zwei Männern, die sie beide für ihre Zwecke funktionalisieren. In der Abgeschiedenheit hinter der "Wand" begegnet die Erzählerin als einzigem Menschen einem Mann, den sie tötet, weil er ihre Tiere getötet hat.

Entlarvung des romantischen Liebesideals

Bereits in *Eine Handvoll Leben* werden die Mystifizierungen von Ehe, Mutterschaft und romantischer Liebe entlarvt. Immer wieder verstösst die Hauptfigur auch gegen die Gesetze der Hetero-Realität: Sie löst ihre Verlobung auf und setzt durch, dass sie eine Berufsausbildung machen kann. Sie verlässt später Ehemann, Sohn und Geliebten. Sie äussert immer wieder den Wunsch, allein zu sein und Neues zu entdecken.

Die Autorin Marlen Haushofer hat die heterosexuelle Liebe als Fessel erkannt, die die Frauen ins Patriarchat einbindet und zur "Mittäterin"[22] macht, die an den Verbrechen der Männer mitschuldig sind. Dieses Motiv führt sie in späteren Werken weiter aus. Präzis und in ihrer radikalen Offenheit erstaunlich stellt Haushofer dann in *Wir töten Stella* (1958) eine "Mittäterschaft" dar[23]. In *Die Tapetentür* (1957) stellt die Ich-Erzählerin fest:

> "Kleine Buben und Männer aller Altersstufen in der Wochenschau, vor den Bildern der letzten Rakete, vor den unzähligen Autoparks. Es läuft mir kalt über den Rücken bei diesem Anblick. Und der Feind steckt in ihnen, die wir lieben müssen." (104)

Der Feind der Natur, des Menschlichen, der Frau, steckt in den Männern. Die Liebe von Frauen zu ihren Feinden kann nicht aus Lust beginnen, sondern die Frauen müssen dazu gezwungen werden: Eine knappe Formel für den "Zwang zur Heterosexualität", wie ihn Adrienne Rich theoretisch ausgeführt hat[24].

Zwischenzustand

Wer hat den Frauen ihr Lachen genommen? Warum erscheint Elisabeth das Lachen in einer weiblichen Welt nicht möglich? Diese Behauptung leitet Elisabeth vermutlich aus ihrer Erfahrung in der "weiblichen Welt" des Klosters und im Hause ihrer Tanten ab. Unbe-

---

22 Zum Konzept von "Mittäterin" und "Mittäterschaft": Christina Thürmer-Rohr: *Vagabundinnen*. S.146 f.

23 Mitwissen an den Verbrechen des Ehemannes oder die Ahnung davon, thematisiert auch Johanna Moosdorf in ihrem Roman *Nachtigallen schlagen im Schnee* (1954).

24 Adrienne Rich: *Zwangsheterosexualität und lesbische Existenz*, S.138-168

rücksichtigt bleibt dabei die Utopie einer "weiblichen Welt", die nicht patriarchalen Gesetzen unterworfen wäre.

Lachen taucht in Haushofers späteren Romanen immer wieder auf als Symbol für Lebendigkeit und wird immer verknüpft mit Frauen. In *Die Tapetentür* kann Annette wegen ihrer Freundin lachen (132), in *Die Wand* wünscht sich die Ich-Erzählerin als Mitmenschen eine alte Frau, mit der sie lachen könnte. In späteren Werken werden dagegen auch gemeinsam lachende Frauen gezeigt, ohne dass damit die Vorstellung eines gemeinsamen Lebens oder einer Zusammenarbeit von Frauen denkbar wird. Stattdessen gibt es nur die Alternative, dass eine Frau entweder mit einem Mann oder ganz allein, nicht aber mit andern Frauen gemeinsam leben kann. Haushofer beschreibt den Verlust des Alten, ohne Neues gefunden zu haben, das Leben in einem Zwischenzustand.

Auch in der Erzählform schlägt sich dieser Zwischenzustand nieder, zwischen der Absage an das Alte, nämlich den Traum von der glücklichen Ehe, und dem Neuen, das noch nicht festgelegt ist, aber mit der Begegnung und Bewegung zwischen Frauen zu tun hat. Der Erzählrahmen wird durch männliche Figuren abgesteckt. Auf einer zweiten, verdeckteren Ebene ist aber auch die tiefe Verbundenheit der Frauen in den Text eingeschrieben.

Zum zweiten Roman *Die Tapetentür*

Schon im zweiten Roman *Die Tapetentür* (1957) zeigt Marlen Haushofer eine Protagonistin, die deutlich tiefer in die weibliche Rolle verstrickt ist. Im Zentrum des Romans steht die dreissigjährige Bibliothekarin Annette, ihre Einsamkeit, ihr fehlender Lebenssinn und ihre Verheiratung mit dem Anwalt Gregor. Sie hat bereits gelernt, gegen ihren Körper zu leben und zu lügen und sich dem Lebensrhythmus und den Essgewohnheiten ihres Ehemannes angepasst, obwohl diese ihren körperlichen Bedürfnissen zuwider liefen. Zudem belog Annette Gregor, in dem sie ihm vorspielte, dass sie glücklich sei. Die unterschiedlichen Liebesbedürfnisse von Frauen und Männern und die daraus folgende Zerstörung der Persönlichkeit der Frau sind die Hauptthemen dieses Romans.

Erzählt wird einerseits in personaler Erzählsituation, andererseits in der Ich-Erzählung aus der Sicht von Annette, die ihre Gefühle und Reflexionen im Tagebuch aufzeichnet. Durch die Wahl dieser beiden Erzählsituationen wird die Auflösung und Zerstörung der Person Annette auf doppelte Weise aus Annettes Sicht gezeigt.

Die Beziehung zwischen Annette und Gregor ist geprägt von der unüberwindlichen Kluft zwischen ihnen. Sie haben ganz unterschiedliche Wünsche an ihre Beziehung, insbesondere in bezug auf ihre Sexualität. Sie haben ein grundsätzlich anderes Verhältnis zu andern Menschen, zu Pflanzen und zu Tieren. Sie mögen nicht dasselbe Essen, haben andere Freizeitvergnügen, einen anderen Lebensrhythmus und ein unterschiedliches Verhältnis zum eigenen Körper. Gregor scheint diese Unterschiede nicht wahrzunehmen, während Annette sie sehr bewusst sieht. Trotz ihrer Klarsicht ordnet sie sich ihm aber vollständig unter.

Nur in einem Punkt vertritt sie ihr Interesse: Als sie schwanger wird, gibt sie ihre Arbeit als Bibliothekarin nicht auf, sondern arbeitet halbtags weiter, trotz Gregors sanftem Druck. Als Gregor dann Ehebruch begeht, belastet es Annette am meisten, dass sie sein Verhalten durchschaut, dies aber verheimlichen muss, um ihre Ehe nicht zu gefährden[25].

Was diese beiden Menschen überhaupt verbindet, hat weder mit Vernunft noch mit Liebe zu tun, sondern mit den Mythen von heterosexueller Ehe und Mutterschaft als einzigem erstrebenswerten Ziel für Frauen. Ihr Verhältnis zu Gregor überdenkt sie im Tagebuch folgendermassen:

> "Es überfiel mich mit körperlicher Gewalt, wie sehr ich Gregor gehörte. Was bedeuteten dagegen gemeinsame Interessen, seelische Übereinstimmung, Mitleid, Zärtlichkeit und wie sie alle heissen, diese hübschen Gefühlchen, die meinem Leben einmal ein bisschen Glanz schenkten.
>
> Gregor ist das Brot, das mich am Leben erhält. Nur ihm gelingt es, die Welt für mich zum Leben und Glühen zu bringen." (151)

In *Die Tapetentür* kann also am Beispiel von Annette die Zerstörung einer Frau durch den Zwang zur Heterosexualität abgelesen werden.

---

25 vgl. dazu Christina Thürmer-Rohr: *Vagabundinnen*, S.166

Dieser Prozess wird minutiös beschrieben, aber weder reflektiert noch transzendiert.

Vergleiche ich die Beziehungen von Annette zu ihrem Mann Gregor und zu ihrer Freundin Meta aufgrund der geschilderten Gefühle und Erfahrungen, so wird nicht einsichtig, warum Annette mit Gregor und nicht mit Meta eine Liebesbeziehung beginnt[26]. Nie erlebt Annette mit Gregor eine solche Atmosphäre der vertrauten Geborgenheit, wie dies bei Meta der Fall ist. Meta liest ihr ihre Übelkeit im Gesicht ab und fordert sie auf, dagegen etwas zu tun. Gleichzeitig sorgt sie sich um sie und kocht Kaffee für sie. Im Unterschied zu Gregor trennt Meta Gedanken und Gefühle nicht, sondern ihre Gefühle bestimmen ihr Handeln mit, und sie spricht sie auch aus. Als Annette Meta mitteilt, dass sie ihre Wohnung, die sie ihr bei der Heirat untervermietet hat, ganz übernehmen könne, freut sich Meta:

> "Metas Fähigkeit, sich zu freuen, war schon immer für sie ein Anreiz gewesen, etwas zu sagen oder zu tun, das die andere in diesen Zustand versetzen konnte. Es war so angenehm erwärmend, die strahlende, glückliche Meta zu beobachten. Zärtlichkeit regte sich in ihr für dieses gesunde, hübsche Frauenzimmer, das man so leicht beglükken konnte und das dann so schön anzuschauen war. Sie musste für einen Mann die reinste Freude sein." (131)

Sobald Annette für eine andere Frau Zärtlichkeit empfindet, blockt sie diese schon in Gedanken ab. Sie hat die Vorstellung internalisiert, dass diese Begierde einer Frau nur einem Mann gegenüber zusteht. In der Schilderung der Schönheit einer Serviererin taucht dieser Wunsch nach Berührung wieder auf. Annette wird bewusst, dass sie gesellschaftliche Gebote daran hindern, ihre Zärtlichkeit auszuleben:

> "Annette sah ihre braune, glatte Haut, das glänzende schwarze Haar und die weissen Zähne hinter den roten Lippen. Es tat weh, soviel Jugend und Gesundheit zu sehen, aber es war schön. Alles, was jung und schön war, tat ja weh. Am liebsten hätte sie die Hand ausgestreckt und den schimmernden braunen Arm der Kleinen gestreichelt, aber das durfte man ja nicht. Onkel Eugen konnte sich das erlauben, (...). Aber kein Mensch hätte es ihm übel genommen. Als Frau aber durfte man zu einer anderen Frau nicht zärtlich sein, ohne ein übles Missverständnis hervorzurufen. Es war dumm und langwei-

---

26 Die Mythifizierung der Beziehung zum Mann und die Verdrängung der Bedeutung der Freundschaft zwischen Frauen hat Jutta Brauckmann eindrücklich aufgezeigt in *Die vergessene Wirklichkeit*.

lig und aus der Meinung der Männer entstanden, dass Zärtlichkeiten auf jeden Fall die Einleitung einer erotischen Handlung bedeuten mussten." (230/1)

Bezeichnend ist bei Marlen Haushofers Frauenfiguren, dass sie erotische Empfindungen gegenüber fremden Frauen spüren (Annette beim Anblick der Serviererin, Elisabeth beim Anblick einer Frau im Bus oder eines fremden Mädchens in der Schule, Lisa bei ihrer Coiffeuse), niemals aber bei einer Freundin. Erklärbar ist dies einerseits mit der Angst vor einer gleichberechtigten Beziehung, wie ich an der Figur Elisabeths aufgezeigt habe. Andererseits ist dies auch die Folge der Zwangsheterosexualität, die lesbische Beziehungen verbietet, weshalb bei Freundinnen erotische Gefühle vollständig ausgeblendet werden müssen, weil sonst die Versuchung zu gross sein könnte, ihnen nachzugehen.

Im Zusammensein mit Meta fühlt sich Annette wohl. Ihre Wünsche nach Zärtlichkeit werden im halbbewussten Bereich der Phantasie sichtbar. Sie kann lachen, als ihr Meta von ihrem neuesten Liebhaber erzählt.

"Der Kaffee erwärmte und das Behagen, das von dem jungen Körper [von Meta, M.M.] auf sie überströmte, löste die krampfhafte Spannung in ihr und liess sie ein paarmal herzlich gähnen." (132/3)

Während Meta erzählt und Annette zuhört, schweift sie gefühlsmässig ab in ihre Phantasie.

"Annette schwamm in lauem Meerwasser, unter einem ewig strahlenden Himmel, Salzgeschmack im Mund und kleine weisse Kräuselwellen vor den Augen, und sie wusste, dass das Wasser unter ihr gefährlich war, voll schwarzer Untiefen und einer tödlichen Kälte. Aber die Kälte drang nicht bis zu ihr herauf. Die Sonne war noch nicht untergegangen und man musste sich nicht fürchten, solange es Licht und Wärme gab und die sanften Liebkosungen der salzigen Wellen." (133)

Diese Metapher kann als Bild weiblicher Sexualität gesehen werden, in der Annette sich wohlfühlt. Während sie sich ihren Wunsch, Meta zu liebkosen, nicht eingestehen kann, verdoppelt sie mit ihrer Phantasie den Genuss der Nähe zu ihr.

Mit Gregor dagegen erlebt Annette keine zärtliche Verbundenheit, sondern spürt die grosse Kluft zwischen ihnen.

"Niemals war er so bei ihr, wie sie es wünschte. Er nahm sie in die Arme, und sie war betäubt und unfähig zu denken und zu fühlen, und später war er völlig wach, klar und sehr weit weg von ihr. Er konnte einfach nicht neben ihr liegen, ihre Hand halten und nichts als zärtlich sein. Was ihr blieb, war immer nur der Abdruck seines Körpers im Bett, ein Hauch seiner Wärme und sein besonderer Duft auf dem Kissen. Ja, eigentlich war seine Gegenwart nie intensiver als kurz nach seinem Weggehen. Und auch das blieb ihr nur selten, da sie ja auch nicht zu Hause bleiben konnte.

Annette streichelte den Polster und schämte sich. Sie versuchte niemals, Gregor zu Zärtlichkeiten zu bewegen, denn sie spürte deutlich, dass sie für ihn nicht mehr bedeuteten als die Einleitung, die eine Frau eben brauchte, um in Stimmung zu kommen, oder die unvermeidliche Rücksichtnahme, die man ihr schuldete, wenn man sie besessen hatte. Und das gab ihr ein hässliches Gefühl und machte sie unsicher. Selbst Gregor, so erfahren er in Liebesdingen war, konnte dieses leise Unbehagen in ihr nicht ersticken. Es war nicht seine Schuld, dass er ein Mann war, ebensowenig aber war es ihre Schuld, dass sie wie eine Frau empfand. Es war nur ein wenig störend und traurig und sie konnte nichts tun, als es hinnehmen, wie sie alles hinnahm, was von Gregor kam." (107/108)

Die Tapetentür ist der einzige Roman, in dem sich Marlen Haushofer reflektierend mit der gesellschaftlichen Situation von Frauen auseinandersetzt. Im Tagebuch schreibt die Hauptfigur Annette, dass es keine Partei gäbe, die die Interessen der Frauen vertritt, und dass die Gleichberechtigung nur auf dem Papier besteht. Annette sieht die Gefahr, dass Frauen in der Politik für Männerinteressen vereinnahmt werden, und entschliesst sich, aus der Einsicht heraus, dass sie als Frau der Gruppe der Machtlosen angehört, sich nicht zu unterwerfen, sondern in die "Résistance" (96) zu gehen. Gerade in der Ehe muss ihr dies jedoch misslingen, da in der Insitution Ehe die patriarchalische Dominanz des Mannes über die Frau gesellschaftlich legitimiert ist. Obwohl die Figur Annette die Funktionsmechanismen der patriarchalischen Gesellschaft durchschaut, lässt sie sich über die Ehe in ein direktes Abhängigkeitsverhältnis zu einem Mann einbinden. Um wirklich in der Résistance leben zu können, müsste sie dagegen Kontakte zu Gesinnungsgenossinnen aufnehmen und aufbauen.

Während die Frauen in Haushofers späteren Romanen immer wieder sehr genau das Herrschaftsverhalten von Männern und die Unterordnung von Frauen erkennen, während sie aus diesen zerstörerischen Beziehungen ausbrechen wollen und ihre Erwerbsarbeit als wichtigen Bezugspunkt ansehen, schaffen sie den Ausbruch zunehmend weniger. Wie weit Haushofer in der literarischen Darstellung der Entlarvung von Hetero-Realität vorgedrungen ist, wird deutlich, wenn man sich vergegenwärtigt, in welchem kulturellen Klima sie in den fünfziger Jahren schrieb. Johanna Moosdorf, die neun Jahre vor Haushofer geboren ist, erinnerte sich 1985 im Rückblick daran:

> "Das fing an nach '45, da wollte ich eine Geschichte bei Rowohlt herausbringen, und da galt ich so als Blaustrumpf. Es war ja so, dass nach den 20er Jahren die ganze Emanzipationsbewegung zerstört worden war, und eine Frau, die schreibt, und dann hat sie auch noch eigene Gedanken - das war ja fürchterlich!
>
> Es war eben unmöglich, eine handelnde Frau, eine Frau als Subjekt darzustellen. Man musste eine männliche Person nehmen. Die männlichen Hauptfiguren in "Nachtigallen schlagen im Schnee" und dann auch in "Flucht nach Afrika", das bin im Grunde ich selbst. Mit denen identifiziere ich mich. In beiden Büchern sind die Frauen passiv und die Männer aktiv, nicht, weil ich dachte, sie sind so, sondern weil es mir sonst nicht abgenommen worden wäre. Das habe ich nicht bewusst gemacht, das ist mir erst später aufgefallen beim Lesen."[27]

Offen bleiben Fragen zum Verhältnis von Biographie und Werk bei Marlene Haushofer, da entsprechende Informationen dazu nicht bekannt sind: Warum thematisierte Marlen Haushofer in ihren ersten beiden Romanen Freundschaften zwischen Mädchen oder jungen Frauen und greift dieses Thema später nicht mehr auf? Warum erscheint nur in ihrem ersten Roman eine lesbische Figur? Hat sich die Autorin in ihrem ersten Roman nochmals an eigene Erfahrungen in einer Frauengruppe (in der Klosterschule) erinnert und sich gleichzeitig davon verabschiedet? Ging es ihr um eine Auseinandersetzung mit einem möglichen anderen Lebensentwurf, zusammen mit Frauen? Spielt beim zunehmenden an den Rand Rücken von Frauenbeziehungen in ihren Romanen eine grössere Integration von Haushofer in den Literaturbetrieb eine Rolle? Oder spiegeln Marlen Haushofers literarische Darstellungen sehr direkt ihre reale Lebenssituation wieder, in der sie mit Mann und zwei Söhnen, Erwerbsarbeit und Schriftstellerei, immer mehr von andern Frauen getrennt lebte?

---

27 Regula Venske: *Schriftstellerin wider das Vergessen: Johanna Moosdorf.* In: Inge Stephan/Regula Venske/Sigrid Weigel: *Frauenliteratur ohne Tradition?* S.201

3. Sechziger Jahre

Gesellschaftliche Situation

In den sechziger Jahren wurde das gesellschaftliche Totschweigen lesbischer Frauen fortgeführt. Da keine gesellschaftlichen Räume vorhanden waren, in denen lesbische Frauen ihre Interessen artikulieren konnten, lebten sie entsprechend versteckt. Die Publikation einer Zeitschrift für lesbische Frauen ist mir ebenso wenig bekannt wie öffentliches Auftreten von Gruppen lesbischer Frauen. Ende der sechziger Jahre wurde in Zürich über die AbonnentInnenkartei der homosexuellen Zeitschrift *Der Kreis* - die Mitte der dreissiger Jahre von homosexuellen Frauen und Männern gegründet worden war, sich aber seit den vierziger Jahren fast ausschliesslich an Männer richtete[1] - und über Flugblätter eine Gruppe lesbischer Frauen gegründet[2]. Diese Gruppe lesbischer Frauen traf sich einmal in der Woche im *Conti-Club*, dem Club-Lokal der homosexuellen Männerorganisation SOH. Die Initiantin "Alexandra" korrespondierte auch mit einzelnen lesbischen Frauen in Bern, in der Bundesrepublik, in Österreich und mit der nordamerikanischen Lesbenorganisation *Daugthers of Bilitis*[3]. Innerhalb dieser Gruppe wurde miteinander geredet und wurden Beziehungen geknüpft, aber öffentlich meldete sich diese Gruppe lesbischer Frauen nicht zu Wort[4]. Höchst wahrscheinlich existierten auch

---

1 1932 unter dem Titel *Freundschaftsbanner* von Laura Thoma und August Bambula herausgebracht und 1936 umbenannt in *Menschenrecht*, 1940 in *Der Kreis*, der bis 1969 erschien.
Vgl. dazu: Ilse Kokula/Ulrike Böhmer: *Die Welt gehört uns doch!*

2 Ilse Kokula: *Die Schweiz. Die Lesbe. Die 60er Jahre. Eine Schweizerin im Gespräch mit Ilse Kokula.* In: *Blattgold*, Berlin/W., Juli 1988, S.29-31

3 Ersichtlich aus Briefen der Clubgründerin "Alexandra", im Besitz von Ilse Kokula, Berlin/W. Hinter dem Pseudonym Alexandra verbarg sich eine etwa 35-jährige Gymnasiallehrerin, die ausserhalb von Zürich lebte.

4 Dazu Alexandra im Rückblick:
"Ich habe immer darunter gelitten, dass überall die Menschen so unpolitisch waren. Es war halt ein Damenclub, in dem man sich traf und geschmust hat. Man hat in Grüppchen über den neuesten Klatsch diskutiert, aber nie über etwas Politisches. Damals habe ich schon geschrie-

in anderen Städten solche halböffentlichen Gruppen. Darüber ist jedoch nichts bekannt, weil die Situation lesbischer Frauen in den sechziger Jahren bisher nicht erforscht wurde[5]. Auch über die in den sechziger Jahren in den Grossstätten existierenden Lesbenlokale fehlen weitgehend Informationen[6].

Gesetzesreform

In der BRD entzündete sich eine Diskussion über männliche Homosexualität daran, dass deren Strafbarkeit im Strafgesetzbuch aufgehoben werden sollte. In diesem Zusammenhang erschien eine "Reihe von Sammelbänden mit Beiträgen von Sexualwissenschaftlern, Juristen und Theologen, die sich kritisch mit der sozialen und rechtlichen Diskriminierung der [männlichen, M.M.] Homosexualität"[7] auseinandersetzten. 1969 wurde eine Gesetzesänderung verabschiedet, die moralische Diskriminierung blieb jedoch aufrechterhalten[8]. Für lesbische Frauen - die in der BRD, der DDR und der Schweiz (im Gegensatz zu Österreich) vom Strafgesetzbuch nicht erfasst wurden - veränderte sich also nichts. Gesetzlich diskriminiert waren sie vor der Gesetzesreform nicht gewesen, öffentlich diskutiert wurde ihre soziale Lage von niemandem, und gesellschaftlich stigmatisiert blieben lesbische Frauen auch nach der Reform.

---

ben, dass wir einerseits den Kampf mit allen Frauen führen und andererseits den Kampf mit den schwulen Männern. Es kam dann die neue Frauenbewegung, die mich mehr interessierte als das Clubleben." vgl. Anm. 2, S.30

5 Die soziologischen und psychologischen Untersuchungen feministischer Wissenschaftlerinnen beziehen sich im deutschsprachigen Raum entweder auf die siebziger und achtziger Jahre (Ina Kuckuck, Ilse Kokula, *Formen lesbischer Subkultur*, Susanne Paczensky, Jutta Brauckmann, Brigitte Rheinberg/Edith Rossbach) oder auf die Zeit der Jahrhundertwende und der Weimarer Republik (Ilse Kokula, *Weibliche Homosexualität um 1900*, *Eldorado*, Hanna Hacker, *Frauen und Freundinnen*)

6 In Berlin/W. gab es seit 1947 in der Oranienburgerstrasse das Lokal *Max und Moritz*, das ein beliebter Treffpunkt lesbischer Frauen war. Zudem organisierte die eine der beiden Wirtinnen, Kati Reinhart, in der Wintersaison Bälle für die Damenwelt im Hotel Intercontinental.
Gudrun Schwarz, in: Adele Meyer: *Lila Nächte*, S.21

7 Joachim Campe: *Andere Lieben*, S.290

8 Ebenda, S.292

Gesellschaftliche Veränderungen

Ende der sechziger Jahre begann mit der Studentenbewegung ein gesellschaftlicher Aufbruch, der zunächst noch klar patriarchalisch geprägt war. Im Rückblick meinte die Feministin Reingard Jäckl, die sich in den sechziger Jahren als Studentin aktiv in linken Studentengruppierungen für antifaschistische Politik und internationale Zusammenarbeit eingesetzt hatte:

> "Was das Monopol der Heterosexualität betraf, lagen die Genossen mit der CDU auf einer Linie. Diese Struktur hat dann wirklich erst die Frauenbewegung aufgeknackt."[9]

Welche Auswirkungen zwei neue technische Errungenschaften, die Antibabypille und das Fernsehen, auf die Frauen - und insbesondere auf die lesbischen Frauen - hatten, ist bisher nicht untersucht worden. Es wäre danach zu fragen, ob die Kontrolle über die Fortpflanzung durch die Antibabypille den Zwang zur Heterosexualität wesentlich verstärkt hat und ob das visuelle Medium Fernsehen die Propagierung von männlichen Weiblichkeitsvorstellungen wesentlich bestärkt oder verändert hat.

In einem Aufklärungsbuch für Frauen wird 1970 bereits eine neue Strategie der heterosexuellen Vereinnahmung lesbischer Frauen sichtbar. Die Autorin Dr. Gisela Schmeer brachte den Fall einer 26-jährigen verheirateten Mutter, die sich nie für Männer interessiert hatte, eine junge Frau liebt, an ihrem Mann sexuell nicht interessiert und viel erregter ist, wenn sie ein "feinsinniges, erotisches gutes Buch" liest, "(auch über homoerotische oder gar homosexuelle Beziehungen)"[10]. In der Antwort forderte die Autorin diese Frau zunächst mit einer Reihe von Fragen dazu auf, sich Klarheit über die eigenen Gefühle und Wünsche zu verschaffen. Danach riet sie, dem Ehemann ihre Neigungen nicht zu verstecken und ihre Literatur zu lesen. Im Schlussatz wies sie dann wieder den Weg zur Heterosexualität und empfahl das Ausleben lesbischer Phantasien als Mittel zur Heilung ihrer Ehe.

---

9 Reingard Jäckl: *Eine kleine radikale Minderheit.* In: Baerbel Becker (Hg.): *Frauen in den 60er Jahren. Unbekannte Wesen.* Elefanten Press, Berlin/W. 1987, S.147

10 Dr. Gisela Schmeer: *Die Aufklärung und wir Frauen.* S.277/278

Entwicklungen in der Literatur

Die Veränderung der Literatur in den sechzigen Jahren wird mit den Stichworten "Politisierung der Literatur"[11] und "Wechselspiel von Fakten und Fiktion"[12] umschrieben. Das Interesse der Schriftsteller-Innen richtete sich auf die Auseinandersetzung mit der Wohlstandsgesellschaft der Gegenwart, wobei Kritik an den Defiziten der Demokratie geübt und das Versäumnis einer Neustrukturierung der Gesellschaft nach dem zweiten Weltkrieg aufgezeigt wurde[13].

Seit Ende der fünfziger Jahre strebten die Kulturpolitik der DDR und der BRD stark auseinander, was durch den Mauerbau 1961 zementiert wurde. In den sechziger Jahren ordnete sich die Literatur der DDR der neuen Staatlichkeit unter, und die Literatur leistete ihren Beitrag zur "Selbstinterpretation des Staates", die gegen Ende des Jahrzehnts zur "Selbstverklärung einer sozialistischen Menschengemeinschaft"[14] wurde. Bereits in den sechziger Jahren trat in der DDR eine Autorin, die nach dem Krieg zu schreiben begonnen hatte, mit zwei Romanen hervor: Christa Wolf. Mit *Nachdenken über Christa T.* (1968), in dem die Ich-Erzählerin über das Leben ihrer verstorbenen Freundin nachdenkt, formulierte sie "die Desillusionierung einer ganzen Generation"[15].

In der BRD bildeten sich einerseits Gruppen schreibender Arbeiter, die den Themenbereich Arbeitswelt ins Zentrum rückten, andererseits problematisierten Schriftsteller zunehmend den Erzählvorgang selbst im Zusammenhang mit der Reflexion der eigenen Identität. Weitgehend ausgegrenzt aus dem patriarchalischen Literaturmarkt und dementsprechend aus der Literaturgeschichtsschreibung blieben die Prosa-Texte von Schriftstellerinnen, die bisher auch von feministischen Literaturwissenschaftlerinnen nur wenig untersucht wurden[16]. Inge Stephan, Regula Venske und Sigrid Weigel bemerken

---

11 Deutsche Literaturgeschichte: *Von den Anfängen bis zur Gegenwart*, J.B.Metzler, Stuttgart 1984 (2.Auflage), S.529
12 *Geschichte der deutschen Literatur von 1945 bis zur Gegenwart*, S.115
13 Ebenda, S.45
14 Frank Trommler: *Auf dem Weg zu einer kleineren Literatur*, S.14
15 Ebenda, S.15
16 Zwei lobenswerte Ausnahmen:

dazu, dass die Generation der Schriftstellerinnen, die nach dem Krieg zu publizieren beginnt,

> "(...) einen eigentümlichen Ort im Dazwischen einnimmt: zwischen Tradition und Moderne, zwischen männlichem Literaturbetrieb und noch nicht existenter Frauenbewegung bzw. Frauenöffentlichkeit, zwischen mythischem, phantastischem und realistischem Schreiben."[17]

Ein Wandel in der Darstellung homosexueller Männer zeichnete sich in der Männerliteratur der sechziger Jahre ab. Sie wurden nicht mehr als Ausgeschlossene, sondern als Angehörige dieser Gesellschaft gesehen.

> "Natürlich war eine solche Haltung in den 60er Jahren keineswegs das gesellschaftlich Normale. Möglich war sie vorerst nur in einem Milieu, das in Fragen von Geschmack und Moral seit jeher eine Pionierfunktion gehabt hatte: in der intellektuellen Bohème."[18]

Als Beleg für diese Aussage verwendet Joachim Campe einen Romanausschnitt von Martin Walser. Schwule Autoren selbst, Hubert Fichte und Guido Bachmann, begannen bereits mit der Aufarbeitung der Tradition des männlichen Homosexuellenromans und der Reflexion von homosexueller Subkultur als Umkehrbild der heterosexuellen Hochkultur[19].

Darstellungen lesbischer Frauen

Obwohl lesbische Frauen in der Öffentlichkeit weiterhin totgeschwiegen wurden und obwohl Schriftstellerinnen im männerbeherrschten Literaturbetrieb ausgegrenzt blieben, kamen lesbische Frauen oder lesbische Wünsche heterosexueller Frauen in Erzählungen und Ro-

---

- Inge Stephan/Regula Venske/Sigrid Weigel porträtieren in *Frauenliteratur ohne Tradition?* neun Schriftstellerinnen, die auch in den fünfziger und sechziger Jahren publiziert hatten.
- Christa Gürtler hat in ihrer Dissertation *Schreiben Frauen anders?* (1983) eine erste Übersicht zu österreichischen Schriftstellerinnen seit 1945 skizziert (S.64-84)

Davor gab es bereits Untersuchungen zum Werk einzelner Autorinnen wie z.B. von Nelly Sachs, Luise Rinser, Marie Luise Kaschnitz

17 Stephan/Venske/Weigel: *Frauenliteratur ohne Tradition?* S.8

18 Joachim Campe: *Andere Lieben*, S.295

19 Ebenda, S.296

manen vor von vier jungen Autorinnen aus der BRD und aus Österreich:
- 1961: Ingeborg Bachmann (35 Jahre, Österreicherin), *Ein Schritt nach Gomorrha* (im Erzählband *Das dreissigste Jahr*)
- 1965: Nina Keller (28 Jahre, BRD), *Der Schritt* (Roman)
- 1965: Gabriele Wohmann (33 Jahre, BRD), *Eine grossartige Eroberung* (im Erzählband *Ein ganz gewöhnlicher Mann*)
- 1968: Barbara Frischmuth (27 Jahre, Österreicherin), *Die Klosterschule* (Erzählung)

Über den weiteren Verlauf von Nina Kellers Leben oder ihrer literarischen Tätigkeit war nichts zu erfahren, da der Kesselmeier-Verlag, der ihren Roman herausgebracht hatte, nicht mehr existiert. Die anderen drei Autorinnen publizierten in renommierten bundesdeutschen Verlagen: Ingeborg Bachmann bei Piper, Gabriele Wohmann bei Rowohlt und Barbara Frischmuth bei Suhrkamp. Alle drei Autorinnen zählten Ende der siebziger und in den achtziger Jahren zu den bekanntesten Autorinnen.

Die österreichischen Autorinnen Ingeborg Bachmann und Barbara Frischmuth liessen in ihren Texten die lesbischen Wünsche ihrer Protagonistinnen erfahrbar werden und steckten die Grenzen des gesellschaftlichen Tabus lesbischer Liebe ab. Erste Entwürfe lesbischer Beziehungen, die stark von den gängigen Vorurteilen geprägt sind, stammten dagegen von den bundesdeutschen Autorinnen Nina Keller und Gabriele Wohmann. Angesiedelt wurden diese Figuren am Rande der Gesellschaft im Milieu der Künstlerinnen (Nina Keller, Ingeborg Bachmann), der freiberuflich tätigen Ärztin/Gymnastiklehrerin (Gabriele Wohmann) und im männerfreien Raum der Klosterschule (Barbara Frischmuth); alles Orte, an denen bereits in den zwanziger und in den fünfziger Jahren lesbische Figuren aufgetaucht waren.

In der teilweise abwertenden Sprache, mit der die lesbischen Frauen in den Texten von Gabriele Wohmann und Nina Keller beschrieben werden, und in der zentralen Funktion, die Männern zugewiesen wird, kommt die extreme Tabuisierung und Stigmatisierung lesbischer Frauen zum Ausdruck. Die geschilderten gesellschaftlichen Verhältnisse werden nicht reflektiert.

Die Handlungsverläufe dieser vier Texte zeigen die Zerstörung lesbischer Beziehungen und lesbischen Begehrens (Ingeborg Bachmann, Barbara Frischmuth) und die Rückkehr oder Zuwendung zum Mann (Nina Keller, Gabriele Wohmann). Die Frauenbeziehungen stecken in den Rollenmustern Mutter-Tochter (Ingeborg Bachmann, Nina Keller) und in der Hetero-Beziehung (Gabriele Wohmann) fest. Auf der Handlungsebene werden keine Perspektiven für Lebensmöglichkeiten lesbischer Frauen entworfen, aber das Aufzeigen dieser Zerstörungen bedeutet einen ersten Schritt in diese Richtung.

Vielschichtige Liebesbeziehungen zwischen Frauen, die ökonomisch und sexuell nicht auf einen Ehemann/ Liebhaber angewiesen sind, waren bereits in der Literatur der Weimarer Republik zur Sprache gebracht worden. Obwohl in der westeuropäischen Wohlstandsgesellschaft der sechziger Jahre die materiellen Grundlagen für Lebensmöglichkeiten von Frauen ohne Männer vorhanden gewesen wären, band die Ideologie des "Weiblichkeitswahns" die Frauen wirksam in die Familie ein.

In Ingeborg Bachmanns Erzählung *Ein Schritt nach Gomorrha* wird das Angebot einer lesbischen Beziehung für die Protagonistin zum Ausgangspunkt der Reflexion ihrer Ehe und zur Imagination der Utopie einer anderen Liebe, die in Richtung einer möglichen lesbische Liebe rezipiert werden kann. Im Unterschied zur bundesdeutschen feministischen Rezeption von Ingeborg Bachmann beabsichtige ich, einen andern, lesbischen Blick auf ihre Erzählung zu werfen.

Weil über lesbische Frauen in der Literatur der sechziger Jahre bisher nichts bekannt ist, fasse ich die Texte von Gabriele Wohmann, Nina Keller und Barbara Frischmuth zusammen, um damit den literarischen Kontext anzudeuten, in dem Ingeborg Bachmann ihre Erzählung publizierte.

Zu Gabriele Wohmann, Eine grossartige Eroberung (1965)

Die 33-jährige Gabriele Wohmann schildert in der Erzählung *Eine grossartige Eroberung* die Liebesbeziehung der Ärztin Pullmann und der Gymnastiklehrerin Mathilde. Beide Frauen werden als "emanzipiert" bezeichnet, trotz ihrer Gegensätzlichkeit in der körperlichen Ausstrahlung und im seelischen Empfinden. Pullmanns Körper wird als "weiblich" und ihre Seele als "männlich" beschrieben, Mathildes Charakterisierung verläuft umgekehrt. Ihre Liebesbeziehung ist geprägt von einem weiblich-männlichen Rollenverhalten, das auf ihrer unterschiedlichen seelischen Disposition beruht. Diese Heterosexualisierung der Beziehung wird durch die asymmetrische Namensgebung (der Nachname Pullmann für die "männliche", der Vorname Mathilde für die "weibliche" Frau) unterstrichen.

Erstaunlich ist einerseits die Selbstverständlichkeit, mit der geschildert wird, wie die beiden Frauen eine gemeinsame Existenz aufbauen, andererseits wird aber auch eine Klischeevorstellung über lesbische Frauen reproduziert, in dem die Frauen als auf den Mann fixiert gezeigt werden. Mathilde lässt sich z.B. nur auf eine Frauenbeziehung ein, weil sie körperlich nicht dem männlichen Weiblichkeitsideal entspricht und sie deshalb bei Männern "keinen Erfolg" (41)[20] hat. Und kaum haben die Frauen ihre gemeinsame Praxis aufgebaut, so holen sie sich einen Mann, ein "Exemplar jener Gattung, deren Angehörige fern und unerreichbar, ganz und gar tabu waren" (46), zur Zusammenarbeit und gemeinsamen Abendunterhaltung. Als sich schliesslich ein Mann Mathilde auf der Ferienreise aufdrängt, schicken ihn die Frauen nicht gemeinsam weg, sondern Pullmann schläft am Ende mit ihm, während Mathilde Eis isst und Schmerz empfindet, weil sie in diesem Moment Pullmanns Schutz verliert oder empfängt.

Zu Nina Keller, Der Schritt (1965)

Der Roman *Der Schritt* der 28-jährigen Nina Keller ist in die drei Teile *Heute*, *Gestern* und *Nachspiel* gegliedert. Im ersten Kapitel steht die 35-jährige ledige Maria, in den andern beiden die 25-jährige verheiratete Kunstmalerin Iris im Zentrum. Maria lernt Iris bei ihrer Vernissage kennen, lässt sich von Iris verführen/erlösen und überwindet ihre eigenen Ängste. Maria und Iris beginnen eine heftige sinnliche Beziehung. Die sexuelle Begegnung mit Iris erlebt Maria als lustvolle Begegnung mit sich selbst, als Wiedererkennen und als zwillingshafte Verdoppelung ihrer selbst in Iris (30). Iris ihrerseits braucht Marias Wärme (32) und empfindet ihre Sexualität mit Maria als Rache an ihrer Mutter, als Überwindung ihrer Mutter in Maria (220).

20 Zitiert nach der Rowohlt-Taschenbuchausgabe

Über Marias Leben und Arbeit wird fast nichts mitgeteilt. Geld ist vorhanden, woher es kommt, bleibt unbekannt. Iris hat den älteren reichen Ex-Ehemann ihrer Mutter geheiratet. Sie malt und gehört einer Clique von Künstlerinnen und Künstlern an.

In diesem Roman von Nina Keller wimmelt es von gesellschaftlichen Klischeevorstellungen über lesbische Frauen:

- Die Szenerie ist im Kunstmilieu angesiedelt und verbunden mit Drogengenuss und lockeren sexuellen Beziehungen.
- Die Dominanz des Mannes ist allgegenwärtig: Verschiedenartige Männer tauchen auf und verführen Iris oder werden von ihr verführt. Kaum werden die beiden Frauen einmal allein gezeigt, schon schiebt sich eine Männerfigur dazwischen, oder die Frauen werden durch die Augen eines Mannes präsentiert. Obwohl die Frauenbeziehung sich über die gesamte Handlung erstreckt, nehmen die Beziehungen von Frauen zu Männern weitaus mehr Raum ein und werden farbiger ausgemalt. Selbst während einer Lesung von Sappho-Gedichten, an der viele lesbische Frauen anwesend sind, die als "Knabenmädchen" (119) bezeichnet werden, wird Iris durch die plumpe Annäherung eines Mannes erregt. Und schliesslich endet der Roman damit, dass Maria sich von Iris trennt - weil sie einen Mann kennengelernt hat.

Zu Barbara Frischmuth, Die Klosterschule (1968)

Barbara Frischmuths erstes Buch, *Die Klosterschule* erschien 1968[21]. Die 27-jährige Autorin schilderte darin die Erziehung von Mädchen zur Weiblichkeit in der Frauengemeinschaft der Klosterschule, die den patriarchalen Werten und Gesetzen unterworfen und auf sie ausgerichtet ist. Die Schülerinnen umwerben sich gegenseitig mit "offenen und versteckten Liebenswürdigkeiten" (79). Begrenzt werden diese Liebschaften durch die drohenden Sanktionen der Schwestern (17) und durch das "Klassengericht" (82) der Mitschülerinnen, die somit die Kontrollfunktion von Agentinnen des Patriarchats übernehmen. Nicht nur lesbische Sexualität, sondern der gesamte Bereich der Sexualität ist in dieser Klosterschule tabuisiert. Dazu die Literaturwissenschaftlerin Sigrid Schmid-Bortenschläger:

---

21 Erstausgabe bei Suhrkamp, wiederaufgelegt bei Rowohlt, zuletzt in der Reihe *Neue Frau* im Rororo-Taschenbuch. Zitiert nach dieser Ausgabe.

> "Die Tabuisierung der Sexualität, das Verschweigen und die Verbote, die dieses Schweigen durchbrechen muss, geben ihr die Aura des Höchsten, des Heiligen, das ja ebenfalls mit dem Tabu besetzt ist; das Verbot ruft aber Widerstand und Angst, und damit tendenziell Unterwerfung hervor."[22]

Ausdruck davon ist der verzweifelte Versuch der Freundinnen, einander sexuell zu begegnen, indem sie gegenseitiges Küssen als sportlichen Wettkampf inszenieren, bei dem eine weitere Freundin die Zeitdauer misst und die neuen Rekorde registriert. Das Schweigen versuchen sie zu brechen mit dem gegenseitigen Erzählen jener "gewissen Stellen" (73) aus dem Alten Testament, in denen verbotene Formen der Sexualität beschrieben werden: Lesbische Beziehungen, schwule Beziehungen, Sodomie und Inzest. Geschildert werden in dieser Erzählung lesbische Wünsche, die zwar durch erotische Anziehung geweckt werden, aber vor allem durch die Abwesenheit von Männern bestimmt sind. Taucht jedoch von Ferne ein Ministrant auf, wird er sogleich mit einem Liebesbrief bedacht.

22 Sigrid Schmid-Bortenschläger: *Der analytische Blick.* In: Carine Kleiber/ Erika Tunner (Hg.): *Frauenliteratur in Österreich von 1945 bis heute.* Bern/Frankfurt/New York, 1986, S.19

3.2. Grenzen durch das Tabu

Ingeborg Bachmann: *Ein Schritt nach Gomorrha*

> "Die Institution Heterosexualität hat ausserdem die erotischen Gefühle zwischen Frauen in Schweigen erstickt."
> Adrienne Rich[1]

In ihrem dreissigsten Lebensjahr schrieb Ingeborg Bachmann 1956/7 die Erzählung *Ein Schritt nach Gomorrha*, in der die mögliche Liebesbeziehung zweier Frauen thematisiert wird. 1961 wurde sie in Bachmanns erstem Erzählband *Das dreissigste Jahr* neben sechs weiteren Erzählungen publiziert, von denen nur in einer eine Frau im Zentrum steht. In *Undine geht* spricht aus der Sicht des menschlich-tierischen Fabelwesens Undine ein weibliches Ich. In diesen beiden Erzählungen wird sowohl männliche Liebesunfähigkeit, wie auch der nicht vollzogene weibliche Aufbruch thematisiert. Von den übrigen fünf Erzählungen, in denen Männer im Zentrum stehen, berichten drei aus der Sicht eines männlichen Ich.

Feministische Rezeption

Im Gegensatz zu den übrigen hier vorgestellten Schriftstellerinnen gibt es mittlerweile zu Ingeborg Bachmanns Werk eine umfangreiche Sekundärliteratur. Die männliche Rezeption um 1970 herum wurde von Karen Achberger zusammengefasst als Darstellung der Gefahr des "Lesbiertums" und als "Darstellung buchstäblicher lesbischer Verführung"[2]. Ende der siebziger Jahre haben feministische Literaturwis-

---

1 Adrienne Rich: *Frauen und Ehre - Einige Gedanken über das Lügen.* In: A.Lorde/A.Rich: *Macht und Sinnlichkeit*, S.179

2 Karen Achberger: *Bachmann und die Bibel, "Ein Schritt nach Gomorrha" als weibliche Schöpfungsgeschichte.* In: Hans Höller (Hg.): *Der dunkle Schatten, dem ich schon seit Anfang folge. Ingeborg Bachmann - Vorschläge zu einer neuen Lektüre des Werks*, Wien/München 1982, S.179

senschaftlerinnen mit einer Re-Vision[3] der Texte Ingeborg Bachmanns begonnen, auch *Ein Schritt nach Gomorrha* ist mehrfach interpretiert worden, erstmals 1979 in den USA von Ritta J. Hoersley[4]. Hoersley analysierte Ingeborg Bachmanns Kritik an der Institution Heterosexualität und zeigte auf, dass die Protagonistin Charlotte ihre aus der eigenen Erfahrung heraus entwickelte Kritik an der weiblichen Rolle nicht auf die gesellschaftliche Situation von Frauen übertragen kann. Deshalb könne auch das lesbische Thema dieser Erzählung nicht in einer befreienden Weise behandelt werden. Obwohl in dieser Erzählung eine kritische Perspektive in bezug auf die weibliche Rolle in heterosexuellen Beziehungen entwickelt werde, stehe die gezeigte Beziehung zwischen den beiden Frauen im Gegensatz zu einer auf Gleichheit und Liebe beruhenden Beziehung zwischen Frauen[5].

Karen Achberger interpretierte 1982 die Erzählung als "weibliche Schöpfungsgeschichte" und als "bewussten Gegenentwurf zur patriarchalischen Tradition des Juden- und Christentums"[6]. Besonders aufschlussreich sind Achbergers Ausführungen zu Bachmanns Bezug auf biblische Geschichten, vor allem zum *Buch Ruth* und zur *Schöpfungsgeschichte*. Zu kurz gegriffen scheint mir dagegen ihre Aussage, dass es in dieser Erzählung nicht um die Entscheidung gehe "zwischen Hetero- und Homosexualität, sondern zwischen Unterwerfung und Autonomie, zwischen Anders-Sein und Primat"[7]. Die Ehe als legalisierte Form der Heterosexualität und die Unterwerfung der Frau sind miteinander verknüpft und können nicht als Gegensatz betrachtet werden.

---

3 Der Begriff "Re-Vision" wurde von nordamerikanischen Feministinnen geprägt und von Adrienne Rich wie folgt definiert:
"Re-Vision - der Akt des Zurückschauens, eines Schauens mit neuen Augen, das Angehen eines Textes aus einer neuen kritischen Sichtweise - ist den Frauen mehr als nur ein Kapitel Kulturgeschichte: es ist ein Akt des Überlebens."
In: Adrienne Rich: *Wenn wir Toten erwachen*. S.35

4 Ritta J. Hoersley: *Ingeborg Bachmann's "Ein Schritt nach Gomorrha"; A feminist appreciation and critique*. In: Marianne Burkhard (Hg.): *Gestaltet und Gestaltend. Frauen in der Deutschen Literatur.* Amsterdamer Beiträge zur neueren Germanistik, Band 10, 1980, S.277-293, v.a. S.291

5 Ebenda

6 Karin Achberger: *Bachmann und die Bibel*, S.97

7 Ebenda, S.105

Caren Diesselkamp hat in einer unveröffentlichten Semesterabeit *Das Bild der lesbischen Beziehung* untersucht und aufgezeigt, dass Charlotte in ihrer Phantasie nicht über eine gedankliche Übertragung des heterosexuellen Mann-Frau-Machtverhältnisses auf eine Frauenbeziehung hinauskomme, in dem sie selber die männlich-dominierende Rolle übernehmen würde[8]. Sally Tubach, Ricarda Schmidt und Christa Gürtler[9] verwiesen auf ähnliche Metaphern und Motive bei Ingeborg Bachmann und Verena Stefan. Die österreichische Literaturwissenschaftlerin Christa Gürtler interpretierte diese Erzählung als "Versuch einer Frauenbeziehung"[10] und schätzte sie folgendermassen ein:

> "Ingeborg Bachmann (...) zeigt auf, dass die Beziehung zu dieser Frau nicht notwendigerweise einen Bruch mit den Mechanismen von Dominanz und Unterwerfung bedeutet. In Charlottes Utopie nimmt sie Überlegungen vorweg, die erst viel später von der Frauenbewegung formuliert wurden."[11]

Sigrid Weigel wies auf die zentrale Stellung dieser Erzählung in bezug auf "die Konstituierung einer weiblichen Erzählperspektive" hin[12]. Ihre Aussage, dass in dieser Erzählung bereits "jene Idee verworfen" werde, "die eine gleichgeschlechtliche Konstellation als programmatische Alternative versteht"[13], ist jedoch ahistorisch und verkennt die Bedeutung der erstmaligen Thematisierung einer möglichen lesbischen Beziehung durch Ingeborg Bachmann. Ende der fünfziger Jahre, als Ingeborg Bachmann diese Erzählung schrieb, war das Thema

---

8 Caren Diesselkamp: *Das Bild der lesbischen Beziehung in Ingeborg Bachmanns Erzählung "Ein Schritt nach Gomorrha"*, Münster, 1986/87 (Masch.schr., Standort: Schwarze Witwe, Autonome Frauenforschungsstelle, Achtermannstr.10-12, Münster)

9 - Sally Tubach: *Female homoerotism in german literature*, S.417-464
- Ricarda Schmidt: *Westdeutsche Frauenliteratur der 70er Jahre*, S.120-136
- Christa Gürtler: *Schreiben Frauen anders?* S.266-287

10 Christa Gürtler, a.a.O., S.266

11 Ebenda, S.287

12 Sigrid Weigel: "*Ein Ende mit der Schrift. Ein anderer Anfang*". *Zur Entwicklung von Ingeborg Bachmanns Schreibweise.* In: *Ingeborg Bachmann, Sonderband Text und Kritik*, Redaktion: Sigrid Weigel, München, 1984, S.74

13 Sigrid Weigel: *Die Stimme der Medusa*, S.227

der lesbischen Liebe noch vollständig tabuisiert, sowohl im gesellschaftlichen wie auch im literarischen Diskurs. Ingeborg Bachmann berührte mit dieser Erzählung dieses Tabu. Die "Idee" zu einer "gleichgeschlechtlichen Konstellation als programmatische Alternative" existierte zu dieser Zeit nicht, konnte also auch nicht verworfen werden.

Autorin

Ingeborg Bachmann wurde am 25. Juni 1926 in Klagenfurt (Österreich) als ältestes Kind eines Lehrers und dessen Ehefrau geboren. Sie hatte eine Schwester und einen Bruder. Nach dem Abitur in Klagenfurt studierte Bachmann von 1945-1950 in Innsbruck, Graz und Wien Rechtswissenschaft, Philosophie, Psychologie und Germanistik und promovierte in Philosophie. Seit 1946 veröffentlichte sie Erzählungen und Gedichte in österreichischen Zeitungen und Zeitschriften und arbeitete von 1951 bis 1953 als Rundfunkredakteurin in Wien, seit 1953 als freie Schriftstellerin, vorwiegend in Italien. Weitere Arbeitsorte waren: 1955 Vortragsreisende durch amerikanische Universitäten, 1957/8 Dramaturgin beim Bayrischen Fernsehen in München, 1959 Gastdozentin an der Universität Frankfurt, 1958 bis 1962 freie Schriftstellerin in Rom und Zürich, 1963/4 Stipendiatin der Ford-Foundation in Berlin/W. Ingeborg Bachmann starb 1973 an den Verletzungen eines Brandunfalls in ihrer Wohnung in Rom.

1978 erschien die Gesamtausgabe ihrer Werke[14]. Für ihre Literatur wurde sie mit wichtigen Preisen[15] ausgezeichnet. Bereits mit 27 Jahren war sie freie Schriftstellerin im kapitalistischen Literaturmarkt geworden. Ingeborg Bachmanns Bücher wurden von der Literaturkritik breit rezipiert[16], seit den achtziger Jahren auch sehr intensiv von feministischen Literaturwissenschaftlerinnen diskutiert. Die Freundschaften und Liebesbeziehungen von Ingeborg Bachmann

---

14 Otto Bareiss: *Vita Ingeborg Bachmann*. In: Text und Kritik, Sonderband *Ingeborg Bachmann*, S.180-185

15 Bremer Literaturpreis, Büchnerpreis, Grosser österreichischer Staatspreis

16 Vgl. dazu: Constanze Hotz: *"Die Bachmann". Das Image der Dichterin: Ingeborg Bachmann im journalistischen Diskurs*. Ekkehard Faude, Konstanz 1990

zu berühmten Männern sind durch Filme und Sekundärliteratur bekannt, während ihre Freundschaften zu Frauen nicht erwähnt werden

Interpretation von *Ein Schritt nach Gomorrha*

Literarhistorische Einordnung

Ingeborg Bachmann hat mit *Ein Schritt nach Gomorrha* 1961 die erste deutschsprachige Erzählung nach 1945 publiziert, in der eine lesbische Beziehung als mögliche Alternative zur Ehe zum Thema wird. Zehn Jahre später stellte die Neue Frauenbewegung die Institutionen Ehe, Mutterschaft und Heterosexualität radikal in Frage und versuchte andere Lebensmodelle zu entwerfen. Ein Blick auf die beiden Texte von Gabriele Wohmann und Nina Keller, die beide 1965, also vier Jahre nach Bachmann, erschienen, hat gezeigt, wie andere zeitgenössische Autorinnen lesbische Frauen zur Sprache brachten und welche Klischeevorstellungen über lesbische Frauen sie dabei übernahmen. Im Unterschied zu Wohmann, Keller und Barbara Frischmuth stellte Bachmann anfangs der sechziger Jahre mit Mara eine lesbische Figur dar, die sich für eine Frau entscheidet und auf sie zugeht, weil sie sich in sie verliebt hat, und nicht deswegen, weil sie bei Männern wenig Chancen oder keinen Kontakt zu ihnen hat. Mara entspricht somit nicht den herrschenden Klischeevorstellungen. Sie ist jünger als Charlotte und versucht in einer Mischung aus aktiver Aufforderung und schüchtern-passiver Annäherung, Charlotte für sich zu gewinnen. Im Unterschied zur heterosexuellen Hauptfigur Charlotte, die sehr differenziert gestaltet ist, wird die lesbische Nebenfigur Mara als Person wenig fassbar und dient stattdessen als Projektionsfläche für Charlottes Phantasien.

In meiner Interpretation frage ich danach, wie Ingeborg Bachmann lesbische Wünsche, die Abwehr derselben und die gesellschaftlichen Grenzen des Tabus lesbischer Liebe in ihrer Erzählung *Ein Schritt nach Gomorrha* darstellt. Im anschliessenden Vergleich mit Marlen Haushofers Roman weise ich auf die Verwendung ähnlicher Metaphern und Motive hin und zeige Veränderungen von den fünfziger zu den sechziger Jahren in der Gestaltung der lesbischen Figuren auf.

Inhalt

Ein Schritt nach Gomorrha thematisiert die Begegnung der erfolgreichen, verheirateten, kinderlosen Konzertpianistin Charlotte mit der jungen Frau Mara, die vermutlich auch Musikerin ist[17]. Die erzählte Zeit umfasst wenige Stunden, vom Ende eines Festes nach Mitternacht bis zum Einschlafen in der Morgendämmerung, die Zwischenzeit zwischen Nacht und Tag. Die Handlung spielt an folgenden Orten: In der Wohnung des Ehepaars Charlotte und Franz, auf dem Weg zur Bar, im Innern der Bar und wiederum in der Wohnung. Die Besucherin Mara veranlasst den Aufbruch in die Bar, die Gastgeberin Charlotte die Rückkehr in ihre Wohnung. Im Verlauf der Handlung wird deutlich, dass die jüngere Mara um eine lesbische Liebesbeziehung mit der älteren Charlotte wirbt, zuerst mit Berührungen, dann mit Blicken und Tanzen und schliesslich auch mit Worten. Charlotte reagiert widersprüchlich, sowohl mit Ablehnung wie auch mit Faszination, mit Aufbruchphantasien und mit Angst, Verwirrung und Rückzug. Angeregt durch diese neue Art der Begegnung mit einer Frau reflektiert Charlotte ihre Erfahrungen in der Liebe zu Männern und die verstümmelte Form von Liebe in ihrer Ehe und darüber hinaus der Ehe als gesellschaftlicher Norm. Charlottes Gedanken kreisen einerseits um ihre Ehe[18], andererseits versucht sie sich vorzustellen, wie eine Beziehung von ihr zu Mara, also eine Liebesbeziehung zwischen zwei Frauen, aussehen könnte.

Die Erzählung endet damit, dass beide Frauen merken, dass sie den Zeitpunkt für den Beginn einer Liebesbeziehung verpasst haben. Das Schlussbild zeigt sie schlafend nebeneinander auf dem Bett: Sie tragen weisse Unterröcke, während Maras roter Rock vor dem Bett liegt. Die Farbmetaphorik[19] hat von rot, als Signal für Leben, Liebe und Kampf, zu weiss, für Keuschheit und Tod gewechselt. Der Freiraum der Nacht wird durch die Konventionen des Tages begrenzt. Charlotte hat vor dem Einschlafen ihren Wunsch nach einem Weggehen aus der Ehe und nach einer möglichen Frauenbeziehung abgetö-

---

17 "Ich bin begabt, sagen sie, dein Mann sagt es auch. Aber das ist mir gleichgültig. Sie haben mir dieses Stipendium gegeben." (209)

18 Diese Kritik an der Ehe ist von Ritta J. Hoersley umfassend analysiert worden.

19 vgl. dazu Karen Achberger und Caren Diesselkamp

tet und stattdessen den Wecker gestellt, um rechtzeitig zu Franzens Rückkehr zu erwachen.

Sprachlosigkeit

Kennzeichnend für die Protagonistin Charlotte ist, dass sie in ihrem Verhältnis zu Mara von Sprachlosigkeit überwältigt wird. Diese Sprachlosigkeit ist ein Leitmotiv der Erzählung und wird von Karen Achberger interpretiert als:

> "Das Schweigen und die Sprachlosigkeit der Frau, ihre Nicht-Existenz und Unfähigkeit, zu eigenem echten Dasein zu kommen und das weibliche Sein in den Grenzen der Sprache zu artikulieren (...)."[20]

Über diese allgemein weibliche Sprachlosigkeit hinaus geht es meiner Meinung nach um die spezifische Sprachlosigkeit lesbischen Begehrens. Noch in den achtziger Jahren haben die beiden Soziologinnen Brigitte Rheinberg und Edith Rossbach das Totschweigen von Lesben als grundlegendste und verbreitetste Form der gesellschaftlichen Diskriminierung von Lesben in der BRD eingestuft[21]. Lesbische Frauen haben immer wieder versucht, diese Sprachlosigkeit zu durchbrechen und sich mit Sprache über ihre Liebe zu andern Frauen zu verständigen. In der Hochblüte der ersten Frauenbewegung um die Jahrhundertwende und in der lesbischen Subkultur der Weimarer Republik haben feministische und lesbische Frauen eigene sub- und gegenkulturelle Symbole und Codes entwickelt, mit denen sie sich über ihre lesbische Wirklichkeit verständigten[22]. Die häufige Verwendung des Namens "Mara" in literarischen Texten mit lesbischen Figuren deutet auf eine lesbische Namenstradition hin, die "an

---

20 Karen Achberger: *Bachmann und die Bibel*, S.106

21 Brigitte Rheinberg/Edith Rossbach: *Stichprobe Lesben*, S.8

22 Für die Jahrhundertwende hat Hanna Hacker Chiffren des Eigensinns, Farbencodes, Blumensprache und Körpersprache analysiert und auf weitere lesbische Codes hingewiesen. (Hanna Hacker: *Frauen und Freundinnen*, S.187-211)
Für die Weimarer Republik hat Doris Claus lesbische Codes in literarischen Texten der Zeitschrift *Die Freundin* analysiert. (Doris Claus: *Selbstverständlich lesbisch in der Zeit der Weimarer Republik*, S.94-107, und: *Wenn die Freundin ihrer Freundin lila Veilchen schenkt*, in: Irmgard Roebling (Hg.): *Lulu, Lilith, Mona Lisa... Frauenbild der Jahrhundertwende*. Centaurus, Pfaffenweiler 1989, S.19-31)

die 'grosse' biblische Liebesbotschaft von Frau zu Frau" erinnert[23] und an die auch Ingeborg Bachmann durch die Wahl des Namens und durch die biblischen Motive verweist.

Mit der Wahl der personalen Erzählsituation, die Charlottes Sicht ins Zentrum stellt, und durch die Verwendung vieler innerer Monologe, entscheidet sich Bachmann für die Sicht der verheirateten Frau, die der gesellschaftlichen Normalität bis zur Begegnung mit Mara entsprochen hat und für die deshalb das gesellschaftliche Verschweigen von lesbischen Frauen selbstverständlich war. Die Gedanken und Gefühle der lesbischen Mara werden dagegen nicht mitgeteilt. Aus den kurzen Dialogen wird einzig Maras vergeblicher Versuch deutlich, mit Charlotte über ihre Liebe zu reden. Die Autorin weist der heterosexuellen Frau damit die (männliche) Subjektposition zu und der lesbischen Frau die Rolle als (weibliches) Objekt. Zwar wird Mara als diejenige dargestellt, die versucht, über Berührungen und Worte mit Charlotte zu kommunizieren, wobei jedoch Charlotte diese Kommunikation durch Blicke und Sprache kontrolliert. Die Ahnung von einer lesbischen Liebesmöglichkeit wird durch Berührung evoziert, mit der eine Möglichkeit zum Austausch existiert, während dafür noch keine Sprache zur Verfügung steht.

Mara spielte kurz mit den Händen der Männer am selben Tisch, wandte ihnen plötzlich den Rücken zu

> "(...) und tauchte heimkehrend, mit ihren Händen unter Charlottes Hände, die weiss und kalt nebeneinander auf dem Tisch lagen. (...)
>
> Charlotte schloss die Augen. Sie spürte den Druck von Maras harten Fingern und erwiderte ihn, ohne zu wissen warum und ohne es zu wünschen. Ja, so war das. Das war es. Sie kam langsam wieder zu sich, hielt die Augen unverwandt vor sich nieder auf die Tischplatte und rührte sich nicht. Sie wollte sich nie mehr rühren. Es konnte ihr jetzt gleich sein, ob sie gingen oder blieben, ob sie bis zum Morgen ausgeschlafen sein würde oder nicht, ob diese Musik weiterging, jemand sie ansprach, jemand sie erkannte... ." (192)

Sobald jedoch Mara Charlotte mit Worten anspricht, wehrt diese ab und will aufbrechen. Die nonverbale Kommunikation, die über Gesten von Mara und Blicke von Charlotte läuft, löst in Charlotte den Wunsch aus, in dieser Art des Austausches zu verharren. Die explizite Benennung würde diese lesbischen Gefühle jedoch in einer bewuss-

23 Hanna Hacker: *Frauen und Freundinnen*, S.211

ten Weise existent machen, was Charlotte fürchtet. Während Charlotte sich später fragt, wie die Wahrheit über sich und Mara heissen müsste und über eine lesbische Beziehung zu Mara in Gedanken ausführlich philosophiert (201-206), kommt in dieser Szene die Sprachlosigkeit lesbischen Begehrens unmittelbar zum Ausdruck. Verstärkt wird diese Sprachlosigkeit durch Charlottes Abwehr, als Mara ihr, nach ihrer Rückkehr in die Wohnung, um den Hals fällt:

> "Das ist Wahnsinn, du bist wahnsinnig, sagte Charlotte, wie ist das nur möglich ...?" (193)

Die verbale Abgrenzung wird nochmals fast wörtlich wiederholt, als Mara ihren Kopf in Charlottes Schoss gelegt hat:

> "Das war Wahnsinn. Noch nie hatte sie ..." (193)

Charlotte, die später sprachphilosophische Überlegungen anstellt, ist unfähig, die Möglichkeit einer lesbischen Beziehung in Worte zu fassen. Mit dieser Kontrastierung von Sprachmächtigkeit und Sprachlosigkeit der Protagonistin widerspiegelt Ingeborg Bachmann die gesellschaftliche Tabuisierung der Liebe zwischen Frauen. An einer anderen Stelle reflektiert die Protagonistin dazu:

> "(Gewiss will sie [Mara, M.M.] die Wahrheit gar nicht wissen, und dann ist's auch die Frage, wie diese Wahrheit heissen müsste über uns beide. Dafür sind noch keine Worte da.)" (198/199)

Verdeutlicht wird diese Sprachlosigkeit durch Charlottes dreimalige Wiederholung des Demonstrativpronomens "das", und der Worte "Wahnsinn, wahnsinnig" und durch ihr zweimaliges Abbrechen mitten im Satz. Schon in der Barszene hatte Charlotte, die für ihre Gefühle lediglich die unbestimmten Worte "das" und "es" in ihren Gedanken gefunden:

> "Ja so war das. Das war es." (192)

Mit Sprache können sich Charlotte und Mara nicht verständigen, weil durch das gesellschaftliche Tabu der lesbischen Beziehung keine Worte dafür vorhanden sind und weil Charlotte das Gespräch verweigert. In dieser Darstellung kommt auch die Ambivalenz der Autorin zum Ausdruck, die lesbische Wünsche zur Sprache bringt, aber gleichzeitig durch die Handlung der Protagonistin klar eingrenzt. Mara versucht, Charlottes Liebe mit verschiedenen Vorwürfen zu erzwingen, auch als sie ihr zum ersten Mal ein Kosewort sagt: "Ach Liebes, liebes Schönes, und du lügst mich nur ein bisschen an, nicht wahr?" (195) Mara will ihre Liebe zu Charlotte mitteilen und auch von Charlotte Liebesworte hören. Charlotte dagegen weigert sich sehr lange, ein Gespräch zu führen, und phantasiert stattdessen ihre Beziehung zu Mara im Kopf, ohne Mara daran teilhaben zu lassen.

Blicke, Gesten

Die Beziehung zwischen Charlotte und Mara entwickelt sich nicht über sprachliche Auseinandersetzung, sondern auf der Ebene nonverbaler Körpersprache. Mara initiiert über Gesten eine Annäherung, während Charlotte mit Blicken kontrolliert. Maras Berührungen lösen bei Charlotte widersprüchliche Gefühle aus; Lust auf Berührung und Entdecken und zugleich ängstliche Abwehr, Wunsch nach Verstehen und Gemeinsamkeit und zugleich Angst vor Abhängigkeit. Sowohl Charlottes Reflexionen über ihre Erfahrungen mit Männern wie ihre utopischen Gedanken zu einer von Geschlechtsrollen befreiten Gesellschaft folgen meist auf eine Berührung von Mara oder auf Charlottes Blick auf Mara. Auch Charlottes Phantasien zu einer Liebesbeziehung mit Mara werden durch Berührungen und Blicke ausgelöst. Berührt wird damit auch das gesellschaftliche Tabu lesbischer Liebe, dessen Grenzen durch Gesten und Blick sichtbar gemacht werden. Als die beiden Frauen die rot ausgekleidete Bar betreten, hat Charlotte

> "(...) das Gefühl, in einen Höllenraum gelangt zu sein, gebrannt und leiden gemacht zu werden von ihr unbekannten Torturen. Die Musik, der Stimmenlärm folterten sie, denn sie hatte sich unerlaubt aus ihrer Welt entfernt und fürchtete, entdeckt und gesehen zu werden von jemand, der sie kannte." (190)

In den Blicken anderer fürchtet sie die soziale Kontrolle durch Bekannte, von denen sie bei ihrer Grenzüberschreitung über gesellschaftliche Konventionen hinweg ertappt zu werden glaubt.

Statt sich in ihrer Wohnung auf die Rückkehr des Ehemannes vorzubereiten, und sei dies auch nur durch genügend Schlaf, geht sie mit einer Frau, die begonnen hat, ihre Ehe mit Andeutungen in Frage zu stellen, und die auf der Strasse ihre Hand hält, zu nachtschlafender Stunde in eine Bar. In der für sie fremden Welt der Bar und in der Zwischenzeit von Nacht und Tag "führte [Mara,M.M.] ihren Tanz nur auf, damit Charlotte hinsah" (191). Dies gelingt Mara, denn

> "(...) Charlotte, endlich bezwungen und um endlich ihren Blicken eine unverkennbare Richtung geben zu können, folgte ihr bei jeder Bewegung" (191).

Anschauen hat für Charlotte verschiedene Funktionen. Sie nimmt Unstimmigkeiten wahr, als sie im Zimmer herumblickt. Die Betrachtung der tanzenden Mara löst den Wunsch nach Nähe aus, worauf sie die Augen senkt. Sie benutzt Mara auch als Spiegel, in dem sie ihr eigenes Rollenverhalten erkennt: Indem sie Maras Unterwerfung durchschaut, entlarvt sie gleichzeitig ihr eigenes Verhalten gegenüber ihrem Ehemann. Sie erinnert sich an Szenen, in denen sie mit anderen Frauen zusammen halbnackt war, nämlich mit einer Freundin in der Badekabine, vor der Verkäuferin im Kleidergeschäft und als Mädchen beim Spiel. Diese Situationen sind gesellschaftlich erlaubt. Tabuisiert, verschwiegen und dadurch ohne Vorbilder ist dagegen die weibliche Lust auf das Erkennen einer andern Frau, wobei Erkennen im biblischen Sinne von Wissen, Verstehen und Austausch von Sexualität gemeint ist. Während Charlotte die schlafende Mara betrachtet, bilanziert sie nicht nur ihre Ehe, sondern versucht, sich eine lesbische Sexualität vorzustellen, die sie aber bereits in Gedanken durch ihre Fragestellungen abwehrt.

> "Sie war jetzt allein, wachte über dem, was möglich geworden war. (...)
>
> Bald würde sie aufstehen, Mara wecken, mit ihr ins Schlafzimmer gehen. Sie würden die Kleider abstreifen; mühselig würde es sein. Aber wie soll man sich nackt machen, beim allerersten Mal? Wie soll das geschehen, wenn man sich nicht verlassen kann auf Haut und Geruch, auf eine von vieler Neugierde genährte Neugier. Wie eine Neugier herstellen zum ersten Mal, wenn noch nichts ihr vorausgegangen ist?" (203)

Berühren und erkennen

Auf die biblische Schöpfungsgeschichte wird, wie Achberger gezeigt hat, verschiedene Male verwiesen, am ausführlichsten im Anschluss an die soeben geschilderte Szene.

> "Charlotte beugte sich über Mara, die jetzt, im Schlaf, keine Gefahr mehr war, küsste sie auf die Brauen, die schön geschweift und feierlich in dem fahlen Gesicht standen, küsste die Hand, die niederhing von dem Sessel, und dann, sehr heimlich, schüchtern beugte sie sich

> über den blossen Mund, von dem das Lippenrot im Lauf der Nacht verschwunden war.
> Könnte dieses Geschlecht doch noch einmal nach einer Frucht greifen, noch einmal Zorn erregen, sich einmal noch entscheiden für seine Erde! Ein anderes Erwachen, eine andere Scham erleben! Dieses Geschlecht war niemals festgelegt. Es gab Möglichkeiten. Die Frucht war nie vertan, heute nicht, heute noch nicht. Der Duft aller Früchte, die gleichwertig waren, hing in der Luft. Es konnten andre Erkenntnisse sein, die einem wurden. Sie war frei. So frei, dass sie noch einmal in Versuchung geführt werden konnte. Sie wollte eine grosse Versuchung und dafür einstehen und verdammt werden, wie schon einmal dafür eingestanden worden war." (204)

Obwohl Charlotte nicht weiss, wie sie Mara berühren könnte, scheint über die Berührung zwischen Frauen ein Wissen auf, das im Verborgenen, im Unbewussten schlummert. Charlotte hat in ihren Beziehungen zu Männern erfahren, dass "etwas offen geblieben" (205) war. Sie konnte "im geheimen nie glauben" (207), "dass es so sein müsse, wie es zwischen ihnen war" (207), und sie glaubte nicht, "dass er ihren Körper verstand" (207), sondern:

> "Ihre gute Ehe - das, was sie so nannte - gründete sich geradezu darauf, dass er von ihrem Körper nichts verstand." (207)

Dieses Unverständnis des Ehemannes wird in der darauffolgenden Szene kontrastiert mit dem intuitiven Verständnis von Mara:

> "An einer Bewegung des Mädchens, das im Halbschlaf seine Hand nach ihr ausstreckte, mit den Fingern ihr Knie umklammerte, ihre Kniekehle streifte, prüfte und betastete, spürte sie, dass dieses Geschöpf etwas von ihr wusste, was niemand gewusst hatte, sie selber nicht, weil sie ja auf Hinweise angewiesen war. Charlotte lehnte sich zitternd und erschrocken zurück und versteifte sich. Sie wehrte sich gegen den neuen Hinweis.
> Lass mich, sagte sie unfreundlich. Lass das. Sofort." (207)

Maras im Halbschlaf ausgeführte Berührung scheint die früher von Charlotte gestellten Fragen gegenstandslos zu machen, wie sie sich nackt machen soll und wie Neugierde hergestellt werden könnte. Maras Berührung deutet an, dass es Neugierde und Wissen um eine mögliche lesbische Liebe zwischen Frauen gibt, dass nicht "noch nichts vorausgegangen ist", sondern höchstens, dass dieses Wissen verdeckt ist und sich erstmals in der Zeit zwischen Nacht und Tag, im Halbschlaf zwischen Bewusstsein und Unterbewusstem und in der Sprache des Körpers und des Traumes sich äussert.

Lügen - Sprechen zur Abgrenzung

Charlotte wagt nicht, ihren lesbischen Wunsch bewusst zuzulassen. Sie küsst Mara nur, wenn diese schläft. Ihre eigene aufkommende sinnliche Lust wehrt sie sofort ab. Auf die mögliche Verletzung des Tabus der lesbischen Liebe spielt Mara in einer späteren Äusserung an: "Du hast ja bloss Angst vor mir, vor dir, vor ihm." (208) Und: "Wie du lügst! Wie feig du bist!" (208) Von diesen Vorwürfen grenzt sich Charlotte innerlich ab und leugnet zugleich ihre Angst vor sich selbst[24], indem sie die im Moment mögliche konkrete Erfahrung mit dem Hinweis auf eine umfassende Utopie verwirft, die nicht in der Gegenwart beginnen könne.

> "Nein, erst wenn sie alles hinter sich würfe, alles verbrennte hinter sich, könnte sie eintreten bei sich selber." (208)

Sie malt sich die Utopie ihres eigenen Reiches aus, in dem die alte Sprache, die von Männern geprägt ist, nicht mehr gilt. "Noch schlimmer, unwürdiger" (208) als die Sprache der Männer erscheint Charlotte jedoch die Sprache der Frauen. Obwohl ihr die körperliche Erscheinung von Frauen angenehm ist, scheint ihr eine sprachliche Kommunikation mit Frauen unmöglich.

> "Charlotte sah Frauen gerne an; sie rührten sie häufig oder sie erfreuten ihre Augen, aber sie vermied, wo es ging, Gespräche mit ihnen." (209)

Damit benutzt Charlotte Frauen als Objekte, als schöne Bilder, auf die sie ihre Wünsche projiziert, während sie sich einer gegenseitigen Kommunikation verweigert. Sie zieht sich auf die Position der Beobachterin zurück und stellt sich vor, wie sie das Objekt "Mara sprechen lehren" (209) würde. Obwohl es Charlotte in ihren Phantasien darum geht, sich dem "fremdesten" Wort anzunähern, "Liebe", da keiner es "zu übersetzen verstand" (209), wehrt sie gleichzeitig Maras Körpersprache ab, die deutlich Liebe signalisiert. Sie betrachtet Mara als Objekt und scheut sich davor, ihr als Subjekt zu begegnen, wobei sie durch Maras Handeln gestört werden könnte.

Mara beschuldigt Charlotte verschiedene Male der Lüge in den Situationen, in denen sie sich gegen ihre Liebe abgrenzt. Auf Maras Vorwürfe reagiert Charlotte mit Gegenfragen, mit Nichtwissen und

---

24 "Als ob es sich in der Übertretung eines Verbotes erschöpfen sollte, einer kleinen Dummheit, einer zusätzlichen Neugier!" (208)

mit offener Ablehnung[25]. In ihrem Essay über das Lügen zwischen Frauen hat Adrienne Rich u.a. auch diese Reaktionsweisen als Lügen bezeichnet und Gründe dafür erörtert:

> "Die Lügnerin lebt in der Angst, die Kontrolle zu verlieren. Sie kann sich eine Beziehung ohne Manipulation nicht einmal wünschen, denn sich vor der anderen Blössen zu geben, verletzlich zu sein, bedeutet Verlust von Kontrolle für sie."[26]

Eine weitere Form der Lüge ist die Verhaltensweise von Charlotte, Mara auszufragen, statt von ihren eigenen Wünschen zu sprechen[27]. Charlotte gesteht weder sich noch Mara ihre Angst ein, als sie sich "zitternd und erschrocken" vor einer lustvollen Berührung zurücklehnt (207), sondern sie belügt sich, indem sie diese Angst vor einer konkreten Beziehung sofort negiert und auf ihre grössere Utopie verweist.

Kein Sprung aus der Hetero-Beziehung heraus

Charlottes Phantasie einer Liebesbeziehung zwischen Mara und ihr erweist sich somit als simple Übertragung des heterosexuellen Musters auf eine Frauenbeziehung[28]. Folgerichtig entsteht kein lesbisches Liebesverhältnis, weil Charlotte diese Möglichkeit durch ihre Rollenfixierung schon in Gedanken eingrenzt und mit ihrem Verhalten Mara abweist. Aufgedeckt werden utopische Gedanken in bezug auf eine Befreiung aus den herkömmlichen Geschlechterrollen in den poetisch-märchenhaften Passagen und in der Anlehnung an die biblische Schöpfungsgeschichte. Dornröschenhaft möchte Charlotte tausend Jahre schlafen und erst erwachen, "wenn dies nicht mehr gilt - Mann und Frau. Wenn dies einmal zu Ende ist!" (202)[29]

---

25 - Gegenfragen: "Warum? Wieso?" (195)
- Nichtwissen: "Ich weiss nicht, wovon du sprichst." (195)
- offene Ablehnung: "Als ob es darum ginge!" (208) "Hör augenblicklich auf, so mit mir zu reden." (210)

26 Adrienne Rich: *Frauen und Ehre*, S.175

27 Ebenda, S.174: Anstatt den Versuch zu machen, ihre Gefühle in ihrer Zwiespältigkeit und Verworrenheit zu beschreiben, fragt sie: "Wie empfindest du es denn!"

28 Vgl. dazu auch Caren Diesselkamp: *Das Bild der lesbischen Beziehung*

29 In umgekehrter Weise verwendet Irmtraud Morgner dieses Dornröschenmotiv, in dem sie das frühzeitige Erwachen der Trobadora Beatrix,

"Noch keinen Namen. Noch nicht. Erst den Sprung tun, alles überspringen, den Austritt vollziehen, wenn die Trommel sich rührt, wenn das rote Tuch am Boden schleift und keiner weiss, wie es enden wird. Das Reich erhoffen. Nicht das Reich der Männer und nicht das der Weiber.
Nicht dies, nicht jenes." (212)

In *Ein Schritt nach Gomorrha* wird dieser Sprung nicht getan und der Austritt nicht vollzogen. Dass ein Aufbruch nur durch einen Sprung möglich ist, hat Virginia Woolf 1929 in ihren Vorlesungen über *Frauen und Fiction* formuliert, die unter dem Titel *A room of one's own* erschienen. In der fünften Vorlesung setzte sie sich mit der besonderen Traditionslosigkeit von Frauenfreundschaft und lesbischer Liebe in der Literatur auseinander. Am Beispiel eines Romans der unbekannten Autorin Marie Carmichael führt Woolf Hindernisse an, die einer Darstellung lesbischer Beziehungen entgegenstehen, nämlich literarische Traditionslosigkeit, gesellschaftliche Tabuisierung, Gebote, Verbote, mangelnde materielle Grundlagen und fehlende Bildung. Die männliche Kontrolle von Frauen durch Bevormundung, Warnungen und Ratschläge schilderte Woolf als letzte entscheidende Hürde, die nur durch einen Sprung überwunden werden könnte:

"So riefen sie ihr ständig zu wie die menge am zaun der rennbahn und ihre prüfung war, das hindernis zu nehmen, ohne nach rechts oder links zu schauen. Wenn du stehenbleibst, um zurückzufluchen, bist du verloren, sagte ich zu ihr; auch, wenn du stehenbleibst um zu lachen. Ein zögern oder suchendes tasten, und du hast ausgespielt. Denke nur an den sprung, beschwor ich sie, als hätte ich all mein geld auf sie gesetzt; und sie nahm die hürde wie ein vogel. Aber da war noch ein hindernis hinter diesem und noch ein hindernis hinter dem. Ob sie das durchstehvermögen haben würde, bezweifelte ich, denn das klatschen und schreien zerrte an den nerven. Aber sie tat ihr bestes."[30]

1968, zum Ausgangspunkt ihres Romans *Trobadora Beatrix* (1974) macht.

30 Virginia Woolf: *Ein Zimmer für sich allein.* (Englisch 1929) Deutsche Übersetzung, gerhardt verlag, Berlin/W. 1978, S.84

Ähnlichkeiten bei Ingeborg Bachmann und Marlen Haushofer

Ingeborg Bachmann und Marlen Haushofer thematisierten beide in einem frühen Prosatext lesbische Frauen, bzw. die Möglichkeit lesbischer Liebe[31]. In Haushofers späteren Texten wird die Darstellung von Frauenbeziehungen zunehmend unwichtiger, Bachmann greift dieses Thema nicht wieder auf[32]. Beide waren Österreicherinnen und 35 Jahre alt, als diese Texte publiziert wurden, und sie starben bereits im Alter von 47 bzw. 50 Jahren.

Die erzählte Zeit umfasst in beiden Texten eine Nacht[33], in der die Protagonistin ausserhalb der Norm wach ist und in der, ausgelöst durch Postkarten und Fotos aus dem Unterbewussten Erinnerungen (Haushofer) und durch die Liebeserklärung einer Frau Sehnsucht (Bachmann) auftauchen. In verschiedener Weise wird von Bachmann und Haushofer dargestellt, wie lesbische Wünsche eingeschränkt werden. So wehrt sich Bachmanns Protagonistin gegen "den neuen Hinweis" auf eine mögliche Liebe zwischen Frauen, "zitternd und erschrocken" (Bachmann 207), während Haushofers Protagonistin eine Bewusstwerdung abblockt:

> "Etwas war im Begriff, ans Tageslicht zu kommen. Dann zerbarst die Haut an einer Stelle, und ich erhaschte einen metallblauen Schimmer und riss die Augen weit auf. Ich wollte nicht sehen, was da herauskam. Es war noch zu früh, es sollte noch in seiner Hülle bleiben. Mit der graubraunen Puppe konnte ich mich abfinden, das neue Geschöpf hätte mich erschrecken können, und ich will nicht erschreckt werden."[34]

Beide Protagonistinnen haben in ihren Liebeserfahrungen mit Männern gemerkt, dass sie von Männern nicht verstanden werden[35], aber

---

31 Dies trifft auch zu auf Luise Rinsers Roman *Die gläsernen Ringe* (1941) und Marie Luise Kaschnitz' Roman *Elissa* (1937)

32 Könnte dieser Unterschied im Zusammenhang stehen mit Bachmanns grösserem Erfolg und der daraus folgenden grösseren Integration in den Literaturbetrieb? Oder mit Bachmanns Situation als alleinlebender Frau, die gegen persönliche Angriffe nicht durch die Rolle als Ehefrau und Mutter in gewissem Masse geschützt war wie Haushofer?

33 Dies ist auch in einer Erzählung der achtziger Jahre der Fall, in: Ingeborg Arlt, *Das kleine Leben* (DDR 1987)

34 Marlen Haushofer, *Die Mansarde*, S.137

35 Z.B. - Marlen Haushofer, *Die Tapetentür*, S.107/108
- Ingeborg Bachmann, *Ein Schritt nach Gomorrha*, S.207

sie sind nicht fähig, die Liebe, die ihnen von einer andern Frau entgegengebracht wird, zu erwidern. Stattdessen gilt ihre Liebe den Dingen, und sie erinnern sich daran, wie sie als Kind in der Natur Dinge lieben konnten, im besonderen einen Baum[36].

Für das Abspalten lesbischer Anteile bei den Frauenfiguren werden die Metaphern von Tod und töten verwendet (Bachmann 213, Haushofer 109). Gleichzeitig phantasiert Charlotte ihre ehemals geliebten Männer als Tote (Bachmann 212), während Elisabeth beruhigt ist bei dem Gedanken, dass alle ihre ehemaligen geliebten Männer tot sind (Haushofer 188). Das Motiv von Verliebtheit, Zärtlichkeit, Liebe zwischen Schülerin und Lehrerin ist eines der frühesten und häufigsten Motive in der Darstellung von Liebesbeziehungen zwischen Frauen[37]. Es kommt auch in den Texten von Haushofer (109) und Bachmann (194) vor.

Aus dem Vergleich von Marlen Haushofers und Ingeborg Bachmanns Texten zeigt sich eine Tendenz, die mir für den Übergang von den fünfziger in die sechziger Jahre symptomatisch erscheint. Aufgrund der beschränkten Anzahl Texte bleiben diese Aussagen zwangsläufig hypothetisch. Es findet eine Erweiterung des gesellschaftlichen Rahmens statt, in dem lesbische Liebe dargestellt wird:

- Von den Liebesbeziehungen pubertierender Mädchen - also in der Zeit des Übergangs vom Kind zur Erwachsenen, in der gleichgeschlechtliche erotisch-sexuelle Beziehungen noch erlaubt sind, zur Thematisierung der Möglichkeit einer Liebesbeziehung zwischen zwei erwachsenen Frauen.
- Vom traditionell männerlosen Ort der Klosterschule zum privaten Ort der Heterosexualität (Wohnung eines Ehepaars) und zur öffentlichen heterosexuellen Bar.

---

36 - Marlen Haushofer, *Eine Handvoll Leben*, S.57: "Ihre Zärtlichkeit gehörte noch immer den Dingen: dem Maulbeerbaum (...)"
- Ingeborg Bachmann, *Ein Schritt nach Gomorrha*, S.206: "und ein Baum, den sie umarmte, hatte sie schwindlig gemacht"

37 - Vgl. dazu Sally Tubach: *Female Homoerotism in German Literature*, S.5/6
- Christa Winsloe, *Mädchen in Uniform* (1931)
- Luise Rinser, *Die gläsernen Ringe* (1940), S.98-126. Vgl. dazu Luise Rinsers Kommentar in: *Den Wolf umarmen* (1984), S.181-197.
- Christa Reinig, *Die ewige Schule* (1982)

- Vom Wunsch einer Frau nach Berührung einer andern Frau, der schon in Gedanken nur Männerhänden gestattet wird, zur begrenzten Berührung einer andern Frau mit Frauenhänden.

4. Ausgrenzung lesbischer Frauen aus dem patriarchalen Literaturbetrieb und die Schaffung von Öffentlichkeit durch die Frauenbewegung (Exkurs)

Männerherrschaft auf dem Literaturmarkt

> "Dass ich in dieser krassen Männerwelt war, hing mit meiner Entscheidung zusammen, als Schriftstellerin arbeiten zu wollen. An der Universität war ja noch ein gemischtes Publikum gewesen. In der Arbeiter- und Bauern-Fakultät war natürlich die Masse Männer und wenige Frauen, aber diese Ausschliesslichkeit, fast nur Männer und nix Frauen, das läuft erst, seit ich Berufsschriftstellerin bin."
>
> Christa Reinig[1]

Auch in den siebziger Jahren war der deutschsprachige Literaturmarkt klar von Männern beherrscht. In allen entscheidenden Positionen der Verlage sassen Männer, die die Publikation oder Ablehnung von Texten beurteilten[2]. Die massgeblichen Kulturredaktionen von Zeitungen, Zeitschriften, Rundfunk und Fernsehen waren mit

---

1 Christa Reinig: *"Ohne Frauenbewegung hätte ich das sowieso nicht geschafft" - Interview mit Christa Reinig von Madeleine Marti.* In: *Lesbenfront* (Zürich), Nr. 17/1983, S.31

2 Vgl. dazu:
- Z.B. die Aussage von Verlegerin Elisabeth Raabe in: Madeleine Marti: *Arche-Verlag.* In: *Frauezitig* (Zürich), Nr.26,1988, S.22
- In einem Artikel über die Veränderung des Lektorenberufs von den sechziger zu den achtziger Jahren werden namentlich eine Reihe wichtiger Lektoren und Verlagsleiter erwähnt, allesamt Männer:
Lektoren: Klaus Roehler (Luchterhand), Karl Markus Michel, Hans Magnus Enzensberger und Martin Walser (Edition Suhrkamp), Hans Martin Lohmann und Christian Döhring (Suhrkamp), Rainer Weiss (Suhrkamp Theater), Thomas Beckermann (S.Fischer), Hansjörg Graf (List), Michael Krüger (Hanser)
Verlagsleiter: Otto F. Walter (Luchterhand), Siegfried Unseld (Suhrkamp), Klaus Wagenbach (Wagenbach)
In: Christian Seiler: *Eine Zumutung für das wahre Kunstwerk. Neue Marktbedürfnisse verändern den Lektorenjob - wird ein Berufsstand überflüssig?* In: *Die Weltwoche*, 8.2.1990

Redaktoren und Chefredaktoren besetzt. Die Gremien zur Verleihung von Literaturpreisen waren fest in Männerhand. Ein Beispiel dafür ist die Zusammensetzung der Jury zur Verleihung des Bremer Literaturpreises, einer der wichtigsten deutschsprachigen Literaturpreise. Von 1953 bis 1975 bestand diese Jury aus acht oder neun Männern. Zwar war bei der Schaffung des Preises vorgeschlagen worden, eine Frau in die Jury aufzunehmen - zur Diskussion standen Gertrud von Le Fort, Oda Schäfer und Luise Rinser -, aber die bereits nominierten Juroren waren sich einig, "dass keine der genannten Frauen in wünschenswerter Weise den Erfordernissen des Preisgerichtes entsprechen dürfte"[3]. So blieben die Herren unter sich und nahmen jeweils nur eine Frau einmalig als Gast auf, wenn sie Literaturpreisträgerin geworden war. Entgegen den Statuten halbierte diese Männerjury den Preis ausgerechnet dann, als er die ersten beiden Male Frauen zugesprochen wurde, nämlich Ilse Aichinger (1955 zusammen mit Herbert Meier) und Ingeborg Bachmann (1957 zusammen mit Gerd Ölschlägel). Erst in den sechziger und siebziger Jahren erhielten Autorinnen regelkonform den ganzen Preis: Christa Reinig (1964), Helga M. Novak (1968), Gabriele Wohmann (1971) und Christa Wolf (1978). Nach 22 Jahren Preisverleihung wurde 1976 erstmals eine einzige Frau als festes Jurymitglied aufgenommen: Martha Hohl, Leiterin der Stadtbücherei[4]. Die Bedeutung von Literaturpreisen für die Autorinnen und Autoren geht über die materielle Unterstützung weit hinaus. Hans Altenhein, ehemaliger Verlagsleiter des Luchterhand Verlages, drückte dies in einer Rede folgendermassen aus:

> "Innerhalb des literarischen Lebens verleiht der Preis dem ausgezeichneten Autor eine Aura, er hebt ihn aus der unbestimmten Zahl lebender Schriftsteller heraus, er schafft Öffentlichkeit für seine Werke, die vorhandenen wie die künftigen. Indem sich die Geltung eines Preises auf den Empfänger überträgt, aber auch die Geltung des Preisträgers auf den Preis zurückwirkt, entsteht eine Wechselwirkung, die die Aura verstärkt."[5]

---

3 Wolfgang Emmerich (Hg.): *Der Bremer Literaturpreis 1954-1987. Eine Dokumentation.* edition die horen, Bremerhaven, 1988, S.10

4 Ebenda

5 Hans Altenhein: *Dichters Preis & Lohn. Ein Plädoyer für Literaturpreise.* In: *Frankfurter Rundschau*, 19.12.1987

Deutlich zeigt sich dies in Klappentexten und in Lexika-Einträgen, wo die erhaltenen Preise zur Beschreibung der Autorinnen und Autoren aufgelistet werden. Darüber hinaus bildet eine Preisverleihung den Anlass für literaturkritische Würdigungen[6] des Werkes einer Autorin oder eines Autors und manchmal auch für die Dokumentation eines Gesamtwerkes. Die einzige Bibliographie zu Johanna Moosdorfs Werk wurde z.B. aus Anlass der Verleihung des Nelly-Sachs-Preises (1963) erstellt und zusammen mit den Würdigungen zu Johanna Moosdorf als eigenständige Broschüre publiziert[7]. Verlagsleiter Altenhein stellte weiter fest, dass der Bereich von Literaturpreisverleihungen ein

> "(...) sehr vermischtes Kraftfeld der Interessen von Kommunen, Industrieverbänden, Stiftungen und gesellschaftlichen Gruppen, von Bundesländern und - aus bekannten Gründen in geringerem Umfang - von bundesstaatlichen Stellen [ist, M.M.]. Kulturelles Interesse lässt sich dabei kaum noch trennen von Strategien der Öffentlichkeitsarbeit, der Fremdenverkehrswerbung oder von einer neuen Art von Aussenhandel."

In derselben Rede beteuerte Hans Altenhein jedoch, dass Literaturpreise und Stipendien "nicht nach sozialen, sondern nach literarischen Kriterien zugemessen" würden. Gemäss Aussagen einer Kennerin der Schweizer Literaturszene wurde jedoch z.B. der Schriftstellerin Gertrud Wilker die Ehrung durch einen grossen Literaturpreis verwehrt, weil Juroren der Meinung waren, dass Wilker diesen als sozial gesicherte Ehefrau nicht nötig habe. Über die Verflechtung von Literaturkritikern mit verschiedenen Instanzen des Literaturbetriebs schrieb der Literaturkritiker Ulrich Greiner in *Die Zeit* vom 7.10.1988 unter dem Titel *Stichworte zur geistigen Korruption der Zeit. Der Kritiker als Zirkulationsagent oder: Wie korrupt ist der Kulturjournalismus?*:

> "Und der sicherste Weg, sie [die Macht, M.M.] zu erhalten, ist, sie zu vermehren. Da genügt es dem Literaturchef oder Theaterkritiker einer einflussreichen Zeitung nicht, dass er Literaturchef oder

6 Vgl. dazu z.B. die Literturkritik zu Ingeborg Bachmann anlässlich der Verleihung von wichtigen Literaturpreisen. In: Constanze Hotz: "*Die Bachmann*" S. 37f., 110f., 132f.

7 *Johanna Moosdorf, Nelly-Sachs-Preisträgerin Dortmund 1963*. Mit Beiträgen von Johanna Moosdorf, Kyra Stromberg, Werner Warsinsky und einer Johanna-Moosdorf-Bibliographie von Hedwig Bieber. Stadtbücherei Dortmund 1965 (29 S.)

Theaterkritiker einer einflussreichen Zeitung ist. Er macht sich zum Berater eines Verlagshauses oder eines Theaters, um dort in die Tat umzusetzen, was er in seinen Kritiken empfiehlt. Natürlich wird er es unterlassen, diesen Verlag oder dieses Theater zu kritisieren. Gut fügt es sich, wenn er zudem noch Mitglied angesehener Jurys ist. Dann kann er die von ihm favorisierten Bücher oder Inszenierungen mit Preisen ehren."

Die Männer-Verfilzung der verschiedenen Instanzen von Produktion, Verkauf, Vermittlung und Kritik im Literaturbetrieb bestimmt wesentlich die Ausgrenzung von Autorinnen. Kein Zufall also, dass nicht ein berühmter Autor, sondern eine berühmte Autorin, Doris Lessing, mit einem Experiment die Mechanismen des Literaturbetriebs entlarvt hat. Doris Lessing schickte einen Roman unter Pseudonym an verschiedene Verlage und schilderte später in einem Aufsatz, wie Lektoren, LiteraturkritikerInnen und WissenschaftlerInnen, die einen Roman von Doris Lessing sofort gedruckt und rezensiert hätten, diesen Roman einer scheinbar unbekannten Autorin einschätzten. Susanne Kappeler, die Lessings' Versuch zusammenfasst, folgert daraus:

"Es hat fast den Anschein: je geringer das literarische Prestige - Provinzblatt statt nationale Zeitung, freier statt festangestellter Kritiker, Journalist statt Kritiker, Frau statt Mann - desto besser stehen die Chancen, dass ein echter Versuch gemacht wird, ein Buch zu analysieren, um so geringer ist die Gefahr, dass anstelle einer ehrlichen Beurteilung die Autorität des schon angehäuften Kapitals an literarischem Prestige eingesetzt wird."[8]

Im Feuilleton prestigeträchtiger Tages- und Wochenzeitungen werden Bücher aus Frauenverlagen noch weitgehend ignoriert und die Leistung feministischer Schriftstellerinnen und Wissenschaftlerinnen verschwiegen. Darauf werde ich am Beispiel der Autorin Christa Reinig und des Verlages Frauenoffensive am Ende dieses Kapitels eingehen. Diese umfassende Dominanz von miteinander verstrickten und sich gegenseitig absichernden Männern im Literaturbetrieb bewirkte, dass viel weniger Texte von Frauen als von Männern publiziert wurden. Darüberhinaus schien es nahezuliegen, dass Männer - in Verlagen, Kulturredaktionen, Universitäten und Preisjurys - die Texte von Schriftstellerinnen, die in ihrer Literatur lesbische Liebe in

---

8 Susanne Kappeler: *Pornographie - Die Macht der Darstellung*, S.139

emanzipatorischer Weise zur Sprache brachten, entweder ignorierten oder boykottierten[9].

Am Beispiel des prestigeträchtigsten deutschsprachigen Literaturverlages Suhrkamp will ich aufzeigen, welche literarischen Darstellungen von lesbischen Frauen dort publiziert wurden und welche nicht. Beim Vergleich dieser Texte komme ich zum Schluss, dass für die Ablehnung von Manuskripten mit lesbischer Thematik nicht die literarische Qualität entscheidend war, sondern die Aussage dieser Texte.

Im weiteren lege ich dar, wie die Frauenbewegung durch die Schaffung von Frauenverlagen, Frauenzeitschriften, Frauenbuchläden und Frauenvertrieben eine neue Öffentlichkeit für Frauenkultur geschaffen hat und damit den Literaturmarkt entscheidend veränderte. Daraus resultierten erheblich vergrösserte Chancen für Autorinnen, ihre Texte zu veröffentlichen. Im besonderen bedeutete dies, dass zunehmend auch Texte publiziert wurden, in denen lesbische Figuren aus der Sicht von Autorinnen dargestellt werden.

Interesse an Darstellungen homosexueller Männer

Im Gegensatz zu Selbstdarstellungen lesbischen Lebens bestand im Suhrkamp-Verlag an Männerliteratur mit Schwulen-Thematik durchaus Interesse[10]. Bereits 1955 wurden die Werke Marcel Prousts in der deutschen Übersetzung bei Suhrkamp publiziert, 1962 dann in einer Werkausgabe von 13 Bänden und anfangs der achtziger Jahre auch im Taschenbuch. Im weiteren wurden fünf Bücher über Marcel Proust veröffentlicht, darunter auch die "skandalträchtige Biographie von G.D.Painter"[11]. Als zweiter homosexueller Klassiker wurde Oscar Wilde verlegt: "(...) in der Wilde-Ausgabe von 1982 finden sich Nach-

9 Pornographische Darstellungen von Lesben wurden jedoch Ende der sechziger, anfangs der siebziger Jahre von Männern durchaus publiziert, wie z.B. viele der Titel aus der langen Liste von Johanna Fürstauer, die auch unter dem Pseudonym Silvie White schrieb, zeigen.

10 Die Bedeutung des Suhrkamp-Verlages für die Publikation von Männerliteratur wurde eindrücklich dokumentiert in einem Buch, das an die Buchhandlungen abgegeben wurde:
Suhrkamp Verlagsgeschichte 1950-1987. Suhrkamp Verlag, o.J.

11 Brief von Joachim Campe an Madeleine Marti, 15.11.1988

worte von Norbert Kohl, der auf das Problem Homosexualität sehr genau eingeht."[12] Von zeitgenössischen Autoren publizierte Suhrkamp Bücher der Deutschen Wolfgang Koeppen und Martin Sperr, des Österreichers Josef Winkler und des Franzosen Angelo Rinaldi. Mitte der siebziger Jahre kamen zwei wichtige wissenschaftliche Texte heraus: Hans Mayer, *Aussenseiter* (1975, Literaturwissenschaft) und Rüdiger Lautmann (Hg.), *Seminar Homosexualität* (1974, Soziologie). 1984 erschien ein Band mit *Verständigungstexte[n]* von homosexuellen Männern unter dem Titel *Andere Verhältnisse*, herausgegeben von J.Michelsen[13]. 1987 wurde *Andere Lieben*, eine Anthologie mit literarischen Darstellungen zu männlicher Homosexualität, mit Einleitung versehen und herausgegeben von Joachim Campe.

Als einzige Klassikerin in bezug auf lesbische Liebe wurde 1959 der Roman von Djuna Barnes *Nachtgewächs* in deutscher Übersetzung herausgebracht. Erst 1986 wurde unter dem Arbeitstitel *Ausgeschlossene Gesellschaft?* ein Band *Verständigungstexte über lesbisches Leben* geplant[14], doch dieses Projekt wurde im März 1987 mit der Begründung aufs Eis gelegt, es seien zu wenig "authentische Berichte von Lesben aus ihrem Leben" eingegangen[15].

Ausgrenzung von Darstellungen lesbischer Frauen

Anhand von zwei Beispielen, auf die ich im Verlauf meiner Arbeit gestossen bin, werde ich die Ausgrenzung von Lesbendarstellungen aus der Sicht von Autorinnen durch traditionelle Literaturverlage exem-

---

12 Ebenda

13 Ebenda

14 Die Herausgeberin Eva Maria Alves formulierte ihre Vorstellungen dazu in einem Brief an mögliche Mitarbeiterinnen am 20.7.1986:
"Meine Befürchtung ist, dass Frauen, die lesbisch sind, und Frauen, die mit und über Lesben arbeiten, ausgeschlossen wurden und werden, gelegentlich reaktiv dazu neigen, sich selbst aus der übrigen Gesellschaft auszuschliessen durch Verstummen, Zirkelbildung, Misstrauen.
Meine Hoffnung ist, und unsere Gemeinschaftsarbeit sollte es zeigen können, dass die Ausschluss- und Ausschliessungsverfahren nicht "vollkommen" sind, sondern dass Verständigung weiter gesucht, Verständnis auch gefunden werden mag."

15 Brief von Eva Maria Alves an Madeleine Marti, 18.3.1987

plarisch aufzeigen[16]. Von Suhrkamp abgelehnt wurde 1970 und 1973 Johanna Moosdorfs Roman *Die Freundinnen*, von Luchterhand 1974 und von Suhrkamp 1975 Marlene Stentens Novelle *Puppe Else*.

- *Beispiel Suhrkamp*

Als sie 1969 Siegfried Unseld ihr Manuskript zusandte, war Johanna Moosdorf keine junge, unbekannte Autorin mehr. 1950 war sie mit dem Thomas-Mann-Preis ausgezeichnet worden, 1952 mit dem Zuckmayer-Preis, 1963 mit dem Nelly-Sachs-Preis der Stadt Dortmund und mit dem Stipendium der Villa Massimo in Rom. Bis 1969 hatte sie bereits neun Bücher publiziert, verschiedene Erzählungen und sechs Romane[17]. Ein Roman und eine längere Erzählung waren 1961 und 1963 bei Suhrkamp erschienen, so dass es naheliegend war, dass sie auch den nächsten Roman, *Die Freundinnen*, dort publizierte.

Lektor und Verlagsleiter Siegfried Unseld wies jedoch das Manuskript zweimal zurück, die erste Fassung 1969/70 und die zweite, endgültige Fassung 1973. Seine Ablehnung begründete Unseld beim ersten Mal damit, dass schon etwas Ähnliches von Ingeborg Bachmann unter Vertrag sei, womit der Roman *Malina* gemeint war[18], und in der Ablehnung der zweiten Fassung verwies Siegfried Unseld auf die Publikation einer anderen Autorin, nämlich auf den Roman *Nachtgewächs* von Djuna Barnes, der 1959 erstmals auf Deutsch[19] im Neske-Verlag erschienen war und später vom Suhrkamp-Verlag übernommen worden war[20]. Dazu Johanna Moosdorf 13 Jahre später[21]:

> "Mir persönlich ist das Buch [von Djuna Barnes, M.M.] von Dr. Unseld vollends verleidet worden. Ich hatte ihm DIE FREUNDINNEN, damals unter dem Titel SAPPHO, angeboten und bekam die Antwort, Djuna Barnes' NACHTGEWÄCHS sei einfürallemal der

---

16 Ich bin überzeugt, dass bei einer systematischen Untersuchung einzelner Schriftstellerinnen, die eigenständige Vorstellungen in bezug auf Weiblichkeit artikulierten, weitere Formen von Ausgrenzung, bzw. von Druck zur Anpassung an den Männerliteraturmarkt, ans Licht kämen.
17 Vgl. Kapitel 5.2. und 10.1.
18 Regula Venske: *Schriftstellerin wider das Vergessen*, S.211
19 Originalausgabe in Englisch 1936
20 Alexandra Busch: *Ladies of Fashion*, S. 105
21 Brief von Johanna Moosdorf an Madeleine Marti, November 1986

gültige Massstab für eine Schilderung weiblicher Liebespaare, und diesem Massstab genüge mein Buch nicht. (...)
Ich wäre allerdings entsetzt gewesen, wenn es Djuna Barnes' Buch ähnlich geworden wäre,- die ich im übrigen ihrer grossartigen Sprache wegen neidlos bewundere."

Siegfried Unseld lehnte zweimal mit derselben Begründung ab: Es gebe bei Suhrkamp bereits einen Roman einer anderen Autorin zu demselben Thema, und Johanna Moosdorfs Roman sei im Vergleich dazu literarisch weniger wertvoll und deshalb nicht publikationswürdig. Dieses Argument ist vorgeschoben, um die Ablehnung des Inhalts zu kaschieren. Würde nämlich Siegfried Unselds Begründung auf heterosexuelle und schwule Liebe übertragen, so wäre die Anzahl publizierter Romane bei Suhrkamp bedeutend geringer. Sein Verweis auf Ingeborg Bachmann ist ausserdem falsch, da in *Malina* lesbische Liebe kein Thema ist. Zudem entspricht die literarische Qualität des Romans *Die Freundinnen* zumindest derjenigen von Moosdorfs Roman *Nebenan* und ihrer Erzählung *Die lange Nacht*, die 1961 und 1963 von Suhrkamp publiziert wurden[22].

Nicht ins Verlagsprogramm von Suhrkamp passte offensichtlich die Selbstverständlichkeit einer lesbischen Liebesbeziehung, wie sie von Johanna Moosdorf dargestellt wurde bevor die Neue Frauenbewegung und die von ihr geschaffene Frauenöffentlichkeit ihr Interesse daran manifestierte. *Die Freundinnen* wurde dann einige Jahre später, 1977, in einer kleinen Auflage von der Nymphenburger Verlagshandlung herausgebracht und 1988 im Fischer Taschenbuch erfolgreich wieder aufgelegt.

- *Beispiel Luchterhand*

Mit einem zweiten Beispiel will ich verdeutlichen, wie Mitte der siebziger Jahre Texte mit dem Thema Lesben aus dem Literaturbetrieb ausgeschlossen wurden, dank der Frauenbewegung trotzdem publiziert wurden und in den achtziger Jahren schliesslich in einen Taschenbuchverlag übernommen wurden. 1975/76 hatte Marlene Stenten ihr Manuskript von *Puppe Else* Suhrkamp angeboten. Die Ablehnung erstaunt insofern nicht sehr, als Marlene Stenten ihre er-

22 Auch diese beiden Publikationen werden in der *Suhrkamp Verlagsgeschichte* (Anmerkung 10) nicht erwähnt.

sten beiden Bücher bei Luchterhand publiziert hatte. Um so mehr stellt sich die Frage, warum Luchterhand die Publikation von *Puppe Else* ablehnte, nachdem ihr erster Roman *Grosser Gelbkopf*, in dem sie das Schwulwerden eines Mannes thematisiert, 1971 bei Luchterhand erschienen war und 1973 drei Erzählungen unter dem Titel *Baby* herausgegeben worden waren. Im selben Jahr war Marlene Stenten mit dem *Förderpreis des Landes Nordrhein-Westfalen für junge Künstler* ausgezeichnet worden.

Das Manuskript von *Puppe Else* hatte Marlene Stenten 1974 ihrem Lektor Klaus Roehler bei Luchterhand angeboten, es sollte 1975 herausgebracht werden. Von einem Lektorengremium war *Puppe Else* begutachtet, ins Verlagsprogramm aufgenommen und der Waschzettel geschrieben worden, als bei Luchterhand eine politische Veränderung Richtung rechts stattfand und die Thematisierung von Lesben wieder als anstössig galt. Als Ablehnungsgrund von *Puppe Else* wurde nun die Geschäftsfreundschaft eines Luchterhand-Lektors mit dem Inhaber der Buchhandlung, die in Marlene Stentens Roman die Hauptkulisse bildete, angegeben[23]. Nach dieser Absage versuchte Marlene Stenten zuerst, *Puppe Else* "bei einem andern renommierten Verlag (Suhrkamp, Hanser, Rowohlt) zu veröffentlichen. Ein Lektor von Suhrkamp schrieb in seiner Ablehnung von der überragenden Qualität des Romans und "seinen hinreissenden Stellen"[24]. Hans Magnus Enzensberger hatte Marlene Stenten eine Empfehlung für Suhrkamp geschrieben, ihr jedoch keine Hoffnungen gemacht, sondern laut Marlene Stenten im voraus gesagt:

> "Suhrkamp würde das schon gern machen, diese lesbische Novelle, das juckt die vom Thema her, aber als erste werden die nicht damit anfangen, die brauchen noch ein paar Jahre. Und dann werden sie es auf jeden Fall zurückhaltender, vornehmer anleiern. Nicht so obszön, dramatisch. Nicht Ihres. Ausserdem haben die schon zwei Hausautoren, die eigenwillig mit Interpunktion verfahren: Uwe Johnson und Achternbusch. PE müsste aber nach Meinung der Suhrkamp-Herren bestimmt gekämmt werden, jedoch Suhrkamp spart durch unbesetzte

---

23 - Marlene Stenten hat in einem Brief an Simone Werder, vom 17.5.82, die Publikationsgeschichte von *Puppe Else* geschildert.
- Vgl. dazu auch: Margret Fehrer, S.88-92 und S.95

24 Brief von Marlene Stenten an Simone Werder, 17.5.82

Lektorate. Sie werden also PE auf jeden Fall zurückbekommen. Eh Sie viel Zeit verlieren, drucken Sie es selbst!"[25]

Irmgard Dalinghaus, eine frühere Arbeitskollegin, Buchhändlerin, Studentin und aktive Feministin, bot Marlene Stenten schliesslich anfangs 1977 die Publikation im Selbstverlag an.

"Wir, U.W. (eine Jurastudentin und Freundin von I.Dalinghaus) und ich waren dagegen, überhaupt, selbstmachen! Der Spott, der versteckte Hohn, die Verachtung mit dem die Etablierten alles im Selbstverlag Erschienene immer schon bedacht hatten, war uns bekannt. I.D. aber redete mir Trägheit und Missbehagen an ungewohntem Tun aus, sie lieh sich Geld, und wir bastelten der P.E. ein Kleid, damit sie endlich unters Volk gehen konnte."[26]

Puppe Else erschien 1977 im Selbstverlag *Sudelbuch* in einer ersten Auflage von 1000 Stück, 1978 in der zweiten und dritten Auflage, insgesamt 5000. 1979/1980 bot Marlene Stenten Lektor Klaus Roehler nochmals Erzählungen zur Publikation an. Roehler schlug lediglich eine Lizenz-Übernahme in der Sammlung Luchterhand vor, wenn sie zuerst im Sudelbuch herausgegeben würden[27].

Frauenreihe des Fischer Taschenbuch-Verlags

Sieben Jahre später übernahm Lektorin Ingeborg Mues 1984 *Puppe Else* in die Frauenreihe des Fischer-Taschenbuchs[28] und 1987 die zuerst im *Sudelbuch* publizierten Erzählungen *Die Brünne*. Mit der Neuauflage dieser Bücher von Stenten und Moosdorf als Taschenbuch integrierte Lektorin Mues in den achtziger Jahren literarische Darstellungen lesbischer Frauen durch die Publikation in einem Grossverlag in den patriarchalen Literaturbetrieb, von dem sie in den siebziger Jahren ausgegrenzt worden waren. Bei beiden Autorinnen hatten sich zuerst feministische Wissenschaftlerinnen für die Wiederauflage ihrer Bücher bei der Lektorin Ingeborg Mues eingesetzt, für Marlene Stentens *Puppe Else* Senta Trömel-Plötz und für Johanna Moosdorfs *Die Freundinnen* Regula Venske. Ingeborg Mues ermöglichte dann mit grossem Engagement die unverzögerte Publikation des autobiographischen Romans *Jahrhundertträume* von

---

25 Zitiert nach: Brief von Marlene Stenten an Petra Knust, 17.4.1985
26 Brief von Marlene Stenten an Simone Werder, 17.5.82
27 Brief von Marlene Stenten an Petra Knust, 17.4.1985
28 Reihe *Die Frau in der Gesellschaft*

Johanna Moosdorf. Nachdem sie sich zuerst für eine Herausgabe in der *Edition Fischer* eingesetzt hatte, was aber vom zuständigen Lektor abgelehnt wurde, brachte sie das Buch als Originalausgabe im Taschenbuch heraus.

In dieser Frauenreihe des Fischer Verlags wurden also Texte mit lesbischer Thematik publiziert, die sonst innerhalb dieses Verlages keine Chance gehabt hätten. Die Vermarktung verlief dabei in den achtziger Jahren durchaus erfolgreich. Am 9.April 1990 betrug die Anzahl verkaufter Bücher[29]:

6'000	Marlene Stenten, *Die Brünne*
7'000	Johanna Moosdorf, *Jahrhundertträume*
10'000	Charlotte Wolff, *Flickwerk*
13'000	Marlene Stenten, *Puppe Else*
19'000	Charlotte Wolff, *Augenblicke verändern uns mehr als die Zeit*
20'000	Johanna Moosdorf, *Die Freundinnen*

Mangelnde literarische Qualität als Vorwand

1973, im selben Jahr, in dem Johanna Moosdorfs zweite Fassung von *Die Freundinnen* abgelehnt wurde, veröffentlichte Suhrkamp Karin Strucks erstes Buch *Klassenliebe*. Der Entscheid zur Publikation des Manuskripts der unbekannten Autorin Karin Struck und zur gleichzeitigen Ablehnung des Manuskripts von Suhrkamp-Autorin Johanna Moosdorf kann nicht mit der literarischen Qualität begründet werden, da dieser zugunsten von Moosdorfs Text hätte ausfallen müssen. Ausschlaggebend war stattdessen die Wahl des Themas. Karin Strucks problematische Auseinandersetzung mit Männern - und insbesondere dem berühmten Z. - interessierte die verantwortlichen Lektoren und Verlagsleiter, während dies bei Moosdorfs erstaunlich selbstbewusster Darstellung lesbischer Liebe nicht der Fall war. Sieben Jahre später brachte Suhrkamp unter dem Titel *Im Jahrhundert der Frau* einen Band mit Textauszügen von Suhrkamp-Autorinnen auf den Markt. Im *Geleitwort* beteuerte Siegfried Unseld 1980:

29 Die Verkaufszahlen habe ich auf Tausender gerundet. Angaben aus dem Brief von Barbara Julie Schürgers (Fischer Taschenbuch) an Madeleine Marti, 9.4.1990

"Niemandem, der hier im Hause über Annahme und Ablehnung von Manuskripten entscheidet, der lesend und lektorierend oder werbend mit Büchern zu tun hat, der Bücher herstellt oder sie verkauft, ist es entscheidend, ob das Werk von einem Autor oder von einer Autorin stammt, entscheidend allein ist die Substanz, die literarische Qualität einer Arbeit."[30]

Eine Seite später folgerte Unseld scharfsinnig:

"Es entsteht Literatur, nicht nur "Frauenliteratur"."[31]

Lesbische Liebe in Publikationen des Suhrkamp Verlags

Ein Blick auf die einige Jahre später publizierten Texte soll zeigen, welche Bilder von lesbischen Frauen bei Suhrkamp einen Platz fanden und mit Hilfe der Literaturkritik wiederum das Bild lesbischer Frauen bei Leserinnen und Lesern prägten. Es sind dies folgende Bücher:

- Barbara Frischmuth, *Die Klosterschule* (1968)
- Karin Struck, *Lieben* (1977)
- Eva Maria Alves, *Caput Mortuum* (1980)[32]
  und: *Maanja. Meine Freundin, meine Mutter, meine Puppe* (1982)
- Judith Offenbach, *Sonja. Eine Melancholie für Fortgeschrittene* (1981)

Barbara Frischmuth brachte in *Die Klosterschule*, einer Zwangsgemeinschaft heranwachsender Mädchen, aufscheinende lesbische Wünsche zur Sprache (vgl. Kapitel 3.1.). In *Lieben* erzählte Karin Struck von den schlechten Erfahrungen der dreissigjährigen Mutter Lotte mit ihren Ehemännern und Liebhabern. Aus Enttäuschung über die Männer beginnt sie sexuelle Beziehungen zu Frauen, kehrt schliesslich aber zu den Männern zurück. Ihre Beschreibung ist gespickt mit klischeehaften Vorstellungen von Lesben, die zwar teilweise kommentierend relativiert, gleichzeitig aber in aller Ausführlichkeit geschildert werden. In Eva Maria Alves' Erzählung *Maanja, meine Freundin, meine Mutter, meine Puppe* beschwört die Ich-Erzählerin

30 *Im Jahrhundert der Frau. Ein Almanach des Suhrkamp Verlages*, 1980, S.7
31 Ebenda, S.8
32 Erschienen in: Hans-Ulrich Müller-Schwefe (Hg.): *Neue deutsche Erzähler*

in einer hymnischen, lyrischen Sprache ihre Freundin Maanja. In *Caput mortuum* umkreist die Ich-Erzählerin ihre Beziehung zu ihrer Freundin Lisa, einer Malerin, mit der sie zusammen die Klosterschule besucht hat. Die Erzählerin nähert sich dieser Freundin und wendet sich wieder von ihr ab, in ständiger Bewegung. Charakteristisch ist die Aussage der Erzählerin: "Noch auf einem Parkettbrettchen bin ich in der Lage, jemandem auszuweichen." (16/17) Vermutlich liegt in dieser Haltung und der entsprechend wenig konkretisierten Handlung der Grund dafür, dass die beiden Texte *Caput mortuum* und *Maanja* von lesbischen Leserinnen wenig rezipiert und diskutiert wurden. Judith Offenbach legte mit *Sonja* "das Protokoll einer Trauer" (Klappentext) vor, in dem sie ihre Liebesbeziehung zu Sonja und deren Selbstmord erzählt. Ich interpretiere diesen Text in Kapitel 6.2.

Von der literarischen Gestaltung her entsprechen die Texte von Eva Maria Alves und von Barbara Frischmuth derjenigen des Suhrkamp Programms, während die Berichte von Karin Struck und Judith Offenbach offensichtlich aus andern Gründen publiziert wurden, nämlich als eine Reaktion von Suhrkamp auf den überraschenden Verkaufserfolg der neugegründeten Frauenverlage Mitte der siebziger Jahre. Festzuhalten bleibt, dass 1969/70 und 1973 Johanna Moosdorfs Roman *Die Freundinnen* mit dem Argument mangelnder literarischer Qualität abgelehnt wurde, einige Jahre später aber Karin Strucks *Lieben* (1977) und Judith Offenbachs *Sonja* (1981) publiziert wurden, obwohl sie sprachlich und formal bedeutend weniger gestaltet sind als Johanna Moosdorfs Text.

Die Frauenbewegung schafft Öffentlichkeit für Frauen

Gegen Mitte der siebziger Jahre entwickelte die bundesdeutsche Frauenbewegung eine eigene Frauenöffentlichkeit. Es wurden kulturpolitische Frauenforen wie Zeitschriften, Verlage, Buchhandlungen, Buchvertriebe, Treffen schreibender Frauen, Frauensommeruniversitäten und Lesbenpfingsttreffen geschaffen. 1975 schrieb Ursula Krechel in ihrem *Bericht aus der Neuen Frauenbewegung*[33], dass die Frauenbewegung durch die Gründung von Zeitschriften, Verlagskollek-

33 Ursula Krechel: *Selbsterfahrung und Fremdbestimmung*. Darmstadt/ Neuwied 1975, S.113

tiven und durch die Organisation von Frauenkongressen "ein dichtes Informationsnetz" entwickelt habe.

Einige Gründungsdaten:

1974 *LAZ* (Lesbisches Aktionszentrum Berlin)
- *UkZ* (Unsere kleine Zeitung - Lesbenzeitschrift, Berlin)
- *Frauen und Film* (Zeitschrift, Berlin)
- *Frauenoffensive* (Verlag, München - zuerst in Vertriebsgemeinschaft mit *Trikont*)
- *Frauendruck aus dem Frauenzentrum Berlin* (*Selbstverlag*, ab 1982 *sub rosa Verlag*, ab 1986 *Orlanda Frauenverlag*)
- *Frauenoffensive-Journal* (Zeitschrift mit thematischen Schwerpunkten, München)
- *Lillemor* (Frauenbuchladen, München)
- *Labrys* (Frauenbuchladen, Berlin)
- *Lilith* (Frauenbuchladen, Berlin)

1975 *Fempol-Druck* (Blätter für feministisches Bewusstsein und politische Aktion, Basel)
- *Lesbenfront* (Zeitschrift, Zürich)
- *Lesbenpresse* (Zeitschrift, Berlin)

1975/76 Entstehung der meisten Frauenbuchläden

1976 *Courage* (kommerzielle, überregionale Zeitschrift, Berlin)
- *Schwarze Botin* (Zeitschrift, Berlin)
- *Mamas Pfirsiche-Frauen und Literatur* (Zeitschrift, Münster)

1976/1977 *Frauenbuchvertrieb* Berlin[34]

1977 *Emma* (kommerzielle, überregionale Zeitschrift, Köln)

1978 *Frauenliteraturvertrieb* (Frankfurt, ab 1987 Wiesbaden)
- *Frauenbuchversand* (Wiesbaden)

---

34 Ob der Frauenbuchvertrieb 1976 oder 1977 gegründet wurde, konnte ich nicht eruieren. Laut Emma-Kalender 1976 waren die ersten selbstverlegten Frauenbücher noch beim Maulwurf-Vertrieb Berlin zu beziehen, während im Emma-Kalender 1977 für dieselben Bücher der Frauenbuchvertrieb Berlin angegeben wird.

In allen diesen Frauenprojekten arbeiteten - zumindest zu Beginn - sehr viele Lesben mit, was sich auch in der Publikation von Büchern und von Sondernummern zum Thema Lesben[35] manifestierte. Gleichzeitig bauten sie auch spezifische Lesbenprojekte auf, durch die Lesben öffentlich sichtbar wurden. Besonders folgenreich war 1974 in West-Berlin die Gründung des Lesbischen Aktionszentrums (LAZ), entstanden aus der zweijährigen Arbeit der HAW-Frauengruppe (Homosexuelle Aktion Westberlin) heraus. Die HAW-Frauen hatten noch 1973 gemeinsam mit der HAW-Männergruppe eine Demonstration organisiert und danach als Frauengruppe einen Fernsehfilm vorbereitet, der unter dem Titel "...*Und wir nehmen uns unser Recht*" gesendet wurde. Die gemeinsamen inhaltlichen Diskussionen zum Fernsehfilm,

> "(...) sowie gemeinsame Aktionen mit dem Frauenzentrum und Anfragen von Medien veränderten unser Selbstbild als Lesben und die Reflexion über unsere Stellung in der Gesellschaft. Wir begannen den Unterschied zwischen der Unterdrückung männlicher und weiblicher Homosexualität zu sehen."[36]

Vom LAZ gingen eine Reihe weiterer wichtiger Impulse aus: 1974 fand im LAZ das erste nationale Pfingsttreffen lesbischer Frauen statt. Im März 1975 gab ein Kollektiv des LAZ die erste Nummer der Zeitschrift *Lesbenpresse* heraus. Ebenfalls 1975 veröffentlichten acht Lesben aus dem LAZ ein Buch unter dem Titel *Frauenliebe, Texte aus der amerikanischen Lesbierinnenbewegung*. Es enthielt Texte, die zwei LAZ-Frauen von ihrer Reise aus den USA mitgebracht hatten und die von einer Gruppe gemeinsam ins Deutsche übersetzt worden waren. Damit beabsichtigten die Herausgeberinnen,

> "(...) uns Mut zu machen, selbst mit dem Schreiben anzufangen, uns selbst endlich ernst genug zu nehmen, um uns zum Subjekt, zum Inhalt, zum Hauptinteresse unserer Arbeit zu machen."[37]

---

35 U.a.: Frauenoffensive-Extrajournal, Emma 3/1978, Courage 5/1978, Frauen und Film 28/1981, Frauezitig Zürich 14/1979

36 In: Einleitung zu *Frauenliebe, Texte aus der amerikanischen Lesbierinnenbewegung*, S.5

37 Ebenda, S.6

In weiteren Publikationen von Frauen- und Lesbenverlagen[38] wurde eine Reihe radikalfeministischer Texte, in denen Lesbischsein als Politikum diskutiert wurde, aus dem Amerikanischen ins Deutsche übersetzt:

- Valerie Solanas, *SCUM - Manifest zur Vernichtung der Männer*, März, Darmstadt 1969
- *1.Frauendruck vom Frauenzentrum Berlin*: - Anne Koedt, *Der Mythos vom vaginalen Orgasmus* (zusammen mit der Neuauflage des Textes von 1921: - Mathilde Vaerting, *Die weibliche Eigenart im Männerstaat und die männliche Eigenart im Frauenstaat*). Berlin/W. 1975
- Jill Johnston, *Lesben Nation - Die feministische Lösung*. Amazonen, Berlin/W. 1976
- *CLIT - Rufe alle Lesben, bitte kommen!* Diskussionsergebnisse einer lesbischen Gruppe (New York 1974), Tomyris, Berlin 1977
- Ti-Grace Atkinson, *Amazonen - Odyssee*, Frauenofensive, München 1978

Frauenverlage und Frauenbuchläden

Aus dem Frauenbuchladen Lilith entstand 1976 der Amazonen Verlag in Berlin, der erste deutschsprachige Verlag, der sich auf die Publikation von Lesbentexten spezialisierte[39]. Der zweite Lesbenver-

---

38 Sowie ausnahmsweise in einem linken Verlag: Valerie Solanas im März Verlag

39 In den siebziger Jahren veröffentlichte der Amazonen Verlag (Berlin/W.):
1976 - Jill Johnston, *Lesben Nation. Die feministische Lösung* (Original USA 1973)
- Aimée Duc, *Sind es Frauen? Roman über das dritte Geschlecht* (Neuauflage von 1901)
1977 - Monique Wittig, *Aus deinen zehntausend Augen Sappho* (französisches Original: *le corps lesbien*, 1973)
- *Erinnerungen an Frauen*. Eine Biographiensammlung, herausgegeben von Nancy Myron und Charlotte Bunch (Original USA 1974)
- Elena Nachmann, *Frauen aus dem Fluss* (Original USA 1974)
1978 - June Arnold, *Sister Gin* (Original USA 1975)
1979 - Jane Rule, *Bilder und Schatten. Die lesbische Frau in der Literatur* (Original USA 1975)

lag war 1978 Come Out in München, der jedoch nur zwei Bücher publizierte, nämlich *Come out - Gespräche mit lesbischen Frauen* und *Sappho und alle, die danach kamen.*

Ebenfalls eine wichtige Funktion als Selbsterfahrungstexte von Lesben erhielten die von Grossverlagen übersetzten Romane von Rita Mae Brown, *Rubinroter Dschungel* (deutsch 1978), und Kate Millet, *Sita* (deutsch 1978). Die Autobiographie von Kate Millet, *Flying* (1974), wurde dagegen erst mit grosser Verzögerung 1982 ins Deutsche übersetzt.

Im Jahr 1977 fallen verschiedene verlegerische Ereignisse zusammen:

- Rowohlt lancierte als erster Grossverlag unter dem Titel *Neue Frau* eine Frauenreihe, nachdem noch 1973/74 der Vorstoss von Lektorin Elisabeth Raabe zur Lancierung einer Frauenreihe in demselben Verlag abgeblockt worden war[40].
- *EMMA* erschien als zweite überregionale kommerzielle feministische Zeitschrift. (Bereits 1976 war in Berlin die kommerzielle feministische Zeitschrift *COURAGE* gegründet worden, die bis 1984 erschien.)
- Johanna Moosdorfs Roman *Die Freundinnen* wurde mit siebenjähriger Verspätung nicht bei Suhrkamp, sondern in der Nymphenburger Verlagshandlung herausgebracht.
- Marlene Stentens *Puppe Else* wurde mit dreijähriger Verspätung nicht bei Luchterhand, sondern im Selbstverlag *Sudelbuch* publiziert.

1977 wurde also bereits die Veränderung der Verlagskultur durch den Einfluss der Frauenbewegung sichtbar: Einerseits gab es Schriftstellerinnen wie Marlene Stenten, die sich dank der Unterstützung von Freundinnen nicht weiter von Lektoren hinhalten liessen, sondern ihren Text im Selbstverlag herausbrachten. Andererseits reagierten die Grossverlage bereits mit der Publikation von Frauentexten, da diese einen guten Absatz versprachen. Am entscheidendsten für die grundlegende Veränderung des Buchmarktes durch die Frauenbewegung in den siebziger Jahren erwies sich die Gründung von Frauenverlagen und von Frauenbuchhandlungen.

---

40 Madeleine Marti: *Arche Verlag.* In: *Frauezitig* (Zürich), Nr.26/1988, S.22

Die feministische und lesbische Buchhändlerin Anke Schäfer hat auf vielfältige Weise am Aufbau dieser Frauenöffentlichkeit mitgearbeitet und verschiedene Projekte mitbegründet, nämlich den Frauenbuchladen Sappho in Wiesbaden (1976), den Frauenliteraturvertrieb Frankfurt (1978), den Frauenbuchversand Wiesbaden (1978) und die Virginia-Frauenbuchkritik (1986). In der Jubiläumsnummer zu zehn Jahre *Schreiben - Frauen-Literatur-Forum* skizzierte Schäfer die ökonomische Entwicklung der Frauenliteratur seit Beginn der neuen Frauenbewegung[41]. Obwohl es 1976 nur wenige von Frauen verfasste Bücher gab, wurden die meisten Frauenbuchläden 1975/76 gegründet[42]. 1986 waren 1/3 aller Neuerscheinungen von Frauen, und trotzdem haben die meisten Frauenbuchläden "mehr oder weniger harte Existenzkrisen"[43]. Dieses Paradox erklärt sich durch den kapitalistischen Markt: Die bürgerlichen Buchhandlungen hatten schnell auf den "Nachfrageboom nach Frauenbüchern" mit dem Einrichten von Frauenecken, Frauenregalen und Frauenschaufenstern reagiert, womit die Frauenbuchläden nicht gerechnet hatten. Von 1980 an sank deshalb der Umsatz in den Frauenbuchläden, und nach 1983 schlossen vier Frauenbuchläden. Der Frauenbuchvertrieb Berlin machte 1985 Konkurs, wodurch wiederum viele Frauenverlage Einbussen erlitten.

> "Den Frauenverlagen erging es nicht besser: Je mehr Frauenliteratur die bürgerlichen Verlage produzierten (die auch die finanziellen Mittel hatten, kommerzielle Werbung durchzuführen), mit Auflagen starteten, von denen Frauenverlage nur träumen, die Ladenpreise verbraucherinnenfreundlich halten konnten, aktuelle und interessante Titel durch höhere Honorarangebote oder Lizenzgebühren den Frauenverlagen wegschnappten, desto weniger Chancen hatten die Titel der Frauenverlage auf dem Buchhandelsmarkt."[44]

Anfang der achtziger Jahre beendeten deshalb die meisten Frauenverlage ihre Produktion, zur gleichen Zeit entstanden aber neue Frauenverlage und Frauenselbstverlage. Nach Meinung von Anke

---

41 Anke Schäfer: *Von der Marktlücke zur Marktschwemme - eine Übersicht über die ökonomische Entwicklung der Frauenliteratur seit Beginn der neuen Frauenbewegung.* In: *Schreiben* Nr.32, Bremen, 1987

42 Ebenda, S.86 und Brief von Anke Schäfer an Madeleine Marti, 6.6.1988

43 Anke Schäfer: *Von der Marktlücke*, S.89

44 Ebenda, S.89

Schäfer hatten Frauenverlage in den achtziger Jahren, im Unterschied zu den siebziger Jahren, nur noch dann eine Chance, wenn sie von Anfang an professionell aufgezogen wurden[45].

Schaffung einer Lesbenkultur

In den achtziger Jahren sind wichtige Daten für die Schaffung einer Lesbenkultur aus der Frauenbewegung heraus zu verzeichnen:
- 1984 gründete Susanne Amrain in Göttingen den Daphne Verlag, in dem sie lesbische Unterhaltungsliteratur, vorwiegend in Übersetzungen aus dem Amerikanischen, publiziert.
- 1985 veranstalteten Berlinerinnen die erste Lesbenwoche und dokumentierten sie mit einem Band von 300 Seiten[46].
- 1986 gaben Anke Schäfer und Hinrike Gronewold erstmals die Rezensionszeitschrift *Virginia - Frauenbuchkritik* heraus, die halbjährlich in grosser Auflage erscheint und in der ausschliesslich Frauenbücher von Frauen rezensiert werden. Vertrieben wird Virginia hauptsächlich durch die Frauenbuchläden. 1990 gründete dann Hinrike Gronewold zusammen mit Claudia Kleiber eine zweite Rezensionszeitschrift mit dem Titel *Liesebuch*. Diese erscheint viermal jährlich und wird über Buchläden oder im Abonnement verkauft.
- Im Frühling 1987 vergaben Frauen aus dem Umkreis des Hamburger Frauenbuchladens *Lesberatur*, den ersten Lesbenliteraturpreis für ein unveröffentlichtes Manuskript. Als erste Preisträgerin wurde Traude Bührmann für ihre Erzählung *Flüge über Moabiter Mauern* ausgezeichnet.
- Im November 1988 lud der Bremer Frauenbuchladen Autorinnen, Literaturwissenschaftlerinnen, Verlegerinnen, Journalistinnen und Leserinnen zur Diskussion über "Lesbenliteratur" ein und dokumentierte die Lesungen, Vorträge und Statements mit einem Buch mit dem Titel ... *die Welt neu erfinden*.
- 1988 gründeten Chris Paul und Lea Morrien in Berlin den Ätna-Verlag, in dem sie ihre eigenen Texte und darüber hinaus weitere deutschsprachige Literatur von Lesben veröffentlichten.

---

45 Ebenda, S.90

46 Vorbereitungsgruppe Lesbenwoche (Hg.): *"Mit allen Sinnen leben" - Dokumentation der 1.Berliner Lesbenwoche*, 26.10.-2.11.85

- 1990 brachten Frauen aus dem Umkreis des Bochumer Frauenbuchladens *Ihrsinn - eine radikalfeministische Lesbenzeitschrift* heraus, die längere theoretische Beiträge enthält.

Die grössten feministischen Verlage

- Frauenoffensive Verlag

In München begannen 1973 Frauen in einer der ersten Frauenwohngemeinschaften über die Gründung eines Frauenverlages zu diskutieren. Gisela Erler, Mitbegründerin des linken Trikont Verlages, machte es dann ein Jahr später möglich, dass bei Trikont eine Frauenbuchreihe gestartet werden konnte, wobei bereits das erste Buch unter dem Verlagsnamen *Frauenoffensive* herauskam. Ab 1975 bildete Frauenoffensive mit Trikont noch eine Produktions- und Vertriebsgemeinschaft, in der die Frauen ihr Programm autonom bestimmten und im ersten Jahr gleich sechs Bücher produzierten[47]. Durch den grossen Verkaufserfolg von Verena Stefans autobiographischen Aufzeichnungen *Häutungen* wurde bereits 1976 das Selbständigwerden des Verlags Frauenoffensive möglich[48]. Seit 1977 publizierte Frauenoffensive jährlich 9 bis 12 Bücher, mit Ausnahme von 1984 (5 Titel)[49]. Bei Frauenoffensive erschienen Sachbücher und belletristische Texte, zum grösseren Teil Übersetzungen. Bis im Frühling 1990 wurden rund 140 Bücher herausgebracht. Am meisten verkauft

---

47 Die ersten Bücher waren:
- Ina Kuckuc, *Der Kampf gegen Unterdrückung. Materialien aus der deutschen Lesbierinnenbewegung*
- Françoise d'Eaubonne, *Feminismus oder Tod*
- Elena Gianini Belotti, *Was geschieht mit kleinen Mädchen? Ein Beitrag zur rollenspezifischen Sozialisation*
- Barbara Ehrenreich/Deidre English, *Hexen, Hebammen und Krankenschwestern. The witches are back!*
- Freia Hofmann, *Sterilisation*
- Verena Stefan, *Häutungen*

Nach der Zusammenstellung von Ulrike Bauer (Frauenoffensive Verlag), Juni 1988

48 Zur Gründung des Frauenoffensive Verlages: Ursula Münch, *Hat die Alleinherrschaft der Männerverlage jetzt ein Ende?* In: *Emma* (Köln), Nr.1/1977, S.8-12

49 Ulrike Bauer, Liste der verlegten Bücher und Brief an Madeleine Marti, 29.6.1988

wurden die autobiographischen Bücher von Verena Stefan *Häutungen* (bis 1984 über 250'000 Stück), Anja Meulenbelt *Die Scham ist vorbei* (bis 1984 150'000 Stück) und Agnes Smedley *Tochter der Erde* (bis 1984 75'000 Stück)[50].

Der Frauenoffensive Verlag spielte für die Publikation von Büchern, in denen lesbisches Leben ein Thema wurde, eine herausragende Rolle. Von Anfang an wurden in der Frauenoffensive Bücher veröffentlicht, die für das Selbstverständnis von Lesben entscheidend wurden. Es waren dies einerseits autobiographische literarische Texte und Sachbücher. Die wichtigsten Bücher für Lesben führe ich hier an:

1975 Ina Kuckuc, *Der Kampf gegen Unterdrückung*
- Verena Stefan, *Häutungen*

1977 Charlotte Wolff, *Flickwerk*

1978 Ti Grace Atkinson, *Amazonen Odyssee*
- Anja Meulenbelt, *Die Scham ist vorbei*

1979 Elizabeth Riley, *All diese falsche Moral*
- May Sarton, *Ms.Stevens hört die Meerjungfrauen singen*

1981 Christa Reinig, *Der Wolf und die Witwen*
- Mary Daly, *GYN/ÖKOLOGY*
- Adrienne Rich, *Der Traum einer gemeinsamen Sprache*
- Ilse Kokula, *Weibliche Homosexualität um 1900*

1982 Ann Shockley, *Loving her*
- Christa Reinig, *Die ewige Schule*

1983 Monique Wittig, *Lesbische Völker*
- Gerd Brantenberg, *Umarmungen*
- Christa Winsloe, *Mädchen in Uniform*
- Rosetta Froncillo, *Confusa Desio - Eine Reise in Abschweifungen*

1984 Christa Reinig, *Die Frau im Brunnen*

1985 May Sarton, *Eine Abrechnung*

1986 Mary Daly, *Reine Lust*
- Christa Reinig / Marie Luise Gansberg, *Erkennen, was die*

50 Vgl.: - Ulrike Bauer, ebenda
- Martina Schäfer: *Feministische Fiktionen und literarische Traditionen eines autonomen feministischen Verlages. Inhaltsbezogene Strukturanalyse an ausgewählten Texten des Frauenverlages "Frauenoffensive" München.* (Dissertation) München 1986, S.42

Rettung ist
- Zoe Fairbairns, *Im Sternbild der Frauen*

1987 Janice Raymond, *Frauenfreundschaft, Philosophie der Zuneigung*

1988 Katherine V. Forrest, *Die Fremde im Pool*

1989 Nicole Brossard, *Die malvenfarbene Wüste*

1990 Frauentherapiekollektiv (Hg.), *Wenn Frauen Frauen lieben*

In sehr vielen der übrigen bei Frauenoffensive publizierten Bücher wurden lesbische Frauen selbstverständlich zum Thema gemacht, statt wie sonst üblich ausgeklammert.

- *Orlanda Frauenverlag*

> "Die Anfänge des Orlanda Frauenverlags reichen zurück ins Jahr 1974. In der ersten Phase der Neuen Frauenbewegung sind einige Frauenselbstverlage entstanden, in denen Frauen Bücher und Broschüren veröffentlicht haben, ohne zugleich den Aufbau eines eigentlichen Verlagsbetriebs zu planen. In Berlin waren das unter anderen Roswitha Burgard und Dagmar Schultz."[51]

Sie verstanden ihre Verlagsarbeit als Teil der Frauenbewegung und beabsichtigten auch, mit der Herausgabe von Büchern finanzielle Mittel für andere Frauenprojekte zu beschaffen, was mit *Hexengeflüster - Frauen greifen zur Selbsthilfe* gelang. Von diesem Buch wurden 60'000 Stück verkauft und mit dem Erlös wurde das Berliner Frauengesundheitszentrum lange unterstützt. Die Verlegerinnen arbeiteten indessen gratis und lebten von ihrer wissenschaftlichen Arbeit. Anfangs der achtziger Jahre entschlossen sie sich, aus dem Projekt einen professionellen Verlag zu machen, was dank des Aufsehens, das die Stern-Titelgeschichte zu Florence Rushs Buch *Das bestgehütete Geheimnis* hervorrief, gelang. 1982 wurde aus dem *Frauenselbstverlag* der *sub rosa Verlag*, der 1986 in *Orlanda Frauenverlag* umbenannt wurde. Bis 1987 erschienen rund dreissig Bücher[52], im Frühjahrskatalog 1990 sind 54 lieferbare Titel verzeich-

---

51 Chudi Bürgi: *Wider den "Tunnelblick". Der Orlanda Frauenverlag.* In: *Frauezitig* (Zürich), Nr.23, 1987, S.38

52 Alle vorhergehenden Angaben zum Orlanda Frauenverlag stützen sich auf den Artikel von Chudi Bürgi, a.a.O.

net. Besonders wichtige Bücher für Lesben waren Lyrik und Prosa von Audre Lorde (*Zami*, *Lichtflut*, *Krebstagebuch*), der Essay- und Lyrikband von Audre Lorde und Adrienne Rich *Macht und Sinnlichkeit*, der Unterhaltungsroman *Erdbeben* von Sheila Ortitz Taylor und die Sachbücher zu Sexualität, Gesundheit und Macht von Pat Califia *Saphistrie*, von Christiane Ewert, Gaby Karsten und Dagmar Schultz *Hexengeflüster* und von Marina Valverde *Sex, Macht und Lust*. 1987 wurde die dokumentarische Erzählung *Flüge über Moabiter Mauern* von Traude Bührmann veröffentlicht, die den ersten Lesbenliteraturpreis im deutschen Sprachraum erhalten hatte.

Ausgrenzung von Frauenverlagen und ihrer Autorinnen

Die Frauenverlage, auch die beiden grössten, Frauenoffensive und Orlanda, wurden und werden vom patriarchalen Literaturbetrieb ausgegrenzt. Die Systematik dieses Ausschlusses will ich am Beispiel der Autorin Christa Reinig und des Verlages Frauenoffensive aufzeigen.

Christa Reinig publizierte von 1960 bis 1981 in der Eremitenpresse[53], wechselte dann von 1982 bis 1989 zum Frauenoffensive Verlag. Danach ging sie wiederum zur Eremitenpresse. Der Wechsel von einem bibliophilen Kleinverlag zum grössten feministischen Verlag hatte für die Autorin tiefgreifende Folgen. Obwohl Christa Reinig als Autorin von Lyrik, Hörspielen und Romanen bereits anerkannt war, worauf der Erhalt wichtiger Literaturpreise und ihre Präsenz in den Schriftstellerlexika hinweisen, wurde sie als Autorin des Frauenoffensive Verlags von der Literaturkritik im Feuilleton der angesehenen *Neue Zürcher Zeitung* nicht mehr zur Kenntnis genommen. Zwischen 1984 und 1990 wurden in der NZZ folgende Bücher von Christa Reinig rezensiert:

- 1984 *Sämtliche Gedichte* (Eremitenpresse, 1984)
- 1987 *Gesammelte Erzählungen* (Sammlung Luchterhand, 1986)
- 1990 *Nobody und andere Geschichten* (Eremitenpresse, 1989)

---

53 Daneben auch je ein Buch im Vietkau-Verlag (Berlin/W.) und im S.Fischer Verlag. Zudem erschienen Taschenbuchausgaben von bereits in der Eremitenpresse veröffentlichten Texten bei dtv, Fischer und in der Sammlung Luchterhand.

Die beiden Bände *Sämtliche Gedichte* und *Gesammelte Erzählungen* enthielten fast durchwegs bereits publizierte Texte, während im selben Zeitraum neue Texte von Christa Reinig bei Frauenoffensive erschienen, die jedoch in der NZZ nicht besprochen wurden:

- 1982 *Die ewige Schule* (Erzählungen)
- 1984 *Die Frau im Brunnen* (Roman)
- 1986 *Erkennen, was die Rettung ist.* Christa Reinig im Gespräch mit Marie Luise Gansberg

Wichtiges Kriterium für die Auswahl der Bücher, die rezensiert wurden, war für die NZZ-Kulturredaktion offensichtlich die Frage, bei welchem Verlag ein Buch erschienen war. Anders lässt sich die Bevorzugung von Sammelbänden alter Texte gegenüber einem neuen Erzählband und einem neuen Roman nicht erklären[54]. In der Wochenzeitung *Die Zeit* (Hamburg) erschien am 29.9.1989 *Aus Anlass des neuen Erzählbandes "Nobody und andere Geschichten": ein Porträtessay über Christa Reinig, die poetische Anarchistin*, verfasst von Zeit-Redakteur Fritz J. Raddatz. Darin zitiert und paraphrasiert Raddatz sehr ausführlich Selbstaussagen von Christa Reinig, die sie im Interview mit Marie Luise Gansberg gemacht hat, und die 1986 als Buch mit dem Titel *Erkennen, was die Rettung ist. Christa Reinig im Gespräch mit Marie Luise Gansberg* in der Frauenoffensive erschienen waren. Während Fritz J. Raddatz im übrigen Aufsatz die Namen männlicher Verleger und Schriftsteller korrekt zitiert, verschweigt er die feministische Literaturwissenschaftlerin Marie Luise Gansberg und den feministischen Verlag Frauenoffensive, womit er wissenschaftliche und journalistische Grundregeln verletzt[55] und die Leistung von Frauen unsichtbar macht.

Das Ausklammern von Christa Reinigs Publikationen im Frauenoffensive Verlag setzt sich über angesehene Feuilletons bedeutender

---

54 Auf meine Fragen an die Redaktion, ob meine Beobachtung und die daraus gezogenen Schlussfolgerung richtig sei, erhielt ich keine Antwort. Auf telefonische Nachfrage hiess es, der Verlag spiele bei der Auswahl zur Rezension keine Rolle. Frauenoffensive werde nicht absichtlich übergangen. Allerdings war das Verlagsprogramm von Frauenoffensive gar nicht bekannt.

55 Auf meinen Brief an die Redaktion der *Zeit*, in dem ich darauf aufmerksam gemacht hatte, erhielt ich keine Antwort.

schweizerischer und bundesdeutscher Tages- und Wochenzeitungen hinweg fort bis in die unvollständige Bibliographie zu Christa Reinig in der von Wolfgang Emmerich herausgegebenen Dokumentation zum *Bremer Literaturpreis 1954-1987*. Dort sind sämtliche Bücher von Christa Reinig aufgeführt mit Ausnahme derjenigen, die im Original im Frauenoffensive Verlag herauskamen. Vergessen wird damit der Erzählband *Die ewige Schule* (1982), der Roman *Die Frau im Brunnen* (1984) und Christa Reinigs Positionsbestimmung *Erkennen, was die Rettung ist. Christa Reinig im Gespräch mit Marie Luise Gansberg* (1986). Damit wird in einer Dokumentation, die literaturwissenschaftlich seriös sein sollte, die Ausgrenzung von Christa Reinigs Werken, die im Frauenoffensive Verlag veröffentlicht wurden, fortgesetzt.

In aller Schärfe zeigt dieser Ausschluss die Konsequenzen, die einer Autorin drohen, wenn sie sich aus einem Männer-Verlag herausbegibt. Deutlich wird daraus auch, welche Schwierigkeiten Frauenverlage haben, von Kulturredaktionen zur Kenntnis genommen zu werden.

5. Siebziger Jahre

Gesellschaftliche Situation

In den siebziger Jahren wurde das gesellschaftliche Verschweigen lesbischer Frauen durchbrochen: Die Neue Frauenbewegung[1] entstand und stellte das Selbstbestimmungsrecht von Frauen ins Zentrum ihrer politischen Forderungen. Dazu gehörten sowohl das Recht auf Abtreibung wie auch die freie Wahl der Sexualität, d.h. auch der Kampf gegen den Zwang zur Heterosexualität. Lesbische Feministinnen nahmen den ursprünglich diffamierenden Begriff *Lesbe* auf und werteten ihn positiv um zur Selbstbezeichnung. Mitte der siebziger Jahre wurde innerhalb der Frauenbewegung das Verhältnis von Lesbianismus und Feminismus diskutiert und Lesbianismus zeitweilig als politische Strategie propagiert.

Die Frauenbewegung bezog ihre politischen Impulse aus drei verschiedenen ideologischen Lagern: Von der bürgerlichen Frauenbewegung, die Ende des 19.Jahrhunderts entstanden war, von der linken Studentenbewegung von 1968 und von den nordamerikanischen Radikalfeministinnen, die zum grossen Teil aus der gemischten Bürgerrechtsbewegung hervorgegangen waren. In der BRD entwickelte sich die Frauenbewegung aus verschiedenen Gruppierungen heraus: a) 1968/69 entstanden Frauengruppen aus dem Sozialistischen Studentenbund (SDS), b) 1969/70 bildeten sich im Anschluss an die nach französischem Vorbild erfolgte Abtreibungs-Selbstanklagekampagne viele Paragraph 218-Gruppen, c) ab 1970/71 formten sich Gruppen, die die radikalfeministischen Theorien aus den USA rezipierten, und - in Abgrenzung dazu - Gruppen, die eine sozialistisch-feministische Theorie erarbeiteten[2].

In den USA agierten Frauengruppen "Seite an Seite mit männlichen und weiblichen homosexuellen Gruppen und Gruppen der vor-

1 Im folgenden kurz als Frauenbewegung bezeichnet.

2 Vgl. dazu: Ursula Linnhoff: *Die Neue Frauenbewegung USA-Europa seit 1968*. S.38

wiegend schwarzen Minderheiten"[3]. Viele Feministinnen hatten sich bereits in der Bürgerrechtsbewegung für die Rechte der Farbigen eingesetzt. In Analogie zur Black-Power-Bewegung, die ihre Politik im bewussten Widerstand gegen die Herrschaft der Weissen verwirklichte, entwickelten Radikalfeministinnen ihre Politik im bewussten Widerstand gegen die Herrschaft der Männer:

> "Es ist daher nur folgerichtig, dass viele Feministinnen für weibliche Homosexualität oder Bisexualität eintreten, da sie Sexualität für eine wichtige Dimension psychologischer Identifikationsprozesse halten."[4]

Die *Radikalen Lesben* aus New York verstanden sich selber als Avantgarde des Radikalfeminismus[5]. Einige ihrer Diskussionen sind dokumentiert in *Rufe alle Lesben, bitte kommen!*[6]

In der BRD und in der Schweiz entstanden die ersten politisch aktiven Lesbengruppen im Zusammenhang mit Gruppen schwuler Männer, so 1971 die HAW-Frauengrupe im Homosexuellen Aktionszentrum Westberlin[7] und 1972 die Homosexuelle Frauengruppe (HFG) in den Homosexuellen Arbeitsgruppen Zürich[8]. Die Frauengruppe der HAW Berlin wurde im Februar 1972 gegründet[9], das Frauenzentrum erst ein Jahr später, im März 1973, eröffnet. Im Februar 1973 hatten lesbische und heterosexuelle Frauen aus HAW und Frauenzentrum die ersten gemeinsamen Aktionen vorbereitet: Flugblätter gegen die Diskriminierung lesbischer Frauen und die Vorführung von Frauenfilmen. Als Folge davon verankerte sich die Frauengruppe der HAW im Frauenzentrum und arbeitete bei den Aktionen zum Abtreibungsparagraphen aktiv mit. Auch in anderen Städten ar-

3 Ebenda, S.11
4 Ebenda, S.11
5 Ebenda, S.12
6 CLIT: *Rufe alle Lesben - bitte kommen!*
7 Ina Kuckuck: *Der Kampf gegen Unterdrückung*
Im zweiten Teil dieses Buches wird die Entstehung der Frauengruppe der Homosexuellen Aktion Westberlin geschildert (S.65-106). Die Autorin war selber aktiv in dieser Gruppe und schrieb ihre pädagogische Diplomarbeit darüber, die die Grundlage für dieses Buch bildete.
8 *Die Homosexuelle Frauengruppe Zürich (HFG) ist eine Organisation homosexueller Frauen.* In: *Frauezitig* (Zürich), Nr. 18/1980, S.11
9 Ina Kuckuck, a.a.O., S.69

beiteten Frauen aus dem Frauenzentrum und der Lesbengruppe zusammen[10].

1974 organisierten die Frauengruppe der HAW, das Frauenzentrum Berlin und Frauengruppen aus Hamburg Demonstrationen vor dem Gerichtsgebäude und im Gerichtssaal gegen den Ihns-Prozess von Itzehoe[11]. In diesem Prozess wurden zwei Lesben angeklagt und schliesslich zu lebenslanger Gefängnisstrafe verurteilt, weil sie den Ehemann der einen hatten umbringen lassen. Das Gericht und die bundesdeutsche Presse benutzten diesen Prozess als Anlass dazu, eine Hetzkampagne gegen Lesben zu inszenieren. Die Gerichtsberichterstatterin Peggy Parnass kommentierte damals:

> "Denn was ein grosser Teil der Presse aus diesem Prozess gemacht hat, ist mehr als ein Sexualmord. Es ist der Mordversuch an einer sexuellen Minderheit."[12]

Dieser Prozess wurde für die bundesdeutsche Frauenbewegung aus zwei Gründen wichtig: Erstens kam in dieser Meinungshetze gegen Lesben durch Justiz und Medien eine massive Reaktion auf die erstarkende Frauenbewegung zum Ausdruck. Zweitens setze sich die Frauenbewegung erstmals politisch für Lesben ein.[13]

In der Schweiz gründete 1972 eine Frau innerhalb der Männerorganisation HAZ (Homosexuelle Arbeitsgruppen Zürich) eine Frauengruppe (HFG). Als Lesben und Schwule 1974 gemeinsam an den Boldern-Tagungen zu Homosexualität mitarbeiteten, wurde

> "(...) die untergeordnete Rolle der Frau deutlich. Homosexuelle Unterdrückung wird nur gesehen als Unterdrückung der männlichen Homosexualität.
> Durch die Bewusstwerdung der Diskriminierungsmechanismen entstehen erste Kontakte zur Frauenbefreiungsbewegung (FBB). Die Loslösung von der HAZ wird notwendig, da sich unsere frauenspezifischen Probleme nicht mit denen der schwulen Männer vereinbaren lassen; mit anderen Worten, die weibliche Homosexualität stösst in unserer Gesellschaft auf ganz andere Probleme. Dazu zeigt sich, dass auch in dieser Arbeitsgruppe die üblichen Mechanismen (Männerdo-

---

10 Ebenda, S.73

11 Ebenda, S.75

12 Peggy Parnass: *Prozesse 1970-1978*, Frankfurt/M. 1978, S.390
- Vgl. dazu auch: *Lesbenpresse*, Berlin/W., Nr.1/1975, S.3

13 Zentrale Bedeutung erhält dieser Prozess in Christa Reinigs Roman *Entmannung* (1976), in dem über sechzig Schlagzeilen aus Zeitungen dokumentiert sind.

minanz) ablaufen. Sie beharren auf ihren festgesetzten Strukturen, während wir neue Wege suchen."[14]

Einige Frauen der HFG besuchten das Lesbenpfingsttreffen in Berlin. Sie organisierten im August das erste Lesbentreffen der Schweiz (mit Besucherinnen aus der Schweiz und Deutschland) und konstituierten sich unter dem Namen *Homosexuelle Frauengruppe* (HFG) als Verein mit Statuten und mieteten ein Zimmer im Frauenzentrum[15]. Ein Jahr später gründeten vier Frauen eine "radikalfeministische Lesbengruppe als Arbeitsgruppe der HFG" und brachten im Oktober 1975 die erste Nummer der Zeitschrift *Lesbenfront* heraus[16]. Die meisten Beiträge waren mit *radikalfeministische Lesbengruppe* gezeichnet, und auf dem Titelblatt prangten zwei Zitate der US-Radikalfeministin Jill Johnston:

> "Alle Frauen sind Lesbierinnen, ausser jenen, die es noch nicht wissen..
> Solange die Frauen ineinander nicht die Möglichkeit eines primären Engagements sehen, enthalten sie sich selbst die Liebe und Wertschätzung vor, die sie den Männern so bereitwillig zugestehen, und bekräftigen damit ihren zweitklassigen Status."

Bereits im Mai 1975 hatten in Basel lesbische Feministinnen die Zeitschrift *FEMPOL-DRUCK. Blätter für FEMINISTISCHES BEWUSSTSEIN und POLITISCHE AKTION* herausgebracht. Die Notwendigkeit dieser Zeitschrift hatten sie begründet mit ihrem Kampf als lesbische Feministinnen für die "Eliminierung jener Unterdrückungsinstitution, die die Grundlage aller Herrschaftsformen ist: die Heterosexualität"[17]. Nebst Übersetzungen radikalfeministischer Texte von Sulamith Firestone, Jill Johnston, Karen Lindsey aus den USA analysierte das Redaktionskollektiv in eigenen Beiträgen das Verhältnis von "Feminismus und Linke" und bezog Stellung zur Frage "Radikaler Feminismus = Lesbianismus"?

---

14 *Die Homosexuelle Frauengruppe Zürich.* In: *Frauezitig*, Zürich Nr. 18/1980, S.11

15 Ebenda

16 *Homosexuelle Frauengruppe Zürich*, in: *Lesbenfront*, Zürich, Nr.1/1975, S.1/2

17 Programmatische Anmerkungen zu dieser Zeitschrift. In: *FEMPOL-DRUCK* Nr. 1. Basel, Mai 1975, S.2

In Österreich entwickelte sich die erste Lesbengruppe einige Jahre später aus der Frauenbewegung heraus. 1976 erschienen in der AUF, der Zeitschrift der österreichischen Frauenbewegung, zwei Inserate. Im ersten wurde zur Gründung einer Lesbengruppe im Frauenzentrum aufgerufen, im zweiten zur Gründung einer Lesben-Wohngemeinschaft[18]. Erst 1983 wurde dann der erste *Lesbenrundbrief* herausgegeben, der von wechselnden Gruppen in Österreich herausgebracht und an interessierte Frauen verschickt wurde[19]. Bisher gibt es jedoch keine österreichische Lesbenzeitschrift, die auch über Frauenbuchläden in der Schweiz und in der BRD zugänglich wäre.

Literarische Darstellungen

Als Folge der Aufbruchstimmung in und mit der Frauenbewegung wurden in den siebziger Jahren Lebensmöglichkeiten für lesbische Frauen darstellbar. In der Frauenbewegung verliebten sich Mitte der siebziger Jahre viele Frauen erstmals in eine Frau oder kamen durch eine lesbische Beziehung in die Frauenbewegung[20]. Es wurde erstmals eine grössere Anzahl von Texten mit Lebenssituationen von Lesben publiziert. Einerseits wurden Übersetzungen vor allem US-amerikanischer Bücher veröffentlicht, und andererseits gab es eine Reihe von deutschsprachigen Autorinnen, die das Tabu lesbischer Liebe brachen. Dieser Übergang schlug sich in der literarischen Darstellung in verschiedenen Formen nieder: In noch vorhandenen Vorurteilen gegenüber lesbischen Figuren (Karin Struck, Ursula Erler[21]), in der Schilderung einer aussichtslosen Liebe zu einer heterosexuellen Frau (Marlene Stenten *Puppe Else*, Christa Reinig *Entmannung*), in kurzen Reflexionen zur veränderten gesellschaftlichen Bewertung (Marie Luise Kaschnitz, Caroline Muhr) und ausführlicher in der Darstellung des Wechsels von heterosexuellen zu lesbischen Beziehungen (Verena Stefan, Margot Schroeder). Andere Texte gingen von der Selbstverständlichkeit lesbischer Beziehungen aus (Ulrike Meinhof, Johanna Moosdorf). In ihnen widerspiegelte sich die gesell-

18 Brigitte Geiger/Hanna Hacker: *Donauwalzer Damenwahl*, S.145
19 Ebenda, S.146
20 Vgl. z.B.: Reingard Jäckl: *Eine kleine radikale Minderheit*. S.147
21 Die Titel der erwähnten Autorinnen sind in Kapitel 9 chronologisch aufgeführt.

schaftliche Stigmatisierung von lesbischen Frauen in der Handlungsweise von Nebenfiguren. Ebenso wie in den Texten der sechziger Jahre (Ingeborg Bachmann, Nina Keller) war die Suche nach lesbischen Spuren und nach lesbischen Frauen in der Geschichte wichtig, wobei die Dichterin Sappho zum zentralen Bezugspunkt wurde.

Figuren

In den fünfziger und sechziger Jahren waren Liebesbeziehungen zwischen Schülerinnen in der Klosterschule (Marlen Haushofer, Barbara Frischmuth) und zwischen Künstlerinnen (Hertha Kräftner, Ingeborg Bachmann, Nina Keller) dargestellt worden, zum einen also in einer Zwangsgemeinschaft von Frauen, zum andern in einem gewissen Freiraum am Rande der Gesellschaft.

Anfangs der siebziger Jahre wurde Zuneigung und Liebe zwischen Frauen auch bei einer Mutter/Hausfrau und einer erwerbstätigen Frau (Johanna Moosdorf, Caroline Muhr) geschildert und ab Mitte der siebziger Jahre Liebesbeziehungen, die im gemeinsamen Kampf in der Frauenbewegung entstanden (Ursula Erler, Verena Stefan, Margot Schroeder).

Das lesbische Figurenensemble wurde somit erweitert. Zu den bereits in früheren Jahrzehnten auftauchenden Schülerinnen (Christa Reinig, Caroline Muhr), Künstlerinnen (Eva Mendelssohn) und Intellektuellen (Charlotte Wolff, Renate Schostack) kamen neu hinzu: Ehefrauen (Johanna Moosdorf), verheiratete Mütter (Caroline Muhr, Margot Schroeder, Ursula Erler, Karin Struck), eine alternative Gärtnerin und Wirtin (Marie Luise Kaschnitz), eine Büroangestellte (Johanna Moosdorf), eine Krankengymnastin (Verena Stefan) und Buchhändlerinnen (Marlene Stenten). Die Eroberung neuer gesellschaftlicher Räume durch die Frauenbewegung schlug sich damit in der literarischen Darstellung von Lesben nieder. Damit wurde wieder der Stand von Texten aus der Weimarer Republik erreicht, in denen lesbische Frauen nicht nur im Kunstmilieu auftraten, sondern auch in der Welt von Verkäuferinnen, Büroangestellten und Arbeiterinnen[22].

---

22 Doris Claus: *Selbstverständlich lesbisch*. S.103

Schauplätze

Bevorzugte Schauplätze der Handlungen waren Grossstädte, vor allem Berlin und Hamburg, seltener dagegen ein Ort auf dem Lande. Es fällt auf, dass die Protagonistinnen auch dann als lesbische Frauen isoliert bleiben, wenn die Grossstadt den äusseren Rahmen bildet (Moosdorf, Stenten). Es fehlen sowohl Freundschaften mit andern lesbischen Frauen wie auch Zugänge zur lesbischen Subkultur. Ausnahmen bilden jene Texte, in denen die Protagonistinnen in der Frauenbewegung aktiv sind (Stefan, Schroeder, Erler). Neu ins Blickfeld rücken in einigen Texten die Stätten der Erwerbsarbeit und die damit verbundenen Diskriminierungen lesbischer Frauen (Johanna Moosdorf, Christa Reinig).

Tendenzen

In den siebziger Jahren werden lesbische Protagonistinnen vorgeführt, die aus gewohnten Mustern ausbrechen: Einige beenden ihre Liebesbeziehungen zu Männern und gehen Liebesbeziehungen mit Frauen ein (Johanna Moosdorf, Verena Stefan, Margot Schroeder), andere überdenken ihr Leben durch Spiegelung in einer Freundin (Caroline Muhr), und dritte überwinden einseitige Verliebtheit durch Schreiben (Marlene Stenten). Einen doppelten Aufbruch unternimmt Christa Reinigs erste lesbische Figur Wölfi: Sie ist aus der DDR in die BRD übergesiedelt und verlässt das Haus von Otto Kyra, das die Hetero-Welt symbolisiert. Während Wölfi vermutlich überlebt, gehen die heterosexuellen Frauen zugrunde. Im Unterschied zu den fünfziger Jahren sterben die lesbischen Frauen in den Texten der siebziger Jahre nicht mehr, und im Gegensatz zu den sechziger Jahren werden sie nicht mehr zur Heterosexualität bekehrt, sondern es entscheiden sich heterosexuelle Frauen für den Aufbruch aus heterosexuellen in lesbische Beziehungen (Stefan, Schroeder).

In den literarischen Darstellungen von Lesben schlug sich die durch die Frauenbewegung initiierte Aufbruchstimmung nieder. Aufarbeitungen traumatischer Erfahrungen wie Selbstmord der Freundin oder Probleme mit Alkoholismus konnten dagegen erst in einer zweiten Phase zur Sprache gebracht werden, als die Existenz lesbischer

Frauen gesellschaftlich nicht mehr völlig verschwiegen wurde. Dies geschah in den achtziger Jahren.

Autorinnen

Das Altersspektrum der Autorinnen erstreckte sich von den unter Dreissigjährigen (Ursula Erler, Verena Stefan) bis zu den über Siebzigjährigen (Charlotte Wolff, Marie Luise Kaschnitz), wobei die meisten Autorinnen zwischen dreissig und neununddreissig Jahre alt waren, je eine zwischen vierzig und fünfzig, zwischen fünfzig und sechzig und zwischen sechzig und siebzig. Die jüngsten Autorinnen publizierten aus ihrem Engagement in der Frauenbewegung heraus ihre ersten Bücher. Von den ältesten Autorinnen hatten zwei als junge Frauen die lesbische Subkultur im Berlin der Weimarer Republik gekannt (Wolff, Moosdorf), und sie waren erfahrene Schriftstellerinnen (auch Kaschnitz), die nun erstmals[23] auch lesbische Frauen thematisierten. Altersmässig in der Mitte standen diejenigen Autorinnen, die bereits literarische Texte veröffentlicht hatten und nun auf dem Hintergrund der neuen Frauenbewegung erstmals lesbische Figuren darstellten (Reinig, Stenten) oder die überhaupt ihren ersten Text publizierten. Die unterschiedliche Herkunft dieser Autorinnen und ihre unterschiedliche Motivation zum Schreiben kommen auch in einer unterschiedlichen Qualität der literarischen Texte zum Ausdruck. Sie reichen von autobiographischen Aufzeichnungen bis zu literarisch ausgefeilten Kompositionen, z.B. dokumentarisches Fernsehspiel (Ulrike Meinhof), Szenenfolge (Sappho-Theater), Skizze (Marie Luise Kaschnitz), autobiographische Aufzeichnungen (Verena Stefan, Karin Struck, Margot Schroeder), autobiographische Romane (Charlotte Wolff, Marlene Stenten, Eva Mendelssohn) und Romane (Caroline Muhr, Ursula Erler, Christa Reinig, Johanna Moosdorf).

Nationale Unterschiede

Während in den fünfziger und sechziger Jahren die österreichischen Autorinnen zahlreich waren, standen in den siebziger Jahren bundesdeutsche Autorinnen im Zentrum. Daneben wurden wichtige Texte

23 Charlotte Wolff thematisierte auch in ihren früheren wissenschaftlichen und literarischen Werken lesbische Frauen.

zur Darstellung von Lesben von der nach London emigrierten deutschen Jüdin Charlotte Wolff[24] und der in die BRD ausgewanderten Schweizerin Verena Stefan verfasst. In Österreich erschien eine Erzählung von Inge Wertheim, während in der Literatur der Schweiz und der DDR diesbezüglich Funkstille herrschte.

Auch in der Schweiz und in Österreich entwickelte sich eine neue Frauenbewegung, der es jedoch nicht gelang, eine der bundesdeutschen vergleichbare Frauenkulturöffentlichkeit herzustellen. Zu einem grossen Teil hing dies einerseits mit der Grösse dieser Länder zusammen (Schweiz: 4 1/2 Millionen deutschsprachige EinwohnerInnen, Österreich: 7 Millionen, BRD: 60 Millionen), zum anderen aber auch mit der Ausrichtung des deutschsprachigen Literatur- und Zeitschriftenmarktes auf die BRD. Dazu kommt die träge politische Entwicklung in den Alpenrepubliken. In der Schweiz wurde beispielsweise das Frauenstimmrecht auf nationaler Ebene erst 1971 eingeführt[25]. Die Frauenbefreiungsbewegung (FBB) wurde jedoch bereits 1968 gegründet und trat 1969 erstmals öffentlich in Erscheinung. 1972 trugen zwei Schweizerinnen mit ihren Erfahrungsberichten an einer Frauentagung zur Gründung der österreichischen Frauenbewegung bei[26]. In der DDR fehlte eine autonome Frauenbewegung vollständig. Die Feministinnen lebten im "staatlich verordneten Abseits" ohne Zugang zu öffentlichen Foren, Publikationsorganen und legalen Organisationsmöglichkeiten[27].

Zur Auswahl der Texte

Von all diesen Büchern wurde *Häutungen* von Verena Stefan das wichtigste, das in- und ausserhalb der Frauenbewegung rezipiert wurde und zu einem Bestseller avancierte. In der feministischen Literaturwissenschaft und in den von Männern herausgegebenen Sammel-

---

24 Charlotte Wolffs Bücher erschienen zuerst in englischer Sprache.

25 Vgl. dazu: - Susanna Woodtli: *Gleichberechtigung*. 1975
- Lotti Ruckstuhl: *Die Fesseln sprengen*. 1986

26 "Angefeuert durch die Berichte aus der Schweiz beschlossen wir, dass es endlich auch in Wien so weit kommen sollte."
Aus einem Bericht in der AUF, zitiert nach Brigitte Geiger/Hanna Hacker: *Donawalzer Damenwahl*, S.13/4

27 *Frauen in der DDR*, S.63

bänden zu Frauenliteratur wurde Verena Stefans Text bereits ausführlich diskutiert[28]. Margot Schroeders Roman *Der Schlachter empfiehlt noch immer Herz* wurde ebenfalls mehrfach analysiert[29]. Ursula Erler formulierte zwar mit ihrem Roman *Die neue Sophie oder der Beginn einer längst fälligen Gattung der Literatur* den Anspruch, einen weiblichen Bildungsroman zu entwerfen, doch ist das Resultat weder formal noch inhaltlich besonders interessant und löste in der Frauenbewegung wenig Echo aus.[30]

Der entscheidende Beitrag der Frauenbewegung zur literarischen Darstellung lesbischer Frauen lag nicht im Einzelwerk einer Feministin, sondern darin, dass die Frauenbewegung das Tabu der lesbischen Liebe gebrochen, die gesellschaftliche Anerkennung und Sichtbarmachung lesbischer Lebensweise postuliert und eine lesbische Gegenöffentlichkeit[31] geschaffen hat.

---

28 - Unter Berücksichtigung auch des lesbischen Erfahrungsgehaltes besonders bei: Ricarda Schmidt: *Westdeutsche Frauenliteratur der siebziger Jahre*, S.52-136. Ricarda Schmidt vergleicht Verena Stefans *Häutungen* auch mit Ingeborg Bachmanns *Ein Schritt nach Gomorrha* (S.120-136).
- Denselben Vergleich von Verena Stefan und Ingeborg Bachmann hatte vor ihr bereits gemacht:
Sally Tubach: *Female Homoeroticism in German Literature and Culture*, S. 417-465
- Ausführliche Interpretationen zu Verena Stefan liefern auch:
Margret Brügmann: *Amazonen der Literatur*, S.28-54 und
Karen Richter-Schröder: *Frauenliteratur und weibliche Identität,* S.187-204
- Als Standardtext feministischer Literatur wird *Häutungen* auch rezipiert von Sigrid Weigel: *Die Stimme der Medusa*, S.102-105, in der Anthologie von Heinz Puknus: *Neue Literatur der Frauen*, S.208-213, und von weiteren AutorInnen in verschiedenen Publikationen.

29 - Ricarda Schmidt, a.a.O., S.25-51
- Margret Brügmann, a.a.O., S.120-145
- Annegret Schmidjell: *Quartier auf Probe. Tendenzen feministischer Literaturpraxis aus der neuen Frauenbewegung. Mit Textbeispielen von Margot Schroeder und Jutta Heinrich*, Stuttgart 1986.
Darin wird auch die Darstellung von Lesben interpretiert (S.121-127)

30 Vgl. dazu den Kommentar von Ricarda Schmidt a.a.O., S.13

31 Vgl. dazu die Zeitungsausschnitte, Flugblätter und die ausführliche Bibliographie von unpublizierten Examensarbeiten, von Zeitschriftenartikeln und von Frauenzeitschriten, in:

Im folgenden interpretiere ich die Texte von Johanna Moosdorf, Marlene Stenten und in Kapitel 7 diejenigen von Christa Reinig. Johanna Moosdorf interessiert mich, weil sie nach dreissigjähriger Arbeit als Schriftstellerin erstmals und mit grosser Selbstverständlichkeit lesbische Liebe literarisch gestaltet. Während sie ihren Roman *Die Freundinnen* vor dem Entstehen der neuen Frauenbewegung verfasste, schrieb Marlene Stenten zeitgleich mit dem Entstehen der neuen Frauenbewegung, mit der sie sich später solidarisierte. Marlene Stenten schildert von ihrem dritten Buch an lesbische Lebenszusammenhänge, die stark autobiographisch geprägt sind. Am meisten fasziniert mich das Werk von Christa Reinig. Sowohl in der politischen Radikalität wie auch in der ästhetischen Umsetzung sind ihre Texte im deutschen Sprachraum einzigartig.

- *Lesben in/und Bewegung. Materialien zur Lesbenbewegung. Dokumentationen zur Neuen Frauengeschichte*. Herausgegeben vom FFBIZ (Frauenforschungs-, -bildungs- und -informationszentrum e.V.): Redaktion: Rena Schnettler, Berlin/W. 1989 (96 S.)

5.1. Lesbische Traditionsbildung

Johanna Moosdorf: *Die Freundinnen*

Obwohl Johanna Moosdorf insgesamt vier Lyrikbände, acht Romane, zwei Erzählbände, drei Hörspiele und ein Schauspiel veröffentlicht hatte, war ihr Werk[1] bis zur Neuausgabe des Romans *Die Freundinnen* im Jahr 1988 nur wenig bekannt. Von feministischen Literaturwissenschaftlerinnen wurde Johanna Moosdorfs Prosa im Hinblick auf die Darstellung von Lesben von Sally Tubach[2] und im Hinblick auf die Darstellung von Männern von Regula Venske[3] rezipiert. Nach Redaktionsschluss meiner Arbeit legte Bärbel Zielenkewitz ihre Magistra-Arbeit zur Auseinandersetzung von Johanna Moosdorf mit dem deutschen Nationalsozialismus vor[4]. Regula Venske hat mit ihrem Autorinnenporträt *Schriftstellerin gegen das Vergessen: Johanna Moosdorf*[5] und mit dem Nachwort zur Neuauflage des Romans *Die Freundinnen*[6] Johanna Moosdorfs Werk und Leben einem grösseren Publikum eröffnet. Lektorin Ingeborg Mues ermöglichte die unverzögerte Publikation des autobiographischen Romans *Jahrhundertträume* 1989, veröffentlichte 1990 den Lyrikband *Fahr hinaus in das Nachtmeer* (der nebst Gedichten aus dem Band *Neue Gedichte* auch bisher unveröffentlichte Gedichte enthält) und 1991 *Die Tochter*, einen Band mit Erzählungen aus vier Jahrzehnten.

Nach einigen Angaben zur Autorin werde ich die früheren Bücher von Johanna Moosdorf kurz vorstellen, wobei diejenigen, die Ende der vierziger und am Anfang der fünfziger Jahre erschienen, für

---

1 Vgl. dazu Kapitel 10.1.1.
2 Sally Tubach: *Female Homoeroticism in German Literature*, S.122-125
3 Regula Venske: *Mannsbilder - Männerbilder*, 1989
4 Bärbel Zielenkewitz: *Vierzig Jahre Auseinandersetzung mit dem Nationalsozialismus. Untersuchung zu Johanna Moosdorfs Erzählwerk.* (Magistra-Arbeit) Berlin/W., Juni 1990
5 In: Inge Stephan/Regula Venske/Sigrid Weigel: *Frauenliteratur ohne Tradition?* S.191-220
6 Fischer Taschenbuch, Frankfurt 1988, S.258-266

meine Fragestellung interessante Aspekte beinhalten. In der Interpretation konzentriere ich mich dann auf den Roman *Die Freundinnen* (1977), während ich auf den letzten Roman *Jahrhundertträume* (1989), der erst nach Fertigstellung dieses Kapitels erschien, nur kurz verweise.

Autorin

Johanna Moosdorf wurde am 12. Juli 1911 in Leipzig als Tochter eines Buchdruckers und seiner Ehefrau geboren. Moosdorf besuchte die höhere Mädchenschule und war Helferin bei den sozialistischen Kinderfreunden[7]. Zwischen Malerei und Literatur schwankend entschied sie sich, Schriftstellerin zu werden, und ging 1931 zum Studium nach Berlin[8]. Im November 1932 heiratete sie den Dozenten Paul Bernstein und leitete zusammen mit ihm ein Heim für jugendliche Erwerbslose in Berlin. Nach der 1933 erfolgten Auflösung des von den Gewerkschaften getragenen Heims durch die Nationalsozialisten, fand Paul Bernstein als jüdischer Intellektueller keine Stelle mehr und verdingte sich mit Gelegenheitsarbeiten. 1935 und 1937 gebar Johanna Moosdorf die Kinder Barbara und Thomas. Anfang der vierziger Jahre arbeitete sie als Korrespondentin in einer Firma in Leipzig und schrieb nachts ihre literarischen Texte. Paul Bernstein wurde zweimal verhaftet, 1943 und 1944, und danach in Auschwitz umgebracht. Johanna Moosdorf lebte von 1943 bis 1950 mit ihrer Freundin Grete Ebert und mit ihren beiden Kindern in Leipzig[9]. Sie arbeitete als Kunstreferentin und als Leiterin des Feuilletons an der Leipziger Volkszeitung, an der auch Grete Ebert als Regionalredaktorin tätig war, und als Herausgeberin der Literaturzeitschrift *März*. Als 1949 SchriftstellerInnen in der neugegründeten DDR dazu aufgerufen wurden, in die Betriebe zu gehen, nutzte Moosdorf diese Gelegenheit und schrieb auf, was sie dort erfuhr. Nachdem sie deswegen

---

7 *-Unser Autor über sich selbst*, in: Johanna Moosdorf, *Nachspiel*, Kleine LDZ-Bücherei, Berlin 1948, S.48

8 Im Gespräch vom 4.10.88 korrigierte Johanna Moosdorf diese Klappentextaussage. Sie sei zuhause "durchgebrannt" und habe nie "richtig studiert", sondern Vorlesungen besucht und Privatstudien betrieben.

9 Johanna Moosdorf im Gespräch mit Madeleine Marti am 4.10.1988 in Berlin/W. (Tonbandprotokoll)

gewarnt worden war, ging sie 1950 mit ihren Kindern nach Berlin-West. Seitdem lebt sie dort als freie Schriftstellerin[10].

Überblick über die frühen Texte

Dreissiger und vierziger Jahre

Bereits 1933 hätte ein Lyrikband von Johanna Moosdorf im Dreisäulen-Verlag Marburg erscheinen sollen, aber nach der Machtübernahme der Nationalsozialisten wagten die Verleger die Herausgabe nicht mehr. Johanna Moosdorf schrieb jedoch auch ohne Aussicht auf Publikation und unter erschwerten Bedingungen weiter. Erst vierzehn Jahre später, nach dem Zusammenbruch der nationalsozialistischen Herrschaft und kurz nach Kriegsende, wurden vier Bücher von Johanna Moosdorf publiziert[11]: 1947 der Gedichtband *Brennendes Leben* und der Roman *Das Bildnis* und 1948 die beiden Erzählbände *Nachspiel* und *Zwischen zwei Welten*[12]. Schon in diesen frühen Texten thematisierte Moosdorf Beziehungen zwischen Frauen und entwarf eigenständige Frauenfiguren. Oft handeln diese Frauen heimlich gegen den Willen ihrer Väter oder Ehemänner. Innerhalb der frühen Romane *Das Bildnis* (1947), *Flucht nach Afrika* (1952) und *Nachtigallen schlagen im Schnee* (1954) entsteht eine Spannung, da deren Handlungsträger Männer sind, die Empathie aber trotzdem bei den Frauenfiguren liegt.

In drei von fünf Erzählungen, die in zwei Bänden 1948 erschienen, ist die Liebe zwischen zwei Frauen ein zentrales Thema.

---

10 Ebenda

11 In Berlin im Bereich der sowjetischen Besatzungszone

12 Die ersten drei Bücher von Johanna Moosdorf gehörten also zu den ersten Buchpublikationen nach dem Krieg. Unter welch schwierigen Bedingungen diese ersten Publikationen zustande kamen, wird ersichtlich aus dem Briefwechsel der Schriftstellerin Tami Ölfken mit ihrem Verleger Werner Wulff. Tami Ölfken lebte damals im französischen Sektor am Bodensee.
Vgl. Tami Ölfken: *Noch ist es Zeit, Briefe nach Bremen 1945-1955*. Tende, Dülmen/Frankfurt/M. 1988.
Die fehlenden Publikationsmöglichkeiten und den Papiermangel in der sowjetischen Besatzungszone schilderte Christa Reinig im Gespräch mit Marie Luise Gansberg: *Erkennen, was die Rettung ist*, S.34/35

In der Erzählung *Nachspiel* liegt die Patientin Irene bei Kriegsende im Spital. Zwei junge Menschen geben ihr Hoffnung: Der Antifaschist und Buchdrucker Frank, der das Konzentrationslager überlebt hat, ermutigt Irene zum Weiterleben und rächt ihren ermordeten Ehemann. Die Krankenschwester Irmgard besucht Irene häufig während ihrer Nachtwache und streichelt "mit ihren guten, warmen Händen Irenes Wangen und Haar", denn:

> "Sie liebte Irene, deren Zartheit sie als kostbar und schutzbedürftig empfand wie die eines Kindes." (17)

Ein junger Mann erzählt in *Das Mädchen Margret* seinen jungen Zuhörerinnen und Zuhörern von der lebenslustigen Margret, die gegen den Widerstand ihrer Eltern mit ihrer jüdischen Freundin Ruth befreundet blieb. Als Ruth von der Gestapo verhaftet und gefoltert wurde, verübte Margret vor dem Gebäude der Gestapo Selbstmord. Dieselbe Beziehungskonstellation von zwei Freundinnen wurde 32 Jahre später (1980) in der Erzählung *Ruth und Rose* nochmals thematisiert - allerdings ohne Rahmenerzählung mit männlichen Figuren.

Auch *Zwischen den Welten* wird von einem männlichen Erzähler eingeleitet, wobei die Erzählperspektive jedoch nach drei Seiten zum weiblichen Ich wechselt, in dem die Aufzeichnungen von Maria wiedergegeben werden. Maria war eine Tochter aus nazifreundlicher Professorenfamilie und hatte sich mit Irmgard befreundet, einer Tochter aus sozialdemokratischer Schusterfamilie.

> "Ich liebte sie seit dem Tag, da sie in unsere Schule kam. (..) Seit diesem Tag begann mein eigentliches Leben, so dachte ich oft, wenn ich darüber nachsann." (57/58)

Maria nimmt an Treffen der antifaschistischen Jugendgruppe teil, verliebt sich in Irmgards Cousin Martin, zieht sich aber wieder zurück, als sie die Widersprüche zwischen Elternhaus und Freundeskreis nicht aushält. Später begegnet sie Irmgard nochmals, die ihr von Martins Todesurteil erzählt. Maria sucht daraufhin Kontakt zu einer Gruppe antifaschistischer Jugendlicher. Trotz der Liebesgeschichte zwischen Maria und Martin ist die wichtigste Beziehung dieser Erzählung diejenige zwischen Maria und Irmgard, den beiden sozial und wesensmässig sehr unterschiedlichen Frauen.

Fünfziger Jahre

Obwohl in Johanna Moosdorfs zweitem Roman, *Flucht nach Afrika* (1952), die handlungstragenden Figuren weisse europäische Männer sind, erlangen die schwarzen und weissen Frauen zentrale Bedeutung. Während am Anfang des Romans der Selbstmord einer weissen Frau steht, fordert an dessen Ende eine schwarze Frau die andern Frauen zur Ermordung der weissen Männer auf. Die Beziehungen von Frauen und Männern sind zwar selbstverständlich, gleichzeitig werden auf verschiedenen Ebenen Bündnisse von Frauen sichtbar. Redende und handelnde Männer decken weite Teile des Romans ab. Die Männer reden untereinander zwar viel, klammern aber das Wesentliche, was sie beschäftigt, aus. Erstaunlich an diesem Text ist, wie viele verschiedene Frauenfiguren gezeigt werden, die eigenständig handeln, allen voran Waranga. Sie ist eine weise alte schwarze Frau, die "vierzehn Kinder geboren und eine stattliche Reihe von Männern begraben" (222) hat.

> "Sie hasste die weissen Männer und lehrte die Mädchen und Frauen, die sie in ihre Betten holten, die Anwendung der alten, geheimnisvoll wirkenden Schlangen- und Pflanzengifte, die in vielen Familien schon lange vergessen waren. Es gab welche, die nach und nach töteten, so dass kein weisser Arzt es merkte." (222/223)

In der Figur von Waranga greift Johanna Moosdorf erstmals das Motiv der Hexe, der weisen alten Frau, auf, die selbständig lebt und sich Männern nicht unterordnet. Die alte Frau gibt ihr Wissen über geheime Tötungsmöglichkeiten an die jungen Frauen weiter. Sie warnt sie vor den weissen Männern und hält das Bewusstsein des schwarzen Frauenkampfes gegen die weissen Kolonialisten wach. Das Frauenbündnis ist jedoch bereits brüchig, da die Töchtergeneration Beziehungen zu den weissen Männern eingeht. Ngangala, eine junge Schwarze, ist "zweifelsüchtig" (258) und grenzt sich innerlich von Waranga ab. Waranga reagiert darauf, indem sie Ngangalas Hand ergreift und sie "dicht an sich heran" zieht,

> "(...)dass sie ihren Körper roch und ihr welkes Fleisch an ihrem blühenden Leibe fühlte. Es war, als hätte sie mit dieser Berührung alle Zweifel und allen Hohn in Ngangalas Gemüt ausgelöscht. Sie ist doch die Uralte, dachte Ngangala zitternd. Sie weiss, sie weiss - " (260)

Der Glaube an das weibliche Wissen wächst durch körperliche Nähe. Dieser mütterlichen, sorgenden, liebevollen Beziehung einer alten

Frau zu einer jungen entspricht im Text eine zweite Beziehungskonstellation zwischen zwei Frauen, Frau Kramer und Suzanne. Die Berlinerin Frau Kramer hatte während des zweiten Weltkrieges mit ihrem Mann ein Gefangenenlager betreut und sich zu den Gefangenen menschlich verhalten. Am meisten aber hatte ihr die junge Deutsche Suzanne am Herzen gelegen, die "wie eine Hure" (47) lebte. Nach dem Krieg hatte Suzanne den ehemaligen französischen Gefangenen Marcel Lebrun geheiratet, mit dem sie nach Afrika auswanderte. Als Marcel nach Suzannes Selbstmord nach Berlin kommt, fragt Frau Kramer ihn sofort nach Suzanne (193). Staunend vernimmt sie seine Lügen, dass es Suzanne gut gehe, und erzählt ihm, wie sie sich seit Suzannes Weggang Sorgen um sie gemacht habe:

> "Und in der letzten Zeit habe ich Nacht für Nacht von Suzanne geträumt. Nicht eigentlich schreckliche Träume. Es geschah ihr gar nichts weiter. Ich sah sie nur - aber das war so quälend, Marcel. So quälend - " (196).

Erleichtert darüber, dass ihre bösen Ahnungen nicht eingetroffen sind, bezeichnet sie sich nach Marcels Lügen als "lächerliche, alte Unke" (198), da sie immer Angst gehabt hätte, dass Suzanne etwas zustossen könnte (207). Aus der Sicht von Suzannes Ehemann Marcel wird dazu kommentiert:

> "Sie muss sie wie eine Tochter geliebt haben. Fühlte sie sich ihr innerlich verwandt? Dumme Frage! Es laufen wohl immer ein paar Leute zur gleichen Zeit auf der Erde herum, die sich nahe sind." (208)

Die weiteren Romane Johanna Moosdorfs, die Mitte der fünfziger Jahre erschienen, handeln von ungesühnten Verbrechen während der Zeit des deutschen Nationalsozialimus, *Die Nachtigallen schlagen im Schnee* (1954), und vom Wiederaufbau in der DDR, *Der Himmel brennt* (1955). In diesen beiden Romanen nehmen die Frauenfiguren eine zweitrangige Position ein, und Beziehungen zwischen Frauen kommen nicht vor. Johanna Moosdorf hat darauf hingewiesen, dass sie sich selber mit den männlichen Hauptfiguren dieser Texte identifizierte und sie männliche Masken brauchte, um ihre Ideen auszudrücken:

> "Es war ja so, dass nach den 20er Jahren die ganze Emanzipationsbewegung zerstört worden war, und eine junge Frau, die schreibt, und dann hat sie auch noch eigene Gedanken - das war ja fürchterlich!

> Es war eben unmöglich, eine handelnde Frau, eine Frau als Subjekt darzustellen. Man musste eine männliche Person nehmen. Die männlichen Hauptfiguren in "Nachtigallen schlagen im Schnee" und dann auch in "Flucht nach Afrika", das bin im Grunde ich selbst. Mit denen identifiziere ich mich. In beiden Büchern sind die Frauen passiv und die Männer aktiv, nicht, weil ich dachte, die sind so, sondern weil es mir sonst nicht abgenommen worden wäre."[13]

Liest man *Nachtigallen schlagen im Schnee* unter diesem Aspekt, so wird deutlich, dass wichtige Beziehungen zwischen Frauen darin enthalten sind[14] und dass aus weiblicher Sicht verdeckte Verbrechen entlarvt werden[15].

Sechziger Jahre

1961 erschien Johanna Moosdorfs erster Roman mit weiblicher Hauptfigur, *Nebenan*. Darin werden die unterschiedlichen Einschätzungen der Freundschaft einer alten mit einer jungen Frau aus männlicher und weiblicher Perspektive einander gegenübergestellt.

Der Arzt und Nazi-Mitläufer Stefan Jensen will herausfinden, woher seine junge Frau seinen richtigen Namen weiss. Bei seinen Recherchen stösst er auf Agathe Steinbach, ein "alte[s] Fräulein" (178)[16], die mit ihrer jungen Gesellschafterin Elena zusammenlebt. Bedrohlich für ihn ist die gegenseitige Unterstützung der beiden Frauen. Dieser Mann kann auf den Schimpfwortschatz des Patriarchats zurückgreifen und damit die alte Frau als "Hexe" (189) und die junge Frau als "lesbisches Frauenzimmer" (192) abstempeln. Bereits das Ledigsein der alten Frau, also die Tatsache, dass sie nicht gesetzlich an einen Mann gebunden ist, stellt für ihn eine Provokation dar, so dass er die alte Frau in Gedanken aburteilt:

---

13 Johanna Moosdorf, in: Regula Venske: *Schriftstellerin gegen das Vergessen*, S.201

14 Die verhinderte Liebesbeziehung zwischen Vicky und Helene. Vicky erhält von seiner Grossmutter einen Spiegel, in dem Helene ihre Schuld erkennt.

15 Vicky durchschaut die Lügen von Helene, und Gabriele Graupner ahnt, dass ihr Ehemann ein Mörder ist.

16 Die Begriffe *Fräulein* und *Dame* wurden von der Jahrhundertwende bis Ende der Dreissiger Jahre zur Selbstbezeichnung lesbischer Frauen verwendet.
Vgl.: Hanna Hacker: *Frauen und Freundinnen*, S.188-192

> "Muss einmal ein temperamentvolles Persönchen gewesen sein, aber vielleicht zu scharfzüngig, zu wehrhaft, zu unweiblich, wäre sie sonst sitzengeblieben? Sie rächt sich natürlich. Hetzt junge Frauen gegen ihre Männer auf." (185)

Dieser Männersicht wird die weibliche Perspektive der jungen Frau Elena entgegengestellt, die erklärt: "Fräulein Steinbach ist alt und klug" (190).

Fazit

Bei der Betrachtung von Johanna Moosdorfs Texten von den vierziger bis in die sechziger Jahre sind fünf Punkte hervorzuheben: Johanna Moosdorf hat Bücher in allen literarischen Gattungen publiziert. Ihre Frauenfiguren sind aussergewöhnlich differenziert gestaltet. In der Bedeutung, die die Frauenfiguren auch in den fünfziger und sechziger Jahren in Johanna Moosdorfs Texten haben, sind sie vergleichbar mit denjenigen von Marlen Haushofer, wobei sich Moosdorf im Unterschied zu Haushofer nicht von Frauengemeinschaften abgrenzt. Verschiedenartige Freundschafts- und Liebesbeziehungen zwischen Frauen werden dargestellt, teils am Rande, teils als zentrales Thema. In den Texten, die Mitte der fünfziger Jahre publiziert wurden, ist das repressive gesellschaftliche Klima ablesbar, da die Frauen - im Gegensatz zu Moosdorfs früheren und späteren Publikationen - minderwertige Positionen einnehmen und keine Frauenfreundschaften, geschweige denn lesbische Liebe, vorkommen.

Interpretation von *Die Freundinnen*

Schwierigkeiten bei der Publikation

Johanna Moosdorf hatte also bereits ein eindrückliches literarisches Werk veröffentlicht, als die 59-Jährige das Manuskript von *Die Freundinnen* 1969/70 abschloss und dem Suhrkamp Verlag anbot, bei dem ihre letzten beiden Bücher und ein Theaterstück erschienen waren. Moosdorf war mit dem Preis des Leipziger Kunstamtes (1950), mit den Förderpreisen Thomas Mann (1950) und Carl Zuckmayer (1952), mit dem Nelly Sachs Preis (1962) und mit dem Stipendium der Villa Massimo ausgezeichnet worden, hatte also schon einige literarische Anerkennung erhalten.

Mit dem Roman *Die Freundinnen* knüpfte Johanna Moosdorf in den sechziger Jahren an die Zeit der Weimarer Republik an, in der einige Romane mit Lesbendarstellungen veröffentlicht worden waren. Als Moosdorf von 1963 bis 1970 an ihrem Roman arbeitete, waren diese feministischen und lesbischen Ansätze vergessen und die Neue Frauenbewegung noch nicht in Sicht. Die selbstbewusste Darstellung lesbischer Liebe und die Kritik an patriarchalen Verhaltensweisen war 1970 gesellschaftlich und literarisch noch tabuisiert, so dass der Leiter des Suhrkamp Verlages, Siegfried Unseld, die Publikation von *Die Freundinnen* ablehnte, obwohl Moosdorfs letzte Bücher bei Suhrkamp veröffentlicht worden waren. (Vgl. dazu Kapitel 4). Erst 1977 erschien dann mit siebenjähriger Verspätung der Roman *Die Freundinnen* in der Nymphenburger Verlagshandlung, zwischen Konzeption und Publikation des Romans lagen also vierzehn Jahre. Bereits ein Jahr später wurde das Buch vom Verlag aus dem Verkauf gezogen und der Vertrag gegenüber Johanna Moosdorf als aufgelöst erklärt[17]. Erst elf Jahre nach der Erstveröffentlichung wurde *Die Freundinnen* 1988, als Folge der feministischen Wiederentdeckung durch Regula Venske, im Fischer Taschenbuch durch Ingeborg Mues veröffentlicht und erreichte damit ein breiteres Publikum[18].

Inhaltsangabe

Der Roman spielt in *Berlin zu Beginn der siebziger Jahre* (33). Im Zentrum stehen die Frauen Stefanie, Irina und Lene Andras. Erzählt wird meistens in personaler Erzählsituation aus der Perspektive von Stefanie, die mit Irina eine Liebesbeziehung und mit Lene Andras eine Freundschaft verbindet. Hauptthema des Romans ist die lesbische Liebesbeziehung bzw. Stefanies Sehnsucht danach. Der erste Teil beinhaltet sowohl Stefanies Hoffnung auf die Rückkehr ihrer Geliebten Irina, die sie vor drei Jahren plötzlich verlassen hatte, wie auch Irinas Rückkehr, die gemeinsame Erinnerung an ihre erste Be-

---

17 Johanna Moosdorf vermutete, dass jemand in München intrigiert habe. Gespräch mit Madeleine Marti, 4.10.1988 in Berlin/W. (Tonbandprotokoll)

18 Bis April 1990 wurden rund 20'000 Bücher verkauft. Vgl. Kap.4

gegnung und das Erleben ihrer gegenwärtigen Liebesbeziehung. Thematisiert wird auch Stefanies Wohn- und Arbeitsbereich, die Beziehung zu ihrem Sohn und Irinas Heirat mit Klemens Kross. Die Darstellung der lesbischen Liebesbeziehung wird verbunden mit der Suche nach Spuren von lesbischen Frauen in der Geschichte und mit Visionen für die Zukunft. Erinnert und aus persönlicher Betroffenheit kommentiert wird in den Gesprächen der Freundinnen die massenhafte Vernichtung von Frauen als "Hexen" im Spätmittelalter und in der Frühen Neuzeit.

Im zweiten Teil des Romans, der einige Monate nach dem ersten Teil einsetzt, ist das Verhältnis der beiden Liebenden zueinander "verstört"[19], weil Irina mit einem ehemaligen Liebhaber von Stefanie eine Liebesbeziehung begonnen hat und weil verschiedene andere Männer die Frauenbeziehung angreifen, wogegen die Frauen sich zu wenig wehren.

Der Epilog schildert die innere Wandlung von Ehemann Klemens, nachdem Irina ihn verlassen hat.

Hauptfiguren

Anhand der drei weiblichen Hauptfiguren werden verschiedene Existenzmöglichkeiten von Frauen geschildert. Stefanie ist keine Heldin, sondern eine durchschnittliche Frau: Zwischen 35 und 40 Jahre alt, Büroangestellte, geschieden, ein Kind. Aussergewöhnlich ist ihr "Mut zu (sich) selbst" (51) und zur Scheidung anfangs der sechziger Jahre. Dafür wurde sie mit der Wegnahme ihres Kindes bestraft und ihrer materiellen Grundlage beraubt. Stefanie musste sich mit schlechtbezahlten Hilfsarbeiten durchschlagen, bis sie schliesslich eine Stelle in einem Anwaltsbüro fand. Sie hat keine eigene Wohnung, sondern zwei Zimmer als Untermieterin, wo sie während sieben Jahren mit ihrer jüngeren Geliebten Irina zusammengelebt hat, ehe diese sie verlassen hatte. Stefanie erscheint als ruhige, verlässliche, beziehungsfähige Person, die unerschütterlich an Irinas Rückkehr glaubt.

Irina dagegen ist ein ganz anderer Charakter. Ohne erwerbstätig zu sein, schlängelt sie sich durchs Leben, lebt auf Kosten von Stefanie und heiratet später Klemens Kross, um sich von ihm aushalten zu las-

---

19 Das erste Kapitel des 2.Teils trägt den Titel *Verstörung*.

sen. Sie ist unbeständig und kümmert sich weder um Vergangenheit noch Zukunft, sondern lebt ausschliesslich in der Gegenwart. Sie übt keinen Beruf aus und begibt sich dadurch in finanzielle Abhängigkeit von andern Menschen. Irina ist ein elfenhaftes unfassbares Wesen, dessen Hilflosigkeit und starke erotische Ausstrahlung Frauen und Männer fasziniert. Irina scheint weniger eine ausgestaltete Figur denn eine Projektionsfläche für die Wünsche von Stefanie zu sein.

Die dritte Hauptfigur ist Lene Andras, eine etwa vierzigjährige Freundin von Stefanie. Lene Andras hat promoviert und "vor Jahren (...) ein wissenschaftliches Archiv verwaltet" (15). Sie ist verheiratet, hat eine Tochter, lebt aber inzwischen allein mit ihren Büchern und arbeitet an einem neuen Buch "über ein ganz anderes Thema, über Frauen" (15). Während Lenes Ehemann als Geschichtsprofessor Karriere gemacht hat, hat sie selbst ihre wissenschaftliche Arbeit erst nach einem Nervenzusammenbruch wieder aufgenommen. Lene hat sich von Ehemann und Tochter getrennt, ist aber beiden freundschaftlich verbunden geblieben. Lene Andras vermittelt Stefanie den Zugang zur Frauengeschichte, insbesondere zu Spuren lesbischer Frühgeschichte. Wichtig für Stefanie ist zudem Lenes Anteilnahme an ihren Gefühlen für Irina.

Stefanie und Lene Andras ähneln einander. Sie bilden zwei verschiedene Ausgestaltungen desselben Menschentypus. Beharrlich und konsequent verfolgen sie ihre Ziele und unterstützen einander als Freundinnen. Sie sind Realistinnen, die ans Utopische glauben. Wichtiger als Sozialprestige und materieller Wohlstand ist ihnen ihre Eigenständigkeit als Frau: Stefanie löst sich aus ihrer Abhängigkeit von ihrem Ehemann, und Lene Andras geht aus einer patriarchalischen Institution hinaus und forscht auf ihre Weise nach den Ursprüngen der Geschichte von Frauen. Beide Frauen arbeiten hart und kontinuierlich auf ihrem Weg, den sie eingeschlagen haben.

Irina dagegen erscheint als die faszinierende andere, die bei Stefanie die Erkenntnis auslöst:

> "Ich bin tot gewesen, eine lebendige Tote. Nachts lag ich nicht wach wie jetzt, aber der Schlaf brachte mir keine Erfrischung; er war dumpf und schwer. Allerdings träumte ich auch oft, und dann dachte ich: in meinen Träumen lebe ich noch." (52/53)

Die drei weiblichen Hauptfiguren werden differenziert mit ihren Vorzügen und Schwächen gezeigt, wobei sie weder als Heldinnen noch als Märtyrerinnen stilisiert, sondern als Frauen porträtiert werden, die in ihrer konkreten widersprüchlichen Lebenssituation ihren Weg suchen. Obwohl sie auch in ihrem Anpassungsverhalten gezeigt werden, verkörpern sie eine Hoffnung auf Veränderung. Sie durchschauen ihre eigene Widersprüchlichkeit, setzen sich gemeinsam mit ihrer Lebenssituation auseinander und nehmen bezug auf die Geschichte und auf ihre eigenen Visionen. Sie proben zusammen neue Denk- und Verhaltensweisen.

Beziehungen zu Männern und zu Frauen

... zu Männern

Von einem Frauenstandpunkt aus realitätsgetreu ist in diesem Roman der Blick auf die Männer, wobei der Befund - mit Ausnahme von Lenes Onkel, der zusammen mit seiner Freundin Lenes Tochter Kitty aufgenommen hat - durchwegs negativ ausfällt. Durch den Handlungsverlauf wird die Erkenntnis vermittelt, dass die Ehe für Frauen nicht taugt, weil sie Frauen als eigenständige Menschen zerstört und krank macht. Jedoch auch ausserhalb der Ehe erscheint keine Form von Liebesbeziehungen zu Männern als frauenwürdig. Zudem unterhöhlen verschiedene Männer im zweiten Teil des Romans die lesbische Liebesbeziehung von Stefanie und Irina auf unterschiedliche Weise (Stefanies ehemaliger Geliebter Pitt, Stefanies Sohn Igor) und greifen sie direkt an (Voyeur Striehse, Voyeur "Doktor Doktor Jakusch", Irinas Ehemann Klemens Kross).

In einer Szene wird durch die Darstellung eines Gespräches sichtbar gemacht, mit welchen Redestrategien Männer Frauen schachmatt setzen. Lene Andras, die in einer Arbeitskrise steckt, wird von ihrem Ehemann und dessen Freund besucht. Als Stefanie ebenfalls eintrifft, hört sie Lenes zornige Aussagen über die Bettelmönche, die im Mittelalter die Verfolgung von Frauen als "Hexen" schürten. Dann schläft Lene besoffen ein, und die beiden Geschichtsprofessoren sitzen herum und reden in einer Mischung aus Anerkennung und Spott über Lene und ihr Vorhaben, ein Buch über die Geschichte der Frauen zu schreiben. Stefanie verteidigt Lenes Position und entwirft ihre eigene gesellschaftliche Utopie. Als die beiden Männer "lachen, spötteln" (254), fragt sich Stefanie: "Bin ich naiv, habe ich etwas Dummes gesagt?" (254) und versucht vergeblich, Lene aufzuwecken, um mit ihr gemeinsam gegen die Männer zu argumentieren. Doch ihre Freundin ist von ihrem feministischen Einzelkampf erschöpft und schläft weiter, worauf Stefanie wiederum als einzelne Frau zwei Männern (und deren bedeutend grösserer Bildung) gegenübersteht, jedoch tapfer argumentiert:

> "Der Wahn vom reinen Geist, die Zwangsinstitutionen unserer Angst: Staat, Kirche, Ehe, Justiz, Armee - das ganze monströse Riesengebäude der Zivilisation, errichtet mit ungeheuren Aufwänden an Gottes- und Gewissenspein, Askese, Selbstkasteiung, Triebverdrängung, Sublimierung und Vergeistigung auf der einen Seite, an Gewalt, Macht, List, Betrug, Blut und Geld, Ausbeutung und Unterdrückung auf der anderen, getarnt und ungetarnt, grausam, selbstherrlich, in Purpur und in Lumpen zur Schau und Rührung gestellt, die Stufenleiter der Narretei hinauf und hinunter." (254)

Die Ehe als Institution zu betrachten und sie in eine Reihe mit den traditionellen Institutionen Staat, Kirche, Justiz und Armee zu stellen, war ein neuer und kühner Gedanke, der in den siebziger Jahren von nordamerikanischen Radikalfeministinnen theoretisch entwickelt wurde. So zeigte Adrienne Rich auf, wie die Institutionen Mutterschaft und Heterosexualität die Lebenssituation sämtlicher Frauen prägen, ob sie heterosexuell oder lesbisch sind, verheiratet oder nicht, mit oder ohne Kindern leben[20].

... zu Frauen

Die Beziehungen zwischen den Frauen, sei es als Liebende oder als Freundinnen, sind demgegenüber komplexer. Es gibt zwischen ihnen zwar Rollenverhalten, z.B. eine Art Mutter-Tochter-Verhältnis zwischen Irina und Stefanie, aber sie tauschen ihre Positionen auch aus, brechen ihre Rollen immer wieder auf, verhalten sich plötzlich in ungewohnter Weise, nehmen einander neu wahr und revidieren ihre gegenseitigen Bilder. Diese Bewegung ist bereits in der Figurenkonstellation der drei Freundinnen angelegt, die im Vergleich zu den mei-

---

20 - Adrienne Rich: *Mutterschaft als Erfahrung und Institution*
- Adrienne Rich: *Zwangsheterosexualität und lesbische Existenz*

sten anderen Texten der sechziger und siebziger Jahre, die sich auf eine - erhoffte oder gelebte - lesbische Zweierbeziehung konzentrieren, besonders bemerkenswert ist. Im Vergleich von Liebesbeziehung und Freundschaft gibt es sowohl Unterschiede wie Gemeinsamkeiten. Einerseits reden die Geliebten (Stefanie und Irina) miteinander viel über Geschichte und Literatur von Frauen und über sich selbst, andererseits wird zwischen den Freundinnen (Stefanie und Lene) erotische Anziehung spürbar (35, 179, 210). Als Bild vollkommener Harmonie steht der freundschaftliche, nicht der liebende Blick einer Frau auf eine andere Frau:

> "Mir ist, ich hätte noch nie hineingeschaut in ihre Augen. Ganz gewiss habe ich sie noch nie so still und stet leuchten sehen. Sie ruhen auf mir. Zwischen uns ist eine schwingende, vollkommene Übereinstimmung." (Stefanie über Lene Andras, 210/211)

In diesem Moment ist eine Zukunftsvision gegenwärtig geworden. Zuvor hatte Lene Stefanie von der realen Beziehung zu ihrem Ehemann und von ihrer Utopie einer Liebesbeziehung erzählt.

> "Es sei zuviel in ihr, das keine Antwort von ihm bekomme, sagt sie klagend. Vielleicht werde es eine Frau sein, ja, eine Frau könne ihr die Bestätigung geben, die sie brauche, und dann, träumerisch: Ich zu werden, das sei ein grosser, aber nur der erste Schritt. Den zweiten, bedeutenderen, werde sie vielleicht eines Tages mit mir zusammen tun, Hand in Hand mit mir.
> Das Selbst verlieren. Das Sein gewinnen. Das ist es." (210)

Die geschilderte Liebesbeziehung zwischen Stefanie und Irina entspricht diesem Ideal nicht, sondern sie ist geprägt von den Widersprüchen ihrer Lebenssituationen und von Irinas Flucht aus Angst vor Beengung. Trotz der Unterschiede von Stefanie und Irina gründet sich ihre Beziehung auf Verständnis, und die beiden Frauen reden während der Trennung über ihr späteres Zusammensein (273).

Selbstverdoppelung

Zur entscheidenden Erfahrung in der lesbischen Liebesbeziehung wird für Stefanie die Verdoppelung ihrer selbst.

> "Mir ist, ich löse mich auf, öffne mich, stosse ein anderes Ich aus mir heraus, sei oder werde aber auch selbst das andere - alles, was ich denke, erfasse, anschaue, das sei ursprünglich in mir, sei Ich gewesen, und nun ist es ausserhalb, und ich bin es noch immer, bin das Angeschaute, (...)." (40)

Und:

> "Ich versuche, mich auf läppische Weise zu beruhigen, als wäre mein Gefühl, beides zu sein, das Ich, das anschaut, ergreift, erkennt, und das Andere, das Angeschaute, Ergriffene, das Geliebte - als wäre es nichts Ungewöhnliches, wäre nicht eine unerschöpfliche Quelle des Leidens, verstosse nicht gegen die Denk-, Fühl- und Lebensgewohnheiten, die ich mit meinen ersten Atemzügen und Worten, im Spiel, in der Schule, von meinen Eltern und auf der Strasse gelernt habe." (41)

Diese Gedanken hat Stefanie nicht in der unmittelbaren Liebesbegegnung, sondern als sie widerwillig an einer Hetero-Party teilnimmt und hofft, dass Irina bald zu ihr zurückkehre. Direkt in Verbindung gebracht mit ihrer Liebesbeziehung wird Stefanies Selbstverdoppelung erst später in einem an Irina gerichteten und nicht abgeschickten Brief (100). Das Bild der Verdoppelung des Ichs, das gleichzeitig Subjekt und Objekt ist und das gegen sämtliche "Denk-, Fühl- und Lebensgewohnheiten" verstösst, steht als Metapher einer Frauenbeziehung und wird dem männlichen Bezug zur Welt entgegengesetzt, der zerstörend und zerstückelnd ist:

> "Trennen. Auseinanderreissen. Töten, um zu erkennen. Es ist ja dann aber nur das Tote, das sie erkennen." (41)

Die Selbstverdoppelung der Frauen wird durch das Sternbild der Freundinnen und durch das Foto einer archäologischen Ausgrabung in die Tradition der verschütteten Geschichte lesbischer Frauen gestellt. Diese "Doppelgestalt" mit zwei Köpfen und vier Brüsten" (166) habe ein "irdisches Urbild", das älter sei "als alle strahlenden Knaben- und Freundespaare" (165).

Während Männer Frauen zu ihrer Beute machen, indem sie sie als Objekte ihrer Voyeurslust (Striehse, Jakusch) ausbeuten, oder indem sie sie abwertend in patriarchale Frauenbilder einordnen (Ehemann Kross), ist es Frauen möglich, sich gegenseitig unterstützend zu betrachten, miteinander ihre eigenen Bilder zu entwerfen und durchzuspielen.

> " "Wenn du mich nur ansiehst." [Sagt Irina, M.M.]
> Auch das ist mir klar. Sie braucht meinen Blick, unter dem sie sich verwandeln, vermummen, entkleiden und entlarven, Masken ausprobieren und wiederum ablegen und unversehens sie selbst sein kann, nackt, ohne Tarnung." (62)

Die Frauen werden einander zu "lebendigen Spiegeln", wie dies die Literaturwissenschaftlerin Elisabeth Lenk 1976 in ihrem grundlegenden Essay *Die sich selbst verdoppelnde Frau* formuliert hat, als sie der Frage nachging, ob es eine weibliche Ästhetik gäbe:

> "Die Frau kann das neue Verhältnis zu sich nur über andere Frauen entwickeln. Die Frau wird der Frau zum lebendigen Spiegel, in dem sie sich verliert und wiederfindet. Das so entstehende Verhältnis der Frau zu sich ist so neu, dass es noch nicht definiert werden kann." [21]

Ausgelöst werden bei Stefanie utopische Gedanken jedoch weder durch Blicke, noch durch Berührungen, sondern durch den Geruch der Geliebten[22].

> "Aber ich fühle ihr Fluidum, ihren herben Irina-Geschmack. Ich bin voll einer grossen Hoffnung. Wir werden frei sein, ganz neu werden wir sein. Die Masken werden von uns abfallen. Unsere verborgene Schönheit wird hervorbrechen, unsere Kraft, die aus der Tiefe stammt. Ich spüre die Tiefe unter unseren Füssen. Wir bewegen uns über ihr, lärmend, in blinder Überheblichkeit." (67)

Diese Utopie eines möglichen Neuanfangs in Richtung Freiheit erinnert an Ingeborg Bachmanns Erzählung *Ein Schritt nach Gomorrha*, aber anders als Ingeborg Bachmann verknüpft Johanna Moosdorf die Utopie mit dem gegenwärtigen Erleben der Protagonistin. An anderer Stelle beginnt für Moosdorfs Protagonistin die Utopie eines friedlichen Zusammenlebens bereits in der Gegenwart mit ihrer Geliebten und in Anwesenheit ihrer Freundin, die so hoffnungsvoll von einer fernen Vergangenheit erzählt, als wenn sie von der Zukunft spräche (84). Ein weiterer und entscheidender Unterschied zu Bachmanns Erzählung besteht in der Konzeption der Frauenbeziehung, indem Moosdorf weder im Denken noch im Handeln ihrer Figuren heterosexuelles Rollenverhalten auf die lesbische Liebe überträgt, sondern eine Beziehung entwirft, die von zwei Subjekten aufgebaut wird, die sich zwar auch verletzen, z.B. wenn Irina Stefanie wiederholt verlässt, trotzdem aber zusammen eine gleichberechtigte Beziehung

---

21 Elisabeth Lenk: *Kritische Phantasie*. Matthes & Seitz, München 1986, S.158

22 "Wie gut du riechst! Was du vorhin von dir gegeben hast, das von den Variationen, na, das war ein Unsinn! Du bist einmalig." Stefanie zu Irina (150)
- Vgl. auch die beruhigende Wirkung des Geruchs einer Frau auf eine andere Frau in *Flucht nach Afrika*, S.260

erproben. Im Vergleich zur Liebesbeziehung ist die Freundschaft beständiger, zur Utopie einer frauen- und somit menschenwürdigen Gesellschaft gehören beide. Die zentrale Aussage des Romans lautet, dass sich die Frauen nicht mehr zur Denunziation gegeneinander ausspielen lassen sollten wie zu Zeiten der "Hexen"-Verfolgung, sondern wie Lene zur Freundin Stefanie sagt:

> "Die Frauen müssen einander wieder liebenlernen, eine die andere." (145)

Es liegt an den Frauen, ihre Aufspaltung zu überwinden und sich gegen das Interesse der Männer liebenzulernen. Von den Schwierigkeiten dieses Prozesses und vom möglichen Wandel der Beziehungen zwischen Frauen zeugt dieser Roman.

Lesbisches Selbstverständnis im privaten Raum

Johanna Moosdorf hat mit *Die Freundinnen* den ersten deutschsprachigen Roman nach 1945 geschrieben, in dem eine lesbische Frau in ihrem Lebenszusammenhang und damit lesbische Liebe als lebbar dargestellt wird. Die Protagonistin Stefanie wird sowohl in ihrer Liebesbeziehung zu Irina und in ihrer Freundschaft zu Lene als auch in der Beziehung zu ihrem Sohn gezeigt. Geschildert werden auch Wohn- und Arbeitsbereich. Die Liebesbeziehung bleibt jedoch auf den privaten Raum beschränkt: Die Freundinnen treffen sich in Stefanies Wohnung, im Haus von Irinas Grossvater, in Klemens' Haus und Weekend-Haus und im benachbarten Wald. Sie gehen weder in eine Lesbenbar, die es in Berlin anfangs der siebziger Jahre gab, noch ins Kino oder ins Theater. Der einzige öffentliche Ort ihrer Beziehung ist die Strasse, wo sie sich kennengelernt haben.

Als *lesbische* Frauen leben Stefanie und Irina inmitten der Gesellschaft isoliert, womit eine Grunderfahrung lesbischer Frauen zum Ausdruck kommt[23]:

> "Eine lesbische Frau muss sich aus ihrem Familienverband - sei es die Herkunftsfamilie oder die Ehe, die sie eingegangen ist - lösen, um als Lesbierin zu leben. Sie ist dann vereinzelt und isoliert. Der erste Schritt aus der Isolation ist der Beitritt zu einer Gruppe lesbischer

---

23 Judith Offenbach hat die Erfahrung der gesellschaftlichen Isolierung eines lesbischen Paares in den späten siebziger Jahren sehr genau geschildert. (Kapitel 6.2.)

> Frauen, genauer gesagt, der Beitritt zu einer informellen Gruppe oder, dem eigenen Sprachgebrauch folgend, der Beitritt zu einer "Clique"." [24]

Zwar hatte es bereits um die Jahrhundertwende und in den zwanziger Jahren in Berlin eine entwickelte lesbische Subkultur mit entsprechenden gesellschaftlichen Bezugsgruppen für lesbische Frauen gegeben[25], aber nach 1945 hatten sich erst anfangs der siebziger Jahre wieder Lesbengruppen gebildet, die öffentlich sichtbar wurden[26].

Gesellschaftliche Diskriminierungen

Die gesellschaftliche Realität wird aus dem Blickwinkel der lesbischen Protagonistin Stefanie geschildert. Dadurch wird auch die verborgene Diskriminierung einer lesbischen Frau beleuchtet. Die häufigsten Formen der gesellschaftlichen Diskriminierung sind das Verschweigen/Nichtwahrnehmen und die Stigmatisierung lesbischer Frauen. Beide Formen werden von Moosdorf dargestellt:

- Nichtwahrnehmen: Der Ehemann der Geliebten bildet sich ein, dass ihre Freundin ihm gefallen wolle, und versucht, sie für seine Zwecke einzuspannen.
- Stigmatisierung: Stefanies ehemaliger Ehemann und ein anderer Mann, der bei Stefanie abgeblitzt ist, denunzieren sie bei ihrem Chef.

Am angreifbarsten sind lesbische Frauen am Arbeitsplatz, weil sie sowohl von einem erträglichen Arbeitsklima wie auch vom Erwerb abhängig sind. So reagiert Stefanie auf die Verachtung einer Arbeitskollegin zwar mit Selbstbeherrschung:

> "Ruhe. Ruhig Blut. Nicht rennen. Niemand will dich "entlarven"! Ich zwinge mich, langsam hinauszugehen, gelassen, als wäre nichts gewesen." (72)

Dem Angriff des Chefs auf ihre Persönlichkeit fühlt sie sich jedoch ausgeliefert, da sie von dieser Stelle abhängig ist.

---

24 Ilse Kokula: *Formen lesbischer Subkultur*, S.10/11

25 - Ilse Kokula: *Weibliche Homosexualität um 1900*
- Hanna Hacker: *Frauen und Freundinnen*
- Adele Meyer (Hg.): *Lila Nächte*

26 - Ina Kuckuck: *Der Kampf gegen Unterdrückung*
- Ilse Kokula: *Die Emanzipationsgruppe*, in: *Formen lesbischer Subkultur*, S.61-116

> "Mir war aber klar, dass ich nur aus Schwäche und Widerwillen kampflos das Feld räumen wollte. Tief in mir gab es ein Einverständnis mit meinem Missgeschick, etwas, das es bejahte. Mein eigener Widersacher hauste dort drinnen in der Lichtlosigkeit unterhalb meines Bewusstseins, wohin kein scharfer Strahl drang. Die NORMALITÄT, die Sicherheit und Unauffälligkeit, in der ich leben wollte, um die ich gekämpft hatte, standen mir nicht zu. Auf Jobsuche gehen, hoffen, warten, draussenstehen, eine Fremde, andere, das ist das Deine, ist dir angemessen, darin erkenne ich dich, hetzte und hechelte er, ein Feind, der mich mutlos machte, kraftlos. Ich musste ihn niederringen, wenn ich frei sein wollte." (251)

Stefanie erkennt, dass sie in Gefahr ist, gegen sich selbst zu handeln, und dass sie Unterstützung brauchen würde.

> "Mein Verlangen nach Wort und Zuspruch, nach dem Trost einer warmen Stimme, war gross, einer Stimme, die mir zuriefe: Lass dich nicht einschüchtern, nicht ins Abseitige drängen - auch nicht von der Macht der Konvention in dir selbst!" (251)

Stefanie erscheint zwar als ungewöhnlich starke Person, die "etwas Zähes, Unverwüstliches" (251) in sich hat, doch sie ist auch empfindungsfähig und deshalb verletzbar, besonders wenn sie als lesbische Frau angegriffen wird. Dass "angesichts der offenen und verdeckten Formen gesellschaftlicher Unterdrückung von Homosexualität und Homosexuellen" das Coming Out von Lesben ein "lebenslanger, aber nie abgeschlossener Prozess" ist, wie die Soziologin Lising Pagenstecher in ihrer Untersuchung aufgezeigt hat[27], trifft auch auf Stefanie zu. Das Verschweigen und die Stigmatisierung von lesbischen Frauen haben zur Folge, dass lesbische Frauen oft lange nicht erkennen können, dass sie lesbisch leben wollen. Bezeichnenderweise heiraten deshalb viele Frauen und bekommen Kinder, bevor ihnen bewusst wird, dass sie Frauenbeziehungen möchten.

Anhand von Stefanie wird das mögliche Schicksal einer lesbischen Mutter in den sechziger Jahren skizziert, der bei der Scheidung der Sohn gerichtlich abgesprochen worden ist. Zudem ist keine der beiden andern Frauen ledig, sondern beide sind verheiratet, ein Zeichen dafür, wie stark der Zwang zur Heirat und darüber hinaus zur Heterosexualität war, oder umgekehrt, wie gross die Angst vor der Überschreitung des Tabus lesbischer Liebe. An den notwendigen

---

27 Lising Pagenstecher: *(Homosexuelles) Coming Out, ein lebenslanger Prozess*. Zitiert nach: Ilse Kokula: *Formen lesbischer Subkultur*, S.123

Sprung aus der gewohnten Hetero-Normalität heraus erinnert Irina Stefanie:

> "Es war ja eigentlich auch keine Glanzrolle, die du gespielt hast, verwundert, blass, stocksteif vor Angst, von Kopf bis Fuss in Abwehrstellung. Aber ich war eine erfolgreiche, eine unwiderstehliche Verführerin. Deine Herzbeklemmung verschwand, deine Furcht vor dem Ungewohnten, Verpönten. Liebe, Zärtlichkeit - zwischen Frauen. Dabei hattest auch du den Schauder gespürt.- Lass gut sein. Streite nicht mit mir. Du hast ja die Hürde genommen, bist über die Barriere gesprungen. Auf einmal war der Weg zu mir nicht mehr versperrt." (151)[28]

Gebrauch des Begriffs "lesbisch"

Im ganzen Roman wird der Begriff *lesbisch* nur einmal verwendet und zwar nicht von einer Frau als Aussage über sich selbst, sondern von einem jungen Mann zur Kennzeichnung von Irina: "sie sei lesbisch - stimmt's?" (238). Damit vermeidet die Autorin eine eindeutige Festlegung ihrer Figuren, doch aus dem Hinweis darauf, dass der junge Mann ihn "ohne Hinterhältigkeit, nicht zweideutig" (238) verwendet, lässt sich die gesellschaftliche Veränderung ablesen, die sich seit dem 1961 erschienenen Roman *Nebenan* vollzogen hat, in dem die Autorin den Begriff "lesbisch" damals in seiner stigmatisierenden Funktion eingesetzt hatte (192).

Als Titel für den Roman *Die Freundinnen* hatte Moosdorf ursprünglich "Sappho" vorgesehen, womit deutlich signalisiert worden wäre, dass lesbische Liebe in diesem Roman ein zentrales Thema ist. "Freundinnen" ist dagegen ein versteckter lesbischer Code, der in den zwanziger Jahren innerhalb der lesbischen Kultur eindeutig lesbische Bedeutung hatte[29].

---

28 Die Metapher der Notwendigkeit zum Sprung verwendet auch Ingeborg Bachmann (Kapitel 3.2.).

29 Hanna Hacker: *Frauen und Freundinnen*, S.192/193
Der Umstand, dass Johanna Moosdorfs *Die Freundinnen* und Caroline Muhrs *Freundinnen* (1974) in Buchhandlungen in der Pornoecke eingereiht wurden, deutet daraufhin, dass *Freundinnen* auch in den siebziger Jahren noch mit lesbischen Frauen assoziiert wurde.

Ironisierung patriarchalischer Ideologie

Der patriarchalischen Ideologie, die die Geschlechterrollen polarisiert und gleichzeitig das Männliche auf- und das Weibliche abwertet, setzt Johanna Moosdorf mit Witz Widerstand entgegen. Damit entlarvt sie die herrschende Argumentation als absurd, z.B. in einem Gespräch zwischen Peter und Stefanie.

> " "Das ist wissenschaftlich erwiesen. Biologisch. Das Weibliche ist passiv. Das Ei wartet in träger Ruhe, während die Samentierchen einen ungestümen Wettlauf veranstalten."
>
> "Und das willst du auf den Charakter der Männer und der Frauen übertragen? Es liesse sich ja auch ganz anders beschreiben."
>
> "Anders? Wie denn?"
>
> "Es wäre genauso dumm, aber wenn du willst, warum nicht, bitte sehr: Das Ei strahlt einen unwiderstehlichen Willen aus, befiehlt: Kommt alle! Und die Samentierchen gehorchen in blindem Eifer, überlassen sich willig dem Kraftfeld einer Anziehung, gegen die sie nichts auszurichten vermögen. Wer wäre da aktiv, wer passiv? Das Samentierchen, das zuerst ankommt, wird verschlungen, vereinnahmt, gefressen - das Ei braucht es und nimmt es sich." " (232/233)

In weiteren Dialogen vertreten und repräsentieren die Männerfiguren die patriarchale Ideologie, während die Frauenfiguren diese Ideologie widerlegen oder deren mörderische Konsequenz für die Frauen aufdecken.

Gleichzeitig mit der Entlarvung patriarchalischer Ideologie werden auf ganz unterschiedliche Weise Zugänge zu einer vorpatriarchalen ungebrochenen Weiblichkeit eröffnet: durch Träume und Visionen, durch Erinnerungen der Frauenfiguren an ihre Beziehungen zu Frauen in der Kindheit und durch die Suche von Lene nach matriarchalen Spuren in der Geschichte. Im weiteren wird die Funktion traditioneller Frauenbilder erkannt, d.h. die Aufspaltung der Frauen in Hexen/Huren/Lesben einerseits und Heilige/Mütter andererseits. Auch die Geschichtsschreibung wird als männlich geprägte und männlichen Interessen dienende entlarvt.

Leidensgeschichte

Die europäische Leidensgeschichte von Frauen wird mit der Zerstörung und Zurichtung von Frauen durch das Christentum dokumentiert. So wurden beispielsweise die Texte Sapphos von "christlichen

Eiferern" verbrannt[30], und Stefanie vermutet, dass auch Sappho selbst verbrannt worden wäre, wenn sie im Mittelalter gelebt hätte. Die "Hexen"-Verfolgung im Spätmittelalter und in der frühen Neuzeit bildete einen Höhepunkt von Sexismus und Frauenhass. Durch diese massenhafte Vernichtung von Frauen wurden nicht nur Millionen von Frauen hingerichtet, sondern auch die letzten Spuren weiblicher Unabhängigkeit ausradiert und die patriarchale Herrschaft des Christentums vollendet. Diese Frauenvernichtung unter dem Vorwand der "Hexenverfolgung" ist im Roman *Die Freundinnen* ein zentrales Thema und wird darin explizit auch auf die Hinrichtung lesbischer Frauen bezogen. Die geschichtlichen Fakten werden meist von der Historikerin Lene vermittelt, die ihren Freundinnen von ihren Forschungen berichtet[31]. Die Frauen lesen und diskutieren eine Reihe konkreter Fälle, darunter auch ein Todesurteil gegen lesbische Frauen. Während Lene die historischen Fakten vermittelt, wird die Grauenhaftigkeit dieser Ermordung durch ihre beinahe erwachsene Tochter Kitty vergegenwärtigt, die Lenes Ausführungen mit einem "Jammerlaut" unterbricht und ihrem Entsetzen zuerst sprachlos Ausdruck verschafft. Sie "stiebt durch das Zimmer", "springt auf den Stuhl" (122) und auf den Tisch,

> "(...) steht seltsam verdreht, als wären ihre Beine gefesselt. Plötzlich sinkt sie in die Knie und bewegt wie tanzend, wie in Trance, den Oberkörper im Halbkreis hin und her. Ihr Blick ist dunkel von Tränen." (123)

Sie wirft sich "aufweinend in Irinas Arme" (123) und erzählt die Geschichte zweier im 17. Jahrhundert als Hexen verbrannter Frauen, die sie mit den Freundinnen Irina und Stefanie vergleicht, bis Stefanie erschauernd erkennt, dass sie "die Verlorene, die Verdammte, zum Feuertod Verurteilte" (129) ist, die zur Zeit der "Hexen"-Verfolgung umgebracht worden wäre. Darauf folgen Stefanies Visionen von der Rettung der Verurteilten durch ihre Schwester, das Gedenken an

---

30 Vgl. dazu: Sally Tubach, *Female Homoeroticism in German Literature*, S.131/132
- Diese Zerstörung der Werke Sapphos ist ebenfalls thematisiert in Christa Reinig, *Die Frau im Brunnen*, S.13/14

31 Beispiele von Hexenverfolgungen wurden ihnen auch von Irinas eigenbrötlerischem Grossvater erzählt, der ein altes Buch dazu hatte, z.B. S.126.

einzelne verurteilte Frauen und ein Überblick über die weitere Entwicklung der Menschheit in Richtung Freiheit und Selbstbestimmung. Am Ende steht jedoch wiederum die Aufforderung des Henkers, zur Ermordung herauszukommen (129-134).

Widerstandsgeschichte

In der offiziellen Geschichtsschreibung wurde nicht nur die Leidensgeschichte, sondern vor allem auch die Widerstandsgeschichte von Frauen gelöscht. Diesem Auslöschen und Vergessen schreibt die Autorin Moosdorf entgegen, indem sie Spuren in der Geschichte sucht, die lesbische Existenz vermitteln bzw. auf eine nicht patriarchal reduzierte weibliche Existenzweise verweisen. Der Rückblick in die verdrängte Geschichte von Frauen wird eng verbunden mit der Darstellung der lesbischen Beziehung von Stefanie und Irina in der Gegenwart. Mit Bezügen in die Vergangenheit und visionären Ausblicken in die Zukunft stellt Moosdorf die lesbische Liebe in eine zeitliche Dimension, die über die konkrete Beziehung hinausweist und Ansätze einer lesbischen Traditionsbildung enthält. Dieser Versuch ist in der Literatur der siebziger Jahre einzigartig. Da ich Johanna Moosdorfs Beitrag zur lesbischen Traditionsbildung wichtig finde, werde ich ihre Spurensicherung ausführlicher darstellen.

Als Beispiel einer begrenzten Frauenkultur steht die Nonnenmystik des 12. bis 14. Jahrhunderts, "der Zeit vor den grossen Frauenverfolgungen" (144), in der die Nonnen "aus der strengen Herrenreligion eine zärtliche Jesus- und Gottesminne" gemacht und "eine eigene Sprache (...), eine Sprache der Liebe" (144/5) erfunden hätten. Durch die "Hexen"-Verfolgung wurden diese Ansätze jedoch vernichtet. In der erzählerischen Inszenierung werden die historischen Erkenntnisse kontrastiert mit den kapitalistischen Arbeitsbedingungen, in die Stefanie eingespannt ist. Lene teilt ihr Wissen Stefanie telefonisch mit, die während des Telefongesprächs im Büro gleichzeitig auf verschiedene Ansprüche ihres Chefs und ihrer MitarbeiterInnen reagieren muss (141-145).

Mit Zitaten aus der Lyrik von Sappho wird der Bogen zur ersten Dichterin lesbischer Literatur in der Zeit der griechischen Antike und damit zur lesbischen Geschichte gespannt. Deutlich gemacht wird damit die Bedeutung, die das Wissen um eine lesbische Tradition zur persönlichen Identitätsbildung hat. Die Berufung auf Sappho ermöglicht der Protagonistin Stefanie die Wahrnehmung ihrer Liebe zu Irina in einer neuen Dimension, in der positiven Selbstidentifikation als lesbische Frau.

> "... und mit duftendem Myrrhen-Öl
> salbtest du dir den Leib, mit fürstlichem Balsam.
> Neben der zarten Freundin auf weichem Bett hast du deine Sehnsucht verströmt.
>
> Es klingt wie Wind rings um das Haus, aber es ist die Zeit, ich höre die Zeit, höre die Jahrhunderte, die uns von Sappho trennen, in schweren Garben zu Boden sinken. Mein Denken an Irina, meine Liebe, gewinnt eine Dimension, in die ich mich früher nicht gewagt hätte, die ich vielleicht gar nicht sah." (161/2)

Im späteren Alptraum fühlt sich Stefanie verfolgt von "ein[em] bärtig[en] Riesenkerl in Patriarchentracht", der "Ich bin der Herr!" (163) ruft. Irina und Stefanie flüchten und erblicken schliesslich ein Licht.

> "Der Schein wird heller, wird grösser. Frische Luft weht uns entgegen, Meerwind, und dann hören wir die Stimmen, hören warme und liebliche Stimmen in grossen, lang ausklingenden Rhythmen sprechen, eine Sprache, die wir nicht verstehen, aber wir spüren ihre Poesie, ihre Kraft, das reisst uns an den Haaren hoch, wir erkennen in heller Traumklarheit: Es ist Sapphos Sprache." (163)

Aus diesem Traum heraus wird die gegenseitige Lust von Stefanie und Irina spürbar und im Wachen erlebt. Vergangenheit und Gegenwart, Unbewusstes und Bewusstes, Geist und Körper treffen in diesem Moment zusammen und werden durch die anschliessende Handlung metaphorisch verdoppelt, indem die beiden Freundinnen am Sternenhimmel "die Doppelgestalt mit zwei Köpfen und vier Brüsten" (166) erblicken. Dieses Sternbild erinnert an das Foto einer Göttin, das Lene folgendermassen kommentiert hatte:

> "Vielleicht beweist sie nur, dass es Zärtlichkeit zwischen Frauen gegeben hat, Liebe, sieben- oder achttausend Jahre vor Christus, in einer Steinzeitstadt." (34)

Damit haben die beiden Geliebten einen Zugang zur grossen Göttin gefunden, die sie ein ander Mal, im Bett liegend und über ihre Erfahrungen mit Männern redend, vermisst hatten. Die Freundinnen hatten sich gefragt, wo die Göttin sei, ob sie schlafe, "alt wie sie ist, müde" (112).

> "Älter als die Götter, viel älter als Rê, Zeus, Baal und Jehova. Frag Lene Andras. Sie sagt, es sei das Geheimnis der weiblichen Existenz gewesen, das im Mittelpunkt der ersten grossen Weltdeutungen stand."
>
> "Das ist wahr. Ich habe eine Höhlenzeichnung einer Mond- und Muttergöttin der Mammutjäger gesehen. Die lebten vielleicht 40'000 Jahre vor Christus." (112)

Die Freundinnen stellen fest, dass das "unerschütterliche" männliche "Selbstvertrauen" darauf gründet, dass der Mann sich als Ebenbild Gottes sieht, wogegen die Frauen "wie in einem Vakuum" (111) lebten.

> "Wir haben mit unserer grossen Göttin uns selbst verloren. Sie hätte auch den Frauen Selbstvertrauen gegeben, IDENTITÄT. Mutter, Tochter, Sohn, Vater, das soll in einigen verschollenen Kulturen des Mittelmeerraumes und Kleinasiens einmal die RANGORDNUNG gewesen sein. Nicht, dass sie besser gewesen wäre. Zwischen den Geschlechtern sollte überhaupt keine Rangordnung aufgestellt werden. Aber sie wurde für NATÜRLICH gehalten, für nicht weniger natürlich als die spätere, die mit Vater, Sohn begann, mit Gott-Vater, Gott-Sohn." (111/112)

Stefanie schliesst die Augen, sieht die Göttin schlafend in einer Felshöhle und denkt:

> "Wir müssen laut, müssen furchtbar laut schreien. Warum schläft sie nur so tief, hört nicht, hört uns nicht..." (113).

Der Zugang zur Göttin ist den Frauen durch die christlich-jüdische Religion abgeschnitten worden, das Wissen um ihre Existenz ist der erste Schritt zur Erinnerung der Göttin und darüber hinaus einer matriarchalen Tradition. Ein schöpferischer Zugang zur vergessenen Göttin wird auch in einer Erinnerung von Stefanie an ihr Spiel als Kind vorgeführt (86/87). Die Radikalfeministin, Theologin und Philosophin, Mary Daly hat in *Gyn/Ökology* "das Sado-Ritual Syndrom" des Patriarchats analysiert. Sie zeigt "die ganz reale existentielle Bedeutung des Göttinnen-Mordes für das konkrete Leben von Frauen" auf, indem sie fünf spezifische, "als rechtens anerkannte Rituale, die Frauen massakrieren", beleuchtet, nämlich

"(...) das indische Sati, chinesisches Füsseeinbinden, afrikanische Genitalverstümmelung bei Frauen, europäische Hexenverbrennungen, amerikanische Gynäkologie"[32].

Mary Daly zeigt auf, wie zur Schöpfung männlicher Mythen die Vergewaltigung des Bewusstseins gehört und wie der Göttinnenmord rituell fortgesetzt wird, und kommentiert:

"Ständige Komplizenschaft beim Verbrechen des Göttinnen-Mordes ist in der Männer-Welt obligatorisch. Wenn wir uns weigern, bei diesem Morden und Verstümmeln unseres eigenen Selbst mitzuwirken, so ist das der Anfang dafür, die Göttin zu er-innern - die tiefe Quelle schöpferischer Integrität in uns Frauen."[33]

Johanna Moosdorf hat, einige Jahre bevor diese Gedanken im deutschen Sprachraum diskutiert wurden[34], in ihrem Roman *Die Freundinnen* die Massaker an Frauen in der Zeit der "Hexen"-Verfolgung bewusst gemacht und gleichzeitig an die Göttin erinnert. Die Göttin ist ein Leitmotiv, das im Roman variiert wird. Durch den Zugang zur Göttin könnten Frauen einen Zugang zu sich selbst und zu andern Frauen finden. Gleichzeitig wird mit der Göttin auf eine vergangene und auf eine mögliche zukünftige Gesellschaft verwiesen, in der das Weibliche den ihm entsprechenden Wert hatte und haben wird. Moosdorf stützte sich auf historische Quellen zur Geschichte der "Hexen"-Verfolgung und auf Ergebnisse archäologischer Ausgrabungen[35]. Die Vermittlung dieser Fakten knüpft sie an die Figur der he-

---

32 Mary Daly: *GYN/ÖKOLGIE*, S.133

33 Ebenda, S.133

34 Eine wissenschaftliche Pionierin war auch:
Edith Holliger: *Schon in der Steinzeit rollten Pillen*. Selbstverlag, Bern 1972

35 Als Hauptquellen benutzte Moosdorf:
- James Mellaart: *Catal Hüyük - Stadt aus der Steinzeit*. Gustav Lübbe, 1967
- Otfried Eberz: *Sophia und Logos*. Ernst Reinhardt, München 1967
- Otfried Eberz: *Vom Aufgang und Untergang des männlichen Weltalters*. Herausgegeben von Lucia Eberz im Selbstverlag
- Otfried Eberz: *Gedanken über das Zweigeschlechterwesen*. Herausgegeben von Lucia Eberz im Selbstverlag
Moosdorf kannte die Arbeiten von Eberz bereits aus den zwanziger Jahren, als sie in *Hochland*, einer intellektuellen katholischen Zeitschrift erschienen waren.
- Karl Heinz Speielmann: *Hexenprozesse in Kurhessen*. M.G.Elwert, Marburg 1932 (letzte Auflage)

terosexuellen Historikerin Lene Andras. Von den beiden Freundinnen wird dieses historische Wissen mit oder ohne Lene diskutiert und auf ihre gegenwärtige Situation als Frau, insbesondere als lesbische Frau, bezogen, womit eine feministische Einschätzung der Fakten entwickelt wird. Durch Kittys und Stefanies Identifikation mit Opfern der "Hexen"-Verfolgung und durch die Träume und Visionen der Frauenfiguren wird das Leiden von Frauen in Geschichte und Gegenwart miteinander verbunden. Mit der Bezugnahme auf Sappho und matriarchale Göttinnen und mit Visionen werden Geschichte und Zukunft des Widerstandes von Frauen verknüpft. Es wird eine Utopie entworfen, in der die Frauen als selbständige Menschen statt als Anhängsel des Mannes[36] eine Existenzberechtigung hatten. Mit dieser Aufarbeitung von Geschichte aus weiblicher Sicht, unter spezieller Berücksichtigung möglicher lesbischer Spuren, hat Johanna Moosdorf einen Beitrag zur lesbischen Traditionsbildung geleistet und zwar in einer Zeit, in der dies in der Geschichtswissenschaft noch kein Thema war.

Weniger gelungen finde ich dagegen manchmal die sprachliche Umsetzung, mit der aus der Perspektive von Stefanie die Geliebte Irina angeschwärmt wird:

> "Ich sehe Irina in der fernen Zeit, wie sie ihr Blumen bringt, sehe mich selbst. Da verschwimmt das Bild, es ist nicht die ferne Zeit, es ist heute. Wir erheben uns vom Sofa, schreiten um den Sonnenfleck, der den Fussboden bedeckt, trippeln, hüpfen und scharwenzeln mit Augenspiel, mit Hand- und Luftküssen umeinander, verbeugen uns, entfernen uns voneinander, tanzen aufeinander zu, berühren uns - zart liegt deine Hand auf der meinen." (84)

Diese Verklärung bleibt jedoch gebunden an eine gleichermassen behutsame und deutliche Sprache, in der auch der tabuisierten lesbischen Sexualität Ausdruck verliehen und mit lesbischen Frauen in der Geschichte verknüpft wird.

> "Vielleicht hat auch Irina von Sapphos Freundinnen geträumt. Sie flüstert ihre Namen: Dika, Atthis, Gongyla. Unsere Hände sind wie die Hände von Blinden, die im Dunkeln sehen. Wir bedrängen ein-

---

Brief von Johanna Moosdorf an Madeleine Marti, 6.10.1988

36 Vgl. dazu: Iris von Roten: *Anhängseln konnte auch die Französische Revolution keine politische Gleichberechtigung bringen*. In: *Frauen im Laufgitter*, S.475-484

ander. Plötzlich saust es, ein zärtlicher Wirbelwind, über mich hin mit Haaren, Lippen und Brüsten. Wir sind aufgetan, eine der anderen, weit, eine dem Kuss der anderen." (164)

Kritik der literarischen Darstellung von lesbischen Frauen

Das Verschweigen lesbischer Existenz in der Literatur wird von Stefanie und Irina, die als Sprachrohr der Autorin dienen, diskutiert. Irina kritisiert in diesem Zusammenhang die Art und Weise, wie die lesbische Frau als Monster präsentiert wird.

> "Die teuflische konventionelle Vorstellung von der Frau, die Frauen liebt: ein verworfenes Geschöpf, das dem LASTER verfällt. Ganz entmenscht, zum Un-Wesen geworden, zu einer Art Höllenvieh, kriecht sie heulend auf allen vieren. Ein Hund weicht entsetzt mit gesträubtem Fell vor ihr zurück." (267)

Kritisch kommentiert wird mit dieser Aussage Djuna Barnes' Roman *Nachtgewächs* (engl.1936, dt.1959). Johanna Moosdorf hat darauf hingewiesen, dass sie Djuna Barnes Roman *Nachtgewächs* zwar für "eins der grossartigsten (wenn auch nicht der wahrhaftigsten) Bücher"[37] hält, aber sich von Djuna Barnes Darstellung der lesbischen Frau klar abgrenzt, da sie "haargenau der männlichen Klischeevorstellung von der lesbischen Frau (sei's auch grossartig) nachgebildet"[38] ist. Johanna Moosdorf hat darüber Auskunft gegeben, wie Siegfried Unseld, Leiter des Suhrkamp-Verlages, den Text von Djuna Barnes gegen Johanna Moosdorfs *Die Freundinnen* ausgespielt und damit die Ablehnung ihres Textes gerechtfertigt hatte[39].

> "Ich meine die Tatsache, dass in der männlichen Literaturkritik gern eine Schriftstellerin gegen die andere ausgespielt wird, was (z.B. mich) erst einmal völlig entwaffnet. Suhrkamp (Dr. Unseld) hat DIE FREUNDINNEN abgelehnt, weil Djuna Barnes angeblich ein für allemal den Massstab für eine Schilderung lesbischer Liebe gesetzt hat und ich diesem Massstab nicht genügt habe. Dabei habe ich Dr. Unseld seinerzeit geschrieben, dass ich die schreckliche Auffassung Djuna Barnes von der lesbischen Frau als einer Teufelin und tierischen Kreatur, die heulend auf allen Vieren kriecht etc.pp. nicht im entferntesten teilen kann, obgleich ich ihre poetische Intensität aufs

---

37 - Brief von Johanna Moosdorf an Madeleine Marti, 14.8.1988. Weitere Ausführungen in Briefen vom 15.11.1986 und 1.8.1988.
- Regula Venske: *Schriftstellerin gegen das Vergessen*, S.211

38 Brief von Johanna Moosdorf an Madeleine Marti, 14.8.1988

39 Vgl. dazu auch Kapitel 4.

Schmerzhafteste und zutiefst Erschütternde erlebe und nachempfinde. Ja, ich liebe Djuna Barnes sehr, bin mir aber (leidvoll) bewusst, dass die Generationen, die mich von ihr trennen - und vielleicht noch Einiges mehr - nicht ohne weiteres von mir negiert oder überspielt werden können und sollten. Hildesheimer nennt Djuna Barnes' Erzählung (es handelt sich dabei immer um DAS NACHTGEWÄCHS) eine grossartige Geschichte auf "elisabethanischen Höhen". Das ist sie zweifellos. Aber wenn ich Frauen auf unseren Ebenen mit leider nur geringen "Höhen" ansiedele, so sollte man mir nicht einen Djuna Barnes-Massstab vor die Nase halten, den ich nicht annehmen kann, weil er noch Männerphantasien über lesbische Liebe allzu stark entspricht. Es ist aber natürlich leicht und bequem, auf solche Art meine Kritik an der Männergesellschaft zu negieren und zu ignorieren. Ich möchte ja nicht Djuna Barnes sein oder auch nicht wie Djuna Barnes sein, sondern wie Johanne M., eine arme Irre von heute."[40]

Wird das Werk einer Autorin aus einer früheren Zeit dazu missbraucht, die Texte gegenwärtiger Autorinnen zu verhindern, so wird der betroffenen Autorin eine positive literarische Bezugnahme darauf verunmöglicht. Mit dem Moosdorfs Text abwertenden Verweis auf Barnes hat Unseld aktiv daran mitgewirkt, eine Traditionsbildung von Frauenliteratur zu verhindern.

Versöhnlicher Schluss

Das letzte Kapitel wird durch die Bezeichnung *Epilog* deutlich als Nachrede/Nachwort zum Roman gekennzeichnet. Während der gesamte Roman aus der Sicht von Stefanie erzählt wird, ihre Gefühle und Gedanken als lesbische Frau beleuchtet und durch Stefanies Gespräche mit Irina und Lene auch deren Gefühle und Gedanken und Lenes kulturhistorisches Wissen einbezogen wird, wechselt im Epilog die Erzählperspektive. An Stelle der Sicht der lesbischen Frau tritt der Männerblick auf lesbische Frauen. Dieses Schlusskapitel ist eine stark versöhnliche Geste. Aus dem Handlungsverlauf und aus den vor allem im ersten Teil des Romans entworfenen Theorien und Utopien heraus wäre es konsequent, wenn die Männer aus dem Gesichtskreis der Frauen verschwinden würden, da sie bedeutungslos geworden sind, oder wenn sie als Bedrohung dargestellt würden, wie dies in anderen Teilen des Romans geschieht.

---

40 Brief von Johanna Moosdorf an Madeleine Marti, 1.8.1988

Klemens' Verständnis für die Liebe von Irina und Stefanie und seine daraus folgende innere Wandlung und Vermenschlichung ist jedoch weder in der Figur von Klemens angelegt, noch wird sie aus dem Handlungsverlauf heraus motiviert. Während utopische Elemente in bezug auf Frauen mit deren Vergangenheit und Gegenwart verknüpft werden, setzt Klemens' Veränderung ein, als Irina ihm telefonisch mitteilt, dass sie ihn verlassen und mit Stefanie leben wird. Als ihm langsam klar wird, dass Irina und Stefanie eine Liebesbeziehung miteinander haben, sinnt er nicht auf Rache, sondern

> "(...) er erinnert sich nicht nur, er spürt und fühlt und horcht ihnen [den Gesten und Worten von Irina und Stefanie, M.M.] nach - das hat er noch nie getan." (295)

Er entdeckt zum ersten Mal eine "Neugier auf sich selbst" (296) und: Am Ende der radikalen Kritik am Patriarchat steht in Johanna Moosdorfs Roman ein einsichtiger Mann. Dieser Schluss erscheint mir aufgesetzt und unglaubhaft. Es ist der Versuch, eine utopische Veränderung von Männern konkret umzusetzen. Im Gestus der Versöhnlichkeit ist dieses Schlusskapitel ähnlich demjenigen von Christa Reinig in ihrem Roman *Entmannung* (1976), in dem Reinig die Romanfiguren auf dem Theater Szenen darstellen lässt, in denen eine Versöhnung gezeigt wird, die im Leben der Figuren nicht stattgefunden hat. Auf eine andere Weise ist dieser Schluss auch vergleichbar mit Verena Stefans *Häutungen* (1975). In beiden Fällen wirkt die Konkretisierung einer Utopie mittels einer Figur unbefriedigend, sei es bei Verena Stefan mit der Utopie einer neuen Weiblichkeit in der Gestalt von Chloe oder bei Johanna Moosdorf mit der Utopie einer neuen Männlichkeit in der Gestalt von Klemens. Diese Schlüsse in Romanen, die Mitte der siebziger Jahre von Schriftstellerinnen aus drei verschiedenen Generationen - Johanna Moosdorf, Christa Reinig und Verena Stefan - veröffentlicht wurden, legen Zeugnis ab vom Wunsch nach einer konkretisierten Utopie am Schluss von Texten, in denen patriarchale Machtverhältnisse entlarvt und neue Wertvorstellungen entwickelt worden sind.

Ganz andere Schlüsse wiesen zwei frühere Romane von Johanna Moosdorf aus den fünfziger und sechziger Jahren auf. In *Flucht nach Afrika* (1952), in dem die handelnden Personen weisse Männer sind, ertönt am Schluss der Aufruf der schwarzen Stammesältesten an ihre jungen Stammesgefährtinnen, und die Erzählinstanz stellt die junge schwarze Frau ins Zentrum der Schlusssätze:

> " "Tötet den weissen Mann, ihr jungen Weiber."
> Ngangala lächelte unter der vom Regen verwischten grellfarbigen Maske ihres Gesichts." (302)

Im Schlussatz des Romans *Nebenan* (1961) kommt der Aufbruch der Protagonistin in ihrem Vorsatz zum Ausdruck:

> "Ich gehe festen Blicks durch den kalten Tag. Rückfallgefahr besteht nicht." (329)

Ausblick auf *Jahrhundertträume* (1989)

Ende der achtziger Jahre erschien Moosdorfs autobiographischer Roman *Jahrhundertträume,* in dem sie aus der Sicht der alten Schriftstellerin Jenny sowohl ihre Ehe mit dem Intellektuellen Karl wie auch ihre Liebesbeziehung mit der Journalistin Thilde erinnert. Von diesen beiden geliebten Menschen getrennt, fühlt sich Jenny doch mit ihnen geistig eng verbunden. Die beiden Liebesbeziehungen werden gleichwertig geschildert, wobei die Geschichte mit Karl mehr ausgeführt wird, während die innere Nähe zu Thilde für den Schreibprozess und den Entwurf einer Utopie wichtiger ist. Die Verbindung von Vergangenheit und Gegenwart, Erinnerung und Reflexion, bestimmt die Vielschichtigkeit dieses Romans, dessen Inhalt ich kurz zusammenfasse.

Jenny und Karl hatten 1932 in Berlin geheiratet, und 1935 und 1938 waren ihre Wunschkinder zur Welt gekommen. Da Karl jüdischer Herkunft war, wurde er als Heimleiter entlassen und arbeitete als Hilfsarbeiter, bis er überhaupt nichts mehr verdienen durfte, und Jenny, als Ehefrau eines Juden, wurde vom Arbeitsmarkt ebenfalls ausgeschlossen. In dieser Notlage liessen sie sich scheiden, damit Jenny eine Arbeit bekommen und für die Kinder und sich selbst sorgen konnte. Währenddessen wollte Karl sich auf die Auswanderung vorbereiten, wozu es aber zu spät war, als bei Kriegsbeginn die Grenzen geschlossen wurden. Die Liebe von Karl und Jenny galt fortan als Verbrechen. Bedroht vom Terror der Nationalsozialisten trafen sie sich nur noch heimlich. Als Karl verhaftet wurde, konnte Jenny zwar zunächst seine Freilassung bewirken, aber ein halbes Jahr später wurde er von den Nationalsozialisten erneut aufgegriffen, nach Auschwitz gebracht und ermordet.

Die Ermordung von Karl überschattete die Liebesbeziehung von Jenny und Thilde, die sich seit ihrer Jugend kannten und damals ein gemeinsames Leben geplant hatten. Nach Jennys Heirat hatten sie sich zunächst voneinander entfernt, waren sich später wieder begegnet und noch zu Lebzeiten Karls zusammengezogen. Von 1943 bis 1950 lebten sie zusammen mit Jennys Kindern in Leipzig. Thilde half Jenny, für die Kinder zu sorgen und zugleich die Erinnerung an Karl lebendig zu halten. Beide Frauen arbeiteten als Journalistinnen. Jenny machte sich zudem private Notizen über das, was sie in einem Kombinat sah. Nach einer Warnung aus der Parteileitung verliess Jenny mit ihren Kindern die DDR und ging nach West-Berlin. Seit die Kinder weggezogen sind, lebt Jenny dort allein und unterhält sich oft mit ihrem "unsichtbaren Gegenüber, das Karl, Thilde oder Naomi" (10) heisst, ein Gespräch, das in der Vergangenheit und Gegenwart wurzelt, notgedrungen jedoch einseitig bleibt. Nach vielen Jahrzehnten taucht Thilde bei Jenny auf, die an ihrem Buch schreibt und Thilde oft herbeigewünscht hat. Am Schluss ihrer Geschichte stellt Jenny fest, dass für sie mit dem Aufschreiben keine Bewältigung der Vergangenheit möglich sei,

> "(...) weder meine eigene noch die meiner im Vergessen, Verfälschen, Zurechtbiegen, Erträglichmachen erfolgreichen "Mitbürger", und wenn das Erzählen von Erinnerungen eine Art Befreiungstherapie sein soll, so hat sie bei mir versagt" (290).

Mit dieser Aussage wollte Moosdorf ihr Buch nicht beenden. Wiederum fügte sie einen Epilog an, in dem sie die Utopie eines menschenwürdigen Zusammenlebens von drei alten Frauen - Jenny, Thilde und Lilo - entwirft.

5.2. Von der schwulen Maskierung zur Dokumentation lesbischen Lebens

Marlene Stenten: *Der Zwerg und die Königin*

Mit zwei Romanen, zwei Erzählbänden und weiteren Erzählungen, in denen lesbische Lebenszusammenhänge geschildert werden, hat Marlene Stenten sowohl den umfangreichsten wie auch den umstrittensten Beitrag zur Darstellung lesbischer Frauen in der deutschsprachigen Literatur vorgelegt[1]. Auf Ablehnung stiess bei einigen Leserinnen ihre harte Sprache und ihre kaum verschlüsselte Porträtierung von Freundinnen[2]. Begeisterung weckte dagegen bei anderen Leserinnen ihre Erzählart, beschrieben als "funkelnd ironisch bis liebevoll bissig und spöttisch"[3] und "mit viel Ironie, bissigem Humor und mit manchmal so wohltuender Bösartigkeit"[4], und die Darstellung einer inneren Tragödie "mit vorher nie dagewesener klinischer Exaktheit: Erkenntnis des Schmerzes, der Absurdität, der Kälte und der Zerstörungslust als Selbsttherapie"[5]. Von feministischen Literaturwissenschaftlerinnen wurden Marlene Stentens Texte bisher nur in Form von unpublizierten Magistra-Arbeiten untersucht, so von Barbara Hoyer *Puppe Else* und von Margrit Fehrer *Die Brünne*[6].

---

1 Übersicht über Stentens Texte in Kap.10.1.

2 Diese Ablehnung wurde nicht schriftlich festgehalten, sondern verschiedentlich mündlich formuliert, z.B. als ich 1986 Marlene Stenten für eine Lesung anlässlich der Lesben- und Schwulen-Tagung an der Evangelischen Akademie in Boldern bei Zürich vorschlug.

3 Marlotte Neumann und Gabriele Pfaff über *Die Brünne* in: *Lesbenpresse* (Berlin/W.) Nr.10, 1982

4 Susanne, in: *Lesbenfront* (Zürich), Nr.14/1982, S.32/3

5 Judith Offenbach über *Puppe Else* in: *Emma* (Köln), Nr.2, 1979

6 - Barbara Hoyer: *Die Auseinandersetzung mit den vorgefundenen Geschlechtsnormen und die Suche nach einer neuen Identität in den literarischen Darstellungen der lesbischen Frau in den siebziger Jahren.* (Magisterarbeit) Berlin/W. 1981

Ich werde nach den Angaben zur Biographie von Marlene Stenten einen Überblick über Marlene Stentens Texte geben und deren inhaltliche und formale Entwicklung aufzeigen: Vom ersten Buch in personaler Erzählsituation mit schwuler Maskierung (*Grosser Gelbkopf* 1971), über Tagebuchaufzeichnungen einer lesbischen Ich-Erzählerin (*Puppe Else* 1977) bis zur Darstellung lesbischer Feministinnen im Umfeld der Frauenbewegung aus der Sicht einer Ich-Erzählerin in *Albina* (1986).

Da Marlene Stentens erste beiden Bücher vergriffen sind, stelle ich deren Inhalt im Hinblick auf ihre schwule Maskierung kurz dar. Anhand der Erzählung *Der Zwerg und die Königin* (aus: *Die Brünne* 1981) untersuche ich dann typische Merkmale in Stentens Stoff und Schreibweise.

Autorin

Marlene Stenten wurde am 23.1.1935 als mittlere von drei Schwestern in Aachen geboren. Nach der Realschule arbeitete sie von 1951 bis 1954 als Korrespondentin in einer Speditionsfirma und danach bis 1957 im elterlichen Lebensmittelgeschäft. Erst mit 22 Jahren konnte sie eine Lehre als Buchhändlerin beginnen und arbeitete danach in diesem Beruf bis 1968 in Aachen und anschliessend bis 1979 in Berlin. Im Alter von 44 Jahren zog sie an den Bodensee und lebt seither als freie Schriftstellerin.

In den sechziger Jahren schrieb Marlene Stenten ihren ersten Roman *Grosser Gelbkopf*, der 1971 im Luchterhand Verlag publiziert wurde, und die ersten Erzählungen, die z.T. 1974 in *Baby* erschienen, z.T. erst 1981 in *Die Brünne* im Selbstverlag Sudelbuch veröffentlicht wurden. Von 1972-1975 erhielt Marlene Stenten insgesamt drei halbjährige Schriftsteller-Arbeitsstipendien des Berliner Senats und 1973 den Förderpreis für junge Künstler des Landes Nordrhein-Westfalen[7].

- Margret Fehrer: *Literarische Leitbilder-Selbstbilder-Lebensentwürfe lesbischer Autorinnen: Christa Reinig und Marlene Stenten.* (Magistraarbeit) Frankfurt/M. 1987

7 Diese Angaben zur Biographie entnehme ich: Margret Fehrer: *Leitbilder-Selbstbilder-Lebensentwürfe*, S.89/90 und einer Auskunft von Marlene Stenten.

Mit der Veröffentlichung von *Puppe Else - eine lesbische Novelle* gab sich Marlene Stenten 1977 als lesbische Schriftstellerin zu erkennen, indem sie im Klappentext auf die Verarbeitung eigener Erfahrungen in dieser Beschreibung der "unerwiderten Liebe einer Lesbe zu einer heterosexuellen Frau" hinwies.

Überblick über Marlene Stentens Texte

Marlene Stenten erzählt meistens entweder in personaler Erzählsituation, wobei die Autorin der Hauptfigur spürbar nahesteht, oder aus der Perspektive eines erzählenden Ich. In der Gestaltung der Hauptfigur beginnt Stenten Ende der sechziger Jahre mit einem schwulen Protagonisten (*Grosser Gelbkopf*, 1971), geht über zu Erzählungen aus männlicher und weiblicher Ich-Perspektive (*Baby*, 1974), wechselt Mitte der siebziger Jahre zu einer lesbischen Ich-Erzählerin (*Puppe Else*, 1977) und mit dem Eintritt in die Frauenbewegung anfangs der achtziger Jahre zu lesbisch-feministischen Protagonistinnen und Ich-Erzählerinnnen (*Die Brünne*, 1981, *Salome 89* (Erzählband) 1984, *Albina* 1986, *Hallo Mäuschen* 1991). Die Ausnahme bildet die Erzählung *Salome 89*, in deren Zentrum ein verhinderter Künstler steht. Marlene Stentens literarische Entwicklung von der schwulen Maskierung zur lesbischen Selbstdarstellung hatte zur Folge, dass sie einen neuen Verlag suchen musste und sich schliesslich gezwungen sah, im Selbstverlag zu veröffentlichen. Ihr Lektor Klaus Roehler, der Stentens erste beiden Bücher im Luchterhand Verlag herausgebracht hatte, zeigte nach ihrem Wechsel zur Darstellung lesbischer Thematik nur noch bescheidenes Interesse für ihre Texte. Die für den Umgang mit Lesbenthemen symptomatische Publikationsgeschichte von *Puppe Else* habe ich bereits in Kapitel 4 dargelegt.

Die Hauptthemen von Marlene Stenten sind Liebesbeziehungen, auch wenn sie nicht zustande kommen, Schreiben als Lebensnotwendigkeit, materielle Nöte und die Artikulation von Wut und Rachephantasien. Im Unterschied zu Johanna Moosdorf und Christa Reinig versucht Marlene Stenten nicht, eine Tradition lesbischer Frauen aufzuspüren oder Utopien zu entwerfen, sondern sie schildert präzis und mit schwarzem Humor das Leben von Lesben in der Gegenwart.

Schwule Maskierung

Im ersten Buch *Grosser Gelbkopf* (1971) erzählt Marlene Stenten in Form eines knappen Entwicklungsromans die Geschichte des Lehrers Richard, der sich in seinen Masseur verliebt, sich auf eine sexuelle Beziehung zu seinem Schüler einlässt, seine Frau und seine Töchter verlässt und nach Amsterdam zieht. Dort arbeitet Richard als Schauspieler in einem Kabarett, wird der Geliebte eines reichen Schweden und geht nach Stockholm, wo er verstossen wird und schliesslich als Küchengehilfe bei einem Freund aus dem Kabarett landet.

Dieser chronologisch aufgebaute und gradlinig erzählte Entwicklungsroman ist der mit phantastischen Sprüngen am stärksten verfremdete Text von Marlene Stenten. Am Anfang des Textes bleibt in der Schwebe, ob Richards Masseur eine Person oder ein Zwillingspaar ist, und gegen Schluss wird die Handlung, die Richards Eingesperrtsein im Haus des Freundes zeigt, zunehmend von phantastischen Elementen bestimmt. Zum Ausdruck gebracht wird darin das Coming Out eines schwulen Mannes, das ihn auf ungewohnte Wege führt und ihn sichtbar körperlich verändert, indem er zuerst dünn und später dick wird. Trotz der doppelten Bewegung von Richards Reise in andere Länder und der Veränderung seines Körpers, wird im Text keine Perspektive auf eine selbstbestimmte Lebensweise eröffnet. Richards Ausbruch aus der Normalität der heterosexuellen Ehe endet mit seiner behaglichen Gefangenschaft als Küchengehilfe im Hause eines Freundes.

Im Schlussbild, das Richard nach einer Ausbruchsphantasie im Kreis der Küchengehilfinnen zeigt, wird seine innere Bewegung im Prozess des Coming Out nochmals verdichtet.

> " "Warum ein anderes Zimmer?" fragte er und spürte, wie seine Kiefer auseinanderklappten und ein weiches, schleimiges Wasser aus ihm herauslief, als sei er eine Schleuse oder als habe schleusenartig eine Schleuse in ihm angefangen zu arbeiten, so, dass es ihn nun aus sich selbst fortspülte, ihn unentwegt mit sich fortschwemmte und wellenartig über ihm zusammenschlug: fremd war das und doch schon lange bekannt, was da unaufhaltsam seinen gurgelnden, schmatzenden Weg durch ihn hindurchrauschend nahm, Richard mitnahm, ihn mitreissend sich wieder aus ihm ergoss, glucksend und schluckend, kalt trie-

> fend unaufhörlich aus dem klaffenden nicht mehr schliessenden Mund heraus." (140)

Marlene Stenten hat in diesem ersten Buch durch die Einführung eines Protagonisten eine männliche Maske aufgesetzt und dadurch die Darstellung eines lesbischen Coming Out als schwules getarnt. Diese schwule Maskierung ist Sympton für das gesellschaftliche und literarische Verschweigen lesbischer Frauen im deutschsprachigen Raum von 1933 bis 1970, während schwule Männer zwar gesellschaftlich stigmatisiert wurden, aber trotzdem sichtbar waren. Im Unterschied zu Annemarie Schwarzenbach[8] und Jutta Schutting[9], die in ihren Romanen lediglich das Geschlecht der einen Figur umwandelten und somit an Stelle einer lesbischen eine heterosexuelle Liebesbeziehung darstellten, verwandelte Marlene Stenten die lesbische in eine schwule Beziehung, womit sie das Abweichen von der heterosexuellen Norm sichtbar werden liess, gleichzeitig aber auf weibliche Hauptfiguren ganz verzichtete. Zur gleichen Zeit wie Stenten in West-Berlin schrieb die zwei Jahre jüngere Wadtraud Lewin in Ost-Berlin am historischen Roman *Herr Lucius und sein schwarzer Schwan*, in dem eine schwule Beziehung zur Sprache kommt, ehe sie zehn Jahre später eine lesbische Frau ins Zentrum ihrer Erzählung *Dich hat Amor gewiss...* (1983) rückte.

Vom männlichen zum weiblichen Ich

Marlene Stentens zweites Buch *Baby* (1974) enthält drei Erzählungen in Ich-Form. Das Geschlecht des Ich wechselt dabei von männlich in *Baby*, über unbestimmt, aber wahrscheinlich weiblich, in *Unverricht*, zum doppelten weiblichen Ich in *Engts*.

Engts

Gegenstand von *Engts* ist der Doppelmord, den die Untermieterin Helga Riedel an ihrer Vermieterin Magdalena Engts und deren einer Tochter Trautchen verübt hat. Erzählt wird das für Helga zunehmend beklemmende Leben in der Wohnung der Engts, Helgas Aufbruch-

---

8 *Freunde um Bernhard* (1931), *Lyrische Novelle* (1933, Neuauflage 1989), *Das glückliche Tal* (1940, Neuauflage 1987)

9 *Liebesroman* (Residenz, Salzburg/Wien 1983)

versuche in bezug auf Wohnung und Arbeit, ihr Mord im Affekt und schliesslich Helgas Leben in der Nervenheilanstalt.

Zu Beginn des Textes scheinen sich zwei typisierte Figuren in einem klaren Machtgefälle gegenüber zu stehen: Helga Riedel, 36-jährige Sekretariatsangestellte, die als Doppelmörderin in die Nervenheilanstalt eingeliefert worden ist und dort versucht, trotz ihres tiefen Intelligenzquotienten das Abitur nachzuholen, und Frau Dr. Thierfeldt, 32-jährige erfolgreiche Chirurgin, die mit ihrem Freund "völlig unabhängig voneinander und daher auf das Angenehmste miteinander" (10) in einer grossen Wohnung lebt. Beide Frauen hatten im West-Berlin der sechziger Jahre als Untermieterinnen der 70-jährigen Magdalena Engts und ihrer 44-jährigen Tochter Barbara gewohnt. Obwohl Frau Dr. Thierfeldt Helga nicht mag, besucht sie sie nach der Mordtat in der Nervenheilanstalt und beginnt, sich immer mehr mit Helga auseinanderzusetzen.

Die beiden weiblichen Ichs kommen in Bewegung, so dass immer unklarer wird, wer wen in der Nervenheilanstalt besucht und wer die Mörderin der Engts ist, Helga oder Dr.Thierfeldt. Hatte sich Helga zuerst mit der erfolgreichen Dr. Thierfeldt identifiziert, so geschieht dies zunehmend in umgekehrter Richtung, indem Dr. Thierfeldt gegen ihren Willen Helga immer wieder besucht und schliesslich wie diese schlafsüchtig wird. Ebenso wie Helga erfolglos versuchte, die Wohnung der Engts zu verlassen und sich beruflich weiterzuentwickeln, und ebenso wie Helga ihre Situation erst durch den Mord in einer geballten Entladung ihrer Energien gewaltsam veränderte, besucht Dr. Thierfeldt fast zwanghaft Helga, bis sie sich in einem Willensakt plötzlich entscheidet, nicht mehr hinzugehen, sondern sich auf ihren Beruf zu konzentrieren und nur noch zu

> "(...) schneiden und immer wieder schneiden. Was mir nicht passt, wird angefasst mit einem Schnitt, und weg damit - raus und aus! Und keineswegs leiden. Nein, schneiden!" (60)

Die Gefangenschaft von Helga in einer Innenwelt wird durch die Situierung der Handlung, zuerst im Wohnungsinnern und danach in der Nervenheilanstalt, bildhaft gefasst und durch den doppelten inneren Monolog von Helga und Dr. Thierfeldt zusätzlich betont.

Marlene Stentens erste Erzählung mit weiblichem Ich handelt von der Ermordung zweier Frauen durch eine dritte Frau und vom

Machtgefälle zwischen einer gebildeten und einer ungebildeten Frau. Beide Motive nimmt sie in ihren späteren Texten mit lesbischen Protagonistinnen und lesbischen Ich-Erzählerinnen wieder auf, wobei der Mord zwar realistisch dargestellt, aber in Mordphantasien transponiert wird (*Puppe Else* 1977, *Der Zwerg und die Königin* 1981, *Albina* 1986).

Artikulation des lesbischen Ich

Die ersten Publikationen von Marlene Stenten, *Grosser Gelbkopf* und *Baby*, in denen lesbische Frauen nicht vorkommen, sind stärker fiktionalisiert und literarisch mehr verdichtet, als ihre späteren Texte, in denen lesbische Protagonistinnen im Zentrum stehen oder ein lesbisches Ich erzählt. Dies irritierte mich zunächst beim Lesen und erfordert eine Erklärung, die über Marlene Stentens Person hinausweist auf die Schwierigkeiten einer Schriftstellerin im Patriarchat, ein weibliches Ich und im besonderen ein lesbisches Ich zu entwerfen. "Die Schwierigkeit, Ich zu sagen" (Christa Wolf) ist in den letzten zehn Jahren von Schriftstellerinnen und von feministischen Wissenschaftlerinnen artikuliert worden, allerdings ohne explizite Berücksichtigung des lesbischen Ich. Brigitte Noelleke hat den Ausschluss der Frauen aus der bürgerlichen Subjektgenese in der frühen Neuzeit, der durch den systematischen Ausschluss von Frauen aus Machtpositionen, durch die "Hexen"-Verfolgungen und durch den reformatorischen Ehezwang erfolgte, präzis aufgezeigt[10].

Auf die Entwicklung einer Autorin, die von komplexeren literarischen Formen zu einfacheren Formen mit direkterer Aussage übergeht, verbunden mit einem Wechsel von männlichen zu weiblichen ProtagonistInnen und von männlichen zu lesbischen Ich-ErzählerInnen, werde ich am Beispiel von Christa Reinig eingehen, die eine ähnliche Bewegung vollzogen hat (Kap. 7).

Coming Out

Marlene Stenten erlebte ihr Coming Out als Lesbe vor der Entstehung der Neuen Frauenbewegung. Von diesem Standpunkt ausser-

---

10 Brigitte Noelleke: *In alle Richtungen zugleich. Denkstrukturen von Frauen*. Frauenoffensive, München 1985

halb der Frauenbewegung vollzog sie in *Puppe Else* auch ihr schriftstellerisches Coming Out. Auf diese Weise hat Marlene Stenten als einzelne begonnen, über ein Thema zu schreiben, das gesellschaftlich tabuisiert war und erst von der Frauenbewegung mit kämpferischen Slogans in die Öffentlichkeit gebracht wurde[11].

Eine Tradition von Literatur mit Darstellungen lesbischer Frauen war Marlene Stenten nicht bekannt, im Unterschied zu Johanna Moosdorf, die in der Weimarer Republik erwachsen geworden war und in den sechziger Jahren als über fünfzigjährige Frau an diese Wurzeln anknüpfen konnte und Spuren lesbischer Frauen in Geschichte und Literatur suchte (vgl. Kapitel 5.2.). Marlene Stenten, die 1935 während des deutschen Nationalsozialismus geboren wurde und anfangs der siebziger Jahre als Siebenunddreissigjährige erstmals über lesbisches Leben schrieb, war von dieser verschütteten Tradition ganz abgeschnitten. Neuauflagen von Lesbenromanen aus der Weimarer Republik wurden erst ab Mitte der 70er Jahre publiziert, ebenso Übersetzungen aus der neuen amerikanischen Lesbenliteratur. Bekannt waren Marlene Stenten nur die Erzählungen von Ingeborg Bachmann und Gabriele Wohmann[12].

Lesbisches Ich

Wie könnte sich ein lesbisches Ich aus der doppelten literarischen Traditionslosigkeit des weiblichen und speziell des lesbischen Ich heraus artikulieren? Die Aufzeichnungen in einem Tagebuch erweisen sich als möglicher Anfang. In Stentens erstem Text zum Thema Lesben, *Puppe Else* (1977), registriert die lesbische Ich-Erzählerin im Tagebuch, was sie in ihrer Umgebung in bezug auf die geliebte Katharina wahrnimmt. Darin thematisiert sie die einseitig bleibende

11 Z.B. mit den aus den USA übernommenen Sätzen wie:
- "Alle Frauen sind lesbisch ausser diejenigen, die es noch nicht wissen"
- "Feminismus ist die Theorie, Lesbianismus die Praxis!"
- "Eine Frau ohne Mann ist wie ein Fisch ohne Fahrrad"
und mit Eigenkreationen wie
"Wir sind Lesben, wir sind viele, wir lassen uns nicht länger totschweigen" (Kleber und Plakat, Berlin 1979).

12 - Ingeborg Bachmann: *Ein Schritt nach Gomorrha*
- Gabriele Wohmann: *Eine grossartige Eroberung*
Mündliche Auskunft von Marlene Stenten

Liebe der Buchhändlerin Irene Düntsch zu ihrer heterosexuellen Arbeitskollegin Katharina Kanzert. Sie macht eine Bestandesaufnahme ihrer Wahrnehmungen und versucht, ihre Wirklichkeit als lesbische Frau zu erfassen[13]. In drei Teilen berichtet die Erzählerin vom Kennenlernen Katharinas, von ihrer gemeinsamen Zusammenarbeit und von ihrem Besuch bei Katharina in Paris sowie von ihrem imaginierten Mord an Katharina. Die Chronologie des Tagebuches wird durchbrochen, indem der letzte Teil der Handlung an den Anfang des Textes gesetzt wird.

Marlene Stenten gestaltet in ihren Texten seit *Puppe Else* "lesbische Lebenszusammenhänge" (Margret Fehrer[14]), deren gemeinsames Merkmal die Nähe der Protagonistin oder Ich-Erzählerin zur Autorin ist. Formal bestehen ihre Texte aus dokumentarischen und satirischen Elementen, mit denen Stenten Handlungen und Erfahrungen schildert und von ihrem Standpunkt aus kommentiert. Damit dokumentiert sie auf ihre Weise lesbische Existenz. Obwohl Stenten sehr realistisch erzählt, wird z.B. in *Puppe Else* die bewusste Formung des Textes bereits im ersten Satz deutlich, in dem Angaben zur Hauptperson, zum Ort und zum Geschehen enthalten sind. Die emotionale Ausrichtung der Protagonistin auf Katharina wird durch den Wechsel der Zeitformen verstärkt (von Präteritum zu Präsens im ersten Teil, von Präsens zu Präteritum im zweiten Teil), der immer dann vollzogen wird, wenn die Ich-Erzählerin an Katharina denkt. In *Albina* wird der Text literarisch weiter ausgestaltet durch Reflexionen, Rückblenden, Vorausdeutungen und sprachliche Gestaltung.

---

13 Auch in andern Texten, in denen Autorinnen ein neues, bis anhin tabuisiertes Thema darzustellen versuchten, verwendeten sie die Form des Tagebuches, so die Protgonistin von Marlen Haushofers *Die Tapetentür* (1957), die ihre Lebensveränderungen nach der Heirat in einem Tagebuch registriert und damit den Mythos vom Eheglück entlarvt, oder Caroline Muhr, die 1970 *Depressionen. Tagebuch einer Krankheit* publizierte, worin die Ich-Erzählerin aufzeichnet, wie sich ihre Wahrnehmung von sich und der Umwelt verändert.

14 Ich übernehme den Begriff "lesbischer Lebenszusammenhang" von Margret Fehrer, die ihn analog zum Begriff "weiblicher Lebenszusammenhang" von Ulrike Prokop (*Weiblicher Lebenszusammenhang*, edition suhrkamp, 1980) als "das emotionale, sexuelle und soziale Ausleben der Liebe von Frauen zu Frauen" definiert.
Margret Fehrer: *Literarische Leitbilder-Selbstbilder-Lebensentwürfe*,S.11

Entwicklung mit der Frauenbewegung

Zwischen der Fertigstellung der Manuskripte von *Puppe Else* (1974) und *Albina* (1986) liegen zwölf Jahre. In dieser Zeitspanne traten Lesben in die Öffentlichkeit und machten ihre Forderungen publik. Von dieser Entwicklung wurde Marlene Stenten stark beeinflusst. Ihr Selbstverständnis als lesbische Frau veränderte sich wesentlich, was in der Darstellung ihrer Protagonistinnen deutlich zum Ausdruck kommt.

In *Puppe Else* wurde die einseitige Liebe der lesbischen Ich-Erzählerin zu ihrer heterosexuellen Arbeitskollegin geschildert. Die Ich-Erzählerin ist sich zwar über ihr Lesbischsein im klaren, kann jedoch mit niemandem darüber reden. Da der Besuch einer Lesbenbar für sie die einzige Möglichkeit bildet, sich unter lesbischen Frauen aufzuhalten, geht sie zwar hin, grenzt sich aber gleichzeitig davon ab, weil dieser Ort gesellschaftlich stigmatisiert ist und weil sie ihren Wunsch nach Austausch nicht entsprechend realisieren kann (147/148). Die Ich-Erzählerin setzt sich jedoch weder mit den Geschlechterrollen noch mit den heterosexuellen Normen auseinander.

Demgegenüber tritt in *Albina* eine lesbische Feministin als Ich-Erzählerin auf, die sich nach der Trennung an ihre langjährige Liebesbeziehung zu einer anderen lesbischen Feministin erinnert. Dieses Freundinnenpaar hatte sich in einem weiteren Kreis von Feministinnen bewegt, von denen viele Lesben waren. Gemeinsam hatten sie Lesungen und Vorträge an Orten der Frauenbewegung gehalten, z.B. an der Frauen-Sommeruniversität Berlin (175f.)[15] und im Berliner Frauencafé Orlanda (200f.), und sie hatten an Diskussionen von Feministinnen teilgenommen, z.B. an einer Frauenliteratur-Tagung in der Paulus Akademie Zürich (250f.) und an einem Kongress feministischer Wissenschaftlerinnen in München (233f.).

---

15 In Stentens Text wird dafür das Jahr 1980 angegeben. Die beschriebenen Veranstaltungen fanden jedoch an der Frauen-Sommeruniversität 1979 statt, die damals der zentrale Begegnungsort der Frauenbewegung war.
Vgl. dazu: *Autonomie oder Institution. Über die Leidenschaft und Macht von Frauen. Beiträge zur 4. Sommeruniversität der Frauen - Berlin 1979.* Herausgegeben von der Dokumentationsgruppe, Berlin/W. 1981

Während in *Puppe Else* einzig eine Szene lustloser Heterosexualität beschrieben wurde (Taschenbuchausgabe 55/56), wird in *Albina* ausschliesslich lesbische Sexualität thematisiert. Der Sprachgebrauch von Marlene Stenten im Bereich der Sexualität erscheint mir zwar eigenwillig, aber noch wenig geglückt. Sie vermeidet die Falle, weibliche Sexualität in der patriarchalen Tradition von Naturmetaphorik auszudrücken und verwendet stattdessen Metaphern aus dem Bereich von Nahrungsaufnahme und -abgabe.

So provoziert Stenten einerseits gezielt, wenn sie z.B. Orgasmus und Furz gleichsetzt und damit den Mythos vom Orgasmus als alleinigem Ziel sexueller Begegnung zerstört. Andererseits zeigt sich in dieser simplen Umkehrung von Wertungen und in der gleichzeitig hilflosen Darstellung sexueller Lust auch die Folge des Schweigens von Lesben über lesbische Sexualität verbunden mit der pornographischen Vereinnahmung pseudolesbischer Sexualität durch Männer. Das Fehlen einer eigenen Sprache für weibliche und insbesondere für lesbische Sexualität und die Schwierigkeit, dafür Metaphern und Worte zu finden, die weder kitschig noch pornographisch sind, werden von Stenten nicht reflektiert. In der Schilderung von Sexualität bleibt Stenten beschränkt auf die Gleichsetzung von Essen und Scheissen mit sexuellem Handeln, während sie in andern Bereichen spielerisch neue Worte kreiert, um Frauen trotz der herrschenden Grammatik sprachlich sichtbar zu machen (z.B. "jemande", "der Teufel als Briefeschreiberin", "Göttin sei Dank") oder Künstler verweiblicht wie "Franziska Schubert", die Komponistin der Winterreise, weil ihr deren Werk gefällt.

Exemplarische Interpretation von *Der Zwerg und die Königin*

Die Publikation des Erzählbandes *Die Brünne* (1981) steht zwischen den beiden Romanen mit lesbischen Protagonistinnen *Puppe Else* (1977) und *Albina* (1986). Ich verweise auf sie, um Konstanten und Tendenzen in Marlene Stentens Schreiben aufzuzeigen.

Der Zwerg und die Königin ist die erste von neun Erzählungen. Verschiedenartige Beziehungen zwischen lesbischen Frauen stehen im Zentrum dieser Geschichte: eine unausgelebte Liebesbeziehung (*Aloys*), eine sich anbahnende Liebesbeziehung, die mit einer einmaligen sexuellen Begegnung endet (*Grünkohl, Donna Johanna*), eine Liebesbeziehung, die mit grossen Konflikten gelebt wird und das Ende dieser Beziehung (*Die Brünne*), die Lösung aus einer Beziehung (*Spiele*) und eine Reisebekanntschaft (*Furzen oder so*). In den weiteren Erzählungen *Walli Tschapolli* und *Rumpelstilz* wird eine Nachbarin bzw. eine Freundin porträtiert.

Mit einer exemplarischen Interpretation der Erzählung *Der Zwerg und die Königin*, die 1979 geschrieben und 1981 im Band *Die Brünne* publiziert wurde, werde ich nun auf stoffliche und stilistische Merkmale in Marlene Stentens Texten eingehen.

Inhalt

Die Hauptfiguren sind drei etwa vierzigjährige Frauen, nämlich die Apothekenhelferin und Drehbuchautorin Lotte Detgen, die Dozentin für Slawistik Dr. Käte Schwandheim, Geliebte von Lotte und Freundin von Frauke Schneider-Manz, der Ehefrau mit abgebrochenem Slawistikstudium. Im weiteren kommen vor: Bruder und Schwägerin von Lotte, Fraukes Ehemann Erwin und ihr Neffe Kilian.

Im August 1979 besuchen Lotte und Käte das Ehepaar Frauke und Erwin, da Käte ihre Geliebte Lotte ihrer Freundin Frauke vorstellen will. Obwohl Frauke und Erwin eine Atmosphäre behaglicher Gastfreundschaft verbreiten, wird Lottes Stimmung zunehmend getrübt, weil sie eifersüchtig wird und das Gefühl erhält, Käte habe nur deshalb mit ihr eine Liebesbeziehung, weil die vorrangig geliebte Frauke als heterosexuelle Frau für Käte unerreichbar ist. Während eines Ausfluges phantasiert Lotte einen Mord an Käte. Die Geschichte endet mit der Abreise des Frauenpaares nach Ablauf ihres Besuches.

Erzählend "abdecken"

Offen gelegt werden in dieser Erzählung die beängstigenden und deshalb tabuisierten Gefühle von Eifersucht, Hass und Rache, die unter der Oberfläche dieser Liebesbeziehung schwelen. Erzählt wird in personaler Erzählsituation, mit der die Perspektive von Lotte dargeboten wird. Lotte fühlt sich von ihrer Geliebten Käte auf den zweiten Rang versetzt, da Käte für ihre Freundin Frauke schwärmt. Frauke jedoch ist glücklich mit Erwin verheiratet. Obwohl die Sexualität zwischen Lotte und Käte lustvolle Gemeinsamkeit bedeutet, empfindet Lotte Eifersucht auf die intellektuelle und emotionale Verbundenheit von Käte und Frauke. Die zentralen Konfliktpunkte werden nach der Vorstellung der Hauptfiguren bereits im zweiten Abschnitt präsentiert.

> "Wohl an die hundert Tage lang, wenn frau es aneinanderreihte, hat die Käte der Lotte von Frauke erzählt. Frauke ist Kätes beste Freundin, aber leider heterosexuell, sonst, ach du mein liebes Lottchen! Denn Lotte, von Beruf Apothekenhelferin und ziemlich unbedarft, kann der Frauke höchstens das Wasser reichen. Das wohl! Das muss die Dr. Schwandheim schon verlangen können: eine Freundin, die anderen das Wasser reichen kann. Eine Frau mit einer guten Zunge, da legt die Schwandheim allerdings auch besonderen Wert drauf! Leider aber hat Lotte nur in einer Hinsicht eine erstklassige, einwandfreie Zunge. In anderer Hinsicht jedoch ist sie ungehobelt und ungeschickt und eher schwerzüngig wie ein Fisch. Haben Fische denn überhaupt eine Zunge?" (9/10)

Mit der Zungen-Metapher wird auf Lottes sexuelles Talent und auf ihre mangelnde Gesprächsfähigkeit angespielt. Spöttisch, ironisch, selbstironisch und bewusst vulgär wird von der Erzählinstanz Kätes Verhalten kommentiert und damit die Sichtweise von Lotte unterstützt. Damit wird die Sympathie der LeserInnen bereits zu Textbeginn auf Lotte gelenkt und bleibt durchwegs an sie gebunden. Diese Nähe der Autorin zur Protagonistin ist für Marlene Stentens Texte typisch. In der Erzählung *Die Brünne* z.B. wird der Erzählstandpunkt ausserhalb der Protagonistin im Verlauf der Handlung aufgegeben und am Schluss in eine Ich-Perspektive überführt, die Protagonistin und Erzählerin vereint[16].

Mit dem Begriff "Abdeckerroman" hat Marlene Stenten in *Albina* (174) ihre Schreibweise, die sie auch in *Der Zwerg und die Königin* anwendet, selber treffend bezeichnet. Sie beobachtet nicht nur das Verhalten der beteiligten Personen genau, sondern bringt aus der Perspektive von Lotte auch die geheimen Absichten, Wünsche und Ängste ans Licht, die von den Beteiligten durch ihr Handeln verdeckt werden. Zum Vorschein kommen dabei: - Kätes Verehrung von

---

16 Vgl.: Margrit Fehrer: *Literarische Leitbilder-Selbstbilder-Lebensentwürfe*, S.137

Frauke, die darauf gründet, dass Frauke Käte liebevoll verwöhnt, sowohl kulinarisch wie auch intellektuell und emotional. - Kätes Absicht, Frauke zur Promotion bei ihr zu ermuntern, damit Frauke die begrenzte Rolle der Studienabbrecherin und Ehefrau überschreiten könnte und sie selber eine wissenschaftliche Mitarbeiterin gewinnen würde. - Lottes Erkenntnis, dass sie im Vergleich zu Frauke für Käte zweitrangig sei.

Alle drei Feststellungen werden innerhalb des Textes wiederholt, am eindringlichsten diejenige, dass Kätes Liebe zu Frauke an deren heterosexueller Orientierung scheiterte und deshalb Lotte den Platz einer Stellvertreterin einnehme.

> "Frauke ist Kätes beste Freundin, aber leider heterosexuell, sonst, ach du mein liebes Lottchen!" (9)

> "Wäre Frauke, die Käte aufs Zärtlichste verwöhnte, nicht heterosexuell, hätte sich die Beziehung zwischen Käte und Lotte nicht entwickeln können." (11)

> "Frauke, mein Frauke, du wärest die Rechte für mich! Kätchen, mein Mädchen, warum konntest du kein Knabe sein!" (18)

> "Oh Jesus meine Zuversicht, wäre Kätchen lesbisch nicht!.." (26)

Mit der Kontrastierung von Kätes Anerkennung von Fraukes Gesang[17] und der gleichzeitigen Abwertung von Lottes Sangeslust wird die Diskrepanz zwischen diesen Beziehungen zugespitzt.

> "Die einzige, die aber hier von Käte aus überhaupt singen darf, sollte und könnte (immerzu will Käte diese Stimme hören), wäre Frauke! Der Erwin habe zwar eine starke Stimme, sei auch wegen seines schauspielerischen Talents eine Opernbegabung, aber Fraukes hochsensible Stimme könne ausdrücken, was einem Erwin nie gelänge! Lotte hingegen könne mit Frauke leider gleichfalls nicht konkurrieren, weil sie zwar sogar eine hübsche Stimme, aber keinen Rhythmus in ihrem Vortrag habe. Wegen des fehlenden Rhythmus sei es leider unerträglich fast, der Lotte zuzuhören." (24/25)

Als Lotte beim Besuch eines Museums Käte und Frauke beobachtet, fühlt sie sich von deren Gemeinsamkeit ausgeschlossen und ortet ihre eigene Fremdheit in ihrer im Vergleich zu den Freundinnen geringen Bildung.

> "Also, hochgebildet sind die beiden, die Käte und die Frauke, und die Lotte hat nicht mithalten können. Dieser eine Film, den sie da ge-

---

17 Bereits eingeleitet S.17: "Käte hätte der Lotte nicht so von Fraukes Stimme vorschwärmen sollen."

dreht hatte, war einfach nicht genug, obwohl die Käte immer wieder diskret ihre Bekannten auf Lottes spezielle Begabung und auch auf ihre besonderen Kenntnisse als Apothekenhelferin hingewiesen hat. Da ging also Lotte neben diesen beiden, die innerlich Hand in Hand gingen, her und wusste sich nicht zu artikulieren." (19)

Erfüllt von dem Gefühl des Ausgegrenztwerdens und der damit verbundenen Entwertung ihrer Person, reagiert Lotte mit Wut, die sie gegenüber Käte unterdrückt. Nur über ihre Identifikation mit Judas Thaddäus in einem Bild von Riemenschneider kann sie ihre Verletzung gedanklich in Worte fassen, wobei sie Judas mit Lotte, Jesus mit Käte und Johannes mit Frauke gleichsetzt. Blasphemie fällt Lotte leichter als Kritik an der geliebten Käte.

"Lotte tritt wieder vor ihren Judas Thaddäus hin: Judas mit dem Lokkenhaar und dem Stirnkanten. Judas Thaddäus betet: Herr, ich sehne mich nach dir! Ich halte es nicht mehr aus, wie du herumscharwenzelst mit dem Johannes und dem Thomas und dem Simon! Weil der Johannes so lieblich lächelt und der Thomas so vielwissend ist! Und dem Petrus gibst du die Schlüsselgewalt, und mir? Nichts, nichts als die Verachtung, den Dreck! Jesus du verfluchter Scheisshaufen, du elender Betrüger! Wenn du mich, wenn es dann soweit ist, wenigstens an deine Seite liessest, wie den Mister Schächer! Aber weil das nun alles nicht so ist, werde ich dich verkaufen wie einen ungeratenen Sohn, einen Knecht, einen Hund!" (20)

Mord

Lotte hat erfahren, dass sie aufgrund ihrer familiären Herkunft aus der bürgerlichen Kultur ausgegrenzt wurde. Durch Kätes Umgangsweise mit Frauke wird Lotte nun erneut an ihre kulturelle Ausgrenzung erinnert, was sie mit Ohnmacht und Wut erfüllt. Eine Zeitlang unterdrückt sie diese Gefühle, bis sie abrupt und wortlos ihre aufgestauten Aggressionen entlädt, indem sie während einer Bootsfahrt zu zweit die Nichtschwimmerin Käte in den Fluss wirft. Geschildert wird die Szene im inneren Monolog von Lotte, durch den die äusseren Begebenheiten skizziert werden. Der Vergleich bzw. die Gleichsetzung von Käte mit Jesus wird nochmals ausgemalt; darauf folgt Lottes Tat. Voller Spott wird Lottes Mordtat als schicksalhaftes Geschehen geschildert.

"Das fiel der Lotte nicht gleich ein, denn unvermittelt war alles grau in grau, scharfer Wellengang und gewittrige Stimmung, allerdings ein Gewitter selbst nicht, aber doch beängstigende Wetterlage. Jesus hat

> vor ihr im Boot gesessen und immerzu gebeten: "Lass uns umkehren, Lotte! Ich will hier nicht mehr weiter! Lass uns zurück!" Ja, ja ich weiss schon: Der Johannes wartet bereits mit dem Abendmahl und dem Wein. Und weil ein Stein, der fällt, nicht reden soll, auch nicht kann, hat Lotte/Judas nicht geantwortet, und so ist bei leichtem mittelwarmem Regen und allerdings nicht sehr ebnem Wellengang die Frau Dr. Käte Schwandheim aus dem Schneider-Manzschen Boot gefallen. Oh du mein Jesulein, und konnte doch nicht schwimmen!" (22/23)

Kurz nach dieser sarkastischen Bemerkung der Erzählinstanz, die Lottes Gefühle zum Ausdruck bringt, tritt Käte bereits im übernächsten Abschnitt wieder höchst lebendig auf. Die vermeintliche Nichtschwimmerin hat sich als Schwimmerin entpuppt und ist über "Lottes lautes, qualvolles Schreien, Suchgeschrei nach ihrer teuren Freundin" (23) gerührt. Gefeiert wird mit einem gemeinsamen Essen mit Frauke und Erwin.

Nach dieser grotesken Wendung wird im letzten Fünftel der Erzählung (24-27) die frühere Handlung wieder aufgenommen, "Das alte Spiel!" (27) fortgesetzt. Auf den spannenden, jedoch nicht geglückten oder nicht ausgeübten Mord folgt wieder Lottes Leiden in der Beziehung. Ihre innere Abgrenzung wird zwar deutlicher als zuvor und kulminiert in ihrem Kommentar zu Fraukes Gesang:

> "Aber die Frauksche Stimme tönt leider noch immer, wie ich bereits feststellen musste, leider noch immer forciert und angestrengt. Und ich weiss, du wünschst, die Lotte Detgen soll mit dir niedersinken und anbeten! - Die unerreichbare Königin dann mit zwei Zwergen unterwegs! Aber ich nicht, nein, nicht ich, Lotte Detgen! Weil die Frauksche Stimme einfach keine anbetungswürdige Stimme ist, und ausserdem hasst Lotte Königinnen - gleich welcher Art. Lieber zwei Zwerge in einem Boot als umgekehrt! Lieber Judas Thaddäus macht mit Jesus eine Fusswanderung, als der vollkommen liebreizende Johannes." (26)

Der vermeintliche Mord von Lotte an Käte bildet einen zeitweiligen Ausbruch aus ihrer Liebesbeziehung, in der sich Lotte eingegrenzt und als zweitrangig entwertet fühlt. Durch ihre Identifikation mit dem Verräter Judas und mit dem Zwerg in Matthäus Casimir von Collins gleichnamigem Lied, dessen letzte entscheidende Strophe der Erzählung als Motto vorangestellt ist, kommt Lottes Wunsch nach Rache deutlich zum Ausdruck.

"Der Zwerg schaut an die Frau, vom Tod befangen,
Er senkt sie tief ins Meer mit eig'nen Händen.
Ihm brennt nach ihr das Herz so voll verlangen,
An keiner Küste wird er je mehr landen." (9)

Ein Aufbruch, eine Befreiung aus Lottes Zwergenposition, wird jedoch nicht ins Auge gefasst und eine Utopie nicht angedeutet. Damit unterscheidet sich Marlene Stenten wesentlich von den utopischen Ansätzen Ingeborg Bachmanns, der lesbischen Spurensuche Johanna Moosdorfs und der Patriarchatskritik Christa Reinigs. Grundsätzlich bringt Stenten weder eine mögliche Veränderung von Verhaltensweisen, noch die Notwendigkeit dazu zum Ausdruck, aber sie zeichnet auf, was sie erlebt, denkt und fühlt, und formuliert damit ihre "lebensnotwendigen Tageslosungen" (Albina, S.68).

In *Albina* konzentriert sich Stenten inhaltlich auf die präzise und schonungslose Schilderung der Beziehung zweier lesbischer Frauen im Patriarchat. Die beiden Liebenden verletzen sich gegenseitig, indem sie ihre Stärken und Schwächen gegeneinander ausspielen. Ihre Beziehung bewegt sich im Kreis. Die Konflikte wiederholen sich, dazwischen gibt es Momente liebevoller Gemeinsamkeit, verändert wird insgesamt jedoch nichts. Weil das gegenseitige Rollenverhalten in der Beziehung nicht aufgebrochen werden kann, erweist sich die Auflösung der Liebesbeziehung als einziger Ausweg aus der gegenseitigen Verstrickung. Die Trennung beinhaltet jedoch insofern utopische Elemente, als die von ihrer Geliebten verlassene Ich-Erzählerin weder Mord noch Selbstmord begeht, sondern sich mit Galgenhumor dafür bedankt, dass sie verlassen worden ist, da sie selbst den Ausstieg aus dieser Beziehung nicht geschafft hätte.

In der Erzählung *Die Brünne* wird demgegenüber weder ein realer noch ein fiktiver, physischer Mord verübt, stattdessen aber ein sozialer. Die Protagonistin Heidi brüskiert ihre Geliebte Mathilde, die auf die Wahrung von guten Sitten grossen Wert legt, indem sie vor versammeltem Freundinnenkreis plötzlich ihren nackten Oberkörper zeigt. Auch in dieser Geschichte können die Geliebten ihre gegenseitigen Rollen nicht auflösen. Sie bleiben im sozialen "Käfig" (Mathilde) und in ihrer "Konfliktscheu"[18] (Heidi) gefangen.

---

18 Margret Fehrer: *Literarische Leitbilder-Selbstbilder-Fremdbilder*, S.136

In der Analyse dieser Beziehungskonstellation hat Margret Fehrer dargelegt, dass die beiden Protagonistinnen "jeweils einen (in sich widersprüchlichen) Typus von lesbischer Frau"[19] repräsentieren. Während Mathilde von ihrer Karriereorientierung her männlich erscheint, tritt sie in ihrer äusseren Erscheinung weiblich auf. Heidi dagegen, der die Erzählinstanz näher steht, erscheint äusserlich eher männlich, während ihr Verhalten (Eingehen auf Bedürfnisse anderer, Orientierung auf Beziehung statt Karriere, Opferhaltung) dem weiblichen Sozialcharakter weitgehend entspricht. Dieser zweite Typus prägt sämtliche Hauptfiguren in Marlene Stentens Texten mit lesbischen Protagonistinnen und Ich-Erzählerinnen, so auch Lotte in *Der Zwerg und die Königin*.

Eine ähnliche Beziehungskonstellation mit gegensätzlicher Rollenaufteilung hat Gabriele Wohmann bereits 1965 in *Eine grossartige Eroberung* geschildert. Während jedoch bei Wohmann der Mann als zerstörerischer Eindringling in die Frauenbeziehung tritt, werden bei Stenten die komplementären Rollen ausschliesslich zwischen den Frauen in gegenseitig verletzender Weise ausagiert.

Lesbisches Selbstverständnis

Im Unterschied zu *Puppe Else*, wo die Ich-Erzählerin ihr Lesbischsein gegenüber andern verbirgt, sind Lotte und Käte in *Der Zwerg und die Königin* als lesbische Frauen sozial integriert. In Lottes Verwandtschaft (Bruder und Schwägerin) und Kätes FreundInnenkreis (Freundin Frauke und Ehemann) treten die Freundinnen selbstverständlich als Paar auf. Auch in den andern Erzählungen des Bandes *Die Brünne* gibt es Protagonistinnen, die selbstverständlich lesbisch leben (allein oder in einer Liebesbeziehung), allerdings ohne erkennbare Verbindungen zu anderen lesbischen Frauen.

Den Aufbau eines lesbischen Beziehungsnetzes hat die Autorin erst mit dem Eintritt in die Frauenbewegung vollzogen, was sich in Marlene Stentens drittem Roman *Albina* (1986) literarisch niederschlägt. Dort wird die Ich-Erzählerin auch zu einer präzisen Beobachterin von Feministinnen, indem sie deren Verhalten an einigen wichtigen Treffen der Frauenbewegung schildert. In der Darstellung von

---

19 Ebenda, S.149

Diskussionen lässt die Autorin gekonnt untergründige Spannungen aufgrund von intellektueller und erotischer Konkurrenz aufscheinen und hält Feministinnen damit einen Spiegel vor, am gelungensten in der Szene eines Kongresses von Wissenschaftlerinnen (233 ff.).

In *Der Zwerg und die Königin* wird verborgenes lesbisches Leben sichtbar gemacht durch ihre explizite Bezeichnung mit *lesbisch* bzw. *heterosexuell.* Das Einschreiben von "lesbisch" (und "Lesben", "Lesbianismus") in den Text ist seit *Puppe Else* ein auffallendes Merkmal in Marlene Stentens Texten, auch in *Der Zwerg und die Königin* zeigt (11, 26) und in *Albina* dann fünfundzwanzig Mal vorkommt. Damit eignet sich Stenten dieses verfemte Wort zunächst selber an. 1982 hatte sie in einem Interview mit der *Lesbenpresse* über das Schreiben ihres ersten Romans *Grosser Gelbkopf* gesagt:

> "Ja, ich war lesbisch und musste schreiben. Und wollte aber ausdrükken, dass ich lesbisch war. Also aber "lesbisch" war überhaupt noch nicht möglich zu sagen, ich hätte mich geschämt, das, glaube ich, anzubieten. Ich hätte auch keinen Erfolg gehabt. Mir war völlig klar, es hätte niemand gedruckt. Ja, dann bin ich eben homosexuell geworden, hab mich in einen Mann verwandelt."[20]

Darüber hinaus arbeitet Stenten mit der häufigen Verwendung des Begriffs *lesbisch* dem Prozess des Verschweigens und Vergessens von Lesben entgegen, indem sie in ihren Texten deutliche lesbische Spuren hinterlässt[21].

Sperrige Sprache

Ähnlich wie sich die Protagonistin teils spielerisch, teils trotzig über gängige Verhaltensregeln und "kurzerfuss über die Gartenmauer" (13) hinwegsetzt[22], benutzt sie für ein gutes Essen den negativ konnotierten Vulgärausdruck "Frass" (16) ebenso unbekümmert, wie sie mit einfachen Stab- und Endreimen auf makabre Weise spielt.

---

20 *Marlene Stenten.* Interview von Marlotte Neumann und Gabriele Pfaff. In: *Lesbenpresse* (Berlin/W.), Nr. 10/1982, S.11

21 Zum Problem der Spurensicherung bei Nathalie Barney vgl. Alexandra Busch: *Ladies of Fashion*, S.79

22 Auch in andern Texten Stentens, z.B. in *Albina* (S.106-111) werden bewusste Normverstösse der Protagonistin oder der Ich-Erzählerin genüsslich geschildert.

"Ist, als das Geschrei dann aufgehört hat, noch an den Ufern des Mains lang gelaufen, bis in die Morgenfrühe, und ist dann selbst verdorben, gestorben, wie es auch in der Bibel geschrieben steht.
Bei Stein am Rhein in den Main. Erhängt oder in einen Plastiksack gezwängt mit dem Kopf und erstickt, geworden verrickt." (23)

Sie evoziert hymnische Beschwörung, die sie zugleich mit deftigen Begriffen aus der Umgangssprache bricht.

"Dr. Käte Schwandheim, hättest du mich gestern, nachdem ich dich so düstervoll im Main ertränkt habe, nach deiner Auferstehung, o du allesverzeihender Jesus du, hinterher nicht so unendlich liebevoll an deine noch grüne Wasserleichenbrust gedrückt, so müsste ich nun vielleicht nicht heftig Nasenrotz hochziehen." (25/26)

6. Achtziger Jahre

Gesellschaftliche Situation

Nachdem in den siebziger Jahren die Frauenbewegung das Verschweigen und die Stigmatisierung von Lesben in der Gesellschaft öffentlich angegriffen hatte und gleichzeitig Lesben innerhalb der Frauenbewegung ihre Avantgardefunktion im feministischen Kampf verkündet hatten, wurden in den achtziger Jahren erstmals eigene Lesbendemonstrationen durchgeführt, z.B. 1981 und 1984 in Genf (die zweite im Rahmen der internationalen Lesbenkonferenz der ILIS) und seit 1985 in West-Berlin (im Anschluss an die 1. Lesbenwoche). Die Demonstration auf der Strasse ist die öffentlichste Form traditionellen kollektiven Protests. Die Mitorganisation und Beteiligung von Lesben an Demonstrationen ist deshalb ein Indiz für ihr politisches Selbstbewusstsein und ihre Orientierung in bezug auf BündnispartnerInnen. In dieser Hinsicht fand in den achtziger Jahren ein gegenläufiger Prozess statt: Einerseits verschwanden Lesbenforderungen aus den Hauptforderungen der Frauendemonstrationen zum 8.März[1], andererseits beteiligten sich Lesben zusammen mit Schwu-

1 In der Schweiz erreichte die Sichtbarkeit von Lesben ihren Höhepunkt an der Frauendemonstration 1979, als auf Initiative der Zürcher FBB (Frauenbefreiungsbewegung) - die im Frauenzentrum eng mit der HFG (Homosexuelle Frauengruppe) zusammenarbeitete, bzw. teilweise identisch war - die Parole *Heterosexualität - nein danke!* herausgegeben wurde.
1982 spaltete sich dann die Vorbereitungsgruppe an der Männerfrage, und es wurden zwei Demonstrationen zum Internationalen Tag der Frau am 8.März durchgeführt, eine zusammen mit Männern in Biel und eine ausschliesslich mit Frauen in Fribourg. In Fribourg war eine der vier Hauptforderungen, die auf Flugblättern und in Reden erläutert wurden, *Gegen den Zwang zur Heterosexualität.*
Als sich nach 1982 die Radikalfeministinnen auf Projektarbeit konzentrierten und sozialistisch und gewerkschaftlich orientierte Feministinnen die Organisation der Frauendemonstration übernahmen, verschwanden die Lesbenforderungen und wurden nur noch von einzelnen Gruppen auf ihren Transparenten und Flugblättern formuliert.

len an den Christopher-Street-Demonstrationen Ende Juni, wo die Frauen in der Minderheit blieben, und drittens organisierten Lesben erstmals in der Geschichte auch eigene Demonstrationen.

Mit dem Anspruch, eine internationale Vereinigung von Lesben zu gründen, schlossen sich 1979 drei Lesben mit Schwulen in England (Sheffield) zur ILGA (International Lesbian and Gay Association) zusammen[2]. An der ersten Konferenz in Spanien (Barcelona) nahmen sechzig Frauen teil und schufen ein Frauensekretariat mit Sitz in Holland (Amsterdam) und gaben sich den Namen ILIS (International Lesbian Information Service). Weitere Konferenzen fanden in den folgenden Jahren in Italien (Turin), Belgien (Gent), Frankreich (Paris), Schweden (Stockholm), BRD (Köln), Schweiz (Genf) und Holland (Amsterdam) statt. An der Genfer Konferenz beteiligten sich siebenhundert Frauen, darunter einzelne aus Afrika, Asien und Südamerika. 1987 gab es erstmals eine Lesbenkonferenz in Lateinamerika (Mexiko), an der auch einige Europäerinnen anwesend waren. Das ILIS-Sekretariat wechselte von Holland nach Finnland, in die Schweiz und wieder nach Holland. Bereits 1981 wurde die Abspaltung der Lesbenvereinigung ILIS von der gemischten IGA beschlossen, wobei auch in der IGA Lesben aktiv blieben.

Projektebewegung

Ebenso wie in der übrigen Frauenbewegung fand - mit ein paar Jahren Rückstand - im lesbischen Teil der Frauenbewegung eine Professionalisierung feministischer Projekte durch den Auf- und Ausbau zahlreicher spezialisierter Projekte statt. Zuerst in West-Berlin, danach in der BRD und in der Schweiz, wurden Lesbenberatungsstellen und Lesbentelephone gegründet, in Österreich 1982 gemeinsam mit Schwulen eine Beratungsstelle in der Rosa Lila Villa in Wien eröffnet[3]. Diese Lesbenberatungsstellen bildeten einerseits Ansprechpart-

---

Ende der achtziger Jahre setzten sich wiederum Frauen aus gemischten autonomen Gruppen in Frauengruppen ab, und Lesben verschafften sich wieder Öffentlichkeit, z.B. in Zürich und Winterthur.

2 Die folgenden Daten sind entnommen: *Big dates in ILIS-Herstory.* In: *ILIS International Lesbian Information Service.* Amsterdam, December 1989.

3 Brigitte Geiger/Hanna Hacker: *Donauwalzer Damenwahl*, S.146

nerinnen für isolierte Lesben, andererseits machten sie die Existenz lesbischer Frauen in der Gesellschaft sichtbar. Einzig in Berlin konnte eine Lesbenberatungsstelle etabliert werden, in der die Mitarbeiterinnen aus staatlichen Geldern bezahlt werden. Die übrige Arbeit wird ehrenamtlich geleistet.

Gremienpolitik

Die meisten feministischen Lesben arbeiteten auch in den achtziger Jahren nicht in speziellen Lesbenprojekten, sondern in einer Vielzahl von Frauenprojekten innerhalb der Frauenbewegung oder in Frauengruppen im Rahmen von Kirche, Gewerkschaften, Parteien und Kulturbetrieb. Seit Mitte der achtziger Jahre begannen viele Frauenprojekte gegen aussen ihre Lesbenpräsenz zu signalisieren durch die Doppelung der Namen in *Frauen- und Lesbenreferat*, *Frauen- und Lesbenbar*, *Frauen- und Lesbeninformationsstelle* etc..

Ab Mitte der achtziger Jahre wurden durch die Grünen im Bundestag, d.h. durch die Abgeordnete Jutta Österle-Schwerin, politische Forderungen zur Gleichberechtigung lesbischer Frauen gestellt[4]. Bereits 1977 hatte sich in Berlin eine Gruppe von GewerkschafterInnen der ÖTV gebildet, die lesbisch-schwule Forderungen in die Gewerkschaft einbrachte[5]. Von der rot-grünen Regierungskoalition in West-Berlin, die erstmals eine Mehrheit von Frauen als Senatorinnen wählte, wurde ein *Referat für gleichgeschlechtliche Lebensweisen* bewilligt. Die ersten beiden Stellen als wissenschaftliche MitarbeiterInnen wurden Ende 1989 mit der Soziologin Ilse Kokula und dem Juristen Stefan Reist besetzt.[6] Aus dem Diskussionszusammenhang ökumenischer feministischer Theologie heraus wurde von Hertha Leistner, Monika Barz und Ute Wild das erste

---

4 Jutta Österle-Schwerin: *Zwei Jahre Lesben-Politik im Bundestag - Wie alles anfing und wie es weitergehen könnte*. In: *Nirgendwo und überall: Lesben*. Beiträge zur feministischen Theorie und Praxis, Nr. 25/26, 1989, S.201-210

5 Ilse Kokula: *Eine Frau, die als lesbisch gilt, darf nicht freundlich zu ihren Kolleginnen sein. Die Diskriminierung lesbischer Frauen am Arbeitsplatz - eine Bestandesaufnahme für Deutschland und die Schweiz*. In: *Tages Anzeiger* (Zürich) 21.11.1986, S.39/40

6 *Frau Ohne Herz* (Zürich) Nr.26/1990, S.39

deutschsprachige Buch zum Thema *Lesbische Frauen in der Kirche* im Kreuz Verlag unter dem Titel *Hättest Du gedacht, dass wir so viele sind?* (1987) veröffentlicht.

Wissenschaft

In weitaus grösserem Umfang als in den siebziger Jahren forschten und publizierten feministische Wissenschaftlerinnen in Form von Magistraarbeiten und Dissertationen in den Fachbereichen Soziologie/Psychologie/Geschichte über unterschiedliche Aspekte lesbischen Lebens in Geschichte und Gegenwart, so Ilse Kokula, Jutta Brauckmann, Brigitte Rheinberg/Edith Rossbach, Suzanne von Paszensky, Lising Pagenstecher, Claudia Schoppmann und Hanna Hacker. Dazu kamen in Filmwissenschaft Stefanie Hetze und in Sportsoziologie Birgit Palzkill. Bereits 1981 erschien in der Fachzeitschrift *Frauen und Film* eine Nummer mit dem Titel *Trauer muss Sappho tragen?*. Nachdem in den beiden feministischen Wissenschaftszeitschriften *Beiträge zur feministischen Theorie und Praxis* und *Feministische Studien* vereinzelt Aufsätze zu Lesbenthemen abgedruckt worden waren, stand erst 1989 eine ganze Nummer der *Beiträge* unter dem Titel *Nirgendwo und überall - Lesben.*

Im etablierten Kunstbetrieb wurde 1984 erstmals eine lesbisch-schwule Ausstellung im Berlin Museum gezeigt und mit einem Katalog in einem angesehenen Kunstverlag dokumentiert: *ELDORADO - Homosexuelle Frauen und Männer in Berlin 1850-1950, Geschichte, Alltag und Kultur*[7]. Die wissenschaftlich qualifizierten lesbischen und schwulen MitarbeiterInnen hatten dafür allerdings unbezahlt gearbeitet[8].

In Wien begründeten Lesben und Schwule gemeinsam die *Österreichische Gesellschaft für Homosexuellenforschung und Lesbierinnenforschung (ÖGHL)*, die sich von 1983 bis 1987 an Aktivitäten der Schwulen- und Lesbenbewegung beteiligte, einen Forschungsauftrag

---

7 Vgl. dazu den Katalog *ELDORADO*, der vom Berlin Museum im Verlag Fröhlich & Kaufmann, Berlin, herausgegeben wurde

8 Mündliche Auskunft der Mitarbeiterin Ilse Kokula.

zu homosexuellen Lebenszusammenhängen durchsetzte und zwei Symposien und Volkshochschulvortragsreihen veranstaltete[9].

In der Schweiz wurde 1988 in Basel die Ausstellung *Männergeschichten - Schwule in Basel seit 1930*[10] von schwulen und heterosexuellen Männern inszeniert, mit einem breiten Patronatskomitee abgestützt und mit öffentlichen Geldern unterstützt. Lesbische Frauen waren dagegen kein Thema, sondern wurden nur im Zusammenhang mit der ersten Gruppengründung in den dreissiger Jahren erwähnt. Die historische Spurensicherung lesbischer Frauen war jedoch Untersuchungsgegenstand des ersten Projektes des privaten *SAPPHO Verein zur Förderung von Frauenforschungsprojekten*, in dem die Berlinerinnen Ilse Kokula und Ulrike Böhmer die Geschichte der ersten Gruppe lesbischer Frauen in der Schweiz untersuchten[11].

Medien

Ab Mitte der siebziger Jahre zeichnete sich in den nicht frauenbewegten Medien ab, dass auch dort das Verschweigen lesbischer Frauen allmählich durchbrochen wurde. Da dieser Prozess bisher nicht aufgearbeitet wurde, müssen einige Beispiele aus der Schweizer Medienlandschaft als Beleg genügen:

Radio DRS strahlte im Sommer 86 eine fünfteilige Sendereihe von Redaktorin Ursy Trösch zum Thema *Gleichgeschlechtliche Liebe* aus. Im Tages Anzeiger Zürich, der zweitgrössten Schweizer Tageszeitung, erschien im November 1986 in der Rubrik *Zeitzeichen* ein längerer Bericht der Berliner Soziologin Ilse Kokula mit dem Titel *Eine Frau, die als lesbisch gilt, darf nicht freundlich zu ihren Kolleginnen sein - Die Diskriminierung lesbischer Frauen am Arbeitsplatz - Eine Bestandesaufnahme für Deutschland und die Schweiz*. Im Szenemagazin Magma veröffentlichte die junge Schriftstellerin Kristin T. Schnyder einen selbstbewusst engagierten Artikel unter dem Titel *Lesbisch na und?*. 1989 griffen Redaktorinnen und Redaktoren des Fernsehen DRS das Thema Lesben und Schwule in verschiedenen Jugendsen-

---

9 Brigitte Geiger/Hanna Hacker: *Donauwalzer Damenwahl*, S.146

10 Unter diesem Titel erschien auch ein Katalog im Buchverlag Basler Zeitung (1988), herausgegeben von Kuno Trüeb und Stefan Miescher.

11 Ilse Kokula/Ulrike Böhmer: *Die Welt gehört uns doch! Zusammenschluss lesbischer Frauen in der Schweiz der 30er Jahre*. eFeF, Zürich 1991

dungen von *Seismo* auf. Ende 1989 gab die Journalistin Barbara Lukesch in der Weltwoche, der liberalintellektuellen Wochenzeitung, einen Überblick über die Befindlichkeit von Lesben und über deren Treffpunkte. Die Redaktion setzte über den informativen Bericht allerdings den irreführenden Titel *Sie schweigen sich selber tot.*

Literaturbetrieb

Die Anzahl publizierter Texte mit lesbischer Thematik wuchs in den achtziger Jahren sprunghaft an, von etwa 15 in den siebziger auf rund 100 literarische Texte in den achtziger Jahren[12]. Nachdem die Frauenbewegung mit Frauen- und Lesbenverlagen in den siebziger Jahren erfolgreich den Markt für Lesbenthemen geschaffen hatte, entdeckten auch die übrigen Verlage diese Marktlücke, und es erschienen in Gross- und Kleinverlagen, in Literatur- und Taschenbuchverlagen entsprechende Bücher. Daneben wurden zahlreiche Übersetzungen aus dem Englischen/Amerikanischen, Italienischen, Holländischen, Norwegischen und Französischen verlegt. Aus der älteren Literatur wurden klassische Texte teilweise erstmals übersetzt, z.B. von Gertrude Stein und Djuna Barnes.

Während die Lesbenverlage der siebziger Jahre entweder ihre Produktion einstellten (*Come Out*, *Tomyris*) oder sich in einen literarischen Verlag (*Amazonen Verlag* in *Lilith*) oder in einen professionellen Frauenverlag (*sub rosa* in *Orlanda*) umgestalteten, entstanden in den achtziger Jahren auch neue Lesbenverlage: 1984 gründete Susanne Amrain den *Daphne-Verlag* (Göttingen), in dem sie Übersetzungen englischamerikanischer Unterhaltungsliteratur veröffentlichte. Chris Paul und Lea Morrien begannen 1987 im *Lesbenverlag Ätna* ihre eigenen Texte zu publizieren und darüber hinaus ein Forum für deutschsprachige Lesbenliteratur zu schaffen.

Wichtiges Novum für die Vermittlung von Büchern mit lesbischer Thematik bildete die Herausgabe von *Virginia - Frauenbuchkritik*, der ersten deutschsprachigen Rezensionszeitschrift für Bücher von Frauen, die von Anke Schäfer und Hinrike Gronewold in Zusammenarbeit mit den Frauenbuchläden in einer grossen Auflage 1986 erstmals

12 Dazu kommen noch etwa zwanzig Neuauflagen, Gespräche und Biographien.

herausgebracht wurde. Mit dem Ziel, sowohl an ein grösseres Publikum zu gelangen als auch die Mitarbeiterinnen zu bezahlen, brachte Hinrike Gronewold zusammen mit Claudia Kleiber 1990 das viermal erscheinende *Liesebuch* heraus, das inhaltlich ähnlich wie *Virginia* konzipiert ist.

Ende der achtziger Jahre wurden von Frauenbuchläden zwei Kulturanlässe zu Literatur und Lesben inszeniert. Aus dem Umkreis des Hamburger Frauenbuchladens wurde der erste *Lesbenliteraturpreis* ausgeschrieben und im Juni 1987 an Traude Bührmann für ihr Manuskript *Flüge über Moabiter Mauern*[13] verliehen. Die Preissumme von 2000 DM war von einer Frau anonym gestiftet worden, und die Jury bestand aus zwei lesbischen Schriftstellerinnen und je einer Vertreterin des Frauenbuchladens und der Lesbenkulturorganisation *Grupo Salon* aus Hamburg.

> "Insgesamt hatten sich rund fünfzig Autorinnen aus der BRD, der Schweiz, Frankreich, England und Österreich mit unveröffentlichten Manuskripten beteiligt, in denen lesbisches Leben in seinen vielfältigen Ausprägungen dargestellt wird."[14]

1989 wurde der Lesbenliteraturpreis ein zweites Mal ausgeschrieben, aber trotz zahlreicher Einsendungen nicht vergeben, da die Jury sich nicht einigen konnte. Nach der ersten Euphorie zeigte sich bei der Vorbereitung zur zweiten Preisvergabe, dass der Zweck des Lesbenliteraturpreises genauer bestimmt und die Kriterien dafür vorher diskutiert werden müssten[15]. Der Bremer Frauenbuchladen veranstaltete 1988 einen *Lesbenliteraturmonat* mit Lesungen, Vorträgen, Filmen und Podiumsdiskussionen und dokumentierte diese Veranstaltungsreihe ein Jahr später mit der Herausgabe des Buches ... *die Welt neu erfinden. Über das Schreiben und Lesen von Lesbenliteratur.*

Auffallend ist in den achtziger Jahren die zentrale Funktion von Frauenbuchläden zur Initiierung von Diskussionen zu Lesben und Literatur. Damit übernahmen in der Bundesrepublik private Kleinbetriebe, die sich ökonomisch ständig am Rande des Konkurses be-

---

13 Als Buch erschien es im Herbst 1987 bei Orlanda, Berlin/W.

14 M.M.: *Erster Preis für Lesbenliteratur.* In: *Tages Anzeiger*, Zürich, 26.6.1987

15 Mündliche Auskunft einer Angehörigen der Jury vom Hamburger Frauenbuchladen im November 1989

fanden, das Schaffen von Foren, in denen über Lesben und Literatur diskutiert werden konnte. Zur gleichen Zeit wurden die Diskussionen zu Frauen und Literatur und zu männlicher Homosexualität und Literatur in Nischen der Universität geführt.

Auf europäischer Ebene fanden bereits 1987 in London und 1988 in Amsterdam grosse lesbisch-schwule Literaturfestivals statt, *The first gathering of lesbian and gay writers*, aus denen heraus die *Association of Lesbian and Gay writers in Europe (ALGWE)* gegründet wurde. Für die Diskussion zu Lesben und Literatur wurden auf internationaler Ebene die *Feministischen Buchmessen* in London (1984), Oslo (1986), Montreal (1988) und Barcelona (1990) entscheidend.

Literarische Darstellungen

Formale und inhaltliche Tendenzen

Die Vervielfachung publizierter Texte in den achtziger Jahren schlug sich in der formalen Ausweitung auf alle Genres (Erzählung, Roman, Essay, Autobiographie, Lyrik, Drama, Krimi, Märchen, Groschenroman, Comix, Biographie, Protokolle) nieder und zeigte sich insbesondere auch in der Verwendung von Formen der Unterhaltungsliteratur. Besonders bemerkenswert ist die Publikation von Krimis, deren Protagonistinnen aktiv in der Frauenbewegung waren: Elke zur Nieden *Eine Schlange frisst kein Glencheck* (1984), Claudia Wessel *Es wird Zeit* (1984) und Brigitta Lange *Leiche beim Lay Out* (1986). Thematisch vollzog sich die Ausweitung vom Aufbruch von heterosexuellen zu lesbischen Beziehungen zur Konkretisierung lesbischer Lebensweisen und zur Thematisierung lesbischer Leidenserfahrungen und tabuisierter Themen wie Selbstmord und Alkoholismus.

Lesbische Figuren

Der Prozess der Ausweitung des sozialen Raumes, in dem lesbische Figuren dargestellt werden, begann bereits in den siebziger Jahren und wurde in den achtziger Jahren fortgesetzt. Entsprechend breit gefächert war das Spektrum der Berufe: Nebst Schülerin, Studentin, Künstlerin, Akademikerin, Büroangestellte, Buchhändlerin und Physiotherapeutin traten erstmals auf: Journalistin, Hortleiterin, Theologin, Grossmutter, Rentnerin, Tischlerin, Politikerin, Schriftstellerin,

Dramaturgin u.a. Besonders bemerkenswert ist die Erweiterung des Figurenspektrums in bezug auf das Alter der Protagonistinnen, das nicht mehr nur 25- bis 45-jährige umfasst, sondern auch Jüngere (Berr, Bianchi, Schwyter) und Ältere (Weil, Moosdorf, Reinig, Siebenschön).

Während in den Siebzigern die lesbische Protagonistin oder das lesbische Paar meist die einzige(n) lesbische(n) Figur(en) in einem Text waren, tauchten in den achtziger Texten auch weitere lesbische Figuren auf (in Texten von Stenten, Siebenschön, Bührmann) oder erschienen selbstverständlich als Nebenfiguren (bei Hartlaub, Drewitz).

Nationale Unterschiede

Während in den fünfziger und sechziger Jahren österreichische Autorinnen die ersten waren, die lesbische Wünsche artikulierten, stammte der Grossteil der Texte mit lesbischen Figuren in den siebziger und achtziger Jahren von bundesdeutschen Autorinnen. Erstmals publizieren nun Autorinnen aus der DDR und aus der Schweiz entsprechende Texte.

Zur Auswahl der Texte

Weil ich deutschsprachige - und nicht nur bundesdeutsche - Literatur untersuchen wollte, entschied ich mich dafür, die erstmalige Darstellung lesbischer Figuren in der Literatur der DDR und der Schweiz in den achtziger Jahren in eigenen Kapiteln zu betrachten. Im weiteren setze ich mich mit dem meistgekauften Verständigungstext zu lesbischem Leben, Judith Offenbachs *Sonja*, auseinander.

Unberücksichtigt blieben deshalb Interpretationen zu einer Reihe von fiktionalen Texten aus der BRD, die für die Frage nach Lesbendarstellungen spannend wären. Im folgenden verweise ich kurz auf einige dieser Texte, mit denen ich mich gern auseinandergesetzt hätte.

Zu einzelnen Texten

Monika Sperr, die von 1941 bis 1984 in Berlin und München gelebt hat, hat drei Romane mit lesbischen Protagonistinnen geschrieben:

Die Freundin (Bertelsmann 1980 und dtv), *Der Tag beginnt mit der Dämmerung* (Bertelsmann, 1983) und *Reise zu Cathleen McCoy* (Bertelsmann, 1985).

Die lesbische Lebensweise der Protagonistin wird in Sperrs Büchern weder als Problem noch als Besonderheit, sondern als Selbstverständlichkeit dargestellt. Die Protagonistin ist eine Kinderhortleitern (*Die Freundin*), bzw. eine Journalistin (*Der Tag beginnt mit der Dämmerung*, *Auf der Suche nach Cathleen McCoy*), die sich für menschliche Bedingungen in Beruf und Gesellschaft einsetzt. Mit ihrem ehemaligen Mann und ihrer ehemaligen Geliebten ist sie gut befreundet und verliebt sich gleichzeitig in eine etwas ältere Frau (*Die Freundin*), beginnt mit ihr eine Liebesbeziehung (*Der Tag beginnt mit der Dämmerung*) und lebt mit ihr zusammen (*Reise zu Cathleen McCoy*). Monika Sperrs Roman-Trilogie - und darin vor allem ihr erster Roman *Die Freundin* (1980) - stellen die lesbische Protagonistin in einer bis anhin in der deutschsprachigen Literatur unbekannten Selbstverständlichkeit und mit gelassenem Humor in unterhaltender Weise dar. Über die Taschenbuchausgabe bei dtv erreichte dieser Roman ein grösseres Publikum, ist aber heute - ebenso wie ihre beiden anderen Romane mit lesbischer Thematik - vergriffen.

Monika Sperrs literarischem Werk droht damit schon fünf bzw. zehn Jahre nach der Publikation das Vergessen. Dabei hatte ihr Schriftstellerkollege Franz Xaver Kroetz bereits in seinem Nachruf auf Monika Sperr, die sich im November 1984 umgebracht hatte, die Hoffnung ausgesprochen, "dass Monikas Bücher, und nicht nur die gutgehenden, im Buchhandel und damit kaufbar bleiben"[16]. Erhältlich sind heute nur noch drei Kinderbücher (*Treffpunkt Froschweiher*, *Leselöwen Freundschaftsgeschichten*, *Leselöwen Hundegeschichten*), ein Sachbuch (*Die dressierten Eltern*) und ihr erfolgreichstes Buch *Therese Giehse "Ich hab nichts zum Sagen", Gespräche mit Monika Sperr*. Nebst den Romanen ist eine weitere Frauenbiographie vergriffen: *Petra K. Kelly - Politikerin aus Betroffenheit* (1983/85).

Grete Weil (Jahrgang 1906) musste als Jüdin aus Deutschland emigrieren, kehrte aber bald nach Kriegsende zurück. Die Auseinan-

---

16 Franz Xaver Kroetz: *Monika Sperr*. In: *Deutsche Volkszeitung*, die tat, 30.11.1984, S.11

dersetzung mit dem deutschen Nationalsozialismus und den in Seele und Körper eingeschriebenen Verletzungen vollzieht Grete Weil in allen Werken. Im Roman *Generationen* (1983) schildert sie das freigewählte Zusammenleben dreier Frauen aus drei Generationen. Die siebzigjährige jüdische Ich-Erzählerin hatte die fünfzehn Jahre jüngere Hanna unmittelbar nach Kriegsende kennengelernt:

> "Bei Hanna ist es klar! Die einzige von Hitler kaputtgemachte, die ich in Nachkriegsdeutschland traf, musste meine Schwester werden."[17]

Als Hanna in den siebziger Jahren der Erzählerin den Vorschlag gemacht hatte, mit ihr und ihrer dreissigjährigen Freundin Moni zusammenzuziehen, hatte sie gerne eingewilligt. Das Experiment des Zusammenlebens dieser drei deutschen Frauen, die aus den unterschiedlichen Gruppen von Opfern, TäterInnen und Nachgeborenen des deutschen Nationalsozialismus stammten, gelang jedoch nicht. Die Schilderung der Beziehungen und der gegenseitigen Verletzungen wird aus der Perspektive der Ich-Erzählerin mit Erinnerungen an ihre Verfolgung durch die Nationalsozialisten verbunden.

Eva Mendelssohn schildert im Roman *Zwischenzeit* (1979) die Liebesbeziehung einer zwanzigjährigen Deutschen mit einer vierzigjährigen Französin im Osten Deutschlands kurz nach Kriegsende, bis die Deutsche zusammen mit ihrer Familie in die West-Zone übersiedelt.

Die Österreicherin Inge Merkel (1922) beschreibt in der Erzählung *Jüdische Sappho* die erotisch gefärbte Beziehung der Ich-Erzählerin, einer jungen Assistentin, zu ihrer Professorin. Diese war nach ihrer Zwangsemigration als Jüdin bereits 1945 nach Österreich zurückgekehrt. Die Ich-Erzählerin erinnert sich, ausgelöst durch einen Traum, Jahrzehnte später an diese Beziehung, die bei beiden Frauen eine "Unruhe des Herzens" (86) bewirkt hatte, wovon sich die Erzählerin dann nach der Lektüre von Freud-Texten gewaltsam losgesagt hatte, was sie im nachhinein bereut.

Im Roman *Ein ernstes Kind* (1985) der in Griechenland lebenden Sigrid Ammer, unternimmt die Ich-Erzählerin, eine Abiturientin, anfangs der fünfziger Jahre eine Bestimmung ihrer momentanen Lebenssituation. Einerseits erinnert sie ihre Liebesbeziehung zu Ruth und ihre Angst vor gesellschaftlicher Ächtung, die vor allem in ihrer

---

17 Grete Weil, *Generationen*. Benziger Verlag Zürich/Köln 1983, S.196

Beziehung zu Walter manifestiert, und andererseits ihre Kindheit und Jugend im Nationalsozialismus und in der Nachkriegszeit. Offen bleibt, wie die Ich-Erzählerin in der Zukunft leben wird.

Zwei Autorinnen verschiedener Generationen und Nationen haben die Freundschaft einer Journalistin und einer als "Terroristin" verurteilten Gefangenen zum Thema gemacht: Die Schweizerin Laure Wyss (Jahrgang 1913) in *Liebe Livia* (1985) und die Bundesdeutsche Traude Bührmann (Jahrgang 1942) in *Flüge über Moabiter Mauern* (1987). Die ältere Ich-Erzählerin von Laure Wyss hinterfragt in der Diskussion mit der jüngeren Gefangenen ihre eigene Anpassung. In Traude Bührmanns Text, der ebenfalls aus der Sicht der Journalistin erzählt wird, verlieben sich die beiden gleichaltrigen Frauen ineinander und versuchen trotz Postzensur und Trennglas bei Gefängnisbesuchen eine Beziehung aufzubauen.

Während Annette Berr in ihrem Erzählband *Nachts sind alle Katzen breit* das Lebensgefühl junger Lesben aus der West-Berliner Kreuzberger Szene in eigenwilliger Sprache zum Ausdruck bringt, erzählt die Hamburgerin Leona Siebenschön in *Nachtleben* (1983) die beginnende Liebesbeziehung einer 45-jährigen Ich-Erzählerin, Journalistin und Mutter, und einer fünfzigjährigen Pastorin.

Zum Abschluss verweise ich auf die derzeit meistbeachtete deutschsprachige Schriftstellerin, Elfriede Jelinek, die in ihrem Drama *Krankheit oder Moderne Frauen* (1987) zwei lesbische Vampirinnen auf die Bühne brachte, womit die gesellschaftliche Ortlosigkeit von Frauen durch die Schwindexistenz von Vampirinnen bildhaft gefasst wurde. Dieses Drama wird von feministischen Literaturwissenschaftlerinnen inzwischen eingehend interpretiert, so z.B. von Corina Caduff[18], von Rike Felka und von Johanna Bossinade[19].

---

18 Corina Caduff: Ich gedeihe inmitten von Seuchen. Elfriede Jelinek - Theatertexte. Peter Lang Verlag, Bern 1991

19 Programmankündigung zum *3.Siegener Kolloquium Homosexualität und Literatur*, 8.-10. Oktober 1990:
- Johanna Bossinade: *Die Präsentation der lesbischen Liebe in Elfriede Jelineks Stück "Krankheit oder moderne Frauen"*
- Rike Felka: *"Der Wunsch, markiert zu werden." Über Elfriede Jelinek und Marguerite Duras*

6.1. Verständigungstext für Lesben

Judith Offenbach: *Sonja*

Autobiographische Berichte von Lesben

In den siebziger Jahren erschien eine grosse Anzahl autobiographischer Bücher[1], die eine wichtige Funktion als Verständigungstexte erfüllten. In *Häutungen* (1975), dem meistgelesenen und meistdiskutierten Text, schilderte Verena Stefan den Aufbruch einer Frau aus heterosexuellen Konventionen in eine lesbische Beziehung. Das Schwergewicht lag auf der Darstellung der Unterdrückungserfahrung in der heterosexuellen Beziehung, während die lesbische Beziehung als konkrete Utopie in den Blick kam. Nach Mitte der siebziger Jahre wurden in feministischen Zeitschriften[2] und in Lesbenverlagen erstmals Gespräche mit lesbischen Frauen veröffentlicht:

- *Come Out - Gespräche mit lesbischen Frauen* (Come Out Verlag, München 1976)
- *Lesben Ja! Buch*, herausgegeben von Susanne und Urtes. (Lesbenselbstverlag, Dedendorf 1980)

Ilse Kokula interviewte seit Mitte der siebziger Jahre eine grosse Anzahl lesbischer Frauen. Eine Auswahl ihrer Interviews mit älteren Frauen, die zum grossen Teil in der *Lesbenfront* (Zürich) erstmals abgedruckt worden waren, erschien einige Jahre später in Buchform in einem Kleinverlag, ein weiterer Band mit Gesprächen in einem Grossverlag:

- Ilse Kokula: *Jahre des Glücks, Jahre des Leids* (Frühlings Erwachen, Kiel 1986)
- Ilse Kokula: *Wir leiden nicht mehr, sondern sind gelitten!* (Kiepenheuer & Witsch, Köln 1987)

---

1 Vgl.: Sigrid Weigel: *Die Stimme der Medusa*, Kap. 4.1. und 4.2., S.94-111

2 Z.B. in Sondernummern zum Thema Lesben in: *Emma* (Köln, Nr.3/1978), *Courage* (Berlin/W., Nr.5/1978), *Frauezitig* (Zürich, Nr.14/1979), *Frauenoffensive Journal*

Mit einigen Jahren Verzögerung in bezug auf die Verständigungstexte von heterosexuellen Frauen wurden anfangs der achtziger Jahre erstmals autobiographische Berichte lesbischer Frauen publiziert, und zwar gleichzeitig in Frauen/Lesben-Verlagen und in Taschenbuch-Verlagen:

Frauen/Lesben-Verlage:

- Sabine Thiesler, *Da war ihr Zimmer noch lila* (Selbstverlag, Berlin/W. 1981)
- Doris J. Joachim, *Entzug - oder die Angst vor der Angst* (Feministischer Buchverlag, Naumburg 1983)
- Sonja Lasserre, *L. Liebe. Eine Abrechnung* (Sudelbuchverlag, Berlin/W. 1983)

Grossverlage

- Judith Offenbach (Pseudonym), *Sonja - Eine Melancholie für Fortgeschrittene* (Suhrkamp Taschenbuch, Frankfurt/M. 1983)
- Julia Bähr (Pseudonym), *Klatschmohn. Eine Geschichte aus der Frauenbewegung* (Kiepenheuer & Witsch, Köln 1984)

Der Markt für autobiographische Berichte von Lesben war anfangs der achtziger Jahre vorhanden, da die Frauenbewegung seit den siebziger Jahren die Auseinandersetzung mit lesbischem Leben lautstark gefordert hatte. Zudem passten diese Texte zur Verkaufsstrategie der Grossverlage, die auf die kulturpolitische Herausforderung der Frauenbewegung in den siebziger Jahren mit der Vermarktung von "Produkte[n] nichtprofessioneller Autorinnen, verstanden als Produkte weiblichen Lebens"[3] reagierten. Gemeinsam ist diesen Büchern, dass die Autorinnen rückblickend eine besonders konfliktreiche Zeitspanne ihres Lebens aufzeichneten, dabei auf existentielle Probleme eingingen und auf literarische Gestaltung weitgehend verzichteten.

Auffallend ist jedoch, dass die Autorinnen der Publikationen in Grossverlagen ein Pseudonym wählten, was von den Verlagen auf dem Klappentext erwähnt wurde, während die Autorinnen in Frauen/Lesben-Verlagen unter ihrem Namen veröffentlichten. Entscheidend für den Versuch, sich mit einem Pseudonym zu schützen, war offen-

3 Sigrid Weigel: *Die Stimme der Medusa*, S.27

sichtlich nicht die Nähe der Autorin zur Frauenbewegung[4], sondern die zu erwartende Öffentlichkeit, in die sie durch die Publikation im Grossverlag treten würden.

Die Wahl eines Pseudonyms verweist auf die paradoxe gesellschaftliche Situation, in der sich Lesben anfangs der achtziger Jahre befanden: Einerseits war Lesbischsein zu einem öffentlichen Thema geworden, andererseits hatten Frauen, die sich als Lesben exponierten, persönliche Sanktionen zu befürchten. Alle drei Autorinnen, die unter Pseudonym veröffentlichten, waren gleichzeitig in anderen Bereichen publizistisch tätig und befürchteten vermutlich eine Abwertung oder Ausgrenzung in dieser Erwerbsarbeit. Darauf weist auch das Beispiel von Patricia Highsmith hin: Nach der Publikation ihres ersten Romans, mit dem sie durch die Verfilmung von Alfred Hitchcock "über Nacht zur Thriller-Autorin" geworden war, schrieb sie 1948/1951 den Roman über eine lesbische Beziehung: *Carol*. Highsmith entschied sich für ein Pseudonym, da sie befürchtete, dass sie nach diesem Roman "als Autorin lesbischer Bücher etikettiert" würde, "auch wenn ich nie wieder in meinem Leben ein ähnliches Buch schreiben würde"[5]. Dieser Roman wurde jedoch von ihrem Verlag abgelehnt, von einem anderen Verlag dann herausgebracht und in der darauffolgenden Taschenbuchausgabe fast eine Millionmal verkauft[6].

Die Grossverlage plazierten diese autobiographischen Bücher von Lesben in verschiedenen Umfeldern: Kiepenheuer & Witsch[7] veröffentlichte Julia Bährs *Klatschmohn* neben literarischen Büchern und Sachtexten, Fischer integrierte Monika Webers *Die dunkle Seite mei-*

---

4 - Julia Bähr schrieb explizit aus der Frauenbewegung und über die Frauenbewegung
- Judith Offenbach veröffentlichte einen Vorabdruck aus *Sonja* in der Zeitschrift *Lesbenfront*

5 Patricia Highsmith, *Carol*. (Nachwort von Patricia Highsmith zur deutschen Übersetzung.) Diogenes Verlag, Zürich 1990, S.404

6 Ebenda

7 Kiepenheuer & Witsch ist meines Wissens der einzige Verlag, der später ein Lesbenbuch in Auftrag gab, das 1987 erschien: Ilse Kokula, "*Wir leiden nicht mehr, sondern sind gelitten!*"

nes Lebens in der Reihe *Persönliche Erfahrungen mit Krisen*[8], und Suhrkamp gab Judith Offenbachs *Sonja* in der Sparte Literatur heraus.

Zum wichtigsten Verständigungstext über lesbisches Leben avancierte in den achtziger Jahren Judith Offenbachs *Sonja - Eine Melancholie für Fortgeschrittene* mit vier Auflagen und insgesamt 32'000 verkauften Exemplaren[9]. Rezensionen dazu erschienen sowohl in Lesben- und Frauenzeitschriften, wie auch in Tageszeitungen, Zeitschriften und im Rundfunk[10]. Dieses grosse Interesse basiert vor allem auf dem Thema und dessen Akzentuierung: Lesben und Behinderte hatten begonnen, sich in Gruppen zu organisieren und politische Forderungen aufzustellen, aber es gab kaum Bücher, in denen sie selber zu Wort kamen. Ausserdem wurde in diesem Text nicht ein subversives lesbisches Selbstverständnis artikuliert, sondern das durch die gesellschaftliche Ausgrenzung erzeugte Leiden von Lesben geschildert. Ellen Politzkys[11] Artikel im *Stern* belegt, wie in der Berichterstattung z.T. die Sensationsmomente hervorgestrichen wurden, nämlich der Selbstmord einer behinderten Lesbe und das Rätsel um das Pseudonym der Autorin.

Judith Offenbachs Buch prägte das öffentliche Bild und das Selbstbild von Lesben wesentlich mit. Deshalb interpretiere ich diesen Text exemplarisch für die erwähnten autobiographischen Verständigungstexte von Lesben in den achtziger Jahren.

---

8 In dieser Reihe stammt der überwiegende Teil der Bücher von AutorINNEN, wogegen der Männertext von Fritz Zorn, *Mars* in der literarischen Taschenbuchreihe herausgebracht wurde.

9 Brief von Eva Schickel (Suhrkamp Taschenbuch) an Madeleine Marti, 17.4.1989

10 Rezensionen aus folgenden Medien liegen mir vor:
- Zeitungen: *Basler Zeitung, Frankfurter Allgemeine Zeitung, Deutsches Allgemeines Sonntagsblatt, Nürnberger Nachrichten*
- Zeitschriften: *Stern* (Hamburg), *Der Alltag* (Zürich), *Buechladezitig* (Baden), Courage (Berlin), *Emma* (Köln), *Lesbenfront* (Zürich)
- Rundfunk: Norddeutscher Rundfunk

11 Ellen Politzky wurde später Herausgeberin der Reihe *Frauen und Literatur* im Knaur Taschenbuch Verlag

Feministische Rezeption

Mit Ausnahme von Evelyne Keitel wurden von feministischen Literaturwissenschafterinnen zu Judith Offenbachs Text höchstens Randbemerkungen notiert.

Sigrid Weigel erwähnt Judith Offenbach im Kontext von Tagebüchern und Ich-Texten. Einerseits problematisiert sie den Verzicht auf sprachlich-literarische Bearbeitung, wodurch das Schreiben eher "Entlastungsfunktion" habe, als die "radikale Einsicht in die Problemkonstellation"[12] zu befördern, andererseits hebt Sigrid Weigel hervor, dass

> "(...) Selbstthematisierungen aus der Perspektive von Frauen weitgehend tabuisiert [sind, M.M.], da der Eintritt in eine intellektuelle Sphäre für sie immer noch damit verbunden ist, dass sie von ihrem Geschlecht, also auch von ihrem Körper, absehen müssen."[13]

Marianne Schuller und Jutta Kolckenbrock-Netz disqualifizieren Offenbachs Text in einem Nebensatz:

> "(...) die sensationistisch aufgemachte Geschichte einer lesbischen Liebe mit tödlichem Ausgang (...), der jede Art von sprachlichem Darstellungs- und damit auch literarischem Kommunikationsvermögen abgeht."[14]

Schuller und Kolckenbrock-Netz belegen und begründen ihre Behauptung nicht. Stattdessen interpretieren sie das Buch der holländischen Feministin Anja Meulenbelt *Die Scham ist vorbei.* In diesem Zusammenhang kritisieren sie Judith Offenbachs Darstellung von Sexualität als Negativbeispiel, da diese eine "voyeuristische Haltung evoziere"[15], wobei auch für diese Behauptung ein Beleg fehlt.

Evelyne Keitel untersucht "Die gesellschaftliche Funktion feministischer Textproduktion"[16] und ordnet in diesem Zusammenhang *Sonja* von Judith Offenbach den "literarischen Frauentexten" (im Unterschied zu den "epigonalen Frauentexten" von Svende Merian und

---

12 Sigrid Weigel: *Die Stimme der Medusa*, S.111

13 Ebenda, S.112

14 Marianne Schuller/Jutta Kolckenbrock-Netz: *Frau im Spiegel - Zum Verhältnis von autobiographischer Schreibweise und feministischer Praxis*. In: Irmela von der Lühe (Hg.): *Entwürfe von Frauen in der Literatur des 20.Jahrhunderts*. Argument Sonderband, Berlin/W. 1982, S.156

15 Ebenda, S.165

16 In: Claudia Opitz (Hg.): *Weiblichkeit oder Feminismus?* Drumlin, Weingarten 1984, S. 239-254

Marilyn French) zu - zusammen mit Verena Stefans *Häutungen* und Gert Brantenbergs *Die Töchter Egalias* -, deren Merkmal es sei, "dass sie den Diskussionsstand innerhalb der Frauenbewegung um ein essentiell neues Moment erweitern"[17]. Als Judith Offenbachs Beitrag hebt Keitel auf der inhaltlichen Ebene die Darstellung des Alltags einer lesbischen Beziehung und die lesbische Liebe zu einer behinderten Frau hervor, auf der formalen Ebene die Verweigerung der perfekten Formerfüllung:

> "Bei *Sonja* ist unter rein formalem Aspekt die ständige Wiederholung des immer Gleichen die Bedingung dafür, dass der Text nicht nur intellektuell, sondern auch emotional als bedrückend erlebt wird."[18]

Den feministischen Texten insgesamt weist Evelyne Keitel eine zentrale Funktion für die Frauenbewegung zu, nämlich die Etablierung von Gruppenidentität, Solidarität und einem offenen Normensystem:

> "Sie vermögen den Mangel[19] einer umfassenden, die Frauenbewegung fundierenden Theorie dadurch auszugleichen, dass sie jene konkreten, sinnlichen und individuellen Erfahrungen exemplarisch darstellen, über die sich die Frauenbewegung als politische Kraft konstituiert."[20]

Auch Evelyne Keitel geht jedoch auf Judith Offenbachs *Sonja* nicht näher ein.

Zur lesbischen Rezeption

Die Rezeption in feministischen und lesbischen Zeitschriften zum Zeitpunkt des Erscheinens 1981 macht deutlich, dass Lesben dieses Buch als Angebot zum Dialog begriffen. Die Rezensentinnen antworteten auf den langen Monolog von Judith Offenbach, indem sie einen Vergleich mit ihrem Leben zogen und über ihr eigenes Leben reflektierten. Eine Rezensentin, die Judith Offenbach persönlich kannte, sprach sie in der *Lesbenfront* direkt an:

> "Liebe Judith, ich finde ja so vieles Scheisse, was Sonja und du geboten habt, und trotzdem kann ich mich nicht richtig von euch absetzen,

17 Ebenda, S.245

18 Ebenda, S.246

19 Evelyne Keitel macht in ihrem Aufsatz deutlich, dass sie den Mangel nicht nur negativ sieht, sondern ebenso als Chance, dogmatischen Verhärtungen zu entgehen.

20 Ebenda, S.244

> denn ich erkenne mich selbst wieder in deinem Text, unsere Situation als Frauen, Lesben dazu - und es geht mich ganz unmittelbar etwas an, was dir, euch, passiert ist."[21]

Alexandra v. Grote, Autorin des im selben Jahr wie *Sonja* erschienenen Erzählbandes *Marie. Drei Liebesgeschichten*, schrieb in der damals grössten Zeitschrift der Frauenbewegung *Courage*:

> "Klar wie selten erfahre ich in diesem Buch, wie es zum Zustand der Selbstentmündigung kommt, die wir oftmals in Lesbenbeziehungen kennen, und was dieser Zustand nach sich zieht, auch wenn er längst beendet ist."[22]

In einer ungewöhnlich langen Besprechung schrieb die Rezensentin V.S. in der *Emma*:

> "So habe ich dieses Buch fast in einem Stück gelesen. Vieles darin erinnert mich an eigene und mir bekannte Erfahrungen lesbischer Frauen: sexuelle Unerfahrenheit und Verklemmtheit, Isolation als Paar von normalen lesbischen und selbstverständlichen heterosexuellen Freunden etwa oder der Kampf, von den Eltern akzeptiert zu werden."[23]

Über diese Buchbesprechungen hinaus hat Judith Offenbach eine grosse Anzahl Briefe von Leserinnen erhalten, in denen diese ihr Leben schildern. Damit haben die Leserinnen Offenbachs Buch als Mittel zur Kommunikation über lesbisches Leben begriffen und sich als Subjekte daran beteiligt. Eine Untersuchung der Briefe könnte Aufschluss darüber geben, was dieses Buch bei den Leserinnen ausgelöst hat und einen Einblick in die verschiedenartigen Lebenssituationen von zumeist versteckt lebenden Lesben eröffnen. Spannend wäre auch ein Vergleich der Leserinnenzuschriften, die Judith Offenbach erhielt, mit denjenigen Briefen, die Verena Stefan ebenfalls sehr zahlreich nach Erscheinen von *Häutungen* erhalten hatte[24].

Zur Autorin und zu weiteren Texten von Offenbach

Der Klappentext enthält die fingierte Biographie von Judith Offenbach, laut der sie 1943 in Bielefeld geboren wurde und als Privatdo-

---

21 Regula: *Sonja*. In: *Lesbenfront* (Zürich) Nr.11, 1981

22 Alexandra v. Grote: *Mitteilung einer Schuld*. In: *Courage* (Berlin/W.) Nr.8, 1981

23 V.S.: *Die ehrgeizige Trauer um Sonja*. In: *Emma* (Köln), Nr.9, 1981

24 Mündliche Angaben von Judith Offenbach und von Verena Stefan, die sie unabhängig voneinander machten.

zentin für Mediävistik an einer deutschen Universität z.Zt. mit einem Forschungsauftrag in England lebt. In Interviews mit *Stern* und *Lesbenpresse* begründete Judith Offenbach die Wahl eines Pseudonyms damit, dass sie weder ihre Karriere als Wissenschaftlerin gefährden noch die Mutter von Sonja identifizierbar darstellen wollte[25].

Judith Offenbach sagt im Buch *Sonja* wenig aus über ihr Verhältnis zur Frauenbewegung. Zwei Jahre später verfasste sie jedoch aus radikalfeministischer Position den Essay *Feminismus-Heterosexualität-Homosexualität*[26] und in den Interviews erzählte sie, dass sie erst nach Sonjas Tod (1976) mit der Frauenbewegung in Kontakt kam, und zwar über ihren Winterthurer Psychoanalytiker, der ihr die ersten feministischen Bücher (Kate Millet, Alice Schwarzer) und die Adresse einer Zürcher Lesbengruppe (HFG) gab. In der HFG (Homosexuelle Frauengruppe) lernte sie erstmals Lesben aus der Frauenbewegung kennen, die dann im Mai 1978 in ihrer Zeitschrift *Lesbenfront* einen Vorabdruck aus *Sonja* brachten[27]. In der darauffolgenden Nummer der Lesbenfront erschien von Offenbach unter dem Titel *Auch Lesben brauchen Unterhaltungsliteratur* eine Rezension zu Isabel Millers Roman *Patience und Sarah.* Dieselbe Nummer, in der drei Jahre später das Interview mit Judith Offenbach publiziert wurde, enthielt auch eine Erzählung von ihr mit dem Titel *Gute Nacht*[28]. Eine weitere Erzählung erschien sechs Jahre später: *Wer Klavier spielt, hat Glück bei den Frauen*[29].

Interpretation von *Sonja*

Inhalt

Mit Tagebuchaufzeichnungen rekonstruiert die Ich-Erzählerin ihre Liebesbeziehung zu Sonja, von 1965 bis 1973, und ihre daran an-

---

25 In: *Stern* (Hamburg) 7.5.1981 und *Lesbenpresse* (Berlin/W.) Nr.9, 1981

26 In: Luise F. Pusch (Hg.): *Feminismus - Inspektion der Herrenkultur.* Frankfurt/M. 1983, S. 210-231

27 In der *Lesbenfront* Nr.5, 1978, unter dem Pseudonym Anna und unter dem Titel *Erinnerungen an Sandra.* Geschildert wird darin ein Ausflug in die Lesbenbars von Hamburg, im Buch S. 102-104.

28 In der Lesbenfront Nr. 12, September 1981, S.5-7, unter dem Pseudonym Judith Offenbach

29 In der von *Lesbenfront* zu *Frau Ohne Herz* umbenannten Zeitschrift, Nr. 23/1987, S. 26-28

schliessende Freundschaft bis zu Sonjas Tod 1976. Ausgangs- und Endpunkt dieses Berichtes ist der Selbstmord von Sonja. Mit dieser Geschichte will Judith der verstorbenen Freundin "ein Denkmal" setzen (10, 215) und gleichzeitig anderen Lesben Spiegelungsmöglichkeiten bieten (215).

Judith und Sonja hatten sich im Alter von 22 bzw. 23 Jahren in einem Wohnheim in Hamburg kennengelernt, wo beide Literaturwissenschaft studierten. Aus Judiths Erinnerung wird der Alltag dieser lesbischen Lebensgemeinschaft mit ihren Höhepunkten und vor allem auch mit ihren Abgründen geschildert. Als Studentinnen gehörten Judith und Sonja zwar zu den sozial Privilegierten, aber in anderer Weise waren beide Aussenseiterinnen: Seit einem missglückten Selbstmordversuch war Sonja als Querschnittgelähmte auf den Rollstuhl angewiesen und dadurch von vielen gesellschaftlichen Anlässen ausgeschlossen. Judith ihrerseits litt unter verschiedenen Ängsten und Hemmungen und fürchtete sich besonders davor, als Lesbe erkannt zu werden. Die beiden Frauen waren von der Gesellschaft ausgeschlossen, fühlten sich entsprechend als Aussenseiterinnen und bauten zusammen eine symbiotische Beziehung mit extremen Abhängigkeiten auf. Während Judith sich im Laufe der Jahre aus dieser beengenden Beziehung hinausbewegte, begann Sonja mit ihrem Prozess der Selbstzerstörung.

Im Buch *Sonja* werden von Judith Offenbach verschiedene schwerwiegende Probleme zur Sprache gebracht: Ängste/Hemmungen, körperliche Behinderung, Alkoholismus und Selbstmord.

Hauptfiguren

Die Ich-Erzählerin Judith ist zu Beginn der Liebesbeziehung mit Sonja 22 Jahre alt, bei der Trennung 30, bei Sonjas Tod 33, bei Abschluss des Manuskripts 36 und bei der Publikation 38. Vierzehn Jahre liegen somit zwischen dem Anfang dieser Liebesbeziehung und dem Abschluss des Berichtes darüber. In diesem Zeitraum hat Judith studiert, promoviert und habilitiert, in einem Forschungsprojekt und als Dozentin gearbeitet. Trotz zeitweiliger Arbeitsschwierigkeiten entwickelte sie sich zu einer erfolgreichen Wissenschaftlerin. Zweimal machte sie eine Psychoanalyse, die erste während ihrer Liebesbeziehung zu Sonja, die zweite dauerte während des Schreibens noch an.

Wichtig ist die unterschiedliche Haltung der Familienangehörigen gegenüber Judiths Lesbischsein. Die Schwester solidarisierte sich mit Judith, während die Mutter Judiths Lesbischsein vehement ablehnte. Der Bruder konkurrierte mit Judith um dieselben Frauen, und der Stiefvater gab sich tolerant. Die beiden grössten Ängste, unter denen Judith litt, waren die Angst, nicht geliebt zu werden, und die Angst, als Lesbe erkannt zu werden. Sie versuchte deshalb, ihr Lesbischsein zu verstecken.

Sonjas Familiengeschichte und die Vorgeschichte ihres ersten Selbstmordversuches im Alter von zwanzig Jahren werden zu Beginn des Buches zusammenhängend erzählt (29-32). Gegen den Willen ihrer Eltern, die sie zur "feinen Dame" (30) heranbilden wollten, setzte Sonja ihren Wunsch durch, Medizin zu studieren. Als die Eltern zu einem Wechsel des Studienortes drängten, machte sie einen Selbstmordversuch und wurde dadurch querschnittgelähmt. Danach verbrachte sie zwei Jahre in Kliniken und erreichte schliesslich, dass sie in Hamburg ein Literaturstudium beginnen konnte. Sie absolvierte erfolgreich das Grundstudium, ehe sie wegen ihrer Beziehung zu Judith und wegen ihrer Arbeitsschwierigkeiten die Universität immer seltener besuchte und deshalb nicht in der Lage war, ihre Arbeiten selber zu schreiben. Trotz ihrer schweren Behinderung war sie sehr aktiv, fuhr Auto, lernte reiten und begann mit naiver Malerei. Über Sonjas Liebesbeziehungen vor der Bekanntschaft mit Judith wird nichts mitgeteilt. Zu Beginn ihrer Liebesbeziehung mit Judith, flirtete Sonja auch mit einem Mann, nach der Trennung von Judith verliebte sie sich zuerst in einen schwulen, dann in einen heterosexuellen Mann.

Tagebuch

Sonja ist in Form eines Tagebuches verfasst und in drei Teile mit insgesamt 83 Unterkapiteln gegliedert. Es wird chronologisch erzählt, wobei v.a. im ersten Teil eine Reihe von Vorausdeutungen auf entscheidende Gemeinsamkeiten oder Konflikte in der Liebesbeziehung gemacht werden. Der Text ist auf zwei Zeitebenen angesiedelt, einerseits auf derjenigen von Judith und Sonjas Beziehung (Z1 = 1965-

1976), andererseits auf derjenigen von Judiths Arbeit am Buch (Z2= 1976-1979). Auf Z1 erinner die Ich-Erzählerin ihre Beziehung zu Sonja. Sie skizziert zuerst Sonjas Biographie und schildert kommentierend Episoden aus ihrer gegenseitigen Liebesbeziehung, womit sowohl ihre grosse Verbundenheit - z.B. in ihrer Vorliebe für bestimmte Musik und in ihrer Art von Humor - wie auch ihre problematische Abhängigkeit zum Ausdruck kommen. Die existentielle Bedeutung dieser Liebesbeziehung, aber auch deren erdrückende Enge, wird durch die detaillierte und wiederholte Beschreibung von Konfliktsituationen und dem gleichzeitig starken Wunsch nach dieser Beziehung spürbar gemacht.

Auf Z2 erzählt die Ich-Erzählerin ihre Situation in der Zeit, in der sie an diesem Buch arbeitete, und kommentiert sowohl ihr Verhalten in dieser Zeit, wie auch dasjenige von Sonja und ihr in Z1. Häufig schreibt sie zu Beginn eines Unterkapitels über ihre Schwierigkeiten oder Widerstände, an diesem Buch zu arbeiten.

Die Ich-Erzählerin beabsichtigte von Anfang an, ihre Erinnerungen an Sonja als Buch zu veröffentlichen (9), wobei auch literarischer Ehrgeiz mitspielte (65/115). Für ihre Aufzeichnungen wählte sie die Form des Tagebuches, von der sie sich ein hohes Mass an Authentizität versprach, was sie durch die Verwendung eines Diktiergerätes zu erreichen suchte:

> "Es ist ganz merkwürdig, ins Dunkel zu sprechen, nur mit dem Rot der Kontrollampe vor Augen. Es erzeugt eine ganz seltsame Intimität, und jetzt bin ich doch nicht mehr so dagegen, das Gerät gekauft zu haben. Ich könnte mir vorstellen, wenn ich nur mit der Zeit lerne, es freier und souveräner zu handhaben, dass es ein ausgezeichnetes dokumentarisches Instrument sein wird, gerade für die Geschichte von Sonja. Wenn ich all die Gedanken, die ich an Sonja habe, wenn ich im Bett liege, einfach laut denke und auf Band spreche, hemmungslos, ohne Rücksicht auf Formulierungen, Wortwahl usw., dann könnte vielleicht ein wirklich authentisches Dokument zustandekommen, weil ich eben nachts im Dunkeln am intensivsten an sie denke und an ihr leide. Während ich hier spreche, merke ich, dass schon ein kleiner Fortschritt gemacht ist, aber ich formuliere natürlich immer noch sehr bewusst. Vielleicht kann ich davon wegkommen. Ich weiss aber nicht, ob es für das Buch gut wäre. Vielleicht muss ich es hinterher um so mehr redigieren. Aber es wäre gut für den Fluss der Gedanken und die Authentizität." (152/153)

"Selbststilisierung anstelle von Selbstreflexion" nennt Claudia Bürgi diesen Irrtum[30] und weist darauf hin, dass AutorInnen von Tagebüchern sich mit der Behauptung von Authentizität der Kritik zu entziehen suchten, da nur wenige LeserInnen es wagen würden, einen Text zu kritisieren, der diesen Anspruch enthält[31]. In ihrer Untersuchung zum *Tagebuch im Spannungsfeld von Authentizität und Fiktionalität* legt Bürgi dar, dass "Authentizität als Identität mit Wirklichkeit" nicht möglich ist, weil das Tagebuch nicht allein vom schreibenden Individuum geprägt, sondern auch von der Tradition dieser spezifischen literarischen Form, vom literarischen Markt und von den möglichen RezipientInnen. Ein wichtiges Kriterium für die Unmöglichkeit, die Wirklichkeit mit realistischer Schreibweise authentisch abzubilden, sei dabei die "Verdrängung, die sich zum Beispiel in Form von Tabuisierung, selektiver Erinnerung und Wunschbildern" (35) äussere.

Diese gesellschaftlich bedingten und individuell unterschiedlich ausgeprägten Probleme beim Schreiben reflektiert die Ich-Erzählerin im Text selbst nicht, sondern stellt sich nur die Frage der Veröffentlichung und betont dabei den Wahrheitsgehalt ihrer Geschichte:

> "Warum mag ich nicht filtern? Weil es mir um die Wahrheit geht, nicht um irgendeine "höhere" Wahrheit, sondern um unsere, Sonjas und meine Wahrheit. Es geht mir auch nicht um Geschmack und Ästhetik und Moral, sondern um Echtheit. Angesichts dessen, das da mit und durch und an uns geschehen ist, verbieten sich sowohl ästhetische als auch "Filter"-Überlegungen." (215)

Filterung und Selektion wird jedoch bereits im Erwähnen oder Verschweigen von Judith Offenbachs literarischen Orientierungspunkten offensichtlich: Während sie auf AutorInnen verweist, die bei der patriarchalischen Literaturkritik Anerkennung fanden, nämlich Karin Struck, Fritz Zorn, Peter Härtling und Robert Walser, verschweigt sie

30 Dies zeigt Bürgi in ihrer Untersuchung am Beispiel von Birgit Heiderich *Mit geschlossenen Augen* (Suhrkamp Verlag, 1980) auf:
Claudia Bürgi: "*Mein Tagebuch, das bin ich.*" *Das Tagebuch im Spannungsfeld von Authentizität und Fiktionalität.* (Lizentiatsarbeit), Zürich 1983, S.41

31 Ebenda, S.54

feministische Autorinnen wie Kate Millet und Alice Schwarzer, obwohl gerade sie das Tabu Lesben durchbrachen und zu einem öffentlichen Thema machten[32].

Internalisierte Diskriminierung

Internalisierte Diskriminierung gesellschaftlicher Unterdrückung wird im gesamten Text ablesbar. Aus Angst vor Diskriminierung tarnte Judith ihre lesbische Liebe zu Sonja als selbstlose Freundschaft zu einer behinderten Frau. Dieses Versteckspiel reflektiert sie selber, macht aber wenig Angaben dazu, woher ihre Angst, als Lesbe ausgeschlossen zu werden, stammt. Als Frau, die ihre Pubertät in einer Hetero-Gesellschaft durchlebt und dabei gemerkt hatte, dass sie lesbisch ist, hatte sie lesben- und schwulenfeindliche Äusserungen unbewusst aufgenommen und gesellschaftliche Diskriminierung als Lesbe bereits internalisiert: Sie setzte alles daran, um ihr Lesbischsein zu verstecken, wodurch ihre Ängste verstärkt wurden und sie sich gehemmter als andere Menschen verhielt.

Paul Parin hat bei (männlichen) Homosexuellen und (männlichen) Juden, die bei ihm eine Psychoanalyse machten, ähnliche Probleme aufgrund ähnlicher Diskriminierungen festgestellt. In bezug auf die Pubertät von Juden und Homosexuellen erkannte er, dass sie in dieser Zeit das Fremdsein in der eigenen Familie erfahren:

> "Bei Juden und Homosexuellen tritt regelmässig eine besondere Störung der Adoleszenz ein. Beim Gewahrwerden der homosexuellen Neigung und erst recht während des "coming out", das bei meinen Analysanden ausnahmslos in den Jahren der Adoleszenz stattfand, gibt es kein vorübergehendes Zurück in die Familie. So, wie die Fremden mit offener oder versteckter, aber fühlbarer Ablehnung und Aggression gegenüber der Eigenart des jungen Mannes reagieren, er-

---

32 Vgl. dazu Judith Offenbach im Interview mit der Lesbenpresse:
"Da hat er [der Psychoanalytiker, M.M.] mir Kate Millett's "Sexus und Herrschaft" und Alice Schwarzer in die Hand gedrückt, den "kleinen Unterschied". Also, ich hatte zwar schon einiges gelesen, war aber noch mit keiner Gruppe zusammengekommen."
- Auch Birgit Heiderich bezieht sich in ihrem Tagebuch ausschliesslich auf anerkannte Schriftsteller wie Robert Walser und Franz Kafka, ohne auf die Lektüre von autobiographischen Büchern von Frauen zu verweisen.
Vgl. dazu: Claudia Bürgi: a.a.O., S.112

wartet er, jetzt auch in seiner eigenen Familie als der Ausgestossene oder Auszustossende behandelt zu werden. (...)
Sobald man sich einmal versuchsweise von der Familie getrennt hat, scheint man sie, gleichsam von ferne, wie Fremdes wahrzunehmen. Von da an darf sich der Homosexuelle bis zum Eintritt in die Szene, die man als partielle Subkultur ansehen kann, nirgends mehr zugehörig fühlen. Seine ganze weitere Existenz bleibt mit dem Makel dessen behaftet, der nicht ebenbürtig, nicht akzeptiert, nicht geliebt ist."[33]

Diese Erfahrung der Stigmatisierung trifft grundsätzlich auch auf Lesben zu, die wie Judith ihr Coming Out während der Adoleszenz erlebten. Birgit Palzkill hat aufgezeigt, dass

> "Aufgrund der polaren Bestimmung von "Weiblichkeit" als "Nicht-Männlichkeit" und Frau als Nicht-Mann führt jeder Verstoss gegen die weibliche Geschlechtsrolle dazu, dass dem Mädchen "Männlichkeit" zugeschrieben und die Gewissheit, Frau zu sein, zerstört wird. Diese Zuschreibungen führen Mädchen, die sich weigern, sich den Beschränkungen der weiblichen Rolle zu unterwerfen, in eine innere Zerrissenheit und äussere Isolierung zwischen den polarisierten Geschlechtsrollen, zwischen Frau-Sein und Mann-Sein, die die gesamte Person verunsichern."[34]

Die psychischen Auswirkungen dieser gesellschaftlichen Beschädigungen sind aus der Darstellung von Judiths Ängsten mittelbar ersichtlich[35]. In der Mitte des Buches berichtet die Ich-Erzählerin wiederholt vom Streit mit ihrer Mutter, die "unbeirrt daran festhält, dass Homosexualität Sünde sei" (145), wogegen sie sich selber kaum abgrenzen kann (225/226).

Die gesellschaftliche Stimmung in bezug auf Lesben in einem Hamburger Studentinnenheim von 1968 vermittelt Judith Offenbach durch die Äusserungen von Mitbewohnerinnen. Eine Studentin und die Leiterin, von denen vermutet wurde oder bekannt war, dass sie lesbisch waren, wurden von einigen als untragbar und als Gefahr für

---

33 Paul Parin: "*The Mark of Oppression*" - *Juden und Homosexuelle als Fremde*. In: Goldy Parin-Matthèy, Paul Parin: *Subjekt im Widerspruch*. Athenäum, Frankfurt/M. 1988, S.128/129

34 Birgit Palzkill: *Zwischen Turnschuh und Stöckelschuh. Die Entwicklung lesbischer Identität im Sport*. AJZ Verlag, Bielefeld 1990, S.82

35 Eine wissenschaftliche Studie über Lesben in der Adoleszenz gibt es bisher nicht. Aufgrund eigener Beobachtung denke ich, dass Frauen, die während der Pubertät ihr Lesbischsein erkannten, in Bezug auf ihre lesbische Identität verletzbarer sind, als Frauen, die erst nach der Pubertät lesbisch wurden.

jüngere Studentinnen betrachtet, weshalb die offen lesbische Studentin das Heim verlassen musste (51/2). Ein andermal reflektiert die Ich-Erzählerin während des Schreibens, und zwar im Anschluss an den Film *Die verlorene Ehre der Katharina Blum* (nach Heinrich Bölls Roman), ihre Situation als Lesbe:

> "Ich als Lesbe habe erst gar keine Ehre zu verlieren, weil ich noch nie eine gehabt habe. Solange ich noch glauben konnte, ich wäre einfach ein Mensch, meinte ich wohl, ich hätte auch so eine Art Ehre. Aber als ich, so zwischen siebzehn und zwanzig, langsam begriff, dass ich kein Mensch, sondern eine Lesbe bin, merkte ich auch, dass ich meine Ehre nur solange hatte, wie ich mich als Mensch verkleidete." (235)

Erfüllt vom Gefühl, die einzige Lesbe zu sein, erschien der Ich-Erzählerin das Versteckspiel - die Maskierung als heterosexuelle Frau, deshalb als einzige Möglichkeit - um von andern Menschen akzeptiert zu werden. Die oben zitierte Reflexion dieses Verhaltens wurde ihr erst dann möglich, als sie aus ihrer Isolation als Lesbe heraustreten und mit Unterstützung des Psychoanalytikers andere Lesben kennenlernen konnte. Lesbenpolitisches Engagement und ihre Arbeit als Dozentin an der Universität schienen ihr jedoch weiterhin unvereinbar. Stattdessen entwickelte sie, ausgehend von Theorien zum jüdischen und zum schwarzen Selbsthass, ihre Erklärung des homosexuellen Selbsthasses:

> "Der homosexuelle Selbsthass ist wohl ähnlich einzuordnen, aber er ist doch noch wesentlich komplizierter. Dass man Jude/Jüdin ist oder Neger/Negerin, weiss man, sobald man überhaupt mit dem Denken anfängt, also in frühester Kindheit. Dass man homosexuell ist, beginnt man in der Pubertät zu ahnen; als unausweichliches Faktum begreifen es die meisten erst zwischen siebzehn und zwanzig, viele noch später. In den "prägenden" Jahren davor hat man reichlich Zeit gehabt, alle Vorurteile über die Homosexualität voll in sich einzusaugen, und um so schlechter wird man sie wieder los. Ich bin jetzt fünfunddreissig und kämpfe immer noch darum. Als Homosexuelle/r hat man auch nicht automatisch einen Rückhalt in einer Gruppe, es sei denn, man exponiert sich so kühn und kompromisslos wie die radikalen Lesben. Man ist ein/e einsame/r Einzelkämpfer/in ein Leben lang und begeht wahrscheinlich eher Selbstmord, als sich zu organisieren und um Veränderung zu kämpfen." (236)

Mit dieser Reflexion konstatierte sie die Existenz des homosexuellen Selbsthasses, benutzte diese Erklärung jedoch als Entschuldigung für ihre eigene politische Inaktivität, angesichts des politischen Engagements der Frauen in der Lesbengruppe. Ich bezweifle jedoch, dass homosexueller Selbsthass "noch wesentlich komplizierter" ist als jüdischer Selbsthass, da auch Juden/Jüdinnen nicht unbedingt als solche erkennbar sind, und wenn sie nicht gläubig sind, auch keinen Rückhalt in einer Gruppe haben. Emigrierte Jüdinnen erzählten, dass sie sich selber erst als jüdisch wahrnahmen, als sie von den deutschen Nationalsozialisten als Jüdinnen ausgegrenzt wurden[36].

Die Gedanken der Ich-Erzählerin zur fehlenden Ehre von Lesben und zum homosexuellen Selbthass münden nicht in politisches Engagement, sondern verpuffen ebenso wie ihre Anklage der Gesellschaft "mit ihrer Zwangsheterosexualität" (118) in verstreuten Aussagen. So konnte es auch geschehen, dass Judith Offenbach in der Schilderung von Hamburger Lesbenlokalen auf Z1 die gesellschaftliche Stigmatisierung lesbischer Frauen unreflektiert übernimmt und auf die Wirtinnen und Besucherinnen überträgt, die die ersten lesbischen Frauen waren, denen Judith und Sonja begegneten. Die Besucherinnen des einen Lokals werden als "kleinbürgerlich und spiessig" und "völlig unattraktiv und langweilig" (102) beschrieben, diejenigen des andern als "ganz nette anziehende Leute" (103). Die Wirtinnen, die quasi als Profilesben sichtbar waren, wurden besonders negativ beurteilt:

> "Die Besitzerin begrüsste uns freundlich-interessiert: "Waren Sie schon mal im Sunset?" - mit weichem "s" ausgesprochen, was Sonjas anglistisches Ohr beleidigte und in unseren Augen den ganzen Laden sofort deklassierte." (102)

Eine Nebensächlichkeit wie diese falsche Aussprache eines englischen Wortes wurde von Judith und Sonja zum Vorwand genommen, die lesbische Wirtin und alle anderen lesbischen Gäste pauschal abzuwerten und sich selber über sie zu stellen. Die zweite Wirtin wurde als "dickliche Mutti" (103) bezeichnet, die dritte als "eine patente, etwas männlich wirkende ältere Frau" (103), die ihnen "sofort sehr nett behilflich" (103) war und freundlich mit ihnen sprach.

Indem Judith Offenbach diese Lesben zuerst über zwei Seiten hinweg abwertend darstellt und nur in einem abschliessenden Satz im

---

36 Vgl. dazu z.B.:
- Charlotte Wolff, *Augenblicke verändern uns mehr als die Zeit* (1980, deutsch 1982)
- Grete Weil, *Meine Schwester Antigone* (1980) und *Der Brautpreis* (1988)

nächsten Kapitel auf der Zeitebene Z2 darüber nachdenkt, dass unterdrückte Menschen gesellschaftliche Vorurteile gegen sich selber und ihresgleichen richten (104), wird die Stigmatisierung von Lesben unbewusst reproduziert.

Auf der Ebene der sprachlichen Umsetzung handelt Offenbach bewusster, indem sie euphemistische oder stigmatisierende Begriffe in Anführungszeichen setzt, um ihre Distanzierung davon zu markieren, z.B. "mit unserer "perversen" Liebe", "Gleichgesinnte" (für Lesben) und die "entsprechenden Etablissements" (102) (für Lesbenbars). Auf den nächsten Schritt, die Schaffung passender Ausdrücke, verzichtet sie hingegen. Den von der Frauenbewegung propagierten Begriff "Lesbe" hat sie jedoch aufgenommen, auch wenn sie über ihre Erfahrungen in den sechziger Jahren berichtet, in denen sie nur das Wort "Lesbierin" kannte[37].

Ein Blick auf die 1980 in englischer und 1982 in deutscher Sprache erschienene Autobiographie[38] der emigrierten deutsch-jüdischen Psychoanalytikerin Charlotte Wolff zeigt ein völlig anderes, selbstbewusstes lesbisches Selbstverständnis. Bereits in den sechziger Jahren forschte Wolff in London über Lesbianismus und publizierte 1971 ihre Studie unter dem Titel *Love between women* (1973 auf Deutsch unter dem Titel *Psychologie der lesbischen Liebe*). Als Grundgedanke ihres Forschungsvorhabens formulierte sie dazu in ihrer Autobiographie:

> "Von Kind an war ich der Überzeugung, dass Liebe selbstverständlich eine "Sache" zwischen Frauen ist. Und als Erwachsene habe ich erkannt, dass die falsche Wertung der Geschlechter völlig geändert werden muss, wenn sich weibliche Potentiale und weibliche Identität entfalten und etablieren sollen. Wahrscheinlich war es vor allen Dingen der Feminismus, der mich angeregt hat, über weibliche Homosexualität zu forschen. Noch bevor es die Frauenbewegung gab, war mir klar, dass Feminismus untrennbar mit Lesbianismus zusammenhängt. Die lesbische Frau ist die geborene Feministin, denn sie ist frei von emotionaler Abhängigkeit vom männlichen Geschlecht. Doch die Gesell-

37 Vgl. dazu ihre Aussage im Essay *Feminismus-Heterosexualität-Homosexualität*:
"Verständlicherweise war es mir immer ein dringendes Bedürfnis, meine missliche Lage als Lesbe (früher sagte ich verschämt: Lesbierin) wenigstens gedanklich in den Griff zu bekommen." S.212

38 Charlotte Wolff, *Augenblicke verändern uns mehr als die Zeit*

schaft zwingt sie, sich Männern aus beruflichen und sozialen Gründen anzupassen."[39]

Charlotte Wolffs lesbisches Selbstbewusstsein wurzelte zum einen darin, dass sie als junge Ärztin im Berlin der Weimarer Republik Zutritt zu einer lesbischen und künstlerischen Subkultur gehabt hatte[40], zum anderen darin, dass in London, wo sie seit den vierziger Jahren lebte, die Gruppenbildung von Lesben sehr viel früher eingesetzt hatte als in Deutschland, nämlich bereits in den frühen sechziger Jahren. Charlotte Wolff begründete die deutsche Verspätung folgendermassen:

> "Sie ist das Ergebnis der Unterdrückung während des Hitlerregimes, die manche lesbischen Frauen noch nicht ganz überstanden haben. Deutsche Lesbierinnen hatten grosse Schwierigkeiten, eine eigene Identität zu finden, und noch grössere, sie öffentlich zu proklamieren. Ihr Gefühl von Schuld und Ablehnung war komplexer und schmerzhafter als es bei den Lesbierinnen in angelsächsischen Ländern und in den USA der Fall war."[41]

Im unterschiedlichen lesbischen Selbstverständnis der 1900 geborenen Charlotte Wolff und der 1943 geborenen Judith Offenbach kommt deutlich zum Ausdruck, wie wichtig das Wissen um eine lesbische Tradition und der Zugang zur lesbischen Subkultur für die persönliche Identitätsbildung ist und wieviel der deutsche Nationalsozialismus auch hier zerstört hat.

Ausgrenzung wegen körperlicher Behinderung

Die Ausgrenzung von Sonja als Behinderter wurde versteckt und offen vollzogen. Zu einem zentralen Problem bei Ausflügen (z.B. in Ausstellungen, Oper, Restaurant, beim Einkaufsbummel) wurde die Zugänglichkeit dieser Orte mit dem Rollstuhl und die Frage, ob dort die Klos erreichbar seien. Oft musste Sonja von hilfreichen Leuten eine Treppe hinunter zum Klo getragen werden, und manchmal war das rechtzeitige Aufsuchen eines Klos unmöglich, was zu Situationen führte, die sehr unangenehm und schambelastet waren. Als Behinderte wurde Sonja auch explizit ausgeschlossen, z.B. wurde sie aus einem Kasino weggewiesen. Subtiler lief die Abwertung durch freundliche

---

39 Ebenda, S.225

40 Vgl. dazu Charlotte Wolffs Schilderungen von Lesbenbars in Berlin, ebenda, S.94 f.

41 Ebenda, S.274

Menschen, die Sonja im Rollstuhl so ansprachen, als wäre sie ein Kind.

Mit der Schilderung von konkreten Situationen, in denen Sonja aufgrund ihrer körperlichen Behinderung von der Teilnahme an der Gesellschaft abgehalten wurde, gelingt es Judith Offenbach, verschiedene Formen von struktureller und persönlicher Diskriminierung gegenüber behinderten Menschen fassbar zu machen. In bezug auf lesbische Menschen vermittelt sie dies weit weniger, da sie kaum über die Diskriminierung selbst schreibt, sondern nur die Folgen davon schildert, nämlich ihre Ängste. Hängt diese unterschiedlich gelungene Darstellung mit der bereits in der Adoleszenz verinnerlichten Diskriminierungserfahrung zusammen? Oder damit, dass Offenbach selbst nicht behindert ist, aber als Geliebte sehr nah betroffen war? Oder damit, dass sie den Bericht von Ursula Eggli[42], einer behinderten Frau, kannte und sich somit schon auf eine sprachliche Darstellung von Alltagserfahrungen aus der Sicht einer Behinderten stützen konnte? Oder damit, dass ich nicht behindert bin und deshalb diese Darstellung weniger kritisch betrachte?

Lesbischer Snobismus

Judith und Sonja wurden als Lesbe, bzw. als lesbische Behinderte, von der Gesellschaft ausgegrenzt und bauten zusammen eine symbiotische Liebesbeziehung auf. Es gäbe theoretisch verschiedene Möglichkeiten, auf diese Situation als Aussenseiterinnen zu reagieren: 1) Anpassung an und Unterwerfung unter die herrschenden Werte und Verhaltensmuster. 2) Individuelle Ablehnung der herrschenden Werte, verbunden mit Selbsterhöhung und Abwertung anderer Frauen. 3) Suche nach solidarischer Auseinandersetzung und Unterstützung von Gleichgesinnten. 4) Gründung von Emanzipationsgruppen und Kampf für politische und kulturelle Veränderung.

Judith und Sonja wählten die zweite Möglichkeit und lebten ihre Beziehung sehr isoliert. Ihr Snobismus ist nicht Zeichen für die Zugehörigkeit zu einer Elite, sondern Ausdruck ihrer sozialen Isolierung,

---

42 Ursula Eggli: *Herz im Korsett*. Zytglogge, Bern 1977
Judith Offenbach verweist im Buch selbst auf Ursula Eggli, allerdings unter verändertem Namen (176-187).

in der sie ihre Liebesbeziehung im Geheimen lebten, obwohl sie im Studentinnenheim von gleichaltrigen Frauen umgeben waren. Auch literarische Texte mit lesbischer Thematik waren diesen beiden Literaturstudentinnen nur wenige bekannt, so von Djuna Barnes der Roman *Nachtgewächs*, aus dem ein Zitat als Motto dem Text vorangestellt ist. Keinen Zugang hatten sie jedoch z.B. zu Djuna Barnes *Ladies Almanach*, der erst 1972 in Englisch neu aufgelegt wurde (1985 erstmals auf deutsch) und dessen lesbische Heldin Evangeline ungestraft ein Leben voller genüsslich inszenierter Verstösse gegen moralische und religiöse Regeln ausserhalb der traditionellen Frauenrolle führte[43].

Auf ihre gesellschaftliche Ausgrenzung reagierten Judith und Sonja mit trotzigem Snobismus, indem sie sich insgeheim über andere Leute stellten und sich selber einen besseren Geschmack, ein grösseres Verständnis für Kunst, insbesondere für Musik und Literatur, und eine grössere Sensibilität zusprachen. Ein elitäres Kunstverständnis wurde somit zu einer wichtigen Verständigungsebene in ihrer Beziehung (74). Judith Offenbach dazu:

> "Diesen Snobismus hatten wir uns gemeinsam zugelegt und gepflegt. (..) Ich nehme an, dieser Snobismus war eine Auswirkung unserer Aussenseiterrolle, nicht nur weil wir lesbisch waren. Das haben wir aus unserer Kindheit und Pubertät so in unsere Beziehung mitgebracht, und es war ein sehr festigendes Band, die andern alle mehr oder weniger doof zu finden und nur uns beide so richtig prima, mit dem richtigen Gespür für alles, was wirklich gut und raffiniert und ausgefallen etc. war." (24)

Trotz dieser Erkenntnis äusserte sich die Ich-Erzählerin in weiteren Kommentaren auf Z2 in einer Weise, in der sie sich und ihre Beziehung zu Sonja hochstilisierte. Zu Beginn des zweiten Teils schrieb sie z.B. über Sonja:

> "Sie war und ist die grosse (zerstörende und wunderbare) Liebe meines Lebens, auch wenn ich mich oft bemüht habe, anderes zu glauben und zu denken (Bella)." (144)

Gegenseitige Verletzungen

Offen zur Sprache bringt Offenbach die gegenseitigen psychischen Verletzungen, die Judith und Sonja einander in ihrer Symbiose zufüg-

---

43 Alexandra Busch: *Ladies of Fashion*, S.163

ten. Damit brach sie das Tabu, dass auch Lesben miteinander kaum über Macht und Gewalt innerhalb von Liebesbeziehungen reden. Unter psychoanalytischem Blickwinkel betrachtet, fasste Louise Schmidt-Honsberg diese Beziehung folgendermassen zusammen:

> "Verzweifelte Liebe und Liebessehnsucht, die erste überwältigende Zeit der Erfüllung, das Gefühl, das erste Mal zu lieben, der erste Einbruch, dann Misstrauen und Eifersucht, das Gefühl, eingeschlossen zu sein in einer umklammernden Abhängigkeit, Versuche, sich zu befreien mit panischen Verlustängsten; schliesslich das Ende einer Beziehung durch Trennung und Tod."[44]

In dieser Liebesbeziehung bildete sich eine Rollenaufteilung heraus, die für beide Frauen zerstörerisch wurde und sich auf die Entwicklung Sonjas langfristig gesehen verheerend auswirkte. Die Rollen waren nicht gleichwertig verteilt, sondern gekoppelt mit unterschiedlicher gesellschaftlicher Anerkennung: Während Judith das Ausleben der geringer bewerteten Gefühlsseite an Sonja delegierte, ordnete Sonja die intellektuelle und kreative Kompetenz Judith zu und beschränkte sich selber auf die reproduktiven Teile wissenschaftlichen Arbeitens. Judith brach schliesslich auf verschiedene Weise aus dieser Beziehung aus, indem sie heimlich andere sexuelle Beziehungen und Liebesbeziehungen anbahnte (249/250), eine Psychoanalyse begann (241), eine Arbeit in Bremen aufnahm und indem sie sich schliesslich von Sonja trennte. Darauf reagierte Sonja, die in ihrer ohnmächtigen Situation gefangen war, mit Aggressionen gegen sich selbst. Sie trank übermässig, drohte mit Selbstmord und versuchte verschiedene Male, sich selbst zu töten.

Nach der Auflösung ihrer Liebesbeziehung wurden die gegenseitigen Rollen jedoch weitergespielt: Sonja nahm Judiths Hilfe beim Schreiben ihrer Dissertation in Anspruch (363/364), und Judith liess Sonja emotional nicht frei, sondern war eifersüchtig, wenn sich Sonja in eine oder einen anderen verliebte (382/384).

Selbst in der Publikation dieses Buches zeigt sich die Weiterführung der unterschiedlichen Rollen: Sonja hat sich selber umgebracht, und Judith versucht, ihre Trauer um Sonja sowie ihre Erfahrung von Schmerz und Glück in der Liebesbeziehung mit Hilfe der Psycho-

---

44 Louise Schmidt-Honsberg: *Zur weiblichen Homosexualität.* In: *Psyche*, Nr. 3, Stuttgart 1989, S.245 (S.238-255)

analyse und mit dem Prozess des Schreibens zu erinnern, zu ordnen und zu erklären. Aus der erlebten Liebesbeziehung zweier Frauen wurde durch Judiths Aufzeichnungen die Sichtweise einer Frau: die zweite Sichtweise von Sonja kommt zwangsläufig nicht vor. Mit dem Zitieren aus Sonjas Briefen wird jedoch der Eindruck erweckt, dass ihre Sichtweise gezeigt werde. Doch auch diese Briefe waren an Judith gerichtet und im Hinblick auf sie als Empfängerin verfasst. Problematisch an Offenbachs Darstellung scheint mir, dass sie diese zwangsläufige Beschränkung der Perspektive nicht offenlegt, sondern vorgibt, Sonjas Gefühle und Meinungen wiederzugeben. Dadurch entsteht manchmal ein Widerspruch zwischen der expliziten Aussage und der impliziten Mitteilung:

> "Ich war immer Sonjas ruhiger Blitzableiter beim Fernsehen, und sie drückte alles so schön impulsiv aus, wie ich es eigentlich auch gern getan hätte. (...)

Sie machte eben fast alles total, mit massivem Einsatz des ganzen Gefühls, egal ob der Anlass so einen Einsatz nun rechtfertigt oder nicht." (204)

Während der erste Satz signalisiert, dass die Ich-Erzählerin ihre Position im Hinblick auf Sonja beschreibt ("Sonjas Blitzableiter"), wechselt sie im zweiten Teil auf die Schilderung von Sonjas Verhalten, das sie in den folgenden Sätzen ausführt und sogleich aus Judiths Sicht bewertet. Öfter wird Sonja dabei indirekt ("sie drückte alles so schön impulsiv aus") oder direkt als Kind beschrieben ("wie ein Kind"), womit Judith die elterliche Position bezieht. Auch in der 1981 erschienenen Erzählung *Gute Nacht*[45] verwendet Judith Offenbach die Kind-Metapher für die Geliebte. Im letzten Drittel benennt sie Maya als "Kind", als "sehr gesundes Kind", "gesundes Kind", "das dicke zufriedene Kind", "ihr Kind" (32). Durch diese Anhäufung des Vergleiches wird die Kind-Metapher zwar ironisch verwendet, doch die herablassende Haltung der Ich-Erzählerin selbst keineswegs ironisiert.

---

45 Abgedruckt in: *Lesbenfront* Nr.12, 1981, S.30-32

"Liebe im Kopf" statt Sexualität

Historisch betrachtet liegt zwischen den beiden Zeitebenen (Z1 und Z2) der Durchbruch der Frauenbewegung und die öffentliche Thematisierung von Lesben durch die Frauenbewegung. Weiterhin tabuisiert geblieben war jedoch lesbische Sexualität. Die Frauenbewegung lenkte das Gespräch über Lesben auf politische Forderungen und diskutierte lesbische Lebenszusammenhänge. Damit sollte die Reduzierung von Lesben auf ihre Sexualität - wie sie im gesellschaftlichen Vorurteil verankert und im Pornomarkt (Film, Bücher, Fotos) integrierter Bestandteil war - aufgebrochen werden. In dieser Diskussion fehlte jedoch weiterhin eine Auseinandersetzung mit lesbischer Sexualität aus der Sicht von Lesben. Wenn ausnahmsweise in einer Lesbenzeitschrift Sexualität zum Hauptthema gemacht wurde, zeugte das Ergebnis von einer besonderen Hilflosigkeit der Autorinnen im Vergleich zu andern Themen[46]. Einzig die Nordamerikanerin Kate Millett hatte in ihrem Roman *Sita*, der bereits 1978 in deutscher Übersetzung erschien, ausführlich Sexualität in einer symbiotischen Lesbenbeziehung geschildert.

Judith Offenbachs Ausgangspunkt beim Schreiben über lesbische Sexualität war also geprägt von Sprachlosigkeit einerseits und von Männerphantasien andererseits. Sie brach dieses Schweigen, indem sie aus zehnjährigem Abstand ihre Sexualität beschrieb und kommentierte. Fassbar wurden dabei in Z1 die Schwierigkeiten, die dem Erleben ihrer Sexualität entgegenstanden. Eindrücklich wird die Heimlichkeit gelebter Sexualität, die damit verbundene Angst vor Entdeckung und die entsprechenden Auswirkungen auf ihre Beziehung dargestellt. Da die Freundinnen im Wohnheim ständig befürchten mussten, beim Schmusen ertappt zu werden, suchten sie einen Freiraum, in dem sie ihre Sexualität ungestört ausleben konnten, und gingen zu diesem Zweck in ein Hotelzimmer, also an jenen Ort, der aus dem Film als Rahmen für geheime heterosexuelle Abenteuer bekannt ist. Dieser Versuch, aus beengenden Konventionen auszubrechen, scheiterte. Ebenso wie sie im Wohnheim die sexuelle Komponente ihrer Beziehung versteckt und dadurch von ihrer emotionalen Beziehung abgespalten hatten, fixierten sie sich im Hotel in umge-

46 Vgl. z.B. *Lesbenfront* Nr.10, Januar 1981

kehrter Weise auf das Ausleben ihrer Sexualität. Die entsprechende Begegnung schilderte die Ich-Erzählerin aus zehnjährigem Abstand folgendermassen:

> "Sonja meinte vielleicht, sie müsste etwas wieder gutmachen, und steigerte sich in eine sexuelle Raserei, die mit Geilheit wohl am treffendsten benannt ist. Wie ein wildes, völlig entfesseltes Tier schien sie mir, schäumend und keuchend. Wären ihre Beine nicht gelähmt gewesen, hätte sie mich glatt zermalmt oder plattgewälzt oder zerfleischt, so kam es mir vor. Je mehr sie aus sich herausging, desto befremdeter und besorgter wurde ich. Ich musste ja auch aufpassen, dass sie nicht aus dem Bett fiel. Ich sehe sie noch über mir, mit entfesselten Haaren und Gesichtszügen auf meinem Oberschenkel reitend." (106)

Zweierlei sticht bei dieser Beschreibung hervor:
1) Die Ich-Erzählerin stellt sich ausserhalb des Erlebens (der gemeinsamen Sexualität) und erhebt sich über Sonja, indem sie sich die Rolle der Starken zuschreibt, die die Verantwortung und Kontrolle über die schwache Sonja übernimmt, damit diese nicht aus dem Bett falle[47]. 2) Im Vergleich der Geliebten mit einem verschlingenden Tier greift Offenbach unbewusst und unkritisch auf einen patriarchalen Topos der sexuell aktiven, insbesondere auch der lesbischen Frau zurück. Problematisch ist diese Art der Wahrnehmung und unvermittelten Präsentation deshalb, weil damit sowohl ein Lesbenklischee wie auch Judiths Selbsterhöhung (verbunden mit Sonjas Abwertung) unreflektiert fortgeführt wird. An dieser Stelle fehlte der Ich-Erzählerin die Einsicht dafür, wie sie Sonja verletzt hatte. Sie erzählt zwar, dass sie damals etwas gesagt habe, "vielleicht sogar das Wort "geil" - jedenfalls etwas, das in Sonja Grundsätzliches kaputtmachte, wie sie später immer wieder gesagt hat" (106), verstand jedoch nicht, warum Sonja sie kritisiert hatte, und verwendete deshalb auch das von Sonja beanstandete Wort "Geilheit" unreflektiert bei der Beschreibung dieser Szene.

In einer andern Szene schildert die Ich-Erzählerin die beidseitigen Missverständnisse im sexuellen Verhalten, indem jeweils eine der Frauen den vermeintlichen Wünschen der andern zu entsprechen

47 Aus der sonstigen Beschreibung von Sonja wird jedoch deutlich, dass sie sehr kräftige Arme hat, mit denen sie sich hätte halten oder abstützen können.

versuchte und die andere ihrerseits Lust vortäuschte. Im Anschluss daran kommentiert sie:

> "Was erfüllte sexuelle Liebe ist, habe ich erst durch Bella erfahren und nachdem ich durch drei Jahre Psychoanalyse ehrlicher in meinen Wünschen geworden war. (...)
>
> Vieles, was ich noch als technisch, tierisch, schmutzig, selbstsüchtig heimlich verachtete (und Sonja wahrscheinlich auch), das bejahte Bella vorbehaltlos und natürlich. Was Sonja und mir völlig abging, war Natürlichkeit im sexuellen Umgang miteinander. Uns war das Erotische, das Vorspiel, natürlich - und dann mündete die angestaute und auch bewusst angeheizte Spannung in etwas Verkrampftes. Dass es verkrampft war, gestanden wir uns nicht ein und konnten es auch nicht erkennen, denn unser Gefühl war ja tief und echt - wieso sollte da das, was wir mit unseren Körpern taten, um das überbordende Gefühl endlich zum Ausdruck zu bringen, plötzlich unecht und verkrampft sein? Wir hatten keine Erfahrung und keine Vergleichsmöglichkeiten, nur zeitlebens einen reichen Schatz an sexuellen Vorurteilen eingesammelt, gegen den wir uns jetzt durch scheinbar leidenschaftliche Raserei zur Wehr setzten." (65/66)

Durch Tabuisierung wird Sexualität zu einem Bereich der Sprachlosigkeit, in dem weder Wünsche, Vorstellungen noch Ängste verbalisiert werden können. Statt als verbindende Komponente der Beziehung erlebten die Geliebten deshalb Sexualität als trennend: jede wurde auf sich selbst zurückgeworfen. Das gesellschaftliche Verschweigen lesbischer Frauen und ihrer Sexualität wirkt sich damit im intimsten Bereich der Liebesbeziehung am nachhaltigsten und zerstörerischsten aus.

Unversehens verschwand sexuelle Begierde aus dieser Beziehung, und nach zwei Jahren war die körperliche Liebe bereits "eingeschlafen" (16). Judith konstatiert die Fakten, vom Ringen um eine lebendige Sexualität ist keine Rede, sondern die Verwandlung von sexueller Lust in beschützende Fürsorge vollzog sich in gesellschaftlich vorgeprägten Mustern: Judith hatte ihre Liebesbeziehung zu Sonja als Beziehung Helferin-Behinderte getarnt und - scheinbar frei von sexuellen Begierden - als geistige, also reine Liebe ausgegeben.

Mit dieser Strategie des Kaschierens versuchte Judith sowohl ihrer Scham in bezug auf ihren eigenen Körper zu entgehen wie auch ihrer verinnerlichten Diskriminierung als Lesbe. Statt für die Emanzipation als Lesbe zu kämpfen, unterwarf sie sich dem gesellschaftlichen Verbot. Auf der Zeitebene Z1 werden dieser Versuch der Anpassung an die Gesellschaft und die daraus erwachsenden selbstzerstörerischen Folgen in beklemmender Eindringlichkeit ausgemalt, auf Z2 wird der Anpassungsdruck hingegen zu wenig reflektiert.

Durch die Darstellungsweise nimmt die Ich-Erzählerin eine implizite Schuldzuweisung an Sonja für die unbefriedigende Sexualität vor, die ihrer expliziten Aussage teilweise entgegensteht. Am Anfang und nach der Hälfte des Buches erwähnt sie, dass sie Sonjas Rollstuhl als "wunderbares Alibi" (33) benutzte, mit dem sie ihre lesbische Beziehung verbarg. Die fehlende Sexualität begründet sie jedoch mit den Schwierigkeiten, verursacht durch den Rollstuhl und ihre Identifikation mit Sonjas Problemen beim Stuhlgang (z.B. 19). Erzählerisch ausgebreitet werden jedoch immer die Probleme, die sich aus Sonjas Behinderung ergeben. Auf diese Weise wird Sonja als Objekt von Judiths Gedanken in der Rolle des Opfers festgeschrieben: Sie ist gestorben und hat schon zu Lebzeiten durch ihre Behinderung die Beziehung behindert.

Übernahme patriarchalischen Denkens

Unbemerkt fliessen in die Darstellung von Liebe und Sexualität auch zwei Axiome patriarchalischen Denkens ein: 1) Männer sind wertvoller als Frauen. 2) Heterosexualität - und insbesondere die Ehe - ist die richtige Beziehungsform, lesbische Liebe dagegen nur eine Abweichung[48].

Ermuntert von ihrem ersten Psychoanalytiker erprobte die Ich-Erzählerin Sexualität mit Männern. Sichtbar wird dadurch der vom Psychiater ausgeübte - und von Judith übernommene - Zwang zur Heterosexualität. Obwohl sie dabei nichts Besonderes empfand und eine Beziehung schon gar nicht in Erwägung zog, bewertete sie das sexuel-

---

48 Den Vorabdruck ihres Textes in der Lesbenfront (1978) leitete die Autorin mit folgender Bemerkung ein:
"Ich werde versuchen, das Buch zu veröffentlichen, wenn es fertig ist, weil ich glaube, dass nur wenige ein solches Bündel schwierigster Probleme (Lesbianismus, Behindertsein, Selbstmord) aus eigener Erfahrung kennen. Ich möchte zeigen, dass man damit zwar irgendwie fertigwerden kann, dass man aber auch aus Unkenntnis, Hilflosigkeit, Angst, die schwerwiegendsten Fehler macht."

le Verhalten der Männer als positiver als dasjenige ihrer Geliebten Sonja und Bella (108, 250).

In der weiteren Darstellung erhalten Männer ein unverhältnismässig grosses Gewicht, auch wenn sie nur am Rande erscheinen. Verglichen mit den Müttern werden die Väter bedeutend positiver dargestellt. Sonjas Mutter erscheint als die Tyrannin schlechthin. Sie hat ihre Tochter in den Selbstmord getrieben, den allenfalls der rettende Vater hätte verhindern können. Sonjas Vater erscheint als derjenige, der den Freundinnen den Bezug einer eigenen Wohnung ermöglichte, während der Einsatz der Mutter ausschliesslich negativ kommentiert wird[49]. Sonja hatte anscheinend eine andere Einschätzung, da sie in einem Brief ihre Probleme nicht nur auf ihre Mutter, sondern auch auf ihren Vater zurückführte (356). Eine sehr wichtige Beziehung zu einem Mann war für Judith diejenige zu ihrem Psychoanalytiker. Den zweiten Analytiker stilisierte sie zeitweilig gar zum Propheten (329), von dem sie das Wunder erhoffte, dass er Sonja helfen könnte (390). Obwohl sie ihr Manuskript auch verschiedenen Frauen zum Lesen gab, waren es vorrangig die Kommentare und Ermutigungen des Psychoanalytikers, die sie zum Weiterschreiben veranlassten.

Die Weiterführung der Vorrangigkeit von Hetero-Beziehungen zeigt sich in Judiths Übernahme der Ehemetapher in ihren Kommentaren, z.B. (118) und:

> "Ich lebe hier umgeben von Sonjas Nachlass. Dingen, die sie mit in die Ehe gebracht hatte." (29)

Auch in bezug auf eine andere lesbische Lebensgemeinschaft - Bella und Bente -, schreibt sie von "Ehe" (259) und "Hochzeit" (282).

---

49 Nach dem gemeinsamen Kauf von gebrauchten Möbeln für Judith und Sonja:
"Nur Frau Sanders konnte ihren Abscheu vor all dem abgelegten Ramsch fremder Leute kaum unterdrücken. Ihr Motiv war wohl nicht, dass sie ihrer Tochter nur das Beste und Schönste gönnen wollte, sondern Sonja sollte natürlich weiterhin ein mögliches Aushängeschild ihrer Familie sein, und mit so einer zusammengestoppelten Studentenbude war das kaum zu leisten. Aber sie fand sich doch recht bald damit ab, mit süsslicher Miene und "Ach Gott, ihr guten Kinder!" " (159)

Alkoholismus

Alkoholismus ist in europäischen Ländern das vorrangige Suchtproblem.[50] Trotz oder wegen dieser Tatsache wird Alkoholismus gesamtgesellschaftlich stark tabuisiert. In den siebziger Jahren fand auch unter Lesben weder in literarischen Texten, noch in Sachbüchern oder an den Frauen-Sommeruniversitäten[51] eine Auseinandersetzung über Alkoholismus statt. Die Angst davor, gesellschaftliche Vorurteile gegenüber Lesben zu bestätigen, ist mit ein Grund für dieses Schweigen. Ausserdem präsentierten sich feministische Lesben in den siebziger Jahren mit dem aus den USA stammenden Slogan *Feminismus ist die Theorie, Lesbischsein die Praxis* als politische Avantgarde. Lesbenbeziehungen wurden als Alternativen zu heterosexuellen Beziehungen propagiert, und viele Feministinnen wurden lesbisch. In dieser euphorischen Aufbruchstimmung war für die Auseinandersetzung mit Alkoholismus kein Platz.

Judith Offenbach hat mit ihrer konkreten Beschreibung von Sonjas Alkoholsucht einen wichtigen Beitrag zur Auseinandersetzung mit Alkoholismus unter Lesben geleistet. Geschildert wird aus der Sicht der Co-Alkoholikerin Judith, wie ihre Freundin im fünften Jahr der Liebesbeziehung (1970) langsam alkoholkrank wurde. Der Übergang von Judiths und Sonjas gemeinsamem Weingenuss zu Sonjas Sucht vollzog sich gleichzeitig mit dem Beginn von Judiths Psychoanalyse. Als Judith zwei Jahre später ihr Studium abschloss, in Bremen zu arbeiten begann und sich immer mehr von Sonja entfernte, reagierte Sonja wiederum mit zunehmendem Trinken. Ein zerstörerischer Kreislauf begann:

> "Mein Zuhause kam mir dagegen bald wie das Inferno vor: Abends eine besoffene Sonja, morgens Sonja in Tränen und Reue aufgelöst, ich zwei Stunden wie steinern daneben. Dann allmähliches Nachgeben meinerseits (ihr Elend war ja nicht zum Aushalten!), gegen Mittag verzieh ich ihr, und sie versprach hoch und heilig, es käme nie

---

50 *Bericht der Eidgenössischen Alkoholkommission.* In: *Tages Anzeiger* (Zürich), 25.8.1989

51 Erst 1984 erschien ein Beitrag zu *Frauen und Sucht* von *Frauen aus der "Zwiebel"*, in: *Wollen wir immer noch alles? Frauenpolitik zwischen Traum und Trauma. Dokumentation der 7. Sommeruniversität für Frauen*, Berlin/W., 1984, S.108-110

> wieder vor - und am Abend war sie dann oft schon wieder betrunken. Und so weiter, wieder und wieder.
> So etwa verliefen die letzten anderthalb Jahre unseres Zusammenlebens: Sonja versank immer mehr in Selbstverachtung, weil sie nichts "leistete" und weil sie trank und mich quälte, und wenn sie die Selbstverachtung nicht mehr aushalten konnte, griff sie wieder zur Flasche." (241)

Judith bereitete schliesslich ihren Ausstieg aus dieser Beziehung vor. Auf diese Bedrohung reagierte Sonja selbstzerstörerisch, sowohl mit zunehmendem Alkoholismus wie auch mit Drohungen und Selbstmordversuchen (251/252). Diesen verheerenden Kreislauf in der Beziehung schildert die Ich-Erzählerin wiederholt in einzelnen Szenen und in gerafften Kommentaren:

> "Ein wahnsinniges Auf und Ab, diese letzten Monate. Es ging immer Schlag auf Schlag. Angriff - Reue - Versöhnung, erneuter Angriff, noch tiefere Reue, Liebesbeteuerungen und Versprechungen, denen ich nicht mehr glauben konnte. Nachgeben meinerseits, weil ich ihr Elend nicht aushalten konnte, bis zum nächsten Zusammenbruch und Angriff." (252)

Das Frauen-Gesundheitskollektiv von Santa Cruz (USA) bezeichnet eine solche Beziehungskonstellation als "Co-Alkoholismus".[52]

Nachdem Judith Offenbach mit ihrem Buch das Thema Lesben und Alkoholismus auf dem Buchmarkt eröffnet hatte, folgten weitere Publikationen dazu, die im Unterschied zu Offenbach aus der Perspektive einer lesbischen Ich-Erzählerin geschrieben sind, die selber alkoholsüchtig ist bzw. war:

- Margot Schroeder, *Die Vogelspinne - Monologe einer Trinkerin* (Frauenbuchverlag, München 1982)
- Doris J. Joachim, *Entzug. Die Überwindung einer Selbstzerstörung* (Selbstverlag, Berlin/W. 1983)
- Monika Weber (Pseudonym), *Die dunkle Seite meines Lebens* (Fischer Taschenbuch, 1983)

Doris Joachim und Monika Weber schilderten ihre eigenen Erfahrungen als Alkoholikerinnen und die erfolgreich durchgemachte Entziehungskur. Beide Autorinnen stellten an den Anfang des Buches

52 Frauengesundheitskollektiv Santa Cruz: *Es gibt eine Lösung. Alkoholismus und Co-Alkoholismus*. In: Dürmeier Waltraud u.a. (Hg.): *Wenn Frauen Frauen lieben und sich für Selbsthilfe-Therapie interessieren*. Frauenoffensive, München 1990, S.189

eine dankende Liebeserklärung an die Freundin - Doris J. Joachim auch an ihre Ärztin - und beide Texte enden mit einer glücklichen Liebesbeziehung der Ich-Erzählerin zu ihrer Freundin. Auf der Rückseite beider Bücher wird auf die Themenkreise Alkoholismus und Homosexualität hingewiesen, im Falle von Monika Weber (Fischer Verlag) allerdings in pathologisierender Weise, indem "Homosexualität und Alkoholismus" miteinander verknüpft und als Bedrohung genannt werden, was impliziert, dass Homosexualität ebenfalls eine Sucht/Krankheit sei:

> "Homosexualität und Alkoholismus drohen, die politische Karriere einer Frau und ihr Leben zu zerstören, bis es ihr nach einer Entziehungskur endlich gelingt, sich mit sich selber zu versöhnen."

Im Klappentext verschwiegen wird, wie unterschiedlich Monika Webers Strategien zur Versöhnung mit sich selber waren: Sie überwand den Alkoholismus, indem sie mit Trinken aufhörte. Als lesbische Frau lernte sie sich akzeptieren, liess sich scheiden und zog mit ihrer Geliebten zusammen. Monika Weber wurde eine erfolgreiche Politikerin. Doris Joachim beleuchtet ihr Leben als 28-jährige Feministin in Berlin, ihre Entziehungskur in der Klinik und ihre Rückfälle.

Margot Schroeders *Die Vogelspinne - Monolog einer Trinkerin* ist der einzige dieser Texte, der bewusst geformt ist. In einem Geflecht von Erzählung und Reflexion und in einer metaphorischen Sprache schildert die Ich-Erzählerin Marlie ihr Erleben, ihre Ängste, Gedanken und ihre Einsamkeit als Alkoholikerin. Die erhoffte Liebesbeziehung zu Helen erweist sich als Enttäuschung, weil Marlie erkennen muss, dass Helen sie aus Mitleid und nicht aus Lust besucht. Am Schluss phantasiert Marlie im Rausch ihre Utopie, "wie schön es sein wird, wenn ich nicht mehr trinke" (137). Ob sie vom Alkohol loskommen wird, ist zumindest fraglich, da sie schon für die Phantasie des Nichttrinkens Alkohol braucht. Verändert geht aber die Leserin aus der Lektüre dieses Buches hervor, da durch dessen Sprache die Sogwirkung der Sucht eindrücklich spürbar wird, kulminierend im zweitletzten Kapitel mit dem Titel *Die Stimmen* (127-140), in dem Marlie alle wichtigen Menschen im Rausch phantasiert und zu ihnen spricht.

Mit diesen autobiographischen und literarischen Texten wurde das Problem Alkoholismus aus der Sicht von Lesben in den achtziger

Jahren erstmals zum Thema. Erst einige Jahre später findet sich der Hinweis auf eine öffentliche Diskussion dazu[53], und erst während des Überarbeitens meines Manuskriptes erschienen die ersten Sachtexte[54].

Selbstmord

Anhand von Todesanzeigen könnte die Tabuisierung von Selbsttötung eindrücklich belegt werden. Auch wenn es verschiedene Sachbücher und viele literarische Texte gibt, in denen über Selbstmord geschrieben wird, ist er doch weiterhin mit einem Stigma verknüpft, das einerseits religiös begründet ist und andererseits in Ängsten der Lebenden vor dem Leben wurzelt. Hinzu kommt die explizite oder implizite Schuldzuweisung an die überlebenden FreundInnen und Verwandten. Dadurch wird die Auseinandersetzung von Menschen mit ihrer Trauer um befreundete oder verwandte Menschen, die durch Selbstmord gestorben sind, erheblich erschwert.

Nach Sonjas Tod erlebte Judith das Gefühl von Trauer um den Verlust eines geliebten Menschen und setzte sich mit ihren Schuldgefühlen und mit der Frage auseinander, was sie hätte tun können, um Sonjas Tod zu verhindern. Als Reaktion auf die Todesart Selbstmord ist ihr Verhalten typisch, wie die *Gespräche mit Zurückbleibenden*[55] zeigen. Mit ihrem Nachdenken über Sonja, über ihre gemeinsam erlebte und gescheiterte Liebesbeziehung und über ihren Tod durchbricht Judith Offenbach somit das doppelte Schweigen um Selbstmord und um lesbische Frauen.

Der Selbstmord konstituiert in mehrfacher Weise diesen Text: Erstens ist er Anlass für die Ich-Erzählerin, ihre Erinnerungen aufzuschreiben; zweitens bildet er das wichtigste Spannungselement, weil die Leserin, die zu Beginn damit konfrontiert wird, wissen möchte, wie es dazu kam; und drittens prägt er die zumeist beklemmende

---

53 Vgl. Anmerkung 51

54 - Frauengesundheitskollektiv Santa Cruz. In: Dürmeier u.a. (Hg.): *Wenn Frauen Frauen lieben*. 1990, S.185-195
- Katharina Höcker: *Durststrecken. Zwischen Abhängigkeit und Aufbruch. Frauen und Alkohol*. Fischer Taschenbuch, Frankfurt/M. 1990

55 Ursula Heilborn Maurer/Georg Maurer: *Nach einem Suizid. Gespräche mit Zurückbleibenden*. Fischer Taschenbuch, Frankfurt/M. 1987

Stimmung des ganzen Buches, selbst in der Darstellung von heiteren Momenten in der Beziehung.

Als Judith sich von Sonja trennen wollte, reagierte Sonja mit dem demonstrativen Schreiben von Abschiedsbriefen (307) und dem Versuch, sich selber zu töten (308/309). Am Anfang ihres Buches schildert die Ich-Erzählerin Sonjas ersten Selbsttötungsversuch, den Sonja drei Jahre vor ihrer Bekanntschaft vollzog, und kommentiert vorausdeutend ihre eigene Funktion für Sonja:

> "Ich war der Staudamm, der Sonjas Todeswunsch und Selbstvernichtungstrieb sieben Jahre standgehalten hat. Erst als der Damm anfing zu bröckeln und der Wucht nachzugeben, etwa nach vier Jahren, wurde der Todeswunsch allmählich immer stärker. In den sieben Jahren hat sie keinen Selbstmordversuch unternommen, in den zweieinhalb Jahren danach drei, und der dritte ist ihr gelungen." (25)

Die Auseinandersetzung von Judith mit dem Gefühl der Mitschuld am Tod von Sonja und ihre Abgrenzung davon ist ein wichtiges Thema des ganzen Textes.

Bereits vier Jahre vor Offenbachs *Sonja* war ein Roman erschienen, in dem der Selbstmord einer Freundin ein zentrales Thema war: *Zwei Arten zu lieben* von Renate Schostack. Grundsätzlich neu an Offenbachs Text war jedoch, wie sie die problematische Beziehung offen beschrieb. Nach *Sonja* von Offenbach erschienen weitere, vorwiegend autobiographische Texte, in denen Autorinnen den Selbstmord einer Freundin/Geliebten aus der Sicht der Überlebenden schilderten:

- Sabine Thiesler, *Damals war ihr Zimmer noch lila* (Selbstverlag, Berlin/W. 1981)
- Sonja Lasserre, *L. Liebe* (Sudelbuchverlag, Berlin/W. 1983)
- Ingeborg Arlt, *Das kleine Leben* (Aufbau, Weimar/Ber-lin/DDR 1987)

Widersprüche

Im Verlauf des Buches werden zwei Zeiträume durchmessen, einerseits die elf Jahre der Beziehung und andererseits die drei Jahre des Schreibvorganges. Judith entwickelt sich im ersten Zeitraum von der angstbeladenen Studentin zur erfolgreichen Wissenschaftlerin. Sie durchlebt im zweiten Zeitraum einerseits ihre Trauer um Sonja und macht anderseits ihre zweite Psychoanalyse. Bei Judith ist also eine Entwicklung weg von dieser symbiotischen Beziehung zu beobachten, obwohl sie immer wieder den Wunsch äussert, in diese Beziehung zurückzukehren.

Ihre widersprüchlichen Gefühle stellt sie manchmal offen gegeneinander, in andern Fällen sind sie aus dem Text ablesbar und manchmal werden sie auch vertuscht. So schildert Offenbach auf der einen Seite ihre Angst, als lesbische Frau entdeckt zu werden und deswegen gesellschaftliche Repressionen zu erleiden, und kommentiert andererseits während des Schreibens:

> "(...) das Verbotensein der lesbischen Liebe überhaupt war für mich glaube ich immer einer der wesentlichsten Anreize." (207)

Sie wirft sich Mitschuld an Sonjas Tod vor, stellt sich aber in der Schilderung ihrer Beziehung immer wieder unbewusst über Sonja.

Diese Widersprüche wurden bei der Überarbeitung des Textes zur Publikation nicht harmonisiert. An ihnen lässt sich die Ambivalenz von Judith zwischen Aufbruch in unkonventionelle Lebensweisen und Zurückgehen in bekannte Rollenmuster ablesen. Die Reflexion dieser Widersprüche wird der Leserin überlassen. Am Ende des Buches löst jedoch die Autorin diese Widersprüchlichkeit vorschnell auf, indem sie ihre neue Beziehung zu Maya Mendele als neues Ideal skizziert:

> "Inzwischen habe ich mit Maya erfahren, dass wir uns sogar auf engstem Raum selten auf die Nerven gehen, geschweige denn die andere reglementieren oder einengen. Wahrscheinlich braucht es dazu, um das verwirklichen zu können, auf beiden Seiten einen starken Unabhängigkeitsdrang, bei tiefem gegenseitigen Vertrauen und Achtung vor den Bedürfnissen der anderen. Das klingt wie aus einer Eheberatungsfibel, aber es ist wahr; so erlebe ich es." (368)

Das Wechselspiel zwischen gesellschaftlichen Normen und persönlichem Verhalten wird dabei nur bedingt reflektiert, wodurch die explizite Gesellschaftskritik zur pauschalen Anklage verblasst. Die Ich-Erzählerin verwünscht z.B. "unsere Gesellschaft, in der lesbische Beziehungen einfach keine Beziehungen sind, nicht legal, gesellschaftlich und rechtlich nicht gestützt" (113), klagt "die Gesellschaft an, mit ihrer Zwangsheterosexualität" (118) und wünscht sich, "eine emanzipierte Lesbe zu sein" (186).

Gleichzeitig stellt sie die falsche Alternative auf, dass sie nur entweder beruflich erfolgreich sein oder politisch kämpfen könne. Damit rechtfertigt sie ihre politische Untätigkeit (120) und verfestigt die Vorstellung, wonach Lesben politisch inaktiv sein müssten, wenn sie nicht Märtyrerinnen werden wollten[56].

56 Ihr fehlendes politisches Bewusstsein manifestiert sich auch darin, dass sie enttäuscht ist, als die behinderte Schriftstellerin Rita Vetterli Judiths Geldspende nicht für sich persönlich, sondern für den *Club für Behinderte und ihre Freunde* annimmt. (176)

6.2. Lesbische Frauen in der DDR-Literatur

Waldtraut Lewin: *Dich hat amor gewiss...*

Zuerst werde ich die gesellschaftliche Situation lesbischer Frauen skizzieren, danach auf lesbische Andeutungen in literarischen Texten verweisen, ehe ich auf die Texte von Waldtraut Lewin eingehe und ihre Erzählung *Dich hat Amor gewiss...* interpretiere. Den Abschluss bildet ein Blick auf die Rezeption dieser Erzählung in der DDR.

Zur gesellschaftlichen Situation

Vorbemerkung: Im folgenden skizziere ich die gesellschaftliche Situation lesbischer Frauen in der DDR vor Öffnung der Mauer im November 1989. Seither haben sich die Möglichkeiten zur Selbstorganisation von Lesben und zur Kontaktaufnahme und zum Informationsaustausch mit andern Lesben- und Frauengruppen auf nationaler und internationaler Ebene grundlegend geändert[1].

In der DDR gab es staatlich institutionalisierte Frauenorganisationen, aber keine der westlichen Frauenbewegung entsprechende Emanzipationsbewegung. Für lesbische Frauen fehlte deshalb das ganze Netz von Begegnungs- und Informationsmöglichkeiten, das die

---

1 Inzwischen sind auch drei Publikationen erschienen, die die Situation von lesbischen Frauen in der ehemaligen DDR aus ihrer Sicht schildern:
- Kerstin Gutsche: *Ich ahnungsloser Engel. Lesbenprotokolle.* Reiher, Berlin 1991
- Ursula Sillge: *Un-Sichtbare Frauen. Lesben und ihre Emanzipation in der DDR.* LinksDruck, Berlin 1991
- *Dokumente lesbisch-schwuler Emanzipation des Referats für gleichgeschlechtliche Lebensweisen Nr. 4. Geschichte und Perspektiven von Lesben und Schwulen in den neuen Bundesländern.* Herausgegeben von der Senatsverwaltung für Jugend und Familie, Berlin 1991

Darin: - Christina Schenk: *Bedingungen und Perspektiven lesbischer Existenz in der DDR*, S.11-28
- Gunna Bohne: *Situation lesbischer Frauen ab 30 Jahren in Gesellschaft und Lesbenbewegung Ostdeutschlands*, S.29-32

Neue Frauenbewegung im Westen seit Anfang der siebziger Jahre geschaffen hat. Öffentliche Treffpunkte für lesbische Frauen waren in der DDR sehr selten. In Berlin gab es einige "Szene"-Lokale, und es wurden unter dem Vorwand von Geburtstagsfeiern private Feste organisiert.

Die Bildung von Schwulen- und Lesbengruppen wurde seit 1982 im Rahmen von evangelischen Kirchgemeinden möglich. Beinahe in jeder grösseren Stadt der DDR entstanden kirchliche Homosexuellengruppen, die "allerdings von homosexuellen Männern und ihren spezifischen Anliegen dominiert" waren, wie Ilse Kokula 1987 feststellte[2].

Beim ersten *Frauentag* im Rahmen der regionalen Kirchentage stand im Juni 1988 in Halle ein grosses *Lesbenforum* in der Martin-Luther-Kirche auf dem Programm. Am Lesbenforum nahmen Frauen aus den *Kirchlichen Arbeitskreisen Homosexualität und Kirche in Dresden, Halle und Weimar/Erfurt*, Frauen vom *Feministischen Netzwerk* und feministische Frauen aus der BRD teil. Ute Wild, feministische Katholikin aus der BRD und Mitverfasserin des ersten deutschsprachigen Buches über Lesben in der Kirche[3], berichtete von einem eindrücklichen Erlebnis an dieser Tagung:

> "Während beim Come-Out kirchlicher lesbischer Frauen in Frankfurt [am Main, M.M.] 1987 der Stuhl für die lesbische Theologin/Pfarrerin (vorsichtshalber) frei bleiben musste, kündigte die angehende Pfarrerin in Halle (...) ihre Absicht, eine neue kirchliche Lesbengruppe zu gründen, von der Kanzel namentlich an. Der Bischof benötigte dann allerdings eine mehrmonatige Denkpause und einige Gespräche, um Birgit in den Dienst der Kirche aufzunehmen. Ein ähnliches Ereignis ist mir in unserer ach-so-freiheitlichen Bundesrepublik noch nicht zu Ohren gekommen."[4]

Die Pfarrerin Birgit Neumann hatte in ihrer Predigt zum Thema *Werde, die du bist! Lesbische Frauen in der Kirche* gesprochen:

> "Ich will zum Stichwort "Christinnenrechte" zwei Schwerpunkte setzen: Ich möchte etwas zur Situation lesbisch lebender Frauen in

2 Ilse Kokula: "*Wir leiden nicht mehr, sondern sind gelitten*". *Lesbisch leben in Deutschland*. Kiepenheuer & Witsch, Köln 1987, S.167-169

3 Monika Barz, Herta Leistner, Ute Wild: *Hättest Du gedacht, dass wir so viele sind? Lesbische Frauen in der Kirche*. Kreuz, Stuttgart 1987

4 Ute Wild: *Menschenrechte, Frauenrechte, Christenrechte, Lesbenforum*. In: *14. Rundbrief Christenrechte in der Kirche*. Haltern/BRD 1988, S.17/18

unserer Kirche sagen. Und ich möchte uns zum aufrechten Gang ermutigen."[5]

Die Sexualforschung der DDR interessierte sich bis 1988 höchstens für homosexuelle Männer, jedoch nicht für homosexuelle Frauen. Eine Ausnahme bildete Siegfried Schnabls 1969 erstmals erschienene (und 1972 wiederaufgelegte) Studie *Mann und Frau intim, Fragen des gesunden und gestörten Geschlechtslebens*. Aber auch diese Untersuchung ist ein Beleg für das Verschweigen von lesbischen Frauen. Siegfried Schnabl ging im letzten Kapitel des dritten Teils unter dem Titel *Varianten und Abarten der Sexualität*[6] auf das Thema *Die Homosexualität des Mannes und der Frau* ein. Beschrieben werden auf 8 1/3 Seiten homosexuelle Männer, während homosexuelle Frauen lediglich auf 3/4 Seiten im Unterkapitel *Die Intimpartnerschaft gleichgeschlechtlich Liebender* als von homosexuellen Männern abweichend gekennzeichnet, insgesamt aber stillschweigend unter diese subsumiert wurden. Aus Aussagen, die aus der Beobachtung der Realität abgeleitet sind, werden Vorurteile gegenüber lesbischen Frauen verfestigt:

- Die Bevorzugung von jugendlichen Partnerinnen soll bei "Lesbierinnen" "nicht so ausschliesslich" vorkommen, wie bei schwulen Männern.
- "(...) lesbische Frauen, wenigstens die kultivierten, kommen sich erst nach längerer Werbung und Freundschaft näher"[7]. In den restlichen vier Aussagen von Schnabl werden verschiedene stigmatisierende Klischeevorstellungen von lesbischen Frauen als Realität ausgegeben:
- "Lesbische Partnerschaften erregen in der Öffentlichkeit weniger Aufsehen"[8]
- "lesbische Liebe" gab es besonders in Mädchenpensionaten und Harems, heute im Strafvollzug, "wo sich nicht gerade die gute Auslese zusammenfindet"[9]

---

5 Birgit Neumann: *Werde, die Du bist! Lesbische Frauen in der Kirche*. In: *14. Rundbrief Christenrechte in der Kirche*. Haltern/BRD 1988, S.19/20

6 Siegfried Schnabl: *Mann und Frau intim. Fragen des gesunden und gestörten Geschlechtslebens*. Volk und Gesundheit, Berlin/DDR 1969/1972, S.320-328

7 Ebenda, S.323

8 Ebenda, S.322

9 Ebenda, S.320

- "unter homosexuellen Frauen können sich recht heftige Eifersuchtsszenen abspielen"[10]
- "im lesbischen Verhältnis [spielt, M.M.] stets eine von beiden Frauen die aktiv männliche Rolle", wobei "die aktive" manchmal "einen künstlichen Penis" benutzt[11].

Mit seiner Studie stützte Siegfried Schnabl also gesellschaftliche Vorurteile gegenüber Lesben und trug dazu bei, das Nichtwissen über die soziale Situation lesbischer Frauen fortzuführen.

Reiner Werner waren die Frauen noch 1987 in seiner grundlegenden Studie zu *Homosexualität* nur drei Seiten wert: Ansonsten erweckt er den Anschein, als ob homosexuelle Frauen dieselben Lebensweisen pflegten wie homosexuelle Männer und unter denselben Diskriminierungen litten, was jedoch grundsätzlich nicht zutrifft. Die gesellschaftliche Situation lesbischer Frauen war für Reiner Werner noch ein blinder Flecken, was sich in seinem Artikel in der DDR-Zeitschrift *Deine Gesundheit*[12] zeigt, in dem er zur Kritik von LeserInnen an seinem Buch Stellung nahm. Werner ging nicht auf die Anregung einer Lesbe ein, dass er Lesben in Zukunft mehr Raum geben möge und dass sie bereit wäre, dabei mitzuwirken[13].

1988 ist erstmals von einer speziellen Studie zu lesbischen Frauen die Rede, die Chr. Schenk an der *Tagung Psychosoziale Aspekte der Homosexualität* in Karl-Marx-Stadt vorgestellt hatte. Im Sammelband zu dieser Tagung und der vorhergehenden in Leipzig (1985)[14] fehlt dieser Beitrag. Im einzigen weiblichen Beitrag unter dem Titel *Zur psychosozialen Situation der Lesben in der DDR* blieb Ursula Sillge

---

10 Ebenda, S.322

11 Ebenda, S.323

12 Reiner Werner: *Dialog*. In: *Deine Gesundheit*, Heft 9, 1987, S.284/285

13 Die Leserinnen "Marlies B. (52, Dipl.-Chemikerin) und ihre Partnerin Rita (40, Hausfrau)" hatten geschrieben:
"Wir wünschen uns sehr, dass später den Lesb. mehr Raum in Ihrem Buch bleibt. Wir wollen gern selbst dazu beitragen, unsere Beziehungen offen darzulegen. Immerhin freut uns der Anfang der Besprechung unserer Probleme. Es gibt Ähnlichkeiten und Unterschiede zu homosexuellen Männern. Zutreffend führen Sie aus, dass unsere Beziehungen viel stabiler und auch ernsthafter sind. (...)"

14 Günter Amendt (Hg.): *Natürlich anders. Zur Homosexualitätsdiskussion in der DDR*. Pahl Rugenstein, Köln 1989
(Eine Publikation in der DDR wurde darin angekündigt.)

sehr allgemein und ging auf vier Seiten nur pauschal auf die Situation von Lesben ein.

Als "Schlüsselfrage erfolgreicher Emanzipation und sozialer Integration" wurde an dieser Tagung die "Einrichtung und Förderung öffentlicher Kommunikations- und Begegnungsmöglichkeiten in staatlichen Klubs und Kulturhäusern" gefordert, denn:

> "Nur im versteckfreien Zusammenleben, indem niemand mehr seine sexuelle Orientierung zu verbergen oder besonders hervorzuheben braucht, werden tradierte Klischeevorstellungen der wirklichen Achtung der Individualität des jeweils anderen weichen können.
>
> Die volle und gleichberechtigte Integration der Homosexuellen wird als gesellschaftliche Aufgabe begriffen, deren Lösung herangereift ist."[15]

Am 31.Leipziger Dokumentarfilmfestival (Dezember 1988) wurde unter dem Titel *Die andere Liebe* ein Film gezeigt, der im Auftrag des Dresdener Hygienemuseums als Aufklärungsfilm über Lesben und Schwule in der DDR gedreht worden war[16]. In diesem Film kamen aber keine Lesben vor. Einen Band Gespräche mit schwulen Männern konnte 1988 der schwule Ökonomiedozent Jürgen Lemke dank der Unterstützung von Lektorinnen im Aufbau-Verlag herausbringen[17].

In einer ausführlichen Antwort auf eine Leserinnenfrage in der Frauenzeitschrift *Für Dich* (Nr.38, 1988) beschrieb Dr.Kurt Bach "im Auftrag des Deutschen Hygienemuseums in der DDR" die Lebenssituation lesbischer Frauen und die Formen ihrer gesellschaftlichen Diskriminierung. Bach ging besonders auf die Vorurteile von Männern ein, verwies auf die fehlende Forschung zur Situation lesbischer Frauen und kam zum Schluss:

---

15 Erwin Günther/Hubert Thinius: *Psychosoziale Aspekte der Homosexualität.* In: *Humanitas*, Nr. 18, 1988, S.10

16 Antwort von Kurt Bach auf einen Leserinnenbrief, in: Rubrik *Guter Rat*, in der Frauenzeitschrift *Für Dich*, Nr.38, 1988

17 In der BRD erschien das Buch 1989 unter dem Titel *Ganz normal anders. Auskünfte schwuler Männer aus der DDR* im Luchterhand Literaturverlag.
Vgl. dazu: Barbara Lukesch: "*Du lässt dir ja dein Leben wohl nicht versauen*". In: *Weltwoche* (Zürich), 20.Juli 1989, S.52/53. Der Artikel basiert auf der Lektüre von Jürgen Lemkes Buch und einem Gespräch mit dem Autor.

> "Das Bedürfnis nach Geborgenheit, Liebe zu geben und zu empfangen, das Offensein für die Partnerin überwiegen.
>
> Lesben sind ebenso gute Mütter wie andere auch, sie stehen im Arbeitsprozess genauso "ihren Mann" wie jede Frau. Sie noch mehr in das gesellschaftliche Leben in den Wohngebieten und mit ihren Partnerinnen in die kollektiven Erlebnisse der Brigaden einzubeziehen, sollte darum unser aller Anliegen sein. Denn Diskriminierungen jeder Art widersprechen unserer Lebensauffassung in der DDR."[18]

Der Sonntagsclub-Berlin wurde 1986 in Berlin gegründet mit dem Ziel, ein Forum für homosexuelle und bisexuelle Frauen und Männer zu schaffen, das ihnen ermögliche, "über ihre spezifischen Probleme zu reden sowie sich selbstbewusster und engagierter in die sozialistische Gesellschaft zu integrieren"[19]. Die zweite Zielsetzung der Sonntags-Club-Mitarbeiterinnen lautete:

> "Wir wollen heterosexuellen Männern und Frauen Gelegenheit geben, sich über spezifische Probleme homosexueller Bürger zu informieren, im Gespräch mit ihnen Berührungsängste und Vorurteile abzubauen."

Im Sommer 1989 waren neben schwulen und gemischten Veranstaltungen auch Diskussionen geplant zu den Themen: *Wir diskutieren: Emma auf Lesbos - Frauen, Lesben, Politik* (16.7.) und *Das Magazin und die Lesben* (26.11.).

Ende 1988 fanden erstmals drei Diskussionsrunden zum Thema *Homosexualität und Lebensweise* statt, die vom *Interdisziplinären Arbeitskreis Homosexualität der Humboldt Universität* organisiert und von der Gesprächsleiterin Dr. Irene Runge[20] moderiert wurden. Lesbische Frauen erzählten bei dieser Gelegenheit von ihren "speziellen Probleme[n] und Lebenserfahrungen", "von denen oft ihre Kinder berührt" würden. Als Fazit dieser Veranstaltungsreihe wurde von Susanna Statkowa in der Berliner Zeitung (DDR) formuliert, dass es falsch sei, sich zu verstecken oder eine Doppelrolle zu spielen,

---

18 Siehe Anmerkung 15)
Kurt Bach, Dr.päd., Studienrat, Psychologe, arbeitete im Pädagogischen Kreiskabinett beim Rat des Kreises Hohenmölsen, Abteilung Volksbildung. (Diese Angabe ist entnommen aus: Günter Amendt: *Natürlich anders*, S.240)

19 Flugblatt des Sonntags-Club, anfangs 1989

20 Irene Runge schrieb auch das Vorwort zum Buch von Jürgen Lemke: Ganz normal anders. Auskünfte schwuler Männer.

sondern dass man sich zu seinem Ich bekennen solle. Der Arbeitskreis wolle prüfen, "wie ein solcher Kontakt zur interessierten Öffentlichkeit fortgesetzt werden" könne. Erwähnt wurde ausserdem ein geplanter Film und eine bereits ausgestrahlte Radiosendung zu Homosexuellen, wobei nicht präzisiert wurde, ob darin auch Lesben Thema sein sollten[21].

Ermöglicht wurden diese verschiedenen Aktivitäten zur Information und Diskussion über die Lebenssituation von Lesben und Schwulen vermutlich aufgrund einer Eingabe ans Zentralkomitee der SED im Jahre 1985/86, mit der auf die soziale Lage von Lesben und Schwulen aufmerksam gemacht worden war[22].

Die erste Nummer der Lesbenzeitschrift *frau anders* erschien im Januar 1989, herausgegeben von der *Lesbengruppe des AK "Homosexuelle Liebe", Evangelische Studentengemeinde Jena*. In *frau anders* Nr.1 stehen Kontaktadressen für Lesben in: Berlin, Brandenburg, Cottbus, Dresden, Erfurt, Halle, Jena, Karl Marx Stadt, Leipzig, Magdeburg und Schwerin. Die Gruppenbezeichnungen sind sehr unterschiedlich, einerseits sichtbar lesbisch, z.B. *Lesben in der Kirche* (Berlin), *Lesbengruppe* (Halle), andererseits subsumiert unter Homosexualität *AK Homosexualität* (Dresden) oder unter Frauen *Unabhängige Frauengruppe* (Magdeburg).

Hervorstechend ist, dass im Januar 1989 in *frau anders* Name und vollständige Adresse der Kontaktfrauen und Name, Alter und Beruf aller Redaktorinnen angegeben sind. In westlichen Lesbenzeitschriften ist diese Offenheit nur teilweise und erst in den letzten Jahren vorhanden. Oft wurde nur mit Vorname oder Pseudonym unterzeichnet als Schutz vor Repressionen. In keiner westlichen Lesbenzeitschrift wurden je die Privatadressen der Redakteurinnen veröffentlicht.

Die bereits erwähnte Pfarrerin Brigitte Neumann kündigte in *frau anders* auch den Aufbau eines ersten Lesbenarchivs in Halle an und forderte zum Einsenden von Beiträgen auf.

---

21 Susanna Statkowa: *Sich verständigt und vieles gelernt - Erfahrungen einer Veranstaltungsreihe über Homosexualität und Lebensweise*. In: *Berliner Zeitung*, DDR, 7./8.1.1989

22 Mündliche Auskunft von Brigitte Burmeister, Schriftstellerin/Literaturwissenschafterin, am 25.1.1989 in Marburg

Nach Öffnung der Grenzen lud anfangs 1990 Ilse Kokula, wissenschaftliche Mitarbeiterin im *Referat für gleichgeschlechtliche Lebensweisen* des Senats von West-Berlin, VertreterInnen von Lesben- und Schwulengruppen aus der DDR zu einem Treffen ein und erstellte eine Adressliste, auf der über 50 Adressen von Lesben aus Lesben-, Homosexuellen- und Frauengruppen aufgeführt waren. Diese grosse Anzahl zeigt, was für ein unsichtbares persönliches Kontaktnetz bereits vor dem November 1989 bestanden hatte.

Andeutungen in literarischen Texten

In der Öffentlichkeit der DDR wurde über lesbische Frauen also noch weitaus mehr verschwiegen als in den westlichen deutschsprachigen Ländern, in denen Lesben von der Neuen Frauenbewegung zu einem Thema gemacht worden waren. Gudrun v. Kowalski hat gezeigt, wie lesbische Frauen in der DDR von der medizinischen, juristischen und öffentlichen Diskussion viel weitgehender ausgeschlossen wurden als schwule Männer[23]. Nur im Rahmen der Kirche konnten sich seit Mitte der achtziger Jahre Gruppen lesbischer Frauen bilden.

Besonders wichtig waren deshalb in der DDR die Existenz literarischer Texte, in denen lesbische Liebe angedeutet wird[24]. Entscheidende Vorstufe zur Darstellung lesbischer Liebe - und zugleich ein wichtiger Bestandteil davon - ist die Thematisierung von Frauenfreundschaften. Im folgenden Abriss will ich auf Texte hinweisen, die diese Andeutungen enthalten.

Eine Freundschaft zwischen zwei Frauen, steht im Zentrum desjenigen Romans, der

> "(...) in der Historiographie der DDR-Literatur häufig als der Beginn einer neuartigen Literatur gesehen [wird, M.M.], die nicht mehr vorgegebene Muster ausfüllt, sondern einem Individuum mit all seinen Widersprüchen nachspürt."[25]

---

23 Gudrun v. Kowalski: *Homosexualität in der DDR*. S.10

24 Doris Berger: *Vom Optimismus der Aufbruchszeit zu Alltagsproblemen und Magie*. In: Christel Hildebrandt (Hg.): *Liebes- und andere Erklärungen. Texte von und über DDR-Autorinnen*. Bonn, 1988, S.129/130

25 Ebenda, S.125

Es handelt sich um Christa Wolfs *Nachdenken über Christa T.* (1968), in dem die Ich-Erzählerin die Persönlichkeit der Freundin nach deren frühen Tod zu fassen sucht. Die Freundschaft zwischen Frauen hat in Christa Wolfs gesamtem Werk zentrale Bedeutung, womit sich Christa Wolf z.B. von der Österreicherin Ingeborg Bachmann - der anderen überragenden Schriftstellerin dieser Generation - grundlegend unterscheidet.

In der Erzählung *Selbstversuch* (1975) schilderte Christa Wolf in Form eines wissenschaftlichen Traktates die Verwandlung einer Frau in einen Mann. Aus dem Text ablesbar wird auch die Tabuisierung von Homosexualität, z.B. in jener Szene, in der der Freund der Ich-Erzählerin dazu übergeht, ihr nur noch einen Handkuss zu geben, weil er weiss, dass sie sich in einen Mann verwandeln wird. Damit korreliert das Verhalten der Ich-Erzählerin, die der Laborleiterin Irene erst nach ihrer Verwandlung über "ihr Haar, das mir schon immer gefallen hatte, glatt und dunkel"[26] streicht. Die Aussage ist deutlich: Die emotionale Beziehung der beiden Frauen hat sich nicht gewandelt, aber erst in der heterosexuellen Konstellation dürfen die vorhandenen Gefühle körperlich ausgedrückt werden. Das Motiv des Über-die-Haare-Streichens nahm Christa Wolf acht Jahre später im Monolog von *Kassandra* (1983) wieder auf als Ausdruck grosser Zärtlichkeit von Kassandra gegenüber der Amazone Myrine.

> "Da war ihre tief verkrochene Scheu, ihre Furcht vor Berührung, die ich niemals verletzte, bis ich ihre blonde Mähne um meine Hand wickeln durfte und so erfuhr, wie mächtig die Lust gewesen war, die ich lange schon darauf gehabt. Dein Lächeln in der Minute meines Todes, dachte ich, und hatte, da ich mich keiner Zärtlichkeit mehr enthielt, für lange den Schrecken hinter mir. Jetzt kommt er wieder auf mich zu.
>
> Myrine ist mir ins Blut gegangen, im gleichen Augenblick, da ich sie sah, hell und kühn und in Leidenschaft brennend neben der dunklen sich selbst verzehrenden Penthesilea. Ob sie mir Freud oder Leid

---

26 Zitiert nach: Christa Wolf: *Selbstversuch*. In: Edith Anderson (Hg.): *Blitz aus heiterem Himmel*. Hinstorff, Rostock 1975, S.68
Diese Erzählung ist auch abgedruckt in: Lutz-W. Wolff (Hg.): *Frauen in der DDR*. dtv, München 1976, und in: Christa Wolf: Gesammelte *Erzählungen*. Luchterhand 1974/1980

> brachte, loslassen konnte ich sie nicht, aber sie jetzt neben mir zu haben, wünsch ich nicht."[27]

Während Kassandra Myrines Haar streichelt, spürt sie, "wie mächtig die Lust gewesen war, die ich lange schon darauf gehabt". Noch deutlicher wird lesbisches Begehren artikuliert im Moment unmittelbar vor dieser Szene, als Myrine Kassandra das Recht abgesprochen hatte, ihren eigenen Tod vorauszusagen:

> "Woher ich mir das Recht auf solche Sprüche nähme. Ich antwortete nicht, schloss die Augen, vor Glück. Endlich nach so langer Zeit wieder mein Körper. Wieder der heisse Stich durch mein Inneres. Wieder die Schwäche für einen Menschen, ganz. Wie sie mich anging."[28]

Während Christa Wolf im literarischen Text *Kassandra* lesbisches Begehren in aller Deutlichkeit im Flug aufscheinen liess, zeigte sie im essayistischen Text *Voraussetzungen zu einer Erzählung: Kassandra* die Ambivalenz der Ich-Erzählerin gegenüber zwei befreundeten lesbischen Amerikanerinnen.

Irmtraud Morgner stellte in ihrem Roman *Leben und Abenteuer der Trobadora Beatriz nach Zeugnissen ihrer Spielfrau Laura* (1974) eine höchst lebendige Freundschaft zweier Frauen ins Zentrum:

> "Beide Frauen helfen einander, ergänzen sich, streiten auch nicht schlecht. Für die kurze Zeit, die ihnen bis zum Unfalltod der Trobadora gegeben ist, entsteht zwischen ihnen eine neue Qualität: Frauen-Solidarität und Frauen-Freundschaft."[29]

Im zwölften Buch, *Die gute Botschaft der Valeska*, schildert die Wissenschaftlerin Valeska Kantus in biblischer Form die Geschichte ihrer Geschlechtsumwandlung von einer Frau in einen Mann. Die Brisanz der Aussage liegt dabei im ironischen Aufzeigen der Diskrepanz zwischen der frauenfreundlichen Gesetzgebung einerseits und den frauenfeindlichen Sitten und Gebräuchen andererseits. Unter diesen Umständen kann eine Frau nur dann Gleichberechtigung erringen, wenn sie sich einen männlichen Körper aneignet. In dieser Verwandlungsgeschichte wird das Tabu Homosexualität berührt, die

---

27 Zitiert nach: Christa Wolf: *Kassandra*. Luchterhand, Darmstadt 1983 (Erstausgabe), S.9/10

28 Ebenda, S.9

29 Marie Luise Gansberg: *Unnütze Frauen? "Alte Jungfer", "Alte Frau", "Lesbe" in der Literatur. Und was aus ihnen noch werden kann.* (Masch.schr.) Giessen 1988, S.13

Grenze aber nicht überschritten. Obwohl die Freundinnen Valeska und Shenja - im Unterschied zu Valeska und ihrem Ehemann Rudolf - vielfältige Interessen verbinden, schlafen sie erst miteinander, als Valeska einen männlichen Körper hat und ihre Beziehung dadurch heterosexuell geworden ist. Umgekehrt verwandelt sich Valeska für den Beischlaf mit Rudolf jeweils zurück in eine Frau, "um die landläufigen moralischen Vorstellungen nicht zu verletzen" (687). Mit diesem Erzählerinnenkommentar verweist Morgner ironisch auf die schwulenfeindliche gesellschaftliche Moral.

In *Amanda. Ein Hexenroman* (1983) werden zwei lesbische Slogans aus den USA im Text zitiert mittels Transparenten, die von Hexen an der Walpurgisnacht entrollt werden. Die Slogans lauten:

> "Eine Frau ohne Mann ist wie ein Fisch ohne Fahrrad" (400)

und

> "Seitdem wir die Menschen kennen, lieben wir die Frauen" (401).

Die Situation lesbischer Frauen in der DDR wird aus der Sicht der Protagonistin Laura kommentiert, die den psychologischen Theorien, wonach ihr Sohn "als Folge von Identifikationsmangel" besonders gefährdet wäre, schwul zu werden, ihre eigenen Überlegungen gegenüberstellt:

> "Dass Homosexualität eine Art Krankheit sein soll, glaubte Laura den Zeitschriftenartikeln nicht. Aber sie wollte ihrem Sohn selbstverständlich ersparen, als Aussenseiter leben zu müssen. Die Sitten des Landes - nicht die Gesetze - diskriminierten männliche Homosexualität unerbittlich. Weibliche wurde erst gar nicht zur Kenntnis genommen." (343)

Lauras Denunziation von Barbara als Heiratsschwindlerin gegenüber dem Genossenschaftsvorsitzenden wird durch die Form der Aussagen zu einem aufklärerischen Hinweis auf die gesellschaftliche Lage von Lesben.

> "Das Phänomen, dass eine Frau sowohl gegenüber Männern als auch gegenüber Frauen Heiratsabsichten hege, würde entsprechend den herrschenden Sittennormen des Landes schon mit nicht kriminellen Vorsätzen als kriminell gewertet." (529/530)

Morgner führte diese Moralvorstellungen ad absurdum, indem sie die Reaktion des Genossenschaftsvorstehers satirisch zuspitzte:

" "Eine Provokateurin", schrie Dr. Dietrich und schlug die rechte Hand, die sonst zwischen den Westenknöpfen hing, auf seinen Schreibtisch, "eine Diversantin, die mit einem Prozesstrick unbescholtene Staatsbürger der DDR, das heisst letztlich den Staat DDR, kurz und gut den sozialistischen Staat, das sozialistische Lager und den Sozialismus überhaupt madig machen will mit lesbischen Annoncen..." " (534).

An anderer Stelle verwenden Oberteufel und Oberengel in ihrem "Schimpfduett" über Frauen auch das Wort "Lesbe" (549).

Eine ganze Anthologie zum Thema Geschlechtertausch, *Blitz aus heiterem Himmel*, gab die in der DDR lebende Amerikanerin Edith Anderson bereits 1975 heraus. Nebst zwei Essays sind darin sechs Erzählungen versammelt, je drei aus weiblicher und aus männlicher Sicht[30]. In den Erzählungen der Autorinnen - Christa Wolf, Sarah Kirsch, Edith Anderson - wird scharfe Kritik an der die Frauen unterdrückenden Realität des Landes geübt. In diesem Zusammenhang wird die Norm der Heterosexualität und das Tabu der Homosexualität zwar sichtbar gemacht, aber nicht überschritten. Die Grenzen werden deutlich, wenn sich in Sarah Kirschs *Wie ein Blitz aus heiterem Himmel* die ehemaligen Geliebten nicht mehr berühren, als sie sich - nach der Verwandlung der Protagonistin - als Männer gegenüberstehen[31]. In Edith Andersons *Dein für immer oder nie* bleibt das Tabu der Homosexualität unangetastet, währenddem der Mythos der Höherwertigkeit von heterosexuellen Beziehungen im Vergleich zu Frauenfreundschaften unterlaufen wird: Nach der Verwandlung der Protagonistin in einen Mann bedauert die Freundin den Verlust der Geschlechtsgenossin, verspürt aber gleichzeitig kein Verlangen nach dem neuen Mann[32].

Ein Jahr später schilderte Christine Wolter in der Kurzgeschichte *Ich habe wieder geheiratet* (1976), das harmonische und von erotischem Knistern begleitete Zusammenleben zweier Frauen mit ihren Kindern.

---

30 Erzählungen von: Christa Wolf, Sarah Kirsch, Edith Anderson, Gotthold Gloger, Günther de Bruyn, Rolf Schneider

31 Vgl. dazu: Barbara Lukesch / Madeleine Marti: *Geschlechtertausch - Sieben literarische Beispiele zur Emanzipation der Frau in der DDR.* (Manuskript) Zürich 1979, S.51

32 Ebenda, S.26

"Rosa und ich stehen also in diesem Augenblick nebeneinander, wir nehmen Wind, welche Stimmung herrscht; wir schauen, wo die Leute sitzen, die wir mögen. Wir gehen gern zu Bert, er ist ein glänzender, witziger Unterhalter. Alle möglichen Kollegen sind da, wenn er im Labor verkündet hat: Morgen Abend könnt ihr mal herumkommen. Bei Bert wird diskutiert, getanzt und eine Menge getrunken. Das Zwielicht, in dem wir stehen, kümmert uns nicht. Es kommt aus den Augen einiger Schielender und Kurzsichtiger. Roswitha, meine Schulfreundin, Direktorin der Berta-von-Suttner-Oberschule sagt: Du warst immer ein bissel verrückt, und lächelt tolerant.

Ich gestehe, dass ich beginne, auch Rosas äussere Reize zu sehen, die ich nicht bemerkte, als ich sie kennenlernte. Ich betrachte Rosa jetzt mit anderen Augen. Könnte das eine Versuchung sein?"[33]

Mit der Wahl erotisch konnotierter Wörter (Zwielicht, Rosas äussere Reize, Versuchung) wird assoziativ der Eindruck erweckt, dass die Ich-Erzählerin zu Rosa auch eine sexuelle Beziehung möchte. Die Frage nach der Versuchung wird jedoch nicht offen gelassen, sondern bildet den Auftakt zur Abgrezung von ihren lesbischen Wünschen.

"Ich glaube nicht. Rosa ist ebenso klug wie ich, oder: Ich bin so klug wie Rosa. Unser Familienleben ist glücklich." (34)

Noch deutlicher und zugleich bildhaft werden die Schranken der Hetero-Realität im Handlungsverlauf vorgeführt. Die Erzählung endet mit dem Ausblick darauf, dass Rosa mit dem früheren Geliebten der Ich-Erzählerin schlafen wird, die ihrerseits lachend reagiert. Der letzte Satz lautet:

"Es ist ein schöner Abend, Rosa, sage ich." (35)

Frauenfreundschaften sind auch wichtig in den Gesprächen, die die in der DDR lebende Österreicherin Maxie Wander unter dem Titel *Guten Morgen, du Schöne* (DDR 1977/BRD 1978) publizierte. Die 23-jährige Barbara F. stellte die Beziehung zu ihrer Freundin ins Zentrum:

"Während des Studiums habe ich Karin kennengelernt. Karin ist eigentlich der erste Mensch, na, wie denn, der erste richtige Freund. Wie ist denn das mit uns? Jeder hat Achtung vor dem andern, trotzdem will jeder jemand sein, nicht nur ein Teil vom andern. Wir sagen uns nur, was wir für gut empfinden, was gediegen ist. Dadurch ist das ein richtig edles Verhältnis. Wir sind auch zärtlich zueinander. Wenns

---

33 Zitiert nach: Christine Wolter: *Wie ich meine Unschuld verlor.* Erzählungen. Edition Neue Texte Aufbau, Berlin/Weimar 1977 (Erstausgabe 1976), S.33/34

richtig schön ist, wenn man sich wohl dabei fühlt, nicht? Was dann die anderen denken, ach! Irgendwo sind wir mächtig verwöhnt.

Karin und ich sind oft unterwegs, und das ist schön, wenn beide dieselben Erlebnisse haben, was gleich empfinden, im selben Moment. Ich merke eigentlich immer mehr, wenn man mit so einem Menschen zusammen leben, wenn man sich gegenseitig interessant bleiben will, dann muss die Arbeit das allerwichtigste sein. Jeder muss mächtig mit sich zu tun haben, um aus sich was zu machen."[34]

Im Gegensatz zu dieser Frauenbeziehung schildert sie ihre verschiedenen Männerbeziehungen als weitaus weniger befriedigend, aber trotzdem ganz selbstverständlich zu ihrem Leben gehörend. Als Zukunftsperspektive entwirft sie ein Modell des Zusammenlebens zu viert, womit sie ihren Wunsch, ihre Liebesbeziehung mit Karin zu leben, mit dem Wunsch nach Sexualität mit Männern, bzw. der damit verbundenen gesellschaftlichen Anerkennung verknüpft.

Darstellbar wurde lesbische Berührung erstmals in der Form eines Traumes. In Helga Königsdorfs Erzählung *Meine ungehörigen Träume* (1978) träumt die Ich-Erzählerin, dass sie die Märchenfigur Schneewittchen küsst:

"Die Stiefmutter hatte sich diesmal nicht an Schneewittchen vergriffen, sondern Karlchen war ihr Opfer.

Schneewittchen steckte sich ein grosses Stück braunen Kandiszucker in den Mund und sah mich merkwürdig an. Plötzlich brachen wir beide in ein unbändiges Gelächter aus, denn eine erkannte bei der anderen das Wissen, dass auch Karlchen nur ein Zwerg war, und zwar ein ziemlich kleiner.

Schneewittchen fütterte mich mit Pralinen und umarmte mich. Ich berührte seine halbgeöffneten Lippen. Ich hatte noch nie eine Frau geküsst, und es war überraschend gut. Wir beruhigten Peter, der in unschlüssiger Verwirrtheit dastand, und machten ihn mit stark gewürztem Punsch trunken. Danach fielen wir uns erneut um den Hals, kosten uns und genossen erregt die weibliche Weichheit. Ich löste Schürze und Kopftuch und kleidete Schneewittchen mit der Perücke aus ebenholzfarbenem Haar. Selbst der Spiegel fiel von der Wand und warf sich Schneewittchen zu Füssen."[35]

Das patriarchalisch erstarrte Märchenbild kommt in Bewegung. Die Schwiegermutter wählt nicht mehr Schneewittchen als Opfer, son-

---

34 Zitiert nach: Maxie Wander, *Guten Morgen, du Schöne. Frauen in der DDR*. Luchterhand Verlag 1978 (4.Auflage), S.48

35 Zitiert nach: Helga Königsdorf: *Meine ungehörigen Träume. Geschichten*. Edition Neue Texte Aufbau, Berlin/Weimar, 1978 (Erstausgabe), S.68

dern Karlchen. Patriarchaler Frauenhass wird durch die Entheroisierung der Männer abgelöst. Mit der daraus freiwerdenden Kraft spüren die beiden Frauen ihre gegenseitige Lust aufeinander und schalten den zweiten Mann Peter aus, bevor er sie stören kann. Die Ich-Erzählerin befreit Schneewittchen von ihrer Kennzeichnung als Magd durch "Schürze und Kopftuch", worauf auch der Spiegel, als Metapher für den Männerblick auf Weiblichkeit, Schneewittchen vor die Füsse fällt. In dieser Traumszene wird somit Befreiung von Frauen aus ihren erstarrten Rollen mit lesbischer Lust verbunden. In der Darstellungsweise Traum werden verdrängte lesbische Wünsche aus dem Unbewussten ins Bewusstsein transformiert. In der darauffolgenden Passage reflektiert die Ich-Erzählerin ihren Traum und verstärkt damit dessen Aussage:

> "In keinem Augenblick meines Lebens habe ich alle diese Barrieren so weit überschritten wie in diesem Traum mit Schneewittchen. Für einen Moment war eine fremde Trieblandschaft in grelles Blitzlicht getaucht, um sofort erneut ins Dunkle zu fallen, unverständlich wie zuvor." (68)

Lesbisches Begehren wird als Fremdes wahrgenommen und sogleich wieder ins Unbewusste zurückgedrängt. In dieser traumhaften Begegnung zwischen Frauen wird nicht nur der Mann unwichtig und beiseite geschoben, sondern auch der männliche Blick auf die Frau, symbolisiert im Spiegel, der von der Wand fällt.

Christine Lambrecht porträtierte in ihrem Erzählband *Dezembergeschichten* (1982) in einer Kurzgeschichte eine Arbeiterin, die im Betrieb und in der Gewerkschaft durch ihren Einsatz herausragt und über die in der Zeitung hätte lobend berichtet werden müssen,

> "(...) wenn das da nicht wär, das mit den Frauen, wovon sie nicht spricht, aber alle wissen es, die ihr nun mal besser gefallen als ein Mann auf dem Kissen. Deshalb hat Erna Horn auch keine Kinder."[36]

In weiteren Erzählungen, *Besuch im Dorf*, *Luise*, *Von meiner Freundin*, stehen liebevolle Beziehungen zwischen Frauen im Zentrum.

Im Unterschied zu dieser emanzipatorischen, für die Würde der lesbischen Arbeiterin Erna H. eintretenden Aussage von Christine Lambrecht, perpetuierte Helga Schubert das Klischee der lesbischen

36 Zitiert nach: Christine Lambrecht: *Dezemberbriefe*. dtv, München 1986, S.89 (Erstausgabe: Mitteldeutscher Verlag, Halle/Leipzig 1982)

Verführerin in der Erzählung *Blickwechsel* (1984), in der sie die russische Tänzerin Ulanova porträtiert. Unreflektiert wird darin die Äusserung eines Mannes zitiert, der kolportiert hatte, Ulanova sei "sexuell nicht normal" und die "Lesbierinnen von Paris"[37] hätten ihr einen Citroen geschenkt.

In der Erzählung *Das kleine Leben* von Ingeborg Arlt, die 1987 in der *Edition Neue Texte* im Aufbau-Verlag erschien (und 1989 in der literarischen Reihe des Aufbau-Verlags wieder aufgelegt wurde), denkt die Protagonistin Barbara über ihr Leben, ihre Liebesbeziehung zu Burkhard und über ihre verstorbene lesbische Freundin Hannelore nach. Anhand ihres Nachdenkens über Hannelore, die sich selber als "lesbisch" bezeichnet hatte, werden gesellschaftliche Diskriminierungen lesbischer Frauen aus der Sicht einer heterosexuellen Freundin exemplarisch beleuchtet.

In ihrer literarischen Biographie zu Caroline Schlegel *Caroline unterm Freiheitsbaum* (1987) stellte Brigitte Struzyk auch eine lesbische Annäherung der Freundin Therese dar[38].

Gabriele Kachold setzte sich in ihren Prosa- und Lyrik-Texten, die 1989 unter dem Titel *Zügellos* in *Ausser der Reihe* im Aufbau-Verlag (1991 in der Sammlung Luchterhand) erschienen, u.a. auch mit dem Lesbischsein auseinander.

Neben diesen literarischen Texten erschien 1982 auch die Biographie von Helga Behmann über die Sängerin und Kabarettistin Claire Waldoff, die zwar nicht als lesbisch bezeichnet wird, jedoch ausführlich in ihrer lesbischen Lebensweise beschrieben wird. In der 1984 im Märkischen Museum in Berlin/DDR gezeigten Ausstellung zum Leben Claire Waldoffs wurden die gegenseitigen Testamente von Claire Waldoff und ihrer Lebensgefährtin Olly von Roeder ausgestellt[39].

Im Sommer 1984 erschien in der Frauenzeitschrift *Für Dich* ein Artikel über die Schriftstellerin Inge von Wangenheim (geb. 1912), in dem festgehalten wurde, dass ihre produktive Zeit als Schriftstellerin

---

37 Zitiert nach: Helga Schubert: *Blickwinkel*. In: *Schöne Reise*, bb Aufbau, Berlin/Weimar, S. 22

38 Brigitte Struzyk: *Caroline unterm Freiheitsbaum*, Luchterhand, Darmstadt (und Aufbau, Berlin/Weimar) 1988, S.16-18

39 Ilse Kokula: "*Wir leiden nicht mehr, sondern sind gelitten!*" S.165

begann, nachdem sie sich hatte scheiden lassen und ihre Freundin Dore Lottermann in ihr Leben getreten war:

> "An der Seite ihrer verständnisvoll-kritischen Gefährtin schrieb und schreibt sie sich frei. Allein fünfzehn Bücher sind in der Zeit ihres Zusammenlebens mit Dore Lattermann entstanden, die ihre erste Kritikerin ist."[40]

Auf diesem Hintergrund lässt sich z.B. die Erzählung *Weiterbildung* (1983) von Inge von Wangenheim als heterosexuell maskierte lesbische Liebesgeschichte lesen. Einerseits ist die Liebesgeschichte so inszeniert, dass sie verheimlicht werden muss und beim Wiedereintritt in den normalen Alltag abgebrochen wird, andererseits wird die Darstellung von Sexualität ausgeblendet, während die erotische Anziehung und die dadurch hervorgerufenen Konzentrationsschwierigkeiten der Protagonistin ausführlich geschildert werden.

Waldtraut Lewin, *Dich hat Amor gewiss ...*

Auf diesem gesellschaftlichen und literarischen Hintergrund des Verschweigens lesbischer Existenz schrieb Waldtraut Lewin bereits 1974 - ein Jahr vor dem Erscheinen von Edith Andersons Geschlechtertausch-Anthologie *Blitz aus heiterem Himmel* - ihre Erzählung einer lesbischen Liebe mit dem Titel *Dich hat Amor gewiss...* . Bis zur Publikation dieser Erzählung verstrichen jedoch neun Jahre. In dieser Zeitspanne, von 1974 bis 1983, wurden in der DDR-Gesellschaft lesbische Frauen allmählich sichtbar, sowohl durch Anspielungen in der Literatur, wie auch durch Hinweise in Zeitschriften. Die jahrelange Verzögerung der Publikation literarischer Texte mit lesbischer Thematik ist jedoch nicht nur in der DDR, sondern auch in der BRD zu beobachten: Johanna Moosdorfs Roman *Die Freundinnen* wurde 1970 abgeschlossen, aber erst 1977 veröffentlicht. Marlene Stentens Roman *Puppe Else* konnte in den siebziger Jahren nur im Selbstverlag erscheinen und in ihrem Erzählband *Die Brünne* (1981, Sudelbuch Selbstverlag) sind auch Texte aus den sechziger Jahren enthalten[41].

---

40 Ebenda, S.161
41 Vgl. dazu Kapitel 5.3.

Autorin

Waldtraut Lewin wurde 1937 als Tochter einer Sängerin in Wernigerode (damals DDR) geboren. Sie studierte Germanistik und Theaterwissenschaft, übersetzte Opernlibretti und arbeitete als Musikdramaturgin am Hallenser Theater. 1965, im selben Jahr, in dem sie auch das Staatsexamen machte, gebar sie ihre Tochter Miriam, 1979 ihren Sohn Niklas. Ein Mann wird im Porträt von Waldtraut Lewin in der Frauenzeitschrift *Für Dich*[42] nicht erwähnt, sondern es wird mitgeteilt, dass Waldtraut Lewin sich dankbar erinnert an die Hilfe ihrer Mutter und ihrer Grosseltern bei der Betreuung ihrer Tochter. Heute lebt Waldtraut Lewin als Schriftstellerin in Berlin und Dresden[43]. 1989 erhielt sie für ihr Werk den Nationalpreis der DDR für Kunst und Literatur.

Frühere Texte

Waldtraut Lewin schrieb Texte in verschiedenen epischen und dramatischen Genres; Opern-, Rock- und Musical-Libretti, Hörspiele, Biographien, Erzählungen, Märchen, Romane. Eine Biographie über Georg Friedrich Händel und einen Band mit Märchen hat sie zusammen mit ihrer Tochter Miriam Margraf veröffentlicht (1984 und 1986). Waldtraut Lewins Bücher wurden in grossen Auflagen verkauft; die Romantrilogie über das Leben der Römer z.B. in 370'000 Exemplaren. Ihre dreizehn im Verlag Neues Leben (Berlin/DDR) erschienenen Bücher erreichten eine Gesamtauflage von über einer halben Million. In der BRD wurde einzig ihr historischer Roman *Federico* veröffentlicht, in dem auch eine schwule Beziehung vorkommt.

Als Waldtraut Lewin 1974 die Erzählung *Dich hat Amor gewiss...* schrieb, war sie 39 Jahre alt, hatte bereits eine Reihe von Hörspielen und Opernlibretti und ein Jahr zuvor ihren ersten Roman veröffentlicht: *Herr Lucius und sein schwarzer Schwan* (1973). Hauptthemen des Romans, der im Römischen Reich des 1.Jahrhunderts v.u.Z. angesiedelt ist, sind einerseits die Herr-Knecht-Beziehungen und ande-

---

42 Peter Liebers: "*...und noch immer auf dem Weg*" (Waldtraut Lewin). In: *Für Dich*. Illustrierte Wochenzeitung für die Frau. Berlin/DDR, Nr.6/1989, S.24-28

43 Alle Angaben aus Peter Liebers, siehe Anmerkung 51

rerseits die Vorbereitungen zur Abschaffung derselben, nämlich der Spartakusaufstand. In diesem historischen Gewand werden auch die schwulen Beziehungen römischer Herrscher zu ihren Sklaven dargestellt. Lesbische Frauen kommen nicht vor. Umso erstaunlicher ist deshalb, dass sie in einer Reflexion der Protagonistin, der germanischen Sklavin Flavilla, selbstverständlich mitbedacht werden:

> "In jeder Nacht schlafen Männer und Frauen miteinander (auch Männer mit Männern und Frauen mit Frauen), und es geht. Warum nur nicht bei uns?" (173)

In der Wahl der Hauptfiguren lässt sich bei Waldtraut Lewin eine ähnliche Tendenz erkennen wie bei Christa Reinig und Marlene Stenten. Zuerst stehen im Zentrum von Waldtraut Lewins Texten Männer, auch schwule Männer (*Herr Lucius und sein schwarzer Schwan*, 1973), danach heterosexuelle Frauen (*Die Ärztin von Lakros*, 1977), bis schliesslich auch lesbische Frauen auftauchen (*Dich hat Amor gewiss...*, 1983 (geschrieben 1974)).

Der Erzählband "Kuckucksrufe und Ohrfeigen"

Als die Erzählung *Dich hat Amor gewiss ...* mit neunjähriger Verspätung publiziert wurde, hatte sich Waldtraut Lewin bereits erfolgreich als Schriftstellerin etabliert. Diese Erzählung ist die erste - und mit sechzig Seiten bei weitem die längste - von elf chronologisch geordneten Erzählungen des Bandes *Kuckucksrufe und Ohrfeigen* (1983).

Inhaltlich korrespondiert *Dich hat Amor gewiss* mit der halb so langen Erzählung *Die Ohrfeigen des Jonas Alexander Dort* (geschrieben 1981), in der sich ein junger Schriftsteller von einer älteren Lektorin aushalten lässt, und mit den beiden Kurzgeschichten *Wölfe sind ausgestorben* (1976) und *Kuckucksrufe auf der Insel* (1982), in denen Beziehungen zwischen Frauen im Zentrum stehen. Das Thema von *Kuckucksrufe* - eine enge Mutter-Tochter-Beziehung, die durch die Liebe der einen zu einem Mann gestört wird - hatte Waldtraut Lewin bereits in ihrem zweiten Roman, *Die Ärztin von Lakros* (1977) ausgeleuchtet[44].

---

44 In *Kuckucksrufe* beginnt die Mutter, in *Die Ärztin von Lakros* die Tochter, eine Liebesbeziehung zu einem Mann.

Die phantastische Kurzgeschichte *Wölfe sind ausgestorben* (geschrieben 1976) könnte auch als symbolische Darstellung lesbischer Wünsche gelesen werden. Auf mögliche lesbische Aspekte dieser Erzählung weise ich im folgenden hin.

Während einer Zugfahrt wird bei den Reisenden durch die ersten Schneefälle "die Sehnsucht, frei zu sein" geweckt. Der mitreisenden Ich-Erzählerin fällt dabei "die Wölfin" auf, "eine Frau, die man so nennt" (111), weil sie viel lacht, "laut und frech" redet, sehr unruhig ist und schliesslich, als sich die Tür des Eisenbahnzuges öffnet, "vornweg" (112) in den Wald läuft.

> "Die Wölfin lacht viel mit ihren grossen Zähnen im Maul, sie redet laut und frech, trägt einen Rock unterm Mantel, dessen Reissverschluss klafft, und einen Pullover, in dem sich ihre hängenden Brüste abzeichnen. Ich kenne sie nicht, aber ich fürchte sie." (112)

Im Handlungsverlauf gibt es phantastische Wechsel der Szenerie, indem sich mitten im verschneiten Winterwald eine tropische Terrasse öffnet (112). Die Wölfin handelt immer als erste, zieht ihre Schuhe aus und spürt den warmen Boden. Als die Mitreisenden ihrem Beispiel folgen, merken sie, dass sie "alle Masken" (113) tragen und nur ihre Beine ungeschminkt sind. Sie sitzen "ohne Sprache", bis die Wölfin beginnt, Blumen zu pflücken, zu verteilen und schliesslich "wohllüstig" (114) zu zerstören. "Da steht dann schliesslich eine von uns auf" und "hängt sich an die Wölfin" (115).

> "Die beiden also sehen sich in die Augen, Wolfsaugen und Mädchenaugen dicht nebeneinander, ineinander, voneinander vermischt sich umkreisend; und ausgehend von diesem Zentrum beginnt die neue Bewegung (...)" (115).

Die beiden Frauen tanzen miteinander, drehen sich "weltvergessen" und verschwinden schliesslich, während die andern dahin stürzen, "wo sie ausgebrochen sind aus dem Viereck" (115), und in die Finsternis hinausstarren. Der Ausbruch aus der Normalität, die Bewegung, die durch die gegenseitigen Blicke zweier Frauen ausgelöst wird, der Erzählsprung von der Realität ins Phantastische, dies alles könnte als Metapher für eine erste lesbische Liebeserfahrung stehen. Die Metapher der Wölfin wird zudem auch von andern Schriftstellerinnen auf eine lesbische Frau bezogen, die sich der Hetero-Normalität nicht anpasst[45].

Im folgenden werde ich die Erzählung *Dich hat Amor gewiss...* interpretieren und anschliessend die Rezeption in der DDR zusammenfassen. Im Westen wurde dieser Text nicht publiziert.

Interpretation der Erzählung *Dich hat Amor gewiss...*

Inhalt

Im Mittelpunkt dieser Erzählung stehen zwei Künstlerinnen, eine junge Sängerin und eine etwas ältere Dichterin. Erzählt wird aus der Ich-Perspektive der Dichterin. Zentrales Thema ist die einseitige Liebe der Dichterin zur Sängerin. Daneben geht es auch um Kritik am herrschenden unmenschlichen Kunstbetrieb.

Auf dem Weg zu einer Besprechung mit dem Professor, dem Direktor des Opernhauses, beobachtet die Dichterin eine junge Sängerin beim Vorsingen und verliebt sich sogleich in sie. Im anschliessenden Gespräch mit dem Professor erklärt sich die Dichterin bereit, ihr "grosses Sappho-Buch zu einem Opernlibretto" (11) umzuarbeiten, falls die Titelrolle der Sappho dieser jungen Sängerin übertragen werde. Der Professor akzeptiert diese Bedingung. Im Anschluss an eine Probe lernen sich Dichterin und Sängerin kennen und beginnen eine Freundschaft von ungleicher Intensität, da die Dichterin eine Liebesbeziehung möchte, während die Sängerin ihre Arbeit ins Zentrum stellt und daneben verschieden Affären mit Männern hat. Die Arbeit der Sängerin bis zur Premiere und darüber hinaus ihre Entwicklung zur ersten Sängerin des Opernhauses wird aus der Sicht der Dichterin geschildert. In Rückwendungen werden typische Verhaltensweisen der Sängerin erzählt und in zahlreichen Vorausdeutungen wird die Aussichtslosigkeit dieser einseitigen lesbischen Liebe angekündigt.

---

45 Die Metapher der Wölfin für eine lesbische Frau verwenden z.B. auch:
- Christa Reinig, *Entmannung* (1976), *Die Wölfin* (1982).
- Renée Vivien, *Die Dame mit der Wölfin* (Paris 1904) Deutsche Übersetzung, Micheline Poli, Berlin/W. 1981
- Monique Wittig, *aus deinen zehntausend augen Sappho* (Paris 1973) Deutsche Übersetzung, Frauenoffensive München 1977
- Raphaela Schwyter, *Venus oder Einzelhaft*. Sec 52, Zürich 1987

Hauptfiguren

Die Ich-Erzählerin (Dichterin) lebt allein in ihrer Wohnung, ist finanziell gesichert und vermutlich zwischen dreissig und vierzig Jahre alt. Obwohl sie beruflich als Dichterin sehr erfolgreich handelt, wird ihre Arbeit kaum erwähnt. Stattdessen erscheint ihre unerwiderte Liebe zur Sängerin als zentrale Kraft in ihrem Leben. Im Umgang mit andern Menschen tritt sie unsicher auf, erkennt ihre Freunde und Feinde "immer erst, wenn es zu spät" (29) ist. Ihr Selbstbild zeigt eine Ambivalenz zwischen trotziger Selbstbehauptung und Angst vor Selbstverlust:

> "Sie sagen nichts und starren. Ihre Augen sind abweisend, kalt, hämisch. Keinerlei Entgegenkommen. So bin ich's gewohnt.
> Ja, ja, starrt nur. Das bin ich, ich, Sepher, glühend errötet und voll Hass auf diese Augen, und keiner weiss, wie ich bin, ausser mir selbst. Ich, Sepher. Ein Strudel, auf dessen Grund das Nichts wohnt. Halb Wolf, halb Lamm. Vogel mit Schuppen, gefiederter Fisch. Äusseres nicht nennenswert und veränderbar. Mal hink ich, mal flieg ich. Aber ich bin da." (8)

In diesem inneren Monolog kommt deutlich zum Ausdruck, was das - zu Beginn dieses Kapitels skizzierte - gesellschaftliche Verschweigen von Lesben und die damit verbundene Position als Aussenseiterin im Selbstbild von Lesben bewirken kann. Obwohl sich die Dichterin innerlich gegen die Blicke der Theaterleute abschottet, zeigt sich gerade darin ihre tiefe Verletzung, da sie sich durch diese gesellschaftliche Ausgrenzung als Monster, als tierischen Zwitter, empfindet. Diese gesellschaftlich bedingte Selbstentwertung der Ich-Erzählerin korreliert mit der Hochstilisierung der Sängerin als "zerbrechliche Göttin" (8). Aus der Sicht der Ich-Erzählerin wird die Sängerin als Inkarnation weiblicher Schönheit präsentiert, die sämtliche Diven-Rollen in der Oper übernimmt, ihre erotische Ausstrahlung bei Männern gezielt zur Beschleunigung ihrer beruflichen Karriere einsetzt und ihre Weiblichkeit auch noch durch Mutterschaft vervollkommt.

Die Sängerin hat verschiedene Affären mit Männern, die sie klar funktionalisiert, sei es zu ihrem sexuellen Vergnügen (mit wechselnden Männern) oder zur Erhöhung ihres Prestiges an der Oper (Affäre mit dem Professor, Geschichte vom Prinz Ali). Die Sängerin, die in ihren Rollen grosse Liebende darstellt, glaubt privat nicht an die Möglichkeit von Liebesbeziehungen und stellt klar ihre Arbeit ins

Zentrum ihres Lebens. Sie arbeitet mit "unabdingbarer Zuverlässigkeit" (23) und ordnet sich der patriarchalen Hierarchie im Opernbetrieb unter.

> "In der Tat hat es etwas Mediales, wie die Schöne den Anweisungen des Meisters folgt. Zumindest in diesem Stadium der Arbeit kennt sie keine Allüren, keine Arroganz. Sie ist pünktlich, hellwach, ruhig und arbeitet, ohne nach der Uhr zu fragen." (22)

Ihre Arbeit hat gegenüber allem anderen Priorität.

Freundschaft - lesbische Liebe

Die Beziehung dieser beiden Künstlerinnen ist geprägt von unterschiedlichen Wünschen und entsprechendem Rollenverhalten. Von der ersten Begegnung an ist klar, dass die Dichterin die Sängerin liebt und begehrt:

> "Von dem Augenblick an liege ich in Ketten. Der Doppelzauber von Gesang und Liebreiz, das alte Rezept der Sirenen." (9)

Ebenso deutlich wird in einer Vielzahl von Vorausdeutungen signalisiert, dass ihre Liebe einseitig bleiben und die Dichterin leiden wird. Die Sängerin verkörpert den Typus der exzentrischen Künstlerin, der femme fatale, während die Ich-Erzählerin die Rolle der fürsorglichen Freundin, der grossen Mutter, übernimmt, die die Sängerin berät und tröstet, ihr finanziell hilft, ihre Wohnung für Feiern oder zum Proben zur Verfügung stellt und als Botin im Auftrag der Sängerin unangenehme Nachrichten überbringt. Die Dichterin ist von der Sängerin bezaubert und dazu bereit, obwohl sie die Sängerin durchschaut, sie in jeder Beziehung - auch gegen ihre eigenen Interessen - zu unterstützen. Diese ambivalente Haltung der Ich-Erzählerin, zwischen Verzauberung und Entlarvung, kommt durch die Gesamthandlung indirekt und in einer Reflexion direkt zum Ausdruck:

> "Meinen Erfahrungen nach sollte ich nicht so laufen und mir etwas aufhalsen, was mich quälen wird. Sie hat es ja sehr bald herausgebracht, gleich zu Beginn unserer seltsamen Bekanntschaft, dass ich dahinschmelzen, bei ihrem Lächeln, ein Lächeln, das ihre Mundwinkel in die Höhe zieht und die rosigen nackten Lippen in Amors Bogen verwandelt - sorgfältig vor dem Spiegel geübt." (34)

Die Rollenaufteilung der beiden Frauenfiguren entspricht der patriarchalen Dichotomie von Heilige/Mutter (Ich-Erzählerin) und Hexe/Hure (Sängerin).

Beide Frauenfiguren werden durchgehend aus der Perspektive der Ich-Erzählerin vermittelt, die lesbische Frau somit aus der Innen-, die bisexuelle Frau dagegen aus der Aussenperspektive präsentiert. Während Gedanken und Gefühle der lesbischen Dichterin direkt zum Ausdruck kommen, bleibt ihre körperliche Gestalt unfassbar. Die bisexuelle Sängerin dagegen wird in ihrer Schönheit und faszinierenden Ausstrahlung geschildert, während ihre Gefühle und Gedanken nur indirekt, wiederum über die Ich-Erzählerin, vermittelt werden. Auch Kommentare sind ausschliesslich an die Figur der Dichterin gebunden. Die Dichterin als einseitig - und daher aussichtslos - lesbisch Liebende wird somit zum alleinigen Identifikationsangebot für die Leserin[46].

Erst nach einem Drittel des Textes wird die einseitige Richtung der Erzählhaltung von der Dichterin auf die Sängerin aufgebrochen durch einen Dialog der beiden Frauen. Dieses Gespräch ist stark gerafft und umfasst nur einen Drittel der Erzählzeit derjenigen Szene, in der die Dichterin die Sängerin zum ersten Mal gesehen und gehört hat. Die Tabuisierung lesbischer Liebe schlägt sich in diesem Gespräch im Unausgesprochenen nieder, wird mit der Schilderung nonverbaler Kommunikation aber zugleich durchbrochen.

> "Ihre steingrauen Augen halten meinen Blick, ohne jeden Ausdruck. Sie werden einfach hingehalten, dass man hineinschauen kann. Trotzdem ist mir, als stiege ich langsam in ein immer tiefer werdendes Wasser. Bevor mir die Luft wegbleibt, senkt sie gnädig die Augenlider und erklärt, sie sei müde." (20)

Bereits die erste Begegnung aus Distanz hatte bei der Ich-Erzählerin sexuelle Lust geweckt:

> "Meine Fingerspitzen fangen an zu knistern. Gleich werde ich den Boden unter den Füssen verlieren und davonschweben. Mich könnte es nicht wundern, wenn ich ebenfalls leuchten würde, in kleinen knisternden Flämmchen, die rings um mich aufsprühen." (10)

Die Metaphorik verbindet das Feuer der Liebe mit dem Wunsch, den Boden unter den Füssen (zu) verlieren. Dies korrespondiert mit dem Gefühl, in ein immer tiefer werdendes Wasser zu steigen. Beides sind keine besonders originellen, aber umso deutlichere, Metaphern für

---

46 Ein ähnliches Identifikationsangebot machte Marlene Stenten in ihrem Roman *Puppe Else*, den sie in Berlin/W. zur gleichen Zeit (1974) wie Waldtraut Lewin schrieb.

Verliebtheit und den Wunsch nach Treibenlassen und Aufgehobenwerden in weiblicher Sexualität.

Als der Wunsch nach einer Liebesbeziehung aus dem Unbewussten der Ich-Erzählerin in ihr bewusstes Empfinden übergeht, fehlt ihr dafür zunächst die Sprache. Die einzige sexuelle Begegnung wird nach Zweidritteln der Erzählung eingeleitet durch den Satz:

> "Es begann in ihrer Wohnung." (39)

An der Grenze zwischen Frauenfreundschaft und lesbischer Liebe steht das sächliche Pronomen "es"[47], das nicht genauer bestimmt wird. Stattdessen wird das Zimmer der Sängerin und ihre wechselnden Verkleidungen beschrieben. Obwohl die Dichterin die Absicht der Sängerin, ihre Arbeitsstelle zu wechseln, missbilligt, hilft sie der Sängerin, ein Kleid für das Verhandlungsgespräch auszuwählen. Mit der Aussicht auf ein passendes Kleid lockt sie schliesslich die Sängerin in ihre Wohnung.

> "Und sie kommt mit, das Wunderding zu besehen. Die Räume sind wie von einem Schleier bedeckt, undeutlich. Es dröhnt, als ich den Schlüssel umdrehe, dröhnt wie der Beginn eines Erdbebens. Das Schliessen der Fenstervorhänge - ein Gewitter. Das Knistern des Gewandes, das ich aus den verborgenen Tiefen des Schrankes hole, wie ein verborgenes Feuer." (41)

Ein Unheil, ein Ungewitter wird so angekündigt; eine Naturkatastrophe, die spürbar und unaufhaltsam über eine hereinbrechen wird. Mit den erotisch konnotierten Wörtern "Knistern", "verborgene Tiefen" und "verborgenes Feuer" werden im letzten Satz sexuelle Assoziationen hervorgerufen, und die Sängerin im feuerroten Seidenkleid wird vor dem Spiegel zur Allegorie von Sinnlichkeit und Leidenschaft. Auf dieser Assoziationsebene erscheint die Handlung der Dichterin als Reaktion darauf:

> "Ich sehe, wie mich ihre Augen in der Scheibe suchen, aber ich bin nicht da, bin ausserhalb des tiefen Grüns, das nun langsam die drei Flächen zu füllen beginnt, als schlage das helle Türkis der Rückwand durch das Glas und überziehe es ganz, immer tiefer und leuchtender werden die Tinten, wandern über Reseda zu dunklem Smaragd und Moos, ein undurchdringlicher Dschungel auf allen drei Seiten des

---

47 Vgl. dazu die Wortwahl von Ingeborg Bachmann , deren Protagonistin bei der Berührung einer andern Frau denkt:
"Ja, so war das. Das war es." (*Ein Schritt nach Gomorrha*, S.192)

Schreins, in dem sie nun dreifach blüht, blass und leuchtend inmitten des Urwalds." (41)

Als sich abzuzeichnen beginnt, dass die beiden Frauen einander sexuell begegnen werden, wechselt die Szenerie im Bewusstsein der Ich-Erzählerin vom realen Raum der Wohnung zum imaginierten Urwald - Inbild der Natur jenseits der Gesellschaft - als Liebesort. Entsprechend sieht die Dichterin nicht die geliebte Frau, sondern,

"(...) ein neues Tier wird geboren in dieser paradiesischen Wildnis, und ich, ganz dunkel, ganz fern, und sie, leise lachend, ihre grauen Exotenaugen suchen mich, wo bist du .." (41).

Noch ehe sich die Frauen berühren, kommt es zur Entzauberung, zum Bruch, zur Distanzierung, hinter der die Lust verschwindet:

"Sie hat auf mich gewartet. Aber es ist nicht die Holdselige im grünen Gehege, die ich liebe, die Gesandte der Gottheit. Es ist nur ein zarthäutiges Mädchen mit grellem Lachen und törichter Bosheit und vielerlei Alltäglichem, auch gut bewandert in den kleinen Kunstfertigkeiten des Körpers, wie zu erwarten. Die Nachtigall habe ich ermordet." (41/42)

Die Vermenschlichung des idealisierten Bildes, der Kunstfigur aus der Oper[48], enttäuscht die Dichterin. Die Schuldzuweisung an sich selbst ist Ausdruck ihrer verinnerlichten Diskriminierung als lesbische Frau, die schon in ihrem Selbstbild als Monster, "halb Wolf, halb Lamm" (8) sichtbar wurde. Während der Dichterin Selbstliebe fehlt, ist sie erfüllt von Hass und Scham. Sie hat die gesellschaftliche Entwertung von lesbischen Frauen als "Monster" übernommen und in das Bild eines tierischen Zwitters transformiert[49]. Gegenüber der geliebten Sängerin findet sie deshalb keine Worte, um ihre Gefühle auszudrücken, sondern verharrt in Passivität. Als sie am Morgen nach der ernüchternden sexuellen Begegnung die Sängerin betrachtet, fügen sich in ihrer Wahrnehmung die auseinanderklaffenden Seiten der Sängerin, Kunstfigur und Mensch, wieder zusammen. Die "Lebendige" singt zusammen mit "ihrer eigenen Stimme", der Tonbandstimme im Nebenraum, "das heisse, heftige Sehnsuchtslied "Vivere e non a-

48 "Die Nachtigall" ist der Künstlerinnenname der Sängerin: "Philomele, die Nachtigall" (39)
"Sie ist Philomele, die Nachtigall" (40)

49 Auch die Sekretärin, die die Dichterin als "schwarze Führerin" zum Professor geleitet hatte, war ihr bei einer späteren Begegnung als bedrohliches Zwitterwesen erschienen.

mar" "(42), bei dessen ersten Erklingen die Dichterin in Liebe für die Sängerin entflammt war (10). Die Sängerin kommt auf sie zu:

> "Und über all dem Wassollnunwerden und Wassollichnurtun ist sie da, geschaffen, mich aller Fragen zu überheben, streift die Schuhe von den Füssen und steigt zu mir auf das Chintzsofa." (42)

Als die Ich-Erzählerin jedoch von der Geliebten, Begehrten geküsst wird, nimmt sie ihre sich öffnenden Lippen als "Falle" wahr,

> "(...) darin glitzern die Zahnreihen, ihr Mund schliesst sich um meinen, ich spüre ihre Zunge und bin wie gelähmt." (42)

In der Gestalt der Sängerin wird nochmals das Bild der Verführerin, des Vamps, evoziert, die sich "triumphierend" zurückbeugt und sich in den Augen der Dichterin ebenso in ein Monster verwandelt, wie sie sich selber bereits sieht. "Schon ist sie kein Mensch mehr, halb Taube, halb Schlange" (43). In diesem Moment, als sich die Grenzen zwischen Begehrter und Begehrender aufzulösen beginnen, eröffnet die Sängerin, dass sie ein Kind erwarte.

Entmythisierung der Mutterschaft

Beginnende Mutterschaft der Geliebten bedeutet aus zwei Gründen eine zusätzliche Bedrohung für eine lesbische Frau: Einerseits gilt Mutterschaft gegenüber der Gesellschaft als Zeichen der Normalität, von der kinderlose, lesbische Frauen ausgegrenzt sind, andererseits stellt sich innerhalb der Liebesbeziehung das Problem, ob und welche Beziehungen die Mutter und ihre Geliebte mit dem Vater des Kindes unterhalten werden. Auf diese doppelte Bedrohung reagiert die Dichterin verstört:

> "Ich finde nichts. Ich verstehe nichts. Ich bin blind und taub. Die Mitteilung gleitet hinunter zu den Wurzeln und schlummert im Dunkel. Ich bin erlöst.
>
> Es ist nicht neu, dass Erlösungen immer nur kurze Zeit dauern und dann wieder verblassen und sich unsere Wände noch enger um uns schliessen." (43)

Als die Dichterin sich wieder gefasst hat, sagt sie: "Das ist ja noch schlimmer als Heiraten!" (43) Während dieses Gespräches sitzen die beiden aneinandergelehnt auf dem Sofa und die Sängerin überredet die Ich-Erzählerin im weiteren dazu, dem Chef der Sängerin die Mitteilung ihrer zukünftigen Mutterschaft zu überbringen. Den Bedenken der Ich-Erzählerin in bezug auf die Vereinbarkeit von Karriere und Mutterschaft entzieht sich die Sängerin jedoch mit einer Liebkosung:

> "Zärtlichkeiten, die heut und zukünftig nicht für mich bestimmt sind." (44)

Noch deutlicher als durch die Handlung kommt die Distanzierung der Dichterin zum Mythos von Schwangerschaft und Mutterschaft durch die Erzählweise zum Ausdruck. Die Zeit der Schwangerschaft wird nicht beschrieben und die Geburt nicht aus der gewohnten Ich-Perspektive der Dichterin erzählt, sondern in indirekter Rede als Erzählung der Maskenbildnerin vermittelt. Zudem zeigt die Ich-Erzählerin mit ironischen Kommentaren, dass sie nicht an die "Märchengeschichte" (50) glaubt, wonach ein Prinz Ali die Sängerin heiraten werde. An keiner andern Stelle des Textes distanziert sich die Ich-Erzählerin so deutlich von der Handlungsweise der Sängerin.

> "Das eigene Flugzeug wird sie zudem als gastierenden Star mühelos nach Mailand, London, Moskau bringen. So dass ihr das gütige Geschick alles zugleich schenkt: Mutter, Gattin, Lady und Diva zu sein." (52)

Verwirrt konstatiert die Dichterin, dass alle andern diese Geschichte glauben und dass sie mit ihren Zweifeln ausserhalb steht, was sie an ihren eigenen Wahrnehmungen zweifeln lässt.

Beziehungen zu Männern

Auch die wechselnden Affären der Sängerin mit Männern werden von der Dichterin als bedrohlich erfahren, und sie gesteht sich ein, dass sie während der Feiern, die die Sängerin in ihrer Wohnung veranstaltet, leidet.

> "Nicht deshalb, weil sie unweigerlich mit einem ihrer "Freunde" in einem dunklen Zimmer verschwinden wird (auch mit zweien, hintereinander oder zugleich). Das weiss ich als das zu werten, was es ist." (35)

Trotzdem erscheint ihr jeder unbekannte Mann als Bedrohung ihrer Beziehung. Als sie einmal für die Sängerin Wasser holt, tastet sie "blind" "wie durch ein brennendes Haus", findet beinahe den Rückweg nicht mehr und folgt einem vorbeigehenden Mann. Doch ihre Hoffnung, er wolle in dieselbe Etage wie sie, schlägt in Angst um, er könnte ebenso wie sie zur Sängerin wollen.

> "Ich schleiche ihm nach und sehe mit wachsender Beklemmung seinen beschwingten Gang, der eilender wird, je näher wir dem Ziel kommen. Er geht in seinen schönen Schuhen und seinem untadeligen Anzug wie zu einer Siegesfeier. An der Ecke warte ich beklommen. Wenn er zu ihr hineingeht, kann ich auch gleich umkehren." (19)

Obwohl sie nicht weiss, ob die Sängerin diesen Mann kennt oder an ihm interessiert ist, stellt er für sie als Mann eine Bedrohung schlechthin dar, denn als lesbische Frau kann sie mit einem heterosexuellen Mann nicht um die Liebe einer Frau konkurrieren, die sich selber nicht als lesbisch definiert[50].

Im Labyrinth lesbischer Liebe

Diese einseitige lesbische Liebe ist ganz in der Künstlichkeit der Opernwelt angesiedelt. Im Opernhaus begegnen sich die beiden Frauen erstmals bei der Arbeit. Requisiten aus der Oper bilden die optische Kulisse ihrer ersten Begegnung. Durch diese exotischen Gegenstände und die Reaktionen der Ich-Erzählerin darauf, wird ihre Gefühlslage auf indirekte Weise in grellen Tönen vermittelt. Auch wenn sie sich in der Wohnung der Dichterin oder der Sängerin oder in der Öffentlichkeit treffen, so ist die Opernwelt in ihrem Gespräch und in der Probenarbeit der Sängerin ständig präsent.

Waldtraut Lewin inszeniert den Eintritt der Erzählerin in das Opernhaus als Gang in die Unterwelt, bei dem sie eine "schwarze Führerin" (6) begleitet. Auf dem Weg zum Direktor ist es dunkel, und die beiden Frauen müssen eine Treppe hinuntersteigen und verschiedene Türen durchqueren. Die Stimmung wird unheimlich, herumstehende Teile aus Bühnenbildern wirken ebenso erschreckend, wie laut probende SängerInnen. Von Geräuschen und "Schwaden von Zigarettenrauch" überflutet, stehen die beiden Frauen in einem klei-

---

50 Christa Reinig hat diese chancenlose Konkurrenzsituation in ihrem Roman *Entmannung* (an dem sie zur selben Zeit wie Waldtraut Lewin an dieser Erzählung arbeitete) klar benannt:
"Wölfis Ohnmacht, Kyras Allmacht. Kyra kann Thea heiraten, Wölfi nicht. Kyra kann Menni ein Kind machen, Wölfi nicht. Kyra darf sich nach einer wohlgeschaffenen Frau umdrehen. Er darf sie ansprechen, er darf sie zum Tanz auffordern. Er darf auf ein Zeitungsbild zeigen und öffentlich sagen: "Wackerer Busen das!" Kyra darf alles, Wölfi nichts. In der Folge bekommt Wölfi ihren manisch-depressiven Charakter." (139)

nen Raum "von verschlissenem Bordeauxrot" (6)[51], in dem eine Gruppe von Menschen heftig über eine Frau debattiert, die sich schliesslich als Figur einer Oper entpuppt. Die Angst der Dichterin vor undurchschaubaren Gefahren und Desorientierung erreicht ihren Höhepunkt, als sie von der Menschengruppe wahrgenommen wird und damit plötzlich von der Betrachterin zur Betrachteten wird.

Diese Szenerie dekadenter Lasterhaftigkeit signalisiert unmissverständlich: Die Dichterin befindet sich auf Abwegen und irrt im Labyrinth umher[52]. Auch bei späteren unbegleiteten Gängen durch das Opernhaus sucht die Dichterin verzweifelt den Weg, tastet sich "durch Rauch und Lärm und Lachen" (19), verirrt sich in einem Labyrinth und stösst immer wieder auf Rätsel, währenddem sich andere Leute problemlos zurechtzufinden scheinen. Das Labyrinth hat sowohl einen kosmischen, wie auch einen erotischen Gehalt. Der Gang ins Labyrinth bedeutet einerseits einen Initiationsakt zur Gewinnung von Unsterblichkeit und andererseits den Verlust des Geistes im Prozess der Schöpfung[53]. Waldtraut Lewin greift mit ihrer Inszenierung die erotische Bedeutung auf, indem das Labyrinth zum Ort wird, an dem bei der Erzählerin gesellschaftlich ausgegrenzte lesbische Gefühle wach werden. Soweit trifft auf Lewins Text auch die radikalfeministische Lesart von Mary Daly zu, die das Labyrinth als "Hinter-Grund unseres Selbst" (346) sieht[54]. Mit der Darstellung des

---

51 Zehn Jahre früher hatte Ingeborg Bachmann eine ähnliche Kulisse gewählt: Das Betreten der in verschiedenen Rottönen ausgestatteten Bar erscheint der Protagonistin als Eintritt in die Hölle und zugleich als grosse Verlockung. Die Bar ist voller Rauch und voller Geräusche und ist in "rot, höllenrot" (190) getaucht. (vgl. dazu Kap. 3.2.)

52 das Seite 8 erstmals und wiederholt auf den Seiten 19, 61, 63 erwähnt wird.

53 *Lexikon der Symbole*. Herausgegeben von Wolfgang Bauer, Ingeborg Dümotz, Sergius Golowin, Herbert Röttgen. Fourier, Wiesbaden 1980, S.172/173

54 Mary Daly: *GYN/OEKOLOGY*. S.346. Und:
"Wir Häxen, die wir in das Labyrinth jenseits des Vordergrundes hineinhorchen, hören neue Stimmen - unsere eigenen Stimmen. Wir lernen unsere eigene neue Lage und Bewegung zu spüren; wir lernen, ein empfindliches Gleichgewicht zu halten. Indem wir uns durch dieses verzwickte Terrain hindurchbewegen/hindurchhören, ertasten wir unseren Weg vom Eingang des Labyrinths immer tiefer zur Mitte des Heimatlandes, der Selbst." (424)

einseitigen Liebesbegehrens und dem Verlassenwerden am Schluss der Erzählung, nimmt Waldtraut Lewin auch das Motiv der symbolischen Hadesfahrten von Thomas Mann auf, der in seinen Erzählungen *Der Tod in Venedig* (1913) und *Die Betrogene* (1953) Schönheit, homosexuellen[55] Eros und Tod verband und den "Glauben an ein sich neu eröffnendes Glück"[56] als dem Unterirdischen verhaftet und damit nicht lebbar zeigte.

Gleichzeitig verknüpft Waldtraut Lewin mit der leitmotivischen Verwendung des Orpheus-Mythos - dem "exemplarische[n] Stoff" mit dem die "Oper als Kunstgattung" im 17.Jahrhundert eingeleitet wurde[57] die patriarchale Operntradition mit der Darstellung einer lesbischen Liebe. Besonders interessant ist, dass sie verschiedene Aspekte der Orpheus-Figur auf beide Frauenfiguren aufteilt und damit die patriarchale Spaltung in aktive (Orpheus) und passive (Euridice) Rollen aufhebt: Die Dichterin ist Orpheus, der in die Unterwelt steigt und seine Geliebte zurückerhält unter der Bedingung, dass er sich nicht nach ihr umsieht (10/11). Die Sängerin ist Orpheus, der mit seinem Gesang Menschen, Tiere und Göttinnen rührt. Im Text wird umgekehrt auch die lesbische Liebe als neues Thema in die Oper eingeführt, indem die Ich-Erzählerin auf Anregung des Professors ihr Sappho-Buch zu einem Opern-Libretto umschreibt. Damit nimmt sie explizit auf die einzige als lesbisch bekannte grosse Künstlerin Bezug.

Die Gestalt der Sappho, der berühmtesten Dichterin aus dem Altertum, nach der die Begriffe *lesbisch*, *Lesbierin* und *sapphisch* gebildet wurden, wurde in der deutschen Männerliteratur einerseits als Dichtungsgenie und andererseits als Frau, die von einem Mann verlassen wurde, (Phaon-Mythos) rezipiert. Am Ende des 18. Jahrhunderts arbeiteten Schriftstellerinnen vor allem das "Thema eines Konfliktes zwischen Kunst und Leben"[58] heraus. Sapphos Liebe zu Frauen fiel jedoch aus der literarischen (Männer)-Tradition heraus und

---

55 "Die Betrogene" allerdings in heterosexueller Maskierung, siehe dazu: Gerhard Härle: *Männerweiblichkeit*. Zur Homosexualität bei Klaus und Thomas Mann. Athäneum, Frankfurt/M. 1988, S.203-209

56 Elisabeth Frenzel: *Motive der Weltliteratur*, S.690

57 Elisabeth Frenzel: *Stoffe der Weltliteratur*, S.575

58 Ebenda, S.668

wurde in die pornographische Literatur abgedrängt. Als Stoff für die Oper wurde im 19. Jahrhundert lediglich der Phaon-Mythos bearbeitet. Waldtraut Lewins Protagonistin - und mit ihr die Autorin - nimmt dagegen die Frauenliteraturtradition[59] wieder auf und stellt Sappho als eigenständige bezaubernde Künstlerin dar. In ihrem Sappho-Bild zeigt die Erzählerin weniger eine mögliche lesbische Kulturtradition, als vielmehr ihre gegenwärtige Faszination beim Anblick der Sängerin:

> "Das allen unverständliche, gehasste und geliebte Wunderwesen, das Menschen vernichtet und gleichzeitig Verse schreibt wie eine Göttin, dieses Geschöpf einer Oper war nach ihrem Bilde geschaffen." (14)

In dieser Opernsappho hat die Ich-Erzählerin ihre eigene Entzauberung durch die Sängerin bereits vorweggenommen. Zugleich wird diese Sappho-Figur auch zum Verbindungsglied zwischen Sängerin und Dichterin, an deren Gestaltung beide gleichermassen aktiv beteiligt sind: Die Erzählerin als Autorin und die Sängerin als Vorbild und als Interpretin der literarischen Figur. Beiden gelingt mit dieser "Sappho, unserer Sappho" (40) ein bedeutender künstlerischer Durchbruch.

Rezeption in der DDR

Zu Waldtraut Lewins Erzählband *Kuckucksrufe und Ohrfeigen* liegen mir neun Rezensionen aus der DDR vor, was ein breites Echo zeigt. Wie wird in dieser Literaturkritik 1984 das Thema der lesbischen Liebe vermittelt? Aufgrund dieser Frage lassen sich die Rezensionen in drei Gruppen mit jeweils drei Rezensionen aufteilen.

Aus den Rezensionen der ersten Gruppe ist nicht ablesbar, dass in der längsten Erzählung des Bandes Liebe zwischen Frauen zur Sprache kommt. Eine Rezensentin erwähnt diese Erzählung überhaupt nicht[60]. Durch die Verwendung der pseudo-geschlechtsneutralen Doppelform "Freunde" subsumiert ein Kritiker die liebende Frau un-

---

59 Z.B. Sir Galahad bezog sich in einem Exkurs ausführlich aus weiblicher Sicht auf Sappho. (Hinweis von Regula Schnurrenberger)
Sir Galahad (Pseudonym für Bertha Eckstein-Diener): *Mütter und Amazonen. Ein Umriss weiblicher Reiche*. Langen-Müller, München 1932

60 Sibylle Eberlein: *Geschichten von Träumen, die tief in uns wohnen*. In: *Tribüne*, Berlin, 18.5.1984

ter die Männer und verwandelt die "zurückgewiesene [lesbische, M.M.] Liebe" in eine heterosexuelle[61]. In der dritten Rezension wird nur die "egozentrische, doch ihr Publikum begeisternde Sängerin", nicht aber die Dichterin, erwähnt[62]. Diese Rezeptionsweise fällt hinter die am Anfang des Kapitels skizzierte gesellschaftliche Entwicklung - in bezug auf das Allmähliche-zur-Sprache-Bringen lesbischer Liebe - zurück in die Phase des Verschweigens lesbischer Existenz.

In der zweiten Gruppe von Rezensionen kann die findige Leserin die verdeckt angedeutete Frauenliebe entschlüsseln. Eine Rezensentin geht beispielsweise ausführlich auf *Dich hat Amor gewiss...* ein, aber ausschliesslich unter den Aspekten:

> "Fragen nach der Rolle und der Funktion der Kunst, nach der Verantwortung der Künstler, Überlegungen zur Wirkung von Kunst in der Öffentlichkeit."[63]

In einer anderen Rezension wird diese Erzählung mit einer andern verglichen, wobei die beiden Frauenfiguren im Satzbau soweit voneinander entfernt werden und noch ein Mann dazwischen geschoben wird, dass die Leserin detektivisch kombinieren muss, um die Frauenbeziehung zu entdecken:

> "Hier wie dort zwei junge, exzentrische Künstler: die Opernsängerin Philomele, der Lyriker Jonas, beide überdurchschnittlich begabt, aber merkwürdig eigensüchtig, rücksichtslos, ja eigentlich Analphabeten im sozialen Bereich. Beide sind mit einer reiferen Frau befreundet (...)."[64]

Ein dritter Rezensent verschweigt zwar die Frauenbeziehung, bringt aber das Stichwort *Sappho*, das als lesbisches Codewort bekannt ist:

> "Mich haben sie [die Erzählungen, M.M.] in gleichem Masse bezaubert wie "Sappho" die Autorin in der ersten und wohl stärksten Erzählung des Bändchens."[65]

Ausschliesslich Frauen sind in der dritten Gruppe von KritikerInnen zu finden, die die Liebe zwischen Frauen benennen. Diese Rezensen-

---

61 Bert Freier: *Die Launen der Nachtigall.* In: *Sächsische Zeitung*, Dresden, 7.9.1984

62 A.J.: *Originelle Erzählungen.* In: *Liberal-Demokratische Zeitung*, Halle, 1.7.1984

63 Ingrid Jarmatz: *Blumen aller Jahreszeiten*, ohne Angaben, wo dieser Artikel erschienen ist

64 D.Körner: *Sinn fürs Phantastische.* In: *Der Morgen*, Berlin 3.10. 1984

65 Günther Gregor: *Eine grosse Zauberin.* In: *Wochenpost*, Berlin 3.8.1984

tinnen schreiben alle sachlich und beurteilen die Erzählung positiv, was konstruktive Kritik miteinschliesst. Damit leisten sie einen wichtigen Beitrag zur Thematisierung von Lesben in der Öffentlichkeit. Ich zitiere im folgenden die entsprechenden Passagen als Dokumente des möglichen literaturkritischen Diskurses 1984 in der DDR zum Thema Lesben.

Christel Berger in der *Berliner Zeitung*:

> "Wieder geht in vielen Geschichten ein eigenartiger Reiz aus. So wird in der ersten Geschichte von einer jungen, sehr begabten Sängerin erzählt, die den Kollegen und Freunden mit ihren Launen das Leben nicht leicht macht, und dennoch können sie und vor allem die Erzählerin sich ihrem Zauber nicht entziehen. (...)
>
> Nicht ohne ironische Töne und doch voller Verständnis werden die Qualen und Genüsse des Leidens aus Liebe beschrieben."

Und:

> "Ein wenig habe ich es bedauert, dass die Autorin dort, wo es um die Beziehungen zwischen Frau und Mann geht, weniger originell war, (...), während wiederum "Dich hat Amor gewiss" nur Waldtraut Lewin geschrieben haben kann."[66]

Irmtraud Gutschke im *Neuen Deutschland*:

> "Meist stehen Frauen im Mittelpunkt ihrer Geschichten. Die erste "Dich hat Amor gewiss.." erinnert mich in ihrer Zeichnung diffizilen Empfindens an Stefan Zweigs "Verwirrung der Gefühle". Sie spielt im heutigen Theatermilieu, zeigt eine Sängerin, die auf der Bühne die Zuschauer beglückt, im Alltag aber kalt und skrupellos alle ausnützt, die sie lieben, und vor allem der Freundin grosses Leid zufügt."[67]

Gabriele Conrad im *Sonntag* (Berlin):

> "Die Autorin entwirft zwei Varianten einer bis zur Selbstaufgabe aufopfernden Liebesbeziehung. Eine Autorin bemüht sich um eine unbekannte, ehrgeizige Sängerin, eine Lektorin um einen egozentrischen Nachwuchsautor. Die kritiklose, unrelativierte, beinahe weihevolle Verehrung von Begabung, Jugend, Schönheit rückt jedoch beide Geschichten in die Nähe des Trivialen, verschiebt die Brisanz des Themas.
>
> Die Zartheit, Empfindsamkeit, Offenheit, mit der die zwischenmenschlichen Beziehungen ergründet werden und die Sensibilisierung für unscheinbare, auch unwirkliche Schönheiten und Träume

---

66 Christel Berger: *Mut zu Gefühlen*. In: *Berliner Zeitung*, 6.6.1984

67 Irmtraud Gutschke: *Leise erzählt, jedoch voll Spannung*. In: *Neues Deutschland* 11.8.1984

des Alltages machen dieses Buch lesenswert. Ein grössere Dichte der Bildsprache hätte jedoch diese Wirkung noch unterstützt."[68]

Auch wenn nur ein Drittel der Literaturkritikerinnen fähig oder willens war, das Thema der Liebe zwischen Frauen in ihrer Rezension zu vermitteln, so ist doch gewiss, dass die Leserinnen der Erzählung die Autorin verstanden haben. Viele lesbische Frauen schrieben Waldtraut Lewin und bedankten sich dafür, dass sie über dieses Thema geschrieben hatte. In einer Kontaktanzeige in der *Wochenpost* wurde das Stichwort *Waldtraut Lewin*, ähnlich wie sonst *Sappho*, als lesbisches Codewort eingesetzt[69].

68 Gabriele Conrad: *Kuckucksrufe und Ohrfeigen.* In: *Der Sonntag*, 10.6.1984

69 Dies berichtete Waldtraut Lewin in einem Interview mit Klaus Müller für die holländische Lesben- und Schwulenzeischrift *Homologie*, Nr.1/1987.
Wiederabgedruckt in: Christel Hildebrandt (Hg.): *Liebes- und andere Erklärungen*, S.103/104

6.3. Lesbische Frauen in der Schweizer Literatur

Gertrud Wilker: *Nachleben*

Ebenso spät wie in der Literatur der DDR taucht anfangs der achtziger Jahre in der Schweizer Literatur die erste lesbische Frau auf und zwar in Gertrud Wilkers letztem Roman *Nachleben*. Im Unterschied zur DDR, wo gesellschaftliche Veränderungen in der Literatur antizipiert wurden, hinkt in der Schweiz die Literatur der politischen Emanzipation von lesbischen Frauen hinterher.

Zu Beginn dieses Kapitels werde ich einen Überblick über die politische Organisierung lesbischer Frauen in der Schweiz der siebziger und der dreissiger Jahre geben. Danach gehe ich auf den 1945 publizierten Roman *Stadt ohne Männer* von Gertrud Isolani ein, skizziere den Eintritt von Autorinnen in die Schweizer Literatur der siebziger Jahre, die Gründung von Frauenverlagen und die Thematisierung von Frauenfreundschaften durch Verena Stefan und weitere Schweizer Autorinnen. Im Zentrum dieses Kapitels steht die Interpretation des Romans *Nachleben* von Gertrud Wilker. Den Abschluss bilden Hinweise auf Texte, in denen lesbische Frauen zum Thema werden.

Zur politischen Organisierung

Lesbische Frauen begannen sich in der Schweiz - nur mit kurzem Rückstand auf die BRD - seit Mitte der siebziger Jahre in eigenen Gruppen zu organisieren. Bereits 1974 wurde in Zürich die HFG (Homosexuelle Frauengruppe) gegründet, die sich noch im selben Jahr von der Männerorganisation HAZ (Homosexuelle Arbeitsgruppen Zürich) trennte, der FBB (Frauenbefreiungsbewegung) anschloss und im Frauenzentrum ein Zimmer mietete. Ein Jahr später gab eine Arbeitsgruppe der HFG die Zeitschrift *Lesbenfront* heraus[1]

1 Die *Lesbenfront* wurde 1984 in *Frau Ohne Herz* umbenannt und erscheint bis heute 1-4 mal jährlich.
1974 kam in Berlin/W. erstmals die *UkZ* heraus, 1975 folgte die *Lesbenpresse*.

und 1976 konstituierte sich die HFG in der Rechtsform eines Vereins[2] und eröffnete 1977 die Frauendisco *Rapunzel*[3]. Gleichzeitig beteiligten sich Lesben aus der HFG zusammen mit HAZ-Männern u.a. an der Organisation einer Tagung in der evangelischen Akademie Boldern (bei Zürich) zum Thema *Homosexualität und Gesellschaft*[4]. 1978 existierten bereits weitere Lesbengruppen in Bern, Basel, Biel, Lausanne, St.Gallen, Genf und Baden (ab 1979), und die Homex-AG (eine Arbeitsgruppe der HFG Zürich) produzierte den Videofilm "*... aber normal ist es ja gerade nicht*". Drei Jahre nach der ersten Lesben- und Schwulenkundgebung in Zürich wurde 1981 in Genf erstmals eine Lesbendemonstration durchgeführt[5].

Jahrhundertwende und dreissiger Jahre

Ein Blick in die Vergangenheit zeigt, dass Zürich (und vermutlich auch Genf) bereits um die Jahrhundertwende und in den dreissiger Jahren ein Ort war, an dem sich lesbische Frauen begegneten und zusammenschlossen. Um die Jahrhundertwende hatten in Zürich viele Studentinnen aus Deutschland studiert[6], da Frauen dort nicht regulär zum Studium zugelassen waren. Viele von ihnen waren feministisch, pazifistisch oder sozialistisch engagiert, und viele lebten vermutlich

---

2 Als Zweck wurde in den Statuten vom 7.1.1976 "die Wahrnehmung der Interessen der homosexuellen Frauen" angegeben.

3 Sie fand jeden zweiten Sonntag in demselben Lokal statt wie ein schwuler Club.

4 Diese Tagungen werden seit 1974 jährlich ein- bis zweimal in Boldern durchgeführt und werden gemeinsam von der evangelischen Akademie Boldern und der katholischen Paulus Akademie (Zürich) getragen. MitarbeiterInnen und GruppenleiterInnen sind engagierte Lesben und Schwule.
Vgl. dazu die Dokumentationen zu einzelnen Tagungen:
- *Integration der Homosexuellen - eine noch immer ungelöste Aufgabe in unserer Gesellschaft* (1977)
- *Homosexualität, Heterosexualität - Stimmen unsere Bilder noch?* (1979)
- Das Recht ein eigener Mensch zu sein (1981/82)

5 Zusammenstellung dieser Daten aus *Chronik*, in: *Lesbenfront* Nr. 12, 1981, S.18

6 Vgl.: Verein Feministisch Wissenschaft Schweiz (Hg.): *Ebenso neu als kühn. 120 Jahre Frauenstudium an der Universität Zürich*. eFeF, Zürich 1988

lesbische Beziehungen. Einige dieser Studentinnen haben ihre Erinnerungen an die Zürcher Studienzeit in fiktiver oder autobiographischer Form publiziert[7]. Da diese Texte zum grossen Teil weder von Schweizerinnen stammen, noch von Schweizer Verlagen publiziert wurden, wurden sie nicht als Schweizer Literatur rezipiert. Auch Schweizer Autorinnen wurden erst in den letzten Jahren wieder entdeckt, so Meta von Salis, die 1887 als erste Schweizerin an der Philosophischen Fakultät der Universität Zürich promoviert hatte. Doris Stump hat ihre Biographie verfasst, einige Texte neu herausgegeben[8] und in einem Artikel unter dem Titel "*... und habe so oft herzliche Sehnsucht nach Dir...*" die Freundschaft von Meta von Salis mit der Deutschen Theo Schücking anhand ihrer Briefe dokumentiert, aus denen ihre gegenseitige Liebe ersichtlich wird[9].

Anfangs der dreissiger Jahre wurde in Zürich die erste Lesbengruppe gegründet, der *Damenclub Amicitia*, der sich nach kurzer Zeit mit dem *Herrenclub Excentric* zusammenschloss und die gemeinsame Zeitschrift *Das Freundschaftsbanner* (später umbenannt in *Menschenrecht*) herausgab, die eine *Seite der Frau* mit Lyrik und Prosa enthielt. Ein grosser Teil der Texte stammte von der Redaktorin Laura "Fredy" Thoma, die als Bürolistin arbeitete, malte und Texte schrieb[10]. Gleichzeitig und ohne das Wissen um diese lesbische Gruppe lebte die Zürcher Schriftstellerin und Journalistin Annemarie

---

7 Vgl. Anmerkung 6 und:
- Hanna Hacker: *Die Studentin*, S.152-158, und: "*...kein Vaterland*" - *topographische Spuren, Zürich*. S.204/205 In: *Frauen und Freundinnen*, 1987
- Mündliche Aussagen von Regula Schnurrenberger, die dazu eine Untersuchung plant.

8 - Doris Stump: *Sie töten uns - nicht unsere Ideen. Meta von Salis-Marschlins (1855-1929), Schweizer Frauenrechtskämpferin und Schriftstellerin*. Paeda Media, Thalwil/Zürich 1986
- Meta von Salis-Marschlins: *Die unerwünschte Weiblichkeit*. Autobiographie, Gedichte, Feministische Schriften, herausgegeben von Doris Stump. Paeda Media, Thalwil/Zürich 1988

9 Doris Stump: "*...und habe so oft herzliche Sehnsucht nach Dir...*". *Frauenfreunschaften im 19. Jahrhundert. Meta von Salis und Theo Schücking*. In: *Lesbenstich* (West-Berlin) Nr.1, 1989, S.3-5

10 Madeleine Marti: *Laura Thoma*. In: Luise F. Pusch (Hg.): *Berühmte Frauen. Kalender für 1991*. Frankfurt/M., 1990

Schwarzenbach vorwiegend in Berlin und nach 1933 in den USA, in Afrika und Asien. Sie schrieb Erzählungen und Romane, in denen sie ihr lesbisches Leben oberflächlich maskiert darstellte[11]. Schwarzenbach starb bereits 1942.

Während der Zeit der nationalsozialistischen Herrschaft in Deutschland lebten wahrscheinlich einige lesbische Emigrantinnen in der Schweiz. Hier eröffnet sich ein unerforschtes Feld. Bekannt sind mir nur die Frauenrechtskämpferinnen und Pazifistinnen Anita Augspurg und Lida Gustava Heymann, die Schauspielerin Therese Giehse und die Kabarettistin und Journalistin Erika Mann (bis 1936 in Zürich) sowie die Schriftstellerin Grete von Urbanitzky[12].

Zu Gertrud Isolani *Stadt ohne Männer* (1945)

Der Roman *Stadt ohne Männer* der jüdisch-deutschen Emigrantin Gertrud Isolani, die seit 1943 in der Schweiz lebte, erschien 1945 im Hamburger Gala-Verlag[13] und wurde 1979 wieder aufgelegt im Buchverlag Basler Zeitung[14]. Gertrud Isolani schildert anhand von Einzelschicksalen das Leben deutschstämmiger Frauen, die kurz nach

---

11 Vgl. die Nachworte von Roger Perret und Charles Linsmayer in den Neuauflagen zu Annemarie Schwarzenbachs Werken:
- *Das glückliche Tal* (Huber, Frauenfeld 1987)
- *Lyrische Novelle* (Lenos, Basel 1988)
- *Bei diesem Regen* (Lenos, Basel 1989)

Zu diesen Neuauflagen auch: Madeleine Marti: *Hahnenkampf um Annemarie Schwarzenbach*. In: *...die Welt neu erfinden*, herausgegeben vom Bremer Frauenbuchladen Hagazussa, 1989, S.14-20

12 Marianne Feilchenfeldt-Breslauer erwähnte in einem Gespräch mit mir am 5.8.1988, dass sie Urbanitzky in der Schweiz getroffen habe.
Grete von Urbanitzky hatte 1927 den Roman *Der wilde Garten* veröffentlicht (Neuauflage). Sie publizierte in der Basler Nationalzeitung zumindest eine Erzählung in Fortsetzung, ein Ausschnitt war in der Ausstellung *Männergeschichten* in Basel auf dem untern Teil einer Zeitungsseite zu sehen, auf der eine Gerichtsverhandlung gegen homosexuelle Männer dokumentiert war. Grete von Urbanitzky scheint in der Schweiz geblieben zu sein, wo sie 1971 in Genf starb.
Biographische Angaben in: *Lexikon deutschsprachiger Schriftstellerinnen 1800-1945*, S.314

13 Brief von H.Bill (Buchverlag Basler Zeitung) an Madeleine Marti, 13.12.1989

14 Ich zitiere aus dieser Neuauflage.

Kriegsausbruch im französischen Lager in Gurs inhaftiert wurden. In Gurs waren 18'000 Frauen zwischen achtzehn und fünfundfünfzig Jahren gefangen, unter ihnen auch die Erzählerin und ihre Tochter. Vorwiegend in auktorialer und personaler Erzählsituation, in die längere Monologe und Briefe eingefügt sind, bringt die Autorin als zentrale Themen zur Sprache: das Zusammenleben dieser Frauen unter den extremen Bedingungen des Lagers und die Beziehungen zwischen den Frauen, ihr Verhältnis zum Beruf, ihre Erinnerungen an und ihre Hoffnungen auf eine Zukunft mit ihren Männern.

Sowohl in der Darstellung von Einzelschicksalen wie auch in den Schilderungen des Lagerlebens betont die Autorin nachhaltig, wie klug, fähig, gelassen und geschickt die Frauen ihr Überleben organisierten und welche beeindruckende Solidarität sie entwickelten. In dieser erzwungenen Frauengemeinschaft machten einige Frauen erstmals die Entdeckung ihres "Selbst" (175). Ehemalige Rivalinnen um denselben Mann freundeten sich miteinander an. Aus dem Brief einer Frau an ihren früheren Geliebten:

> "Wir sind keine Familienmütter mehr, keine sorgenden Ehefrauen und Schwestern, keine Haustöchter und folgsamen Nichten, Enkelinnen. Wir sind hier nichts als Kameradinnen, und das Leben in der grossen Gemeinschaft der Frauen ist unser neues weltumstürzendes Erlebnis, das alle vergangenen Ziele und verlorenen Ideale verdrängt hat." (176)

Die Schilderung wird zuweilen pathetisch[15], die Ausrichtung der Frauen auf die Männer aber auch kritisch kommentiert, z.B. aus der Sicht der Tanzlehrerin Toni.

> "Freilich, Carola, es gibt gewiss nur ganz wenige schöpferische Naturen unter den Frauen, die meisten sind nur etwas durch den Mann, für ihn oder ein Stück von ihm, manche vielleicht auch gegen ihn, - aber sie sind in keinem Fall etwas o h n e den Mann." (134)

Zwischen Toni und ihrer Schülerin Carola entwickelte sich grosses Vertrauen, aufgrunddessen Toni von ihrer einzigen grossen - unausgelebten - Liebe zu der Schauspielerin Yvonne erzählte.

> "In jedem noch so bewegten Leben gibt es diese eine, einzige Begegnung, die man wagen dürfte, mit dem gewaltigen Wort "Liebe" zu bezeichnen. Und da haben die schnüffelnden Klatsch- und Tratschworte, die sich mit wissenschaftlichen Fachausdrücken scheinheilig mas-

15 Z.B. auch in der Schilderung von Lagerkameradschaften S.182 f.

kieren, dieses Geschwätz von normaler und anormaler Erotik nichts mehr zu suchen. Die Natur spricht ihre im wahrsten Sinne "natürliche" Sprache, die man nur erraten und deuten muss." (131)

Nebst engen Lagerkameradschaften werden gemeinsame Zukunftspläne entwickelt, die einige Frauen auch realisieren konnten, so Gisèle und ihre Schauspiellehrerin Ellen, die zusammen nach Columbien auswanderten, wie auch Brigitt und ihre Wahlmutter "Muttchen", und Cordula, die ihrer Schwiegermutter treu blieb wie die biblische Ruth (239). Am Schluss dieses Romans werden verschiedene Variationen heterosexuellen Glücks ausgemalt und dadurch die Aussagen in bezug auf Frauenbeziehungen erheblich relativiert.

Im Vorwort zur Neuauflage des Buches 1979 berichtete Gertrud Isolani von dem "Sturm der Entrüstung", den dieses Buch 1945 ausgelöst habe, wobei sich die Entrüstung anscheinend nicht auf die Existenz dieses entsetzlichen Internierungslagers bezog, sondern:

"Die Moralvorstellungen jener Zeit waren derart rückständig, dass man Worte wie Prostituierte, Lesbierinnen, Bordelle, Homosexuelle nicht einmal in den Mund nehmen durfte, geschweige denn in einem Buch drucken lassen konnte." (11)

Schweizer Schriftstellerinnen in den siebziger Jahren

In Schweizer Literaturgeschichten, Essays, Aufsätzen und Anthologien zur Schweizer Literatur werden Schriftstellerinnen nur marginal berücksichtigt[16]. Lobenswerte Ausnahme bildet das Buch *Zwischenzeilen, Schriftstellerinnen der deutschen Schweiz*[17], in dem Elsbeth Pulver eine Reihe von zeitgenössischen Autorinnen der siebziger und achtziger Jahre vorstellt und Tendenzen ihres Schreibens aufzeigt.

Seit Mitte der siebziger Jahre stellten in der Schweiz männliche Autoren explizit schwule Männer dar. Während aber "die verschiedensten Schweizer Autoren wie Walter Matthias Diggelmann, Beat Brechbühl, Urs Oberlin, Kuno Raeber, Bruno Schnyder, Walter Vogt, Hugo Loetscher, Peter Burri, Mitte der siebziger Jahre damit begannen, schwule Figuren in ihre Werke einzuführen oder zu er-

16 Vgl. dazu: *Die Literaturgeschichtsschreibung und die Schriftstellerinnen*, in: Doris Stump, *Sie töten uns - nicht unsere Ideen*, S.25-38

17 Redigiert von Elsbeth Pulver und Sybille Dallach im Auftrag der Pro Helvetia. Zürich/Bern 1985

wähnen'[18], kämpften die Autorinnen in der Schweiz noch grundlegend um ihren Platz im patriarchalen Literaturbetrieb. Kein Raum blieb dabei für die Thematisierung lesbischer Frauen.

Als Gründe für die späte Publizierung von Autorinnen führt Elsbeth Pulver drei Momente an: 1) Die Vorenthaltung der politischen Rechte für Frauen bis 1971. 2) Das besonders ausgeprägte traditionelle Rollenverständnis in bezug auf die Geschlechter. 3) Der geringere Stellenwert der Kunst im Vergleich zur Politik. Pulver kommentiert:

> "Wie dem auch sei: man kann sich unschwer vorstellen, was es heisst, in einer dermassen von Politik bestimmten Kultur als "Bürger zweiter Klasse" zu leben, in dieser Atmosphäre (zu erfahren im öffentlichen und halböffentlichen Alltag einer Gemeinde) wo auch Geselligkeit ihre politische Färbung hat, das Selbstbewusstsein und die Risikobereitschaft zu finden, die jede künstlerische Arbeit, die diesen Namen verdient, voraussetzt."[19]

Frauenverlage

Dazu kommt, dass zwar Frauenverlage gegründet wurden, aber nur in den kleinsten Formen von Ein-Frau-Unternehmen. Noch vor der Bildung der FBB (Frauenbefreiungsbewegung) schuf die Architektin und Schriftstellerin Berta Rahm 1967 den Verlag *Ala* (Zürich und Neunkirch), in dem sie seither eine Reihe wichtiger historischer Texte zur Emanzipationsgeschichte von Frauen herausgab, z.B. von Mary Wollstonecraft, Flora Tristan und Hedwig Dohm, und im weiteren über fünfzig Postkarten mit Porträts feministischer Pionierinnen aus den USA, England, Deutschland, Frankreich und der Schweiz publizierte. 1976 hob Ruth Mayer in Zürich den Literaturverlag *R+F* aus der Taufe, in dem sie auch drei Anthologien mit Texten bundesdeutscher, österreichischer und schweizerischer Autorinnen veröffentlichte, die z.T. auch lesbische Momente beinhalten. Aus der alten Frauenbewegung heraus entstand der Verlag *Interfeminas* (Bonstetten), um die historisch-politischen Werke ihrer Mitkämpferinnen Gertrud Heinzelmann und Lotti Ruckstuhl zu veröffentlichen. In den achtziger Jahren übernahmen jeweils zwei Frauen gemeinsam einen

---

18 Hansruedi Fritschi: *Das langsame Auftauchen einer Figur*. S.49/50
19 In: *Zwischenzeilen*, S.12

bereits etablierten Literaturverlag, *Eco* (Zürich) und *Arche* (Zürich), bzw. gründeten den wichtigsten Schweizer Literaturverlag, *Nagel & Kimche*. Als Frauenverlag mit dem Ziel einer professionellen Etablierung wurde 1987 von fünf Frauen der Verlag *eFeF* (Zürich) geschaffen, in dem auch der *Verein Feministische Wissenschaft Schweiz* seine *Schriftenreihe* herausbringt. Bahnbrechend für die Publikation von Texten mit lesbischer Thematik, wie in der BRD *Frauenoffensive* und *Orlanda*, waren diese von Frauen geführten Verlage nicht. Mit lesbischer Thematik wurden von ihnen herausgegeben; Marlene Stenten *Albina* (1986) und *Hallo Mäuschen* (1991) und die deutsche Übersetzung von Lillian Faderman *Köstlicher als die Liebe der Männer*, alle im *Eco Verlag*, Kristin T. Schnyder *Die Kodiererin* bei *Nagel & Kimche*.

Die Thematisierung von Frauenbeziehungen

Verena Stefan, eine junge Schweizerin, die mit 21 Jahren von Bern nach Berlin ausgewandert war, schrieb 1975 als 28-jährige das autobiographische Buch *Häutungen*, das von den verschiedenen Gruppen der Frauenbewegung unmittelbar nach seinem Erscheinen diskutiert wurde und danach auch von der Presse zur Kenntnis genommen wurde[20]. Die Ich-Erzählerin setzt sich darin in ungewohnter Offenheit mit ihren Beziehungen, heterosexuellen Erfahrungen und ihrer Situation als Frau in einer Männerwelt auseinander, und sie schildert die Entwicklung ihres feministischen Selbstbewusstseins, die Bildung einer lesbischen Identität und die dabei zu Tage tretenden verinnerlichten Schwierigkeiten. Damit stellte Verena Stefan erstmals eine lesbische Beziehung als Alternative zur heterosexuellen dar. Dieses Buch wäre ohne Verena Stefans Engagement, Leben und Arbeit in der Berliner Frauenbewegung nicht denkbar. Ist es jedoch umgekehrt ein Zufall, dass eine Schweizerin das zentrale Buch für die Selbsterfahrung in der Frauenbewegung und die Diskussion des Begriffs Frauenliteratur schrieb? Immerhin drehte eine weitere nach Berlin ausgewanderte Schweizerin, die Regisseurin Christina Perincioli, ebenfalls 1975 denjenigen "Lesbenfilm", der laut der niederländischen Filmpublizistin Annette Förster "ein neues Kapitel Filmgeschichte"

---

20 Karin Richter-Schröder: *Frauenliteratur und weibliche Identität*, S.167

einläutete, da Filme entstanden, die von neuen feministischen Ideen und der politischen Öffnung gegenüber lesbischer Liebe beeinflusst wurden[21].

Vor 1980 sind mir nur wenige Bücher bekannt, in denen Frauenfreundschaften oder die Auseinandersetzung zwischen Frauen zum Thema gemacht wurden:

- Laure Wyss, *Frauen erzählen ihr Leben* (Huber, Frauenfeld 1976) Laure Wyss, *Mutters Geburtstag* (Huber, Frauenfeld 1978)
- Margrit Schriber, *Kartenhaus* (Huber, Frauenfeld 1978)

In Hedy Wyss' Roman *Keine Hand frei*[22], der das Leben einer Hausfrau und Mutter von zwei Kindern schildert, die sich von ihrem Mann trennt, scheint in den Schlusssätzen die Möglichkeit einer lesbischen Beziehung auf[23]. Im Jugenbuch *Welt hinter Glas* (1979)[24] hatte Hedy Wyss die lesbische Tante Anna geschildert, die für die jugendliche Protagonistin Trix eine positive Orientierungsmöglichkeit ist, da Tante Anna viel lebendiger und offener als ihre Eltern lebt. Auf Trix' Fragen hin erzählt ihr Tante Anna ihre Liebesgeschichte mit ihrer Freundin Judy. Eine Collage aus Tagebuch und Briefen einer lesbischen Feministin erschien 1979 im Sammelband *Zwüschehalt* unter dem Titel *Ich will die "Wahrheit" festhaltend hinauswachsen. Persönliche Entwicklungsgeschichte mit Löchern oder Strickleiter zum Verständnis einer lesbischen Feministin, von Serena Tristan* (Pseudonym)[25].

In den Zeitschriften *Lesbenfront* (Zürich, seit 1975) und *Frauezitig* (Zürich) erschienen vereinzelt Erzählungen oder Gedichte mit lesbi-

---

21 Marie-Josée Kuhn/Christine Tresch: *Das Ende der traurigen Enden - Gespräch über die lesbische Repräsentation in Spielfilmen von Frauen mit der Amsterdamer Filmpublizistin Annette Förster*. In: *Woz* (Zürich), 18.5.1990

22 Benziger, Zürich 1980

23 "Sie wird es schaffen ohne ihn. Mit Regine zusammen. Das wird schon gehen.
Auch da wird sie in Zukunft Ordnung schaffen. Gründlich, in kleinen Schritten, wie in der Wohnung. Und sich nicht einschüchtern lassen dabei." S.192

24 Diesen Hinweis und das Ausleihen des bereits vergriffenen Buches verdanke ich Edith Müller.

25 *Zwüschehalt"- 13 Erfahrungberichte aus der Schweizer Neuen Linken*. Rotpunkt, Zürich 1979, S.101-136

scher Thematik, ebenso in den Anthologien, die von Ruth Mayer im Selbstverlag R+F (Zürich) herausgegeben wurden: *Bewegte Frauen* (1977), *Anfällig sein* (1978), *Im Beunruhigenden* (1980) und *Frauen erfahren Frauen* (1982).

Gertrud Wilker

Autorin

Gertrud Wilker wurde am 18.3.1924 in Solothurn geboren. Sie studierte in Zürich und Bern Germanistik, Kunstgeschichte und Psychologie und schloss mit dem Doktorat ab. Noch während des Studiums heiratete sie den zwei Jahre älteren Peter Wilker, Mathematikstudent und jüdischer Emigrant aus Wien. Bis 1956 übte sie eine Lehrtätigkeit aus und gebar 1956 die Tochter Jessica, 1961 den Sohn Clemens. Gertrud Wilkers Mann arrivierte währenddessen zum Universitätsprofessor. Von 1962-64 lebte Gertrud Wilker mit ihm und ihren Kindern in den USA, vor und nach dieser Zeit in Bern und Umgebung.

Im Alter von 33 Jahren hatte Gertrud Wilker 1957 ihr erstes Buch *Der Drachen. Ein Gespräch* (Kurzprosa) veröffentlicht. Für ihre Publikationen erhielt sie eine Reihe von Anerkennungspreisen: Kantonalberner Literaturkommission (1968 und 1973), Schweizerische Schillerstiftung (1971), Stadtberner Literaturkommission (1971 und 1978). Einer der grossen Schweizer Literaturpreise wurde ihr jedoch nicht zugesprochen und zwar deshalb, weil sie dies als Hausfrau mit gutverdienendem Ehemann nicht nötig habe[26]. Als Folge davon blieb ihr auch die entsprechende künstlerische Anerkennung versagt. 1959 gewann sie den ersten Preis im Dramenwettbewerb des Atelier Theaters Bern mit *Saul in Andor*. Obwohl ein Teil des Preises die Aufführung des Stückes hätte sein sollen, wurde dieses Schauspiel weder publiziert noch aufgeführt[27]. Gertrud Wilker publizierte insgesamt vier Romane, sechs Erzählbände, zwei Lyrikbände und eine Anthologie[28]. Als sie mit der Arbeit an ihrem letzten Roman *Nachleben* begann,

26 Auskunft einer Kennerin der Literaturszene Schweiz

27 Mündliche Auskunft der Schriftstellerin Maya Beutler, einer Freundin von Gertrud Wilker. (Solothurn 1987)

28 Vgl. Kap. 10.1.

war sie 53 Jahre alt, bei seiner Publikation 56 Jahre. Sie starb am 19. September 1984 im Alter von sechzig Jahren an Krebs.

Frühere Texte

In ihrem ersten Roman, *Elegie auf die Zukunft* (1966) erzählt Gertrud Wilker die Geschichte einer Familie aus dem Jura. Im Zentrum steht ein in die USA ausgewanderter Sohn. Bemerkenswert ist, wie differenziert auch die Frauenfiguren dargestellt sind. In den folgenden Romanen der siebziger Jahre, *Altläger bei kleinem Feuer* (1971) und *Jota* (1973), in den Erzählbänden *Winterdorf* (1977) und *Blick auf meinesgleichen* (1979) stehen dann Frauenfiguren im Zentrum der Texte. Diese Protagonistinnen sind zum grössten Teil abwesend und werden über die Gespräche und Gedanken der anderen Figuren präsentiert.

Gertrud Wilkers stilistische Veränderung im Verlaufe von fast dreissig Jahren literarischer Publikation hat Elsbeth Pulver als "die Entwicklung von einem elaboriert-poetischen zu einem sachlich-knappen Stil" bezeichnet[29]. Dieser Prozess zu einer äussersten Vereinfachung der Sprache, verbunden mit einer rückhaltlosen Offenheit gegenüber sich selber und mit der gleichzeitigen Zuwendung zu andern Frauen, lässt sich auch in zugespitzter Form bei Christa Reinig, einer bundesdeutschen Schriftstellerin aus Gertrud Wilkers Generation, und bei der zehn Jahre jüngeren Marlene Stenten beobachten. Pulver schreibt weiter, Gertrud Wilkers letzter Lyrikband *Feststellungen für später* (1981) sei aus "einem so schwierigen wie gefährlichen Balanceakt [entstanden, M.M.]: zwischen einer neuen Rückhaltlosigkeit des persönlichen Ausdrucks mit der bereits erprobten Verhaltenheit des Ausdrucks".

Interpretation von *Nachleben*

Inhalt und Form

Die Hauptfigur Emmy K. hatte von 1891 bis 1977 ein unspektakuläres Leben geführt. Als einzige ihrer Familie war sie ledig geblieben und hatte in schlechtbezahlten Frauenberufen gearbeitet, als Haus-

29 Elisabeth Pulver: "*...es redet vielleicht dann das Gedicht*". *Zum Tod von Gertrud Wilker*. In: *Neue Zürcher Zeitung*, 2.Oktober 1984

wirtschaftslehrerin, zeitweise auch als Hauswirtschafterin, Filmoperateurin und Heimerzieherin. Sie vererbte ihrer Nichte Tagebücher und Briefe. Diese Nichte, eine Schriftstellerin, Hausfrau und Mutter von zwei Kindern, spürt dem Leben ihrer verstorbenen Tante Emmy nach. Sie beginnt, Emmy neu wahrzunehmen, als sie nach Emmys Tod deren Wohnung auflöst. Beim Lesen von Emmys Tagebüchern entdeckt die Erzählerin eine Faszination, die sie der lebenden Emmy gegenüber nicht erlebt hatte. Sie beschliesst, sich in einem literarischen Versuch dem anzunähern, was sie als "Rätsel" von Emmy bezeichnet und was Emmy selber nicht aufgeschrieben hat:

> "Das Radikale in Emmys Natur bleibt unausgesprochen. Aber ich weiss, dass sie ein radikaler Mensch gewesen ist. Ich weiss es und suche nach dem beweisbaren Punkt, der auch Jutzi von Emmys Radikalität überzeugt." (251)

Die Ich-Erzählerin gliedert ihre Suche nicht chronologisch, sondern in sieben Themenbereiche: Emmys Verhältnis zu ihren Freundinnen, zu Arbeitssuche und Arbeit, zu Natur und Religion, zu ihrem Kinderwunsch ohne Mann, zu ihrer Herkunftsfamilie, zu Altern und Tod. Leitmotivisch taucht der Zwiespalt auf zwischen dem Anspruch auf ein eigenständiges Leben, das Einsamkeit zur Folge hat, und dem Wunsch nach einer Liebesbeziehung mit gesellschaftlicher Zugehörigkeit. Das Verhältnis der Erzählerin zu Emmy bewegt sich zwischen distanziertem Interesse und partieller Identifikation.

Aus diesem Prozess heraus hat die Autorin eine offene Form der Biographie entwickelt, in die verdeckt auch eine Autobiographie miteingeschrieben ist. Die Nähe von Ich-Erzählerin und Protagonistin wird dabei durch die enge Verflechtung der beiden Zeitebenen unterstrichen: Auf der einen Zeitebene wird Emmys Leben geschildert (86 Jahre) und auf der anderen die Zeit des Schreibens der Erzählerin an diesem Text (1 1/4 Jahre). Zur Abgrenzung von Emmy und als männliche Muse, die an sie glaubt und ihre Texte kommentiert, erfindet sich die Erzählerin zu Beginn ihrer Arbeit den Mann Jutzi.

Schreibend "entdecken" und "verbergen"

Nach dem Festhalten von Emmys Lebensdaten im ersten Kapitel und der Annäherung an ihre Person im zweiten Kapitel, stellt die Erzählerin an den Anfang der verschiedenen Themenbereiche, in die sie Emmys Biographie gliedert, das Kapitel *Liebesversuche*. Gleich zu Beginn stellt sie klar, dass Emmy keine Liebesbeziehungen zu Männern wünschte und dass sich aus der einzigen Erwähnung eines Mannes in Emmys Tagebuch keine Liebesgeschichte ableiten lässt. Stattdessen wird ersichtlich, dass sich Emmy mit ihren "Liebesversuchen" auf ihre Freundinnen bezog.

Im Hinblick auf ihre Protagonistin entwickelt die Autorin eine Schreib-Strategie von "entdecken" und "verbergen", die in bezug auf Emmys lesbische Gefühle und Beziehungen besonders ausgeprägt ist. Ein Traum der Erzählerin kann deshalb als Metapher für das Vorgehen der Erzählerin und darüber hinaus der Autorin gelesen werden:

> "Es kamen grosse Windstösse darin [im Traum, M.M.] vor, die etwas aufwirbelten, was nicht hätte gesehen werden dürfen. Ich wusste, wusste aber auch nicht, was es war, quälte mich ab mit Entdecken, wollte zugleich das Entdeckte verbergen." (31/32)

Das "etwas", das nicht gesehen werden darf, von dem sie zugleich weiss und nicht weiss, das sie entdecken und verbergen will, wird nicht präzisiert. Mitgemeint sind Emmys lesbische Wünsche und vielleicht verborgene Wünsche der Erzählerin selbst[30]. Nicht zufällig erinnert sich die Erzählerin an diesen Traum, als sie den Leibwäsche-Vorrat von Emmy beschreibt und ihr dabei erstmals bewusst wird, dass Emmy kein körperloser Mensch war, sondern "eine Frau wie ich" (31). Im Essay *Die Frau in der Literatur*[31] zitierte Gertrud Wilker Ingeborg Bachmann und kommentierte anschliessend:

> "Es ist kein Zufall, dass es erst eine Autorin der letzten zwanzig Jahre unternommen hat, diese Unstimmigkeit aller Beziehungen zwischen den Geschlechtern in künstlerisch gültiger Form darzustellen. Denn das jahrhundertelang auch für weibliche Autoren prägende Modell einer Liebesbindung zwischen Mann und Frau über alle äusseren und inneren Verschiedenheiten hinweg ist offenbar ein Modell, welches

---

30 Ähnliche Metaphern verwendet Marlen Haushofer, z.B.:
"Ihr Bewusstsein verschärfte sich zu durchsichtiger Klarheit. Während sie atemlos in der grellen Sonne stand, war plötzlich das Rätsel des Lebens gelöst, und die Lösung war so einfach, dass ein Kind sie hätte finden müssen. Dann hob der Atem ihre Brust, der Schmerz verebbte und sie vergass mit einem Schlag, was sie eben noch so deutlich gewusst hatte." (*Eine Handvoll Leben*, S.192)

31 In: *Schweizer Monatshefte*, Nr.61/11, November 1981, S.885-898

die ihre eigene Natur schöpferisch ausdrückende Autorin für ihre Liebesansprüche nicht als verbindlich betrachten will."[32]

Diese Aussage von Gertrud Wilker beleuchtet auf eine im Roman nicht ausgesprochene Weise ein Interesse der Autorin für ihre lesbische Hauptfigur. Welche Liebesmöglichkeiten gibt es für Frauen, wenn sich das traditionelle Modell als untauglich erwiesen hat? Verschiedene Variationen dazu spielt Wilker in *Blick auf meinesgleichen* durch, darunter auch eine Frauenbeziehung in der Erzählung *Zwei Ausländerinnen bei Sturmflut* und *Erna*, eine Vorstudie zum Roman.

In keinem anderen Kapitel von *Nachleben* zitiert die Ich-Erzählerin so ausführlich aus Emmys Tagebüchern wie in *Liebesversuche*, wobei sie durchblicken lässt, dass die Authentizität dieser Zitate fingiert ist, dass somit Emmys Selbstaussagen von ihr bewusst geformt und in der Aussage zugespitzt sind.

> "Ich nehme mir das Recht, mit ihnen nach Bedarf umzuspringen. Das heisst, dass ich manchmal einen Satz weglasse, mal ein Wort unerwähnt bleibt." (111)

Deutlich zum Ausdruck kommen dadurch Emmys lesbisches Erleben und ihre Angst vor gesellschaftlichem Ausschluss, ihr Wunsch nach einer - auch sexuellen - Liebesbeziehung zu einer Frau und ihr Versuch, diese lesbischen Gefühle in eine asexuelle Freundschaft zu transformieren. Dazu aus den ersten erhaltenen Tagebüchern:

> "Auch mir gehts ja nicht leicht, neben H. standhaft zu bleiben, und oft scheint ein körperliches das höchste Glück. Aber das ist doch nur vergänglich, und ich will mir immer wieder meine Erfahrung einprägen, dass geistige Zusammengehörigkeit höher steht als körperliche. Dazu muss sich wahre Freundschaft aufschwingen. Aber unser Körper ist halt doch sehr mächtig - das spüre ich jetzt wieder sehr gut." (56)

Mit diesen Tagebuchauszügen wird sinnliche Lust, das Begehren einer Frau in bezug auf eine andere Frau deutlich. Die offenen Selbstaussagen von Emmy über ihre Leidenschaft, ihre Wünsche nach Zärtlichkeit, ihre Kämpfe um die Liebe ihrer Freundinnen und die Auseinandersetzung mit sich selbst, werden dabei kontrastiert mit den verhüllenden Geschichten, die die Ich-Erzählerin erfindet, um die Leerstellen zu gestalten, die durch die Vernichtung von Emmys Tagebüchern entstanden sind.

32 Ebenda, S.893

Über die gesellschaftliche Situation einer lesbischen Frau wird - im Unterschied zur Stellung einer ledigen Lehrerin - von der Autorin nicht nachgedacht. Diese fehlende Reflexion erschwert eine Betrachtung von Emmys individuellen Schwierigkeiten im gesellschaftlichen Kontext. Teilweise können diese Schwierigkeiten aus dem Text abgelesen werden, z.B. als Emmy anlässlich der Verlobung ihrer Freundin im Tagebuch notierte die "Strafe für meine Schuld an dieser vierjährigen Zeit" (56). Die Diskrepanz zwischen ihrem eigenen Erleben, das sich um die Stichworte Glück und Mut kristallisiert, und den gesellschaftlichen Werten, die in Strafe und Schuld zum Ausdruck kommen, wird dabei deutlich. Der Wechsel der Personalpronomina, vom unverbindlichen "wir" über das unpersönliche "man" zum subjektiven "ich", signalisiert ein Ringen um ihre Position:

> "Wir wagen so selten, unsere Wünsche zu zeigen, zu sagen, dass wir zueinander wollen. Man muss den Mut haben, seine Gefühle zu zeigen - es gäbe weniger einsame Menschen. Ich weiss ja selber, wie schwer ich mir tue, andern nah zu kommen." (56)

Verstärkt wird das Auseinanderklaffen von gesellschaftlichen Verhältnissen und persönlichem Glücksanspruch durch die Wiedergabe von Bemerkungen, mit denen die alte Emmy, fünfzig Jahre später, 1968, ihre Aufzeichnungen als junge Frau kommentiert:

> "Ich lese im Garten 1922/23 nach. Harte Kämpfe wegen H., die mich ganz will. Setze mich mit dem Ledigbleiben auseinander, wünsche mir eine Freundin, mit der man alles besprechen kann. Damals konnte ich lieben, es waren schöne Zeiten." (56)

Und 1971:

> "Brief von T. gelesen, 1921/22, ich schreibe offen von Homosexualität, wie auch ich verfallen war in jener Nacht und losgekommen bin. Schwer ist es, wenn man solche Anlagen hat wie sie. Heute werden sie anerkannt." (52)

Im Rückblick bezieht sich Emmy auf ihre Liebeserfahrung, distanziert sich gleichzeitig von ihrer Erfahrung lesbischer Sexualität und vermerkt den gesellschaftlichen Wandel in bezug auf Homosexualität.

Emmys Liebesgeschichten aus der Aussenperspektive

Bemerkenswert ist, wie die Erzählerin ihre Geschichten aufbaut und welche Aussagen sie damit macht. Obwohl es der Erzählerin nach eigenen Aussagen darum geht, das "Radikale in Emmys Natur" (251) zu beweisen, versucht sie nicht, Emmys subjektives Erleben in konkreten Situationen und Handlungen zu veranschaulichen, sondern sie verlegt bei diesen Geschichten die Erzählperspektive von innen nach aussen. Als Aussenperspektive wählt sie jedoch nicht den Blick einer liebenden Freundin, sondern denjenigen von Schülerinnen[33], also Repräsentantinnen der Gesellschaft, in der Emmy als Lehrerin eine bestimmte Rolle zu erfüllen hatte. Damit schafft die Autorin eine Distanz zwischen Emmys Selbstaussagen und der von der Erzählerin geschilderten Geschichte.

Dieser Perspektivenwechsel steht im Widerspruch zu der von der Erzählerin zu Beginn der Arbeit formulierten Absicht: "Ich will aus ihr herausschreiben." (24) Besonders krass wird dieser Widerspruch in der zweiten Geschichte, in der die Liebesbeziehung von Emmy und Elsa erzählt wird. Ausgangspunkt ist ein Tagebuchausschnitt, in dem Emmys Liebesgefühle deutlich formuliert sind:

> "Gestern abend hat Elsa sich mir eröffnet. Ich bin froh, dass ich am Abend noch zu ihr ging. Ihre Härte und Unnahbarkeit hat sich gelöst, und wir konnten wirklich sehr vertraut miteinander sein. Es ist halt doch so, dass man, wenn man ledig ist, Liebe braucht, und nicht nur unantastbare, sondern auch körperliche: Man muss die Nähe des andern spüren. Ich möchte wissen, ob ihrerseits gar kein Bedürfnis nach Zärtlichkeit da ist. Ich dachte, wenn Verheiratete das Recht dazu haben, warum sollen wir es nicht auch tun dürfen? Besonders wenn es uns in der Arbeit frisch macht? Wir Frauen müssen einfach etwas zum Recht-Lieben haben." (59/60)

Die Autorin führt diese lesbische Aussage nicht weiter aus, sondern wechselt die Erzählperspektive und lässt aus normativem Hetero-Blickwinkel kommentieren, was in eine freundliche Abwertung der Lehrerin durch ihre Schülerinnen mündet:

> "Ich gönn ihr das (die Beziehung zu Elsa, M.M.) auch. Denn heiraten wird Fräulein Emmy nie. Und etwas fürs Gemüt muss sie schliesslich auch haben." (61)

Dies wird weder kommentiert noch durch eine andere Handlung aufgebrochen.

---

33 In der ersten Geschichte sind es die DorfbewohnerInnen.

Temperaturangaben als Leitmotiv

Emmys Verhältnis zu Gustl bezeichnet die Ich-Erzählerin als "Emmys grosse[n]" Liebesversuch" (72). In dieser Geschichte wird die Temperaturangabe als Leitmotiv eingesetzt. Obwohl die Ich-Erzählerin versucht, Jutzis "angewiderte Bemerkung" (71) in bezug auf die "Frauengemeinschaft von Lehrerinnen und Mädchen" (71) zurückzuweisen, gelingt ihr dies nur halbherzig, da sie Jutzi innerlich Recht gibt. Sie übernimmt seinen Ausdruck "Siedehitze" (71) zur Beschreibung des Klimas zwischen den Frauen im Landschulheim und variiert den Wärmebegriff hauptsächlich im Hinblick auf Emmys Empfinden und ihre Ausstrahlung auf die andern Frauen. Das Spektrum reicht dabei von sehr kaltem Schnee (73) über Nestwärme (64), Siedehitze (71), beständigen Druck (85) bis zu siedendheissem Überdruck (81). Mit diese Metaphorik werden Emmys Liebesgefühle auf die mechanistische Reaktion auf eine beengte Frauengemeinschaft reduziert.

Beziehungen zu Männern

Mit der Abwertung der Frauenbeziehungen korrespondiert die Aufwertung der Männerbeziehungen[34]. Obwohl in Wilkers Roman klargestellt wird, dass sich keine Liebesgeschichte zu einem Mann konstruieren lässt, und obwohl mehrmals hingewiesen wird auf Emmys Abneigung gegenüber männlicher Sexualität (162, 181) und auf ihren Wunsch, "Mutter zu werden, ohne mit einem Mann schlafen zu müssen" (236), erhalten zwei Episoden mit Männern ein überraschend grosses Gewicht. Einmal behauptet die Erzählerin unvermittelt, dass Emmy in den Verlobten der Schwester verliebt gewesen sei (269). Ein ander Mal erzählt sie die Geschichte von Emmy und dem blinden Schriftsteller K., dem Emmy beim Lesen und Schreiben geholfen habe. Im abschliessenden Kommentar der Ich-Erzählerin wird diese (asexuelle) Hetero-Beziehung mythisiert:

> "Plötzlich fällt mir ein, Emmy habe sich nie ausdrücklicher mit sich selber und mit der Schöpfung in Einklang befunden als im Zusammenhang mit Herrn K." (133)

---

34 Dieses Verhalten hat die Soziologin Jutta Brauckmann in ihrer empirischen Studie *Die vergessene Wirklichkeit, Männer und Frauen im weiblichen Leben* (1983) aufgezeigt.

Mutter-Tochter-Beziehung

Trotz dieser Überhöhung heterosexueller Beziehungen liegt das Schwergewicht des Textes in der Darstellung von Emmys Beziehungen zu Frauen. Die Bedeutsamkeit von Emmys lesbischen Liebeswünschen wird im fiktiven Dialog der Erzählerin mit ihrer Mutter hervorgestrichen. Die Erzählerin schildert die "Gustl-Geschichte" (94), d.h. Emmys gescheiterte Liebesbeziehung zu ihrer Freundin Gustl. Im anschliessenden Gespräch nehmen Mutter und Tochter verschiedene Positionen ein. Während die Mutter Emmys christliche Nächstenliebe hervorhebt, vertritt die Erzählerin die Ansicht, dass diese Nächstenliebe von Emmys "ursprüngliche[m] Liebesverlangen am Leben erhalten worden" (95) sei:

> "Weisst du, Mutter, die Religiosität bot Emmy eine grossartige Möglichkeit, ihre nie befriedigte Sehnsucht nach Liebeserfüllung auf einen Gegenstand zu lenken, der dieser Sehnsucht bedurfte und sie rechtfertigte. So sehe ich es." (96)

Am Schluss wird dieses Gespräch zwischen Tochter und Mutter überraschend als Fiktion entlarvt.

> "So wäre das Gespräch zwischen ihr und mir verlaufen, genau so. Wir wissen es beide. Ein halbes Leben hindurch nämlich haben Mutter und ich uns in beredtem Schweigen geübt. Es fällt uns darum leicht, uns unser gegenseitiges Schweigen sinngemäss zu übersetzen." (100)

Mit dieser Inszenierung werden die unterschiedlichen Liebesvorstellungen von Mutter und Tochter hervorgehoben. Gleichzeitig wird auf der Handlungsebene durch kleine Gesten zum Ausdruck gebracht, welche Angst die Erzählerin hat, als sie die traditionellen Vorstellungen verlässt und Emmys Eigenständigkeit positiv hervorstreicht: Sie löscht zu Beginn des Gesprächs das Licht und betont später zweimal, dass es sich in der Geschichte mit Gustl um einen Liebesversuch von Emmy gehandelt habe. Die Zerstörung der Beziehung von Mutter und Tochter bildet im Patriarchat das Grundmuster für die Spaltung von Frauen. Umgekehrt ist die Mutter-Tochter-Beziehung aber auch "das entscheidende Bündnis" und eine "wichtige Voraussetzung dafür, dass wir uns selbst annehmen und den Mut haben können, allein zu sein", wie Mary Daly formulierte[35].

---

35 Mary Daly: *GYN/OEKOLOGIE*, S.363/364

Verwischung lesbischer Spuren

Die Erzählerin berichtet, dass Emmy die Tagebücher aus der Zeit zwischen ihrem neunzehnten und dreissigsten Lebensjahr vernichtet habe und kommentiert:

> "Was Emmy dazu veranlasste, ihre ersten Tagebücher aus der Welt zu schaffen, hat mich lange Zeit hindurch beschäftigt. Ich bin zum Schluss gekommen, dass sie darin über Ereignisse und Gefühle Rechenschaft abgelegt habe, die sie später als erledigt betrachtete." (52)

Diese Erklärung für Emmys Vernichtung der Tagebücher greift zu kurz. Mich erstaunt, dass die Erzählerin ihre lange Beschäftigung mit dieser Frage mit dieser kurzen Antwort abschliesst. Warum sollte Emmy gerade diese Tagebücher vernichtet haben? In ihnen wäre jener Lebensabschnitt dokumentiert, in dem Emmy ihre Familie verliess, sich eine berufliche Existenz aufbaute und im Unterschied zur weiblichen Normalbiographie keine Familie gründete, sondern erste Liebesbeziehungen zu Frauen lebte. Die Zerstörung der Tagebücher müsste reflektiert werden im Zusammenhang mit dem gesellschaftlichen Verschweigen und der Stigmatisierung lesbischer Frauen und der daraus folgenden aktiven Auslöschung lesbischer Spuren aus Briefen, Tagebüchern und Nachlässen, sei es durch die Autorinnen selbst oder durch deren NachlassverwalterInnen. Dazu zwei Beispiele:

1) Aus dem Nachlass der Schweizer Schriftstellerin und Frauenrechtskämpferin Meta von Salis (1855-1929) entnahm deren Lebensgefährtin Hedwig Kym die Tagebücher, "um in diesen enthaltene Stellen, die sich ... zur Publizität nicht eignen, durch Streichungen unleserlich zu machen"[36]. Sie brachte die Tagebücher nie mehr zurück, weshalb sie heute verschollen sind.

2) In der zweibändigen Briefausgabe von Erika Mann (1905-1969) sind nur sehr wenige Briefe an oder von Frauen abgedruckt, obwohl sie mit einer grossen Anzahl Frauen befreundet war. Da ihr Bruder Golo das Publikationsrecht hat, wurde kein Brief publiziert, aus dem eine lesbische Beziehung ersichtlich gewesen wäre, obwohl solche Briefe vorhanden waren[37].

---

36 Brief des Anwaltes von Hedwig Kym. Zitiert nach: Doris Stump: *Sie töten uns, nicht unsere Ideen*, S.54

37 Die Herausgeberin im Gespräch zu Claudia Schoppmann

Es wäre also denkbar, dass Emmy ihre Tagebücher, in denen sie über ihre Liebesbeziehungen schrieb, nicht in die Hände ihrer Familienangehörigen kommen lassen wollte. Noch wahrscheinlicher scheint mir die Vermutung, dass die Vernichtung der Tagebücher von der Erzählerin fingiert wurde. Mit diesem Trick könnte sie Emmys lesbische Liebesbeziehungen zum Thema machen und zugleich in Andeutungen belassen. Würden ihre Liebesbeziehungen konkret geschildert, wäre Emmy als Person weniger rätselhaft und für die Erzählerin würde eine offene Thematisierung von Emmys Lesbischsein unumgänglich. Es mag sein, dass der Autorin Emmys lesbische Existenz zu fremd war, um sie von Innen heraus gestalten zu können, und dass sie deshalb nur die äusseren Konturen aufscheinen lassen wollte. Verdächtig konstruiert und gleichzeitig passend zu dieser Strategie von "entdecken" und "verbergen" ist Emmys Inhaltsangabe zu ihren ersten drei Tagebüchern:

> "1.Heft: die Kämpfe um H., viel Unterliegen. Kämpfe wegen T., auf und ab, annehmen und nicht annehmen. 2.Heft: Kämpfe um Frau sein, vieles über Schülerinnen. 3.Heft: Verlobung von H., meine Erlösung. Dann langsames Kennenlernen von Elsa, der ich bald zugetan bin, zuerst nicht wage, es zu zeigen, dann wird es gut." (52)

Als Illustration zu meiner Überlegung verweise ich auf das Beispiel einer anderen Autorin, Luise Rinser (Jahrgang 1911) die in ihrem ersten, autobiographischen Roman *Die gläsernen Ringe* (1941) die lesbische Schülerin Cornelia sterben liess, im Unterschied zum realen Leben. Vierzig Jahre später kommentierte Rinser in ihren Lebenserinnerungen dieses Buch:

> "Und hat die Autorin [sie selber, M.M.] sich nicht in zwei Gestalten geteilt, die zwei Möglichkeiten ihres Wesens und Schicksals darstellen? Cornelia: der Teil in mir, von dem die junge Autorin schreibt, dass er nicht "Tod wolle, sondern Untergang", und der sterben musste im Wasser. Ich selber: der Teil meiner selbst, der den Todestrieb überwand, der lebte und überlebte, der sich distanzieren konnte von der [lesbischen, M.M.] Leidenschaft."[38]

In bezug auf den Roman *Nachleben* erzählte die Schriftstellerin Maja Beutler, die mit Gertrud Wilker befreundet gewesen war, dass Tante

---

38 Luise Rinser: *Den Wolf umarmen* (1981), zitiert nach der Taschenbuchausgabe (1987) S.193

Emmy auch drei Jahre mit einer Freundin zusammengelebt hatte[39]. Im Roman bleibt dies unerwähnt, die Perspektive einer lesbischen Lebensgemeinschaft wird damit ausgeblendet.

Abwesende Heldin und zweite Hauptfigur

Bereits in früheren Texten von Gertrud Wilker standen abwesende Heldinnen im Zentrum, so in *Altläger bei kleinem Feuer* (1971) und in *Jota* (1973). Die Autorin fokussiert in diesen Texten nicht den Blick auf die Protagonistin, sondern beleuchtet deren Milieu, indem sie Reaktionen und Spekulationen von Leuten aus dem Umkreis der Protagonistin vermittelt. In *Nachleben* ist die Protagonistin bereits tot, also mit Sicherheit auch in der Zukunft abwesend. Stärker als in den beiden früheren Texten, geht es Gertrud Wilker in diesem Roman um die Auseinandersetzung mit dem Leben der Protagonistin selbst und damit verbunden auch um die Ich-Erzählerin, die zur zweiten Hauptperson des Textes wird. Die Erzählerin ist deutlich mit autobiographischen Zügen der Autorin ausgestattet. Auch die Daten der Schreibzeit von Erzählerin und Autorin stimmen überein, von Oktober 1978 bis Weihnachten 1979. In diesen Text über Emmys Leben und Arbeit hat die Autorin die Lebens- und Produktionsbedingungen der Erzählerin miteingeschrieben. Im Erzählvorgang überkreuzen sich immer wieder die beiden Leben von Emmy und Erzählerin. Während der Vorarbeit zum Buch wird die Erzählerin mit ihrem eigenen Tod konfrontiert, weil sie an Krebs erkrankt ist. Sie befürchtet, vor Beendigung ihres Romans zu sterben. Ihre Haltung gegenüber Emmy verändert sich nach ihrer Operation, weil sie durch diese Erfahrung in ihrer Wahrnehmung zusätzlich sensibilisiert worden ist:

> "Ihre ungelebten Möglichkeiten traten überdeutlich zutage; ich hatte einen geschärften Blick für Unwiederbringliches und Ungenossenes bekommen. Mit empörter Trostlosigkeit registrierte ich den Widerspruch zwischen Emmys Lebenshunger und der kargen Sättigung, die ihr zuteil geworden war." (157)

39 Mündliche Auskunft von Maja Beutler (Solothurner Literaturtage 1988)

"Nachleben" und Miteinanderleben

Der Titel *Nachleben* bezieht sich auf alle drei Zeitebenen, die im Text miteinander verbunden sind, sowohl auf das Nachleben der Erzählerin in der Erforschung von Emmys Vergangenheit, wie auch auf das Aufzeichnen dieses Prozesses in der Gegenwart und auf das potentielle Nachleben von Emmy und der Erzählerin durch die LeserInnen in der Zukunft. Innerhalb des Textes verlagert sich die Bedeutung von der Vergangenheit in die Zukunft. Das Verhältnis der Erzählerin zu Emmy verändert sich im Verlaufe des Romans: Von einer neugierigen Faszination, über partielle Identifikation bis zu einer intensiven Auseinandersetzung mit ihrem Leben, von einem Nachleben der Erzählerin zu einem Mitleben von Emmy im Alltag der Erzählerin. Einmal befragt die Erzählerin Emmy über ihre Berufsvorstellungen und entnimmt Emmys Antwort dem Tagebuch. Ein andermal begleitet Emmy die Erzählerin an eine Lesung im Basler Frauencafé. Diese Szene wird geschildert, wie wenn Emmy als Person anwesend wäre. Emmy (Jahrgang 1891) und die Ich-Erzählerin (vermutlich 1924 wie die Autorin) reagieren unterschiedlich auf die Begegnung mit den jungen Feministinnen. Während die Erzählerin enttäuscht die fehlende "Nestwärme" im Frauencafé registriert, ihre Skepsis gegenüber einem feministischen Parteiprogramm äussert und sich gegen einen Ausschluss von Männern ausspricht, freut sich Emmy über die Bücher im Frauencafé, betrachtet beim Essen interessiert ein lesbisches Liebespaar, staunt über das Selbstvertrauen der jungen Frauen und solidarisiert sich mit den Feministinnen. Dazu die Erzählerin:

> " "Es ist nicht leicht, alleinstehend zu sein, gerade in unserem Kanton glauben die Männer, wenn eine Frau nicht durch einen Mann gestützt werde, dürfe man auf ihr herumtrampeln."
>
> Diese Tagebucheintragung könne ich ohne weiteres als Bestätigung für Emmys Solidarität mit den anwesenden jungen Frauen nehmen. Denn so, wie diese zu leben versuchen, genau so habe es sich Emmy erhofft." (233)

In dieser Szene beleuchtet die Autorin blitzlichtartig die verschiedenen Lebensweisen der beiden Hauptfiguren, indem sie ihr unterschiedliches Verhältnis zu Feministinnen, speziell auch lesbischen, zeigt. Nach Verlassen des Frauencafés verschwindet Emmy und lässt die Erzählerin stehen. Die Kluft erscheint in diesem Moment unüberbrückbar. Während Emmy in dieser Frauengemeinschaft aufblüht, fühlt sich die Erzählerin unter Druck gesetzt und meint,

> "(...) eine der unbeirrbar zielstrebigen jungen Frauen stehe hinter meinem Rücken, um mich mit dem Schiesseisen zu zwingen, ihr in die Zukunft voranzugehen, welche sie für mich vorausgeplant hatte." (234)

Dieser Besuch im Frauencafé umfasst das erste Viertel des Kapitels *Die Ungeborenen*, in dem Emmys Wunsch nach Mutterschaft ohne Mann Thema ist. Damit geht Gertrud Wilker über die herrschenden Vorstellungen von Mutterschaft hinaus auf eine geistige, politische, psychische Verbundenheit von Feministinnen verschiedener Generationen und gibt dieser Gemeinsamkeit Vorrang vor der eng begrenzten biologisch-sozialen Mutterschaft. Die Ideen der jungen Feministinnen beinhalten die Dimension der Zukunft, die mit der Vergangenheit von Emmys Leben verbunden wird. In der unterschiedlichen Haltung von Erzählerin und Protagonistin spielt die Autorin zwei mögliche Standpunkte gegenüber Feministinnen durch und bringt damit ihre eigene Ambivalenz zum Ausdruck. Die Autorin revidierte zwei Jahre später ihre eigene, distanzierte Haltung gegenüber Feministinnen und erkannte ihre Verbundenheit. Im Anschluss an eine Lesung im Frauenzentrum Baden schrieb Gertrud Wilker im Juni 1982:

> "Noch nie so wie anlässlich der gestrigen Lesung im Kreis des Frauenzentrums Baden habe ich mich als schreibende Frau zur selben Zeit bestätigt und in Frage gestellt gefühlt. (...)
> Erst im nachhinein ist es mir ganz verständlich geworden, dass ich diese lebendige Konfrontation herbeizuführen wünschte, um selber einmal ganz klar zu kommen.
> Ich bin meinen gestrigen Zuhörerinnen von Herzen dankbar, dass sie mir dazu verholfen haben, diese Klarheit zu gewinnen.
> Ja, ich weiss es jetzt auch "im Bauch", nicht bloss mit dem Intellekt, wo ich nicht nur stehen muss, weil ich eine Autorin bin, sondern wo ich in Zukunft auch stehen will, wenn ich mir glaubwürdig bleiben möchte.
> Zum ersten Mal in dieser Intensität habe ich auch und dank des Widerspruches von seiten der Zuhörerinnen empfunden, dass die Schwesterlichkeit kein blosser Modeausdruck ist, sondern eine Tatsache, und zwar eine Tatsache, die in meinem persönlichen Leben wie auch in meiner Schreibarbeit weitreichende Konsequenzen haben wird."[40]

---

40 Brief von Gertrud Wilker an Madeleine Marti, 28.6.1982

Später schickte sie dem Frauenzentrum das Gedicht *Zusammen*, das Elisabeth Pulver 1985 in ihre Einleitung zu *Zwischenzeilen* aufnahm:

Zusammen

In dieser Lotterbude
sitzen sie morgens ab elf
fast jeden Sonntag
zusammen,
teilen Brot untereinander.
Andere draussen vorbeigehn,
welche nicht
zusammen
bleiben wollen und reden
darüber, dass sie aus Not
zusammen
rücken, sich warm halten
in dieser Lotterbude.
Wir werden flügge werden,
das Nest verlassen,
wir Frauen,
zusammen
gelingt uns eines Morgens
der Abflug. Davon
reden sie jetzt wie
von einem Traum,
welchen sie wahrmachen werden
zusammen.
Sie fragten mich:
aber du? wirst du
von unserem Flugwunsch
schreiben, dass er auch deiner sei
oder was?
Sie haben mit mir

Auf diese Begegnung verwies Wilker auch im Gespräch mit Benita Cantieni: *Schweizer Schriftsteller persönlich*. Interviews. (Huber) Ex Libris, Zürich 1988, S.156/157

Brot geteilt. Mein Wort
gehöre mir nicht, es sei
auch das ihre,
zusammen
seien wir eine offene Festung.
Ob du ja sagst, ob nein,
sagten sie, nimmst du
Einsitz in unsere Festung,
dieser Notunterkunft,
Schwester.
Ein neuer Name,
ich trage ihn gern.

Die dritte Hauptfigur: Jutzi, der erfundene Mann

Neben der Perspektive der Erzählerin werden durch eine Vielzahl von Dialogen, die z.T. als imaginierte Gespräche inszeniert sind, verschiedene Sichtweisen auf Emmy eröffnet. Die Erzählerin umkreist in ihren Gesprächen immer wieder die Fragen, warum sie über Emmy schreiben will und wie sie dies tun kann, ohne Emmy auf ein falsches Bild zu reduzieren. Für diese Diskussionen erfindet sie ein männliches alter ego, "ein von mir sehr verschiedener Mensch", "ein fremdes Wesen" (43): Jutzi.

> "Eines ist mir klar: dass er Ansprüche an meine Arbeit stellt, die ich nicht immer erfüllen kann, weil es nicht meine Ansprüche sind. Trotzdem bin ich auf seine Ansprüche neugierig, sie flössen mir Selbstvertrauen ein." (43)

> "Trotzdem, wenn überhaupt, möchte ich mit Jutzi die Gründe erörtern, die mich zu dieser Arbeit getrieben haben. Ich wäre erleichtert, wenn Jutzi nach meinen Gründen fragen würde." (43)

Jutzi wird als männliche Muse dargestellt, die die Ich-Erzählerin bei ihrer Arbeit braucht. Im Gegensatz zu Mann und Kindern, für die sie kocht, mit denen sie aber nicht über ihre Arbeit redet, lebt Jutzi nicht in ihrem Haus. Er isst auswärts und kommt nur ins Haus, um mit der Erzählerin über ihre Arbeit zu reden. Jutzi ist von der Erzählerin also als männlicher Beistand für ihre Arbeit erfunden worden. Zugleich wird mit Jutzi eine weitere Funktion erfüllt. Er erscheint als das personifizierte "drohende Gespenst (...) männlicher Urteile"[41] im Kopf der Autorin, mit denen sie sich auseinandersetzen muss, und die sie auf diese Weise sichtbar werden lässt. Die ärgerlich raumergreifende Präsenz von Jutzi im Text macht deutlich, welche Probleme für Schriftstellerinnen in einer von "Männern kontrollierte[n] Kultur"[42] vorhanden sind:

> "Probleme in Hinblick auf den Zugang zum eigenen Selbst, Probleme von Sprache und Stil. Probleme von Energie und Überleben."[43]

Durch die Handlungsführung wird diese patriarchalische Verhinderung von Schriftstellerinnnen hervorgehoben und im Widerspruch zur Aussage der Erzählerin gestellt, wonach Jutzi sie unterstütze: Erst als Jutzi sich für längere Zeit verabschiedet, beginnt sie Emmys wichtigste Liebesgeschichte zu erzählen, zu der sie im voraus bemerkt:

> "Es macht mir verdammte Mühe, die Liebesbeziehung zu Gustl wirklich zu begreifen." (83)

In Jutzis Abwesenheit gesteht sich die Ich-Erzählerin ein, dass sie sich am liebsten in den Tessin zurückziehen würde, um dort "mit Emmy und ihrem Liebesversuch allein" (86) und - in Distanz zu ihrer Familie - ungestört arbeiten zu können. Nur in Jutzis Abwesenheit ist es der Erzählerin möglich, mit ihrer Mutter ein fiktives Gespräch über Emmy zu führen.

> "Es ist mir lieb, dass er sich nicht einmischen konnte, als ich Mutter die Gustl-Geschichte erzählt habe. Seine Einwürfe hätten sie verwirrt. Und das Gespräch zwischen Mutter und mir (nachfolgend so wortgetreu wie möglich wiedergegeben) wäre in Jutzis Gegenwart unterblieben." (94)

Jutzi, bzw. das männliche Urteil, die patriarchalische Perspektive, hätte das Gespräch von Tochter und Mutter verunmöglicht. Die Spruchweisheiten, mit denen Jutzi die Entwürfe der Erzählerin kommentiert, oder mit denen er auf ihre Fragen reagiert, weisen direkt auf die normierenden, patriarchalen Sitten hin.

---

41 Adrienne Rich: *Wenn wir Toten erwachen*, S.38
42 Ebenda, S.38/39
43 Ebenda

Ausblick auf spätere Texte in der Schweizer Literatur

Nachdem Gertrud Wilker mit ihrem Roman *Nachleben* einen ersten wichtigen Beitrag zur Durchbrechung des Tabus der lesbischen Liebe in der Schweizer Literatur geleistet hatte, nahmen bedeutende Autorinnen wie Maja Beutler, Laure Wyss, Hanna Johannsen, Margrit Schriber, Erica Pedretti, Gertrud Leutenegger, Evelyne Hasler und Margrit Baur das Thema nicht auf.

Die Ausnahme bildet Mariella Mehr, die in ausserordentlich selbstverständlicher Weise in ihren Büchern *Steinzeit* (1982) und *Licht der Frau* (1984) neben heterosexuellen auch lesbische Erfahrungen, Wünsche und Beziehungen ausdrückte, auch wenn ganz andere Themen im Zentrum des Textes stehen. Wie bei Helga Königsdorf leuchtet auch bei Mariella Mehr einmal die Möglichkeit auf, dass eine Frau Schneewittchen küsst (49). In *Steinzeit* findet sich z.B. folgende Abschiedsszene:

> "ritas zug hatte verspätung. wir standen auf dem bahnsteig, letzte chance, etwas zu sagen, etwas wirkliches, etwas fühlbares, verdammt, etwas, das schreitlachtweintbrüllt, etwas das grunztwimmertlebtlebtlebt. rita eingekeilt von heimreisenden italienern, blauaugen aufgerissen, aufwiedersehen, mach's gut und so. schultern in stemmerhaltung, hände in den taschen, bereits beginnen die schienen zu singen, viele liebe grüsse und küsse, - ach ja, küsse, warme, weiche lippen, weiche runde lippen, im mundwinkel noch platz für eine träne. schlaf nistet immer noch auf der haut, hungrige haut, hungrige lippen, rundum väterliches lächeln, der ganze bahnhof scheint väterlich zu lächeln, väterliches männerlächeln. und dann fällt mir jene bachsuite ein, die uns letztes jahr auf unserer gemeinsamen frankreichreise begleitete. wenn du traurig warst, sasst du im auto und hattest die fähigkeit, dich unsichtbar zu machen, musik zu hören zwischen aprikosen- und mandelbäumen.
>
> siehst du, schon beginnt das weisstdunochspiel und wirwerdenunsvielzuerzählenhabenspäter. du warst ganz still zwischen den heimkehrenden italienern. ein kleines mädchen presst grenzpapiere an die brust, du warst so still, dass ich dich endlich für einen augenblick hören konnte." (44/45)

Esther Spinner stellt eine Frauenfreundschaft ins Zentrum ihres Romanes *Nella* (1985) und geht in *Starrsinn* (1988) über zum Wunsch der Protagonistin nach einer lesbischen Beziehung zu ihrer Freundin.

Ursula Eggli signalisiert als einzige Autorin auf dem Klappentext ihrer Märchenbücher ihr Engagement in der Frauen- und Lesbenbewegung. Im gemeinsam mit ihren Brüdern Daniel und Christoph verfassten Buch *Die Zärtlichkeit des Sonntagsbratens* beginnt die Auseinandersetzung zwischen lesbischer Schwester und schwulem Bruder, ein Thema, das hier erstmals in der deutschsprachigen Literatur aufgegriffen wurde.

Von den jüngsten Autorinnen stellen Maya Bianchi und Raphaela Schwyter lesbische Protagonistinnen dar. Im zweiten Kapitel ihres dreiteiligen Romans *Die geteilte Frau* (1987) zeigt Maya Bianchi die Suche der lesbischen Hauptfigur nach einer Beziehung. Diese Figur wird als weiblich-männliche Figur gezeigt, wobei die männlichen Formen dann verwendet werden, wenn die Figur lesbische Wünsche artikuliert, womit diese wiederum in gewohnter Weise in heterosexuelle transformiert werden.

Auch in *Venus oder Einzelhaft* (1987) von Raphaela Schwyter ist die Hauptfigur aufgeteilt, in Ich (weiblich) und Narziss (männlich). Ich und Narziss erweisen sich aber, vor allem auch in ihrer Beziehung zu Venus, als eines. Damit vollzieht Schwyter in weiten Teilen des Textes eine Heterosexualisierung in der Darstellung der lesbischen Liebe. Leitmotivisch durchzieht den Text die Metapher des einsamen Wolfes/der Wölfin, die sowohl für Ich/Narziss, wie auch für Venus gebraucht wird. Raphaela Schwyter schreibt aus der Perspektive einer Paria (81), die zeitweise Drogen nimmt, arbeitslos ist und lesbisch liebt, gleichzeitig aber typisch schweizerische Werte wie Perfektionismus internalisiert hat.

Ganz anders als Maya Bianchi und Raphaela Schwyter hatte Mariella Mehr in *Steinzeit* die Aufspaltung, der Hauptfigur in Silvia, Silvana und Silvio, als Überlebensstrategie in repressiven gesellschaftlichen Verhältnissen deutlich gemacht: Silvia wird zu Silvio, wenn sie die konventionellen Grenzen für Mädchen überschreiten will (81,44). 1990 erschien *Die Kodiererin*, das erste Buch von Kristin T. Schnyder, die vom harten Alltag einer jungen lesbischen Frau in Zürich berichtet.

Ende der achtziger Jahre haben ältere Autorinnen lesbische Wünsche in der Adoleszenz zur Sprache gebracht, so Helen Meier in *Lebenleben* (1989) und Brigitte Meng in *Das schwarze Zimmer* (1989), oder ungewöhnliche Frauenfreundschaften dargestellt, nämlich Laure Wyss in *Das rote Haus* (1982) und *Liebe Livia* (1985). Marga Bührig schilderte in ihrer Autobiographie *Spät habe ich gelernt, gerne Frau zu sein* (1987) auch ihre Liebesbeziehungen zu ihren beiden Lebensgefährtinnen Else Kähler und Elsi Arnold. Else Kähler hatte bereits 1986 in einem längeren Artikel in der *Frauezitig Zürich* von dieser Lebensgemeinschaft berichtet unter dem Titel *Nur zu zweit konnten wir die Arbeit leisten, die wir geleistet haben. Eine Arbeits- und Lebensgemeinschaft unter Frauen*[44].

44 In: Frauezitig, Nr.17/1986, Zürich, S.7-9

7. Vom männlichen zum lesbischen Ich

Christa Reinigs Literatur von den fünfziger bis in die achtziger Jahre

In diesem letzten Kapitel gehe ich auf die Literatur von Christa Reinig ein, die im gesamten untersuchten Zeitraum seit 1945 publiziert wurde[1]. Auf dem Hintergrund der in den Kapiteln 2, 3, 5 und 6 aufgezeigten gesellschaftlichen und literarischen Entwicklungen in bezug auf lesbische Frauen und auf dem Hintergrund der Ausgrenzung lesbischer Frauen im patriarchalen Literaturbetrieb (Kapitel 4), werde ich die literarische Entwicklung von Christa Reinig aufzeigen. In ihren vor 1975 publizierten Texten suche ich nach lesbischen Spuren und konzentriere mich danach auf die Interpretation ihrer drei Romane, die 1975, 1976 und 1984 veröffentlicht wurden.

Christa Reinigs Literatur finde ich aus mehreren Gründen besonders interessant: Christa Reinig verbindet in ihren Texten eine kunstvolle Einfachheit der Sprache mit einer komplexen Formgebung und bringt damit nach 1975 ihre radikalfeministische Position in aller Deutlichkeit zum Ausdruck. Als einzige der anerkannten Autorinnen, die schon lange vor der Neuen Frauenbewegung publiziert hatten, wurde sie Mitte der siebziger Jahre zur Feministin und vollzog ihr Coming Out als lesbische Schriftstellerin. Neben Marlene Stenten ist sie die einzige Schriftstellerin, die bereits vor Entstehung der Neuen Frauenbewegung publiziert hatte und sich danach als lesbisch bezeichnete:

1 Marie Luise Gansberg führte im Wintersemester 1988/89 an der Universität Marburg ein Seminar zu *Christa Reinig, Die Romane* durch. Dadurch erhielt ich das einzige Mal die Chance, über Texte, an denen ich arbeitete, in der Universität zu diskutieren. Ich danke Marie Luise Gansberg und den TeilnehmerInnen dieses Seminars für die Anregungen.

> "Aber ich bin lesbische Schriftstellerin, so gut wie ich weibliche Schriftstellerin bin, das ist eine Entwicklung."[2]

Seither ist in der Rezeption das "Phänomen der "geteilten Reinig" " (Marie Luise Gansberg[3]) zu beobachten: Feministinnen setzen sich mit Christa Reinigs Texten seit ihrem zweiten Roman *Entmannung* (1976) auseinander, Kritiker dagegen bis und mit *Entmannung.* Sowohl Feministische Literaturwissenschaftlerinnen wie auch Literaturwissenschaftler konzentrierten sich auf die Analyse des Romans *Entmannung*[4]. Dies hat zur Folge, dass Christa Reinig zwar

---

2 *Erkennen, was die Rettung ist.* Christa Reinig im Gespräch mit Marie-Luise Gansberg. Frauenoffensive, München 1986, S.127

3 Ebenda, S.127

4 *Von Frauen*
Publizierte Arbeiten
- Ricarda Schmidt: *Westdeutsche Frauenlitertur der siebziger Jahre*, S.240-283
- Margret Brügmann: *Amazonen der Literatur*, S.173-208
- Angelika Bammer: *Testing the Limits: Christa Reinig's Radical Vision.* In: Marianne Burkhard / Edith Waldstein: *Women in German Yearbook 2.* University Press of America, Lanham / New York / London, 1986, S.107-128
- Sigrid Weigel: *Die Stimme der Medusa*, S.177-181
- Esther N. Elstun: *Christa Reinig's Emasculation: Male Chauvinism as Science Fiction.* In: Jane B. Weedman (Hg.): *Women Worldwakers: New Dimensions of Science Fiction and Fantasy.* Lubbock, Texas 1985, S.125-138
- Veronika Schnell: *Blutrünstiges und Monströses in Entmannung. Einige Überlegungen zur literarischen Aufarbeitung geschlechtsspezifischer Gewaltverhältnisse bei Christa Reinig.* In: Sylvia Wallinger / Monika Jonas (Hg.): *Der Widerspenstigen Zähmung. Studien zur bezwungengen Weiblichkeit in der Literatur vom Mittelalter bis zur Gegenwart.* Innsbruck 1986, S.311-334
Unpublizierte Arbeiten
- Mette Sorensen: *Christa Reinig, Entmannung. Versuch einer Analyse der Frauenprobleme in diesem Roman.* (Abschlussarbeit an der Universität) Oslo 1979 (Gespräch mit C.Reinig, S.97-111)
- Karin Grothausmann: *Christa Reinigs Roman "Entmannung". Versuch einer Analyse und Deutung.* (Magister-Arbeit) Münster 1980
- Renate Aumüller: *Die Literatur der Frauenbewegung in den 70er Jahren. Exemplarische Untersuchung an Christa Reinigs Roman "Entmannung. Die Geschichte Ottos und seiner 4 Frauen".* (Magister-Arbeit) München 1980 (Mit ausführlicher Bibliographie zu C.R.)

als eine von wenigen Autorinnen in sämtlichen Literatur- und "Autoren"-Lexika zu finden ist, dass jedoch nur wenige wissenschaftliche Arbeiten über sie publiziert wurden. Eine Auseinandersetzung mit ihrem Gesamtwerk fehlt bisher[5]. Zwei Gespräche mit Christa Reinig über ihr Werk und Leben wurden als Bücher publiziert: 1978 vom Literaturkritiker Ekkehard Rudolph[6] und 1986 von der feministischen Literaturwissenschaftlerin Marie Luise Gansberg[7]. Im ausführlichen Gespräch mit Marie Luise Gansberg umriss Christa Reinig sowohl ihre literarische wie auch ihre persönliche Entwicklung und bestimmte ihre Position als Autorin in einer Männerwelt.

Christa Reinig publizierte im Zeitraum von 1945 bis heute[8]: 6 Lyrikbände, 8 Erzählbände, 5 Hörspiele, 3 Romane, 2 Kinderbücher

---

- Madeleine Marti: *Christa Reinig "Entmannung". Interpretation des Romans und Analyse seiner Rezeption.* (Lizentiatsarbeit) Zürich 1983 (Gespräch mit C. Reinig S.153-173)

Von Männern
- Konradin Zeller: *Christa Reinig.* In: Heinz Puknus (Hg.): *Neue Literatur der Frauen*, S.200-207
- Peter Horn: *Christa Reinig und das "weibliche Ich"*. In: Manfred Jürgensen (Hg.): *Frauenliteratur*, S.90-109

5 - Ricarda Schmidt schrieb über alle drei Romane Reinigs in ihrem Aufsatz *Arbeit an weiblicher Subjektivität. Erzählende Prosa der siebziger und achtziger Jahre*. In: Gisela Brinker-Gabler (Hg.): *Deutsche Literatur von Frauen*. Zweiter Band, C.H.Beck, München 1988, S.459-476
Über den Lyrikband *Müssiggang ist aller Liebe Anfang* publizierte Aufsätze:
- Lothar Köhn: *Zeit der Weiblichkeit? Zur neueren Lyrik Christa Reinigs.* In: Lothar Jordan/Axel Marquardt/Winfried Woesler (Hg.): *Erlebnis und Kritik. Gedichte und Aufsätze des dritten und vierten Lyrikertreffens in Münster*. S.Fischer, Frankfurt/M. 1982, S.290-313
- Marie Luise Gansberg: *Christa Reinig, "Müssiggang ist aller Liebe Anfang" (1979). Ästhetische Taktlosigkeit als weibliche Schreibstrategie*. In: Inge Stephan/Sigrid Weigel/Kerstin Wilhelms (Hg.): *"Wen kümmert's, wer spricht". Zur Literatur und Kulturgeschichte von Frauen aus Ost und West*. Böhlau, Köln/Wien 1991, S.185-194

6 *Mein Herz ist eine gelbe Blume. Christa Reinig im Gespräch mit Ekkehart Rudolph*. Eremiten, Düsseldorf 1978 (36 Seiten)

7 Siehe Anmerkung 2 (155 Seiten)

8 In diesem Zeitraum publiziert hat von den von mir untersuchten Autorinnen nur noch Johanna Moosdorf.
Bereits verstorben sind jedoch:

und zahlreiche Erzählungen, Essays und Gedichte in Anthologien und Zeitschriften. In allen literarischen Gattungen fand Christa Reinig Anerkennung, was sich in Literaturpreisen ausdrückte: Lyrik (Bremer Literaturpreis 1964), Drama (Hörspielpreis der Kriegsblinden 1968), Prosa (Kritikerpreis für Literatur 1976). Dazu kamen Literaturpreise für ihr Gesamtwerk: Stipendium der Villa Massimo Rom 1965/66, Tukan-Preis der Stadt München 1969, Stipendium des Münchner Literaturjahres 1980, Literaturpreis des Südwestfunks 1984.

Ich werde zuerst einige Stationen von Reinigs Biographie nachzeichnen. Danach frage ich entlang der Texte von 1945 bis 1974, wie die Autorin lesbische Aspekte thematisierte oder verschwieg. Im Zentrum meiner Interpretation werden dann die drei Romane stehen.

Autorin

Christa Reinig wurde am 6.August 1926, mitten in der Weimarer Republik, als Tochter der ledigen Aufwartefrau Wilhelmine Reinig in einem Arbeiterviertel im Osten Berlins geboren. Sie wuchs während der Herrschaft der deutschen Nationalsozialisten auf und wurde während des zweiten Weltkrieges erwachsen. Christa Reinig wollte Schriftstellerin oder Gärtnerin werden, konnte jedoch nur Blumenbinderin lernen. Später arbeitete sie in einer Fabrik, nach 1945 als Trümmerfrau und Bürogehilfin.

DDR

In dieser Zeit begann Christa Reinig zu schreiben und konnte 1949 ihre erste Erzählung *Eine Ruine* veröffentlichen, die von der Arbeit der Trümmerfrauen und ihrer Solidarität untereinander handelt. Als 1950 in der neugegründeten DDR[9] die Arbeiter- und Bauernfakultä-

- Ingeborg Bachmann (1926-1971)
- Marlen Haushofer (1920-1970)
- Monika Sperr (1941-1984)
- Gertrud Wilker (1924-1984)

Erst in den siebziger oder achtziger Jahren veröffentlicht haben:
- Waldtraut Lewin, Marlene Stenten, Judith Offenbach, Ingeborg Arlt

9 Die DDR wurde im Oktober 1949 gegründet.

ten eröffnet wurden, nutzte Christa Reinig die Chance, das Abitur nachzuholen. 1951 erkannte sie sich selber als lesbische Frau[10]. Im gleichen Jahr wurde ihre zweite Erzählung, *Ein Fischerdorf*, in einer Anthologie in der DDR veröffentlicht[11]. Von 1953-57 studierte sie Kunstgeschichte und Archäologie an der Humboldt-Universität in Berlin/DDR. Auf diese Weise wurde aus der Arbeiterinnentochter die Akademikerin Christa Reinig, die nach Studienabschluss als wissenschaftliche Assistentin im Märkischen Museum arbeitete. Ihre literarischen Texte wurden jedoch nach 1951 - mit Ausnahme von zwei Gedichten[12] - in der DDR nicht mehr publiziert[13]. Christa Reinig lebte mit ihrer Mutter zusammen bis zu deren Tod in Ost-Berlin, arbeitete aber heimlich in einer Gruppe in West-Berlin mit, die sich die "ruhelosen Dichter der Zukunftsachlichkeit"[14] nannten und gemeinsam die Zeitschrift *Evviva Future!* herausgaben[15].

Anfang der sechziger Jahre wurden im Westen die ersten Bücher von Christa Reinig publiziert: *Die Steine von Finisterre* (Gedichte,

---

10 - Interview mit Christa Reinig, von Madeleine Marti: *Ohne Frauenbewegung hätte ich das sowieso nicht geschaft!* In: *Lesbenfront* Nr. 17/1983, S.27-33
- Reinig/Gansberg: *Erkennen, was die Rettung ist.* S.134

11 Neu abgedruckt in: Christa Reinig: *Gesammelte Erzählungen*, 1986

12 *Die Gerechten* und *Die Prüfung des Lächlers* in der Anthologie *Mein Wort ein weisser Vogel, Junge deutsche Lyrik*, herausgegeben von Reiner Kunze, Verlag Philipp Reclam Jun. Leipzig, S.30-33

13 Christa Reinig war nicht Mitglied des Schriftstellerverbandes. Weder Peter Huchel noch Anna Seghers, die für die Förderstellen des Schriftstellerverbandes zuständig waren, wollten Christa Reinig als Lyrikerin oder Prosaistin fördern. Nachdem in einer offiziellen Kritik die Erzählung *Ein Fischerdorf* scharf kritisiert worden war, wurde sie in die Zweitauflage der Anthologie nicht mehr aufgenommen.
Vgl. dazu: Reinig/Gansberg: *Erkennen, was die Rettung ist*, S.29/30

14 Ebenda, S.31

15 Dazu Christa Reinig:
"Die war mit sechs Durchschlägen in die Schreibmaschine gehämmert worden. Wir hatten auch Maler und Graphiker, die Fotos ihrer Werke reinklebten. Die Zeitschrift wurde nur verliehen. Wir machten eine Liste von Leuten, die uns interessierten und von denen wir vermuteten, wir könnten sie interessieren. Nach einiger Zeit holten wir das Exemplar wieder ab und baten um eine milde Gabe, damit die Kosten für die nächste Zeitschrift, Auflage sieben Exemplare, herauskommen konnte."
Ebenda, S.34/35

Eremiten-Presse, 1960), *Der Traum meiner Verkommenheit* (Erzählung, Fietkau, 1961), *Gedichte* (Fischer, 1963).

BRD

Als 1961 in Berlin die Mauer gebaut wurde, fühlte sich Christa Reinig eingeschlossen und wollte in den Westen gehen. Aufgrund ihres 1963 im Fischer Verlag publizierten Gedichtbandes erhielt sie 1964 den Bremer Literaturpreis und blieb anlässlich der Preisverleihung in der BRD. Dadurch wechselte sie im Alter von 38 Jahren die Staatsangehörigkeit. Seither lebt sie in München, 1965/66 war sie als Stipendiatin der Villa Massimo in Rom. Danach arbeitete sie bis 1971 als freie Schriftstellerin im kapitalistischen Literaturbetrieb und war deshalb gezwungen, sich in einer "krassen Männerwelt"[16] zu bewegen und aus finanziellen Gründen Artikel zu schreiben, die sie "besser nicht geschrieben hätte"[17]. In dieser Zeit erschienen ihre Gedichte und Erzählungen in zahlreichen Anthologien. Im Süddeutschen Rundfunk wurden fünf Hörspiele gesendet, von denen eines auch als Buch publiziert wurde: *Das Aquarium*[18].

Mitte der sechziger Jahre wechselte Christa Reinig vom Grossverlag Fischer zum Kleinverlag Eremitenpresse, da sie mit der Lektorierung bei Fischer nicht einverstanden war[19]. In der Eremitenpresse erschienen: *Drei Schiffe* (Erzählung, 1965), *Schwabinger Marteln* (Gedichte, 1969), *Orion trat aus dem Haus* (Erzählungen, 1969), *Schwalbe von Olevano* (Gedichte, 1969), *Das grosse Bechterew-Tantra* (1970), *Papantscha-Vielerlei* (Gedichte, 1971), *Hantipanti* (1972) und "*Gratuliere*" *Wort- und Bildgeschenke zum fünfzigsten Geburtstag von Christa Reinig am 6.August 1976* (Gesammelt von Dieter Hülsmanns und Friedolin Reske).

Vom Kampf ums materielle Überleben wurde Christa Reinig 1971 auf tragische Weise erlöst: Ein Treppensturz mit anschliessender falscher Behandlung machte sie mit 45 Jahren zur Schwerbehinder-

---

16 Reinig/Marti: *Ohne Frauenbewegung hätte ich das sowieso nicht geschafft!* S.31

17 Christa Reinig/Jo Wünsche: *Abgestorbener Raum. Interview mit Christa Reinig.* In: *Alternative* 113, Berlin/W., 1977, S.71

18 Reclam Verlag Stuttgart, 1969

19 Reinig/Gansberg: *Erkennen, was die Rettung ist*, S.49-52

ten. Seither lebt sie sehr bescheiden von ihrer Rente. Nach dem Unfall schrieb sie erstmals einen Roman, *Die himmlische und die irdische Geometrie* (1975), und wurde im Prozess des Schreibens zur Feministin[20]. Daran anschliessend folgte der Roman *Entmannung* (1976), den sie als ihren "Weg in die Frauenbewegung"[21] bezeichnete und mit dem sie gleichzeitig literarisch ihr Coming Out vollzog.

Frauenbewegung

Christa Reinig verstand sich nun als zur Frauenbewegung zugehörig. 1976 rezensierte sie begeistert das Buch *Häutungen* der unbekannten Autorin Verena Stefan, das 1975 im neugegründeten Frauenoffensive Verlag veröffentlicht worden war, und Verena Stefan bedankte sich ihrerseits mit einer Würdigung von *Entmannung*, die zum 50. Geburtstag von Christa Reinig in *Die Zeit* erschien[22]. Christa Reinig reflektierte in ihrer Rezension die Schwierigkeiten, ein weibliches Ich zu artikulieren, und lobte Verena Stefan, weil ihr dies gelungen sei[23]. Während andere Schriftstellerinnen der Frauenbewegung mit distanziertem Interesse begegneten, sich selber nicht als Feministinnen sahen und sich oft scharf gegen den Begriff *Frauenliteratur* abgrenzten, nahm Christa Reinig an *Treffen schreibender Frauen* und an feministischen Kongressen teil. Von feministischen Zeitschriften[24] und von Herausgeberinnen von Anthologien[25] erhielt Christa Reinig Publikationsangebote, von denen sie sehr viele wahrnahm. Ohne Christa Reinigs Auseinandersetzung in und mit der Frauenbewegung wären die radikalfeministischen Essays *Der Wolf und die Witwen* (1980)

---

20 Vgl. dazu auch: Ebenda, S.109

21 Reinig/Rudolph: *Mein Herz ist eine gelbe Blume*, S.19

22 Verena Stefan: "*Muss es Männer geben? Nein.*" *Klytemnestra wohnt nebenan. Christa Reinigs zweiter Roman "Entmannung"*. In: *Die Zeit*, 6.8.1976

23 Christa Reinig: *Das weibliche Ich*
In: *Süddeutsche Zeitung* 7.4.1976
Wiederabgedruckt in:
- *Frauenoffensive Journal* (München) Nr.5, 1976, S.50/51
- *Alternative* (Berlin/W.) Nr.108/109, 1976, S.119

24 Z.B. *Die Schwarze Botin* (Berlin), *Frauenoffensive Journal* (München), *Münchner Frauenzeitung*, *Courage* (Berlin), *Emma* (Köln)

25 *Frauenjahrbuch*, Ruth Mayer u.a.

kaum denkbar. Sie erschienen grösstenteils zuerst in der feministisch-satirischen Zeitschrift *Die Schwarze Botin* in Berlin. Christa Reinig stellte ihre literarische Arbeit in den politischen Kontext der Frauenbewegung und wurde durch die Publikationsorgane der Frauenbewegung als radikalfeministische Autorin bekannt und entsprechend rezipiert. Allerdings blieb die literaturwissenschaftliche Auseinandersetzung mit ihrem ersten Roman, *Die himmlische und die irdische Geometrie*, auch weiterhin aus. Die feministische Literaturwissenschaft konzentrierte ihre Diskussion auf die Werke von Ingeborg Bachmann und Christa Wolf, später auch von Marlen Haushofer und analysierte als Standardtexte feministischer Literatur Verena Stefans *Häutungen* und Christa Reinigs *Entmannung*[26].

Neuorientierungen

Christa Reinigs Leben ist geprägt von Übergängen und einschneidenden Veränderungen, weshalb sie ihren sozialen Bezugsrahmen jeweils neu aufbauen musste: Durch ihr Studium kam sie aus proletarischen Kreisen ins Intellektuellenmilieu. Mit dem Übergang von der DDR in die BRD verlor sie ihren Kreis von FreundInnen. Nach ihrem Unfall war sie zwei Jahre lang von der Aussenwelt beinahe abgeschnitten[27]. Durch ihre Entscheidung für die Frauenbewegung gingen teilweise alte Freundschaften in die Brüche: So trennte sich Reinig z.B. 1981 von den befreundeten Verlegern der Eremiten-Presse, da diese zum zweiten Mal ein Buch von ihr pornographisch illustriert hatten[28]. Sie entschied sich für die Frauenoffensive in München, dem grössten Verlag der Frauenbewegung, deren Verlegerinnen sie bereits 1976 kennengelernt hatte[29]. Christa Reinig erlebte also auf verschiedene Weise immer wieder den Abbruch menschlicher Beziehungen. Gleichzeitig lebte sie nicht in einer dauerhaften Liebesbe-

---

26 Vgl. die Angaben in Anmerkung 4

27 Reinig/Gansberg: *Erkennen, was die Rettung ist*, S.55/56

28 - Ebenda, S.53-58
- Interview mit Christa Reinig, in: Madeleine Marti: *Christa Reinig, "Entmannung"*, 1983. S.162-164

29 Bereits im *Frauenoffensive Journal* Nr.5/1976 ist ein Beitrag von Christa Reinig enthalten.

ziehung[30]. Immer wieder wurde sie somit in extremer Weise auf sich selbst zurückgeworfen. Als Schriftstellerin und als lesbische Frau bewegte sie sich als vielfache Aussenseiterin am Rande einer Männerwelt. Aber statt zu resignieren, entwickelte Christa Reinig Mut und Kraft, Dinge zu benennen, Masken abzulegen, Gedanken konsequent weiterzudenken und sich selbst und andere nicht zu schonen. Geistige Nahrung holte sie sich bei verschiedenen Religionen, Philosophen, Schrifstellern (und wenigen Schrifstellerinnen), gegenüber denen sie in ihrer Literatur eigenwillige Positionen entwickelte.

Literarisches Werk

1945 - 1974

Während sie in der DDR (bis 1964) lebte, publizierte Christa Reinig im Westen kurze Prosa und Lyrik, in der BRD dann auch Hörspiele[31]. Christa Reinigs literarisches Werk bis 1974 ist für eine Suche nach lesbischen Spuren wenig ergiebig. Lesbische Figuren, Episoden lesbischen Lebens, autobiographische Erfahrungen, Reflexionen über gesellschaftliche Diskriminierungen und Liebesgedichte kommen in ihrer Literatur erst nach 1975 vor. Wie und warum verschweigt sie diesen Bereich? Welche Vorstufen sind zu ersehen? Welche Bilder und Aussagen könnten als Chiffren lesbischer Botschaften gelesen werden?

Eine Ruine und *Das Fischerdorf*

1949 und 1951 erschienen die beiden ersten und zugleich einzigen in der DDR publizierten Erzählungen von Christa Reinig, *Eine Ruine* und *Ein Fischerdorf*. Darin gestaltet sie kühn ein Thema, das sie erst 25 Jahre später als bewusste Feministin mit neuem Akzent wieder aufgreift: Frauen arbeiten und leben miteinander ohne Männer. Beide Geschichten werden von einem weiblichen Ich erzählt. Auf autobiographischer Erfahrung basiert die Schilderung der Zusam-

---

30 Vgl. dazu: Reinig/Marti: *Ohne Frauenbewegung hätte ich das sowieso nicht geschafft!*

31 Hörspiele für den Rundfunk waren und sind häufig die einzige Möglichkeit, mit literarischen Texten Geld zu verdienen.

menarbeit und Solidarität von Trümmerfrauen im Nachkriegsberlin in *Eine Ruine*.

In fiktionaler Prosa berichtet die Ich-Erzählerin[32] in der Rahmenhandlung von *Ein Fischerdorf*, wie sie von diesem Fischerdorf gehört habe, "das nur von Frauen bewohnt sei, die mit ihren schweren Booten zum Fang ausfahren, um die Kinder und die alten Leute zu ernähren" (12). Neugierig geworden besucht sie dieses Dorf und schreibt dessen Geschichte auf. In der Haupthandlung, die 7/8 des ganzen Textes ausmacht, wechselt die Perspektive von der Ich-Erzählerin zur auktorialen Erzählsituation, in der berichtet wird, wie es dazu kam, dass die Männer des Dorfes starben oder verhaftet wurden. Das Schwergewicht der Erzählung liegt auf der Beschreibung der illegalen Handlungen der Männer, wobei die Frauen nur untergeordnete Rollen spielen.

Männliche Masken

Festzuhalten bleibt, dass Christa Reinig in ihren ersten beiden Erzählungen aus der Perspektive eines weiblichen Ichs erzählt und dass ihr Interesse dabei Frauen gilt, die ohne Männer zusammen arbeiten. Bereits im zweiten, fiktionalen Text vollzieht sie jedoch den Übergang von der weiblichen Ich-Erzählsituation zur auktorialen Erzählsituation und den Wechsel des Blicks von den Frauenfiguren auf die Männerfiguren. Während Reinig im autobiographischen Text eigene Erfahrungen als Frau mittels weiblicher Figuren und aus weiblicher Ich-Perspektive darstellte, schlüpft sie im Prozess der Fiktionalisierung des Schreibens in männliche Rollen und Erzählpositionen. Oder, wie Christa Reinig 1976 selber formulierte:

> "Die Formen und Formeln der Dichtersprache sind nicht geschaffen, dass ein weibliches Ich sich darin artikulieren kann."[33]

---

32 An einer einzigen Stelle wird deutlich, dass es sich um eine Ich-Erzählerin handelt. Als Figur wird sie jedoch nicht konkretisiert:
"Sie reden ihre rauhe, unverstandene Sprache und sind sehr kurz angebunden zu *mir, der Fremden*, die im Wege steht."
(Hervorhebung von M.M.) Christa Reinig, *Gesammelte Erzählungen*, S.17

33 - Christa Reinig: *Das weibliche Ich*, S.119
- Aus meinem Deutschunterricht ein Beispiel für das Wirken der patriarchalen Literaturtradition: Eine Klasse 18-jähriger SchülerInnen

Protagonistinnen und Ich-Erzählerinnen verschwanden für die nächsten zwanzig Jahre aus dem Zentrum von Christa Reinigs Texten, in denen kein Raum geschaffen wurde für Lesbenfiguren, sichtbar lesbische Wünsche oder Nachdenken über lesbisches Leben.

Doppelte Schwierigkeiten, als Lesbe ein weibliches Ich zu entwickeln

Sigrid Weigel wies in ihrem grundlegenden Aufsatz *Der schielende Blick. Thesen zur Geschichte weiblicher Schreibpraxis* (1983)[34] darauf hin, dass "die Geschichte einer weiblichen literarischen Tradition" zu beschreiben sei als "schrittweise Befreiung des Schreibens aus männlicher Perspektive hin zu einer authentischen weiblichen Schrift und Sprache"[35]. Anhand von Beispielen aus der Literatur des 18., 19. und 20. Jahrhunderts zeigte Weigel auf, dass die Zugehörigkeit von Autorinnen zum anderen, untergeordneten Geschlecht zur Folge hatte, dass in der Schreibweise "Verstellungen, Maskierungen und Anpassungen" (96) zum Ausdruck kamen. Diese äusserten sich in der Wahl von (meist männlichen) Pseudonymen[36], von (männlichen) Protagonisten und (männlichen) Ich-Erzählern. Weigel begründete diese Schwierigkeiten, als Autorin ein weibliches Ich zu entwickeln, damit, dass Frauen von der bestehenden Kultur gleichzeitig ein- und ausgegrenzt werden[37] und dass die Frauen als Geschlecht den Männern untergeordnet sind, "da die kulturelle Ordnung von Männern regiert wird"[38], weshalb die Frauen die Normen übernehmen müssen, deren Objekte sie selber sind, und den männlichen Blick auf sich selbst richten. Aus dieser paradoxen Situation heraus haben Schriftstellerinnen

---

hatte 1986 die Aufgabe, eine dramatische Szene mit zwei bis vier Figuren zu einem selbstgewählten Thema zu schreiben. Es wurden Szenen verfasst, in denen gleichviele weibliche und männliche Figuren vorkamen (alle zum Themenbereich Liebe und Familie), in denen mehr männliche als weibliche Figuren vorkamen und umgekehrt (letzteres allerdings seltener) und schliesslich Szenen, in denen ausschliesslich männliche Figuren spielten - aber keine einzige Szene, die ausschliesslich mit weiblichen Figuren besetzt wurde.

34 In:Inge Stephan/Sigrid Weigel: *Die verborgene Frau*, S.83-137

35 Ebenda, S.87

36 Ebenda, S.91

37 Ebenda, S.87

38 Ebenda, S.85

immer wieder versucht, sich mit unterschiedlichen Schreibstrategien zu befreien.

Anhand von Christa Reinigs Texten ist zu beobachten, wie eine Autorin diesen literarhistorischen Prozess der schrittweisen Befreiung aus männlicher Perspektive hin zu einer weiblichen Perspektive innerhalb von dreissig Jahren vollzieht. Zwei Besonderheiten von Christa Reinigs Schreibweise scheinen mir dabei symptomatisch für die Situation von Autorinnen - insbesondere von lesbischen Autorinnen - in der zweiten Hälfte des 20. Jahrhunderts:

1) Im ersten publizierten Prosatext hatte Christa Reinig Frauen ins Zentrum gestellt und, nachdem sie auf diese Weise erstmals einen Fuss in die literarische Öffentlichkeit gesetzt hatte, die Notwendigkeit zur Anpassung erfahren und sich in den nächsten zwanzig Jahren männlicher Maskierungen bedient. Ein ähnlicher Prozess lässt sich auch bei Johanna Moosdorf beobachten, die zur selben Zeit wie Reinig zu publizieren begann.

2) Offensichtlich war es für Christa Reinig als lesbische Autorin - und auch noch für Marlene Stenten, die erst anfangs der siebziger Jahre veröffentlichte - besonders schwierig, ein weibliches Ich zu artikulieren, schwieriger noch als für hetero- und bisexuelle Autorinnen, denen es früher möglich wurde, ein weibliches Ich auszudrücken.

Im Vergleich mit Marlen Haushofer, Ingeborg Bachmann, Johanna Moosdorf und Christa Wolf, grenzte Christa Reinig Beziehungen zwischen Frauen, lesbische Wünsche und selbst Protagonistinnen weit rigider aus, und sie entwickelte erst etliche Jahre später als diese Autorinnen ihrer Generation eine weibliche Ich-Perspektive. Dieser Befund scheint zunächst paradox angesichts der lesbischen Lebensweise Christa Reinigs im Vergleich zur bi- oder heterosexuellen von Johanna Moosdorf, Marlen Haushofer, Ingeborg Bachmann und Christa Wolf. Gerade in diesem Paradox liegt jedoch der Schlüssel zur Erklärung. Zur Erläuterung skizziere ich Christa Reinigs widersprüchliche Situation als lesbische Frau in der DDR der fünfziger Jahre, die sie im Rückblick 1982 folgendermassen beschrieb:

> "Gleichzeitig hatte ich eine Frau, in die ich arg verliebt war - und in meiner Klasse sass eine Frau, die war eine Lesbierin. Es war eine von

der andern Seite. Ich gehörte nicht dazu, ich hatte damit gar nichts zu tun."[39]

Mit 25 Jahren hatte sich Christa Reinig erstmals als lesbisch wahrgenommen:

"Und dann kam diese Konfrontation, dass ich feststellte: wenn ich mich an meine Träume erinnern kann, dass es erotische Träume sind und dass diese erotischen Träume lesbisch sind, dann bist du das. Überleg dir das mal! - Und da geschah etwas ganz Merkwürdiges. Ich hatte immer abgewehrt, wenn Frauen von sich aus auf mich zugekommen sind. In dem Augenblick, wo ich da sass und wusste: das bist du. Da ist mir so richtig ein Stein vom Herzen gefallen. Das war, wie wenn eine Schlange so die Haut vom Leibe streift: Ich war richtig froh. Ich war glücklich in diesem Zustand. Ich weiss nicht, eventuell war ich unglücklich verliebt, aber in dem Augenblick, als ich das hinter mir hatte und mir selbst zum Bewusstsein gemacht hatte, war ich froh.- Da fühlte ich mich irgenwie rund.

Heute würde ich sagen, ich habe gelernt, mich anzunehmen, mich zu akzeptieren. Und ich fühlte mich dadurch plötzlich ganz sauwohl und habe mich um die Meinung von andern nicht mehr geschert."[40]

Anschliessend wollte Reinig auch gegenüber andern ihr Lesbischsein nicht mehr verstecken und schrieb in ihrem Lebenslauf für die Arbeiter- und Bauernfakultät, dass sie "homoerotisch" sei. Der Direktor zitierte sie und gebot ihr "strengstes Stillschweigen"[41]. Später handelte sie sich durch diese Offenheit Schwierigkeiten ein[42]. Von ihrer Mutter berichtete Christa Reinig, dass diese sie im Studium sehr unterstützt habe. Auch ihre lesbischen Beziehungen habe sie toleriert, das Signalisieren lesbischer Zeichen in Kleidung und Auftreten jedoch vehement bekämpft[43]. Christa Reinig dazu 1986:

"Was hatten wir zu Hause für einen Streit um Dinge, die sich nicht sagen liessen."[44]

Die Reaktionen des Schulleiters und der Mutter verweisen auf das gesellschaftliche Klima: Lesbisch leben war nicht verboten, aber es

39 Reinig/Marti: *Ohne Frauenbewegung hätte ich das sowieso nicht geschafft!* S.28

40 Ebenda, S.28

41 Reinig/Gansberg: *Erkennen, was die Rettung ist*, S.134

42 Ebenda, S.134-136

43 Als Beispiel dafür erwähnt Christa Reinig das Tragen von Hosen und Baskenmütze und das Zigarrenrauchen.
Ebenda, S.136

44 Ebenda, S.136

wurde aktiv totgeschwiegen. Begegnungsorte wie Frauencafés oder Frauenbars gab es in Ost-Berlin nicht, und die Lokale in West-Berlin waren für Frauen aus dem Osten unbezahlbar. Christa Reinig erwähnte eine ihr bekannte Künstlerkneipe in Ost-Berlin, in die sie und ihre Freundin mit ihren bescheidenen Kleidern aber nicht zu gehen wagten[45]. Die gesellschaftliche Einschätzung lesbischer Frauen in den fünfziger Jahren spiegelt ein Artikel zum Schlagwort *Homosexualität* aus dem *Lexikon der Frau*, das 1953 erschien, wider:

> "Verkehrung der geschlechtl. Gefühle und Triebe im Sinne einer Neigung zum gleichen Geschlecht. Es gibt Menschen, deren sexuelles Empfinden einseitig in dieser Richtung liegt, u. andere, bei denen eine gewisse Beiderseitigkeit geschlechtl. Fühlens möglich ist. Beim weiblichen Geschlecht ist letzteres als eine Art Zwischenstufe nicht allzuselten. In der Pubertät zeigen sich gelegentlich flüchtige Andeutungen in Gestalt wechselseitiger Jungmädchenliebe od. einer Schwärmerei für weibl. Ideale: Lehrerinnen, Schauspielerinnen u.a. Begünstigt wird diese Neigung durch Pensionats- od. Internatserziehung, auch durch die in dieser Zeit häufige Scheu vor dem andern Geschlecht."[46]

Im Gegensatz zu Lesben waren Schwule auch in der DDR der fünfziger Jahre sichtbar, wie Christa Reinig 1982 erzählte:

> "Schwule gabs also Massen. Und dann gilt für die ganze DDR, dass die schwulen Männer nach dem zweiten Weltkrieg doch als Opfer des Faschismus anerkannt waren. Die sassen in Amt und Würden und jede/r wusste, dass sie schwul waren."[47]

Obwohl also lesbische Frauen in den fünfziger Jahren für abnorm galten, gesellschaftlich verschwiegen wurden und keine gesellschaftlichen Bezugsgruppen hatten, versuchte Christa Reinig bereits in dieser Zeit, lesbische Gedichte zu machen.

> "Wenn ich *ich* dachte, hab ichs immer als *er* gemacht. *Der Lächler* oder so - und ich hatte Schwierigkeiten, Frauengestalten darzustellen. Das war ja immer nicht *ich*, *ich* als Frau war ja irgendwie nicht in die Literatur reinzukriegen.
>
> Ich habe ja schon vor langen Jahren versucht, Lesbengedichte zu machen. Das hat mir ein Freund geradezu verboten, weil er auch gesehen hat, dass es schlecht war. Erst hab ichs ihm übel genommen, da-

---

45 Ebenda, S.135

46 *Lexikon der Frau*. Band 1. Encyclios Verlag, Zürich 1953, S.1422

47 Reinig/Marti: *Ohne Frauenbewegung hätte ich das sowieso nicht geschafft!* S.29

mals. Also, ich schaffte es nicht. Und ich schaffte nicht, mein *ich* als Frau in die Literatur reinzubringen."[48]

Mit dieser Aussage verweist Christa Reinig auf verschiedene Schwierigkeiten: 1) Es gelang ihr nicht, Gedichte zu machen, in denen sie ihre lesbischen Gefühle zum Ausdruck bringen konnte. 2) Sie konnte kein weibliches Ich formulieren. 3) Sie versteckte sich deshalb hinter männlichen Masken, mit denen sie sich auch identifizierte. 4) Ihr wurde von einem Freund abgeraten, weiterhin Lesbengedichte zu machen. Vier Jahre nach dieser Aussage kommentierte Christa Reinig ihre unveröffentlichten Lesbengedichte der fünfziger Jahre:

"Es ging nicht allein darum, dass sie schlecht waren. Es ging um das Thema. Es war nicht die Zeit für diese Dinge."[49]

Die Schwierigkeit, als Frau und Schriftstellerin ICH zu sagen/zu schreiben und sich selber als Subjekt zu definieren, liegt in der patriarchalischen Gesellschaft begründet. Bisher wurde jedoch nicht erkannt, dass es für hetero- oder bisexuelle Schriftstellerinnen früher möglich war, ein weibliches Ich zu artikulieren als für eine lesbische Schriftstellerin. Das Paradox, dass eine Schriftstellerin, die Frauen liebt, mehr Schwierigkeiten hat, ein weibliches Ich und weibliche Figuren zur Sprache zu bringen als eine Frau, die Männer liebt, erweist sich als logische Folge gesellschaftlicher Herrschaftsverhältnisse: Eine lesbische Frau, die ihr Lesbischsein, d.h. also einen zentralen Bestandteil ihrer Identität, verleugnen muss, versteckt damit auch ihre Weiblichkeit[50]. Im Prozess der Entwicklung ihrer lesbischen Identität läuft sie Gefahr, ihre Abgrenzung von patriarchalen Weiblichkeitsbildern über die Identifikation mit dem Männlichen zu vollziehen und zu internalisieren. Dazu kommt die mögliche Abwehrstra-

---

48 - Reinig/Marti (Lizentiatsarbeit) S.171
- Vgl. dazu auch Reinig/Gansberg: *Erkennen, was die Rettung ist*, S.137/8

49 Reinig/Gansberg, a.a.O., S.138

50 Vgl. dazu den Kommentar der Schweizer Schriftstellerin Annemarie Schwarzenbach an den Literaturprofessor Charles Clerc 1933 zu ihrer kurz zuvor publizierten Erzählung *Lyrische Novelle*:
"Der zwanzigjährige Held ist kein Held, kein Jüngling, sondern ein Mädchen - das hätte man eingestehen müssen, um die Gefährlichkeit der Verwirrung und die mühsame Erkenntnis menschlicher, richtiger, glaubhafter zu machen."
(Zitiert nach dem Nachwort von Roger Perret in der Neuauflage, Lenos, Basel 1988, S.100)

tegie gegen die Behandlung von Schriftstellerinnen in der Öffentlichkeit, in der bei Frauen Autorin und Person oft in denunziatorischer Weise gleichgesetzt werden. Dazu Sigrid Weigel:

> "Die Veröffentlichung ihrer Subjektivität ist aber für die Frau nicht ohne weiteres Befreiung, hat sie doch (häufig unliebsame) Auswirkungen auf ihr privates Glück. Denn bei Frauen unterscheidet man nicht zwischen der Schriftstellerin und der Person. Der Wille von Frauen zur öffentlichen Einmischung und zur Gleichberechtigung im kulturellen Bereich ist daher durch das Motiv des eigenen Persönlichkeitsschutzes gebrochen. Den Wunsch nach Anerkennung aus der Abhängigkeit von einem Mann zu befreien, stösst auf die Vergesellschaftung der privaten Existenz der Frau."[51]

Dieses Dilemma trifft die lesbische Autorin in verschärfter Weise, da sie sich den gesellschaftlichen Diskriminierungsstrategien von Verschweigen und Stigmatisierung ausgesetzt sieht. Christa Reinig schrieb bis 1974 Gedichte und Erzählungen, in denen ihr Erleben verschlüsselt und männlich maskiert ausgedrückt ist, und machte 1976 erstmals Lesben zum Thema. Auch die lesbische Autorin Marlene Stenten benutzte bis 1974 männliche Masken und erzählte 1977 erstmals aus der Perspektive einer lesbischen Ich-Erzählerin. Johanna Moosdorf und Ingeborg Bachmann, die beide wie Reinig nach dem zweiten Weltkrieg mit der Publikation begonnen hatten, hatten schon 1961 weibliche Protagonistinnen ins Zentrum gestellt, wobei sie auf unterschiedliche Weise eine mögliche lesbische Beziehung zum Thema machten.

Lyrik

Selbst in der Lyrik, die als die "subjektivste" der Dichtungsgattungen gilt[52] und in der sich Christa Reinig auch an Autorinnen wie Annette von Droste-Hülshoff und Else Lasker-Schüler orientierte, schrieb Reinig fast immer über Männer oder von einem männlichen lyrischen Ich aus. Z.B. über oder aus der Perspektive folgender Figuren: Soldat, Sohn, Enkel, Hirte, Dichter, Zeitungsbote, Astronaut, Pilger, Tänzer, Lächler, Henker, Brüller, Blutiger Bomme, Abel, Ikarus, Robinson. In ihrem Aufsatz zum Gedichtzyklus *Müssiggang ist aller Liebe*

---

51 Sigrid Weigel: *Der schielende Blick*, S.90
52 *Sachwörterbuch der Literatur*, S.482

Anfang bilanzierte Marie Luise Gansberg die Entwicklung des lyrischen Ichs bei Christa Reinig:

> "Für Reinig wie für die Bachmann, die zu Ende der 40er, Anfang der 50er Jahre zu schreiben anfingen, hatten die Kunstnormen des Patriarchats weithin Vorbildcharakter, schien die Fiktionalisierung nur über männliche Helden, männliche Ich-Erzähler und lyrische Subjekte möglich."[53]

Im Unterschied zur Prosa spricht das lyrische Ich in Gedichten Gefühle und Gedanken direkt an, auch wenn diese in Männermund gelegt werden. Eine Reihe von Metaphern könnten deshalb auch als Ausdruck spezifisch lesbischen Empfindens interpretiert werden, wie in den folgenden Beispielen.

Ahornblatt

Ein Wort bewegt dies Ahornblatt
bis in die Wurzel meines Sterns.
Zu wünschen wag ich nicht
noch Sprache einzubaun
in menschliche Belange.

Das Gedicht *Ahornblatt* (1969)[54] könnte als Ausdruck der sozialen Isolation einer lesbischen Frau gelesen werden. Die Worte "menschliche Belange" stehen vermutlich für eine Liebesbeziehung oder Freundschaft. In bezug darauf hat das lyrische Ich Angst, zu wünschen und diese Wünsche sprachlich auszudrücken. In einer Welt, in der Lesben unsichtbar sind und totgeschwiegen werden, braucht es Mut, sich den Wunsch nach einer lesbischen Liebesbeziehung einzugestehen, geschweige denn, diesen Wunsch auch sprachlich zu äussern.

Robinson

manchmal weint er wenn die worte
still in seiner kehle stehn
doch er lernt an seinem orte
schweigend mit sich umzugehn

---

53 Marie Luise Gansberg: *Christa Reinig, "Müssiggang ist aller Liebe Anfang" (1979)*, S.185

54 Christa Reinig, *Gesammelte Gedichte*, S.95

und erfindet alte dinge
halb aus not und halb im spiel
splittert stein zur messerklinge
schnürt die axt an einen stiel

kratzt mit einer muschelkante
seinen namen in die wand
und der allzuoft genannte
wird ihm langsam unbekannt

Formal ist *Robinson*[55] kunstvoll gebaut mit drei Strophen à vier Verse, die kreuzweise gereimt sind. Alliterationen erzeugen eine Sprachmelodie über das ganze Gedicht, die zu der ein bis zwei Verse umfassenden Satzlänge kontrastiert: Ein wohlgeordnetes und wohlklingendes Gedicht.

Inhaltlich könnte *Robinson*, der unfreiwillig von den andern Menschen getrennt lebt, als Metapher für die Einsamkeit einer lesbischen Frau in einer zwangsheterosexuellen Gesellschaft interpretiert werden. Anfangs weint Robinson - ein für einen literarischen Helden im 20. Jahrhundert höchst ungewöhnliches Verhalten -, weil er in seiner Einsamkeit nicht sprechen kann. Dann beginnt er sich "an seinem Orte" einzurichten: Zuerst lernt er mit sich selber "schweigend" umzugehen, danach fertigt er Werkzeuge an, "Messerklinge" und "Axt", teils zum Überleben, teils aber auch als Spiel zu seiner Unterhaltung. Zuletzt kratzt er "seinen Namen in die Wand". Der Name ist Symbol seiner Identität. Da kein menschliches Gegenüber mehr vorhanden ist, das ihn anspricht, ihn spiegelt, ihm entgegnet, wird er auf sich selbst zurückgeworfen. Indem er seinen Namen in die Wand schreibt, bestätigt er sich selber seine Identität. Doch sein Name "wird ihm langsam unbekannt". Die alte Identität verschwindet, und er wird eine neue entwickeln müssen. Dies könnte eine Metapher sein für den einschneidenden Wandel im Prozess des Coming Out: Die alte Identität wird abgelegt und Stück für Stück eine neue lesbische Identität aufgebaut[56].

---

55 Ebenda, S.18

56 Vgl. dazu Brigitte Reinberg/Edith Rossbach: *Stichprobe Lesben*, S.34: "Für jede Lesbe steht am Anfang ihres Weges zu einer lesbischen Identität der schwierige Prozess des "Coming Out": Sie muss sich selber

Im Gedicht *Hört weg!*[57], das Christa Reinig im Jahr ihres Coming Out (1951) schrieb[58], spricht das lyrische Ich, dessen Geschlecht unbestimmt bleibt, "allein für asoziale elemente" (1.Strophe), unter die es sich selber einordnet. Die letzte von vier Strophen, die gegen die sozialistische Aufbaupropaganda gerichtet ist, lautet:

> ich rede wie die irren reden
> für mich allein und für die andern blinden
> für alle die in diesem leben
> nicht mehr nach hause finden

Eine Reihe weiterer Gedichte könnte im Hinblick auf lesbische Chiffren untersucht werden. Marie Luise Gansberg hielt fest, dass die lesbische Autorin Christa Reinig in ihrem ersten Gedichtzyklus *Die Sterne von Finisterre* (1960) die Fiktionalisierung ausschliesslich über Männermasken laufen liess[59].

> "In den drei Gedichtzyklen, die auf die *Finisterre*-Gedichte folgen - *Gedichte* (1963), *Schwalbe von Olevano* (1969), dem parodistischen Pandämonium *Papantscha Vielerlei. Exotische Produkte Altinidiens* (1971) - bleibt die Identität des lyrischen Subjekts im Diffus-Neutralen, wird weiblicher Lebenszusammenhang, das weiblich-lesbische Selbst noch verleugnet."[60]

Erst 1979 brachte Christa Reinig im Gedichtzyklus *Müssiggang ist aller Liebe Anfang* ein lesbisches Ich zum Ausdruck, nachdem sie im zweiten Roman *Entmannung* (1976) das Tabu gebrochen und Lesben erstmals zu einem Thema gemacht hatte. In *Entmannung* hatte sie

---

bisch wahrnehmen, sich mit den eigenen, verinnerlichten Normen und den sozialen Erwartungen, wie sie an jede Frau gestellt werden, auseinandersetzen und sich von ihnen lösen. Der Begriff "Coming Out" bezeichnet also die Selbstentdeckung und Bejahung des eigenen Lesbischseins zunächst vor sich selbst und dann auch vor der Öffentlichkeit. Dieser Prozess muss sich sowohl gegen die eigenen verinnerlichten Vorstellungen als auch gegen beträchtlichen gesellschaftlich organisierten Widerstand vollziehen."

57 Zitiert nach: Christa Reinig: *Gesammelte Gedichte*, S.49

58 Das aber erst 1963 publiziert wurde: Reinig/Gansberg: *Erkennen, was die Rettung ist*, S.39/40

59 Marie Luise Gansberg: *Christa Reinig, "Müssiggang ist aller Liebe Anfang" (1979)*, S.186

60 Ebenda, S.186

das Schwergewicht auf die radikalfeministische Patriarchatskritik gelegt, in *Müssiggang ist aller Liebe Anfang* gestaltete sie danach erstmals eine lesbische Liebeserfahrung. Der Gedichtzyklus besteht aus 365 Kalenderversen, die formal inspiriert sind von Epigramm und japanischem Haiku, nach Tag und Monat datiert. Inhaltlich stehen Liebesgedichte, in denen das lesbische Ich seine Liebeserfahrung mit der Geliebten Pauli ausdrückt und damit gleichzeitig für die lesbische Liebe eintritt, neben Gedichten, in denen feministische Kritik am Patriarchat und auch an weiblicher Kollaboration geübt wird. Marie Luise Gansberg kommentierte Reinigs Schreibweise so:

> "In der Tat mag die harte Fügung von traditioneller Liebeslyrik mit radikalfeministischer Epigrammatik auf viele LeserInnen befremdlich wirken. Die ästhetische Taktlosigkeit, die Schockwirkung ist beabsichtigt, ist das poetische Kennzeichen von Reinigs Schreibweise der späten 70er Jahre. Die poetische Stimmung, die lyrische Erwartungshaltung wird beständig gebrochen. Wer sich eben in der feministischen Satire eingerichtet hat, wird vielleicht im nächsten Vers in besinnliche, meditative Stimmung versetzt und ist möglicherweise im darauf folgenden Text wieder mitten im epigrammatischen Kampf. Und umgekehrt. (...)
> Reinig kommt im Gegenstand - lesbische Liebe und Lebensweise/radikalfeministische Satire - wie in der harten Fügung zweier Textsorten, zweier Stilhaltungen, zu einer neuen lyrischen Schreibweise."[61]

In der Rezeption dieses Gedichtzyklus teilte sich die Literaturkritik nach Geschlechtern: Kritikerinnen waren voll des Lobes. So rühmte Regina Stetter den "Witz, die Worte, die Sichtigkeit", "den präzise kritisch-satirischen Biss" und den "pfiffigen und selbstironischen Ton"[62] und Hedwig Rohde:

> "Und zuallererst wäre zu sagen, dass dies die erste überzeugend echte lesbische Liebesdarstellung unserer Zeit ist."[63]

Kritiker dagegen, die zum Teil im radikalfeministischen Roman *Entmannung* vieles positiv beurteilt hatten, reagierten auf diesen Gedichtband, in dem sich Christa Reinig von der Ausrichtung auf Män-

---

61 Ebenda, S.191/192

62 Regina Stetter: *Durchs Vierzeilenjahr. Christa Reinigs Kalendersprüche.* In: *Süddeutsche Zeitung*, 15.3.1980

63 Hedwig Rohde: *Christa Reinig: "Müssiggang ist aller Liebe Anfang".* *Sender Freies Berlin*, 19.12.1979

ner ab- und stattdessen den Frauen zuwandte, äusserst negativ[64]. Jürgen P. Wallmann versteckte in bewährter Kritikermanier seine inhaltliche hinter ästhetischer Kritik:

> "Muss man ausgerechnet Christa Reinig, die sich ja längst als Dichterin ausgewiesen hat, daran erinnern, dass Lyrik nicht aus Meinungen, sondern aus Sprache gemacht wird; dass lyrische Sudelhefte mit Tagesnotizen nützliche Arbeitspapiere für die Schreibwerkstatt sein mögen, zur Veröffentlichung aber ungeeignet sind, dass es bei Gedichten - 365 in einem Jahr! - nicht die Masse macht und dass es keinen poetischen Mengenrabatt gibt?
> Verbuchen wir also Christa Reinigs "Müssiggang ist aller Liebe Anfang" als Werk ohne Opuszahl, als einen bedauerlichen literarischen Betriebsunfall."[65]

Dagegen fand Hans Ester zu einer überraschend ehrlichen und simplen Aussage:

> "Am meisten überzeugen mich jene Gedichte, die Zweifel, Selbstironie zum Ausdruck bringen. Solche aber, die den Mann von A bis Z zum allgemeinen Gegenstand des Hasses erklären, finde ich nicht gelungen."[66]

Christa Reinig selber kommentierte ihren Gedichtband fünf Jahre nach seinem Erscheinen:

> "Es ist eine Zwischenform zwischen allen Stühlen zu einem Ausgang hin, der mich in Freiräume führt, die ich noch nicht kenne."[67]

Nachdem ich nun mit dem Lyrikband *Müssiggang ist aller Liebe Anfang* bereits einen Sprung in Reinigs feministische Publikationen der siebziger und achtziger Jahre getan habe, kehre ich in die sechziger Jahre zurück und zu einer der Chronologie folgenden Betrachtung von Reinigs Prosa.

---

64 Die positive Ausnahme bildete Karl Krolow: *Die Schwäche hinter der Aggression. Christa Reinigs Gedichte*. In: *Frankfurter Allgemeine Zeitung*, 28.8.1979

65 Jürgen P. Wallmann: *Christa Reinig denunziert sich selbst*. In: *Basler Zeitung*, 3.11.1979, und: *Lyrischer Betriebsunfall*, in: *Soester Anzeiger* und *Die Welt* (Hamburg) 18.10.1979.

66 Hans Ester: Christa Reinig: *Müssiggang ist aller Liebe Anfang*. In: Deutsche Bücher, Amsterdam, 1980/81

67 Christa Reinig: *Lyrik als Arbeit*. In: *Sämtliche Gedichte*, 1984, S. 260

Erzählungen

In den Prosatexten vollzog Christa Reinig im Unterschied zur Lyrik die Vermännlichung vollständig. Zwar wählte sie darin Aussenseiter als Protagonisten, aber immer männliche. Obwohl Reinig subversive Stilmittel wie Wortspiele, (Galgen-)Humor, Ironie und Satire einsetzt, verbindet sie diese nicht mit ihrem Erleben als Frau, geschweige denn als lesbische Frau. Nur in wenigen Texten, die in Anthologien erschienen, sind autobiographische Erfahrungen enthalten[68]. In einigen Sternbildern von *Orion trat aus dem Haus* (1969) treten vereinzelte Frauenfiguren auf.

Drei Schiffe

Von Marie Luise Gansberg nach Camouflage-Texten befragt, in denen hinter den geschilderten Dingen lesbische Zusammenhänge stecken, verwies Christa Reinig auf die Erzählung *Drei Schiffe*, die sie 1959 schrieb[69]. Ausgangs- und Endpunkt der Erzählung bilden die Sätze:

> "Der Tag verfinsterte sich unter der Sonne. Die Sonne regnete auf uns herab." (58)
>
> "Der Tag verfinsterte sich unter der Sonne. Die Sonne regnete herab. Vielleicht war mir das alles bekannt. Ich ging über die Dünen hinweg und kam in die Wüste." (65)

Die Geschichte handelt von einem Mann, der sich auf der Flucht befindet, wobei unbestimmt bleibt, wovor er flieht. Er wird nacheinander von drei Schiffen aufgenommen, die er heimlich wieder verlässt. Geschildert werden die Martern und Qualen, die er erleidet, seine vergeblichen Rufe nach Gott und seine Versuche zu überleben. Am Schluss geht er in die Wüste. Christa Reinig kommentierte diese Erzählung 27 Jahre später:

> "Das ist die Darstellung von Unterwelt als Oberwelt. Was die Frauen heute ihre Beziehungskisten nennen, das hatte ich damals auf dem Hals und gleich dreifach. Ich hatte drei Beziehungen. Ein ganz modernes Problem: Die Mehrfachbeziehung. Ich habs nicht verkraftet. Ich bin daran fast kaputt gegangen. Und dieses Kaputtgehen wollte

---

68 Z.B. *Das Trinkgeld* (1960), *Einige Fahrstühle* (1964), *Feuergefährlich* (1965), die alle neu publiziert sind in: *Gesammelte Erzählungen*, 1986

69 Neu abgedruckt in: Christa Reinig: *Gesammelte Erzählungen*

ich darstellen. Ursprüngliche Entwürfe gab es, in denen ich versuchte, die Beziehungen zu drei Frauen darzustellen. Es gab einfach nicht die Formeln dazu."[70]

Stattdessen werden in dieser Erzählung sehr drastisch körperliche Verletzungen beschrieben:

> "Wir zogen uns aus dem Sumpf. Einige fielen in die Dornen. Sie riefen uns an, dass wir sie töten sollten. Aber wir verliessen sie und stiegen ins Gebirge. Die Steine machten das Fleisch unserer Füsse rot. Doch als wir aufs Eis traten, wurde es schwarz und löste sich von den Knochen. Wir rissen Gestrüpp aus dem Boden und zündeten es an. Wir steckten unsere Füsse ins Feuer. Der Wind löschte das Feuer und schnitt uns Narben ins Gesicht. Wir zogen die Füsse aus der Asche und stiegen hinab ans Meer. Wir nahmen ein Tuch vor die Lippen und leckten das Salzwasser. Wir nahmen Steine in den Mund, und ich sah einen, der wurde wahnsinnig und biss sich die Adern auf. Dann sahen wir das Schiff. Wir weinten und umarmten uns und das Schiff nahm uns auf." (58/59)

Hinweise zur Gemütsverfassung des Protagonisten gibt es nur in wenigen, einzeln in die Handlung eingestreuten Sätzen:

> "Wir weinten und umarmten uns (...)" (59)

> "Aber ich wusste, dass Leere um mich war und dass vor dem Nichts ein dünnes Seil gespannt war, dass meine aufgerissenen Hände jeden Augenblick zweimal losliessen." (60)

> "Ich kann es nicht, sagte ich, ich kann nicht einmal mich selbst verantworten." (64)

> "Sein Rücken war narbenzerfetzt wie mein eigener Rücken. Ich schaute darauf, als stünde ich abgewendet vor einem Spiegel und blickte mir über die Schulter." (65)

Ohne den Hinweis der Autorin wäre nicht zu entschlüsseln, dass verwickelte lesbische Beziehungsgeschichten den Ausgangspunkt dieser Erzählung bildeten. Das Geschehen ist verlegt in eine reine Männerwelt, wie sie in Abenteuergeschichten präsentiert wird. Diese Männer leiden nicht an seelischen Qualen, sondern an körperlichen Martern, die ihnen vom Himmel herab oder von feindlichen Männern zugefügt werden. Dreifach wird somit das Geschehen umgeformt, von Frauen- in Männerfiguren, von seelischen in körperliche Qualen, vom Erleben in der Gegenwart zur Fiktion einer Abenteuergeschichte. Spürbar bleibt bei dieser Transformation jedoch eines: der Schmerz. Obwohl Reinig Männerfiguren und einen männlichen Ich-Erzähler ein-

---

70 Reinig/Gansberg: *Erkennen, was die Rettung ist*, S.138

setzt, wird ihre Autorinnenschaft erahnbar durch die Häufigkeit und die Selbstverständlichkeit, mit der die männlichen Helden weinen[71].

Bereits 1969 reflektierte Christa Reinig in einem Vorwort zu einer Gedichtauswahl von Annette von Droste die Schwierigkeiten einer Dichterin, ihre weibliche Sicht zu artikulieren. Sie stellte dabei fest, dass Annette von Droste in ihren Gedichten autobiographische Erfahrungen verobjektivierte und exemplarische Menschen darstellte, so dass sie "in ihrem Dichter-Ich als Mann"[72] auftrat. Christa Reinig erkannte, dass Annette von Droste in ihrer Lyrik den Durchbruch vom männlichen zum weiblichen Ich schaffte und zwar ausgelöst durch die Erfahrung von Liebe und Schmerz:

> "Es galt, eine langjährige Gefühlsverschüttung abzutragen, eine versteinte Empfindungsfähigkeit aufzubrechen."[73]

Diese Aussage über Annette von Droste liest sich wie eine Voraussage zu Christa Reinigs eigener Entwicklung zehn Jahre später, als sie den Gedichtband *Müssiggang ist aller Liebe Anfang* (1979) veröffentlichte, in dem sie ihre lesbische Liebeserfahrung in Worte fasste. Annette von Droste blieb in der Prosa zeitlebens dem männlichen Ich verhaftet[74]. Christa Reinig dagegen begann 1973 an einem Roman über ihr Leben zu arbeiten, der 1975 unter dem Titel *Die himmlische und die irdische Geometrie* erschien.

Die Romane (1975-1984)

Christa Reinig hat ihre drei Romane in der kurzen Zeitspanne von zehn Jahren publiziert, als sie selber 49, 50 und 58 Jahre alt war. Anhand dieser Romane kann exemplarisch aufgezeigt werden, wie sich die Haltung der Autorin in bezug auf das Thema Lesben verändert: Von der Ausklammerung in *Geometrie* (1975), über den Durchbruch in *Entmannung* (1976) bis zur Ausgestaltung in *Die Frau im Brunnen* (1984). Damit ist die Tendenz der Entwicklung angegeben, was nicht

---

71 Vgl. dazu auch die *Lyrische Novelle* (1933) von Annemarie Schwarzenbach, in der der Ich-Erzähler sehr häufig weint, ohne dass dies besonders hervorgestrichen würde.

72 Christa Reinig: *Vorwort*. In: Annette von Droste: *Gedichte*. Ausgewählt von Christa Reinig. Fischer Taschenbuch, Frankfurt/M., 1969, S.16

73 Ebenda, S.13

74 Christa Reinig: *Das weibliche Ich*, S.119

ausschliesst, dass in diesen Romanen auch konträre Aussagen formuliert werden. Ich werde im folgenden auf die Romane im einzelnen eingehen und dabei die Thematisierung lesbischer Aspekte besonders berücksichtigen.

Die himmlische und die irdische Geometrie

Als Christa Reinig 1965 das Stipendium der Villa Massimo in Rom erhielt, überlegte sie:

> "(..) wie wärs, wenn ich Kinderbücher schriebe, dann würde mich das Reglement, das über der deutschen Literatur waltet, nicht erreichen."[75]

Fünf Jahre später hatte sie das Gefühl, sich literarisch durchgesetzt zu haben, und nochmals drei Jahre später begann sie mit der Arbeit an ihrem ersten Roman. Im dritten Kapitel findet sich ihre ironische und parodistische Auseinandersetzung mit der Romantradition unter dem Titel *Die Vollendung der Tugend*.

Autobiographischer Roman als offene Form

Christa Reinig erzählt in *Die himmlische und die irdische Geometrie* Geschichten ihres Lebens. In der Form des autobiographischen Romans, in dem Ich-Erzählerin und Autorin identisch sind, verstösst sie mit der Erzählperspektive des weiblichen Ichs nicht gegen formale Regeln des Genre. Sie stellt sich jedoch nicht in die bürgerlich-männliche Traditionslinie, sondern bricht die Form der Autobiographie radikal auf.

Reinig erzählt nicht chronologisch die Geschichte ihres Lebens, sondern verbindet ihre autobiographischen Erinnerungen und Reflexionen mit ihrer Auseinandersetzung mit Religion, Kulturgeschichte und Philosophie. Sie fügt Reflexionen, Geschichten und pointierte Episoden zu einem kaleidoskopartigen Gebilde zusammen. Der autobiographische Roman besteht aus einem Prolog, aus sechs Kapiteln mit null bis achtundzwanzig Unterkapiteln und aus drei Dialogen. Die Ich-Erzählerin verfügt souverän über ihren Stoff, schlägt grosse Bögen in Raum und Zeit. Besonders zu Beginn des Romans wechselt die raum-zeitliche Orientierung ständig und hält die LeserInnen in

---

75 Reinig/Gansberg: *Erkennen, was die Rettung ist*, S.121

Bewegung. Als Anhaltspunkt ist dem Roman ein gegliedertes Inhaltsverzeichnis vorangestellt.

Diese offene Form wird inhaltlich durch den Bezug zur Erzählerin und strukturell durch zwei Kompositionsprinzipien zusammengehalten: Die verschiedenartigen und scheinbar unzusammenhängenden Elemente werden thematisch, und zwar oft auf assoziative Weise, miteinander verbunden. Zudem wird sowohl im Prolog wie auch in den ersten fünf Kapiteln je die Zeit von der Kindheit bis zur Gegenwart durchmessen. Die einzelnen Kapitel beginnen mit einer im Präsens formulierten philosophischen Erörterung und leiten zu Erfahrungen über, die im Präteritum erzählt werden. Im Gesamtaufbau des Romans ist die Abfolge der Zeiten auf den Kopf gestellt: Während im ersten Kapitel Tod und Sterben thematisiert sind, werden im sechsten und letzten Kapitel 28 im Präsens erzählte kurze Erinnerungsbilder aneinandergefügt[76].

Als Intermezzi zwischen den Lebensgeschichten sind drei *Pausen* eingeschoben, in denen zwei historische Männerfiguren in fiktiven Dialogen miteinander zugleich gegensätzliche und übereinstimmende Ansichten vertreten. Die Figuren sind nicht exakt historisch gezeigt, sondern Christa Reinig greift einige ihrer Gedanken auf, entwickelt sie weiter und bezieht sie mittels streng logischer Folgerung auf aktuelle Fragen. In der Sprache von Christa Reinig disputieren diese Männer höchst gegenwärtig über Kompositionsprinzipien in der Musik (Johann Sebastian Bach und Satan), über deutsche Geschichtsschreibung (Arminius und Tacitus) und über Lust und Moral (Immanuel Kant und Marquis de Sade).

Christa Reinig entwickelt mit *Die himmlische und die irdische Geometrie* nicht die bürgerliche Autobiographie weiter, die nachträglich sinnstiftend wirken soll[77], sondern sie bezieht sich damit auf satirische

---

76 Diese Idee, die Zeit auf den Kopf zu stellen, hat Christa Reinig schon in früheren Texten durchgespielt, z.B. im Hörspiel *Das Aquarium* (1967), wo die Spielfiguren zum Erschrecken ihrer Schöpfer die Zeit rückwärts laufen lassen. (S.29)

77 Diese Form der Autobiographie wurde auch von Vertreterinnen der ersten Frauenbewegung und ab Mitte der siebziger Jahre von Vertreterinnen der Neuen Frauenbewegung angewendet.
Vgl.: Birgit Bosold: *Identität und Wahrheit. Überlegungen zum autobiographischen Schreiben und seinen politischen Effekten.* In: *Dokumentation*

Traditionen[78]. In der deutschen Literatur liegt der Anknüpfungspunkt im 16. Jahrhundert, in der Zeit von Reformation und Gegenreformation, bei den Volksbüchern von Dr. Faust und Dil Ulenspiegel und in der Narrenliteratur von Thomas Murner, Sebastian Brant u.a.. So betrachtet könnte die *Geometrie* als autobiographischer Schelminnenroman bezeichnet werden. Aussergewöhnlich im Erzählgestus sind Witz, (Galgen-)Humor und (Selbst-)Ironie. Erzählt wird handlungsreich und oft in grossem Tempo. Der Stoff wird stark verdichtet. In wenigen Sätzen werden die LeserInnen gefesselt und in den Text hineingezogen, aber ebenso unvermittelt auch wieder hinauskatapultiert[79].

Kontrastierung von proletarischem Frauenalltag und patriarchalem Bildungsgut

Christa Reinig fügt mit proletarischem Frauenalltag und patriarchalem Bildungsgut zwei scheinbar gegensätzliche Bereiche in patriarchatskritischer Weise zusammen: Erzählt die Erzählerin konkrete Geschichten aus ihrer Vergangenheit, so kommen etwa doppelt so viele Frauen vor wie Männer. In diesen Geschichten wird Alltag von Frauen spannend, witzig und liebevoll, aber in seiner ganzen Brutalität geschildert. Werden diese Erfahrungen jedoch bis hin zur Sen-

---

der Frauenliteraturwoche in Kassel, Hg.: Aradia e.V., Verein zur Förderung von Frauenliteratur und Kunst, Frauenbuchladen Kassel, 1989, S.70-82, insbesondere S.77

78 von der römischen Satire bis zum sozialkritischen Engländer Jonathan Swift.
Vgl.: Reinig/Gansberg: *Erkennen, was die Rettung ist*, S.102

79 Ein Beispiel dazu aus den dem ersten Kapitel vorangestellten *Erwägungen*, S.8:
"Genug der Legenden. Mein eigentliches geistiges Dasein beginnt damit, dass Tante Greta mich in einem Kinderwagen durch die Artilleriestrasse kutschiert. Ich hocke zwischen den Rädern, stillvergnügt. Die Sonne scheint. Wir biegen um die Ecke in die Grosse Hamburger Strasse ein. Das Erinnerungsbild ist zu Ende.
Die nächsten fünfundvierzig Jahre kann ich überfliegen, denn sie sind zum gusseisernen Paradepferd der Weltgeschichte geworden. Dort, bei den Sockelfiguren findet man auch meine Gestalt, wenn man sucht. Natürlich war alles ganz anders."

tenz[80] komprimiert, so wird von der weiblichen in die neutrale, d.h. männliche, Form gewechselt, oder männliche Figuren werden als Funktionsträger an die Stelle von weiblichen Figuren gesetzt. So verwendet die Erzählerin in bezug auf sich selber ab und zu die geschlechtsneutrale Form, die im Deutschen mit der männlichen identisch ist[81]. Z.B.: "als Linkshänder kreise ich" (68), "ich bin sowieso der Familiendekadent" (70), "sass ich da, ein Pionier des Akademikerproletariats" (142).

In den Episoden aus der Zeit der Kindheit, Jugend und aus der Zeit nach ihrem Unfall werden knappe Einblicke in das Leben verschiedener Frauen gegeben, deren Lebenssituationen präzise dargestellt werden. Einige Frauenschicksale verlaufen tödlich, sei es durch die staatlich verordnete Unterernährung von Hausfrauen nach Kriegsende (80), durch einen Arbeitsunfall bei den Trümmerfrauen (23) oder wegen der Rücksichtnahme einer Frau gegenüber ihrem Ehemann (94).

Auf der Suche nach Bildung betrat die Erzählerin später männliche Bereiche. Ihre intellektuelle Sozialisation führte sie zwangsläufig zu einer Orientierung an männlichen Vorbildern in Kunst und Philosophie und zu einer unbewussten intellektuellen Vermännlichung bis hin zur Identifikation mit männlichen Figuren[82]. Dies war der normale Prozess einer intellektuellen Frau vor Beginn der Neuen Frauenbewegung. Die Erzählerin führt eine breite Palette männlicher Orientierungsfiguren an, von Johann Wolfgang von Goethe bis Thomas Mann, von Johannes Keppler bis Pablo Picasso, u.v.a.. Die Menschheitsgeschichte präsentiert sie als Mannsgeschichte (155/156) und ironisiert anhand der Familiengeschichte die Normen von Heterosexualität und Ehe:

> "Sagte ein unbemanntes Frauenzimmer" (69).

---

80 "Urteil, Denkspruch, knapp und treffend formulierte Erkenntnis, die aufgrund ihrer leichten Einprägsamkeit und Allgemeinverständlichkeit (...) aus dem Text- und Sinnzusammenhang herausgelöst, vom persönlichen Einzelfall verallgemeinert wird."
Gero von Wilpert: *Sachwörterbuch der Literatur*, S.746

81 Vgl. dazu: Luise F. Pusch: *Das Deutsche als Männersprache*. edition suhrkamp, Frankfurt/M., 1982

82 Z.B. mit dem Weltreisenden Oliver Cromwell, S.157

> "Meine Mutter war eine emanzipierte Frau, nicht, weil sie sich geweigert hatte, den Vater ihres Kindes zu heiraten (mit den Worten: Ich habe zu tun, ein Kind zu ernähren, ich will nicht noch einen Mann ernähren müssen), das taten viele Frauen, (...)" (69).

Auf der Erzählebene stehen die Erlebnisse der Erzählerin mit andern Frauen neben ihrer geistigen Auseinandersetzung mit patriarchalem Kulturgut. Ebenso wie Christa Reinig Heiliges und Profanes durcheinanderbringt und öfters mit Metaphern aus dem Bereich der Nahrungszubereitung verbindet (39), bricht sie auch die Hierarchie von (männlichen) Theorien gegenüber (weiblichen) Alltagserfahrungen auf, indem sie, von der weiblichen Erfahrung ausgehend, Argumentationsketten entwickelt, die sie den patriarchalen Gedankengebäuden gegenüberstellt. Sie vermischt Sprachfelder, indem sie Metaphern und Begriffe von einem in den andern Bereich überträgt. Ausgehend von der typisch weiblichen Arbeitserfahrung des Putzens leitet sie das "Hausputzgesetz" ab, das sie ironisch als "das zweitwichtigste Gesetz der Welt" (141) bezeichnet und mit den wissenschaftlichen Methoden von Deduktion und Induktion aus ihren eigenen Axiomen herleitet, mit griechischer Mythologie verbindet, mit Witz und Ironie schildert und letztendlich mit einer überraschenden Pointe gegen das männliche Gedankengebäude der Psychoanalyse richtet:

> "Wenn Männer Hausfrauen wären, gäbe es keine Psychotherapeutik, denn diese ist ein Sonderfall des Hausputzes und ihre vornehmste Aufgabe besteht wohl darin, aus einem Bettnässer einen Brandstifter zu machen." (142)

Diese Gegenüberstellung von Männerwissen und Frauenalltag erhält dadurch groteske Züge, dass Frauenalltag im Text auch im Sprachstil auf die gleiche Stufe wie Männertheorien gestellt wird. Indem Männerwissenschaft auf den Frauenalltag angewandt und an ihm erprobt wird, entpuppt sie sich entweder mit diesem als gleichrangig oder als für Frauen nicht brauchbar. Damit wird die Allgemeingültigkeit von Männerwissen entmythisiert. In den Dialogen der *Pausen* werden dagegen ausschliesslich historische Männer in Szene gesetzt, wobei die Autorin mit ihnen selbstbewusst umgeht und sie ihre eigenen Folgerungen formulieren lässt. So wird gerade in diesen Männergesprächen am deutlichsten auf die Norm der Heterosexualität hingewiesen, z.B. durch die Figur des Schriftstellers Marquis de Sade im Gespräch mit dem Philosophen Kant:

> "Nach ihrer Definition der Ehe hätte Kaiser Wilhelm II. seinen Fürsten Eulenburg heiraten können. Daraufhin hätten die deutschen Journalisten keinen strafrechtlichen Anlass gefunden, die Versöhnungsarbeit mit Frankreich zu torpedieren, die der Kaiser in die Hände Eulenburgs gelegt hatte.
> Kant: Der Menschheit wäre viel erspart geblieben." (179/180)

Die Aussage, die der Figur des Komponisten Johann Sebastian Bach in den Mund gelegt ist, könnte als poetisches Paradox einer lesbischen Schreibweise dechiffriert werden:

> "Damals brachte ich es fertig, eine Fuge zu schaffen, die ein Abfall aus der Ordnung ist und gleichzeitig der Schmerz über diesen Abfall." (30)

Das fehlende Kapitel: Tabu Lesben

Das, was die Autorin ihrer Spielfigur hier in den Mund gelegt hat, ist ihr in diesem autobiographischen Schelminnenroman selber nicht gelungen: Eine ihrer Lebensgeschichten bleibt ausgespart, nämlich diejenige, die um die Themen Liebe und Freundschaft kreisen würde. Christa Reinig erzählte in Interviews 1982 und 1986[83], dass sie ein *Lesbenkapitel* geschrieben habe. Eine befreundete Psychotherapeutin sei von ihrem Romanmanuskript begeistert gewesen, hätte ihr aber geraten, das Lesbenkapitel wegzulassen, da es absolut misslungen sei, wozu Christa Reinig 1982 kommentierte:

> "Und ich dachte, sie hat ja recht. Und mir wars irgendwie lieber. Ich hatte das Coming Out noch nicht. Ich war noch nicht bei mir angekommen. Im Gegenteil, ich habe mich sogar wieder verirrt. Dass ich an menschliche Beziehungen dachte, dass ich auf Frauen geflogen bin, dass ich mich mit Frauen beschäftigt habe, das ist erst nach meinem Unfall gelaufen."[84]

Christa Reinig verfügt über das literarische Können, schmerzliche Gefühle durch Aussparung spürbar zu machen. Die Geschichte ihres Unfalls, durch den sie zur Behinderten wurde, beschreibt sie z.B. in Form einer Satire auf die Medizin-Maschinerie:

> "*Als man mich aufheben wollte, zeigte sich*, dass mein Kopf lose herumbaumelte. Er war abgerissen. *So kam ich zum ersten Mal in mei-*

---

83 - Reinig/Marti: *Ohne Frauenbewegung hätte ich das sowieso nicht geschafft!* S.30/31
- Reinig/Gansberg: *Erkennen, was die Rettung ist*, S.123

84 Reinig/Marti, a.a.O., S.31

nem Leben ins Krankenhaus, wo der Kopf dann wieder anwuchs, allerdings an der falschen Stelle. *Ich hatte schon davon läuten hören*, dass mit der modernen Medizin etwas schiefgelaufen war und kannte persönlich zwei Leute, die daran gestorben waren, dass sie sich nicht zum Arzt getraut hatten. *Diese Entscheidung war mir genommen. Durch meinen öffentlich vollzogenen Unfall war* ich in den Automatismus der Sozialversicherung hineingeraten. Über all das zerbrach ich mir nicht den Kopf. *Ich hatte einen Todessturz überdauert* und würde zum ersten Mal in einem Krankenhaus sein. *Ein neuer Abschnitt begann. Wahrhaftig*, denn das Krankenhaus verliess ich dann als schwer sichtbehinderter Krüppel, der den Rest seines Lebens im trauten Heim verbringen darf und all die beschwerlichen Touristenreisen nach Indien, Nepal und Rio mitsamt den Pocken, der Ruhr, dem Tod, den man sich dabei holt, blieben mir erspart. *So haben mich die Ärzte gerettet.*" (91/92) (Hervorhebungen von M.M.)

Die Erzählerin kontrastiert die Aussagen zur Verletzung mit einem Kommentar im Stil des bürgerlichen Bildungsromans (im Zitat kursiv), den sie durch den inhaltlichen wie stilistischen Sprung ("Automatismus der Sozialversicherung") wiederum ironisiert und am Schluss biegt sie das Ganze in einen Witz um. Trotz parodistischer Ironie und Witz bleibt der Leserin das Lachen im Halse stecken, und sie nimmt stattdessen den im Text ausgesparten Schmerz wahr.

Das Thema Lesbischsein hat Christa Reinig jedoch in der *Geometrie* vollständig ausgeklammert, weshalb die Lücke gar nicht als solche erkennbar wird. 1973/74 konnte Christa Reinig, die wie beiläufig Tabus in bezug auf Religion und Tod bricht, das Thema Lesbischsein nicht zur Sprache bringen. Es brauchte den politischen Durchbruch der Neuen Frauenbewegung, damit Schriftstellerinnen dieses Thema in ihre Literatur hineinbringen konnten. Einen verschlüsselten Hinweis darauf, dass sie Lesben aussparte, gibt die Autorin in der erzähltheoretisch zentralen Reflexion:

"Ich kann meine Geschichten nur so loswerden, dass ich sie objektiviere. Ich erzählte sie als die Geschichten eines anderen. Eben nicht einer anderen (Weibsperson), sondern eines anderen (neutralen Menschen), so dass aus Weibsgeschichten unversehens Mannsgeschichten werden, gleichsam als psychologisches Pendant zu den wilden Mädchen bei Marcel Proust, die über lang liegende Badegäste hinwegspringen, was Mädchen bis zum heutigen Tage nicht gelernt haben, es sei denn sie sind high oder Masseusen von Beruf. Aus meiner Ich-Erzählung würde eine Er-Erzählung, aus Christa würde Christus und die Kritiker brauchten keine volle Osterwoche, mich ans Kreuz zu nageln." (65)

Diese Aussage beinhaltet drei Aspekte: 1) Im Prozess des Schreibens transformiert die Erzählerin weibliche Erfahrungen in männliche, weil sie geschlechtsneutrale Formen verwenden will, die jedoch im Deutschen mit den männlichen Formen zusammenfallen. 2) Einen verschlüsselten Hinweis darauf, dass sie das Thema Lesben ausklammert, gibt die Erzählerin durch die Erwähnung der "wilden Mädchen bei Marcel Proust", wo Proust im dritten Band von *Auf der Suche nach der verlorenen Zeit* eine schwule Beziehung als heterosexuelle getarnt dargestellt hatte. 3) Die Situation der Autorin, die dem Urteil in der von Männern kontrollierten Kultur ausgesetzt ist[85], wird satirisch zugespitzt.

Deutlich zeigt sich Christa Reinigs Ambivalenz zwischen dem Wunsch, ihr Lesbischsein in ihrer Literatur zum Ausdruck zu bringen und der gleichzeitigen Angst, sich als Lesbe zu exponieren. Im Unterschied zu Marlen Haushofer, Ingeborg Bachmann, Gabriele Wohmann, Barbara Frischmuth und Johanna Moosdorf hätte sich die Autorin Christa Reinig nicht hinter einer heterosexuellen Biographie verstecken können und wollen, wäre aber als weibliche Autorin wahrscheinlich mit ihrer Ich-Erzählerin identifiziert worden. Damit und mit der Traditionslosigkeit lesbischer Darstellungen aus weiblicher Sicht sind die grundsätzlichen Schwierigkeiten verbunden, als lesbische Schriftstellerin eine adäquate Sprache zum Tabu-Bruch zu finden. Einerseits wollte Christa Reinig ihr Lesbischsein artikulieren, und zwar als gewichtiges Thema in einem ganzen Kapitel. Andererseits folgte sie dem Rat der Freundin und liess dieses Kapitel aus, was einen Einschnitt in den gesamten Roman bedeutete.

---

85 "Aber jede Schriftstellerin hat in mehr oder weniger starkem Masse für Männer geschrieben, sogar wenn sie - wie Virginia Woolf - Frauen ansprach. Wenn wir an dem Punkt angelangt sind, wo dieses Kräfteverhältnis möglicherweise ins Wanken kommt, wo Frauen sich nicht weiter quälen lassen müssen - nicht nur von der "Konvention und dem, was sich schickt", sondern auch von der internalisierten Angst davor, sie selbst zu sein und von ihrem Selbst zu reden -, dann ist das ein ausserordentlicher Moment für die Schriftstellerin - und für die Leserin." Adrienne Rich: *Wenn wir Toten erwachen*, S.38/39

Name und Identität

Während der lesbische Teil ihrer Identität noch tabuisiert blieb, kreiste Christa Reinig immer wieder um die Frage ihrer Identität: "Wer oder was bin ich?"[86] Der Eigenname ist Symbol der Identität. Bereits in frühere Texte hatte Christa Reinig ihren Namen eingeschrieben[87] und dies in den folgenden Romanen und in *Müssiggang* auf verschiedene Weise fortgesetzt. Mit dem Einschreiben ihres Namens in ihre Texte legt Christa Reinig deutliche Spuren ihrer Autorinnenschaft. Würden Titel und Autorin verloren gehen, wäre aus einzelnen Text-Teilen ihre Urheberinnenschaft noch immer ersichtlich. In der Selbstinterpretation zu ihrem Gedicht *Robinson* hatte sie 1966 formuliert:

> "Ich kann nun nichts anderes tun als mich erinnern, was war das für ein Mensch, mein Vorfahr, der damals "Ich" hiess. Mir fällt ein, ich nannte mich gar nicht ich. Ich rief mich bei meinem Namen: Christa Reinig. Was machst Du jetzt, Christa Reinig, was willst du, Christa Reinig, wer ist Christa Reinig. Vielleicht wusste ich am Ende dann wirklich nicht mehr, wer Christa Reinig war."[88]

In der *Geometrie* schreibt die Autorin den Namen *Christa Reinig* oder *Christa* oder *Reinig* elfmal in den Text: achtmal, indem Figuren über Christa Reinig reden, einmal als Überleitung von der ersten *Pause* zum nächsten Kapitel und einmal, indem sich die Ich-Erzählerin spielerisch in die Familiengeschichte einreiht und sich selbstbewusst als "das uneheliche Bankert der Aufwartefrau Wilhelmine Anna Reinig" (173) vorstellt, womit sie wiederum herrschende Moralvorstellungen selbstironisch parodiert.

Fest steht ihr Name, (Selbst-)Bewusstsein und Identität drohen dagegen immer wieder abhanden zu kommen. Lesbische Frauen müssen ihre sexuelle Identität in einer heterosexuellen Umwelt in einem

---

86 Christa Reinig im Nachwort zur Neuherausgabe von *Die himmlische und die irdische Geometrie* im Frauenoffensive Verlag, 1983

87 - Im Hörspiel *Das Aquarium* wird nach einem szenischen Vorspiel das Hörspiel von Christa Reinig angekündigt (1967).
- Die drittletzte der *Schwabinger Marteln* (1969) ist der "zugereiste[n] Dichterin "Christa Reinig" gewidmet" (196)

88 *Robinson*, in: Hilde Domin (Hg.): *Doppelinterpretationen. Das zeitgenössische deutsche Gedicht zwischen Autor und Leser*. Frankfurt/M., Bonn 1966, S.120-123

lebenslangen Prozess immer wieder aufbauen. Ihren Namen behalten ledige Frauen jedoch, im Gegensatz zu verheirateten, ein Leben lang. Darauf zielt Christa Reinig dann in ihrem dritten Roman, *Die Frau im Brunnen* (1984), mit der Aussage:

> "Es ist der Augenblick auf dem Standesamt.
>
> Würdest du dich umdrehen und bemerken, dass du keinen Schatten mehr hast, würdest du in den Spiegel schauen und sehen, dass du kein Spiegelbild mehr hast, es würde dein Selbstbewusstsein nicht so zerstören, wie du zerstört wurdest, als du von einem Augenblick zum anderen nicht mehr Müller, sondern Schulze hiessest." (101/102)

Fazit zu *Die himmlische und die irdische Geometrie*

In ihrem ersten Roman *Die himmlische und die irdische Geometrie* vollzieht Christa Reinig den Durchbruch zum Erzählen aus weiblicher Ich-Perspektive, indem sie einen autobiographischen Schelminnenroman schreibt, der sich von traditionellen Autobiographien deutlich abhebt. Sie dokumentiert präzis typische Situationen weiblicher Lebensläufe, diskutiert, parodiert und ironisiert männliche Theorien und setzt sich auf eigenwillige Weise mit verschiedenen Religionen auseinander. Während sie mit der Vermischung von Heiligem und Profanem religiöse Tabus verletzt, verschweigt sie gleichzeitig das Thema Lesbischsein vollständig und rührt nicht an dieses Tabu. Als Chiffre für ein lesbisches Lebensgefühl könnte deshalb die Aussage der Erzählerin stehen:

> " "Die Welt ist alles, was der Fall ist", und am schmerzlichsten ist sie das, was nicht der Fall ist." (62)

Entmannung

Inhalt und Form

Der Titel *Entmannung* signalisiert Thema und Intention des Romans: Das Entlarven und Abbauen der patriarchalischen Ideologie in der Gesellschaft und im Bewusstsein der einzelnen Menschen. Christa Reinig hat dafür nicht die Form von autobiographischen Aufzeichnungen gewählt, wie Verena Stefan in *Häutungen* (1975), oder die des Traktats, wie Christa Wolf in *Selbstversuch* (1975), sondern ihren komplexesten Text in Form eines Montageromans geschrieben.

Als Stoff holt Reinig ihre gesammelten patriarchalischen Bildungsgüter aus Mythologie, aus verschiedenen Religionen, aus Philosophie, aus Ur- und Kulturgeschichte hervor und verbindet diese mit Alltagserfahrungen und Politik. Das Ganze ordnet sie neu unter feministischem Blickwinkel, indem sie vieles als frauenfeindlich entlarvt, kritisiert, verwirft und sich einiges als brauchbar aneignet.

Formal werden verschiedene Textformen (Erzählung, Gedicht, Theaterszene, Dialog, Essay) miteinander verknüpft und verschiedenartige Dokumente (Zeitungsschlagzeile, Witz, Tagesschauinformation, Chanson) eingefügt. Aufgebaut ist der Roman aus 14 Kapiteln mit je 3 bis 6 Unterkapiteln, die in unterschiedlicher Weise aneinandergefügt sind[89].

In der Haupthandlung werden die Beziehungen von Kyra, Doris, Menni, Thea, Xenia und Wölfi zum Thema. Der Handlungsstrang wird oft aufgelöst in Einzelepisoden. Die Erzählsituation ist meist personal, wobei das Orientierungszentrum häufig wechselt. Einige Szenen bestehen ganz aus Dialogen. Zwischen den Szenen gibt es unterschiedlich grosse Zeitsprünge, wobei kaum Zeitangaben gemacht werden. Der Roman spielt vermutlich in einem Zeitraum von mehreren Jahren[90]. Es wird also nicht kontinuierlich erzählt, sondern aus vielen möglichen Geschichten und Handlungen werden einzelne Ausschnitte als Momentaufnahmen hervorgehoben. Entscheidend dafür, ob eine Szene beleuchtet oder ausgeblendet wird, ist ihre Aussagekraft in bezug auf die Situation von Frauen im Patriarchat. Statt einer Entwicklung der Hauptfiguren zeigt die Autorin in einem Querschnitt die patriarchale Gesellschaft zum Zeitpunkt der Entstehung der Neuen Frauenbewegung. Entsprechend ist das Tempus der Erzählung Präsens. Durch die Situierung der Handlung in privaten und öffentli-

89 Assoziativ verbunden (Kap.3 und 4), durch Handlung (Kap.2 und 3, 9 und 10, 10 und 11, 12 und 13), durch eine Romanfigur (Kap.11 und 12). Die Hälfte der Kapitel wird nicht direkt miteinander verknüpft, sondern durch die Wiederholung und Variation thematischer, sprachlicher und formaler Elemente.

90 Thea ist im Verlauf des Buches zwei Jahre im Gefängnis und stirbt später an Krebs.

chen Räumen[91] werden zentrale Bereiche wie Privatsphäre, Konsumgesellschaft, Ökonomie und Staat abgedeckt. Dazu kommen Religion und Kirche durch die extrem typisierten Figuren des "Monsignore" und des "Apfelmannes".

Christa Reinig konfrontiert in dieser offenen Form eines Romans eigene Erfahrungen und Beobachtungen mit zeitgenössischen Dokumenten und historischen patriarchalen Kulturgütern. Als typisches Strukturmerkmal erweist sich darin die Opposition, sowohl in den kontroversen Dialogen als auch in der Konzeption von Gegenfiguren. In den thematischen Schwerpunkten stehen die fiktiven Männerausrottungspläne den realen Frauendezimierungsplänen gegenüber, der patriarchalen Kulturgeschichte Angaben zu einer "Weib-Weltgeschichte", den belehrenden Männern subversive Frauen, den patriarchalischen Ideologien feministische Ideen. Diese Form entspricht Christa Reinigs Weg zu einer Positionsbestimmung als Feministin und Lesbe in einer patriarchalen Gesellschaft.

Hauptfiguren

Die Romanfiguren sind bewusst konstruierte Kunstfiguren[92], die einerseits typenhaft angelegt sind, sich andererseits aber auch widersprüchlich zu ihrer Rolle verhalten. Sie bestimmen einen Grossteil der Handlung, fungieren als Sprachrohr für eine bestimmte Haltung und als SchaustellerInnen von Verhaltensweisen. Immer wieder wird eine grössere Nähe zu den Hauptfiguren geschaffen, indem Details

91 Privat: Wohnhäuser, Wohnungen
Öffentlich: Arztpraxis, Restaurant, Warenhaus, Bahnhof, Fabrik, Psychiatrie, Spital, Ausflugsdampfer, Gerichtssaal, Strasse, U-Bahn-Schacht, Müllhalde, Wald, See

92 Ricarda Schmidt hat in *Westdeutsche Frauenliteratur der siebziger Jahre* aber auch überzeugend nachgewiesen, dass die verschiedenen Hauptfiguren autobiographische Züge der Autorin aufweisen (S.242-245) und daraus folgenden Schluss gezogen:
"Ottos vier Frauen tragen also Züge von Christa Reinig und können als Erscheinungsformen ihrer verschiedenen "Ichs" verstanden werden. Das weibliche "Ich" entzieht sich so einer eingrenzenden Festlegung. Es geht nicht in einer der weiblichen Rollen auf, noch schliesst es sie zu einer kohärenten personalen Identität." (S.244)
Schmidt setzt einen andern Akzent, steht aber nicht im Widerspruch zu meiner Interpretation.

im Charakter und im Verhalten der Person gezeigt werden. Die Konzeption der Figuren erlaubt den LeserInnen jedoch nur eine partielle Identifikation, dies im klaren Gegensatz zu den anderen Romanen der siebziger Jahre, in denen feministisch-lesbische Themen behandelt werden[93].

Durch die Einführung historischer Figuren (Sigmund Freud, Alfred Hitchcock, Gustav Gründgens, John Postgate, Valerie Solanas) wird gleichzeitig auf deren politisches, wissenschaftliches oder künstlerisches Werk verwiesen und dieses durch die Art ihrer Präsentation kritisch eingeschätzt.

Im krassen Gegensatz zur zeitgenössischen feministischen Literatur steht die zentrale Figur des Romans ein Mann, Otto Kyra. Kyra ist die einzige Figur, bei der eine Entwicklung angedeutet wird, nämlich seine zunehmende Verweiblichung. Ausserdem ist er das Hauptsprachrohr für die feministischen Gedanken der Autorin. Christa Reinig hat darauf hingewiesen, dass sie sich mit Kyra identifizierte[94] und dass sie während der Zeit des Schreibens an diesem Roman " "feministische" Männer, aber keine einzige richtige Feministin" kannte[95]. Ricarda Schmidt kommentierte, dass Reinig

> "(...) der weiblichen Ichlosigkeit ästhetische Form [gibt, M.M.], indem sie ihre Suche nach dem Weiblichen in einer männlichen Hauptfigur verobjektiviert"[96].

Mir scheint, dass hier die Not zur Tugend erklärt wurde. Nachdem in der *Geometrie* bereits eine weibliche Ich-Perspektive erprobt wurde, wäre im zweiten, stärker fiktionalisierten und feministisch akzentuierten Roman eine weibliche Hauptfigur denkbar gewesen. Offensichtlich war es für Christa Reinig jedoch nicht anders darstellbar:

---

93 Z.B. erklärt sich die enorme Wirkung in der Rezeption von Verena Stefans *Häutungen* auch daraus, dass sich mit der Ich-Erzählerin viele Leserinnen identifizieren konnten. Diese Rezeptionsvorgabe des Romans wurde von Gabriele Goettle und Brigitte Classen in der Schwarzen Botin heftig angegriffen:
Häutungen - eine Verwechslung von Anemone und Amazone, wieder abgedruckt in: Gabriele Dietze (Hg.): *Die Überwindung der Sprachlosigkeit*. Sammlung Luchterhand, Darmstadt 1979, S.55-59

94 Reinig/Rudolph: *Mein Herz ist eine gelbe Blume*. S.20

95 Christa Reinig, Brief an Madeleine Marti, 5.3.1982

96 Ricarda Schmidt: *Arbeit an weiblicher Subjektivität*, S.464

Zum letzten Mal überlässt sie einem Mann die Hauptrolle, lässt die Frauen um ihn kreisen und verabschiedet ihn dann aus dem Mittelpunkt ihres Werkes.

Erste lesbische Figur: Wölfi

In demselben Roman tritt die erste lesbische Figur in Reinigs Werk auf: Wölfi. Der Name *Wölfi* verweist auf die Erscheinung einer Lesbe in dieser Gesellschaft: Vom Äusseren her nicht erkennbar, lebt sie gewissermassen als Wolf im Schafspelz. Zudem leben Wölfe, abgesehen von der Paarungszeit, allein[97]. Die Interpretationen von Ricarda Schmidt und Margret Brügmann[98] berücksichtigen Wölfi nicht, obwohl ihre Funktion für die Aussage des Textes entscheidend ist. Während die übrigen vier Frauen, die hetero- bzw. bisexuell sind, durch die Mitschuld von Kyra zugrundegehen, überlebt die lesbische Wölfi als einzige. Sie hat das Kyra-Haus verlassen, ob aus eigenem Entschluss oder weil sie von Thea hinausgestellt wurde, ist ungewiss. Ebenso offen bleibt ihr weiteres Schicksal. Findet sie einen ihr gemässen Lebensweg oder verfällt sie dem Alkohol, wie die Erzählerin an der Stelle prognostiziert, an der sie den gesellschaftlich bedingten manisch-depressiven Charakter von Wölfi beleuchtet:

---

97 Dieser Name wird von Christa Reinig in einer späteren Erzählung mit dem Titel *Die Wölfin* (in: *Die ewige Schule*) wieder aufgenommen. Darin wird ein Mädchen geschildert, das sich von den anderen Leuten absondert, sich als starken und einsamen Wolf empfindet und sich später aktiv um eine Frau bemüht, die sie kennenlernt. Das Mädchen kauft und liest Reinigs Buch *Der Wolf und die Witwen*.
Die Metapher der Wölfin für eine lesbische Frau verwendet auch Waldtraut Lewin, vgl. Kap. 6.3.
Unter dem Titel *Die Dame mit der Wölfin* erschien 1981 die deutsche Übersetzung eines Erzählbandes der französischen Schriftstellerin Renée Vivien, der 1904 unter dem Titel *La Dame de la Louve* in Paris publiziert worden war. Zu diesem Buch schrieb Christa Reinig in einer Rezension in der *EMMA* (November 1981, S.27):
"Sie war meines Wissens die erste Frau seit dem griechischen Altertum, die sich offen und ausschliesslich zur lesbischen Liebe bekannte und die Liebe zwischen Frauen zum Zentralthema ihrer Dichtung machte."

98 - Ricarda Schmidt: Westdeutsche Frauenliteratur der 70er Jahre, S.240f.
- Margret Brügman: Amazonen der Literatur, S.173

"Wenn sie [Wölfi, M.M.] Thea nicht mehr hat, wird sie an der Flasche kleben bleiben, die Thea ihr sorgfältig entzieht." (139)

Vielleicht weist Wölfis Weggang auch in eine andere Richtung, in der Frauen das persönliche Liebesverhältnis zum Mann aufkündigen und damit die Grundfesten des Patriarchats erschüttern. Veronika Schnell hat mit einer Frage, der sie jedoch nicht nachgeht, auf die Funktion von Wölfi für die Gesamtaussage des Textes verwiesen:

"Im Hinblick auf die einzig überlebende Figur, die im Hause Kyra verkehrt, nicht zu Ottos vier Frauen gehört, sondern als lesbische Frau aus der DDR mit Namen Wölfi im letzten Drittel des Romans eingeführt wird, ist zu fragen, was den Dreisatz der Weiberweltformel im Innersten zusammenhält."[99]

Im Schlusskapitel, in dem in doppelter Fiktion (auf einer imaginierten Theaterbühne und anhand der Romanfiguren) Visionen vom Ende patriarchaler Herrschaft[100] durchgespielt werden, erscheint Wölfi nicht mehr, die bei ihrem ersten Auftritt die "Andere Welt" (114) verkörpert hatte. Auch in Kyras Gedankenstrom am Neujahrsmorgen wird Wölfi am Rande der Gesellschaft situiert:

"Mit Doris, Thea, Menni wird sich das Leben der Weiber, mit Otto, Albert, Edgar das Leben der Männer entscheiden. Selbst Wölfi am äussersten Rande des Geschehens wird noch einen Streifen abbekommen." (156)

In einem weiteren entscheidenden Punkt wird Wölfi völlig anders als die übrigen Figuren präsentiert. Wölfi ist die einzige, die aus ihrer Lebensgeschichte erzählt, während die anderen nur in ihrer gegenwärtigen Lebenssituation gezeigt werden. Wölfis Redebericht erstreckt sich über dreieinhalb Seiten: Während keine andere Figur je so ausführlich erzählt. Die Biographie der einzigen lesbischen Figur wird also besonders hervorgehoben. Vermittelt durch diese Figur bringt die Autorin ein Stück von dem Thema hinein, das sie in ihrem autobiographischen Roman ausgespart hatte, ihr Lesbischsein. Wölfi ist nicht Christa Reinig, doch trägt Wölfis Geschichte zweifellos autobiographische Züge der Autorin[101].

---

99 Veronika Schnell: *Blutrünstiges und Monströses*, S.318

100 Vgl. dazu Ricarda Schmidt: *Westdeutsche Frauenliteratur der siebziger Jahre*, S.271

101 Vgl. Reinig/Gansberg: *Erkennen, was die Rettung ist*, S.134-136

Wölfis Lebensbericht aus der DDR

Erstmals in der deutschsprachigen Literatur wurde mit Wölfis "Lebensgeschichte" (115) die Situation einer lesbischen Frau in der DDR geschildert. Ich fasse den Inhalt von Wölfis Bericht zusammen:

Von ihrem Schuldirektor wurde Wölfi ermahnt, da in ihrer Akte vermerkt war, dass sie "dem eigenen Geschlechte zugeneigt" (115) sei. Später verliebte sich Wölfi in eine Mitschülerin. Bei einer Verteidigungsübung am Wochenende suchte sie die Nähe dieser Mitschülerin, die sich jedoch weniger für Wölfi als für die Übung interessierte. Genervt machte Wölfi eine staatsfeindliche Bemerkung und wurde von der Mitschülerin angezeigt. Die Staatssicherheit lud Wölfi vor, und nach ihrem Schuldgeständnis wurde beschlossen, dass sie zur Sühne "eine Niete durchs Abitur" (118) schleifen müsse. Bei der nächsten Gelegenheit floh Wölfi jedoch in den Westen.

Erzählt wird im "Style indirect libre"[102], d.h. die Rede wird in der dritten Person wiedergegeben. Indirekte Rede und Personenaussagen werden in den Redebericht aufgenommen, wodurch Rede- und Gedankenvermittlung miteinander verschmelzen. Diese Erzählweise hat zur Folge, dass die LeserInnen der Erzählerin selbst lauschen, die Erzählerin aber unsichtbar bleibt und stattdessen die "Person selbst in voller Gegenwärtigkeit vor den Leser"[103] (bzw. vor die Leserin) tritt. Erzählerisch hervorgehoben werden drei zentrale Punkte: 1) Die Sprachlosigkeit von Wölfi in bezug auf ihre Verliebtheit. 2) Die Diskrepanz zwischen Gesetz und Sitten in bezug auf Lesben. 3) Wölfis Angst vor der Staatssicherheit. Der Anfang der Lebensgeschichte lautet:

> "Sie lebte also ihr Leben wie andere auch. Nichts unterschied sie von den Genossinnen und Genossen. Da erfährt sie, dass in ihrer Schulakte der Vermerk angebracht ist, sie sei dem eigenen Geschlecht zugeneigt. Sie ist sich dieses diskriminierenden Zustandes nicht bewusst, zumal er sich keineswegs negativ auswirkt. Im Gegenteil, es erfüllt sie mit einem gewissen Stolz, dass sie etwas anderes ist und dass es schwarz auf weiss festgehalten wird. Da nun hat es sich also ergeben, also dass sie also, dass sie ein Mädchen aus ihrer Klasse also sagen wir mal gewissermassen anschwärmt.

---

102 Eberhart Lämmert: *Bauformen des Erzählens.* Metzler, Stuttgart (1955) 1988, S.235

103 Ebenda, S.236

"Aufrichtig, ich hatte einen ganz schönen Bock auf sie." " (115)

Die Erzählung beginnt beschaulich im Präteritum, der üblichen Erzählzeit. Unvermittelt wird im dritten Satz ins Präsens gewechselt und damit die Leserin direkt ins Geschehen miteinbezogen. Dieser Tempuswechsel signalisiert, dass etwas Beunruhigendes geschehen ist. Überraschenderweise reagiert Wölfi aber nicht mit Angst, sondern mit Stolz. Diese Gelassenheit korrespondiert mit dem gemächlichen Tempo zweier langer Sätze. Dann gerät die Rede ins Stocken, wird viermal unterbrochen durch das scheinbar begründende Wort "also". Es wird nach Worten gerungen und die Schwierigkeit thematisiert, tabuisierte lesbische Gefühle zur Sprache zu bringen[104]. Der Bann wird mit dem Wort "anschwärmt" schliesslich gebrochen, und die Erleichterung, die diesem Aussprechen folgt, wird im nächsten Satz durch den Wechsel in die direkte Rede Wölfis und deren derbe Ausdrucksweise sichtbar gemacht. ("Aufrichtig, ich hatte einen ganz schönen Bock auf sie.")

Die Erzählung dieser nicht stattfindenden, da einseitigen, lesbischen Liebesbeziehung verweilt aufgrund einer Zwischenfrage von Thea bei einer Beschreibung der angeschwärmten Mitschülerin. Gleichzeitig wird das Einverständnis der ZuhörerInnen mit Wölfi angedeutet durch den Satz: "Dagegen gibt es kein Mittel, das ist allen klar." (116) Danach wird das Erzähltempo durch kurze Sätze gesteigert. Christa Reinigs Kommentar von 1969 zu einem Roman von Hilde Domin trifft hier präzis auf ihre eigene Schreibweise zu:

> "Schmerz und Trauer verlangen kurze, knappe Sätze. Diese kurzen Sätze bremsen den Handlungsablauf. Sie lesen sich langsamer als lange Satzperioden, die den Leser gleichsam durch die Handlung tragen. Der Leser soll nicht getragen werden, sondern geschockt. Punkt für Punkt wird er gebremst und muss sich für den nächsten Satz sammeln."[105]

> "Wölfi isoliert ihre Marylin, die noch immer der verschossenen Patrone nachtrauert. Sie hat das Vaterland nicht richtig gerettet. Wölfi, abgespannt, ihrer Vernunft nicht mehr mächtig, murmelt: Das

---

104 Erinnert sei hier an die das Tabu berührende Stelle in Ingeborg Bachmanns Erzählung *Ein Schritt nach Gomorrha* (1961): "Ja, so war das. Das war es." (S.92)

105 Christa Reinig: *Liebesgeschichte, von innen erzählt*. In: *Die Zeit*, 21.3.1969, wiederabgedruckt in: Bettina von Wangenheim, *Heimkehr ins Wort, Materialien zu Hilde Domin*, Frankfurt/M. 1982, S.94

glaubst du doch selbst nicht, dass wir mit unseren Mätzchen das Vaterland retten könnten. Und überhaupt Vaterland! Marilyn stösst einen Schrei aus: Wölfi, was muss ich von dir hören, sei froh, dass wir allein im Abteil sind. Wölfi erwacht nach der falschen Seite hin. Na und, sagt sie, du bist doch in unserer Klasse die einzige, die diesen Quatsch ernst nimmt. Marilyn kann nur noch stammeln. Wölfi stammelt dawider." (116/117)

Das Liebesdrama erreicht den Höhepunkt:

> "In diesem Augenblick macht Wölfi eine entsetzliche Erfahrung: die Angst, von der sie im Augenblick geschüttelt wird, hat Marilyn aus ihrem Herzen herausgeschüttelt. Das, was sie für die grosse Liebe ihres Lebens gehalten hat, war nichts und nichtig. Der Gedanke an den Staatssicherheitsdienst hat alles ausgelöscht. Und was bitte ist dann Liebe?" (117)

Die Mitschülerin verrät Wölfi und hofft, dass Wölfi ermahnt würde.

> "Statt dessen stürzt sich die ganze Klasse wie die Aasgeier auf die zum Lynchen freigegebene Wölfi. Nun büsst sie ihr Anderssein, das ihr offiziell vom Staat erlaubt und vom Gesetz nicht verboten ist." (117)

Die Kluft zwischen Gesetz und Sitten wird herausgestrichen und damit die Lüge entlarvt, dass Lesben nicht diskriminiert würden. Gleichzeitig wird Wölfis übertriebene Angst relativiert. Sie hatte befürchtet, dass sie verhaftet und ihr die Schneidezähne ausgeschlagen würden.

Charakteristisch für Christa Reinigs Schreibweise ist auch der Schluss der Geschichte. Die geschilderte Erfahrung von Angst, Zerstörung der Liebe und Demütigung wird unvermittelt in eine witzige Pointe umgelenkt, indem Thea aus Wölfis Geschichte den einzigen möglicherweise positiven Aspekt herausgreift: Sie kommentiert, dass der Schuldirektor schwul gewesen sei und Wölfi deshalb nicht härter bestraft hätte. Der gesamte Bericht wird zusätzlich ironisiert durch die szenische Einbettung: Während Wölfi berichtet, spielen Kyra, Thea und Wölfi zusammen "Mensch ärgere dich nicht". (115)

Unterschiede zu den heterosexuellen Frauenfiguren

Wölfi ist als Gegenfigur zu Xenia konzipiert. Beide sind jung und arbeiten im Kyra-Haus als Dienstmädchen, Xenia als "Tagzofe" und Wölfi als "Nachtzofe" von Thea. Wölfi verbindet mit Thea ihre Liebschaft und betrachtet die Frauenkörper im "Playboy", während Xenia das "Playgirl" bevorzugt und mit Kyra anbändeln will. Beide Frauen treten erst im Verlauf des Romans in Erscheinung und sind während fünf Kapiteln präsent, wobei Wölfi erst kurz vor Xenias Tod auftaucht[106]. Xenia bringt sich um, nachdem sie von Kyra aus dem Auto geworfen und anschliessend von einer Gruppe Männer vergewaltigt worden ist. Wölfi dagegen verlässt das Kyra-Haus und überlebt als einzige der Frauen.

Während sich die übrigen Frauen in verschiedenen Situationen sehr unterschiedlich gegenüber Männern verhalten - vom Eingehen einer Liebesbeziehung zu einem Mann bis zum Wunsch, alle Männer auszurotten -, bleibt Wölfi konsequent "männerblind". Deshalb kann sie auf Kyra "nicht anders als formal reagieren. Er ist ein Pappkamerad." (139) Im Gegensatz zu den heterosexuellen Frauen spielen sich Wölfis Kämpfe mit der Männlichkeit hauptsächlich in ihrem Inneren ab:

> "Sie dürstet nach Gleichberechtigung. Sie fühlt sich als "Mann", möchte aber keiner sein. Wölfis einziger Schmerz ist, dass sie ihre Geliebten früher oder später an den Mann abzuliefern hat." (139)

In der Gegenüberstellung von Wölfi und Otto Kyra, die beide eine Liebesbeziehung zu Thea haben, wird blitzlichtartig eine Konkurrenzsituation zwischen einer Lesbe und einem heterosexuellen Mann beleuchtet.

> "Es bleiben unausgekehrte Ecken. Wölfis Ohnmacht, Kyras Allmacht. Kyra kann Thea heiraten, Wölfi nicht. Kyra kann Menni ein Kind machen, Wölfi nicht. Kyra darf sich nach einer wohlgeschaffenen Frau öffentlich umdrehen. Er darf sie ansprechen, er darf sie zum Tanz auffordern. Er darf ihr Komplimente machen. Er darf auf ein Zeitungsbild zeigen und öffentlich sagen: "Wackerer Busen, das!" Kyra darf alles, Wölfi nichts. In der Folge bekommt Wölfi ihren manisch-depressiven Charakter. Einmal ist sie eine überkandidelte Nudel nach dem Motto: "Wo steht das Klavier, ich trag die Noten." Ein andermal ist sie lethargisch, und man muss ihr alles dreimal sagen. Wenn sie Thea nicht mehr hat, wird sie an der Flasche kleben bleiben, die Thea ihr sorgfältig entzieht." (139)

Zwei mögliche Auswirkungen der gesellschaftlichen Unterdrückung werden angedeutet: Depression und Alkoholismus, verschiedene Formen der Selbstzerstörung[107]. An anderer Stelle wird das Widerstands-

---

106 - Xenia in Kap.5.1. bis 9.6.
- Wölfi in Kap.9.5. bis 13.5.

107 Ausführlicher thematisiert wird dies von Judith Offenbach, vgl. Kapitel 6.2.

potential lesbischer Frauen exemplarisch vorgeführt: Wölfi plakatiert in einer Einzeldemonstration ihre Kritik am romantischen (heterosexuellen) Liebesideal. Aus lesbischem Blickwinkel kommentiert sie damit grosse Tragödien der Weltliteratur (Tristan und Isolde, Nora, Romeo und Julia, Maria Stuart, Faust II, Lulu), indem sie die Normen auf den Kopf stellt und liberale Literaturkritiken zu Lesbendarstellungen durch die Umkehrung entlarvend auf heterosexuelle Darstellungen anwendet, z.B.:

> "Romeo & Julia
> Das handelsübliche Hetero-Stück. Shakespeare gelingt es, das delikate Thema, die Liebe zwischen einem Mädchen und einem Mann, frei von Peinlichkeiten glaubhaft zu machen." (158)[108]

Der Ihns-Prozess

Anlass zum Schreiben des Romans *Entmannung* und zum schriftstellerischen Coming Out als Lesbe war für Christa Reinig der Ihns-Prozess[109], in dem 1974 in Itzehoe (BRD) zwei lesbische Frauen, die den Ehemann der einen hatten umbringen lassen, zu lebenslänglicher Haft verurteilt worden waren. Als Reaktion auf die erstarkende Frauenbewegung wurde von Gericht und Presse durch diesen Prozess eine Hetzjagd auf lesbische Frauen inszeniert[110]. Die öffentliche Verurteilung von Lesben und die Stellungnahme der Frauenbewegung dage-

---

108 Vgl. dazu die heterosexuelle Realsatire in einer (positiven) Kritik zum Film von Frank Ripploh *Taxi zum Klo*:
"Das Schönste jedoch, was man über den Film sagen kann, ist, dass er irgendwann einmal aufhört, eine Homosexuellengeschichte zu sein, und einfach nur eine Beziehung zwischen zwei Menschen schildert."
Corinne Schelbert, in: *Tages Anzeiger* (Zürich), 11.7.1981

109 Christa Reinig hatte wegen dem Urteil im "Ihns-Prozess" im August 1974 in Itzehoe (BRD) zwei Artikel in der Presse veröffentlicht und war darauf von der Zeitschrift *Playboy* um einen Essay zum Thema *Sexualität und Toleranz* gebeten worden. Zunächst lehnte sie ab, schrieb dann doch und stellte fest, dass der Artikel ein Exposé für einen Roman war.
Vgl.: Christa Reinig: *Über die Entstehung des Romans "Entmannung"*. In: *Frauenoffensive Journal* (München) Nr.5/1976, S.48

110 Vgl. dazu Kapitel 5.1.

gen bewirkten[111], dass Christa Reinig darüber schreiben und als feministische Lesbe Position beziehen wollte:

> "Und dann kam dieser Ihns-Prozess, der eigentlich mit meiner Radikalisierung nur insofern zu tun hatte, weil ihn die Presse so mächtig bedient hatte. (...) Dann haben sich damals viele heterosexuelle Feministinnen bezichtigt, sie seien lesbisch, das hat mich erschüttert. "Und ich soll mich verstecken?" Ich habe das nicht durchdacht, es lief eigentlich nicht über Worte, sondern das lief über Empfindungen: "Ich muss raus! Ich muss mich stellen! Aber wie soll ich das machen, wie soll ich das verkraften? Das bin ich ja gar nicht gewöhnt!" - Dieses Rausspringen, das war wirklich nur der Ihns-Prozess."[112]

Und:

> "Aber für mich war das wichtig, dass ich überhaupt in mir selbst das Hindernis beseitigen konnte, um zu sagen: ich bin auch eine von denen, die ihr beschimpft. Ich bin auch lesbisch."[113]

Mit dem Ihns-Prozess wird im Roman *Entmannung* thematisch und strukturell ein Schwergewicht gesetzt, indem das ganze sechste Kapitel unter dem Titel *Ihns-Prozess* steht. Formal sticht dieses Kapitel hervor, weil es, im Gegensatz zu den andern, dokumentarisch und reflektierend geschrieben ist. Im ersten Unterkapitel *Die Schlagzeilen* sind kommentarlos 62 Schlagzeilen zu diesem Prozess aus der bundesdeutschen Presse aufgelistet. In dieser komprimierten Präsentation sind sowohl die Hetzkampagne gegen Lesben wie auch der feministische Kampf dagegen dokumentiert[114]. Christa Reinig zeigt mit diesen Schlagzeilen "das Messer (...), das in das Leben der Menschen hineinhackt"[115].

---

111 Feministinnen aus Hamburg und Berlin hatten vor und im Gerichtssaal demonstriert, worauf später auch 136 Redakteurinnen und 41 Redakteure gegen diese Art der Berichterstattung protestierten. Dazu: *Lesbenpresse* (Berlin/W.), Nr.1, Februar 1975, S.3

112 Reinig/Marti: *Ohne Frauenbewegung hätte ich das sowieso nicht geschafft!* S.27

113 Reinig/Marti (Lizentiatsarbeit), S.159

114 7 Titel zum Mord, 9 zum Prozessverlauf, 3 zu Verschiedenes.
Daneben geht es aber in 23 Titeln um Lesben im allgemeinen (wobei sich 5 auf den Protest von Feministinnen beziehen), in 8 um Details aus dieser lesbischen Beziehung, in 6 sechs um Einzelheiten zu den Angeklagten.
Insgesamt werden 38 Schlagzeilen aufgeführt, die Lesben diffamieren.

115 Christa Reinig in ihrer Rezension zu Hilde Domin, *Liebesgeschichte, von innen erzählt*, S.93:

Die zentrale Bedeutung dieses Kapitels zeigt sich auch darin, dass die Autorin Christa Reinig die Figur Christa Reinig einführt und von ihr als "Ich, Christa Reinig" (78) den Prozess und das Urteil in den Unterkapiteln *Die Verbrecher* und *Itzehoe* über dreieinhalb Seiten hinweg kommentieren lässt. Mittels der Spielfigur Christa Reinig werden dabei Argumentationsketten vorgeführt, mit denen konventionelle Vorstellungen auf den Kopf gestellt werden und deren Normalität damit bestritten wird. Streng logisch verknüpft werden Behauptungen und Beobachtungen mit der Theorie, dass Frauen und Männer verschiedenen Arten entstammen. In diesen zwei Unterkapiteln wird in satirischer Schärfe deutlich gemacht, dass Frauen seit Beginn des Patriarchats die Opfer der Gewalt von Männern sind und dass die Frauen sich dagegen mit aller Kraft wehren müssen. Erstmals wird in diesem Kommentar auch eine Positionsbestimmung der Situation lesbischer Frauen vorgenommen, deren Kerngedanke die Autorin in späteren Texten und Aussagen wieder aufnimmt:

> "Es gibt zwei Arten von Weibern. Weiber, die sich dem Mann unterwerfen und Weiber, die sich dem Mann nicht unterwerfen. Nach des Mannes Gesetz sind die letzteren den ersteren gesellschaftlich und moralisch untergeordnet. Sie heissen prüde, frigid, altjüngferlich, lesbisch, verhurt, pervers. Sie gelten als das Letztunterste der Menschheit, sofern man die Weiber zu den Menschen zählt." (79)

Im Gespräch mit Marie Luise Gansberg (1986) entwickelte Christa Reinig zehn Jahre später die "Gesellschaftspyramide" der "weibliche[n] Hierarchie", an deren Ende die Lesbe steht:

> "Und an letztunterster Stelle steht die Lesbe, die Frau, die ihren weiblichen Beruf verfehlt hat, weil sie vom Manne nicht genutzt werden kann. Die absolut unnütze Frau."[116]

Im Unterkapitel *Die Meineide* werden durch die Schwüre der Romanfiguren Kyra, Doris, Menni, Thea, Xenia, Frau Bierwagen und Christa Reinig mögliche Protestformen demonstriert, gleichzeitig aber ironisch relativiert, indem diese Proteste nicht in die Tat umgesetzt

---

"Aufgabe des Dichters ist es nicht, die Zerstörung der Zeit durch künstlich angebrachte Buchstabenlücken anzudeuten, sondern das Messer zu zeigen, das in das Leben der Menschen hineinhackt: In diesem Buch wurde die Aufgabe so gelöst: Die Autorin nahm authentische Texte und Schlagzeilen aus unserer zeitgenössischen Presse."

116 Reinig/Gansberg: *Erkennen, was die Rettung ist*, S.144

werden, ebensowenig wie das Manifest zur Abschaffung der Männer von Doris, Thea und Menni. Im anschliessenden Kapitel wird mittels eines Gedichtes von Thea nochmals auf den Prozess Bezug genommen. Thea hatte dieses Gedicht im Gefängnis geschrieben und nach ihrer Rückkehr Kyra zur Begrüssung vorgetragen. In Form eines Volksliedes - d.h. sieben Strophen mit acht Versen, paarweise gereimt mit vierhebigen Trochäen - wird der Verlauf von Vorgeschichte, Mord und Urteil zusammenhängend erzählt. Erörtert werden das Verbrechen (1.Strophe), Art und Weise des Verhörs (2.Str.), Prozessverlauf und Berichterstattung (3.Str.), gesellschaftliche Einstellung zu Lesben (4.Str.), männliche Sexualpraktiken (5.Str.), Bericht und Kommentar zum Gerichtsurteil (7./8.Str.). Die Volksliedform wird für ein feministisches Spott- und Kampfgedicht genutzt.

Weitere Hinweise auf lesbische Existenz

Im übrigen Roman wird mehrmals auf die Existenz von Lesben und auf die negierenden und pervertierenden Darstellungen von Lesben hingewiesen. Dies geschieht meist mit einzelnen Sätzen durch das männliche Sprachrohr Kyra, einmal auch durch die Erzählerin. In einem Streitgespräch mit dem frauenfeindlichen Mediziner John Postgate verteidigt Kyra die Frauen, indem er aufzeigt, wie Gewalt gegen Frauen gesellschaftlich legitimiert und zur Disziplinierung der Frauen eingesetzt wird. In diesem Zusammenhang sagt er:

> "Wenn sie sich ganz und gar verschliessen, verhöhnt man sie als alte Jungfern, schimpfiert sie als schwule Säue oder steckt sie als Hysterikerinnen ins Irrenhaus." (52)

Auf ganz andere Weise werden Lesben im zehnten Kapitel thematisiert, wo Kyra pornographische Dias zeigt, die er mit kulturgeschichtlichen Erläuterungen begleitet. Zuletzt kommentiert er ein Dia, das "zwei Damen, die sich intensiv miteinander befassen" (133) darstellt:

> " "Hier eine Rekonstruktion aus dem Paläolithikum, die älteste Liebesdarstellung der Welt aus der Höhle von Laussel in Frankreich: zwei Tribaden, das sind die Stammesmütter, die es miteinander treiben." "(133)

In dieser Szene wird das männliche Verhalten von Kyra ironisiert, der Pornobilder besitzt und durch belehrende, mit Bildungsgut durchsetzte Reden legitimiert. Auf die entwürdigende Funktion von Lesben in

Pornos[117] wird durch den Handlungsverlauf hingewiesen, indem Thea und Wölfi, die miteinander eine lesbische Beziehung haben, bei diesem Bild den Raum verlassen. Mit dieser Interpretation widerspreche ich Margret Brügmann, die Kyras Kommentare als Kritik von Christa Reinig an Feministinnen ansah,

> "(...) das Bemühen, aus Zeichen und Bildern von Frühkulturen Hinweise darauf zu erhalten, dass Frauen zu der Zeit eine machtvolle Position in der Gesellschaft einnahmen"[118].

Meiner Ansicht nach ironisiert Christa Reinig einerseits das männliche Lehrerverhalten, vermittelt aber zugleich Hinweise auf lesbische Spuren in der Geschichte. Im Zentrum des Schlussbildes steht in Abgrenzung zu Goethes Faust nicht Helena, sondern Phorkyas, umrahmt von Sappho und Valerie Solanas, zwei Symbolfiguren lesbischer Geschichte aus der griechischen Antike und der jüngsten Vergangenheit. Auch dieses Schlussbild, das scheinbar eine lesbische Utopie andeutet, wird doppelt relativiert: Erstens wird diesen drei Figuren von einem männlichen Gott, Apollon, die Freiheit geschenkt, und zweitens werden Phorkyas und Valerie Solanas von männlichen Schauspielern verkörpert. Wenn sich Männer verweiblichen, werden alle Frauen überflüssig - also doch keine Utopie.

---

117 - "Jedoch lesbische Szenen gehören fast zu jedem Streifen: Schauobjekte für Männerkonsumenten."
Wenn nachts die Matratzen quietschen, Gespräch mit dem Kinooperateur Jürg Bechtel über die Sexfilmindustrie. In: *Vorwärts*, Genf, 20.3.1980, S.7
- Caroline Sheldon weist in ihrem grundlegenden Aufsatz zu *Lesbierinnen und Film* (1977) auf die geschlechtsspezifische Differenzierung der Darstellung von weiblicher und männlicher Homosexualität in Männerfilmen hin. Zitiert nach der deutschen Übersetzung in: Gislind Nabakovski, Helke Sander, Peter Gorsen (Hg.): *Frauen in der Kunst*, Band 1, Frankfurt/M., 1980, S.108:
"Auf diesem Gebiet setzen geschlechtsspezifische Differenzierungen ein: der Avantgarde-Film hat sich hauptsächlich mit männlicher Homosexualität beschäftigt, Porno vorwiegend mit lesbischer Liebe. Damit ist nicht gesagt, dass es schwulen Männerporno nicht gibt, sondern nur, dass dieser sich ausschliesslich an ein männliches homosexuelles Publikum richtet. Auch wenn sich neuerdings ein lesbischer Avantgarde-Film zu etablieren beginnt, handelt es sich dabei um ein junges, bisher wenig bekanntes Phänomen, das eher auf die Entwicklung des lesbischen Feminismus zurückzuführen ist als auf die Tradition von Avantgarde."

118 Margret Brügmann: *Amazonen der Literatur*, S.188

Fazit zu *Entmannung*

Entmannung ist ein Wendepunkt in Christa Reinigs Werk und zugleich Ausdruck ihrer radikalen politischen Veränderung vor ihrem fünfzigsten Lebensjahr. Sie sah sich nicht mehr als Einzelgängerin, sondern als zugehörig zur Frauenbewegung und vollzog gleichzeitig ihr Coming Out als lesbische Schriftstellerin. Sie verband ihr sprachliches Können mit einer radikalfeministischen Position. Lesbische Frauen machte sie erstmals zum Thema, indem sie einen Schauprozess gegen Lesben aus dem Jahre 1974 im Spiegel der Presseberichterstattung dokumentierte und auf verschiedene Weise radikalfeministisch-lesbisch kommentierte. Zudem stellte sie mit "Wölfi" erstmals eine lesbische Frau dar und nahm mit verschiedenen Aussagen und Andeutungen auch im übrigen Roman Bezug auf Lesben.

Prosa von 1979 bis 1983

Zwischen ihrem zweiten und dritten Roman fand Christa Reinig den Zugang zur Frauenbewegung. Sie beteiligte sich an Diskussionen und Lesungen und publizierte viel in Organen der Frauenbewegung. In dieser Zeit des politischen Engagements veröffentlichte sie keinen Roman, sondern kürzere Texte. Auf den 1979 erschienenen Lyrikband *Müssiggang ist aller Liebe Anfang* bin ich bereits im Zusammenhang mit Reinigs übriger Lyrik eingegangen. Hier verweise ich auf ihre Prosatexte.

Aufgrund der pornographischen Illustrierung der Erzählung *Mädchen ohne Uniform* (1979) wechselte Christa Reinig zum Verlag Frauenoffensive, der dieselbe Erzählung als Titelgeschichte im Band *Die ewige Schule* (1982) herausgab. Im Essayband *Der Wolf und die Witwen* (1980) ordnete sich die Autorin dann demonstrativ als *Angehörige der lesbischen Nation* (13) ein. Die Essays beinhalten, meist in Form von Satiren, radikalfeministische Patriarchatskritik und die Auseinandersetzung mit der Frauenbewegung und mit matriarchalen Mythologien.

Zunehmend "männerblind"(46) werden Frauen im Erzählband *Die ewige Schule* (1982), wo lesbische Frauen gleichzeitig zu den zentralen Figuren werden, während Männer höchstens als bedrohliche Figuren am Rande auftauchen.

Besonders wichtig wird die Darstellung älterer Lesben in den Erzählungen *Asche und Erde* und *Ein Sonntag im Krieg*. Dieses Thema existierte in der deutschprachigen Literatur nicht[119]. In *Asche und Erde*[120] führen die unterschiedlichen Liebeskonzepte zweier älterer Lesben zu schwerwiegenden Konflikten. Während der Streit nur darüber ausgetragen wird, ob sie sich nach ihrem Tod bestatten oder verbrennen lassen wollen, geht es im Grunde auch darum, ob und wie sie weiter gemeinsam leben können. Gleichzeitig wird die Bedrohung durch den möglichen Tod so stark, dass sie nicht mehr verdrängt werden kann und immer wieder aufbricht. Die Trauer wird jedoch durch eine heitere Einleitung, durch Witz, Galgenhumor und eine amüsante Episode beim Eisessen immer wieder in Gelächter umgebogen.

Mit der fehlenden Tradition von Lesbenliteratur - und zugleich mit lesbischen Autorinnen selbst - beschäftigt sich Christa Reinig einerseits in Form von Essays, z.B. zu Claire Waldoff[121], von der sie ein ganzes Chanson bereits in den Roman *Entmannung* (110-114) integriert hatte, zu Renée Vivien[122] und zu Christa Winsloe[123], andererseits durch parodistische Bezugnahme auf Werke der Lesbenliteratur: *Die ewige Schule* zu Christa Winsloes *Mädchen in Uniform* und *Leben auf dem Lande* zu Isabel Millers *Patience und Sarah*.

Auch auf ihre eigenen Texte nimmt Christa Reinig Bezug, sei es, dass eine Figur, nämlich das lesbische Mädchen Lupe (in der Erzählung *Die Wölfin*), in einem Buch von Reinig (*Der Wolf und die Witwen*) liest, oder dass die Figur Thea in *Entmannung* neben ihrem

119 Die Ausnahme bildete der aus dem Englischen übersetzte autobiographische Roman *Flickwerk* (dt. 1977) der Emigrantin Charlotte Wolff. Inzwischen gibt es drei Romane, in denen lesbische Gefühle oder Beziehungen älterer Frauen thematisiert werden:
- Monika Sperr, *Der Tag beginnt mit der Dämmerung* (1983)
- Grete Weil, *Generationen* (1983)
- Leona Siebenschön, *Nachtleben* (1983)

120 In: Christa Reinig, *Die ewige Schule* (1982)

121 In: *Emma*, Februar 1982

122 In: *Emma*, 1981

123 Nachwort zur Neuausgabe von: Christa Winsloe: *Mädchen in Uniform*. Frauenoffensive 1983.

Spiegel ein Gedicht hängen hat, das von Christa Reinig 1969 in den *Kalendersprüche[n]* veröffentlicht worden war[124].

Die Frau im Brunnen (1984)

Inhalt und Form

Die Liebesbeziehung zweier älterer Frauen bildet die Haupthandlung des Romans, in dem die Ich-Erzählerin gleichzeitig Episoden aus dieser Beziehung schildert und Bilanz zieht. Es wird weder Anfang noch Ende der Liebesbeziehung gezeigt, sondern ein Ausschnitt mittendrin. Die Beziehungsgeschichten werden zum einen nach einem Drittel des Textes komprimiert auf zwölf Seiten, zum anderen über den gesamten Text verteilt.

Erzählt wird aus der Perspektive eines weiblichen Ichs, das sich verdoppelt und aus der Ich-Erzählerin Silvia Grossmann und ihrem alter ego Christa Reinig besteht. Besonders bemerkenswert ist, dass die Verdoppelung in zwei eigenständige weibliche Ichs geschieht und nicht als Teilung in eine weibliche und eine männliche Figur, wie dies z.B. im Roman *Malina* (1971) von Ingeborg Bachmann der Fall war, oder als Teilung in zwei komplementäre weibliche Hälften, wie dies von Irmtraud Morgner in *Amanda* (1983) vollzogen wurde. Anfänglich erscheint Sylvia Grossmann als Wunschfigur, doch im Verlauf des Romans vermischen sich die beiden Ichs immer mehr, bis Christa Sylvia in ihren Gedanken verabschiedet (117/118).

Thematisch kreist dieses weibliche Doppel-Ich im Bewusstsein der Nähe des Todes um die Auseinandersetzung mit ihrer Liebesbeziehung, um Alter, Abschied und Tod, um das Verhältnis von Müttern und Töchtern und um die Frage von weiblicher Identität und Weiblichkeitsvorstellungen im Patriarchat. Die Ich-Erzählerin versucht, ihre Liebesbeziehung für sich selbst zu bestimmen und sich mit ihrer Angst vor Isolation, Verlust und Tod auseinanderzusetzen. Im Unterschied zu ihren früheren Romanen diskutiert Christa Reinig keine Männertheorien mehr oder führt sie ad absurdum - mit Ausnahme der Kritik an patriarchalen Übersetzungen von Sappho-Gedichten -, und sie lässt keine historischen (männlichen) Figuren mehr auftreten.

---

124 Christa Reinig, *Gesammelte Gedichte*, S.253

Vielmehr spricht die Erzählerin mit ihrem doppelten Ich und setzt sich mit verschiedenen Elementen auseinander, die ihr für ihr Leben als Frau noch sinnvoll erscheinen.

Verschiedene Textteile werden assoziativ oder über die Erzählerin miteinander verbunden: Reflexionen, Episoden aus dem Alltag ihrer Liebesbeziehung, Episoden mit Nachbarn und Bekannten, Szenen aus dem Münchner Strassenalltag, Neuinterpretationen von Märchen und Sagen, Träume, Interpretation und Neuübersetzung von Sapphos Gedichten, eigene Erinnerungen. Die Erzählerin erfindet und rekonstruiert für sich die *Topographie des heiligen Berges*, den sie aus sprachlichen Bruchstücken verschiedener Kulturen und Religionen zu einem für sich selber sinnstiftenden Gedankengebäude errichtet.

Während Christa Reinig in *Entmannung* das Patriarchat mit den Mitteln von Satire und Groteske scharf kritisierte, schafft sie in *Die Frau im Brunnen* eine Basis weiblichen Bewusstseins, indem sie weibliche Geschichte (Göttinnen, Sappho) schöpferisch rekonstruiert und ein eigenes Denkmodell (*Topographie des Heiligen Berges*) entwirft. Am Anfang und am Ende des Textes wird auf die Märchen von *Frau Holle* und *Schneeweisschen und Rosenrot* Bezug genommen, die Liebesgeschichte zweier alter Frauen somit erzählt in einer Kreisbewegung von Märchen zu Märchen, vom labyrinthischen Gespräch mit sich selbst (5) zum labyrinthischen Muster des letzten Tieres im Schnee (130). Der Zeitraum, in dem diese Beziehung dargestellt wird, erscheint als zeitloser[125] und erinnert dadurch an mythische Zeiten. Durch die Verknüpfung mit "Münchner Geschichten", in denen Gewalt von Männern gegenüber Frauen gezeigt wird, wird der Roman jedoch in der Gegenwart der achtziger Jahre verankert.

Hauptfiguren

Die Erzählerin und ihre Lebensgefährtin Robi sind unterschiedliche Charaktere. Die Erzählerin ist Feministin, setzt sich gerne mit geistigen Dingen auseinander und kämpft mit Hilfe der Schrift. Robi, die Tierschützerin, beschäftigt sich mit praktischen Dingen und wehrt

125 Weil die Episoden nicht zeitlich situiert sind, sondern nebeneinandergefügt sind, und weil die Episoden im Präsens erzählt und mit Teilen aus Geschichte und Mythos im Präsens verknüpft werden.

sich handgreiflich gegen männliche Angriffe im Alltag. Diese Unterschiede werden von den Freundinnen gegenseitig respektiert, andere führen dagegen zu Irritationen bis hin zu Konflikten. In der Erzählweise werden die unterschiedlichen Interessen und Tätigkeiten der beiden als gleichwertig nebeneinander gestellt[126], z.B.:

> "Robi ist mit ihrem Garten ums Jahr herumgekommen und ich um meinen Heiligen Berg." (123)

Die Darstellung der Geliebten

Robi tritt völlig unvermittelt, erzählerisch nicht eingeleitet, auf:

> "Ich lese Nizamis "Sieben Geschichten der sieben Prinzessinnen". Eine davon ist Turandot. Ihre Farbe ist rot, ihr Planet der Mars, ihr Tag ist der Dienstag. Meine Herzallerliebste unterbricht meine Lektüre und fragt, ob wir vielleicht Musik hören mögen? Ich schlage das Buch zu und sage: O du, die du mir teurer bist als das Licht meiner Augen, gern verzichte ich auf den Schluss der Geschichte, wenn du mir nun sagen wolltest, was für eine Musik wir hören mögen. Sie meint: Callas. Die Kassette ist halb angespielt. Ich lege sie ein wie sie ist, und Callas beginnt mit: "In questa reggia" - Turandot." (20)

Mit diesem plötzlichen Auftritt Robis wird ihre Anwesenheit im Leben der Erzählerin und die Selbstverständlichkeit ihrer Liebesbeziehung signalisiert. Diese erste Episode verweist auf die Dynamik der Beziehung zwischen Liebe ("Ihre Farbe ist rot") und schweren Konflikten ("Mars" als Kriegsgott) und auf das Verhältnis der Erzählerin zu ihrer Geliebten und zu ihrer Beziehung: Einerseits fühlt sie sich in ihrer Lektüre unterbrochen und reagiert zugleich liebevoll und ironisch, andererseits wird in der mystischen Übereinstimmung von Lektüre (Beschäftigung der Erzählerin mit sich selber) und Musik (Gemeinsamkeit der beiden Freundinnen) die Harmonie der Lebensgefährtinnen bildhaft. Die divergierenden Wünsche nach Einsamkeit und Gemeinsamkeit lösen sich in diesem Moment auf.

Im krassen Gegensatz zur üblichen literarischen Darstellung von Menschen, wird die Beschreibung der Geliebten in ihrer körperlichen Erscheinung und Ausstrahlung vollständig ausgeklammert. Charakte-

---

126 Im Unterschied z.B. zu Judith Offenbach, *Sonja*, wo deutlich spürbar wird, dass die Ich-Erzählerin geistige Arbeit als allem anderen übergeordnet bewertet, auch wenn sie gegenteilige Aussagen macht, vgl. Kap.6.2.

risiert wird Robi durch ihre Handlungsweise und ihre Aussagen. Das Verhältnis der Erzählerin in der Liebesbeziehung gegenüber Robi wird somit in die Erzählhaltung umgesetzt: Sie steht ihr so nahe, dass sie von der Freundin nicht ein Bild aus der Totale hat, die entsprechende Distanz voraussetzen würde, sondern sie nimmt aus der Nähe einzelne entscheidende Ausschnitte wahr. Durch das Auslassen des Blicks der Erzählinstanz auf den Körper der Geliebten tritt die Figur zudem direkter vor die Leserin, die sich aufgrund der geschilderten Handlungsweise selber ein Bild dieser Person entwirft. Bewertende Bemerkungen der Ich-Erzählerin gegenüber Robi werden als Kommentare klar von der Beschreibung getrennt:

"Robi hat eine gerade Art, die mir auf die Nerven geht." (76)

Auf diese Weise reduziert die Erzählerin das hierarchische Subjekt-Objekt-Verhältnis von der Schreibenden zu der von ihr beschriebenen Geliebten. Gleichzeitig macht sich die Erzählerin selber zum Objekt: Statt ihre Wunschbilder von Weiblichkeit auf den Körper der Freundin zu projizieren oder sie von ihm abzulesen, führt sie die Auseinandersetzung mit übernommenen patriarchalen Schönheitsvorstellungen in der kontrastierenden Beschreibung der Körper von Ich-Sylvia und Ich-Christa.

Durch Aussparen von Körperlichkeit in der Darstellung der Geliebten wird jedoch auch die erotisch-sexuelle Qualität dieser lesbischen Beziehung wenig fassbar. Damit zeigt sich die double-bind-Situation, in der sich eine Schriftstellerin befindet, die lesbische Liebe darstellen will. Durchbricht sie das Hierarchie-Verhältnis von Schreibender und Beschriebener, so geht damit die Entsexualisierung der Körper einher, womit sie unversehens in der patriarchalen Tradition steht, die den Frauen eine eigenständige, nicht auf Männer bezogene Sexualität abspricht. Beschreibt sie aber Körper und Sexualität, so macht sie die Geliebte zum Objekt und ist zudem als Schreiberin selbst umstellt von Frauenbildern, die Männer entworfen haben, womit sie sich wiederum in patriarchaler Tradition befindet. Diese Version wurde in *Entmannung* vorgeführt, wo die lesbische Wölfi ihre geliebte Mitschülerin als Marilyn Monroe beschrieb, ein Poster von Marilyn Monroe an ihrer Zimmertür aufhängte und sich damit auf die von Männern zum Sexsymbol inszenierte Kunstfigur bezogen hatte.

Lesbische Liebesbeziehung

Die Veränderung in der Liebesbeziehung wird durch die Kommentare der Erzählerin deutlich, die darüber nachdenkt, wie sie zu Beginn ihrer Liebe beim Gedanken an eine Trennung beide geweint hätten, inzwischen aber "gemächlich" (42) darüber verhandelten, was die eine nach dem Tod der andern - und damit der endgültigen Trennung - machen würde. Auf mögliche andere Liebesbeziehungen sind die Freundinnen nicht mehr eifersüchtig, die gegenseitige Liebe scheint bereits vor dem Tod ein Stück weit abgestorben zu sein. Der Kommentar der Ich-Erzählerin wird nicht relativiert:

> "Das sieht nach immergrüner Liebe aus, ist aber die ungeheuere Resignation auf der Rückseite einer Beziehung, die uns beiden die letzte Lebenskraft abverlangt hat.
>
> Wir vergolden uns gegenseitig aus den Unzulänglichkeiten unserer Vorgängerinnen." (42)
>
> "Ich denke oft daran, dass mein Leben oder das von Robi nicht mehr lange dauern wird, und dass wir die Welt und den Garten und die roten und blauen Rosen und einander verlassen müssen.
>
> Wir haben uns in vielen Jahren viel zuleide getan. Dann haben wir damit nicht aufgehört, sondern uns dran gewöhnt. Es gab Zeiten, da schien jede Auseinandersetzung die letzte zu sein. Aber der Vernunftschluss, dass wir uns besser trennen, hat uns so in der Kehle gewürgt, dass wir von dieser Möglichkeit niemals gesprochen haben. Die Aussicht, dass unser Friede nicht dauert, gibt ihm eine unendliche Süsse. So besteht unser Leben aus einer Ansammlung glücklicher, gelungener Momente." (44)

Die Angst vor dem Tod wird durch die Liebesbeziehung verdoppelt, von der Angst vor dem eigenen Tod zur Angst vor dem Tod der Geliebten. Gleichzeitig erscheint die Liebesbeziehung als Hoffnung gegen die Einsamkeit des Todes. Sich selber gegenüber schonungslos gibt die Ich-Erzählerin diesen intimen Wunsch der Leserin preis:

> "Ich habe schlechte Laune, aus keinem Grund, scheint mir. Robi fragt, ob ich etwas gegen sie habe. Ich kann nicht anworten: Stirb mit mir. Ich sage: Ach nichts! Sie meint, ich solle dreissig Tropfen Miroton nehmen. Die Aussicht, aus nichts als dreissig Tropfen die Welt ändern zu können, erheitert mich so, dass ich die Tropfen nicht mehr brauche. Robi fragt: Warum lachst Du?" (41)

Indem die Erzählerin ihren Wunsch der Geliebten verheimlicht, deren Mitgefühl aber annimmt und zu ihrem Humor zurückfindet, verschweigt sie in der Beziehung ihren belastenden Wunsch, der gleichwohl existiert. Körperliche Nähe wird nur einmal thematisiert und zwar nicht als Ausdruck erotischer Zuneigung, sondern als Ausdruck ihrer Verbundenheit angesichts der Nähe des Todes:

> "Robi lässt sich in meine Arme fallen. Ich lege sie auf ein Bett und will den Arzt rufen. Sie will keinen Arzt. Ich will die Familie erreichen. Sie will keine Familie. Sie will in meinen Armen sterben. Einige Zeit sieht es danach aus." (47/48)

Am Schluss des Romans weinen die Freundinnen übereinander, ausgelöst durch ihre Träume; ein sichtbares Zeichen für die noch vorhandenen gegenseitigen Gefühle. Darauf folgt der zweitletzte Absatz des gesamten Textes: Die Freundinnen spazieren gemeinsam im Wald, lesen zusammen die Tierspuren, eine Metapher für die innere Verbindung der Erzählerin (Leserin) und Robi (Tierschützerin). Die letzten Geschöpfe dieser Erde werden die Tiere sein, und:

> "Schneeweisschen und Rosenrot, die letzten beiden Menschen sind wir." (130)

Die beiden Geliebten sind zum Schwesternpaar aus dem Märchen geworden. Die Erzählerin, die sich zu Beginn des Romans mit ihrem Spiegelbild im Brunnen unterhalten hat, geht gemeinsam mit ihrer schwesterlichen Freundin in die Natur hinaus. Ein märchenhaftes Bild steht somit am Schluss dieser Episoden einer lesbischen Liebesbeziehung, die als eine Mischung von Hoffnung und Trauer, Verbundenheit und Angst sehr präzis und realistisch geschildert wird. Durch die genaue Darstellung von Angst und von widersprüchlichem Verhalten werden die beiden Frauen weder heroisiert noch stigmatisiert. Es wird von einem selbstverständlichen lesbischen Standpunkt aus erzählt, von wo aus es auch möglich wird, die Angst vor dem Tod zu beleuchten.

Aneignung lesbischen Erbes: Sappho

Die Auseinandersetzung mit Leben und Werk Sapphos, der grössten antiken Dichterin und zugleich Ahnin, Code und Referenzpunkt lesbischer Frauen, erhält eine zentrale Funktion im Roman: Formal bilden die beiden langen Sappho-Passagen eine Klammer um den Text.

Inhaltlich umfassen sie die zentralen Themen: Tod, Verderben, Vergessen, Erinnern, bzw. Liebe und Trennung/Tod, Wiederaneignung von zerstörter Geschichte von Frauen und Entlarvung der Umformungen matriarchaler Kulturen durch das Patriarchat. Die Neuinterpretation von Sapphos Gedichten wird durch die Erzählerin mit ihrer Liebesbeziehung zu Robi verknüpft. Indem sich die Erzählerin mit Sapphos Gedichten beschäftigt, setzt sie sich auch mit ihrer Beziehung zu Robi und mit ihrer Angst vor Trennung und Tod auseinander. Nachdem sie z.B. ein Sappho-Fragment interpretiert hat, bemerkt sie einen Möwenschwarm und das Fallen des ersten Schnees, beides Anzeichen des Todes. Gelassen stellt sie fest, dass sie und Robi das Jahr gemeinsam überstanden hätten, indem sich jede mit dem ihr wichtigsten beschäftigte, die Erzählerin mit dem *Heiligen Berg*, Robi mit dem Garten. Beide sind nun in der Lage, miteinander über ihre zukünftige Beziehung zu reden:

> "Dann summieren wir unsere Sorgen und teilen sie ein in die, die wir abwerfen können, und in die, die wir behalten müssen. Viele Tränen werden wir noch weinen, aber nie mehr gegeneinander. Bleibt übrig, dass zwei Menschen auf sich gestellt, viel gefährdeter sind als ein Mensch allein." (124)

Die Autorin rekonstruiert Leben und Werk von Sappho auf patriarchatskritische Weise, indem sie in Form von Alpträumen der Erzählerin die Zerstörung von Sapphos Werken sichtbar macht und die Erzählerin Gedichtfragmente neu aus weiblich-lesbischem Blickwinkel übersetzen lässt, sie den patriarchalen Interpretationen entgegenstellt und durch schöpferische Imagination Sappho zu weiblichen Gottheiten in Beziehung setzt.

Die existentielle Bedeutung der lesbischen Traditionsbildung wird durch den Handlungsverlauf hervorgehoben. Über die Gedichte Sapphos hatte die Erzählerin erstmals einen Bezugspunkt für sich als lesbische Frau entdeckt (13). Einmal hatte sie einen Herzinfarkt überlebt (16), als sie sich auf das Abschreiben von Sapphos Gedichten konzentrierte. In der Erzählgegenwart liest die Erzählerin einen Text von Sappho wieder, in dem Sappho "ihre Liebesergriffenheit als ein Sterben" (19) schildert, und entscheidet sich, ebenso wie Sappho, für ihr Weiterleben.

In der zweiten Textpassage, die mit dem Titel *Die Krönung der Persephone* hervorgehoben wird, verbindet die Erzählerin griechische Mythologie, matriarchale Mythologie, Christentum und tibetanische Religion miteinander aufgrund struktureller Ähnlichkeiten und zusammen mit Sapphos Fragmenten zur Imagination einer Zeremonie, in der nicht das Ritual der Heterosexualität zelebriert wird, sondern "die Trennung der weiblichen Lippen in die Zwei wird ohne Anwesenheit von Männern vollzogen" (120). Dabei übernimmt Sapphos Schülerin Attis die Rolle des Heros Adonis in der "Heiligen Hochzeit" (120) mit der Göttin Kore. Weiter verweist die Autorin durch einen Kommentar auf die patriarchale Umformung matriarchaler Kultur durch die Zeus-Religion, mit der die Musen vermännlicht oder zu Töchtern degradiert wurden.

Anschliessend interpretiert die Erzählerin die ersten vier Strophen des Abschiedsgedichtes von Sappho an ihre Schülerin: Das Erleben der Trennung ist für Sappho zuerst gleichbedeutend mit Tod und Verderben. In der dritten Strophe "dreht Sappho den Namen der Keren" (122) (Todbringerinnen) um zu den Chariten (Freudebringenden), verabschiedet sich von ihrer Schülerin und beschwört sie, sich an die Erfahrung in der Frauengemeinschaft zu erinnern, nicht als "Trost für die Gnadenlosigkeiten des Ehelebens" (168), sondern:

> "Es sei ein Herzgebet, ein immerwährendes unausgesetztes Mantra: Du wurdest geweiht, und du bist gefeit. Das Allerschlimmste kann dir nicht geschehen, denn andere, indem sie es für dich erlitten, haben dich davon erlöst." (123)

Die Erinnerung an die Frauengemeinschaft und darüber hinaus an die Geschichte von Frauen könnte ein Schutz für die Frauen vor patriarchaler Zerstörung sein. In der Auseinandersetzung damit sieht Christa Reinig eine Chance zur Auseinandersetzung mit Weiblichkeit und mit sich selbst als Frau, ganz im Gegensatz zur Psychoanalyse, die die Erzählerin in der *Geometrie* als "Sonderfall des Hausputzes" bezeichnet hatte, über die *Die Frau im Brunnen* lachte und deren Erfinder Sigmund Freud in *Entmannung* als handelnde Figur karikiert wurde. Auf diese Weise wurden Freuds psychoanalytische Theorien als untauglich zur Auseinandersetzung mit der eigenen Weiblichkeit verworfen.

Soziale Isolation der lesbischen Beziehung

Die beiden Freundinnen leben ohne gemeinsame Freundinnen in einer weitgehenden, sozialen Isolation. Als Reaktion auf eine verwitwete Bekannte, die der Erzählerin und Robi beibringen will, dass sie Männer bräuchten, kommentiert die Erzählerin:

> "Ich wollte noch einen Scherz daraus machen. Aber ich habe die Lust verloren, diese Frau, die mir über lange Jahre sehr lieb war, noch einmal wiederzusehen. Seit ich in der Frauenbewegung bin, haben sich viele Frauen aus meinem Leben verkrümelt. Andere musste ich abschieben, weil ich sie nicht mehr ertragen konnte. "Frauen gemeinsam." "(99)

Alte Freundschaften überdauerten die feministische Bewusstwerdung der Erzählerin nicht, neue feministische Freundinnen tauchen im Text nicht auf. Das einzige Lesbenpaar, mit dem die Freundinnen einen Abend verbringen, besteht aus einer "uneheliche[n] Urlesbe" und einer "Noch-immer-Gattin" (100), von denen sie als Publikum für ihre sadomasochistische Beziehung missbraucht werden, worauf die Erzählerin spontan mit "allgemeine[m] Frauenhass" (100) reagiert, den sie im nachhinein reflektiert. Von der Nachbarschaft werden nur die männlich-herablassenden Verhaltensweisen geschildert, die Beziehungen zu den Nachbarinnen bleiben unerwähnt. Verletzungen durch Frauen werden freundlich zugefügt, z.B. durch eine Spaziergängerin, die die Sonnenbadenden fragt: "Sind sie auch nur Frauen?" (84) Weder Robi noch die Erzählerin begegnen Freundinnen, sondern jede gräbt in ihrem Garten oder Berg alleine. Für beide Frauen beinhaltet ihre Beschäftigung Rückzug auf sich selbst und zugleich Schaffung eines Sinnes.

Die *Topographie des Heiligen Berges* als Balance der Ich-Erzählerin

Die Erzählerin entwickelt mit Hilfe wissenschaftlicher Methoden (Induktion, Deduktion, Analogiebildung) einerseits und mit dichterischer Freiheit und Schöpfungskraft andererseits, aufgrund der Idee, dass alle Sprachen auf eine Ursprache zurückgehen, die *Topographie des Heiligen Berges*. Darin werden vorwiegend weibliche Göttinnen und Sagengestalten aus verschiedenen Kulturen und Religionen aufgrund ihrer sprachlichen Ähnlichkeit in ein Achteck geordnet, das eine Übergangsform zum Kreis und damit zum zyklischen, matriarchalen Leben / Denken stellt. Die Erzählerin kommt zum Schluss, dass am Ursprung der Göttinnen Zahlen waren und dass das Wichtigste im menschlichen Zusammenleben Zahlen sind (57). Dabei erfüllen die Zahlen die Funktion, Raum und Zeit zu teilen, ein für die Erzählerin lebensnotwendiger Akt:

> "Das Mysterium der dritten Dimension: Dass es mich gibt und dass ich in diesem Augenblick so und nicht anders bin. Ich hab nichts am Hut mit einem physikalischen Weltbild, in dem die Zeit die vierte Dimension des Raumes ist. Wenn ich nicht klarscharf Zeit und Raum trennen kann, gehe ich unter." (104)

In einer existentiellen Krise, die wahrscheinlich durch Bedrohung der Liebesbeziehung ausgelöst wurde, erlebt die Erzählerin den Heiligen Berg als Heilung, indem sie eins war mit sich selber, mit dem Kosmos und zugleich "in dieser Welt" (114):

> "Der Himmel brach über mir zusammen. Der Berg stand und schirmte mich gegen den Himmel ab." (114)

Fazit zu *Die Frau im Brunnen*

Verbunden mit der Darstellung einer lesbischen Liebesbeziehung zweier älterer Frauen wird in *Die Frau im Brunnen* ein im Vergleich zu den früheren Romanen deutlich ausgebildeteres weibliches Bewusstsein sichtbar. Mit intensiver Bezugnahme auf Sappho stellte sich Christa Reinig in eine Tradition lesbischer Kultur und konstruierte die *Topographie des Heiligen Berges* zur Balance der Erzählerin mit sich und dem Kosmos. In der zeitweiligen Verdoppelung der Ich-Erzählerin und in der Darstellungsweise der Geliebten entwickelte Christa Reinig eine Schreibweise, in der sie patriarchale Weiblichkeitsbilder aufbrach und zugleich lesbische Existenz in Worte fasste.

8. Traditionsbildung und Veränderung

Lesbische Traditionsbildung

Bis anfangs der achtziger Jahre mussten deutschsprachige Schriftstellerinnen selber forschen, wenn sie sich auf Werke beziehen wollten, in denen lesbische Liebe Thema war, oder wenn sie nach Biographien von lesbischen Autorinnen fragten. In dieser Suche nach der fehlenden Literaturtradition von lesbischen Frauen wurde die antike Dichterin Sappho für Autorinnen zur zentralen Figur.

Sappho war die einzige historische Figur, die zur Bezugnahme und Traditionsbildung geeignet schien. Bereits zu ihrer Leibzeit im 6. Jh. v.Chr. war Sappho als grosse Dichterin gefeiert und ihr Name mit der Liebe zwischen Frauen verbunden worden. Die Begriffe *Sapphische Liebe* und *lesbische Liebe*, die Liebe zwischen Frauen bezeichnen, sind von Sappho und von ihrem Wohnort Lesbos abgeleitet. Obwohl sie im Verlauf von 2500 Jahren männlicher Literaturrezeption einerseits zur Hure gemacht[1] und andererseits zur Heiligen stilisiert wurde[2], blieb Sappho wichtigster Bezugspunkt für Autorinnen, sowohl als grosse Dichterin wie auch als Symbolfigur für Frauenliebe.

Die Gedichtfragmente dieser Meisterin des "Verschweigenkönnen[s] mitten im Wort" (Christa Reinig[3]) umkreisen immer wieder die Liebe zu Frauen. Verschiedene Autorinnen nehmen in ihren Texten auf unterschiedliche Weise Bezug auf ihr Werk. Am intensivsten setzten sich damit drei Schriftstellerinnen auseinander, die selber auch Lyrik publizierten: Marie Luise Kaschnitz, Johanna Moosdorf und Christa Reinig.

Marie Luise Kaschnitz veröffentlichte bereits 1949[4] einen Essay zur Gestalt von Sappho, in dem sie den Phaon-Mythos als männliche

---

1 V.a. in der römischen Komödie, in der Renaissance und im 18.Jahrhundert

2 Deutschland im 19.Jahrhundert
Vgl.: - Marion Giebel: *Sappho*, S.130-139
- Elisabeth Frenzel: *Stoffe der Weltliteratur*, S.667-669

3 Christa Reinig, *Die Frau im Brunnen*, S.121

4 in: *Die Welt der Frau*, Heft 4/1949, S.19-21

Dichtung (u.a. von Ovid, Wilamowitz und Grillparzer) entlarvte und auf die dahinter liegende transzendente Bedeutung zurückführte.

Auf Wunsch von Johanna Moosdorf hätte ihr Roman *Die Freundinnen* ursprünglich den Titel *Sappho* tragen sollen, was aber von den Verlegern abgelehnt wurde[5]. Moosdorf stellt darin der massenhaften Ermordung von Frauen durch die christlichen "Hexen"-Verfolger die Preisung der Frauenliebe durch Sappho entgegen. Sie verweist auf die Aktualität von Sapphos Versen durch die Verknüpfung mit der lesbischen Liebesbeziehung und öffnet damit - sowie mit der Rezeption weiblicher Gottheiten und der Entwicklung eigener Phantasien - den privaten Rahmen dieser Liebesbeziehung.

Christa Reinig übersetzt in ihrem Roman *Die Frau im Brunnen* Gedichte von Sappho neu und beleuchtet zugleich ironisch-spielerisch ihre feministische Abweichung von der patriarchalen Tradition. In Form von Alpträumen der Ich-Erzählerin verweist sie auf die Zerstörung von Sapphos Werken durch christliche Eroberer und setzt dieser Zerstörung von Frauenkultur die Einzelaktion der Erzählerin zur Bewahrung von Sapphos Werken gegenüber. Obwohl diese Tat scheinbar nutzlos ist, wird sie für das Überleben der Erzählerin existentiell wichtig.

Eine ganze Reihe weiterer Schriftstellerinnen hat auf Sappho Bezug genommen, so Nina Keller (sechziger Jahre), das Münchner Lesbencabarett (siebziger Jahre), Inge Merkel, Sabine Lang, Christine Brückner und Helga Hegewisch (alle achtziger Jahre).

Neben dieser Rezeption von Sappho haben verschiedene Autorinnen nach weiteren historischen Figuren Ausschau gehalten. Am ausführlichsten vollzog diese Spurensuche Johanna Moosdorf, die ebenso auf archaische Göttinnen wie auf das Buch Ruth der Bibel, sowohl auf die christlichen Mystikerinnen als auch auf lesbische Frauen als Opfer der Hexenverfolgung und darüberhinaus auf Schriftstellerinnen des 20.Jahrhunderts (Djuna Barnes und Gertrude Stein) Bezug nahm. Christa Reinig bezog sich auf die lesbische Subkultur der Weimarer Republik - mit der Schriftstellerin Christa Winsloe und der Ka-

---

Wieder abgedruckt in: Marie Luise Kaschnitz, *Gesammelte Werke*, Band 7, 1989, S.118-126

5 Vgl. dazu Regula Venske: *Schriftstellerin wider das Vergessen: Johanna Moosdorf*, S.217, Anmerkung 82

barettistin Claire Waldoff - und auf die Nordamerikanerinnen Valerie Solanas und Isabel Miller. Annette Berr spielte an auf die nordamerikanische Autorin Rita Mae Brown. Verena Stefan ging zurück auf archaische Göttinnen, Ingeborg Bachmann auf das Buch Ruth der Bibel.

Die Möglichkeiten für Schriftstellerinnen, sich auf grosse lesbische Frauen in Geschichte und Kultur zu berufen, sind also äusserst gering.

Zu den einzelnen Autorinnen

Mit welch verschiedenartigen Beiträgen Autorinnen in den letzten 45 Jahren das Schweigen über lesbische Frauen in der deutschsprachigen Literatur gebrochen haben, war Gegenstand meiner Arbeit. Im folgenden fasse ich zuerst die Ergebnisse zu den einzelnen Autorinnen in chronologischer Folge zusammen und betrachte danach Tendenzen der Veränderungen im untersuchten Zeitraum. Damit werden weitere Themen und Fragen eröffnet.

Marlen Haushofer

Angesichts des extrem männlich geprägten kulturellen Klimas der fünfziger Jahre erstaunt es sehr, wieviel Raum Marlen Haushofer den Frauen in ihren Romanen gab, während zur selben Zeit Autorinnen wie Ingeborg Bachmann, Christa Reinig und Johanna Moosdorf Männer ins Zentrum ihrer Texte stellten.

Die Verbundenheit zwischen Frauen kommt vor allem in Haushofers ersten beiden Romanen (1955 und 1957) zum Ausdruck. In *Eine Handvoll Leben* geschieht dies nicht nur in Form von Erinnerungen der Protagonistin an ihre Freundinnen, sondern auch durch die Struktur des Textes, die durch diese Frauenbeziehungen bestimmt wird. Der Aufbau des Romans, der mit Rahmenhandlung und Binnenerzählung in der realistischen Erzähltradition des 19. Jahrhunderts steht, wird von Haushofer in interessanter Weise modifiziert, indem sie beide Teile eng miteinander verbindet und dadurch die Perspektive der Protagonistin verdoppelt.

Die Protagonistin erlebt in ihren Beziehungen zu Frauen zwar entscheidende Liebeserfahrungen (wie Gleichberechtigung, Geborgenheit und Leidenschaft), doch diese bleiben auf verschiedene Weise begrenzt, zeitlich auf die Pubertät und räumlich auf die Klosterschule. Das gesellschaftliche Verbot lesbischer Sexualität wird nicht angetastet, obwohl lesbische Wünsche artikuliert werden. Dementsprechend ist auch die Liebe der Protagonistin aufgeteilt in geistige Liebe zur lesbischen Freundin und sinnliche Liebe zur heterosexuellen Freundin. Darüberhinaus erfüllt die Protagonistin die gesellschaftlichen Konventionen von Ehe und Mutterschaft. Zudem lebt sie eine sexuelle Beziehung mit einem weiteren Mann, obwohl sich ihr erotisches Begehren hauptsächlich auf Frauen richtet. Der Aufbruch der Protagonistin erscheint innerhalb der patriarchalen Gesellschaft als individuelle Lösung, bei der das institutionalisierte Herrschaftsverhältnis der Ehe unangetastet bleibt: Nach dem Aufbruch der Protagonistin wird ihre Rolle als Ehefrau/Mutter von ihrer Freundin übernommen, und sie selber geht später wieder eine Ehe ein. Mit der Darstellung des Selbstmordes der lesbischen Frau vollzieht die Autorin eine Abgrenzung gegenüber lesbischer Liebe.

Marlen Haushofer entwirft keine Utopien, sondern schildert präzis die durch Sitten und Gesetze bewirkte Reduzierung von Frauen auf bestimmte Weiblichkeitsbilder. Insgesamt lässt sich aus ihren ersten beiden Romanen ablesen, wie in der Hetero-Realität lesbische Wünsche unterdrückt und abgespaltet werden und wie die Frauen automatisch zu Ehefrauen und Müttern werden, wenn sie sich dieser Rollenzuweisung nicht bewusst widersetzen. Besonders bemerkenswert ist die Schilderung des Verhältnisses der Protagonistin zu ihren Eltern, indem die Stärke der Mutter als Grundlage für die Eigenständigkeit der Tochter gezeigt wird, während der Vater die Freiheit der Tochter begrenzt.

Ingeborg Bachmann

Die Erzählung *Ein Schritt nach Gomorrha* (1961) ist der erste und einzige Prosatext von Ingeborg Bachmann, in dem eine lesbische Frau vorkommt und in dem die Beziehung zweier Frauen im Zentrum steht. Exakt abgesteckt wird darin die unsichtbare Grenze des gesellschaftlichen Tabus lesbischer Liebe. Aus der Sicht der heterosexuellen Protagonistin wird grundsätzliche Kritik an der Institution

Ehe formuliert. Deutlich wird dabei eine Ambivalenz zwischen der Lust am Aufbruch aus Ehe/Heterosexualität und der Angst vor dem Sprung über gesellschaftliche Normen hinweg in eine lesbische Beziehung. Ingeborg Bachmann gestaltet die Begegnung von zwei Künstlerinnen weitgehend in Form eines inneren Monologs der heterosexuellen Protagonistin Charlotte, bei der das Werben der lesbischen Mara erstmals die Phantasie auslöst, dass sie ihre Position als Objekt in der heterosexuellen Beziehung verlassen und selber Subjekt werden könnte. Die Dialogversuche von Mara, die eine gleichwertige Auseinandersetzung einleiten könnten, wirken aus der Sicht von Charlotte jedoch als Störung. In der Kommunikation mit der lesbischen Frau grenzt sie die heterosexuelle Protagonistin mit Worten und Blicken ab. In ihrer Phantasie wird somit das heterosexuelle Beziehungsmuster auf eine mögliche lesbische Beziehung übertragen.

Die Machtbeziehung von Subjekt zu Objekt, in der das Objekt weiblich und das Subjekt meistens männlich ist, wird von Ingeborg Bachmann in dieser Erzählung nicht aufgebrochen, sondern anders - mit beiden Positionen weiblich - besetzt. Mit dieser Darstellungsweise stellt sich Bachmann in die Literaturtradition der Moderne, in der sich Künstler und Kritiker ein "ästhetisches Schutzgebiet gegen die Welt und gegen Frauen" geschaffen haben[6].

Ingeborg Bachmann übernimmt zwar keine vordergründigen Klischees gegenüber lesbischen Frauen und bringt anhand der Phantasien über eine lesbische Beziehung sowohl verborgene Wünsche nach weiblicher Autonomie wie auch gesellschaftliche Begrenzungen lesbischer Liebe zur Sprache, schafft aber durch die gewählte Erzählposition gleichzeitig deutlich Distanz.

Johanna Moosdorf

Im Vergleich zu den Texten von Haushofer und Bachmann wählt Johanna Moosdorf in *Die Freundinnen* (1977) eine neue Perspektive:

---

6 "(...) eine Vergnügungsinsel für das männliche Subjekt zum Herumtollen mit der imaginären Musen-Prostituierten und für das freie Spiel seines Begehrens, frei von jeder Störung durch irgendein anderes Subjekt, frei insbesondere von den Ansprüchen jenes Subjektes, das er die Andere nennt."
Susanne Kappeler: *Pornographie - Die Macht der Darstellung*, S.195

Sie verlagert die Empathie von der heterosexuellen auf die lesbische Protagonistin.

Stefanie erscheint als durchschnittliche, geschiedene Büroangestellte, die weder besonders reich, noch künstlerisch oder intellektuell hervorragend ist. Nach ihrem Aufbruch aus der Ehe gelingt es ihr, Freundschafts- und Liebesbeziehungen zu Frauen zu entwickeln. Sie wird weder als Exotikum präsentiert, noch durch besondere Leistungen legitimiert. Das Tabu der lesbischen Liebe wird gebrochen, indem eine Liebesbeziehung zwischen Frauen das Zentrum der Handlung bildet und diese mit historischen Bezugspunkten und utopischen Entwürfen verbunden wird. Durch die Kontrastierung mit Stefanies früheren heterosexuellen Beziehungen wird die Parteinahme für eine lesbische Beziehung verstärkt. Frauenbezogenes Bewusstsein kommt auch darin zum Ausdruck, dass die Frauenfiguren über den Kreis der Freundinnen hinaus Mitgefühl gegenüber Bürokolleginnen und fremden Frauen entwickeln. Johanna Moosdorf verbindet Spuren lesbischer Frauen in der Geschichte mit der Situation von lesbischen Frauen in den sechziger und frühen siebziger Jahren. Darin liegt die besondere Qualität und Aktualität dieses Romans.

Im Widerspruch zu dieser Entfaltung von Alltag, Geschichte und Utopie lesbischer Frauen steht der grosse Raum, den Männer vor allem im zweiten Teil des Textes einnehmen und zum Perspektivenwechsel, von der Perspektive der lesbischen Frau zum Männerblick auf lesbische Frauen. So steht am Ende dieses Romans, in dem radikale Kritik am Patriarchat geübt wird, ein einsichtiger Mann. Die innere Wandlung von Klemens überzeugt vom Aufbau der Erzählung her nicht, sondern erscheint als versöhnliche Geste und zeigt die Hoffnung der Autorin auf die Veränderungsmöglichkeit von Männern: Diese gründet einerseits im Erleben ihrer Beziehung zu ihrem Mann, die durch die Ermordung ihres Mannes durch die Nationalsozialisten abgebrochen wurde. Andererseits kommt im Raumeinnehmen der Männerfiguren auch die widersprüchliche Situation zum Ausdruck, in der sich lesbische Frauen vor der Neuen Frauenbewegung befanden.

Mit dem Schluss des Romans hat Moosdorf jedoch kein gängiges Vorurteil gegenüber lesbischen Frauen übernommen, sondern die lesbische Liebe eröffnet die Perspektive, "um unser Selbst" (273) zu ringen und in "einer anderen Weise [,] zu leben und zu lieben - nicht räuberisch" (297). In Moosdorfs Wissen um die lesbische Subkultur der Weimarer Republik[7] und im eigenen Erleben einer Frauenliebe[8] gründet ihre im zeitgenössischen Umfeld erstaunlich selbstbewusste Darstellung einer Liebesbeziehung zwischen Frauen. Die Tatsache jedoch, dass Moosdorf erst in den sechziger Jahren mit diesem Roman begann, dass sie während neun Jahre daran schrieb und die Publikation dieses Romans sieben Jahre verzögert wurde, zeigt deutlich, dass die Veröffentlichung eines Textes, in dem lesbische Liebe als selbstverständliche Beziehungsform dargestellt wurde, erst durch die gesellschaftliche Veränderung durch die Frauenbewegung möglich wurde[9]. Diese Klimaveränderung erlebten Marlen Haushofer und Ingeborg Bachmann nicht mehr, da sie bereits 1970 bzw. 1973 starben.

Marlene Stenten

Im Unterschied zu Ingeborg Bachmann, Johanna Moosdorf und Christa Reinig sucht Marlene Stenten keine Spuren in der Geschichte und formuliert keine Utopien für die Zukunft, sondern konzentriert sich auf ihr Erleben in Gegenwart und Vergangenheit. Mit bissigem Humor und präzisen, zuweilen satirischen Schilderungen hält Stenten mit ihrer Literatur Lesben einen Spiegel vor.

Wichtig und im deutschen Sprachraum einzigartig ist Marlene Stentens Schreiben über die Verflechtung von Liebe und Hass, von Macht und Ohnmacht, ein Tabu, das auch in lesbischen Liebesbeziehungen existiert und durch die Diskriminierung von Lesben zusätzlich verschärft wird. Stenten entmystifiziert romantische Liebesvorstellungen von sich und anderen Lesben, wobei sie sich auch vor der Anwendung deftiger Begriffe und der Darstellung von Mordphantasien an der geliebten Frau nicht scheut. Durch die Offenlegung eigener Hass- und Ohnmachtsgefühle und durch das schonungslose Entlarven ver-

---

7 Johanna Moosdorf im Gespräch vom 4.10.1988

8 Regula Venske: *Schriftstellerin gegen das Vergessen*, S. 218, Anm. 5 Johanna Moosdorf im Gespräch mit Madeleine Marti am 4.10.1988

9 Johanna Moosdorf selbst meinte, angesprochen auf die fünfziger Jahre: "Ach Gott. Eine Frau, die Probleme hat, geistige Probleme, können Sie sich das vorstellen in den fünfziger Jahren? (...) Das war eine furchtbare Zeit." (Tonbandprotokoll vom 4.10.1988)

deckter Absichten anderer Lesben, liefert die Autorin sowohl sich selbst wie auch die Beschriebenen weitgehend einer Öffentlichkeit aus.

Als Stenten Mitte der siebziger Jahre in ihrem dritten Buch *Puppe Else* erstmals lebische Liebe zum Thema machte, wurde sie aus dem patriarchalen Literaturbetrieb ausgegrenzt (vgl. Kap.4). Seither stehen in ihren Texten lesbische Protagonistinnen und Ich-Erzählerinnen im Zentrum, so in *Die Brünne* (1981), *Salome 89* (1983). Damit wird ein bestimmter lesbischer Lebenszusammenhang in einer Mischung aus dokumentarischen und satirischen Elementen geschildert. In den beiden letzten Büchern *Albina* (1986) und *Hallo Mäuschen* (1991) werden auch Szenen in der Frauenbewegung beleuchtet. Mit Wortschatz und Metaphorik grenzt sich Marlene Stenten von einer gepflegten Sprache der gebildeten Schicht ab und entwickelt eine eigene Mischung von Stilebenen.

Zusammen mit Waldtraut Lewin gehört Marlene Stenten zu jener Generation von deutschen Schriftstellerinnen, die während des Nationalsozialismus geboren und in den fünfziger Jahren erwachsen wurde und vor der Neuen Frauenbewegung zu schreiben begann. Beide Autorinnen entwarfen zuerst schwule Protagonisten, bevor sie lesbische Frauen ins Zentrum ihrer Texte stellten. Zugleich mit diesem Wechsel von schwulen zu lesbischen ProtagonistInnen und mit der Entwicklung vom männlichen zum weiblichen Ich veränderte Marlene Stenten ihre Darstellungsweise von grösserer Fiktionalisierung in Richtung eher dokumentarischen Text mit satirischen Elementen.

Judith Offenbach

Mit dem Buch *Sonja* hat Judith Offenbach einen wichtigen Beitrag zur Durchbrechung des Schweigens über Lesben geleistet. Sie bringt darin 1981 Themen zur Sprache, die in den siebziger Jahren noch tabuisiert waren: Alkoholismus, Selbstmord, Angstzustände, gegenseitige Verletzungen. Mit schonungsloser Ehrlichkeit schildert Offenbach eigene Ängste und Fehlverhalten. Dadurch wird eine Auseinandersetzung mit Problemen ermöglicht, die gesellschaftlich verdrängt wurden. Ihr Text wirkt somit "vor allem kurzfristig identitätsstiftend"[10] und kann als Grundlage zum Gespräch über lesbisches Leben eine entscheidende Funktion übernehmen. Anfangs der achtziger Jahre erschienen dann auch weitere autobiographische Texte von lesbischen Autorinnen.

Judith Offenbach gelingt es, die Leserin in den Bann dieser engen und gesellschaftlich ausgegrenzten Liebesbeziehung zu ziehen, indem sie sowohl Einzigartigkeit und intime Vertrautheit wie auch das Geflecht von Liebe, Hass und Schuldgefühlen darstellt. Letzteres führte in zerstörerische Kreisläufe, die schliesslich in Sonjas Tod mündeten. Durch die Mischung von Kommentaren und Schilderungen einzelner Episoden und durch das inhaltliche Spannungselement mit der Frage, wie es zum Selbstmord kam, wird der Text trotz der dargestellten Wiederholung von Grausamkeiten zur spannenden Lektüre. Das schwierige Unterfangen, internalisierte Diskriminierung von Lesben sichtbar zu machen, gelingt an manchen Stellen, während an andern zu wenig deutlich wird, wie durch gesellschaftlichen Druck die lesbische Lebensweise entwertet und diese Entwertung von Lesben selber verinnerlicht wird.

Aus dem Text sind zahlreiche Widersprüche von Judith ablesbar - zwischen bewussten Überlegungen und unbewusstem Verhalten, zwischen Selbststilisierung und Selbsterniedrigung -, was zur Glaubwürdigkeit der Darstellung wesentlich beiträgt. Insgesamt erscheint Judiths Entwicklung jedoch als individueller Prozess dargestellt, der kaum im Zusammenhang mit politischen Veränderungen beleuchtet wird. Zudem werden mit dem happy end von Judith und Maja gesellschaftliche Widersprüche scheinbar aufgelöst. Problematisch erscheint mir auch die unterschiedliche Präsentation der beiden Hauptfiguren, bei der die Gefühle von Sonja wesentlich ausführlicher geschildert werden als diejenigen der Ich-Erzählerin selbst.

Waldtraut Lewin

Waldtraut Lewin hat als erste Schriftstellerin in der Literatur der DDR lesbische Liebe als zentrales Thema dargestellt. Die Publika-

---

10 Evelyne Keitel: *Die gesellschaftlichen Funktionen feministischer Textproduktion*, S.248

tion dieser bereits 1974 geschriebenen Erzählung *Dich hat Amor gewiss ...* wurde 1983 möglich auf dem Hintergrund der unter dem Schutz der evangelischen Kirchen sich organisierenden Lesben- und Schwulengruppen. Davor waren bereits in anderen Texten lesbische Wünsche beleuchtet worden, blitzlichtartig in Form von Träumen, im Geschlechtertausch, in schwuler und heterosexueller Maskierung.

Typisch für eine erstmalige Thematisierung lesbischer Liebe sind die damit verbundene Sprachlosigkeit, das Motiv der einseitigen Verliebtheit einer lesbischen in eine heterosexuelle Frau und die Konzeption der Hauptfiguren als Künstlerinnen[11]. In dieser Figurenkonstellation kommt sowohl die Vertrautheit der Autorin mit diesem Kunstmilieu (als Dramaturgin und Opernlibrettistin), als auch ein dort vorhandener, grösserer gesellschaftlicher Freiraum zum Ausdruck. Entsprechend der künstlichen Welt der Oper werden Personen über ihre äussere Erscheinung charakterisiert und entscheidende Momente der Handlung in szenischer Darstellung hervorgestrichen, wogegen innere Entwicklungen der Hauptfiguren vernachlässigt werden.

In verschiedener Hinsicht erinnert Waldtraut Lewins Erzählung an Ingeborg Bachmanns *Ein Schritt nach Gomorrha*. Beide Autorinnen thematisieren die einseitige Liebe zwischen einer jüngeren und einer älteren Künstlerin und stellen die ältere Frau ins Zentrum. Unterschiedlich ist aber die Lenkung der Empathie, mit der Bachmann als Identifikationsangebot die angeschwärmte Heterosexuelle, Lewin dagegen die liebende Lesbe präsentiert.

Erstaunlich ist das lesbische Selbstverständnis, das Lewins Erzählung zugrunde liegt: Es wird nie gefragt, warum die Ich-Erzählerin sich in eine Frau verliebt habe, sondern diese Liebe wird durch die Gefühle und Erlebnisse der Ich-Erzählerin vermittelt. Dabei wird die Geliebte zuweilen idealisiert, manchmal aber auch in ihren Schwächen gezeigt. Reflexionen zur gesellschaftlichen Diskriminierung bleiben ausgespart. Als Folge davon wird durch die Erzählweise zuweilen signalisiert, dass lesbisches Begehren abseitig sei, indem es in der

11 Vgl. dazu die Texte von Herta Kräftner, Ingeborg Bachmann und Nina Keller aus den fünfziger und sechziger Jahren. Aus der Weimarer Republik: Maximiliane Ackers, Anna Elisabet Weihrauch, Grete von Urbanitzky u.a.

Imagination der Erzählerin im Labyrinth oder im Urwald angesiedelt wird und indem die Erzählerin manchmal das Bild von der lesbischen Frau als monströsem Zwitterwesen übernimmt. In der literarischen Gestaltung kommt es zu Brüchen, als das Tabu lesbische Sexualität berührt wird: Lesbisches Begehren zwischen Frauen wird mit dem Wort "es" angedeutet, und gleichzeitig wechselt die Metaphorik abrupt von der Opernkulisse in die Naturszenerie des Urwalds. Ihr verzerrtes Selbstbild und ihre grosse Unsicherheit im Umgang mit andern Menschen wird dadurch nicht als gesellschaftlich bedingte Selbststigmatisierung erkennbar, sondern erscheint als Charaktereigenschaft. Während am Schluss die bisexuelle Sängerin in eine neue Umgebung aufbricht, zeichnen sich für die lesbische Protagonistin keine neuen Perspektiven ab, sondern nur Schmerz und Erlösung über den Abschied.

Gertrud Wilker

In ihrem letzten Roman *Nachleben* entwarf Gertrud Wilker 1981 mit Emmy die erste lesbische Protagonistin in der Schweizer Literatur. Die zentralen Themen des Romans sind die Rekonstruktion des Lebens von Tante Emmys und die Beschäftigung der Ich-Erzählerin damit.

Wie in Johanna Moosdorfs *Die Freundinnen* ist die lesbische Protagonistin weder eine Künstlerin noch eine extravagante Persönlichkeit, sondern Wilker hat versucht, das Leben einer Mittelschichtsfrau mit dem typischen Frauenberuf der Handarbeitslehrerin nachzuzeichnen. Die Erzählerin reflektiert die gesellschaftliche Situation von Emmy als lediger Lehrerin anfangs des 20. Jahrhunderts und problematisiert immer wieder das Festschreiben ihrer Figur durch die Erzählerin. Mit Emmys Situation als lesbischer Frau in den Jahren nach 1910 setzt sich die Erzählerin dagegen nicht auseinander. Allerdings erschienen auch die ersten Studien zur Geschichte lesbischer Frauen im deutschsprachigen Raum erst nach 1980.

Die Liebeswünsche von Emmy werden durch Zitate aus ihren Tagebüchern vermittelt und durch die Aussagen der Erzählerin unterstrichen. Indem die Erzählerin die Begriffe *Liebe* und *Liebesversuche* übernimmt und das heterosexuelle Monopol auf diese Begriffe von innen her aushöhlt, wird die lesbische Protagonistin weder auf ihre Sexualität reduziert, noch werden ihre Liebesbeziehungen zu Frauen verschwiegen oder eine Liebesbeziehung zu einem Mann konstruiert. Mit dem Verzicht auf einen Kommentar und dem gleichzeitigen Vermeiden des Wortes *lesbisch* wird jedoch die Frauenliebe eingehüllt in den Deckmantel der Frauenfreundschaft. Zuweilen wird durch die distanzierte Erzählperspektive und die verhüllende Darstellung in den Liebesgeschichten das Lesbischsein von Emmy versteckt und die Möglichkeit einer lesbischen Lebensgemeinschaft verschwiegen. Mit der Erfindung des Mannes Jutzi und dessen Ausgestaltung bringt die Autorin ein männliches Element in den Text, dem sie relativ viel Platz einräumt.

Eine Spannung zwischen Enthüllen und Verbergen zieht sich durch den ganzen Roman, in dem zwar Emmys Liebesbeziehungen zu Freundinnen erzählt, zugleich aber relativiert werden. Vermutlich kommt hierin auch eine in der grossen sozialen Kontrolle wurzelnde typisch schweizerische Verhaltensweise zum Ausdruck.

Christa Reinig

Christa Reinigs Literatur ragt aus den hier untersuchten Texten hervor wegen der Verbindung von Sprachvermögen, ästhetischer Gestaltung und radikalfeministischer Position. In ihrem literarischen Werk von 1949 bis heute zeigt sich eine Entwicklung vom männlichen asexuellen Ich zum weiblichen lesbischen Ich und von männlichen zu weiblichen ProtagonistInnen. Nach den ersten beiden publizierten Erzählungen standen während 25 Jahren Männerfiguren im Zentrum ihrer Texte, die von männlichen Positionen aus erzählt wurden. Mit Reinigs Entscheidung für den Feminismus wurden diese männlichen Maskierungen zunehmend von Frauenfiguren und Ich-Erzählerinnen abgelöst. In den ersten beiden Romanen *Die himmlische und die irdische Geometrie* (1975) und *Entmannung* (1976) arbeitete Christa Reinig ihr patriarchales Wissen auf, indem sie dazu eine radikalfeministische Position entwickelte.

Im Roman *Die himmlische und die irdische Geometrie* vollzog sie den Durchbruch zum Erzählen aus weiblicher Ich-Perspektive, indem sie einen autobiographischen Schelminnenroman schrieb, der sich von traditionellen Autobiographien deutlich abhebt. Einerseits schildert Reinig exemplarische Situationen weiblicher Lebensläufe, andererseits diskutiert, parodiert und ironisiert sie männliche Theorien und setzt sich auf eigenwillige Weise mit verschiedenen Religionen auseinander. Während sie aber im Bereich der Religion mit der Vermischung von Heiligem und Profanem bewusst Tabus verletzt, verschweigt Reinig zur selben Zeit das Thema Lesbischsein vollständig.

Der zweite Roman *Entmannung* (1976) ist ein wichtiger Wendepunkt in Christa Reinigs Werk und zugleich Ausdruck ihrer radikalen politischen Veränderung kurz vor ihrem fünfzigsten Lebensjahr: sie sah sich nicht mehr als Einzelgängerin, sondern als zugehörig zur Neuen Frauenbewegung und vollzog ihr Coming Out als lesbische Schriftstellerin. *Entmannung* ist der formal und inhaltlich komplexeste Text, in dem fundamentale Patriarchatskritik formuliert wird. Dazu breitet Reinig unterschiedliche Bildungsgüter aus, verknüpft und kontrastiert sie miteinander und lässt die Romanfiguren kontrovers diskutieren. Formal verbindet Reinig epische, dramatische und lyrische Passagen mit verschiedensten Realitätsfragmenten. Inhaltlich wird dem Schauprozess gegen Lesben aus dem Jahr 1974 grosses Gewicht gegeben, durch die Dokumentation der Medienhetze und durch die feministischen Kommentare, die den Romanfiguren in den Mund gelegt werden. Mit "Wölfi" stellt Reinig erstmals eine lesbische Frau dar und nimmt zudem mit verschiedenen Aussagen und Andeutungen auch im übrigen Roman bezug auf Lesben.

Zwischen dem zweiten Roman *Entmannung* (1976) und dem dritten Roman *Die Frau im Brunnen* (1984) fand Reinig Zugang zur Neuen Frauenbewegung. Sie beteiligte sich an Diskussionen und Lesungen und publizierte sehr viel in Organen der Frauenbewegung. In dieser Zeit veröffentlichte sie keine Romane, sondern kürzere Texte: *Müssiggang ist aller Liebe Anfang* (Gedichtzyklus, 1979), *Der Wolf und die Witwen* (Essays und Erzählungen, 1980), *Die ewige Schule* (Erzählungen, 1982). Thematisch vollzog Reinig eine Bewegung von der Patriarchatskritik als Zentralthema zur Auseinandersetzung mit lesbischen Liebes- und Lebenserfahrungen im Patriarchat und zur Entwicklung eines weiblichen Bewusstseins und einer entsprechenden Sprache. Als Gelenkstelle erweist sich dabei der Gedichtzyklus *Müs-*

siggang ist aller Liebe Anfang, in dem das lyrische Ich seine lesbische Liebeserfahrung zur Sprache bringen kann.

Beim Vergleich der beiden Romane aus weiblicher Ich-Perspektive, *Die himmlische und die irdische Geometrie* und *Die Frau im Brunnen*, wird deutlich, dass die Erzählerin sich selber als Frau näherkommt und unverstellter schreibt. Verbunden mit dieser Veränderung wird auch die Auseinandersetzung der Erzählerin mit ihren eigenen Weiblichkeitsvorstellungen wichtig und die Suche nach weiblichem Wissen verstärkt. Möglich wird auch die Thematisierung schwerwiegender Konflikte in der Liebesbeziehung von zwei älteren Frauen. In der zeitweiligen Verdoppelung der Ich-Erzählerin und in der Darstellungsweise der Geliebten entwickelt Christa Reinig eine Schreibweise, in der sie patriarchale Weiblichkeitsbilder aufbricht und zugleich lesbische Existenz in Worte fasst. Mit intensiver Bezugnahme auf Sappho stellt sich Reinig in eine Tradition lesbischer Kultur.

Mitte der siebziger Jahre hatte die politische Radikalisierung von Christa Reinig ihren Wechsel vom Verlag Eremiten-Presse zur Frauenoffensive ausgelöst. Darauf veränderte sich die Rezeption ihrer Bücher, weil die bei Frauenoffensive publizierten Bücher[12] von der Literaturkritik nicht mehr wahrgenommen wurden[13]. Ende der achtziger Jahre bewegte sich Christa Reinig dann aus der Frauenbewegung heraus und veröffentlichte den Erzählband *Nobody* (1989) wieder in der Eremitenpresse.

Tendenzen der Veränderung

Das wichtigste Ergebnis meiner Arbeit ist die Erkenntnis, dass es eine deutliche Korrelation gibt zwischen der literarischen Darstellung lesbischer Frauen und der gesellschaftlichen Veränderung durch den Kampf der Frauenbewegung. Die Frauenbewegung hat mit dem Radikalfeminismus sowohl die Aufwertung lesbischer Frauen postuliert und selbstbewusst den Begriff *Lesben* verwendet, als auch mit der Gründung von Frauenverlagen, -buchhandlungen, -vertrieben und -

12 *Die ewige Schule* (1982), *Die Frau im Brunnen* (1984) und *Erkennen, was die Rettung ist* (1986)

13 Vgl. Kapitel 4

zeitschriften den Zugang für Autorinnen zu den Produktionsmitteln geschaffen. Da diese Frauenprojekte erfolgreich waren, reagierte auch der übrige Literaturmarkt: Literarische, dokumentarische und wissenschaftliche Bücher von Autorinnen wurden fortan von verschiedensten Klein- und Grossverlagen veröffentlicht. Besonders wichtig wurden diese erweiterten Publikationsmöglichkeiten für literarische Texte mit lesbischer Thematik. Gleichzeitig jedoch, als die ersten Frauenverlage zu produzieren begannen, wurden Autorinnen im Literaturbetrieb ausgegrenzt, weil sie lesbische Frauen ins Zentrum stellten: Am Beispiel von Johanna Moosdorf und von Marlene Stenten habe ich aufgezeigt, wie die Verlage Suhrkamp und Luchterhand, bei denen diese Autorinnen vorher Bücher publiziert hatten, das Interesse an ihren Texten verloren. In den achtziger Jahren wurde diese Ausgrenzung von Autorinnen durch die Literaturkritik fortgesetzt, indem die Bücher von Frauenverlagen kaum zur Kenntnis genommen wurden. Prominentes Beispiel dafür ist Christa Reinig.

Der entscheidende Durchbruch in der Darstellung lesbischer Frauen vollzog sich somit in den siebziger Jahren, worauf in den achtziger Jahren die Differenzierung folgte. Dies zeigt sich in der Zahl der Publikationen, in Thematik, Aussage und Empathie. Die Anzahl der Publikationen verdreifachte sich von je 5 in den fünfziger und sechziger Jahren auf 15 in den siebziger und stieg in den achtziger Jahren exponential auf etwa 130.

In Thematik und Aussage ähneln sich die Texte von Marlen Haushofer und Ingeborg Bachmann aus den fünfziger und sechziger Jahren: Die Protagonistinnen - als verheiratete Frauen heterosexuell legitimiert - entwickeln zeitweise lesbische Wünsche, grenzen sich jedoch von lesbischen Frauen wieder deutlich ab. Damit verbunden wird scharfe Kritik an der Institution Ehe und deren konkreter Realisierung geübt. Ablesbar werden die Grenzen von Frauenfreundschaft (Haushofer) und lesbischer Liebe (Bachmann) in der Hetero-Realität und die durch das Tabu bedingte Sprachlosigkeit für lesbisches Begehren (Bachmann). Die Empathie der LeserInnen wird auf die heterosexuelle Frau gelenkt, aus deren Perspektive die lesbische Frau präsentiert wird.

In den siebziger Jahren veränderte sich dann die Aussage entscheidend und damit verbunden auch Erzählposition und Empathie: Die

Protagonistinnen sind nun lesbisch und werden von bisexuellen, heterosexuellen oder lesbischen Frauen umgeben. Gleichzeitig vollzieht sich in den siebziger Jahren auch der Durchbruch zum Erzählen aus der Sicht eines weiblichen Ich, das zuweilen auch ein lesbisches Ich ist[14]. Damit erhält die Darstellung lesbischer Frauen eine neue Qualität, da lesbische Existenz erstmals aus der Perspektive von lesbischen Frauen geschildert wird[15]. In Johanna Moosdorfs *Die Freundinnen* geht es um eine eher einseitige Liebesbeziehung. In *Puppe Else* von Marlene Stenten wird der intensive Wunsch nach einer lesbischen Beziehung zu einer geliebten, heterosexuellen Frau zum zentralen Thema. In Christa Reinigs Roman *Entmannung* überlebt die lesbische Figur Wölfi in Freiheit, während die übrigen Frauen sterben oder eingesperrt werden. Signalwirkung erlangte Verena Stefans Buch *Häutungen,* in dem der Aufbruch der Ich-Erzählerin von heterosexuellen zu lesbischen Beziehungen zur Sprache gebracht wird. Die Auseinandersetzung, zuweilen Abrechnung mit Männern wurde in den Texten der 70er Jahre meist noch geführt (z.B. von Moosdorf, Reinig, Stefan, Stenten, Schröder), verlor jedoch in den achtziger Jahren zunehmend an Bedeutung.

Thematisch verlagerte sich das Schwergewicht von den siebziger zu den achtziger Jahren: Während in den siebziger Jahren das Coming Out (manchmal verbunden mit dem Wechsel von heterosexuellen zu lesbischen Beziehungen) im Zentrum stand, wurde in den achtziger Jahren die Auseinandersetzung mit verdrängten Problemen wie Selbstmord, Alkoholismus und Trennung wichtig.

---

14 Dies entspricht auch der allgemeinen Tendenz der deutschsprachigen Literatur, die in den siebziger Jahren unter dem Begriff *Neue Innerlichkeit* subsumiert wird. Wie ein Blick ins Bücherregal in der Sparte Männerliteratur zeigt, artikuliert sich dagegen das männliche Ich während des gesamten Zeitraumes, von Thomas Manns *Doktor Faustus* (1947) über Max Frischs *Homo Faber* (1957) bis zu Günther Grass' *Katz und Maus* (1961) und Heinrich Böll's *Ansichten eines Clowns* (1963).

15 Die Tendenz der zunehmend konkreteren Darstellung lesbischen Begehrens anhand des Motivs der Frauenhand, die eine andere Frau berährt, habe ich ausgeführt in: *Durchbruch mit der Frauenbewegung. Lesbische Frauen in der deutschsprachigen Literatur seit 1945* (Masch.schr. 1991)

Ausweitung des sozialen Raumes

Von den fünfziger bis zu den achtziger Jahren wird in der Literatur der soziale Raum vergrössert, in dem sich lesbische Frauen bewegen. Entsprechend erweitert sich auch das Ensemble von lesbischen Figuren. Die Handlungen wurden in den vierziger und fünfziger Jahren im privaten und halböffentlichen Raum (Wohnung, Klosterschule, Internierungslager) angesiedelt, seit den sechziger Jahren auch im öffentlichen Raum (Strasse, Bar, auf der Ferienreise). Seit den siebziger Jahren kamen der politische Bereich (verschiedene Orte der Frauenbewegung) und der Arbeitsbereich (mit konkreten Schilderungen des Arbeitsplatzes) ins Blickfeld. Bevorzugter Schauplatz blieb jedoch auch in den achtziger Jahren die Privatsphäre. Ein Signal für die Enge bilden die Buchtitel, in denen Orte des Eingeschlossenseins, ausser in den siebziger Jahren, im ganzen Zeitraum vorkommen[16].

Die lesbischen Protagonistinnen sind in den vierziger/fünfziger/sechziger Jahren Frauen, die in einer Zwangsgemeinschaft unter Frauen leben, im Internierungslager (Gertrud Isolani) bzw. in der Klosterschule (Luise Rinser, Marlen Haushofer, Barbara Frischmuth). Seit den sechziger Jahren gibt es auch Künstlerinnen und Freiberufliche, die sich in Freiräumen am Rande der Gesellschaft bewegen (Ingeborg Bachmann, Gabriele Wohmann, Nina Keller). In den siebziger Jahren erscheinen Mittelschichtsfrauen, die sich an die Liebe zu ihrer Jugendfreundin erinnern oder eine lesbische Beziehung eingehen (Caroline Muhr, Johanna Moosdorf), und Feministinnen, die sich im politischen Kampf mit der Frauenbewegung aus heterosexuellen Beziehungen lösen und lesbisch werden (Verena Stefan, Margot Schroeder). In den achtziger Jahren wird das Spektrum der lesbischen Figuren dann erheblich ausgeweitet, sowohl in bezug auf das Alter wie auch auf den Beruf.

Motive: - Die Darstellung der Geliebten

Auf zwei wichtige Motive, die Darstellung der Geliebten und die Kritik an der Ehe, möchte ich im folgenden eingehen.

---

16 Z.B. *Sackgassen* (1952), *Die Klosterschule* (1968), *Nachtreise - Wartesaal Lesbenklasse* (1981), *Venus oder Einzelhaft* (1987)

In ihrer Untersuchung zu Männerbildern in der deutschsprachigen Frauenliteratur seit 1945 kommt Regula Venske zum Schluss, dass das Schreiben von Frauen zu diesem Thema noch immer "der Spannung zwischen Tabu und Begehren" unterworfen sei, "insbesondere wenn es um Männer und Männlichkeit" gehe, was sich auch in einem Mangel an Utopien zeige.

> "Das Defizit besteht dabei nicht so sehr in einem Mangel an positiven Männerbildern - (...) - sondern in der Entwicklung eigener Konzepte von Glück bzw. Genuss, sowie in der Entwicklung von Sehweisen, mittels derer sich Autorinnen aus den dualistischen Gegensätzen von "Für und Wider", "negativ/positiv" etc. lösen und stattdessen eigene Perspektiven entwickeln und Orte besetzen können."[17]

Diese Feststellung zu Frauen, die über Männer schreiben, trifft in besonderem Masse auch auf Frauen zu, die über lesbische Frauen schreiben, da diese Autorinnen gleich mehrfach ihre Geschlechtsgrenzen überschreiten, indem sie die Position des Subjekts einnehmen und ihr Begehren im Schreiben zum Ausdruck bringen. Ferner verstossen sie mit der Wahl einer Frau als Liebesobjekt ebenso gegen die Norm der Heterosexualität, wie mit ihrer Abwendung vom Mann als Orientierungszentrum. Zudem streben einige dieser Autorinnen an, ein Verhältnis von Subjekt zu Subjekt darzustellen, und verstossen damit gegen die dominante Sichtweise, in deren Zentrum die Subjekt-Objekt-Beziehung steht[18]. Diese vielfachen Grenzüberschreitungen bedingen ein grosses Phantasievermögen der Autorinnen, wobei die gesellschaftliche und literarische Basis zu dessen Erprobung bis in die achtziger Jahre hinein extrem ungünstig war.

Wie nun wurde die geliebte Frau aus der Sicht einer Frau in diesem Spannungsfeld zwischen Tabu und Begehren geschildert? Ausgelöst wird erotische Anziehung durch die Gestalt der Geliebten, durch ihre Stimme, ihre Art, sich zu bewegen, ihre Intelligenz und ihre gesamte Ausstrahlung. Die Nähe zur andern Frau evoziert in den Texten von Ingeborg Bachmann und Johanna Moosdorf utopische Vorstellungen:

---

17 Regula Venske: *Mannsbilder - Männerbilder*, S.313

18 Vgl. dazu: Susanne Kappeler: *Pornographie. Die Macht der Darstellung*, S.233

> "Charlotte sah nieder auf Mara; sie bewunderte in ihr ein Unerhörtes, die ganze Hoffnung, die sie auf diese Gestalt geworfen hatte."[19]

> "Aber ich fühle ihr Fluidum, ihren herben Irina-Geschmack. Ich bin voll einer grossen Hoffnung. Wir werden frei sein, ganz neu werden wir sein."[20]

In der Schilderung der Körper fällt auf, dass die Beschreibung beschränkt bleibt auf Augen, Brauen, Stirn, Nacken, Schultern, Hände und Füsse. Besondere erotische Anziehungskraft konzentriert sich im Nacken. Bei Marlen Haushofers Protagonistin wird beim Anblick des Nackens einer fremden Frau im Bus das alte hilflose "Verlangen, für das es keine Stillung gab"[21], wieder wach. Der Nacken gehört bereits zu dem Bereich, in dem eine zärtliche Berührung zwischen Frauen vom erlaubten Mass der Frauenfreundschaft in lesbische Liebe übergeht, was Moosdorfs Protagonistin kommentiert:

> "Zärtlichkeit ist zwischen uns nur in strengen Grenzen erlaubt, bis zum Hals, nicht weiter. Nein. Hals und Nacken sind bereits tabu. Auch der Mund, obgleich oberhalb der SCHATTENLINIE, darf nur mit scheuen Lippen gestreift werden." (249)

Dass hier die Grenzen gesellschaftlicher Konventionen abgesteckt werden, zeigt die damit korrespondierende Stelle eines Kusses bei Ingeborg Bachmann: Charlotte hatte gewartet, bis Mara eingeschlafen war, und sie dann auf Brauen und Hand geküsst, und "sehr heimlich, schüchtern beugte sie sich über den blassen Mund" (204). Als sie jedoch kurz zuvor von Mara geküsst worden war, hatte sie die Zähne zusammengepresst und gleichzeitig zu bemerken versucht, "wie diese ungewohnten Lippen sich anfühlen" (196). Dabei erinnerte sie sich an die Katze in ihrer Kindheit,

> "(...) die kleine Schnauze, das feuchte, kühle, zarte Etwas, um das herum alles weich und fremd war - eine fremde Gegend für Küsse". (196)

Das Motiv der Fremde verweist auf Grenzen, die überwunden werden müssen, ehe eine neue Erfahrung möglich wird. Helga Königsdorfs Erzählerin kommentiert im nachhinein einen Traum, in dem sie die Märchenfigur Schneewittchen geküsst hatte:

---

19 Ingeborg Bachmann, *Ein Schritt nach Gomorrha*, S.209
20 Johanna Moosdorf, *Die Freundinnen*, S.67
21 Marlen Haushofer, *Eine Handvoll Leben*, S.75

> "Für einen Moment war eine fremde Trieblandschaft in grelles Blitzlicht getaucht, um sofort erneut ins Dunkle zu fallen, unverständlich wie zuvor."[22]

Bis Mitte der siebziger Jahre blieben in der Beschreibung der Geliebten jene Stellen ausgeklammert, die als "erogene Zonen" gelten und auf die sich der männlich-besitzergreifende Blick primär richtet: Mund, Brüste, Bauch, Venushügel und Beine. Im Aussparen dieser Körperstellen und in der Erotisierung anderer Bereiche des weiblichen Körpers manifestiert sich ein Moment des Widerstands gegen den besitzergreifenden männlichen Blick, der die Körper von Frauen in Einzelteile zerlegt. Problematisch an dieser Darstellungsweise von Frauen ist jedoch, dass sich dabei der Widerstand gegen Männergewalt mit dem patriarchalen Verbot lesbischen Begehrens überlagert, d.h., dass von Frauen die genannten Körperpartien nicht lustvoll betrachtet, berührt und beschrieben werden dürfen. Diese Überlagerung des Widerstandes gegen patriarchale Vereinnahmung durch das gesellschaftliche Tabu lesbischer Sexualität bleibt selbst dann als Problem bestehen, wenn die Autorinnen (z.B. Christa Reinig und Marlene Stenten) Absagen an traditionelle Schönheitsvorstellungen formulieren. Marlene Stentens Erzählerin beschreibt die Angebetete in *Puppe Else* zuerst negativ:

> "Katharina selbst ist ein düsterer Mensch! Eigentlich ein schon ältliches, leicht muffeliges Fräulein, aber ich laufe ihr nach."[23]

Wiederholt verweist sie auf Katharinas schlechten Mundgeruch (z.B. 79, 89) und gibt erst in der Mitte des Textes Hinweise auf ihre faszinierende Ausstrahlung. Christa Reinig, deren erste lesbische Figur in *Entmannung* noch vom Inbegriff patriarchaler Weiblichkeit geschwärmt hatte, entwickelt im Gedichtzyklus *Müssiggang ist aller Liebe Anfang*, in dem die Gedichte "immer wieder die Güte und Schönheit der Geliebten"[24] rühmen, einen

---

22 Helga Königsdorf, *Meine ungehörigen Träume* (68)

23 Marlene Stenten, *Puppe Else*. Zitiert nach der Ausgabe im Fischer Taschenbuch (1984), S.7

24 Marie Luise Gansberg: *Christa Reinig "Müssiggang ist aller Liebe Anfang" (1979). Ästhetische Taktlosigkeit als weibliche Schreibstrategie*. In: Inge Stephan / Sigrid Weigel / Kerstin Wilhelms (Hg.): *"Wen kümmert's, wer spricht". Zur Literatur und Kulturgeschichte aus Ost und West*. Böhlau Verlag, Köln / Wien, 1991, S. 187

"Schönheitsbegriff, der die sogenannte "Hässlichkeit" miteinschliesst. Die körperlichen Merkmale von Krankheit, Alter, Verfall werden nicht verschwiegen, sondern explizit benannt."[25]

Im Roman *Die Frau im Brunnen* schliesslich spart Christa Reinig die körperliche Darstellung der Geliebten vollständig aus. Stattdessen lässt sie die Erzählerin das tatkräftige Handeln der Geliebten schildern und in eindeutiger Weise ihr Liebesverhältnis benennen, indem die Ich-Erzählerin Robi als "meine Herzallerliebste" (21) und als die "Frau meines Lebens" (21) bezeichnet.

- *Ehekritik*

In vielen Texten, in denen lesbische Frauen vorkommen, wird der Mythos von Heirat und Ehe entlarvt und die Ehe grundlegend kritisiert als zentrales Unterwerfungsinstrument für Männer zur Domestizierung von Frauen. Während Marlen Haushofer in *Eine Handvoll Leben* Bettys Hineinrutschen in die Ehe noch ironisch-spielerisch zusammenfasste -

> "So verging das Jahr nicht sehr befriedigend, aber auch nicht allzu bedrückend, und als an einem regnerischen Juninachmittag ihr Chef, Anton Pfluger, ihr einen Heiratsantrag machte, sagte sie ja." (128)

- schildert sie im späteren Text *Wir töten Stella* (1957) die Ehe als Inbesitznahme und Zerstörung von Ehefrau und Tochter durch den Mann, der beide sexuell ausbeutet. Als resignative Fügung beschreibt Ingeborg Bachmann in *Ein Schritt nach Gomorrha* die Einwilligung ihrer Protagonistin in die Ehe:

> "So war es ihr möglich geworden zu heiraten, sie brachte die Voraussetzungen mit, in den Zustand Ehe einzugehen und sich darin einzurichten, trotz gelegentlicher Auflehnungen, trotz ihrer Lust, an der Verfassung zu rütteln." (206/207)

Die Protagonistin in Johanna Moosdorfs *Die Freundinnen* lässt sich scheiden und ordnet die Ehe gesellschaftlich ein als eine der

> "Zwangsinstitutionen unserer Angst: Staat, Kirche, Ehe, Justiz, Armee". (254)

In Waldtraut Lewins *Dich hat Amor gewiss...* wird die Ehe implizit verworfen, indem die Erzählerin auf die Ankündigung der zukünftigen Mutterschaft der Sängerin entgegnet:

---

25 Ebenda, S. 188

> "Das ist ja noch schlimmer als Heiraten!" (43)

Ingeborg Arlts Protagonistin in *Das kleine Leben* erkennt die Ehe als Gefahr für die Frau:

> "Na na na, du! Verheiratet sind wir noch nicht. Das war er, der Satz. Der in ihr stak und sie warnte." (128)

In den Romanen von Christa Reinig wird Ehekritik wiederholt formuliert, z.B. in *Die Frau im Brunnen*, wo der Zusammenhang aufgezeigt wird von der Mythisierung der Ehe einerseits mit der Herabminderung von lesbischen Lebensgemeinschaften (100) und von alleinstehenden Frauen (106) andererseits. Reinig entwirft einerseits aus Kulturbruchstücken die "Heilige Hochzeit" von Kore und Atthis (119) und kommentiert andererseits sarkastisch:

> "Es sind nicht die Gene und nicht die Hormone und nicht die Körperöffnungen und nicht die Dienste als Spermienklo und Stiefelputzerin. Es ist nicht das Heruntergebumstwerden. Es ist der Augenblick auf dem Standesamt." (101)

Der Kampf gegen die Ehe als institutionalisierte Form der Heterosexualität war in den siebziger Jahren ein zentrales Anliegen radikalfeministischer Forderungen. Die Entlarvung der Ehe als patriarchales Herrschaftsinstrument ist deshalb eine wichtige Voraussetzung dafür, dass sich Frauen gegen ihre freiwillige Unterwerfung und für eine Bewegung in Richtung Autonomie entscheiden können.

Ausgerechnet in jenem Text aber, in dem die lesbische Beziehung zum zentralen Thema wurde, in Judith Offenbachs *Sonja*, wird die Ehe nicht kritisiert, sondern die Ehemetapher ungebrochen auf die lesbische Beziehung übertragen mit dem Ziel, die Ernsthaftigkeit und Dauer dieser Beziehung zu unterstreichen.

Perspektiven

In meiner Arbeit habe ich gezeigt, wie Autorinnen aus dem männerbeherrschten Literaturbetrieb auf allen Stufen ausgeschlossen wurden. Von diesem Ausschlussprozess, der einen Anpassungsdruck an heterosexuelle Wertsetzungen erzeugt, sind Autorinnen, die lesbische Lebensentwürfe formulieren, besonders betroffen. Die Frauenbewegung hat in den siebziger Jahren mit der Schaffung von Frauenprojekten die Publikationsmöglichkeiten von Autorinnen vergrössert. Durch die Reaktion der übrigen Verlage wurde der Markt für Bücher von Frauen entsprechend ausgeweitet. Davon, ob sich in den neunziger Jahren die professionellen Frauenverlage auf dem Markt halten können oder vom zunehmenden Konzentrationsprozess in der Medienbranche aufgerieben werden, wird die Publikationsmöglichkeit vieler Autorinnen abhängen.

Aber auch die Literaturwissenschaftlerinnen sind gefordert: Notwendig wird sowohl die weitere Aufarbeitung der Literaturgeschichte von "Unnützen Frauen"[26] sein als auch die Diskussion der Texte von heute schreibenden Autorinnen, die lesbische Existenz zum Thema machen.

---

26 Marie Luise Gansberg: *UNNUETZE FRAUEN ? "Alte Jungfer", "Alte Frau", "Lesbe" in der Literatur. Und was aus ihnen noch werden kann.* S.20

9. Verzeichnis deutschsprachiger Literatur mit Darstellungen lesbischer Frauen von 1945 bis 1991

Wissenschaftliche Studien zu lesbischen Frauen sind in der Sekundärliteratur aufgeführt, Kapitel 10.2.

Abkürzungen
E - Erzählungen
R - Romane
L - Lyrik
D - Drama
B - Biographien, Autobiographien
G - Gespräche mit lesbischen Frauen

Mit dem Zahlenwert I-IV weise ich daraufhin, welchen Stellenwert die lesbische Thematik im Text hat:
I = Zentrales Thema oder zentrale Figur
II = Episode/Kurze Sequenz oder Nebenfigur
III = Lesbische Wünsche
IV = Schwule oder heterosexuelle Maskierung

0 = nicht überprüft und gelesen, sondern entnommen aus:
a) Brantenberg, Gerd, et. al. (Hg.): Pa sporet av den tapte lyst. Aschehoug, Oslo 1986
b) Lilith, Frauenbuchladen Berlin/W.: Lieferbare Lesbenliteratur, (MS) 1988/1989 (16 S.)
c) Fehrer, Margret: Deutschsprachige Belletristik, in: Literarische Leitbilder - Selbstbilder - Lebensentwürfe lesbischer Autorinnen. Christa Reinig und Marlene Stenten, (Magisterarbeit) Frankfurt/M. 1987, S. 154-156

1945 bis 1950

Isolani, Gertrud (Emigrantin, D): Stadt ohne Männer (R). Gala Hamburg 1945, II,III

1950-1959

1951

Kräftner, Hertha (A): Das Werk (E,L). (posthum publiziert) Herausgegeben von Otto Breicha/Andreas Okopenko. Burgenländische Bibliothek, Eisenstadt 1977 und: Das blaue Licht. Sammlung Luchterhand 1981, II

1952

Glaesmer, Erna (BRD): Das Ehefräulein (D), aufgeführt in Ulm, 0 (Angabe aus: Wir Freundinnen, März 1952, Hamburg)

Sternheim, Thea (Emigrantin, BRD): Sackgassen (R). Limes, 1952/1975 II, III

1953

Waldoff, Claire: Aus meinen Erinnerungen. Düsseldorf/München 0 (Angabe aus: Eldorado: Ilse Kokula)

1955

Haushofer, Marlen (A): Eine Handvoll Leben (R). Paul Zsolnay, und Knaur Taschenbuch, o.J. (Mitschülerin Margot) II, III

1957

Haushofer, Marlen (A): Die Tapetentür (R). Paul Zsolnay, und Knaur Taschenbuch 1957. II, III

1960-69

1960

von Putkammer, Annemarie (BRD): Die Töchter der Brüder Kartrick. 0 (Angabe von Doris Claus, Lesbenarchiv Bielefeld)

1961

Bachmann, Ingeborg (A): Ein Schritt nach Gomorrha (E), in: Das dreissigste Jahr, Piper-Verlag und dtv, I

1963

Landshoff-Yorck, Ruth (Emigrantin, USA/BRD): Klatsch, Ruhm und kleine Feuer. Biographische Impressionen. Kiepenheuer & Witsch, Köln/Berlin/W. (Liebe zu einer alten Frau, S. 145-154) II

1965

Keller, Nina (BRD): Der Schritt (R). Kreisselmeier-Verlag, Icking bei München, I

Wohmann, Gabriele (BRD): Eine grossartige Eroberung (E). In: Ein ganz gewöhnlicher Mann. Langewiesche-Brandt, Ebenhausen bei München, und: Rororo, 1966 (danach zitiert) I

1966

Lavater-Sloman, Mary (D/CH): Ein Schicksal. Das Leben der Königin Christine von Schweden (R). Artemis, Zürich, III

1968

Frischmuth, Barbara (A): Die Klosterschule (E). Suhrkamp, Frankfurt/M., II

1970-79

1971

Meinhof, Ulrike Marie (BRD): Bambule (Fernsehspiel). Wagenbach, Berlin, (Irene) II

Wolff, Charlotte (Emigrantin, GB): Innenwelt und Aussenwelt (B). (Original: London 1969) Deutsche Übersetzung: Rogner & Bernhard, München, I

1972

Erler, Ursula (BRD): Die neue Sophie oder der Beginn einer längst fälligen Gattung der Literatur (R). Werner Raith, Starnberg, II

1973

Kaschnitz, Marie Luise (BRD): Orte (E). Bibliothek Suhrkamp, Frankfurt (Erna S.) II

Sperr, Monika (BRD) : Therese Giehse "Ich hab nichts zum Sagen". Gespräche mit Monika Sperr (B). Bertelsmann, München, IV

1974

Mechtel, Angelika (BRD): Die Blindgängerin (R). R.S.Schulz, Percha/Kempfhausen, und: Heyne Taschenbuch 1980, III

Muhr, Caroline (BRD): Freundinnen (R). Franz Schneekluth, München, und: Ullstein Taschenbuch 1978 (danach zitiert), III

Stenten, Marlene (BRD): Baby (E). Luchterhand, Darmstadt/ Neuwied, IV

1975

Schwarzer, Alice (BRD): Der "kleine Unterschied" und seine grossen Folgen. Frauen über sich - Beginn einer Befreiung (Gesprächsprotokolle und Analysen). Fischer, Frankfurt/M. (Protokolle von Anne H., S.62-72 und Karen J., S.117-127) I

Stefan, Verena (CH/BRD): Häutungen (B). Frauenoffensive, München, I

Werthmann, Inge (A): Flucht vor Algol (E). Verlag Alfred Winter, Salzburg, III

1976

Duc, Aimée (BRD): Sind es Frauen? Roman über das dritte Geschlecht (R). (Neuauflage von 1901) Amazonen, Berlin/W. I

Gewalt und Zärtlichkeit. Lesbengedichte von L. (BRD) (L) Frauen-Selbstverlag, Berlin/W.

Drewitz, Ingeborg (BRD): Wer verteidigt Katrin Lambert? (R) Werner Gebühr Verlag Stuttgart und Fischer Taschenbuch (danach zitiert: Vera von Sack, S.61 ff.) II

Müller, Lieschen (BRD): Traum von ...für... Tagebuch aus der Frauenbewegung. Selbstverlag, o.O., 0c)

Reinig, Christa (BRD): Entmannung (R). Eremiten Presse und: Sammlung Luchterhand (danach zitiert) II

Schroeder, Margot (BRD): Der Schlachter empfiehlt noch immer Herz (R). Frauenbuchverlag/Weismann, München, I

1977

Bayer, Ingeborg (?): Dünensommer. Verlag? 0a)

Mayer, Ruth (CH) (Hg.): Bewegte Frauen (E). R+F, Zürich (einzelne Texte)

Meyer, Doris (?): Victoria Ocampo. Gegen den Wind und die Zeit (B zu Nathalie Barney). S.Fischer, 0c)

Moosdorf, Johanna (BRD): Die Freundinnen (R). Nymphenburger Verlagsanstalt, München, (und: Fischer Taschenbuch 1988), I

Struck, Karin (BRD): Lieben (B). Suhrkamp, Frankfurt/M., II

Wolter, Christine (DDR): Ich habe wieder geheiratet (E). In: Wie ich meine Unschuld verlor. Aufbau, Berlin/DDR und Weimar, III

Wolff, Charlotte (Emigrantin, GB): Flickwerk (B). Original London, 1976. Deutsche Übersetzung: Frauenoffensive, München, I

1978

Come Out - Gespräche mit lesbischen Frauen (BRD). Come Out Lesbenverlag, München, I

Drewitz, Ingeborg (BRD): Gestern war Heute, Hundert Jahre Gegenwart (R). Claassen-Verlag, Düsseldorf. (Gisela, S.241) II

Erler, Ursula (BRD): Lange Reise in die Zärtlichkeit (E). Braun, Köln, II

Königsdorf, Helga (DDR): Meine Ungehörigen Träume (E). Aufbau, Berlin/DDR und Weimar, III
Sappho- und alle, die danach kamen. (Theaterstück) Come out, München, I
Stenten, Marlene (BRD): Puppe Else - eine lesbische Novelle. Sudelbuchverlag, Berlin/W., I
Tristan, Serena (CH): Ich will die Wahrheit festhaltend, hinauswachsen (B). In: Zwüschehalt. 13 Erfahrungsberichte aus der Schweizer Neuen Linken. Rotpunkt, Zürich, I
Wander, Maxie (OE/DDR): Guten Morgen du Schöne, Frauen in der DDR. (G), Luchterhand und Sammlung Luchterhand, Darmstadt/Neuwied, (Barbara F., S.48f. und verschiedene andere Stellen) II, III

1979

Frischmuth, Barbara (A): Kai und die Liebe zu den Modellen (R). Residenz, Salzburg/Wien, II
Herdan-Zuckmayer, Alice (A): Genies sind im Lehrplan nicht vorgesehen (B). S.Fischer und Fischer Taschenbuch, Frankfurt/M., II
Lorez, Gudula (Hg.) (BRD): Wo die Nacht den Tag umarmt (E). (Verschiedene Erzählungen) Lorez, Berlin/W., I
Mendelssohn, Eva (GB): Zwischenzeit (R). Albrecht Knaus, München, I
v. Urbanitzky, Grete (A): Der wilde Garten (R). (Neuauflage von 1927) LAZ, Berlin, I
Wyss, Hedy (CH): Welt hinter Glas (Jugendroman). Benziger, Zürich, und: Ravensburger Taschenbücher 1982 (danach zitiert: Tante Anna, S. 27-131) II

1980-89

1980

Alves, Eva Maria (BRD): Caput mortuum. In: H.U.Müller-Schwefe, Von heute an. Edition Suhrkamp, Frankfurt/M., III
Künkel, Petra : Bruchstücke einer Mondin. Ahrenshöck, 0c)
Lautenschlag, Marockh (BRD): Der Wald (E). Lesbenselbstverlag, Frankfurt/M., I
Giebel, Marion (BRD): Sappho (B). rororo, Reinbeck bei Hamburg
v.Grote, Alexandra (BRD): Ins Geschicht geschrieben. Gedichte für Lesben (L). Selbstverlag, Berlin/W.

LESBEN-JA!-BUCH (BRD), herausgegeben von Susann und Urtes. Lesbenselbstverlag, Dedendorf, I

Reinig, Christa (BRD): Müssiggang ist aller Liebe Anfang (L). Eremiten, Düsseldorf, und: Frauenoffensive, München (danach zitiert) I

Reinig, Christa (BRD): Der Wolf und die Witwen (Essays). Eremiten, Düsseldorf, und: Frauenoffensive, München (danach zitiert) I

Schostack, Renate (BRD): Zwei Arten zu lieben (R). R.Piper, München (Ullstein Taschenbuch 1980, Piper 1985) I

Sperr, Monika (BRD): Die Freundin (R). Bertelsmann Verlag, und: dtv (danach zitiert)

Stefan, Verena (CH/BRD): Mit Füssen mit Flügeln (L). Frauenoffensive, München, I

Monika Streit, Sibylle Klefinghaus, Christine Metzdorf (BRD): Das Kopfdromedar (E). Selbstverlag, Berlin/W., II, III

Weil, Grete (BRD): Meine Schwester Antigone (R). Benziger Zürich und Köln, und Fischer Taschenbuch (1982). (danach zitiert: Lesbenbar in 30er Jahre Berlin, S.102/103; Adoleszenzerfahrung, S.143) II

Wilker, Gertrud (CH): Nachleben (R). Huber, Frauenfeld/Stuttgart, III

Wyss, Hedy (CH): Keine Hand frei (R). Benziger, Zürich, und: Fischer Taschenbuch, III

1981

Alves, Eva Maria (BRD): Maanja, meine Freundin, meine Mutter (E). Edition Suhrkamp, Frankfurt/M., III

Breböck-Siebauer, Ute (BRD): Monhar oder die Suche nach den verlorenen Zeiten. Märchen. Inanah, 0c)

Brückner, Christine (BRD): Das eine sein, das andere lieben. Ullstein, Berlin/W. und: Ullstein Taschenbuch

Eggli, Ursula (CH): Fortschritt in Grimmsland (Märchen). Riurs, Wangen/Bern, I

v. Grote, Alexandra (BRD): Marie (E). Selbstverlag, Berlin/W., I

Joachim, Doris J. (BRD): Entzug oder die Angst vor der Angst (B). Feministischer Buchverlag, Naumburg, I

Kaschnitz, Marie Luise (BRD): Elissa (R). (Neuauflage der Ausgabe von 1937) Bibliothek Suhrkamp, Frankfurt/M. II

Lasserre, Sonja (BRD): Nachtreise - Wartesaal Lesbenklasse (B). Sudelbuchverlag, Berlin/W., I

Lautenschlag, Marockh (BRD): Araquin (R). Medea, Frankfurt/M., I

November, Lydia (BRD): l.n.2 (E). Selbstverlag, Hamburg, III

Offenbach, Judith (BRD): Sonja - eine Melancholie für Fortgeschrittene (B). Suhrkamp Taschenbuch, Frankfurt/M., I

Reinig, Christa (BRD): Mädchen ohne Uniform (E). Eremiten, Düsseldorf, I

Schmeda, Astrid (BRD): Wenn die Schluchten weichen (R). Buntbuch, Hamburg, I

Stenten, Marlene (BRD): Die Brünne (E). Sudelbuchverlag, Berlin/W., I

Sturm, Vilma (BRD): Barfuss auf Asphalt (B). Kiepenheuer & Witsch, Köln. (Alwina S.196, Lehrerin Fräulein Bode, S.212) II

Streit, Monika (BRD): Issi Marocco (E). Klaus Guhl, Hamburg, II

Thiesler, Sabine (BRD): Da war ihr Zimmer noch lila (A). Selbstverlag Berlin/W., I

Wolff, Charlotte (Emigrantin, GB): Augenblicke verändern uns mehr als die Zeit (B), Original London 1982, Beltz, Weinheim/Basel, I

1982

Dafne, D. (BRD): Göttinnen begräbt man nicht. Guhl, Berlin/W., 0c)

Hegewisch, Helga (BRD): Ach Sappho. Eine Reise nach Lesbos (Essay), in: Der Monat Nr.283, 1982 S.90-104, II

Künkel, Incape (BRD): Auf der Reise nach Avalun. Schwarze Mondpresse, Ahrenshöck 1982, 0c)

Lambrecht, Christine (DDR): Dezemberbriefe (E). Darin: Erna H., fast in der Zeitung, S.89, Mitteldeutscher Verlag Halle/Leipzig (dtv München 1986), II

Mayer, Ruth (CH) (Hg.): Frauen erfahren Frauen (E). R+F, Zürich (einige Texte)

Mehr, Mariella (CH): Steinzeit (R). Zytglogge, Bern, II, III

Reinig, Christa (BRD): Die ewige Schule (E). Frauenoffensive, München 1982

Schönberg, Miro (BRD): "Die Garbo für die Seele, die Dietrich für den Bauch". Lesbisch-Sein vor der Frauenbewegung (B). In: Gisela Dischner (Hg.): Eine stumme Generation berichtet. Frauen der dreissiger und vierziger Jahre. Fischer Taschenbuch, Frankfurt/M., S. 70-86, I

Schroeder, Margot (BRD): Die Vogelspinne (R), Frauenbuchverlag München, I

Schwyzer Frouebuechgruppe (Hg.)(CH): Echos (E, L). Selbstverlag, ohne Ort, I

1983

Brückner, Christine (BRD): Wenn du geredet hättest Desdemona (E). Darin: Sappho, II

Frapan, Ilse (D): Wir Frauen haben kein Vaterland. Monologe einer Fledermaus. (Neuauflage von 1899) Courage, Berlin/W.

Heyde, Karin (BRD): Faustine (D). Frühlings Erwachen, Kiel, I

Lasserre, Sonja (BRD): L. Liebe (B). Sudelbuch, Berlin/W., I

Lautenschlag, Marockh (BRD): Sweet America (R). Medea, Frankfurt/M., I

Lewin, Waltraud (DDR): Kuckucksrufe und Ohrfeigen (E). In: Dich hat Amor gewiss, S.5-65. Neues Leben, Berlin/DDR, I

Merkel, Inge (A): Jüdische Sappho (E). In: Zypressen (E), S. 61-104. Residenz, Salzburg/Wien

Morgner, Irmtraud (DDR): Amanda. Ein Hexenorman (R). (Parolen, S.400,401 und: S.343 und S.529/530) Aufbau, Berlin und Weimar, II

Reinig, Christa (BRD): Nachwort zur Neuauflage von : Christa Winsloe: Mädchen in Uniform. Frauenoffensive, München, I

Schutting, Jutta (A): Liebesroman (R). Residenz, Salzburg/Wien, IV

Siebenschön, Leona (BRD): nacht leben (R). Extrabuch, Frankfurt/M. I

Simon, Lydia (BRD): Lesbencomics. Böse Kurzgeschichten. Selbstverlag, Berlin/W., 0c)

Sperr, Monika (BRD): Der Tag beginnt mit der Dämmerung (R). Bertelsmann, München, I

Rössing, Dagmar (BRD): Schweissperlengespenster (E). Selbstverlag, Berlin/W., I

von Wangenheim, Inge (DDR): Weiterbildung (E). Mitteldeutscher Verlag, Halle/Leipzig. IV.

Weber, Monika (BRD): Die dunkle Seite meines Lebens (A). Fischer Taschenbuch, Frankfurt/M., I

Weil, Grete (BRD): Generationen (R). Benziger, Zürich, II, III

Winsloe, Christa (D): Mädchen in Uniform (R). (Neuauflage von ca. 1930) Frauenoffensive, München, I

Wolf, Christa (DDR): Kassandra (E). Aufbau, Berlin und Weimar, Luchterhand, Darmstadt (Marpessa, Penthesilea) II, III

1984

Bähr, Julia (BRD): Klatschmohn (B). Kiepenheuer & Witsch, Köln I

Eggli, Ursula (CH): Die Blütenhexe (Märchen). Riurs, Wangen/Bern, I

Finocci, Mathilde /Froncillo, Rosetta Rosetta/Valentini, Alice (I/BRD): Ihre Mutter ist übrigens Malerin. Gespräche mit italienischen Lesben(G). Zephir, Berlin/W., I

Hartlaub, Geno (BRD): Sprung über den Schatten. Orte, Menschen, Jahre. (E) Scherz Bern/München. (Darin: Narrenschiff S.71f. und Kriegsgefangen S.159f.) II

Mehr, Mariella (CH): Das Licht der Frau (R). Zytglogge, Bern, III

zur Nieden, Elke (BRD): Eine Schlange frisst kein Glenschek (K). Medea, Frankfurt/M., I

Reinig, Christa (BRD): Die Frau im Brunnen (R). Frauenoffensive, München, I

Rheinsberg, Anna (BRD): Wolfskuss (E). Medea, Frankfurt/M. II, III

Schubert, Helga (DDR): Blickwinkel (E). In: Blickwinkel, Aufbau, Berlin/DDR und Weimar, II

Querflöte - Märchen, Fantastische Erzählungen (A). Wiener Frauenverlag (verschiedene Erzählungen) II, III

Wessel, Claudia (BRD): Es wird Zeit (K). Wemü Selbstverlag, Giessen, I

1985

Ammer, Sigrid (BRD): Ein ernstes Kind (R). Knaur Taschenbuch, München, I

von Bonin, Elsa (D): Das Leben der Renée von Catte (R). (Neuauflage von 1911) Daphne, Göttingen, I

Hartlaub, Geno (BRD): Muriel (R). Scherz, Bern/München und dtv-Taschenbuch. (Nebenfiguren: Marie Luise, Ausdruckstänzerin und Gymnastiklehrerin. Gabrielle, ihre Freundin. S.66/7, 105, 118/9, 146, 148, 175, 179, 185, 239, zit. nach Scherz Verlag Ausgabe), II

Künkel, Inca Petra (BRD): Auch du bist eine Hexe. Du lebst - du wächst - du handelst. Gisela Meussling, Bonn, 0 (Angabe Doris Claus)

Lang, Sabine (BRD): Sappho, Gedanken zu einer Namensgeberin (Essay). Frühlings Erwachen, Kiel, I

Lorez, Gudula (Hg.) (BRD): Ich hab sie auf den Mund geküsst (E). Lorez, Berlin/W., I, II, III

Schroeder, Margot (BRD): Wenn die Holzpferde lachen (R). Zeichen + Spuren, Bremen, I

Sperr, Monika (BRD): Auf der Suche nach Cathleen McCoy (R). Bertelsmann, München, I

1986

Beinstein, Christa (A): Obszöne Frauen. Mit einem Essay von Monika Treut. Promedia, Wien, 0b)

Berr, Annette (BRD): Nachts sind alle Katzen breit (E). Am Galgenberg, Hamburg, I

Dokumentation der 1.Berliner Lesbenwoche 1985. Herausgegeben von Bettina, Evamaria und Susanne. Selbstverlag, Berlin/W., I

Eggli, Ursula, Daniel und Christoph (CH): Die Zärtlichkeit des Sonntagsbratens (B), Zytglogge, Bern

Farbe bekennen. Afro-deutsche Frauen auf den Spuren ihrer Geschichte. Herausgegeben von: Katharina Oguntoye, May Opitz, Dagmar Schultz. Mit einem Beitrag von Audre Lorde. Orlanda, Berlin/W., I

Kawaters, Corinna (BRD): Zora Zobel zieht um (K). Zweitausendeins, Frankfurt/M. (Nebenfiguren: Hertha (als Monster), Ann (als Mörderin), Sybille (als Eifersüchtige und Gewalttätige)) II

Kokula, Ilse (BRD): Jahre des Glücks, Jahre des Leids. Gespräche mit älteren lesbischen Frauen (G). Frühlings Erwachen, Kiel, I

Lange, Brigitta (BRD): Leiche beim Lay Out (K). (Standort: Denk-träume Hamburg) I

Pressler, Mirjam (BRD): Mit 64 stirbt man nicht (K). Fischer Taschenbuch, Frankfurt/M. (Nebenfigur: die älteste Tochter Chris. S.14, 25, 58, 66, 92, 121) II

Stenten, Marlene (BRD/CH): Albina (R). Eco, Zürich. I

1987

Arlt, Ingeborg (DDR): Das kleine Leben (E). Aufbau, Berlin/Weimar. (Hannelore) II

Bührig, Marga (CH): Spät habe ich gelernt, gerne Frau zu sein. Eine feministische Autobiographie (B). Kreuz, Zürich/Stuttgart, I

Bührmann, Traude (BRD): Flüge über Moabiter Mauern (E). Orlanda, Berlin/W. I

Eggli, Ursula (CH): Freakgeschichten für Kinder und Erwachsene (3. Auflage) Riurs, Wangen/Bern, I

Jelinek, Elfriede (OE): Krankheit oder moderne Frauen (D). Prometh, Köln, I

Kokula, Ilse (BRD): Wir leiden nicht mehr, sondern sind gelitten. Lesbisch leben in Deutschland (G). Kiepenheuer & Witsch, Köln, I

Mehr, Mariella (CH): Kinder der Landstrasse. Ein Hilfswerk, ein Theater und die Folgen. Zytglogge, Bern. I

Rheinsberg, Anna (BRD): Marthe und Ruth (E). Luchterhand, Darmstadt/Neuwied, II, III

Schwarzenbach, Annemarie (CH): Das glückliche Tal (R). (Neuauflage von 1940) Huber, Frauenfeld/Stuttgart, IV

Schwyter, Raphaela (CH): Venus oder Einzelhaft (E). Sec 52, Zürich, I, IV

Stefan, Verena (CH/BRD): Wortgetreu ich träume (E). Arche, Zürich, I

Wolf, Christa (DDR): Störfall (E). Aufbau, Berlin/Weimar und Luchterhand Darmstadt/Neuwied. (S.88-92 über Charlotte Wolff) II

1988

Bianchi, Maya (CH): Die doppelt geliebte Frau (R). Zytglogge, Bern (2. Teil), II

Eggli, Ursula (CH): Märchen und Geschichten über Geschichten (E). Riurs, Wangen/Bern, I

Heyde, Karin (BRD): Faustine (D). Frühlings Erwachen, Kiel, I

Künkel, Inca Petra (BRD): Verzeih mir, wenn ich fliehe. Reden an die Göttin Hekate. Gisela Meussling, Bonn. 0 (Angabe von Doris Claus, Bielefeld)

Morrien, Lea (BRD): bantu (R). Ätna, Berlin/W., I

Paul, Chris (BRD): Selbstverteidigung (R). Ätna, Berlin/W., I

Pütz, Claudia (BRD): MORPHINBLAUER ENGEL (E). Galgenberg, Hamburg, I

Schwarzenbach, Annemarie (CH): Lyrische Novelle (E). (Neuauflage von 1933) Lenos, Basel, IV

Spinner, Esther (CH): Starrsinn (R). Zytglogge, Bern, III

Struzyk, Brigitte (DDR): Caroline unterm Freiheitsbaum (R). Aufbau, Berlin/Weimar und Luchterhand Literaturverlag, Darmstadt, III

1989

Busch, Alexandra (BRD): Ladies of Fashion - Djuna Barnes, Natalie Barney und das Paris der 20er Jahre (B). Haux, Bielefeld, I

Dokumentation 2.& 3. Berliner Lesbenwoche 1986 & 1987. Herausgegeben von Monika Brunmüller, Sabine Probst, Evamaria Schmidt. Selbstverlag, Berlin/W., I

Dokumentation 4.Berliner Lesbenwoche 1988: Abgrenzung, Ausgrenzung, Begrenzung. Herausgegeben von Karin Hergl und Petra Krömer. Selbstverlag, Berlin/W., I
Frauenbuchladen Hagazussa, Bremen (Hg.) (BRD): ... die Welt neu erfinden. Über das Schreiben und Lesen von Lesbenliteratur. Selbstverlag, Bremen, I
Grente, Dominique / Müller, Nicole (F/CH): L'ange incosolable. Une biographie d'Annemarie Schwarzenbach. Lieu Commun, Paris, I
Häsing, Helga / Mues, Ingeborg (Hg.) (BRD): Du gehst fort und ich bleib da. Gedichte und Geschichten von Abschied und Trennung. Frankfurt/M. (in einigen Texten kommen Lesben vor) I, II
Kachold, Gabriele (DDR): Zügellos (E, L). Aufbau - Ausser der Reihe, Berlin/Weimar, III
Lawine Roman (BRD): Frauen, die durch die Hölle gingen (E). Sanduhr, Dortmund, I
Meier, Helen (CH): Lebenleben (R). Ammann, Zürich, III
Meng, Brigitte (CH): Das schwarze Zimmer (R). Edition Leu, Zürich, III
Moosdorf, Johanna (BRD): Jahrhundertträume (R). Fischer Taschenbuch, Frankfurt/M., I
Palette (BRD): Literatur von Lesben (E). 5.Jahrgang, Heft 10, Bamberg, I
Paul, Chris (Hg.) (BRD): Alltägliche Träume (E). Ätna, Hohenfels, I
Phoenix (BRD/F): Alizamour (R). venus falling, Frankfurt/M., II
Samasov, Magliane (BRD): Silberauge (E). Edition Hagia, Winzer, I
Schwarzenbach, Annemarie (CH): Bei diesem Regen (E). (Erstveröffentlichung der 1934/1935 geschriebenen Texte) Lenos, Basel, III, IV
Stromberg, Kyra (BRD): Djuna Barnes (B). Wagenbach, Berlin/W.

1990-1992

1990

Lacey, Ursula (BRD): Geschichten mit Jule (E). Morgana Frauenbuchverlag, Münster, I
Moosdorf, Johanna (BRD): Fahr hinaus in das Nachtmeer (L). Fischer Taschenbuch, Frankfurt/M. II, III
Paul, Chris (Hg.): Lesbenblicke von hier nach drüben (E, G). Ätna, Hohenfels, I
Schnyder, Kristin T. (CH): Die Kodiererin (E). Nagel & Kimche, Zürich/Frauenfeld, II, III

1991

Czurda, Elfriede (A): Die Giftmörderinnen. (R) Rowohlt, Hamburg, I

Gutsche, Kerstin: Ich ahnungsloser Engel. Lesbenprotokolle (G). Reiher, Berlin, I

Heidebrecht, Brigitte (Hg.): Venus & Co. Frauen lieben Frauen, Verlag kleine Schritte, Trier, I

Kneifl, Edith: Zwischen zwei Nächten (R). Wiener Frauenverlag, Wien, I

Müller, Martina (Hg.) (D): Flüchtiges Begehren (E). Ätna, Hohenfels, I

Paul, Chris (D): Trauer-Fall (E). Ätna, Hohenfels, I

Stenten, Marlene: Hallo Mäuschen! Sechs Entwöhnungen (E). Eco, Zürich, I

von Grote, Alexandra (D): Augen, so blau wie das Meer - eine romantische Erzählung - und Marie, drei Liebesgeschichten. (E) Feministischer Buchverlag, Wiesbaden, I

1992

Müller, Nicole (CH): Denn das ist das Schreckliche an der Liebe. (E) Nagel & Kimche, Zürich/Frauenfeld, I

10. Bibliographie

Soweit bekannt, gebe ich in der gesamten Bibliographie nicht nur den Erscheinungsort, sondern auch den Verlag an, da ein beträchtlicher Teil der Bücher in Frauenverlagen und kleinen Verlagen erschienen ist, die z.T. schwer auffindbar sind.

10.1. Primärliteratur

10.1.1. Interpretierte Texte

Bei Autorinnen, zu denen es keine Bibliographie gibt - und bei *Johanna Moosdorf*, deren Publikationen bis 1963 erfasst sind - führe ich alle publizierten Bücher auf.
Nur die zitierten Bücher werden aufgelistet bei *Marlene Haushofer*, *Ingeborg Bachmann* und *Christa Reinig*.

Ingeborg Bachmann

Ingeborg Bachmann: Werke. Band 1-4. Piper, München 1978/1982 (=IBW)

Romane
- Malina (1971, IBW 3)
- Der Fall Franza (unvollendet, IBW 3)
- Requiem für Fanny Goldmann (unvollendet, IBW 3)

Erzählungen
- Ein Schritt nach Gomorrha (1961. Zitiert nach: IBW 2)
- Probleme, Probleme (1971. IBW 2)
- Das Gebell (1971. Zit. IBW 2)

Weitere Lyrik, Hörspiele, Essays, Erzählungen
In: IBW, 1-4

Bibliographie
- Bareiss, Otto: Ingeborg Bachmann. Auswahlbibliographie 1953-1983/4. In: Ingeborg Bachmann, Sonderband Text und Kritik. München 1984

Marlen Haushofer

Romane
- Eine Handvoll Leben. Paul Zsolnay, Wien 1955; Knaur Taschenbuch o.J.
- Die Tapetentür. Paul Zsolnay 1957; Knaur Taschenbuch o.J.
- Die Wand. Claassen 1968; Ullstein Taschenbuch 1985
- Die Mansarde. Claassen 1969; Fischer Taschenbuch 1986

Erzählungen (Auswahl)
- Die Geschichte vom Menschenmann (1956) Wieder publiziert in: M.Haushofer: Begegnung mit dem Fremden. Erzählungen. Claassen 1985
- Wir töten Stella. Bergland Verlag 1958; Claassen 1985

Kinderbücher, Hörspiele
Titel in der Bibliographie

Bibliographie
- "Oder war da manchmal noch etwas anderes?" Texte zu Marlen Haushofer. Neue Kritik, Frankfurt/M. 1986, S.185

Waldtraut Lewin

(Erschienen im *Verlag Neues Leben*, Berlin/DDR, die Märchenbücher z.T. im *Kinderbuchverlag*, Berlin/DDR)

Romane
- Herr Lucius und sein schwarzer Schwan. 1973
- Die Ärztin von Lakros. 1977
- Die stillen Römer. 1979

Biographien
- Gaius Julius Caesar. 1980
- Federico. 1984
- Georg Friedrich Händel. Ein Sachse unter Angelsachsen (zusammen mit Miriam Margraf) 1984

Reiseberichte
- Katakomben und Erdbeeren. Notizen einer italienischen Reise, 1977
- Garten fremder Herren. Zehn Tage Sizilien. 1982
- Waterloo liegt in Belgien. 1985
- Villa im Regen. 1986

Erzählband
- Kuckucksrufe und Ohrfeigen. Neues Leben, 1983

Märchen
- Der Sohn des Adlers, des Müllmanns und der hässlichsten Frau der Welt. 1981
- Ein Märchen vom Eis und vom Feuer. 1981
- Viktoria von jenseits des Zauns. 1981
- Märchen von den Hügeln. 1986 (zusammen mit Miriam Margraf)
- Die Zaubermenagerie. 1987 (zusammen mit Miriam Margraf)
- Paros und Mahomaga. 1987

Johanna Moosdorf

Romane
- Das Bildnis. Dietz, Berlin 1947
- Flucht nach Afrika. Hermann Klemm, Freiburg im Breisgau 1952
- Nachtigallen schlagen im Schnee. Büchergilde Gutenberg, Frankfurt/M. 1953/1954
- Der Himmel brennt. Marion Schröder, Hamburg 1955
- Nebenan. Suhrkamp, Frankfurt/M. 1961
- Die Andermanns. Henry Goverts, Stuttgart 1969
- Freundinnen. Nymphenburger, München 1977; Fischer Taschenbuch 1988
- Jahrhundertträume. Fischer Taschenbuch 1989

Erzählungen
- Nachspiel. Kleine LDZ Bücherei, Berlin 1948
- Zwischen zwei Leben. Neues Leben, Berlin 1948
- Die lange Nacht. Suhrkamp, Frankfurt/M. 1963; Archilla-Presse, Oldenburg/Bremen 1991
- Ruth und Rose, in: Häsing/Mues 1989
- Die Tochter. Fischer Taschenbuch 1991

Lyrikbände
- Brennendes Leben. Dietz, Berlin
- Sieben Jahr sieben Tag, Gedichte 1950-1979. Limes, Wiesbaden und München, 1979

- Neue Gedichte. J.G.Bläschke, St.Michael 1983
- Fahr hinaus in das Nachtmeer. Fischer Taschenbuch, 1990

Hörspiele, Schauspiel
- Angaben dazu in der Bibliographie von Hedwig Bieber

Bibliographie
- Bieber, Hedwig: Johanna-Moosdorf-Bibliographie. In: Johanna Moosdorf, Nelly Sachs-Preisträgerin Dortmund 1963. Stadtbücherei Dortmund 1965, S.19-29

Judith Offenbach

Autobiographie
- Sonja. Eine Melancholie für Fortgeschrittene. Suhrkamp Taschenbuch 1981

Erzählungen
- Gute Nacht. In: Lesbenfront 12, 1981
- Wer Klavier spielt, hat Glück bei den Frauen. In: Frau Ohne Herz/Lesbenfront 23, 1987

Essay
- Feminismus-Heterosexualität-Homosexualität. In: Pusch, Luise F. (Hg.): Feminismus. Inspektion der Herrenkultur. edition suhrkamp, Frankfurt/M. 1983, S.210-231

Christa Reinig

Romane
- Die himmlische und die irdische Geometrie. Eremiten-Presse, Düsseldorf 1974; dtv, München 1978; Frauenoffensive, München 1983
- Entmannung. Eremiten-Presse 1976; Sammlung Luchterhand 1977
- Die Frau im Brunnen. Frauenoffensive 1984

Erzählbände
- Drei Schiffe. Fischer, 1965; In: Eremiten-Presse 1974/1978; in: Sämtliche Erzählungen. Sammlung Luchterhand 1986
- Der Wolf und die Witwen. Eremiten-Presse 1980; Frauenoffensive
- Die ewige Schule. Frauenoffensive, München 1982
- Gesammelte Erzählungen. Sammlung Luchterhand 1986

- Feuergefährlich. Wagenbach, Berlin/W. 1985
- Nobody. Eremiten-Presse 1989

Lyrik
- Die Steine von Finisterre. Eremiten-Presse 1960
- Gedichte. Fischer 1963
- Schwalbe von Olevano. Eremiten-Presse 1969
- Papantscha Vielerlei. Eremiten-Presse 1971
- Müssiggang ist aller Liebe Anfang. Eremiten-Presse 1979; Frauenoffensive 1980
- Sämtliche Gedichte. Eremiten-Presse 1984

Weitere zitierte Texte
- "Robinson"(Interpretation) In: Hilde Domin (Hg.): Doppelinterpretationen. Das zeitgenössische deutsche Gedicht zwischen Autor und Leser. Frankfurt/M./Bonn 1966, S.120-123
- Vorwort in: Annette von Droste-Hülshoff: Gedichte. Ausgewählt von Christa Reinig. Fischer Taschenbuch 1969, S.7-18
- Liebesgeschichte, von innen erzählt. In: Die Zeit, 21.3.1969 (Zitiert nach: Bettina von Wangenheim: Heimkehr ins Wort. Materialien zu Hilde Domin. Fischer Taschenbuch 1982, S.91-94)
- Das weibliche Ich: In: Süddeutsche Zeitung, 7.4.1976. Wieder abgedruckt in: Frauenoffensive Journal Nr.5, 1976, S.50/51; alternative 108/109, Berlin/W., S.119/120
- Christa Reinig über Claire Waldoff: "Uff die Bäume ihr Affen". In: Emma, Februar 1982, S.36-38
- Renée Vivien, "Die Dame mit der Wölfin" (Rezension). In: EMMA (Köln), November 1981, S.27
- Nachwort zur Neuherausgabe von: "Die himmlische und die irdische Geometrie". Frauenoffensive, München 1983
- Christa Reinig über Christa Winsloe, in der Neuherausgabe von: Christa Winsloe, Die ewige Schule. Frauenoffensive, München 1983, S.241-248

Bibliographie
- Aumüller, Renate: Die Literatur der Frauenbewegung in den 70er Jahren - Exemplarische Untersuchungen an Christa Reinigs Roman "Entmannung". Die Geschichte Ottos und seiner vier Frauen. (Masch.schr.) München, 1980, S.115-149

Marlene Stenten

Romane
- Grosser Gelbkopf. Luchterhand, Darmstadt 1971
- Puppe Else. Sudelbuch (Selbstverlag), Berlin/W. 1977; Fischer Taschenbuch 1984
- Albina. Eco, Zürich 1986

Erzählungen
- Baby. Luchterhand, Darmstadt 1973
- Die Brünne. Sudelbuch, Berlin/W. 1981; Fischer Taschenbuch
- Salomé 89. Sudelbuch, Berlin/W. 1983
- Hallo Mäuschen. Eco, Zürich 1991

Weitere Erzählungen
- Drecksack. In: Lesbenfront Nr. 16/1983
- Etwas besseres als den Tod werden wir nirgendwo.... In: Lesbenfront Nr. 17/1983 und in: Häsing, Helga / Mues, Ingeborg: Du gehst fort und ich bleib da. Fischer Taschenbuch 1989
- Lesbenfeiertag. In: Frau Ohne Herz/Lesbenfront Nr. 23/1987
- Voressen. In: Frau Ohne Herz/Lesbenfront 24/1987

Gertrud Wilker

Romane
- Elegie auf die Zukunft. Flamberg, Zürich, 1966; unter dem Titel "Wolffschatten" bei: Huber, Frauenfeld/Stuttgart 1980
- Altäger bei kleinem Feuer. Flamberg 1971
- Nachleben. Huber 1980

Erzählbände (alle bei Huber, Frauenfeld/Stuttgart)
- Der Drachen. 1957
- Collages USA. 1968
- Einen Vater aus Wörtern machen. 1970
- Jota, Huber. 1973
- Winterdorf. 1977
- Blick auf meinesgleichen. 1979

Lyrik
- Vier Gedichte. 1966
- Feststellungen für später. 1981

Anthologie
- Kursbuch für Mädchen, Huber, 1978

10.1.2. Weitere zitierte Primärliteratur

(soweit sie nicht in den Kapiteln 9 und 10.1.1. enthalten sind)

Anderson, Edith (Hg.): - Blitz aus heiterem Himmel, Hinstorff, Rostock 1975
- Dein für immer oder nie. In: Anderson, Edith (Hg.): Blitz aus heiterem Himmel

Barnes, Djuna: Nachtgewächs. 1936 (Deutsche Übersetzung) Neske, Pfullingen 1959 und Neuauflagen bei Bibliothek Suhrkamp, Frankfurt/M.

Duc, Aimée: Sind es Frauen? Roman über das dritte Geschlecht. (1901) Neuauflage: Amazonen, Berlin/W. 1976

Eggli, Ursula: Herz im Korsett. Zytglogge, Bern 1977

Frapan, Ilse: Wir Frauen haben kein Vaterland. Monologe einer Fledermaus. (1899) Neuauflage: Courage, Berlin/W. 1983

Higsmith, Patricia: Carol. (Nachwort von P.H. zur deutschen Übersetzung). Diogenes, Zürich 1990

Kirsch, Sarah: Wie ein Blitz aus heiterm Himmel. In: Anderson, Edith (Hg.): Blitz aus heiterem Himmel

Mayer, Ruth (Hg.): - Anfällig sein. R+F, Zürich 1978
- Bewegte Frauen. R+F, Zürich 1977
- Frauen erfahren Frauen. R+F, Zürich 1982
- Im Beunruhigenden. R+F, Zürich 1980

Morgner, Irmtraud: - Leben und Abenteuer der Trobadora Beatriz nach Zeugnissen ihrer Spielfrau Laura. Aufbau, Weimar und Berlin/DDR 1974 (Zitiert nach: Luchterhand, Darmstadt,)
- Amanda. Ein Hexenroman. Aufbau, Weimar und Berlin/DDR 1983 und Luchterhand, Darmstadt

Oelfken, Tami: Noch ist es Zeit. Briefe nach Bremen 1945-1955. Tende, Frankfurt/M. 1988

Rinser, Luise: Den Wolf umarmen. Fischer, Frankfurt/M. 1981 (zitiert nach: Fischer Taschenbuch 1987)

Schriber, Margrit: Kartenhaus. Huber, Frauenfeld/Stuttgart, 1978

von Droste-Hülshoff, Annette: Ledwina. In: Sämtliche Werke, herausgegeben von Günther Weydt/Winfried Woesler, 1981

Weil, Grete: Der Brautpreis. Nagel&Kimche, Zürich 1988

Weirauch, Anna Elisabet: Der Skorpion, Bd.1 (1919). Neuausgabe: LAZ, Berlin/W. 1977

Winsloe, Christa: Das Mädchen Manuela. Berlin ca. 1931

Wittig, Monique: Aus deinen zehntausend Augen Sappho. (Übersetzung aus dem Französischen) Amazonen, Berlin/W. 1977

Wyss, Hedi: Keine Hand frei. Benziger, Zürich 1980 (zitiert nach: Fischer Taschenbuch, 1982)
Wyss, Laure: - Frauen erzählen ihr Leben. Huber, Frauenfeld/Stuttgart 1976
- Mutters Geburtstag. Huber, Frauenfeld/Stuttgart, 1978
- Liebe Livia. Limmat, Zürich 1985

10.2. Sekundärliteratur

Achberger, Karen: Bachmann und die Bibel, "Ein Schritt nach Gomorrha" als weibliche Schöpfungsgeschichte. In: Höller, Hans (Hg.): Der dunkle Schatten, dem ich schon seit Anfang folge. Ingeborg Bachmann - Vorschläge zu einer neuen Lektüre des Werks. Wien/München 1982

Akkermann, Antke/Betzelt, Sigrid/Daniel, Gabriele: Nackte Tatsachen. Ergebnisse eines lesbischen Forschungsprojektes. Berlin/W. 1989

Altenhein, Hans: Dichters Preis & Lohn. Ein Plädoyer für Literaturpreise. In: Frankfurter Rundschau, 19.12.1987

Amendt, Günter (Hg.): Natürlich anders. Zur Homosexualitätsdiskussion in der DDR. Pahl-Rugenstein, Köln 1989

Atkinson, Ti-Grace: Amazonen Odyssee. (USA 1974) Deutsche Übersetzung: Frauenoffensive, München 1978

Aumüller, Renate: Die Literatur der Frauenbewegung in den 70er Jahren - Exemplarische Untersuchung an Christa Reinigs Roman "Entmannung". Die Geschichte Ottos und seiner vier Frauen. (Magistra-Arbeit) München 1980 (149 S., Ausführliche Bibliographie zu C.Reinig: S. 115-149)

Bach, Kurt: Guter Rat. In: Für Dich (Berlin/DDR), Nr. 38, 1988, S.46

Bachmann, Ingeborg: Wir müssen wahre Sätze finden. Gespräche und Interviews. Piper, München 1983

Bammer, Angelika: Testing the Limits: Christa Reinig's Radical Vision. In: Burkhard, Marianne / Waldstein, Edith (Hg.): Women in German Yearbook 2. University Press of America, Lanham/New York/London 1986, S.107-128

Bareiss, Otto: Ingeborg Bachmann. Auswahlbibliographie 1953-1983/4. In: Ingeborg Bachmann, Sonderband Text und Kritik, redigiert von Sigrid Weigel, München 1984, S.186-215

Barz, Monika / Leistner, Herta / Wild, Ute: Hättest du gedacht, dass wir so viele sind? Lesbische Frauen in der Kirche. Kreuz, Stuttgart 1987

Baumann, Ina: Die Figur der weiblichen Homosexuellen in der deutschen Literatur des ersten Drittels des Jahrhunderts (Magister-Arbeit, masch.schr.) Wuppertal 1982

Becker / Bovenschen / Brackert u.a.: Aus der Zeit der Verzweiflung. Zur Genese und Aktualität des Hexenbildes. Edition Suhrkamp, Frankfurt/M. 1977

Beiträge zur feministischen Theorie und Praxis, Köln

Berger, Christel: Mut zu Gefühlen, Neues Deutschland, Berlin/DDR, 6.6.1984

Berger, Doris: Vom Optimismus der Aufbruchszeit zu Alltagsproblemen und Magie, in: Christel Hildebrandt (Hg.): Liebes- und andere Erklärungen, Texte von und über DDR-Autorinnen. Verlag kleine Schritte, Bonn 1988

Berger, Renate / Hengsbach, Monika / Kublitz, Maria / Stephan, Inge (Hg.): Frauen - Weiblichkeit - Schrift. Argument Sonderband, Berlin/W. 1985

Berger, Renate / Stephan, Inge (Hg.): Weiblichkeit und Tod in der Literatur. Böhlau, Köln/Wien 1987

Bibliographie der Deutschen Sprach- und Literaturwissenschaft. Begründet von Hanns W. Eppelsheimer. Herausgegeben von der Deutschen Bibliothek Frankfurt/M.

Bieber, Hedwig: Johanna-Moosdorf-Bibliographie. In: Johanna Moosdorf, Nelly-Sachs-Preisträgerin Dortmund 1963. Stadtbücherei Dortmund, 1965, S.19-29

Bleibtreu-Ehrenberg, Gisela: Homosexualiät. Die Geschichte eines Vorurteils. S.Fischer, Frankfurt/M. 1978 und Fischer Taschenbuch, Frankfurt/M. 1981

Bosold, Birgit: Identität und Wahrheit. Überlegungen zum autobiographischen Schreiben und seinen politischen Effekten. In: Dokumentation der Frauenliteraturwoche in Kassel. Hg.: Aradia e.V., Verein zur Förderung von Frauenliteratur und Kunst, Frauenbuchladen Kassel, 1989, S.70-82

Bovenschen, Silvia: - Über die Frage: Gibt es eine weibliche Ästhetik? In: Ästhetik und Kommunikation, Nr. 25, Berlin/W. 1976, S.60-75

- Die imaginierte Weiblichkeit - Exemplarische Untersuchungen zu kulturgeschichtlichen und literarischen Präsentationsformen des Weiblichen. Edition Suhrkamp, Frankfurt/M. 1979

Brantenberg, Gert / Espedal, Bodil / Lasen, Relsen / Nilsen, Lisbeth / Torud, Astrid (Hg.): Pa sporet av den tapte lyst. Aschehoug, Oslo 1986

Brauckmann, Jutta: - Weiblichkeit, Männlichkeit und Antihomosexualität. Zur Situation der lesbischen Frau. Rosa Winkel, Berlin/W. 1981

- Die vergessene Wirklichkeit. Frauen und Männer im Leben von Frauen. Lit, Münster 1983

Brinker-Gabler, Gisela (Hg.): Deutsche Literatur von Frauen. 2 Bände. C.H.Beck, München 1988

Brügmann, Margret: Amazonen der Literatur, Studien zur deutschsprachigen Frauenliteratur der 70er Jahre. Rodopi, Amsterdam 1986

Busch, Alexandra: Ladies of Fashion. Djuna Barnes, Natalie Barney und das Paris der 20er Jahre. Haux, Bielefeld 1989

Bürgi, Chudi (d.i. Claudia): Wider den "Tunnelblick"- Der Orlanda Frauenverlag. In: Frauezitig (Zürich) Nr.23, 1987, S.38/39
Bürgi, Claudia: "Mein Tagebuch, das bin ich." Das Tagebuch im Spannungsfeld von Authentizität und Fiktionalität. Lizentiatsarbeit (Masch.schr.), Zürich 1983

Campe, Joachim (Hg.): Andere Lieben, Homosexualität in der Literatur, Ein Lesebuch. Suhrkamp Taschenbuch, Frankfurt/M 1988
Cantieni, Benita: Schweizer Schriftsteller persönlich. Interviews. Huber, Frauenfeld/Stuttgart 1983 (zitiert nach: Ex Libris, Zürich 1985) Darin: Gertrud Wilker, S. 143-160
Classen, Brigitte / Goettle, Gabriele: "Häutungen" - eine Verwechslung von Anemone und Amazone. In: Gabriele Dietze (Hg.): Die Überwindung der Sprachlosigkeit, S.55-59
Claus, Doris: - Selbstverständlich lesbisch in der Zeit der Weimarer Republik. Eine Analyse der Zeitschrift "Die Freundin". (Magistra-Arbeit) Bielefeld 1987
- Wenn die Freundin ihrer Freundin lila Veilchen schenkt. In: Roebling Irmgard (Hg.): Lulu, Lilith, Mona Lisa ... Frauenbild der Jahrhundertwende. Centaurus, Pfaffenweiler 1989, S.19-31
CLIT - Rufe alle Lesben, bitte kommen! Tomyris, Berlin/W. 1977
Conrad, Gabriele: Kuckucksrufe und Ohrfeigen. In: Sonntag, Berlin/DDR, 10.6.1984
Courage (Zeitschrift), Berlin/W., seit 1974, verschiedene Nummern

Daly, Mary: GYN/ÖKOLOGIE - eine Meta-Ethik des radikalen Feminismus. (USA 1978) Frauenoffensive, München 1981
Deutsche Literaturgeschichte von den Anfängen bis zur Gegenwart. J.B.Metzler, Stuttgart 1984 (2.Auflage)
Die schwarze Botin, Berlin/W.
Die Homosexuelle Frauengruppe Zürich (HFG) ist eine Organisation homosexueller Frauen. In: Frauezitig, Nr. 18 /1980, S.11, Zürich
Diesselkamp, Caren: Das Bild der lesbischen Beziehung in Ingeborg Bachmanns Erzählung "Ein Schritt nach Gomorrha", Münster 1987, MS., 25 S. (Standort: Schwarze Witwe, Autonome Frauenforschungsstelle, Achtermannstr. 10-12, Münster)
Dokumentation der 7. Sommeruniversität für Frauen Berlin: Wollen wir immer noch alles? Frauenpolitik zwischen Traum und Trauma. Berlin/W. 1984
Dokumentationsgruppe (Hg.): Autonomie oder Institution. Über die Leidenschaft und Macht von Frauen. Beiträge zur 4. Sommeruniversität der Frauen Berlin 1979. Berlin/W. 1981

Dokumente lesbisch-schwuler Emanzipation des Referats für gleichgeschlechtliche Lebensweisen Nr.4. Geschichte und Perspektiven von Lesben und Schwulen in den neuen Bundesländern. Herausgegeben von der Senatsverwaltung für Jugend und Familie, Berlin 1991

Domin, Hilde (Hg.): Doppelinterpretationen. Das zeitgenössische deutsche Gedicht zwischen Autor und Leser. Frankfurt/M./Bonn 1966

Eberlein, Sibylle: Geschichten von Träumen, die tief in uns wohnen. In: Tribüne, Berlin/DDR, 18.5.1984

Ehrenreich, Barbara / English, Deirdre: Hexen, Hebammen und Krankenschwestern (USA 1974) Frauenoffensive, München 1975

EMMA-Kalender 1977, herausgegeben im Selbstverlag von Renate Bookhagen, Gudula Lorez, Ursula Scheu, Alice Schwarzer. Berlin/W. 1976

Emmerich, Wolfgang (Hg.): Der Bremer Literaturpreis. 1954-1987. Reden der Preisträger und andere Texte. editon die horen, Bremen 1988

Eldorado. Homosexuelle Frauen und Männer in Berlin 1850-1950, Geschichte, Alltag und Kultur. Fröhlich & Kaufmann, Berlin 1984

Elstung, Estehr N.: Christa Reinig's Emasculation: Male Chauvinism as Science Fiction. In: Jane B. Weedman (Hg.): Women Worldwakers: New Dimension of Science Fiction and Fantasy. Lubbock, Texas 1985, S.125-138

Emma-Sonderband: "Durch dick und dünn". Köln 1984/5

Ester, Hans: Christa Reinig: Müssiggang ist aller Liebe Anfang. In: Deutsche Bücher, Amsterdam, 1980/1981

Evangelisches Tagungs- und Studienzentrum Boldern und Paulus-Akademie Zürich (Hg.):
- Integration der Homosexuellen - eine immer noch ungelöste Aufgabe in unserer Gesellschaft (1977)
- Homosexualität - Heterosexualität: Stimmen unsere Bilder noch? (1979)
- Das Recht, ein eigener Mensch zu sein (1981/1982)

Fehrer, Margret: Literarische Leitbilder - Selbstbilder - Lebensentwürfe lesbischer Autorinnen. Christa Reinig und Marlene Stenten. (Magistra-Arbeit) Frankfurt/M. 1987

Feministische Studien, Beltz/Studienverlag, Weinheim/Basel, seit 1982

Fischer-Homberger, Esther: Krankheit Frau. Huber Bern 1979, Neuauflage: Sammlung Luchterhand, Darmstadt/Neuwied 1984

Forum Homosexualität und Literatur, Siegen/BRD, seit 1987

Foster, Jeannette H.: Sex variant women in literature (1st edition USA 1956), 3rd edition, Naiad Press, Tallahassee/USA 1985

Frauen in der DDR. Auf dem Weg zur Gleichberechtigung. Herausgegeben von der Friedrich Ebert-Stiftung, Bonn 1987

Frauen - Literatur - Politik. Herausgegeben von: Annegret Pelz / Marianne Schuller / Inge Stephan / Sigrid Weigel / Kerstin Wilhelms. Argument Sonderband, Hamburg 1988

Frauen und Film, Heft 28: "Trauer muss Sappho tragen?" Rotbuch, Berlin/W. 1981

Frauengesundheitskollektiv Santa Cruz: Es gibt eine Lösung. Alkoholismus und Co-Alkoholismus. In: Dürmeier, Waltraud u.a. (Hg.): Wenn Frauen Frauen lieben und sich für Selbsthilfe-Therapie interessieren. Frauenoffensive, München 1990

Frauenhandlexikon. Stichworte zur Selbstbestimmung. Herausgegeben von: Beyer, Johanna / Lamott, Franziska / Meyer, Birgit, C.H. Beck, München 1983

Frauenjahrbuch 76. Herausgegeben von der Jahrbuchgruppe des Münchner Frauenzentrums. Frauenoffensive, München 1976

Frauenliebe. Texte aus der amerikanischen Lesbierinnenbewegung. LAZ Berlin (W.) 1976 (3.Auflage)

Frauenoffensive Journal. Frauenoffensive München

Frauezitig Zürich

Freier, Bert: Die Launen der Nachtigall. In: Sächsische Zeitung, Dresden, 7.9.1984

Frenzel, Elisabeth: - Motive der Weltliteratur. Kröner, Stuttgart 1980 (2. Auflage)
- Stoffe der Weltliteratur. Kröner, Stuttgart 1983 (6. Auflage)

Friedan, Betty: Der Weiblichkeitswahn oder die Selbstbefreiung der Frau. Ein Emanzipationskonzept. (USA 1963) Rowohlt 1966, Rowohlt Taschenbuch (1970), Reinbek bei Hamburg 1971

Fritschi, Hansruedi: Das langsame Auftauchen einer Figur. Der Homosexuelle in der Schweizer Literatur. In: Tages Anzeiger (Zürich) 27.8.1983, S.49/50

Gansberg, Marie Luise: - Zu einigen populären Vorurteilen gegen materialistische Literaturwissenschaft. In: Gansberg, Marie Luise / Völker, Paul Gerhard: Methodenkritik der Germanistik. Metzler Stuttgart, 1970 (zitiert nach: 4.Auflage 1973)
- "Unnütze Frauen" - alte Frauen, alte Jungfern, Lesben und was aus ihnen noch werden könnte. Giessen, 1988 (Masch. schr.)

- Christa Reinig, "Müssiggang ist aller Liebe Anfang" (1979). Ästhetische Taktlosigkeit als weibliche Schreibstrategie. In: Stephan, Inge / Weigel, Sigrid / Wilhelms, Kerstin (Hg.): "Wen wundert's wer spricht". Zur Literatur und Kulturgeschichte von Frauen aus Ost und West. Böhlau, Köln/Wien, 1991, S.185-194

Geiger, Brigitte / Hacker, Hanna: Donauwalzer Damenwahl. Frauenbewegte Zusammenhänge in Österreich. Edition Spuren Promedia, Wien 1989

Geschichte der deutschen Literatur von 1945 bis zur Gegenwart. Klett, Stuttgart 1984

Giebel, Marion: Sappho. rororo Bildmonographien, Reinbeck bei Hamburg, 1980

Gnüg, Hiltrud / Möhrmann, Renate: Frauen Literatur Geschichte. Schreibende Frauen vom Mittelalter bis zur Gegenwart. J.B.Metzler, Stuttgart 1985

Gregor, Günther: Eine grosse Zauberin. In: Wochenpost, Berlin/DDR, 3.8.1984

Grier, Barbara: The Lesbian in Literature. (1967) New revised 3rd edition, Naiad Press, Tallahassee USA 1981

Groll, Anne-Rose / Pfaff, Gabriele: Ein Interview mit Judith Offenbach. In: Lesbenpresse Nr.9, 1981, S.34-39

Grothausmann, Karin: Christa Reings Roman "Entmannung". Versuch einer Analyse und Deutung. (Staatsexamens-Arbeit) Münster 1980

Gutschke, Irmtraud: Leise erzählt, jedoch voll Spannung. Sonntag, Berlin/DDR 11.8.1984

Günther, Erwin und Thinius Hubert: Psychosoziale Aspekte der Homosexualität. In: Humanitas, Nr. 18, 1988, S.10

Gürtler, Christa: Schreiben Frauen anders? Untersuchungen zu Ingeborg Bachmann und Barbara Frischmuth. Akademischer Verlag Hans-Dieter Heinz, Stuttgart 1983.

Hacker, Hanna: - Von Frau zu Frau auf dem blanken Parkett der Meta-Ebene. Androzentrische Systematisierung und die Frage nach lesbischer Authentizität (Österreich 1870-1914). In: Wiener Historikerinnen (Hg.): Die ungeschriebene Geschichte, Dokumentation 5.Historikerinnentreffen. Wiener Frauenverlag, o.J., S.151-160

- Tödlich, humorvoll. Wien und die Wienerin in der lesbischen Literatur. In: Das lila Wien um 1900. Zur Ästhetik der Homosexualitäten. Herausgegeben von: Neda Bei / Wolfgang Förster / Hanna Hacker / Manfred Lang. edition spuren, promedia, Wien 1986

- Frauen und Freundinnen. Studien zur "weiblichen Homosexualität" am Beispiel Österreich 1870-1938. Beltz, Weinheim/Basel 1987

Härle, Gerhard: Männerweiblichkeit. Zur Homosexualität bei Klaus und Thomas Mann. Athäneum, Frankfurt/M. 1988

Heilborn-Maurer, Ursula / Maurer, Georg: Nach einem Suizid. Gespräche mit Zurückbleibenden. Fischer Taschenbuch, Frankfurt/M. 1987

Hengsbach, Monika: Bewältigungsversuche des Stigmas weiblicher Homosexualität in literarischen Texten des 20. Jahrhunderts. (Magistra-Arbeit) Bielefeld 1983

Hetze, Stefanie: Happy End für wen? Kino und lesbische Frauen. Tende, Frankfurt/M. 1986

Heymann, Dagmar: Wie männlich muss die Naturwissenschaft sein? In: Forum Wissenschaft (Marburg), Nr.4, 1989, S.14-16

Heymann, Lida Gustava / Augspurg, Anita: Erlebtes und Erschautes. Deutsche Frauen kämpfen für Freiheit, Recht und Frieden 1850-1940. Herausgegeben von Margrit Twellmann, Verlag Anton Hain, Meisenheim am Glan 1977

Hildebrandt, Christel: Zwölf schreibende Frauen in der DDR. Zu den Schreibbedingungen von Schriftstellerinnen in den 70er Jahren. 1984

Hildebrandt, Christel (Hg.): Liebes- und andere Erklärungen. Texte von und über DDR-Autorinnen. Kleine Schritte, Bonn 1988

Hilzinger, Sonja: "Als ganzer Mensch zu leben..." Emanzipatorische Tendenzen in der neueren Frauen-Literatur der DDR. Peter Lang, Frankfurt/M./Bern/New York, 1985

Hoersley, Ritta J.: Ingeborg Bachmann's "Ein Schritt nach Gomorrha"; A feminist appreciation and critique. In: Burkhard, Marianne (Hg.): Gestaltet und gestaltend, Frauen in der Deutschen Literatur, Amsterdamer Beiträge zur neueren Germanistik, Band 10, 1980

Holliger, Edith: Schon in der Steinzeit rollten Pillen. (Selbstverlag) Bern 1972

Honegger, Claudia (Hg.): Die Hexen der Neuzeit, Studien zur Sozialgeschichte eines Deutungsmusters. Edition Suhrkamp, Frankfurt/M. 1978

Honegger, Claudia / Heintz, Bettina (Hg.): Listen der Ohnmacht. Zur Sozialgeschichte weiblicher Widerstandsformen. Europäische Verlagsanstalt, Frankfurt/M. 1981

Horn, Peter: Christa Reinig und das "weibliche Ich". In: Manfred Jürgensen (Hg.): Frauenliteratur. S.90-109

Hoyer, Barbara: Die Auseinandersetzung mit den vorgefundenen Geschlechtsnormen und die Suche nach einer neuen Identität in den literarischen Darstellungen der lesbischen Frau in den siebziger Jahren. (Magistra-Arbeit) Berlin/W. 1981

Hotz, Constanze: "Die Bachmann". Das Image der Dichterin: Ingeborg Bachmann im journalistischen Diskurs. Ekkehard Faude, Konstanz 1990

Ihrsinn - eine radikalfeministische Lesbenzeitschrift. Auftakt. Frauenbuchladen Amazonas, Bochum 1990
Im Jahrhundert der Frau. Ein Almanach des Suhrkamp Verlags. Frankfurt/M. 1980
Irigaray, Luce: Neuer Körper, neue Imagination. In: alternative 108/109, Das Lächeln der Medusa, Frauenbewegung, Sprache, Psychoanalyse. Hg.: Brenner, Hildegard, Berlin/W. 1976, S.123-126
- Das Geschlecht, das nicht eins ist. Merve, Berlin/W. 1979

J.,A.: Originelle Erzählungen. In: Liberal-Demokratische Zeitung, Halle, 1.7.1984
Jarmatz, Ingrid: Blumen aller Jahreszeiten. o.O., o.J.
Jäckl, Reingard: Eine kleine radikale Minderheit. In: Becker, Berbel (Hg.): Frauen in den 60er Jahren. Unbekannte Wesen. Elefanten Press, Berlin/W: 1987, S.145-149
Johnston, Jill: Lesben Nation. Die feministische Lösung. Amazonen. (USA 1970-1973) Deutsche Übersetzung: Amazonen, Berlin/W 1976
Joris, Elisabeth / Witzig, Heidi (Hg.): Frauengeschichte(n) - Dokumente aus zwei Jahrhunderten zur Situation der Frauen in der Schweiz, Limmat, Zürich 1986
Jürgensen, Manfred (Hg.): Autorinnen. Perspektiven. Konzepte. (Verlag Peter Lang Bern 1983) dtv, München 1985

Kappeler, Susanne: - Pornographie. Die Macht der Darstellung. Frauenoffensive, München 1988
- Vom Opfer zur Freiheitskämpferin. In: Studienschwerpunkt "Frauenforschung" am Institut für Sozialpädagogik der TU Berlin (Hg.): Mittäterschaft und Entdeckungslust. Orlanda Frauenverlag, Berlin/W. 1989, S.200-216
Kaschnitz, Marie Luise: Sappho. In: Gesammelte Werke, Band 7. Insel, Frankfurt/M. 1989, S.118-129
Keitel, Evelyne: Die gesellschaftlichen Funktionen feministischer Textproduktion. In: Opitz, Claudia (Hg.): Weiblichkeit oder Feminismus? Drumlin, Weingarten 1984, S.239-254
Kindler Literaturlexikon. dtv, München 1986
Kokula, Ilse: - Weibliche Homosexualität um 1900 in zeitgenössischen Dokumenten. Frauenoffensive, München 1981
- Formen lesbischer Subkultur. Vergesellschaftung und soziale Bewegung. Verlag rosa Winkel, Berlin/W. 1983

- Lesbisch leben von Weimar bis zur Nachkriegszeit, in: Eldorado, S.149-161
- "Wir leiden nicht mehr, sondern sind gelitten!" Lesbisch leben in Deutschland. Kiepenheuer & Witsch, Köln 1987 (und Knaur Taschenbuch, München 1990)
- Die Schweiz. Die Lesbe. Die 60er Jahre. Eine Schweizerin im Gespräch mit Ilse Kokula. In: Blattgold (Berlin/W.) Juli 1988, S.29-31
- Freundinnen, Lesbische Frauen in der Weimarer Zeit. In: Kristine von Soden / Maruta Schmidt (Hg.): Neue Frauen. Die Zwanziger Jahre. Elefanten Press, Berlin/W. 1988, S.160-166
- Sophie Höchstetter (1873-1943), in: Ariadne, Almanach des Archivs der deutschen Frauenbewegung, Kassel 4/1989, S.16-21
- Zur Situation lesbischer Frauen während der NS-Zeit, in: Beiträge zur Feministischen Theorie und Praxis Nr. 25/26, Köln 1989, S.29-36
- "Wir waren irgendwie unaufrichtig": Lesbisch leben in den 50er Jahren. In: Projekt Offene Frauenhochschule (Hg.): Frauen untereinander. Dokumentation der Offenen Frauenhochschule Wuppertal, Wuppertal 1990, S.105-119

Kokula, Ilse / Böhmer, Ulrike: Die Welt gehört uns doch! Zusammenschluss lesbischer Frauen in der Schweiz der 30er Jahre. eFeF, Zürich 1991

Kolckenbrock-Netz, Jutta / Schuller, Marianne: Frau im Spiegel - Zum Verhältnis von autobiographischer Schreibweise und feministischer Praxis. In: von der Lühe, Irmela (Hg.): Entwürfe von Frauen in der Literatur des 20. Jahrhunderts. Argument, Berlin/W. 1982, S.154-174

Kowalski, Gudrun v.: Homosexualität in der DDR. Ein historischer Abriss. Verlag Arbeiterbewegung und Gesellschaftswissenschaft, Marburg 1987

Köhn, Lothar: Zeit der Weiblichkeit? Zur neueren Lyrik Christa Reinigs. In: Lothar Jordan / Axel Marquardt / Winfried Woesler (Hg.): Lyrik - Erlebnis und Kritik. Gedichte und Aufsätze des dritten und vierten Lyrikertreffens in Münster. S.Fischer, Frankfurt/M. 1988, S.290-313

Körner, D.: Sinn fürs Phantastische. In: Der Morgen, Berlin/DDR, 3.10.1984

Krechel, Ursula: Selbsterfahrung und Fremdbestimmung. Sammlung Luchterhand, Darmstadt / Neuwied 1975

Krolow, Karl: Die Schwäche hinter der Aggression. Christa Reinigs Gedichte. In: Frankfurter Allgemeine Zeitung, 28.8.1979

Kuckuc, Ina (Pseudonym für Ilse Kokula): Der Kampf gegen Unterdrükkung. Materialien aus der deutschen Lesbierinnenbewegung. Frauenoffensive, München 1975
Kuhn, Marie-Josée / Tresch, Christine: Das Ende der traurigen Enden - Gespräch über die lesbische Präsentation in Spielfilmen von Frauen, mit der Amsterdamer Filmpublizistin Annette Förster. In: WOZ Nr. 20, 18.5.1990, Zürich

Lämmert, Eberhard: Bauformen des Erzählens. J.B.Metzler, Stuttgart 1955 (zitiert nach der 8. Auflage, 1988)
Landlesben. Die Geschichte des Womanshare Kollektivs. Von Sue, Nelly, Dian, Carol, Billie. Comeout Lesbenverlag, München 1980
Laps, Lena: Wir sind die Lesben, auf die wir gewartet haben. Gedankengänge zu einer radikalen Gegenwartsvision von Lesbenidentität. In: IHRSINN, eine radikalfeministische Lesbenzeitschrift, Bochum 1990, S. 22-39
Lemke, Jürgen: Ganz normal anders. Auskünfte schwuler Männer. Aufbau, Berlin und Weimar (1979), 2.Auflage 1980 (und Luchterhand Literaturverlag 1989)

Lenk, Elisabeth: Kritische Phantasie. Matthes & Seitz, München 1986
Lesbenfront (Zeitschrift), Zürich, seit 1975 (seit 1983: Frau Ohne Herz), verschiedene Nummern
Lesben in/und Bewegung. Materialien zur Lesbenbewegung. Redaktion: Rena Schnettler. Dokumentationen zur Neuen Frauengeschichte Nr.1. Herausgegeben vom: FFBIZ - Frauenforschungs-, -bildungs- und -informationszentrum, Berlin/W. 1989
Lesbenpresse (Zeitschrift), Berlin/W., seit 1975, verschiedene Nummern
Lewin, Waldtraut: Interview von Klaus Müller. In: Christel Hildebrandt (Hg.): Liebes- und andere Erklärungen, S.102-108
Lexikon der Frau, in zwei Bänden. Encyclios, Zürich 1953
Lexikon der Symbole. Von Wolfgang Bauer, Irmtraud Dümotz, Sergius Golowin und Herbert Röttgen. Fourier Verlag, Wiesbaden 1980
Lexikon deutschsprachiger Schriftstellerinnen. Herausgegeben von: Gisela Brinker-Gabler, Karola Ludwig, Angela Wölffen. dtv, München 1986
Lexikon homosexueller Belletristik. Herausgegeben von Wolfgang Popp und Dietrich Molitor. Siegen (Loseblätter-Sammlung)
Liebers, Peter: "...und noch immer auf dem Weg". (zu Waldtraut Lewin) In: Für Dich, Illustrierte Wochenzeitung für die Frau, Berlin/DDR, Nr.6/1989, S.24-28
Lindt, Nicolas: Nur tote Fische schwimmen mit dem Strom. 12 bewegte Porträts aus Zürich. eco, Zürich 1981

Linnhoff, Ursula: Die Neue Frauenbewegung USA-Europa seit 1968. Kiepenheuer & Witsch, Köln (1974) 1975
Liste lieferbarer Lesbenliteratur. Herausgegeben vom Lilith Frauenbuchladen, Berlin/W. 1988/ 1989
Lukesch, Barbara und Marti, Madeleine: Geschlechtertausch. Sieben literarische Beispiele zur Emanzipation der Frau in der DDR. (Masch. schr.) Zürich 1979, (59 S.)

M.M.: Erster Preis für Lesbenliteratur. In: Tages Anzeiger (Zürich), 26.6. 1987
Marti, Madeleine: - Hahnenkampf um Annemarie Schwarzenbach, Schweizer Schriftstellerin (1908-1942). In: ... die Welt neu erfinden. Über das Schreiben und Lesen von Lesbenliteratur. Herausgegeben vom Frauenbuchladen Hagazussa, Bremen 1990, S.14-21
- Christa Reinig "Entmannung". Interpretation des Romans und Analyse seiner Rezeption. (Lizentiatsarbeit) Zürich 1983, Darin auch: Gespräch mit Christa Reinig, S.153-173
- "Die Frauen müssen einander wieder lieben lernen, eine die andere". Zum 75. Geburtstag der Schriftstellerin Johanna Moosdorf. In: Frauezitig Zürich, Nr.19, 1986, S.34/35
- Arche Verlag. In: Frauezitig (Zürich), Nr.26, 1988, S.22
- Laura Thoma. In: Berühmte Frauen Kalender 1991, herausgegeben von Luise F. Pusch. Suhrkamp Taschenbuch, 1990, (14.Woche)
Meyer, Adele (Hg.): Lila Nächte. Die Damenclubs der Zwanziger Jahre. Zitronenpresse, Berlin 1981
Möhrmann, Renate: Die andere Frau. Emanzipationsansätze deutscher Schriftstellerinnen im Vorfeld der Achtundvierziger Revolution. J.B.Metzler, Moosdorf, 1977
Moosdorf, Johanna: - Nelly-Sachs-Preisträgerin Dortmund 1963. Stadtbücherei Dortmund, 1965
- Gespräch mit Madeleine Marti, 4.10.1988, Berlin/W. (Tonbandprotokoll)
Morgan, Robin: zu weit gehen. Essays, Gedichte, Pamphlete, Tagebuch. (USA 1977) Deutsche Übersetzung: Tende, Münster 1980
Morgenthaler, Fritz: Homosexualität. Heterosexualität. Perversion. Quamran, Frankfurt/M. 1984 und Fischer Taschenbuch 1987
Münch, Ursula: Hat die Alleinherrschaft der Männerverlage jetzt ein Ende? In: Emma (Köln), 1977, S. 8-12

Noelleke, Brigitte: In alle Richtungen zugleich. Denkstrukturen von Frauen. Frauenoffensive, München 1985

"Oder war da manchmal noch etwas anderes?" Texte zu Marlen Haushofer. Neue Kritik, Frankfur/M. 1986 (mit kurzer Bibliographie)
Österle-Schwerin, Jutta: Zwei Jahre Lesben-Politik im Bundestag - Wie alles anfing und wie es weitergehen könnte. In: Nirgendwo und überall: Leben. Beiträge zur feministischen Theorie und Praxis, Köln 1989, S.201-210
Orbach, Susie: Anti Diät Buch. Über die Psychologie der Dickleibigkeit, die Ursachen von Esssucht. (Übersetzung aus dem Englischen) Frauenoffensive, München 1978

Pablé, Elisabeth: Marlen Haushofer oder die sanfte Gewalt. Ein Gespräch. In: "Oder war da manchmal noch etwas anderes?"
Pagenstecher, Lising/Jaeckel, Monika/Brauckmann, Jutta: Mädchen und Frauen unter sich: Ihre Freundschaften und ihre Liebesbeziehungen im Schatten der Geschlechterhierarchie. In: Alltag und Biographie von Mädchen. Herausgegeben von der Sachverständigenkommission. Sechster Jugendbericht. Band 9: Sexualität - Unterdrückung statt Entfaltung. Von: Barbara Kavemann/Ingrid Lohstätter/Lising Pagenstecher/Monika Jaeckel/Jutta Brauckmann/Elke Harbusch/Karin Jochens. Leske, Opladen 1985
Palzkill, Birgit: Zwischen Turnschuh und Stöckelschuh. Die Entwicklung lesbischer Identität im Sport. AJZ, Bielefeld 1990
Parin, Paul: "The Mark of Oppression" - Juden und Homosexuelle als Fremde. In: Parin-Matthèy, Goldy / Parin, Paul: Subjekt im Widerspruch. Athenäum, Frankfurt/M. 1988, S.115-139
Parnass, Peggy: Prozesse 1970-1978. Zweitausendundeins, Frankfurt/M. 1978
Perret, Roger: Nachwort zu: Annemarie Schwarzenbach, Lyrische Novelle. Neuausgabe im Lenos Verlag, Basel 1988
Peters, Wilma: Das Bild der lesbischen Frau in der Literatur der Weimarer Republik. (Magistra-Arbeit) Amsterdam 1988
Puknus, Heinz (Hg.): Neue Literatur der Frauen. Deutschsprachige Autorinnen der Gegenwart. C.H.Beck, München 1980
Pulver, Elisabeth: - "... es redet vielleicht dann das Gedicht". Zum Tod von Gertrud Wilker. In: Neue Zürcher Zeitung, 2.10.1984
- Einleitung. In: Zwischenzeilen, Pro Helvetia/Zytglogge, Zürich und Bern 1985, S.9-30
Pusch, Luise F.: - Das Deutsche als Männersprache. Aufsätze und Glossen zur feministischen Linguistik. Edition Suhrkamp, Frankfurt/M. 1984
- Alle Menschen werden Brüder. Edition Suhrkamp, Frankfurt/M. 1990

Raymond, Janice G.: Frauenfreundschaft. Philosophie der Zuneigung. (USA 1986) (Deutsche Übersetzung) Frauenoffensive, München 1987
Reinberg, Brigitte / Rossbach, Edith: Stichprobe Lesben. Erfahrungen lesbischer Frauen mit ihrer heterosexuellen Umwelt. Centaurus, Pfaffenweiler 1985
Reinig, Christa: - Abgestorbener Raum. Interview mit Christa Reinig, von Jo Wünsche. In: Alternative 113, Berlin/W. 1977, S. 68-72 (zit. Reing/Wünsche)
Reinig, Christa: - Mein Herz ist eine gelbe Blume. Christa Reinig im Gespräch mit Ekkehard Rudolph. Eremiten, Düsseldorf 1978 (zit. Reinig/Rudolph)
- "Ohne Frauenbewegung hätte ich das sowieso nicht geschafft!" Interview mit Christa Reinig, von Madeleine Marti. In: Lesbenfront (Zürich) Nr. 17, 1983, S.27-33 (zit. Reinig/Marti)
- "Erkennen, was die Rettung ist". Christa Reinig im Gespräch mit Marie Luise Gansberg. Frauenoffensive, München 1986 (zit. Reinig/Gansberg)
Rich, Adrienne: - Von Frauen geboren. Mutterschaft als Erfahrung und Institution. (USA 1976) Frauenoffensive, München 1979
- Wenn wir Toten erwachen. Schreiben als Re-Vision. (USA 1979) In: Lennox, Sarah (Hg.): Auf der Suche nach den Gärten unserer Mütter. Feministische Kulturkritik aus Amerika. Sammlung Luchterhand, Darmstadt/Neuwied 1982, S.33-56
- Frauen und Ehre - Einige Gedanken über das Lügen, In: Schultz, Dagmar (Hg.): Macht und Sinnlichkeit. Ausgewählte Texte von Audre Lorde und Adrienne Rich, sub rosa/Orlanda, Berlin/W. 1983, S.173-183
- Zwangsheterosexualität und lesbische Existenz. (USA 1980) In: Schultz, Dagmar (Hg.): Macht und Sinnlichkeit, S.138-168
Richter-Schröder, Karin: Frauenliteratur und weibliche Identität. Theoretische Ansätze zu einer weiblichen Ästhetik und zur Entwicklung der neuen deutschen Frauenliteratur. Hain bei Athäneum, Frankfurt/M. 1986
Rohde, Hedwig: Christa Reinig: "Müssiggang ist aller Liebe Anfang". Sender Freies Berlin, 19.12.1979
Ruckstuhl, Lotti: Frauen sprengen Fesseln. Hindernislauf zum Frauenstimmrecht in der Schweiz, Interfeminas Verlag, Bonstetten/CH 1986
Rule, Jane: Bilder und Schatten. Das Bild der lesbischen Frau in der Literatur. (Deutsche Übersetzung) Amazonen, Berlin/W. 1979

Sachwörterbuch der Literatur, von Gero von Wilpert: . Kröner, Stuttgart (1955) 1979

Schäfer, Anke: Von der Marktlücke zur Martkschwemme - eine Übersicht über die ökonomische Entwicklung der Frauenliteratur seit Beginn der neuen Frauenbewegung. In: Schreiben Nr.32, Bremen 1988

Schlierkamp, Petra: Die Garçonne. In: Eldorado, S.169-179

Schmeer, Gisela: Die Aufklärung und wir Frauen. Ullstein, Berlin/W. 1970

Schmid-Bortenschläger, Sigrid: Der analytische Blick. In: Carine Kleiber / Erika Tumer (Hg.): Frauenliteratur in Österreich von 1945 bis heute. Bern/Frankfurt/New York, 1986

Schmidjell, Annegret: - Quartier auf Probe. Tendenzen feministischer Literaturpraxis aus der neuen Frauenbewegung. Stuttgart, 1986

Schmidt, Ricarda: - Westdeutsche Frauenliteratur in den 70er Jahren. Rita G. Fischer, Frankfurt/M. 1982

- Arbeit an weiblicher Subjektivität. Erzählende Prosa der siebziger und achtziger Jahre. In: Gisela Brinker-Gabler (Hg.): Deutsche Literatur von Frauen. C.H.Beck, München 1988, Zweiter Band, S.459-476

Schmidt-Honsberg, Louise: Zur weiblichen Homosexualität. In: Psyche, Nr. 3, Stuttgart 1989, S.238-255

Schmitz, Dorothee: Weibliche Selbstentwürfe und männliche Bilder. Zur Darstellung der Frau in den DRR-Romanen der siebziger Jahre. Peter Lang, Frankfurt/M. / Bern / New York 1983

Schnabl, Siegfried: Mann und Frau intim. Fragen des gesunden und gestörten Geschlechtslebens. Verlag Volk und Gesundheit, Berlin/DDR 1972

Schnell, Veronika: Blutrünstiges und Monströses in Entmannung. Einige Überlegungen zur literarischen Aufarbeitung geschlechtsspezifischer Gewaltverhältnisse bei Christa Reinig. In: Sylvia Wallinger/Monika Jonas (Hg.): Der Widerspenstigen Zähmung. Studien zur bezwungenen Weiblichkeit in der Literatur vom Mittelalter bis zur Gegenwart. Innsbruck 1986, S. 311-334

Schoppmann, Claudia: - "Der Skorpion", Frauenliebe in der Weimarer Republik. Frühlings Erwachen, Kiel 1985

- Nationalsozialistische Sexualpolitik und weibliche Homosexualität. Centaurus, Pfaffenweiler 1991

Schöne, Albrecht (Hg.): Kontroversen, alte und neue. Akten des VII. Internationalen Germanisten-Kongresses, Göttingen 1985. Band 6. Frauensprache - Frauenliteratur? Für und Wider einer Psychoanalyse literarischer Werke. (Hg.): Inge Stephan / Carl Pietzcker

Schwarz, Gudrun: - Eine Einleitung. In: Meyer, Adele (Hg): Lila Nächte. 1981, S.17-27
- "Mannweiber" in Männertheorien. In: Hausen, Karin (Hg.): Frauen suchen ihre Geschichte. C.H.Beck, München 1983, S.62-80
Schweizer Schriftstellerverband (Hg.): Schweiz, Suisse, Svizzera, Svizra. Schriftsteller der Gegenwart. Buchverlag Verbandsdrukkerei, Bern 1978
Seiler, Christian: Eine Zumutung für das wahre Kunstwerk. Neue Marktbedürfnisse verändern den Lektorenjob - wird ein Berufsstand überflüssig? In: Die Weltwoche (Zürich), 8.2.1990
Serke, Jürgen (Hg.): Frauen schreiben. Ein neues Kapitel deutschsprachiger Literatur. Stern, Hamburg 1979
Sillge, Ursula: Un-Sichtbare Frauen. Lesben und ihre Emanzipation in der DDR. LinksDruck Verlag, Berlin 1991
Sheldon, Caroline: Lesbierinnen im Film. In: Gislind Nabakowski, Helke Sander, Peter Gorsen (Hg.): Frauen in der Kunst, Bd.1, Edition Suhrkamp, Frankfurt/M. 1980, S.103-133
Solanas, Valerie: Manifest der Gesellschaft zur Vernichtung der Männer. S.C.U.M. (USA 1968) Deutsche Übersetzung: März, Frankfurt/M. 1968/1975 und rororo, Reinbek 1983
Soltau, Heide: Trennungsspuren. Frauenliteratur der zwanziger Jahre. Extrabuch, Frankfurt/M. 1984
Sorensen, Mette: Christa Reinig, Entmannung. Versuch einer Analyse der Frauenprobleme in diesem Roman. (Magistra-Arbeit) Oslo 1979. Darin auch: Gespräch mit Christa Reinig, S.97-111
Stangl, Wolfgang: Empfiehlt es sich, die Paragraphen 210, 220 und 221 StGB ersatzlos zu streichen? Zugleich ein Beitrag über die Diskriminierung Homosexueller im österreichischen Strafrecht. In: Kriminalsoziologische Bibliographie (Wien), Heft 52, 1986, S.52-66
Statkowa, Susanna: Sich verständigt und vieles gelernt. Erfahrungen einer Veranstaltungsreihe über Homosexualität und Lebensweise. In: Berliner Zeitung (DDR), 7./8.1.1989
Stefan, Verena: "Muss es Männer geben? Nein." Klytemnestra wohnt nebenan. Christa Reinigs zweiter Roman "Entmannung". In: Die Zeit, 6.8.1976
Stenten, Marlene: Interview von Marlotte Neumann und Gabriele Pfaff. In: Lesbenpresse Nr.10, 1982, S.11-14
Stephan, Inge / Pietzker, Carl (Hg.): Frauensprache - Frauenliteratur? Für und Wider einer Psychoanalyse literarischer Werke. Max Niemeyer, Tübingen 1986
Stephan, Inge / Weigel, Sigrid: - Die verborgene Frau. Sechs Beiträge zu einer feministischen Literaturwissenschaft. Argument Sonderband 96, Berlin/W. 1983

Stephan, Inge / Weigel, Sigrid (Hg.): Feministische Literaturwissenschaft. Argument Sonderband, Berlin/W. 1984
Stephan, Inge / Venske, Regula / Weigel, Sigrid: Frauenliteratur ohne Tradition? Neun Autorinnenporträts. Fischer Taschenbuch, Frankfurt/M. 1987
Stephan, Inge / Weigel, Sigrid / Wilhelms, Kerstin (Hg.): "Wen kümmert's, wer spricht". Zur Literatur und Kulturgeschichte von Frauen aus Ost und West. Böhlau, Köln/Wien 1991
Stephan, Inge: - Weiblicher Heroismus. Zu zwei Dramen von Ilse Langner. In: Stephan / Venske / Weigel: Frauenliteratur ohne Tradition? S.159-190
- Männliche Ordnung und weibliche Erfahrung: Überlegungen zum autobiographischen Schreiben bei Marie Luise Kaschnitz. In: Stephan / Venske / Weigel: Frauenliteratur ohne Tradition, S. 133-158
Stetter, Regina: Durchs Vierzeilenjahr. Christa Reinigs Kalendersprüche. In: Süddeutsche Zeitung, 15.3.1980
Studer, Liliane: "Auf dem Weg, eine neue Welt zu finden". Marlen Haushofer 1920-1970. (Lizentiatsarbeit) Bern, 1987 (130 S.)
Stump, Doris: - "...und hab so oft herzlich Sehnsucht nach Dir..." Frauenfreundschaften im 19. Jahrhundert, Meta von Salis und Theo Schücking. In: Lesbenstich (Berlin/W.), Nr.1, 1989, S. 3-5
- "Sie töten uns - nicht unsere Ideen". Meta von Salis-Marschlins. Schweizer Frauenrechtskämpferin und Schriftstellerin. Paeda Media, Thalwil/Zürich 1986
Suhrkamp Verlagsgeschichte 1950-1987. Suhrkamp Verlag, Frankfurt/M., o.J.
Susanne / Regula: Gespräch mit Judith Offenbach. In: Lesbenfront Nr.12, 1987, S.5-7

Thürmer-Rohr, Christina: Vagabundinnen, Feministische Essays. Orlanda, Berlin/W. 1987
Trommler, Frank: Auf dem Weg zu einer kleineren Literatur. Ästhetische Perioden und Probleme seit 1945. In: Koebner, Thomas (Hg): Tendenzen der Deutschen Gegenwartsliteratur. Alfred Kröner, Stuttgart 1984, S.1-106
Trüeb, Kuno / Miescher, Stefan (Hg.): Männergeschichten - Schwule in Basel seit 1930. Buchverlag Basler Zeitung, 1988
Tubach, Sally: Female Homoeroticism in German literature and culture. USA University of California, Berkeley 1980
Twellmann, Margarete: Vorwort. In: Anita Augspurg / Lida Gustave Heymann: Erlebtes und Erschautes. (Neuauflage) Anton Hain, Meisenheim am Glan, 1977

Unseld, Siegfried: Geleitwort. In: Im Jahrhundert der Frau, Suhrkamp Taschenbuch, Frankfurt/M. 1980, S.7-11

v. Paczensky, Susanne: Verschwiegene Liebe. Zur Situation lesbischer Frauen in der Gesellschaft. Bertelsmann, München 1981

Venske, Regula: - "Vielleicht, dass ein sehr entferntes Auge eine geheime Schrift aus diesem Splitterwerk enträtseln könnte...". Zur Kritik der Rezeption Marlen Haushofers. In: "Oder war da noch etwas anderes?" Texte zu Marlen Haushofer, 1986, S.43-66
- "Dieses eine Ziel werde ich erreichen..." - Tod und Utopie bei Marlen Haushofer. In: Berger, Renate / Stephan, Inge (Hg.): Weiblichkeit und Tod in der Literatur, Köln/ Wien 1987, S.199-214
- "... das Alte verloren und das Neue nicht gewonnen...": Marlen Haushofer. In: Stephan, Venske, Weigel: Frauenliteratur ohne Tradition? 1987, S.99-132
- Schriftstellerin gegen das Vergessen: Johanna Moosdorf, In: Stephan, Venske, Weigel: Frauenliteratur ohne Tradition? 1987 S.191-220
- Mannsbilder - Männerbilder. Konstruktion und Kritik des Männlichen in zeitgenössischer deutschsprachiger Literatur von Frauen. Georg Olms, Hildesheim/Zürich/ New York 1988

Verein Feministische Wissenschaft Schweiz (Hg.): Ebenso neu als kühn. 120 Jahre Frauenstudium an der Universität Zürich. Schriftenreihe im efef-Verlag, Zürich 1988

Virginia Frauenbuchkritik, herausgegeben von Hinrike Gronewold und Anke Schäfer. Frauenliteratur Wiesbaden, seit 1986

Vogel, Katharina: - Wir Freundinnen - Eine Lesbenzeitung aus den 50er-Jahren. In: Lesbenstich (Berlin/W.), Nr.2, 1983, S.29-33
- Zum Selbstverständnis lesbischer Frauen in der Weimarer Republik. Eine Analyse der Zeitschrift "Die Freundin" 1924-1933, in: Eldorado, 1984, S.162-168
- Die Theorie vom dritten Geschlecht als Grundlage für ein neues Selbstverständnis von Frauen zu Beginn des 20. Jahrhunderts. (Magistra-Arbeit) Berlin/W. 1985

von der Lühe, Irmela (Hg.): Entwürfe von Frauen in der Literatur des 20.Jahrhunderts. Argument Sonderband, Berlin/W. 1982

von der Lühe: Erzählte Räume - leere Welt. Zu den Romanen von Marlen Haushofer. In: "Oder war da noch etwas anderes?" Texte zu Marlen Haushofer, 1986, S.73-107

von Roten, Iris: Frauen im Laufgitter, Offene Worte zur Stellung der Frau. Hallwag, Bern 1958

von Salis-Marschlins, Meta: Die unerwünschte Weiblichkeit. Autobiographie, Gedichte, Feministische Schriften. Herausgegeben von Doris Stump. Paeda Media, Thalwil/Zürich 1988
von Wangenheim, Bettina (Hg.): Heimkehr ins Wort. Materialien zu Hilde Domin. Fischer Taschenbuch, Frankfurt/M. 1982
Vorbereitungsgruppe Lesbenwoche (Hg.): "Mit allen Sinnen leben". Dokumentation der 1. Berliner Lesbenwoche, Berlin/W. 1986

Wall, Renate: Verboten, verbannt, vergessen, Kleines Lexikon deutschsprachiger Schriftstellerinnen 1933-1945. Pahl-Rugenstein, Köln 1988
Wallmann, Jürgen P.: Christa Reinig denunziert sich selbst. In: Basler Zeitung, 3.11.1979, und: Lyrischer Betriebsunfall. In: Soester Anzeiger und Die Welt (Hamburg), 18.10.1979
Weigel, Sigrid: - Der schielende Blick. Thesen zur Geschichte weiblicher Schreibpraxis. In: Stephan/Weigel: Die verborgene Frau, 1983, S.83-137
- "Ein Ende mit der Schrift. Ein anderer Anfang." Zur Entwicklung von Ingeborg Bachmanns Schreibweise. In: Weigel, Sigrid (Gastredaktion): Text und Kritik, Sonderband Ingeborg Bachmann, München 1984, S.58-92
- Mit Siebenmeilenstiefeln zur weiblichen All-Macht oder die kleinen Schritte aus der männlichen Ordnung. Eine Kritik literarischer Utopien von Frauen. In: Feministische Studien, Nr.1, 1985, S.138-152
- Die Stimme der Medusa, Schreibweisen in der Gegenwartsliteratur von Frauen. Tende, Dülmen-Hiddingsel 1987 (und Rowohlt Taschenbuch)
- Schreibarbeit und Phantasie: Ilse Aichinger. In: Stephan, Venske, Weigel: Frauenliteratur ohne Tradition? 1987, S.11-38
Werner, Reiner: - Homosexualität - Herausforderung an Wissen und Toleranz. Volk und Gesundheit, Berlin/DDR 1987
- Dialog, in: Deine Gesundheit (Berlin/DDR), Heft 9, 1987
Wild, Ute: Menschenrechte, Frauenrechte, Christenrechte, Lesbenforum. In: 14. Rundbrief Christenrechte in der Kirche. Haltern/ BRD 1988, S.17/18
Wolff, Charlotte: - Psychologie der lesbischen Liebe. Eine empirische Studie der weiblichen Homosexualität. London 1971. (Deutsche Übersetzung) Rororo, Hamburg 1973
- Augenblicke verändern uns mehr als die Zeit. Eine Autobiographie. (Deutsche Übersetzung) Rororo, Hamburg 1973
Woodtli, Susanna: Gleichberechtigung. Der Kampf um die politischen Rechte der Frau in der Schweiz, Huber, Frauenfeld 1975

Woolf, Virginia: Ein Zimmer für sich allein. (England 1929) Gerhardt Verlag, Berlin/W. 1978

Zeller, Konradin: Christa Reinig. In: Heinz Puknus (Hg.): Neue Literatur der Frauen. S.200-207

Zielenkewitz, Bärbel: Vierzig Jahre Auseinandersetzung mit dem Nationalsozialismus. Untersuchung zu Johanna Moosdorfs Erzählwerk. (Magistra-Arbeit) Berlin/W. 1990

Zimmermann, Bonnie: Töchter der Nacht. Der lesbische Vampirfilm. In: Frauen und Film Nr. 28. Trauer muss Sappho tragen? Rotbuch, Berlin/W. 1981, S. 7-14

Zwischenzeilen. Schriftstellerinnen der deutschen Schweiz. Dossier Literatur Pro Helvetia. Zytglogge, Bern (1985), 2. überarbeitete Fassung 1989